北京大學《儒藏》編纂與研究中心 編

《儒藏》精華編選刊

吴文正集（上）

〔元〕吴澄 撰

李軍 校點

北京大學出版社
PEKING UNIVERSITY PRESS

圖書在版編目(CIP)數據

吴文正集：全三册 /（元）吴澄撰；北京大學《儒藏》編纂與研究中心編. --北京：北京大學出版社，2024.8. --（《儒藏》精華編選刊）.

ISBN 978-7-301-35483-4

Ⅰ. B244.99-53

中國國家版本館CIP數據核字第20242CB146號

書　　名	吴文正集 WUWENZHENG JI
著作責任者	〔元〕吴澄 撰 李軍 校點 北京大學《儒藏》編纂與研究中心 編
策劃統籌	馬辛民
責任編輯	陳軍燕
標準書號	ISBN 978-7-301-35483-4
出版發行	北京大學出版社
地　　址	北京市海淀區成府路205號　100871
網　　址	http://www.pup.cn　　新浪微博：@北京大學出版社
電子郵箱	編輯部 dj@pup.cn　總編室 zpup@pup.cn
電　　話	郵購部 010-62752015　發行部 010-62750672 編輯部 010-62756449
印 刷 者	三河市北燕印裝有限公司
經 銷 者	新華書店
	650毫米×980毫米　16開本　105.5印張　1164千字 2024年8月第1版　2024年8月第1次印刷
定　　價	430.00元（全三册）

目　録

上册

吴文正集卷六 ……一〇二

吴文正集卷七 ……一一七

吴文正集卷八 …… 一三三

吳文正集卷十二……二〇〇

吳文正集卷十三……二一四

吴文正集卷十四……二三四

吴文正集卷十五……二四四

吴文正集卷十八……二九六

吳文正集卷二十二……三四七

吴文正集卷二十三……三六四

吴文正集卷二十四……三七五

吴文正集卷二十五　……三九三

吴文正集卷二十六　……四一〇

吴文正集卷二十七

中册

吴文正集卷三十一……四九七

吴文正集卷三十二……五一三

吴文正集卷三十三……五三二

吴文正集卷三十四……五四七

吴文正集卷四十五……七一八

吴文正集卷四十六……七三一

吴文正集卷四十七……七四一

吴文正集卷五十四

吴文正集卷五十五……八三八

吴文正集卷五十六……八五五

吴文正集卷五十七

吴文正集卷五十八

吴文正集卷五十九……八九九

吴文正集卷六十……九一三

吴文正集卷六十一

吴文正集卷六十二……九四〇

吴文正集卷六十三……九五六

吳文正集卷六十六……一〇〇二

吳文正集卷六十七……一〇一八

吴文正集卷八十一……一一九〇

吴文正集卷八十二……一二〇一

吴文正集卷九十一 …… 一二九八

吴文正集卷九十二……………………一三一一

吴文正集卷九十三……一三五四

吴文正集卷九十五

吴文正集卷九十六

吴文正集卷九十九……

吴文正集卷一百……

校點説明

吴澄（一二四九—一三三三），字幼清，晚字伯清，撫州崇仁（今屬江西）人。幼穎悟好學，讀書達旦。十五歲入鄱陽儒者程若庸之門。宋咸淳六年（一二七〇）領鄉薦，次年試禮部下第，歸而教授鄉里。構草廬，著書其中，程鉅夫因題爲「草廬」，學者稱爲草廬先生。元至元二十三年（一二八六），程鉅夫下江南訪賢，次年挽之入京，年底以母老辭歸。元貞元年（一二九五）遊龍興，按察司經歷郝文迎至郡學講論。大德末除江西儒學副提舉，居三月，以疾去。至大元年（一三〇八）召爲國子監丞，陞司業，未幾辭歸。至治三年（一三二三）超拜翰林學士，泰定元年（一三二四）充經筵講官，總領修《英宗實録》。《實録》成，復歸。元統元年卒。追封臨川郡公，謚文正，明宣宗時詔從祀孔廟。著有《易纂言》《書纂言》《儀禮逸經傳》《禮記纂言》《春秋纂言》《孝經定本》《道德真經註》等多種經學著作及詩文集。生平見虞集撰行狀、揭傒斯撰神道碑、危素撰年譜，《元史》卷一七一、《新元史》卷一七〇有傳。

吴澄是元代著名的理學家，學有淵源，纂述宏富，於六經有羽翼之功，明人譽爲「朱子之後一人也」[蘇宇庶《重刻臨川吴文正公集序》,清乾隆二十一年(一七五六)刻《草廬吴文正公集》卷首]。吴澄不僅重朱學,對陸學也很推崇。「今夫見先生著述之富出於多聞識,則疑其朱;聞先生朱陸之論而本於尊德性,則疑其陸。而推本之意,則以德學非二。故於朱曰問學之功居多,非遺德性也;於陸曰以尊德性爲主,非無問學也。蹊徑或殊,統宗則一,會而通之,淵源之所自得,於此可知也。」[曾汝檀《草廬吴先生輯粹序》,明嘉靖二十四年(一五四五)刻《草廬吴先生輯粹》卷首]會通朱陸,是吴澄理學的最大特色。「君子尊德性以道問學」,以「尊德性」爲本,在「道問學」上下功夫,「讀書講學」與「真知實踐」不可偏廢。吴澄所提倡的,實際是一種「全體大用」之學。這在當時「尊朱抑陸」的學術氛圍下,其看法無疑是全面而通脱的。可見吴澄雖以接續朱學自任,卻並不株守朱學門户,而是廣泛吸收宋儒的各種文化遺産,加以融會貫通,綜合發展,進而在學問規模上達到宏大淵博。作爲元代南方理學家的代表,時人及後人又每每將他與北方同爲大儒的許衡相提並論(二人俱謚「文正」)。揭傒斯爲其撰神道碑云:「皇元受命,天降真儒;北有許衡,南有吴澄。」四庫館臣評云:「當時蓋以二人爲南北學者之宗。然衡之學,主於篤寔以化人;澄之學,主於著作以立教。」「衡之文明白朴質,達意而止;澄則詞華典雅,往往斐然可觀。據其文章論之，澄其尤彬彬乎！」（《四庫全書總目·吴文正集提要》，中華書局一九六五年，一九八一年二次印本）簡要概述了吴澄與許衡迥然不同的學術宗趣與文章特點。吴澄的文化修養是多方面的，除了精通多部儒家經典並各有著述外，對天文、地理、時務、醫學、術數等領域也廣泛涉獵，其詩文則典雅宏麗，諸體皆備，可謂元代學術和文學的大家。

吴澄一生著述講學，所作詩文數量龐大，去世後由其孫吴當編刊。初名《支言集》，卷帙浩繁，有一百卷之多。至正八年（一三四八）刊行，主持者爲沙剌班（見《天禄琳琅書目後編》卷十九，上海古籍出版社二〇〇七年），是爲元刻本。元明之際迭經戰亂，《支言集》刻板不存。明永樂初至宣德間，澄五世孫吴燿、吴炬重刻是集（見楊士奇《東里續集》卷十八「支言集」「支言後集」條，文淵閣四庫全書本），篇類卷次悉仍元刻之舊，僅於卷首增入年譜、神道碑、行狀和史傳等碑傳文字，將書名改爲《臨川吴文正公集》，是爲明初刻本。此本現存，日本宫内廳書陵部和臺北「故宫博物院」有藏［見黄仁生《日本現藏稀見元明文集考證與提要》，嶽麓書社二〇〇四年；《元人文集珍本叢刊》第三册潘柏澄《吴文正公集敘録》云臺北「故宫」藏明宣德十年（一四三五）刻本九十八卷，臺灣新文豐出版公司一九八五年］。大陸僅存殘本，藏國家圖書館，存二十八卷。據《天禄琳琅書目後編》卷十九著録，此明初刻本正文後有《道學基統》一卷、外集四卷(實爲三卷,見明成化刻本外集末譚觀跋)。此本爲後來抄、刻諸本的祖本,最爲珍善,惜難以覓見全集。清乾隆時編《四庫全書》,文淵閣本據此明初刻百卷本抄録,原卷首的碑傳文字大部保留,但移置正文後,《道學基統》及外集則删去不録。文淵閣抄録的《四庫全書》百卷本(缺卷五十一、五十二,臺灣藏本亦缺此二卷,日本藏本全,卷五十一爲補鈔),基本保留了明初刻本正文的原貌。

明成化二十年(一四八四),按察僉憲方中、撫州府同知陳輝取吴澄裔孫興化縣令吴鑒家藏録本重加編次,鋟梓於郡衙,是爲明成化刻本。成化本篇章没有增删(少一卷),順序亦無改變(篇目改變一處),僅將百卷縮併爲四十九卷,卷首有年譜等碑傳文字,正文後附《道學基統》一卷、外集三卷。成化刻本流傳較廣,國家圖書館、北京大學、北京師範大學、中國社會科學院歷史所圖書館等均有藏,臺灣新文豐出版公司據臺灣「中央圖書館」藏本影印,收入《元人文集珍本叢刊》三、四兩册。

明萬曆四十年(一六一二),蘇宇庶據成化四十九卷本予以刊刻,是爲明萬曆刻本,今遼寧省圖書館、蘇州市圖書館、義烏縣圖書館等有藏。其後清康熙四十八年(一七〇九),吴澄後人據萬曆本用活字版印行,雍正年間又有刷印,是爲清活字本。乾隆二十一年(一七五六)，萬璜重新刊刻吴澄集，即以清活字本爲底本，是爲清乾隆刻本。據蘇宇庶序，萬曆本刊刻前，曾請湯顯祖「損其重複荒略」。筆者統計活字本和乾隆本，文章篇數較成化本和四庫本少一百多篇，收文順序偶有小異，篇名亦有略作改動者。湯氏所删，多是吴澄爲某人母親或夫人寫的墓誌文字，則知蘇氏、湯氏與後來的四庫館臣一樣，也是認爲吴當所編其祖文集「過於求備」，「未免病於稍濫」(《四庫全書總目·吴文正集提要》)。

除全集外，吴澄文又有選本傳世。明宣德九年(一四三四)，吴訥編成《文正公草廬吴先生文粹》五卷，吴炬於正統六年(一四四一)刊刻行世。此本國圖有藏。之後，又有王蕡輯編《草廬吴先生輯粹》七卷(《四庫提要》作六卷)，明嘉靖二十四年(一五四五)刊刻。《四庫全書存目叢書》「集部」二十一册據國家圖書館藏本影印收入。

本書校點，以臺灣商務印書館影印文淵閣四庫全書本《吴文正集》(簡稱文淵閣四庫本)爲底本，以明初刻本(其中卷一至卷四十、卷七十一至卷一百據《儒藏》中心提供過録臺灣藏本異文，卷四十一至卷五十、卷五十三至卷七十據國圖藏本，簡稱明初刻本)、明成化刻本(簡稱成化本)、清乾隆刻本(簡稱乾隆本)爲校本，並參校《元文類》《宋元學案》《元詩選》等典籍的相關部分。底本所缺的《道學基統》和外集，自校本整體移録，置於最末。

需要説明以下幾點：鑒於明初刻本的祖本價值，出校從寬；反之，乾隆刻本碑傳部分臆改成分較大（詳見方旭東《吴澄評傳》附録三《吴澄傳記敘事學研究》，南京大學出版社二〇〇五年），故出校從嚴。凡原本不區分者如「己已巳」「戊戌戍」，逕改，不出校；凡避清朝諱者，首次出現時出校，以後逕改；區分不清常混淆者如「潁穎」「原源」，首次出現時出校，以後逕改；筆畫相近易誤可忽略不計者如「未末」「土士」，逕改，個別出校。

校點者　李　軍

提　要

臣等謹按：《吴文正集》一百卷，元吴澄撰。澄有《易纂言》，已著録。是集爲其孫當所編，永樂丙戌其五世孫爟所重刊。後有爟跋，曰「《支言集》一百卷，《私録》二卷，皆大父縣尹公手所編類，刊行於世。不幸刻板俱燬於兵火，舊本散落，雖獲存者，間亦殘缺。迨永樂甲申，始克取家藏舊刻本重壽諸梓。篇類卷次悉仍其舊，不敢更改，惟卷首增入年譜、神道碑、行狀、國史傳以冠之。但舊所缺簡，遍求不得完本，今故止將殘缺篇題列於各卷之末，以俟補續」云云，則此本乃殘缺之餘，非初刻之舊矣。然檢其卷尾缺目，惟十七卷《徐君順詩序》一篇、五十四卷《題趙天放桃源卷後》一篇、五十七卷《題約説後》一篇，又三十七卷《滹南王先生祠堂記》末註「此下有缺文」而已，所佚尚不多也。初，許衡之卒，詔歐陽玄作神道碑。❶及澄之卒，又詔揭徯斯撰神道碑，首稱「皇元受命，天降真儒；北有許衡，南有吴澄。所以恢宏至道，潤色鴻業，有以知斯文未喪，景運方興」云云。當時蓋以二人爲南北學者之宗。然衡之學，主於篤寔以化人；澄之學，主於著作以立教。故世傳《魯齋遺書》僅寥寥數卷，而澄於注解諸經以外，訂正張子、邵子書，旁及《老子》《莊子》《太玄》《樂律》《八陣圖》《葬經》之類，皆有撰論，而文集尚裒然盈百卷。衡之文明白朴質，達意而止；澄則詞華典

❶ 「玄」，原避諱作「元」，今回改，下同，不再出校。

雅，往往斐然可觀。據其文章論之，澄其尤彬彬乎？吴當所編過於求備，片言隻字無不收拾，有不必存而存者，未免病於稍濫。然此亦南宋以來編次遺集之通弊，亦不能獨爲當責矣。乾隆五十四年二月恭校上。

總纂官臣紀昀臣陸錫熊臣孫士毅

總校官臣陸費墀

吴文正集卷一

元　吴澄　撰

雜　著

四經敘録

《易》，伏羲之《易》。昔在皇羲，始畫八卦，因而重之爲六十四。當是時，《易》有圖而無書也。後聖因之，作《連山》，作《歸藏》，作《周易》。雖一本諸伏羲之圖，而其取用，蓋各不同焉。三《易》既亡其二，而《周易》獨存，世儒誦習，知有《周易》而已。伏羲之圖鮮或傳授，而淪没於方伎家。雖其説具見於夫子之《繫辭》《説卦》，而讀者莫之察也。至宋邵子，始得而發揮之，於是人乃知有伏羲之《易》，而學《易》者不斷自文王、周公始也。今於《易》之一經，首揭此圖，冠于經端，以爲伏羲之《易》，而後以三《易》繼之。❶ 蓋欲使夫學者，知《易》之本原，不至尋流逐末，而昧其所自云爾。

❶「繼」，原作「斷」，據成化本、乾隆本改。

《連山》，夏之《易》。《周禮》：「太卜掌三《易》：一曰《連山》，二曰《歸藏》，三曰《周易》。其經卦皆八，其別皆六十有四。」或曰神農作《連山》，夏因之，以其首「艮」，故曰《連山》。今亡。

《歸藏》，商之《易》。子曰：「我欲觀殷道，是故之宋，而不足徵也。吾得『坤』『乾』焉。」説者以「坤」「乾」爲《歸藏》。或曰黄帝作《歸藏》，商因之，以其首「坤」，故曰《歸藏》。今亡。

《周易》上下經二篇，文王、周公作；《彖》《象》《繫辭》上下、《文言》《説卦》《序卦》《雜卦》傳十篇，夫子作。秦焚書，《周易》以占筮獨存。《漢志》「《易》十二篇」，蓋經二、傳十也。自魏晋諸儒分《彖》《象》《文言》入經，而《易》非古。註疏傳誦者苟且仍循，以逮于今。宋東萊先生吕氏始考之，以復其舊，而朱子因之。第其文字闕衍謬誤未悉正也，故今重加修訂，視舊本頗爲精善。雖於大義不能有所損益，而於羽翼遺經，亦不爲無小補云。

《書》二十八篇，漢伏生所口授者，所謂「今文《書》」也。伏生故爲秦博士，焚書時生壁藏之。其後兵起，流亡。漢定，生求其書，亡數十篇，獨得二十八篇，以教授于齊魯之間。孝文時求能治《尚書》者，天下無有。欲召生，時年九十餘矣，不能行，詔太常遣掌故晁錯往受之。生老，言不可曉，使其女傳言教錯。齊人語多與潁川異，❶錯所不知，凡十二三，略以其意屬讀而已。夫此二十八篇，伏生口授而晁錯以意屬讀者也。其

❶ 「潁」，原作「穎」，據成化本、乾隆本改。以下同，不再出校。

間闕誤顛倒固多，然不害其爲古書也。漢魏數百年間，諸儒所治，不過此爾。當時以應二十八宿，蓋不知二十八篇之外猶有書也。東晋元帝時，有豫章内史梅賾，增多伏生書二十五篇，稱爲孔氏壁中古文。鄭冲授之蘇愉，愉授梁柳，柳之内兄皇甫謐從柳得之，以授臧曹，曹授賾，賾遂奏上其書。今考傳記所引古《書》，在二十五篇之内者，鄭玄、趙岐、韋昭、王肅、杜預輩並指爲逸《書》，則是漢魏晋初諸儒曾未之見也。故今特出伏氏二十八篇如舊，以爲漢儒所傳，確然可信。而晋世晚出之《書》，别見于後，以俟後之君子擇焉。

《書》二十五篇，晋梅賾所奏上者，所謂「古文《書》」也。《書》有今文、古文之異，何哉？晁錯所受伏生《書》，以隸寫之。隸者，當世通行之字也，❶故曰「今文」。魯恭王壞孔子宅，得壁中所藏，皆科斗書。科斗者，倉頡所製之字也，故曰「古文」。然孔壁真古文《書》不傳，後有張霸僞作《舜典》《汩作》《九共》九篇，《大禹謨》《益稷》《五子之歌》《胤征》《湯誥》《咸有一德》《典寶》《伊訓》《肆命》《原命》《武成》《旅獒》《冏命》二十四篇，目爲古文《書》。《漢·藝文志》云：「《尚書經》二十九篇，《古經》十六卷。」二十九篇者，即伏生今文《書》二十八篇及武帝時增僞《泰誓》一篇也。《古經》十六卷者，即張霸僞古文《書》二十四篇也。漢儒所治，不過伏生《書》及僞《泰誓》共二十九篇爾。張霸僞古文雖在，而辭義蕪鄙，不足取重於世，以售其欺。及梅賾二十五篇之《書》出，則凡傳記所引《書》語註家指爲逸《書》者，收拾無遺。既有證驗，而其言率依於理，比張霸僞《書》遼絶矣。析伏氏《書》二十八篇爲三十三，雜以新出之《書》，通爲五十八篇，并《書序》一篇，凡五

❶ 「通」，成化本、乾隆本作「所」。

十九。有孔安國傳及序，世遂以爲真孔壁所藏也，唐初諸儒從而爲之疏義。自是以後，漢世大小夏侯、歐陽氏所傳《尚書》止有二十九篇者，廢不復行，惟此孔壁傳五十八篇孤行於世。伏氏《書》既與梅賾所增混淆，❶誰復能辨？竊嘗讀之，伏氏《書》雖難盡通，然辭義古奥，其爲上古之書無疑。梅賾所增二十五篇，體製如出一手，采集補綴，雖無一字無所本，而平緩卑弱，殊不類先漢以前之文。夫千年古書最晚乃出，而字畫略無脱誤，❷文勢略無齟齬，不亦大可疑乎？吴氏曰：❸「增多之書，皆文從字順，非若伏生之書詰曲聱牙。夫四代之書，作者不一，乃至二人之手而定爲二體，其亦難言矣。」朱仲晦曰：「《書》凡易讀者，皆古文，豈有數百年壁中之物不訛損一字者。」❹又曰：「伏生所傳皆難讀，如何伏生偏記其所難，而易者全不能記也。」又曰：「孔書至東晋方出，前此諸儒皆未見，可疑之甚。」又曰：「《書序》，伏生時無之，其文甚弱，亦不是前漢人文字，只似後漢末人。」又曰：「小序決非孔門之舊，安國序亦非西漢文章。」又曰：「先漢文字重厚，今《大序》格致極輕。」又曰：「《尚書》孔安國傳，是魏晋間人作，託安國爲名耳。」又曰：「孔傳并序，皆不類西京文字氣象，與《孔叢子》同是一手僞書。蓋其言多相表裏，而訓詁亦多出《小爾雅》也。」夫以吴氏及朱子所疑

❶「賾」，原作「頣」，據成化本、乾隆本改。
❷「畫」，原作「晝」，據成化本、乾隆本改。
❸「吴氏」，《宋元學案》卷九十二作「吴才老」。
❹「訛」，成化本、乾隆本、《宋元學案》卷九十二作「能」。

者如此，顧澄何敢質斯疑，而斷斷然不敢信此二十五篇之爲古書，則是非之心，不可得而昧也。故今以此二十五篇自爲卷衺，以别於伏氏之《書》。而小序各冠篇首者復合爲一，以寘其後，孔氏序亦并附焉。而因及其所可疑，非澄之私言也，聞之先儒云爾。

《詩》，《風》《雅》《頌》凡三百十一篇，皆古之樂章。六篇無辭者，笙詩也。舊蓋有譜，以記其音節，而今亡。其三百五篇，則歌辭也。樂有八物，人聲爲貴，故樂有歌，歌有辭。鄉樂之歌曰《風》，其詩乃國中男女道其情思之辭，人心自然之樂也，故先王采以入樂而被之絃歌。朝廷之樂歌曰《雅》，宗廟之樂歌曰《頌》，於燕饗焉用之，於會朝焉用之，於享祀焉用之。因是樂之施於是事，故因是事而作爲是辭也。然則《風》因詩而爲樂，《雅》《頌》因樂而爲詩，詩之先後於樂不同，其爲歌辭一也。經遭秦火，樂亡而詩存。漢儒以義説詩，既不知詩之爲樂矣，而其所説之義，亦豈能知詩人命辭之本意哉？由漢以來，説「三百篇」之義者，一本詩序。詩序不知始於何人，後儒從而增益之。鄭氏謂序自爲一編，毛公分以寘諸篇之首。夫其初之自爲一編也，詩自詩，序自序，序之非經本旨者，學者猶可考見。及其分以寘諸篇之首也，則未讀經文先讀詩序，序乃有似詩人所命之題，而詩文反若因序以作。於是讀者必索詩於序之中，而誰復敢索詩於序之外者哉？宋儒頗有覺其非者，而莫能去也。至朱子，始深斥其失而去之，然後足以一洗千載之謬。澄嘗因是舍序而讀詩，則雖不煩訓詁，而意自明。又嘗爲之强詩以合序，則雖曲生巧説，而義愈晦。是則序之有害於詩爲多，而朱子之有功於《詩》爲甚大也。今因朱子所定，去各篇之序，使不淆亂乎詩之正文，學者因得以詩求詩，而不爲序説所惑。若夫詩篇次第，則文王之「二南」而間有平王以後之詩，成王之《雅》《頌》而亦有康王以後之詩，變雅之中而或有類乎正雅之辭者。今既無從考據，不敢輒爲之紛更。至若變風雖入樂歌，❶而未必皆有所用；變雅或擬樂辭，而未必皆爲樂作。其與《風》《雅》合編，蓋因類附載云爾。《商頌》，商時詩也。《七月》，夏時詩也。皆異代之辭，故處《頌》詩、《風》詩之末。《魯頌》，乃其臣作爲樂歌以頌其君，❷不得謂之「風」，故係之《頌》。周公居東時詩，非擬朝廷樂歌而作，不得謂之「雅」，故附之《豳風》焉。

《春秋經》十二篇，《左氏》《公羊》《穀梁》文有不同。昔朱子刻《易》《書》《詩》《春秋》四經於臨漳郡，《春秋》一經止用《左氏》經文。而曰：「《公》《穀》二經所以異者，類多人名、地名，而非大義所繫，故不能悉具。」澄竊謂：三傳得失，先儒固言之矣。載事則《左氏》詳於《公》《穀》，釋經則《公》《穀》精於《左氏》。意者《左氏》必有按據之書，而《公》《穀》多是傳聞之辭。況人名、地名之殊，或由語音字畫之舛，此類一從《左氏》是也。然有考之於義，的然見《左氏》爲失而《公》《穀》爲得者，則又豈容以偏徇哉？嗚呼！聖人筆削魯史，致謹於一字之微。三家去夫子未久也，文之脱謬已不能是正，尚望其能有得於聖人之微意哉！漢儒專門，守殘護闕，不合不公，誰復能貫穿異同，而有所去取？至唐啖助、趙匡、陸淳三子，始能信經駁傳，以聖人書

❶「雖」，成化本、乾隆本、《宋元學案》卷九十二作「强」。
❷「樂歌」，原重文，據乾隆本、《宋元學案》卷九十二删。

法纂而爲例，得其義者十七八。自漢以來，未聞或之先也。觀趙氏所定三傳異同，用意密矣，惜其予奪未能悉當，閒嘗再爲審訂，以成其美。其閒不繫乎大義者，趙氏於三家從其多，今則如朱子意，專以《左氏》爲主。儻義有不然，則從其是，《左氏》雖有事迹，亦不從也，一斷諸義而已。嗚呼！屬辭比事，《春秋》教也。甚欲因啖、趙、陸氏遺説，博之以諸家，參之以管見，使人知聖筆有一定之法，而是經無不通之例，不至隨文生義，以侮聖言。顧有此志而未暇就，故先爲正其史之文如此。若聖人所取之義，則俟同志者共講焉。

三禮敘録

《儀禮》十七篇，漢興，高堂生得之，以授瑕丘蕭奮，❶奮授東海孟卿，卿授后蒼，蒼授戴德、戴勝。大戴、小戴及劉氏《别録》所傳，十七篇次第各不同。尊卑吉凶，先後倫序，惟《别録》爲優，故鄭氏用之，今行於世。《禮經》殘闕之餘，獨此十七篇爲完書。以唐韓文公尚苦難讀，況其下者。自宋王文公行《新經義》廢黜此經，學者亦罕傳習。朱子考定《易》《書》《詩》《春秋》四經，而謂「三禮」體大，未能緒正。晚年欲成其書，於此至惓惓也。《經傳通解》乃其編類草稾，將俟喪、祭禮畢而筆削焉。無禄弗逮，遂爲萬世之闕典，澄每伏讀而爲之惋惜。竊謂《樂經》既亡，經僅存五。《易》之《彖傳》《象傳》，本與《繫辭》、❷《文言》《説卦》《序卦》《雜卦》

❶「丘」，原避諱作「邱」，據成化本、乾隆本回改。以下同，不再出校。

❷「與」，原作「爲」，據《宋元學案》卷九十二改。

諸傳共爲十翼，居上下經二篇之後者也，而後人以入卦爻之中。《詩》《書》之序，本自爲一編，居《國風》《雅》《頌》、典謨、誓誥之後者也，而後人以冠各篇之首。《春秋》三經三傳，初皆别行，《公》《穀》配經其來已久，最後註《左氏》者又分傳以附經之年，何居？夫傳文、序文與經混淆，不惟非所以尊經，且於文義多所梗礙，歷千數百年而莫之或非也，莫之或正也。至東萊吕氏，於《易》始因晁氏本定爲經二篇、傳十篇。朱子於《詩》《書》各除篇端小序，合而爲一，以寘經後。《春秋》一經，雖未暇詳校，而亦剔出《左氏》經文，併以刊之臨漳。於是《易》《書》《詩》《春秋》，悉復夫子之舊。五經之中，其未爲諸儒所亂者，惟二《禮經》。然三百三千，不存蓋十之八九矣。朱子補其遺闕，則編類之初，不得不以《儀禮》爲綱，而各疏其下。脱稾之後，必將有所科别，決不但如今稾本而已。若執稾本爲定，則經之章也，而以《後記》《補記》《補傳》分隸於其左也，與《彖》《象》傳之附《易經》者有以異乎？否也。經之篇也，而以傳篇、記篇、補篇錯處於其間也，與《左氏傳》之附《春秋經》者有以異乎？否也。夫以《易》《書》《詩》《春秋》之四經既幸而正，而《儀禮》之一經又不幸而亂，是豈朱子之所以相遺經者哉？徒知尊信草創之書，而不能探索未盡之意，亦豈朱子之所望於後學者哉？嗚呼！由朱子而來，至於今將百年，然而無有乎爾。澄之至愚不肖，猶幸得以私淑於其書，實受罔極之恩。善繼者卒其未卒之志，善述者成其未成之事，抑亦職分之所當然也。是以忘其僭妄，輒因朱子所分禮章重加倫紀。其經後之記，依經章次秩敘其文，不敢割裂，一仍其舊，附于篇終。其十七篇次第，並如鄭氏本，更不間以他篇，庶十七篇正經，不至雜糅二戴之《記》中。有經篇者，離之爲逸《經》。禮各有義，則經之傳也。以戴氏所存，兼劉氏所補，合之而爲傳。正經居首，逸經次之，傳終焉，皆别爲卷而不相紊，此外悉以歸諸戴氏之《記》。朱子所輯及黄氏《喪禮》、楊氏《祭禮》，亦參伍以去其重複，名曰《朱氏記》，而與二戴爲三。凡周公之典其未墜於地者，蓋略包舉而無遺。造化之運不息，則天之所秩，未必終古而廢壞。有議禮制度考文者出，所損所益，百世可知也。雖然，苟非其人，禮不虚行，存誠主敬，致知力行，下學而上達，多學而一貫，以得夫堯舜禹湯、文武周孔之心，俾吾朱子之學，末流不至爲漢儒學者事也。澄也不敢自棄，同志其尚敦勗之哉！

《儀禮逸經》八篇，澄所纂次。漢興，高堂生得《儀禮》十七篇。後魯恭王壞孔子宅，得古文《禮經》於孔氏壁中，凡五十六篇，河間獻王得而上之。其十七篇與《儀禮》正同，餘三十九篇藏在秘府，謂之《逸禮》。哀帝初，劉歆欲以列之學官，而諸博士不肯置對，竟不得立。孔、鄭所引逸《中霤禮》《禘于太廟禮》《王居明堂禮》，皆其篇也。唐初猶存，諸儒曾不以爲意，遂至於亡。惜哉！今所纂八篇，其二取之《小戴記》，其三取之《大戴記》，其三取之鄭氏註。《奔喪》也，《中霤》也，《禘于太廟》也，《王居明堂》也，固得逸《禮》三十九篇之四，而《投壺》之類，未有考焉。疑古《禮》逸者甚多，不止於三十九也。《投壺》《奔喪》篇首，與《儀禮》諸篇之體如一。《公冠》等三篇雖已不存此例，蓋作記者删取其要以入《記》，非復正經全篇矣。《投壺》，大、小戴不同，《奔喪》與逸《禮》亦異，則知此二篇亦經刊削，但未如《公冠》等篇之甚耳。五篇之經文殆皆不完，然實爲《禮經》之正篇，則不可以其不完而擯之於《記》，故特纂爲逸《經》，以續十七篇之末。至若《中霤》以下三篇，其經亡矣，而篇題僅僅見於註家片言隻字之未泯者，猶必收拾而不敢遺，亦「我愛其禮」之意也。

《儀禮傳》十篇，澄所纂次。按：《儀禮》有《士冠禮》《士昏禮》，《戴記》則有《冠義》《昏義》。《儀禮》有《鄉飲酒禮》《鄉射禮》《大射禮》，《戴記》則有《鄉飲酒義》《射義》，以至《燕》《聘》皆然。蓋周末漢初之人作，以釋《儀禮》，而戴氏抄以入《記》者也。今以此諸篇正爲《儀禮》之傳，故不以入《記》，依《儀禮》篇次粹爲一編。文有不次者，頗爲更定。《射義》一篇，迭陳天子、諸侯、卿、大夫、士之射，雜然無倫，釐之爲《鄉射義》《大射義》二篇。《士相見義》《公食大夫義》，則用清江劉原父所補，並因朱子而加考詳焉。於是《儀禮》之經自一至九，經各有其傳矣。惟《覲義》闕，然大戴《朝事》一篇，實釋諸侯朝覲天子及相朝之禮，❶故以備覲禮之義，而共爲傳十篇云。

《周官》六篇，其《冬官》一篇闕，《漢・藝文志序》列于禮家，後人名之曰《周禮》。文帝嘗召至魏文侯時老樂工，因得《春官・大司樂》之章。景帝子河間獻王好古學，購得《周官》五篇。武帝求遺書，得之，藏于秘府，禮家諸儒皆莫之見。哀帝時劉歆校理秘書，始著于《録》《略》，以《考工記》補《冬官》之闕。歆門人河南杜子春能通其讀，鄭衆、賈逵受業於杜，漢末馬融傳之鄭玄，玄所註今行於世。宋張子、程子甚尊信之，王文公又爲《新義》。朱子嘗謂此經周公所作，但當時行之恐未能盡。後聖雖復損益可也，至若肆爲排觝訾毁之

❶「覲」，成化本、乾隆本作「見」。

言，則愚陋無知之人耳。《冬官》雖闕，今仍存其目。❶ 而《考工記》别爲一卷，附之經後云。

《小戴記》三十六篇，澄所序次。漢興，得先儒所記禮書二百餘篇，大戴氏删合爲八十五，小戴氏又損益爲四十三。《曲禮》《檀弓》《雜記》分上下，馬氏增以《月令》《明堂位》《樂記》，鄭氏從而爲之註，總四十九篇。精粗雜記，靡所不有。秦火之餘，區區掇拾，所謂存十一於千百。雖不能以皆醇，然先王之遺制、聖賢之格言，往往賴之而存。第其諸篇，出于先儒著作之全書者無幾，多是記者旁搜博采，勦取殘編斷簡，會稡成篇，無復詮次，讀者每病其雜亂而無章。唐魏鄭公爲是作《類禮》二十篇，不知其書果何如也，而不可得見。朱子嘗與東萊先生吕氏商訂三《禮》篇次，欲取《戴記》中有關於《儀禮》者附之經，其不係於《儀禮》者仍别爲《記》。吕氏既不及答，而朱子亦不及爲，幸其大綱見於文集，猶可考也。晚年編校《儀禮》經傳，則其條例與前所商訂又不同矣。其間所附《戴記》數篇，或削本篇之文，而補以他篇之文。今則不敢，故止就其本篇之中科分櫛别，以類相從，俾其上下章文義聯屬，章之大指標識于左，庶讀者開卷瞭然。若其篇第，則《大學》《中庸》，程子、朱子既表章之，以與《論語》《孟子》並而爲四書，固不容復厠之《禮》篇。而《投壺》《奔喪》，實爲《禮》之正經，亦不可以雜之於《記》。其《冠義》《昏義》《鄉飲酒義》《射義》《燕義》《聘義》六篇，正釋《儀

❶「今仍存其目」五字，《宋元學案》卷九十二作「以《尚書・周官》考之，《冬官》司空掌邦土，而雜于《地官》司徒掌邦教之中。今取其掌邦土之官，列于司空之後，庶乎《冬官》不亡」。

禮》，别輯爲傳，以附經後矣。此外猶三十六篇，曰通禮者九：《曲禮》《内則》、❶《少儀》《玉藻》通記大小儀文，而《深衣》附焉；《月令》《王制》專記國家制度，而《文王世子》《明堂位》附焉。曰喪禮者十有一：《喪大記》《雜記》《喪服小記》《服問》《檀弓》《曾子問》六篇，記喪；而《大傳》《間傳》《問喪》《三年問》《喪服四制》五篇，則喪之義也。曰祭禮者四：《祭法》一篇，記祭；而《郊特牲》《祭義》《祭統》三篇，則祭之義也。曰通論者十有二：《禮運》《禮器》《經解》一類，《哀公問》《仲尼燕居》《孔子閒居》一類，《坊記》《表記》《緇衣》一類，《儒行》自爲一類，《學記》《樂記》其文雅馴，非諸篇比，則以爲是書之終。嗚呼！由漢以來，此書千有餘歲矣，而其顛倒糾紛，至朱子始欲爲之是正，而未及竟，豈無望於後之人與！用敢竊取其意，修而成之。篇章文句，秩然有倫；先後始終，頗爲精審。將來學禮之君子，於此考信，或者其有取乎？非但爲戴氏之忠臣而已也。

《大戴記》三十四篇，澄所序次。按《隋志》：「《大戴記》八十五篇。」今其書闕前三十八篇，始三十九，終八十一，當爲四十三篇。中間第四十三、第四十四、第四十五、第六十一四篇復闕，第七十三有二，總四十篇。據云八十五篇，則末又闕其四，或云止八十一，皆不可考。竊意大戴類粹此《記》，多爲小戴所取，後人合其餘篇，仍爲《大戴記》，已入《小戴記》者，不復録而闕其篇。是以其書冗泛，不及小戴書甚，蓋彼其膏華，而此其查滓耳。然尚或間存精語，不可棄遺。其與小戴重者，《投壺》《哀公問》也。《投壺》《公冠》《諸侯遷

---

❶ 「内則」，二字原脱，據《宋元學案》卷九十二補。

廟》《諸侯釁廟》四篇，既入《儀禮逸經》，《朝事》一篇又入《儀禮傳》，《哀公問》小戴已取之，則於彼宜存，於此宜去。此外猶三十四篇，《夏小正》猶《月令》也，《明堂》猶《明堂位》也。《本命》以下雜録事辭，多與《家語》《荀子》、賈傅等書相出入，非專爲記禮設。《禮運》以下諸篇之比也，小戴文多綴補，而此皆成篇，故其篇中章句罕所更定。惟其文字錯悞，參互考校，未能盡正，尚俟好古博學之君子云。

孝經敘録

《孝經》，《漢·藝文志》：「《孝經》古孔氏一篇，二十二章。《孝經》一篇，十八章。長孫氏、江翁、后蒼、翼奉、張禹傳之，各自名家。經文皆同，惟孔氏壁中古文爲異。」《隋·經籍志》：「《孝經》，河間人顔芝所藏。漢初，芝子貞出之。又有古文《孝經》，與古文《尚書》同出，孔安國爲傳。劉向以顔本比古文，除其繁惑，而安國之本亡於梁。至隋，秘書監王邵訪得孔傳，河間劉炫因序其得喪，講于人間，漸聞朝廷。儒者皆云炫自作之，非孔舊本。」邢昺《正義》曰：「古文《孝經》，曠代亡逸。隋開皇十四年，秘書學生王逸於京市陳人處得本，送與著作郎王邵，以示河間劉炫，仍令校定。炫遂以《庶人章》分爲二，《曾子敢問章》分爲三，又多《閨門》一章，凡二十二章，因著《古文孝經稽疑》一篇。唐開元七年，國子博士司馬貞議曰：『今文《孝經》，是漢河間王所得顔芝本，至劉向以此校古文，定一十八章。其古文二十二章出孔壁，未之行，遂亡其本。近儒輒穿鑿更改，僞作《閨門》一章，文句凡鄙。又分《庶人章》從「故自天子」以下别爲一章，以應二十二之數。』」朱子曰：「舊見衡山胡侍郎《論語説》，疑《孝經》引詩非經本文。初甚駭焉，徐而察之，始悟胡公之言爲信。而

《孝經》之可疑者不但此也，因以書質之沙隨程可久丈。程答書曰：『頃見玉山汪端明，亦以爲此書多出後人傅會。』於是乃知前輩讀書精審，其論固已及此。又竊自幸有所因述，而得免於鑿空妄言之罪也。」又曰：「《孝經》，獨篇首六七章爲本經，其後乃傳文，皆齊魯間儒纂取《左氏》諸書之語爲之，❶傳者又頗失其次第。」澄曰：夫子遺言，惟《大學》《論語》《中庸》《孟子》所述醇而不雜，此外傳記諸書所載，真僞混淆，殆難盡信。《孝經》亦其一也。竊詳《孝經》之爲書，肇自孔、曾一時問答之語。今文出於漢初，謂悉曾氏門人記録之舊，已不可知。武帝時魯共王壞孔子宅，於壁中得古文《孝經》，以爲秦時孔鮒所藏。昭帝時魯國三老始以上獻，劉向、衛宏蓋嘗手校。魏晋已後，其書亡失，世所通行，惟今文《孝經》十八章而已。隋時有稱得古文《孝經》者，其間與今文增減異同率不過一二字，而文勢曾不若今文之從順。以許慎《説文》所引及桓譚《新論》所言考證，又皆不合，決非漢世孔壁之古文也。宋大儒司馬公酷尊信之，朱子《刊誤》亦據古文，未能識其何意。今觀邢氏疏説，則古文之爲僞審矣。又觀朱子所論，則雖今文，亦不無可疑者焉。疑其所可疑，信其所可信，去其所當去，存其所當存，朱子意也。故今特因朱子《刊誤》，以今文、古文校其同異，定爲此本，以俟後之君子云。

❶「纂」，原作「簒」，據成化本、《宋元學案》卷九十二改。

中庸綱領

程子謂：「始言一理，中散爲萬事，末復合爲一理。」蓋嘗思之，以首章而論之，「始言一理」者，天命之性、率性之道是也。「中散爲萬事」者，修道之教，以至戒慎、❶恐懼、慎獨，與夫發而中節、致中和是也。「末復合爲一理」者，天地位、萬物育是也。以一篇而論之，「始言一理」者，首章明道之源流是也。「中散爲萬事」者，自第二章以下，説中庸之德，知仁勇之事，歷代聖賢之跡，及達道五、達德三，天下國家有九經，鬼神祭祀之事，與夫誠明明誠、大德小德是也。「末復合爲一理」者，末章，無言不顯，以至篤恭而歸乎無聲無臭是也。

今又分作七節觀之。第一節，首章言性道教，是一篇之綱領也。繼而致中和，中是性，和是道，戒慎、恐懼是教也。第二節，二章以下總十章，論中庸之德在乎能明能行、能擇能守，明其所謂道、所謂教也。二章，説君子小人之中庸。三章，説民鮮能中庸。四章，説道不行不明。五章，説道不行由不真知。六章，説舜之大知能取諸人。七章，説能知不能守由不明。八章，説回之真知能擇能守。九章，説能知仁勇之事而不能中庸。十章，説子路問强以進其勇。十一章，言索隱行怪半塗而廢，唯聖者能中庸。第三節，十二章以下總八章，論道之費隱有體用小大，申明所謂道與教也。十二章，言道費而隱，語大語小。此説費隱由小至大

---

❶「戒慎」，乾隆本作「戒謹」。下文「戒慎」同此。

也。十三章，言道不遠人。十四章，言素其位而行。十五章，言道如行遠自邇、登高自卑。以上三章，論費之小者也。十六章，言鬼神爲德之盛。此説費隱由大包小也。十七章，言舜其大孝。十八章，言無憂者文王。十九章，武王、周公達孝。以上三章，論費之大者也。第四節，二十章以下總四章，論治國家之道，在人以行其教也。二十章，説哀公問政，在人又當知天。二十一章，説達道五、達德三以修身。二十二章，言天下國家有九經，以治國平天下。二十三章，説事豫則立，誠者天之道，誠之者人之道，明知仁之事。第五節，二十四章以下總六章，論明誠則聖人與天爲一也。二十四章，言誠則明，明則誠。二十五章，言至誠能盡性，致曲能有誠。二十六章，言至誠可以前知。二十七章，言誠自成，道自道，故至誠無息。二十八章，言天地之道，爲物不貳，生物不測。二十九章，言大哉聖人之道，苟不至德，至道不凝。三十章，言愚而無德，賤而無位，不敢作禮樂，宜於今及王天下有三重焉。第六節，三十一章以下總三章，論孔子之德與天地爲一也。三十一章，言仲尼之道同乎堯舜文武、天時水土。三十二章，説至聖爲小德川流。三十三章，説至誠爲大德敦化。第七節，三十四章，始之以「尚錦惡文之著」，説學者立心爲己爲立教之方；「潛雖伏矣」，説慎獨之事；「不愧屋漏」，説戒懼之事，以明修道之教之意；無言不顯，明率性之道之意；民勸民畏，百辟其刑，予懷明德，明修道之教之效；「篤恭而天下平」，説致中和之效；終之以「無聲無臭」，説天命之性之極。此蓋申言首章之旨，所謂「末復合爲一理」也。

今復述首末章之意，以盡爲學之要：首章先説天命性道，教爲道統；中説戒慎、恐懼爲存養，慎獨爲克治；後説致中和則功効同乎天地矣。蓋明道之源流也。末章則先教，次克治，而後存養，繼説其效，終則反乎未命之天矣。蓋入道之次序也。此《中庸》一本之全體大用無不明矣，學者所宜盡心玩味也。

原理有跋❶

天地之初，混沌鴻濛，❷清濁未判，莽莽蕩蕩，但一氣爾。及其久也，其運轉於外者漸漸輕清，其凝聚於中者漸漸重濁。輕清者積氣成象而爲天，重濁者積塊成形而爲地。天之成象者，日月星辰也；地之成形者，水火土石也。天包地外，旋繞不停；地處天内，安静不動。天之旋繞，其氣急勁，故地浮載其中不陷不墜，岐伯所謂大氣舉之是也。天形正圓如虚毬，地隔其中，人物生於地上。地形正方如博骰，日月星辰旋繞其外，自左而上，自上而右，自右而下，自下而復左。天之積氣爲辰，凡無星處皆是，猶地之土也。積氣之中有光耀爲星，二十八宿及衆星皆是，猶地之石也。

日月五緯，乃陰陽五行之精成象而可見者，浮生太虚中，與天不相係著，各自運行，遲速不等。天左旋於地外，一晝夜一周匝。自地之正午觀之，則其周匝之處，第二日子時微有争差，蓋周匝而過之。觀天者定其闊狹，名曰一度，每日運行一周匝而過一度，至三百六十五日三時有奇，則地之午中所直天度，始與三百六十五日以前子時初起之處合，故定天度爲三百六十五度四分度之一有奇。日亦左行，晝行地上，夜行地

❶「有跋」，成化本、乾隆本爲小字。

❷「鴻」，成化本、乾隆本作「洪」。

下，晝夜一周匝，但比天度則不及一度。蓋日之行也，與地相直處日月齊同，無過不及。而天之行也，與地相直處一日過一度，二日過二度，三日過三度。故曆家以日之不及天而退一度者爲右行一度，蓋以截法取其易算爾。

天傾倚於北，如勁風旋繞，其端不動曰極。上頂不動處謂之北極，高出地上三十六度，其星辰常見不隱，以偏依於北方，故曰北極。下臍不動處謂之南極，低入地下三十六度，其星辰常隱不見，以其偏近於南方，故曰南極。南北二極相去之中，天之腰也，謂之赤道。日所行之道，春秋二分正與天之赤道相直，故其出没與地之卯酉相當，是以晝夜均平。春分以後行赤道北，夏至則去北極最近，故曰日北至。而其出没與地之寅戌相當，是以景短而晷長，晝刻多而夜刻少。夏至以後，又移而南，至秋分則與赤道相直。秋分以後行赤道南，冬至則去南極最近，故曰日南至。而其出没則與地之辰申相當，是以景長而晷短，晝刻少而夜刻多。冬至以後又移而北，至春分則又與赤道相直。日極於南而復北，則爲冬至。上年冬至至下年日道極南復北之時，三百六十五日餘三時不滿。故天度一周之時，三百六十五日四分日之一而有餘；日道一周之時，三百六十五日四分日之一而不足。天度有餘，日道不足，故六十餘年之後，冬至所直天度率差一度，是謂歲差。

月亦左行，猶遲於日，一晝夜不及天十三度十九分度之七。蓋日行疾於月，而退度不及天一度，反若遲然。月行遲於日，而退度不及天十三度有奇，反若速然。日之行三十日五時有奇而歷一辰，則爲一月之氣。月之行二十九日六時有奇而與日會，則爲一月之朔。每月氣盈五時有奇，朔虚六時不滿。積十二氣盈，凡五日三時不滿；十二朔虚，凡五日七時有奇。一歲氣盈、朔虚，共十日十一時有奇。將及三歲，❶則積之三十日而置一閏。日之有餘爲氣盈，月之不足爲朔虚。氣盈、朔虚之積，是爲之閏餘。五星之行，亦猶日月，其行有遲速。其行過於天則爲逆，其行與天等則爲留，其行不及天則爲順。日月五星之與天體相值也，由北直南而從分之謂之度，由東至西而横截之謂之道。月之行也，二十九日半有奇而與日同度，是爲朔；十四日九時有奇而與日對度，是爲望。合朔之時，從雖同度，横不同道，若横亦同道，則月掩日而日蝕；對望之時，從雖對度，横不對道，若横亦對道，則日射月而月蝕。其蝕之分數，由同道、對道所交之多寡。月朔後初生明時，昏見于庚，下明上暗，象震。上弦時，昏見于丁，下明已多而上猶暗，象兑。望之時，昏見于甲，全體皆明，象乾。望後初生魄時，晨見于辛，下暗上明，象巽。下弦時，晨見于丙，下暗已多而上猶明，象艮。晦之時，晨見于乙，全體皆暗，象坤。地西北高而多山，東南下而多水。先天方圖法地，乾始西北，坤盡東南。故天下之山，其本皆起於西北之崑崙，猶乾之始於西北也。天下之水，其流皆歸於東南之尾閭，猶坤之盡於東南也。

天有四象，地有四象。日月天之用，星辰天之體；水火地之用，土石地之體。立天之道，曰陰與陽；立地之道，曰柔與剛。日，陽中陽；月，陰中陰。星，陰中陽；辰，陽中陰。水，柔中柔；火，柔中剛。土，剛中柔；石，剛中剛。錯而言之，則天亦有剛柔，地亦有陰陽。日，陽也；月，陰也。星，剛也；辰，柔也。水，陰

❶「歲」，成化本、乾隆本作「載」。

也，火，陽也。土，柔也；石，剛也。日火之精，爲夏之暑；月水之精，爲冬之寒。❶星體光耀，爲晝之明；辰體昏暗，爲夜之晦。水氣下注而爲雨，火氣外旋而爲風，土氣上蒸而爲露，石氣内搏而爲雷。人禀氣於天，賦形於地。耳目口鼻爲首，猶天之日月星辰也；脈髓骨肉爲身，猶地之水火土石也。心膽脾腎四臟屬天，肺肝胃膀胱四臟屬地。指節十二，合之二十四，有天之象焉；掌文後高前下，山峙川流，有地之法焉。

物有飛走木草四類，細分之十六：飛飛者，鴻鵠鷹鸇之屬，性之飛，飛之性也。飛走者，鵞鷄鴨鳧之屬，情之飛，飛之情也。飛木者，佳鳩燕雀之屬，形之飛，飛之形也。飛草者，蜂蝶蜻蜓之屬，體之飛，飛之體也。走飛者，蛟龍之屬，性之走，走之性也。走走者，熊虎鹿馬之屬，情之走，走之情也。走木者，猿猴之屬，形之走，走之形也。走草者，蟻蛇之屬，體之走，走之體也。木飛者，松栢之屬，性之木，木之性也。木走者，樟櫸之屬，情之木，木之情也。木木者，棫樸荆榛之屬，形之木，木之形也。木草者，楮穀木芙蓉之屬，體之木，木之體也。草飛者，竹蘆之屬，性之草，草之性也。草走者，藤葛之屬，情之草，草之情也。草木者，蒿艾之屬，形之草，草之形也。草草者，菘芥之屬，體之草，草之體也。

陽本實，陰本虛也。陽爲氣，陰爲精。陽成象，陰成形。陽主用，陰主體。則陽反似虛，陰反似實，是不然。天之積氣雖似虛，然其氣急勁如鼓皮，物之大莫能禦，故曰健曰剛，曰静專曰動直，則實莫實於天。地之成形雖似實，然其形疎通如肺氣，升降出入其中，故曰順曰柔，曰静翕曰動闢，則虛莫虛於地。然則陽實

❶「寒」上，原衍「歲」字，據乾隆本删。

陰虚者，正説也；陽虚陰實者，偏説也。

往年因郝仲明見問，一時答之之辭如此。聽者不能悉記吾言，故命史從旁書之，❶皆先儒之所已言，非吾之自言也。有人傳録以去，題其名曰《原理》，殊非吾意。今廬陵士郭成子又逐節畫而爲圖，可謂有志。然此特窮理之一端爾，人之爲學，猶有切近於己者，❷當知所先後也。泰定丁卯六月朔，臨川吴某識。❸

邵子敘録

邵子書，今所校定，謹第其目如右。其一《皇極經世書》十二卷，爲書六十二篇，附之以《觀物外篇》二。其二《漁樵問答》一卷，爲書二十二章，附之以遺文六。其三《伊川擊壤集》二十卷，爲詩千四百九十八首，附之以集外詩十三。《後録》一卷：曰《正音》者，先生之父天叟所作；曰《辨惑》者，先生之子伯温所述。先生之學，窮理盡性至命者也。孔子以來，一人而已。吾友夏幼安，蓋嘗味先生之言而有發焉。是書嗜之者鮮，

❶「史」，危素撰《行狀》「元貞元年」條「八月如龍興游西山」下小字作「吏」。
❷「猶」，乾隆本作「尤」。
❸「某」，乾隆本作「澄」。

傳之者謬誤最多，乃爲整齊其篇章文字。幼安命工刻版，以與世之學者共觀。❶是書者，誠能因其言得其意，則象數皆備於我，贊化育、參天地可也。書云乎哉！

太玄敘録

揚子雲擬《易》以作《太玄》。《易》自一而二，二而四，四而八，八而十六，十六而三十二，三十二而六十四。《太玄》則自一而三，三而九，九而二十七，二十七而八十一。《易》之數，乃天地造化之自然，一豪知力，無所與於其間也。異世而同符，惟邵子《皇極經世》一書而已。至若焦延壽《易林》、魏伯陽《參同契》之屬，雖流而入於伎術，尚不能外乎《易》之爲數。子雲《太玄》，名爲擬《易》，而實則非《易》矣。其起數之法，既非天地之正，又强求合於曆之日。每首九贊，二贊當一晝夜，合八十一首之贊，凡七百二十九，僅足以當三百六十四日有半。外增一踦贊，以當半日。又立一嬴贊，以當四分日之一。吁！亦勞且拙矣。子雲此書，未能見重於當時，後世雖有好者，亦未可謂大行也。宋大儒司馬公愛之甚，嘗有集註，晚作《潛虚》以擬之。以邵子範圍天地之學、卓絶古今之識，而亦稱其書。要之，惟朱子所論，可以爲萬世之折衷。本經八十一首，分天玄、地玄、人玄三篇，蓋擬《易》之上下經。經後十一篇，則擬夫子之《十翼》，而爲《太玄》之傳。晋范望始依《周易》「彖傳」「象傳」附經例，升首辭於經贊之前，散測辭於各贊之下。首、測兩篇之總序無從而附，則

❶「觀」下，成化本有「之」字。

合爲一，以寘經端。其牽綴割裂，無復成文，殆有甚於《易經》者。《易經》有晁氏、吕氏，定從古本，而朱子因之。故今於此書，亦俾復舊，而第其目如右。兼以讀經者病其揲法不明，驟觀未易通曉，復爲之别白其辭，以著于後。雖非願爲後世之揚子雲，亦欲使後之學者，知前人之作不可以己意妄有易置。按：《法言》「序」篇，監本共爲一篇，繼十三篇之末。今本亦如《書》之小序，各冠篇首，併爲考正。於子雲之書，蓋不無小補云。

東西周辯

東西周有二，一以前後建都之殊而名，一以二公封邑之殊而名。昔武王西都鎬京，而東定鼎于郟鄏。周公相成王宅洛邑，營澗水東瀍水西，以朝諸侯，謂之王城，又謂之東都，實郟鄏，於今爲河南。又營瀍水東，以處殷頑民，謂之成周，又謂之下都，於今爲洛陽。自武至幽，❶皆都鎬京。幽王娶于申，生太子宜臼。又嬖褒姒，生伯服，欲立之，黜宜臼。申侯以鄫及犬戎入寇，弑王。諸侯逐犬戎，與申侯共立宜臼，是爲平王。畏戎之逼，去鎬而遷于東都。平以下都王城曰東周，幽以上都鎬京曰西周。此以前後建都之殊而名也。

自平東遷，傳世十二，而景王之庶長子朝與王猛争國。猛東居于皇，晋師納之，入于王城。入之次月，猛終，丐及。❷踰半朞，而子朝又入，王辟之，東居于狄泉。子朝據王城曰西王，敬王在狄泉曰東王。越四

❶ 「武」下，成化本、乾隆本有「王」字。

❷ 「及」，《文正公草廬吴先生文粹》本卷一作「立」。

年，子朝奔楚，敬王雖得返國，然以子朝餘黨多在王城，乃徙都成周，而王城之都廢。至考王，封其弟揭於王城，以續周公之官職，是爲周桓公。自此以後，東有王，西有公，而東西周之名未立也。桓公生威公，威公生惠公，惠公之少子班，又别封於鞏以奉王，是爲東周惠公，父子同謚。以鞏與成周皆在王城之東，故班之兄則仍襲父爵，居于王城，是爲西周武公。以王城在成周之西，故自此以後，西有公，東亦有公，二公各有所食，而周尚爲一也。顯王二年，趙、韓分周地爲二，二周公治之，王寄焉而已矣。周之分東西，自此始。九年，東周惠公卒，子傑嗣，慎靚以上皆在東周。赧王立，始遷于西周，即王城舊都也。《史記》云：「王赧時，東西周分治。」今按：顯王二年已分爲二，不待此時矣。其後西周武公卒，子文君嗣。王五十九年，秦滅西周。西周公入秦，獻其邑而歸。是年赧王崩，次年周民東亡，秦遷西周公於憚狐聚。又六年，秦滅東周，遷東周公於陽人聚。此以二公封邑之殊而名也。

前後建都之殊者，以鎬京爲西周，對洛邑爲東周而言也。二公封邑之殊者，又於洛邑二城之中，以王城爲西周，對成周爲東周而言也。大概周三十六王，前十有二王都鎬京，中十有三王都王城。王城對鎬京，則鎬京在西而王城在東，其東西之相望也遠。季十王都成周，赧一王都王城。王城對成周，則成周在東而王城在西，其東西之相距也近。一王城也，昔以東周稱，後以西周稱。夫周末東西之分，因武、惠二公各居一都而名。王則或東或西，東西之名，繫乎公不繫乎王也。邵子《經世書》紀赧王爲西周君，與東周惠公並，而西周公無聞焉，則直以西爲王、東爲公矣。知東之有公，而不知西之亦有公也。知王之在西，而不知赧以前之王固在東也。《戰國策》編題首東周，次西周，豈無意哉？二周分治以來，顯王、慎靚王二代五十餘年，王于東；赧一代五十餘年，王于西。先東後西，順其序也。近有縉雲鮑彪注，謂「西周正統不應後於東周」，升之爲首卷。於西著王世次，於東著公世次，蓋因卲子而誤者。既不知有西周公，且承宋忠之繆，以西周武公爲赧王别謚，反以徐廣爲疎，是未嘗考於司馬貞《索隱》之説。鮑又云：「赧徙都西周。」西周，鎬京也。嗚呼！鎬京去王城、成周八百餘里，自平王東遷之後不能有，而以命秦仲曰：「能逐犬戎，即有其地。」鎬之爲秦，已四百年于兹。其地在長安上林昆明之北，虎狼所穴，而王得往都于彼哉？高誘注曰：「西周王城，今河南。東周成周，故洛陽。」辭旨明甚。鮑注出高誘後，何乃以西周爲鎬京也乎？鮑又云：「郟鄏屬河南，爲東周。」殊不思此昔時所謂東周也，於斯時則名西周矣。斯時之西周，與鎬京、郟鄏對稱西東者不同，顧乃一之，何與？蓋有不知而作之者，我無是也。夫鮑氏之於《國策》，其用心甚勤，而開卷之端，不免謬誤如此，讀者亦或未之察也。與夾谷士常、程鉅夫偶論及此，二公命筆之，遂爲之作《東西周辯》。

老莊二子敍録

老氏書，字多謬誤，合數十家校其同異，考正如右。莊君平所傳章七十二，❶諸家所傳章八十一。然有不當分而分者，定爲六十八章云。上篇章三十二，字二千三百六十六；下篇章三十六，字二千九百二十六。總之五千二百九十二字。

❶「君平」，原倒，據乾隆本乙正。

莊氏書，《内篇》蓋所自著，《外篇》或門人纂其言以成書。其初無所謂《雜篇》也，竊疑後人僞作《讓王》《漁父》《盜跖》《説劍》，勦入《寓言》篇中，離隔《寓言》之半爲《列禦寇》篇，於是分末後數篇并其僞書名爲《雜篇》，以相淆亂云爾。❶今既從蘇氏説黜其僞，復以《列禦寇》合於《寓言》而爲一篇。《庚桑楚》以下與《知北遊》以上諸篇，不見精粗深淺之不侔，通謂之《外篇》可也。夫莊氏書環瑋參差，不以觭見之，唯《駢拇》《胠篋》《馬蹄》《繕性》《刻意》五篇自爲一體，其果莊氏之書乎？抑亦周秦間文士所爲乎？是未可知也。故特別而異之，以俟夫知言之君子詳焉。蘇氏所黜四篇亦存之，以附其後。或曰：《史記》稱莊子作《漁父》《盜跖》《胠篋》，以詆訾孔子之徒。當時去戰國未遠也，而已莫辨其書之異同矣。且其書汪洋恣縱乎繩墨之外，而乃規規焉、局局焉議其篇章，得無陋哉？曰得意固可以忘言，將欲既其實而謂不必既其文，歟也。楊倞註荀卿書，定其篇次，讀者咸以爲當，予於莊氏之書亦然。

葬書敘録

《葬書》，相傳以爲晉郭璞景純之作。内外八篇，凡一千一百五十八字。世俗所行有二十篇，皆後人增以繆妄之説。建安蔡元定季通，去其十二而存其八，亦既得之。然就其所存，猶不無顛到混淆之失，惟此本

---

❶「淆亂」，成化本、乾隆本作「混淆」。

爲最善。篇分内外，蓋有微意。❶雜篇二，俗本散在正書篇中，或術家秘嗇，故亂之也。此別爲篇，倫類精矣，覽者詳焉。

驛　舟❷

壬寅秋，官辦驛舟遣送上京師。舟一日或一易，或再易，或三易。其易也，得一舟設飾完美，從者輒有喜色。遇一舟設飾敝惡，從者輒有愠色。予心笑而諭之曰：舟雖甚美，所寓止一二時若三四時，久則半日，又久則一宿，斯去之矣。雖甚惡，亦復如是。奚以喜愠爲也？夫喜也者，非以其有益於己而喜；愠也者，非以其有損於己而愠也。而一時之情，自不能以不然。噫！人之寓此世，亦猶寓此舟耳。多者百餘年，少者數十年，驟革而數遷，倏來而忽往，何常之有哉！而乃以目前之所值，移其胸中之喜愠者，何也？九月二十五日午時，舟中書。時已過新安驛，未至吕梁驛。

---

❶「蓋」，成化本、乾隆本作「各」。

❷此文成化本置於卷二十八末，乾隆本置於卷二十九，題目俱作「書驛舟」。

吴文正集卷二

元吴澄撰

答問

答張恒問孝經

問：《孝經》何以有今文、古文之别？

曰：黄帝時，倉頡始造字。周宣王時，史籀因倉頡字更革爲大篆。秦始皇時，李斯因史籀字更革爲小篆，倉頡字謂之古文。秦人以篆書繁難，又作隸書，取其省易，專爲官府行文書而設。自此人趨簡便，習隸者衆，習篆者寡，公私通行，悉是隸書。經火於秦而復出於漢，當時傳寫，只用世俗通行之字。武帝時，魯共王壞孔氏屋壁，得孔鮒所藏《書》《禮》及《論語》《孝經》，皆倉頡古文字。後人稱漢儒隸書傳寫之經爲今文，以相别異云爾。古文《書》孔安國獻之，遭巫蠱事，不及施行。安國没後，其書無傳。東萊張霸，詭言受古文《書》。成帝徵至，❶校其

❶「帝」下，成化本、乾隆本有「時」字。

書，非是《漢志》所載《武成》之辭，即張霸僞古文《書》也。東晋梅賾，於伏生今文《書》外增多二十五篇，今行於世。果真孔壁所藏者乎？古文《禮》五十六篇，内十七篇與今文《儀禮》同，餘三十九篇謂之《逸禮》。鄭玄注《儀禮》《禮記》，屢嘗引用，孔穎達作疏之時猶有，後乃燬於天寶之亂。古文《論語》二十一篇，與《魯論語》《齊論語》爲三。古文《孝經》二十二章，與今文《孝經》爲二，魏晋而後不存。隋人以今文《孝經》增減數字，分析兩章，又僞作一章，名之曰《古文孝經》。其得之也，絶無來歷左驗。《隋·經籍志》及唐開元時《集議》顯斥其妄，邢昺《正義》具載，詳備可考。司馬温公有《古文孝經指解》。蓋温公資質重厚，於《孝經》今文尚且篤信，則謂古文尤可尊也，而不疑後出之僞。朱子識見高明，《孝經》出於漢初者尚且致疑，則其出於隋世者，何足深辨也。而《刊誤》姑據温公所注之本，非以古文優於今文而承用之也。

恒又問：《孝經》果可疑乎？

曰：朱子云：「《孝經》出於漢初《左氏》未盛行之時，不知何世何人爲之也。」竊謂《孝經》雖未必是孔門成書，然孔鮒藏書時已有之，則其傳久矣。禮家有七十子後弟子所記，二戴《禮記》諸篇多取於彼。其間純駁相雜，《公》《穀》《左氏》等書稱道孔子之言者亦然。《孝經》殆此類也，亦七十子之後之所爲爾。中有格言，朱子每於各章提出，而小學書所纂《孝經》之文，其擇之也精矣。朱子曷嘗盡疑《孝經》之爲非哉？學者豈可因後儒之傅會而廢先聖之格言也。

評鄭夾漈通志答劉教諭

《通志》刊於壬子、癸丑間。張容谷守莆，胡石壁所囑，竹溪先生嘗詩之。苦泉序文，久不復記憶。庸齋之序，大概謂「真知者德性之知，多知者見聞之知。使及伊洛之門，相與切劘格物之學，則博歸於約矣」。但夾漈之論，以爲「名物度數難通而理易窮」，又謂「無義之理理之真，有義之理理之妄」。庸齋主伊洛之學，故其序如此。

此與化余丈書中語。茲蒙皦示，❶且教之曰：「立言難，知言蓋亦不易。❷庸齋序筆，頗覺意向異同。夾漈所云義理三言，還亦安否？」澄不敢虚辱厚意，謹評之如左，是正幸甚。

儒者之學分而三，秦漢以來則然矣，異端不與焉。有記誦之學，漢鄭康成、宋劉原父之類是也。有詞章之學，唐韓退之、宋歐陽永叔之類是也。有儒者之學，孟子而下，周、程、張、朱數君子而已。夾漈，記誦者之學也，而亦卓然有以自見於世，論者因其所長而取之可也。庸齋惜其不及伊洛之門相與切劘格物之學而反博於約，其意固爲忠厚。然在昔，游伊洛之門而不得其學者亦衆矣，使夾漈生於其時，講於其説，其反博而約也可必乎？況夾漈之博，初非顔子之博，何遽能一反而至於約哉？庸齋號爲主伊洛，然觀其言，則於伊

❶「玆」，原作「效」，據明初刻本、成化本、乾隆本改。

❷「不」，成化本、乾隆本作「未」。

洛格物之説蓋未之有聞也。知者，心之靈而智之用也，未有出於德性之外者。曰「德性之知」，曰「聞見之知」，然則知有二乎哉？夫聞見者，所以致其知也。夫子曰：「多聞闕疑，多見闕殆。」又曰：「多聞擇其善者而從之，多見而識之。」蓋聞見雖得於外，而所聞所見之理則具於心。故外之物格，則内之知致。此儒者内外合一之學，固非如記誦之徒博覽於外而無得於内，亦非如釋氏之徒專本於内而無事於外也。❶今立真知、多知之目，而外聞見之知於德性之知，是欲矯記誦者務外之失，而不自知其流入於異端也。聖門一則曰多學，二則曰多記，❷鄙孤陋寡聞而賢以多問寡，曷嘗不欲多知哉？記誦之徒則雖有聞有見，而實未嘗有知也。昔朱子於《大學或問》嘗言之矣，曰：「此以反身窮理爲主，而必究其本末、是非之極致，是以知愈博而心愈明。彼以狥外誇多爲務，而不覈其表裏、真妄之實然，是以識愈多而心愈窒。」夾漈惟徒知其物而不覈其實也，故以無義之理爲理之真。夫凡物必有所以然之故，亦必有所當然之則。所以然者，理也；所當然者，義也。程子曰：「在物爲理，處物爲義。」理之有義，猶形影聲響也，世豈有無義之理哉？理如玉之膚也，至微而至密，❸有旁通廣取、其義不一而足者。是以聖人之學，必精義而入神。今以多義爲妄，有義爲失，而以無義爲真，然則聖人精義之學非與？告子外義之見是與？《記》曰：「禮之所尊，尊其義也。失其

❶「本」，成化本、乾隆本作「求」。
❷「記」，原作「學」，據乾隆本改。
❸「至微而至密」，五字原脱，據明初刻本、成化本、乾隆本補。

義，陳其數，祝史之事也。」名物度數者，如稱之有銖兩、度之有尺寸也，有目者類能辯之。至於理，則得其皮者未必得其肉也，得其肉者未必得其骨也，得其骨者未必得其髓也。今曰「名物度數難通而理易窮」，烏乎，何其不思之甚哉！雖然，此古今記誦者之通病也，而吾於夾漈何尤？

答吴適可問

吴適可問：近有學官敦請鄉寓公充學賓，其書辭云：「古制：鄉學嚴事大賓，以象三光。」何也？

曰：古者，鄉大夫行鄉飲酒於鄉學，以賓禮興賢者、能者，而升其書於天府。擇其最賢者爲賓，其次爲介。此以德選，不以齒論。其齒雖在衆賓之下，而其坐席則在衆賓之上。賓介之外爲衆賓，則序以齒。衆賓之中齒最長者三人，升階拜受爵者，爲三賓。三賓之外，則不拜受爵。蓋三賓者，德在賓介之下、而齒在衆賓之上者也。鄉飲酒之禮，天下之達尊三，各有所尊焉。賓介，尊其德也；三賓，尊其齒也；僎坐於賓之東、主之北，尊其爵也。

問：「以象三光」，何也？

曰：此《鄉飲酒義》之文也。蓋七十子以後之儒所作，其言不足據。釋三光者，曰日、月、星。然其上文云：「賓主象天地，介僎象日月。」三賓在賓介之外，而又曰「象三光」，其義重複。故注家不以日、月、星釋三光，而釋曰「三辰」者，蓋避重複也。

問：學之有賓，何也？

曰：賓與主，對者也。敵體相見，居者爲主，至者爲賓。先代之後，天子所不敢臣，曰賓。丹朱爲虞賓、微子作賓於王家是也。他國之大夫，諸侯所不敢臣，亦曰賓。燕禮歌《鹿鳴》，而《詩》之《序》曰「燕群臣嘉賓」，蓋本國之臣曰群臣，它國之臣則不敢臣之，而曰嘉賓是也。賢能將進用於上，鄉大夫所不敢民，亦曰賓。行鄉飲酒之時，所立賓介是也。古者，公卿大夫致仕而居於鄉者，曰鄉先生。鄉人飲酒，則爲僎。諸侯之君失地而寄於他國，曰寓公，❶國君待以客禮。然則後之所謂學賓者，蓋兼取以上數條之義，謂郡縣之官與師，不敢以民庶徒友待之者也。

丁巳鄉試策問三首

問：昔在有虞，伯夷典禮，后夔典樂。逮至成周，宗伯、司樂，悉屬春官。周道衰微，禮樂在魯，韓起得見周禮，季札得觀周樂。周之經制，破壞於秦。漢定朝儀，雜采秦制。魯兩生謂禮樂百年而後可興，故文帝謙讓未遑。至於武帝，而後號令文章，焕然可述。然古制不復，君子不無憾焉。天佑國家，光啓文治，學校盛，貢舉行，禮樂之興，於其時矣。厥今璣衡曆象，太史掌之；輿圖職貢，秘書掌之。至精至詳，度越千古。獨太常禮樂，尚循近代之遺。伊欲大備皇元之典，若之何而爲禮，若之何而爲樂，必有能明制作之本意者，

❶「寓」，成化本、乾隆本作「寄」。

庶幾有補於明時。若曰事得其理之謂禮，❶物得其和之謂樂，苟得其本，何以文爲？禮云樂云，度數聲音云乎哉？淪於高虚，流於苟簡，則非有司之所願聞。

二

問：古昔聖人，用刑政以治天下，立法制以傳後世。周官所掌，則有刑典；吕侯所命，則有刑書。漢繼秦後，首定律令。蓋惟邦憲之重，民命所關。苟無條章可以遵守，則姦胥黠吏以意重輕，刑罰不中，民無措手足矣。律十二篇，歷代承用，疏義雅奧，與三《禮》相經緯。或言律是八分書者，蓋有所見。伊洛大儒，深然其説，豈道德之士於律亦有取歟？或言讀書不讀律者，蓋有所譏。及其釋經，輒引律文，豈文章之士於律亦不廢歟？當今斷獄，用例不用律。然斷例合天理，當人情，與律奚異，豈陽擯其名、陰用其實歟？或欲以今例古律參合爲一，或又謂例即律，律即例，有例固可以無律。然歟？否歟？賓興之賢能，皆識時務之俊傑，其悉意以對，有司將以復於上。

三

問：賞以勸善，罰以懲惡。賞貴乎信，不信則人不懷；罰貴乎必，不必則人不畏。古昔聖人，仁如天地，

---

❶「理」，乾隆本作「序」。

亦不能無刑而治。刑之所加，有宥無赦。流宥五刑，情輕者，宥之而已。眚災肆赦，過誤者始或赦之。逮至吕侯所命，五罰皆赦，非過誤者亦赦之，何歟？魯肆大眚，《春秋》示譏，豈眚之小者可赦，而大者不可赦歟？楚有星害，其臣勸之修德。修德豈無他事，而必以降赦爲德，何歟？諸葛爲相，國以大治，其果不赦之效歟？王仲淹云：「無赦之國，其刑必平。」豈數赦所以惠姦歟？賢能明於古今，達於刑賞，願聞至當之説。

答王參政儀伯問

澄自寄《弘齋記》後，末由嗣致起居之問。一子二孫來歸，❶能言吉履，知遂閒適之樂，不勝喜幸。二月二十一日，得去冬十月五日所惠翰教，啓誦如獲面覿。細玩副墨所問四條，嘉嘆罔已。别墅從容養親，讀書深造詳究，能儒流之所不易能，斯道不孤，關係非小。知至而至之，知終而終之，老夫日有望焉。四條之説，聊據鄙見陳之，以達左右。耄耋荒耗，愧不周悉，倘有未然，願更附便示及。

問目凡四：

第一節：朱子「静而不知所以存之，則天理昧而大本有所不立」，此言當矣。但謹按：「朱子曰」以下，朱子之言間有未瑩者，執事已自能知之，今不復再言。欲下實工夫，惟「敬」之一字是要法。然《中庸》先言「戒

❶ 「二」，成化本、乾隆本作「一」。

慎所不睹，恐懼所不聞」，而後言「慎其獨」，此是順體用先後之序而言。學者工夫，則當先於用處着力，凡所應接，皆當主於一。心主於一，則此心有主，而闇室屋漏之處，自無非僻。使所行皆由乎天理，如是積久，無一事而不主一，則應接之處，心專無二。能如此，則事物未接之時把捉得住，心能無適矣。若先於動處不能養其性，則於静時豈能有其心哉！言不能詳，即此推之，循其先後之次而着功焉，自見效驗。至若平日讀書窮理，其功又在此之先，而皆以敬爲之主也。依小學書，習敬身明倫之事，以封培大學根基，此又在讀書窮理之先者。

第二節：周子「太極動而生陽，静而生陰」之説，讀者不可以辭害意。蓋太極無動静，動静者，氣機也。氣機一動，則太極亦動；氣機一静，則太極亦静。故朱子釋《太極圖》曰：「太極之有動静，是天命之有流行也。」此是爲周子分解。太極不當言動静，以天命之有流行，故只得以動静言也。又曰：「太極者，本然之妙也；動静者，所乘之機也。」機猶弩牙，弩弦乘此機，如乘馬之乘，機動則弦發，機静則弦不發。氣動則太極亦動，氣静則太極亦静。太極之乘此氣，猶弩弦之乘機也。故曰「動静者所乘之機」，謂其所乘之氣機有動静，而太極本然之妙無動静也。然弩弦與弩機却是兩物，太極與此氣非有兩物，只是主宰此氣者便是，非別有一物在氣中而主宰之也。機字是借物爲喻，不可以辭害意。以「冲漠無眹，聲臭泯然」爲太極之體，以「流行變化，各正性命」爲太極之用，此言有病。蓋太極本無體用之分，其流行變化者，皆氣機之闔闢，有静時，有動時。當其静也，太極在其中，以其静也，因以爲太極之體。及其動也，太極亦在其中，以其動也，因以爲太極之用。太極之「冲漠無眹，聲臭泯然」者，無時而不然，不以動静而有間，而亦何體用之分哉！今以太極之「根抵造化」者爲體之静，「陰陽五行變合化育」者爲用之動，則不可。「元亨誠之通」者，春生夏長之時，陽之動也，於此而見太極之用焉。「利貞誠之復」者，秋收冬藏之時，陰之静也，於此而見太極之體焉。此造化之體用動静也。至若朱子所謂「本然未發者實理之體，善應而不測者實理之用」，此則就人身上言，與造化之動静體用又不同。蓋造化之運，動極而静，静極而動，動静互根，歲歲有常，萬古不易，其動静各有定時。至若人心之或與物接，或不與物接，初無定時。或動多而静少，或静多而動少，非如天地之動静有常度也。朱子以「繼之者善」爲陽之動，「成之者性」爲陰之静，蓋以造化對品彙而言。就二者相對而言，則天命之流行者不息，而物性之禀受者一定，似可分動静。然專以命之流行屬陽之動，性之禀受屬陰之静，則其言執滯而不通，蓋不可也。至若《中庸》「未發之中爲體，已發之和爲用」，難以造化之誠通誠復爲比。言之長也，未易可盡，姑以吾言推之。至若謂「静非太極之本體也，静者所以形容其無聲無臭之妙」，此言大非。動亦一，静亦一，即無動一静一之可疑，蓋因誤以太極之本然者爲静、陰陽之流行者爲動故爾。太極本無動静體用也，然言太極，則該動用静體在其中。因陽之動，而指其動中之理爲太極之用爾；因陰之静，而指其静中之理爲太極之體爾。太極實無體用之分也。

第三節：冬至祀天於南郊之圜丘，夏至祭地於北郊之方澤。❶此二禮相對，惟天子得行之。天猶父也，父尊而不親，故冬至祀天之外，孟春祈穀於郊亦於圜丘。五時兆帝則於四郊，亦惟天子得行之。其他非時

❶「於」，原脱，據成化本、乾隆本補。

告天，禮之重者則亦謂之郊，禮之輕者則謂之類。言非正郊也，有類於郊祀焉爾。然亦惟天子得行之。蓋祀天之禮，天子之外，無敢僭之者。地猶母也，母親而不尊，故惟北郊方澤一祭爲至重，其次則祭地於社。北郊之祭，天子所獨；社之祭，天子而下皆得行之。母親而不尊故也。天子之社謂之王社，諸侯之社謂之國社，大夫、士、庶人之社謂之里社，此皆正祭。除正祭之外，天子、諸侯或因事告祭，重者於社，輕者但謂之宜。言非正社之祭，其禮與社祭相宜稱焉爾。胡氏因不信《周禮》，但見他書皆以郊、社對舉而言，遂以爲天子祭地亦只是社祭而已。不知天子之尊所以異於諸侯者，有方澤祭地之禮爲至重，而諸侯不得行也。

第四節：古者，天子祭七廟。初受命之王爲太祖，其廟居中。東三昭，西三穆，凡六廟。東西之南二廟爲禰爲祖，東西之中二廟爲高爲曾，此謂之四親廟。東西之北二廟，祭高祖之父與高祖之祖，爲二祧廟。親廟四，❶祧廟二，合之爲三昭三穆。其有功德之王，親盡廟當毁，則别立一廟於昭穆北廟之北，謂之宗。百世不毁，與太祖同，周之文世室、武世室是也。合太祖二宗、❷三昭三穆，則謂之九廟，此天子之制也。若諸侯，則始封之君爲太廟，高曾祖禰爲四親廟，是曰二昭二穆，無二祧，亦無有功德之宗。故其祫祭也，但有時祫，而無大祫。時祫者，遷二昭二穆之主合祭於太廟也。大祫者，三昭三穆二宗之外，凡廟之已毁者，皆得合食於太祖之廟也。大夫三廟，初爲大夫者居中曰太廟，一昭一穆，則祖禰也。上士二廟，惟祖與禰，無太

❶「廟」，原脱，據成化本、乾隆本補。
❷「太」，原作「六」，據乾隆本改。

廟也。中士、下士一廟，禰廟而已，無祖廟也。庶人無廟，祭父於其寢而已。中士、下士之常祭，但得祭禰，若欲祭祖，則於禰廟祭之。上士欲祭曾、高，則於祖廟中祭之。大夫欲祭祖以上，則於太廟祭之。古者，惟天子、諸侯有主，大夫、士無主，祭則設席，以依神而已。伊川所制之禮，大夫、士皆有主，皆得祭及高祖，僭諸侯之禮也。至若冬至祭始祖，立春祭先祖，則僭天子禘祫之禮矣。故朱子初亦依伊川禮舉此二祭，後覺其僭，遂不復祭。後世既無封建，則斟酌古今之宜，三品以上得如古之諸侯，祭及四世。但既無封國，則不當有主。六品以上如大夫禮，七品如上士禮，八品、九品如中士、下士禮，如此庶幾近之。朱子所謂二主者，此言繼禰之宗子載其考妣二主以行爾。所謂「二主常相依則精神不分」者，言其考妣之精神常與神主相依，❶不別立祠板之類也。於祫及其高祖者，所謂由下而達於上也。❷高祖本無廟，若或立功於國，君寵錫之，則得合祭四代，上及高祖。大夫則祭於其太廟，上士則祭於其祖廟，中、下士則祭於其禰廟。以上始舉其大概，不及詳悉也。或曰禮隨時制，宜有損有益。大夫、士有主，自伊川所定之禮始，然亦無害於義。但是有廟者有主，其無廟者，其主埋於墓所。若欲追祭，則設席依神而祭於有主者之廟。況如今廟制皆非古，則只當且因循伊川所定之禮行之。❸

---

❶「常」，原作「當」，據明初刻本、成化本、乾隆本改。

❷「所」，原作「於」，據乾隆本改。

❸「只當」，乾隆本無此二字。

答人問性理

自未有天地之前至既有天地之後，只是陰陽二氣而已。本只是一氣，分而言之，則曰陰陽。又就陰陽中細分之，則爲五行。五氣即二氣，二氣即一氣。氣之所以能如此者，何也？以理爲之主宰也。理者，非別有一物在氣中，只是爲氣之主宰者即是。無理外之氣，亦無氣外之理。人得天地之氣而成形，有此氣即有此理，所有之理謂之性。此理在天地，則元亨利貞是也；其在人而爲性，則仁義禮智是也。性即天理，豈有不善？但人之生也，受氣於父之時，既有或清或濁之不同；成質於母之時，又有或美或惡之不同。氣之極清、質之極美者，爲上聖。蓋此理在清氣美質之中，本然之真無所汙壞，此堯舜之性所以爲至善，而孟子之道性善所以必稱堯舜以實之也。其氣之至濁、質之至惡者，爲下愚。上聖以下，下愚以上，或清或濁，或美或惡，分數多寡，有萬不同。惟其氣濁而質惡，則理在其中者被其拘礙淪染，而非復其本然矣。此性之所以不能皆善，而有萬不同也。孟子道性善，是就氣質中挑出其本然之理而言，然不曾分別性之所以有不善者，因氣質之有濁惡而汙壞其性也。故雖與告子言，而終不足以解告子之惑。至今人讀《孟子》，亦見其未有以折倒告子而使之心服也。蓋孟子但論得理之無不同，不曾論到氣之有不同處，是其言之不備也。不備者，謂但説得一邊，不曾説得一邊，不完備也。故曰「論性不論氣，不備」，此指孟子之言性而言也。至若荀、揚，以性爲惡。以性爲善惡混，與夫世俗言人性寬性褊、性緩性急，皆是指氣質之不同者爲性，而不知氣質中之理謂之性，此其見之不明也。不明者，謂其不曉得「性」字。故曰「論氣不論性，不明」，此指荀、揚世俗之説性者言也。程子「性即理也」一語，正是鍼砭世俗錯認性字之非，所以爲大有功。張子言：「形而後有氣質之性，善反之，則天地之性存焉。故氣質之性，君子有弗性者焉。」此言最分曉，而觀者不能解其言，反爲所惑，將謂性有兩種。蓋天地之性、氣質之性，兩性字只是一般，非有兩等性也，故曰二之則不是。言人之性，本是得天地之理，因有人之形，則所得天地之性局在本人氣質中，所謂「形而後有氣質之性」也。氣質雖有不同，而本性之善則一。但氣質不清不美者，其本性不免有所汙壞，故學者當用反之之功。反之如「湯武反之也」之反，謂反之於身而學焉，以至變化其不清不美之氣質，則天地之性渾然全備，具存於氣質之中，故曰：「善反之，則天地之性存焉。」氣質之用小，學問之功大。能學者氣質可變，❶而不能汙壞吾天地本然之性，而吾性非復如前汙壞於氣質者矣。故曰：「氣質之性，君子有弗性者焉。」

所謂性理之學，既知得吾之性皆是天地之理，即當用功，以知其性，以養其性。能認得四端之發見，謂之知。既認得日用之間，隨其所發見，保護持守，不可戕賊，之謂養。仁之發見，莫切於愛其父母，愛其兄弟。於此擴充，則爲能孝能弟之人，是謂不戕賊其仁。義、禮、智皆然。有一件不當爲之事而爲之，是戕賊其義；於所當敬讓而不敬讓，是戕賊其禮；知得某事之爲是、某事之爲非而不討分曉，仍舊糊塗，是戕賊其知。今不就身上實學，却就文字上鑽刺，言某人言性如何，某人言性如何，非善學者也。孔孟教人之法不如此。如欲去燕京者，觀其行程節次，即日雇船買馬起程，兩月之間可到燕京。則見其宮闕是如何，街道是如

❶「者」，原脱，據成化本、乾隆本補。

何，風沙如何，習俗如何，並皆了然，不待問人。今不求到燕京，却但將曾到人所記録逐一去挨究，參互比校，見它人所記録者有不同，愈添惑亂。蓋不親到其地，而但憑人之言，則愈求而愈不得其真矣。

天與七政，八者皆動。今人只將天做硬盤，却以七政之動在天盤上行。古來曆家，蓋非不知七政亦左行，但順行不可算，只得將其逆退與天度相直處算之。因此，後遂謂日月五星逆行也。譬如兩船使風皆趨北，其一船行緩者，見前船之快，但覺自己之船如倒退南行，然其實只是行緩赶前船不着故也。今當以太虛中作一空盤，却以八者之行較其遲速。天行最速，一日過了太虛空盤一度。鎮星之行比天稍遲，於太虛盤中雖略過了些子而不及於天，積二十八个月則不及天三十度。歲星之行比鎮星尤遲，其不及於天，積十二个月與天争差三十度。熒惑之行比歲星更遲，其不及於天，積六十日争差三十度。太陽之行比熒惑又遲，但在太虛之盤中一日行一周匝，無餘無欠，比天之行一日不及天一度，積一月則不及天三十度。太白之行稍遲於太陽，但有疾時，遲疾相準，❶則與太陽同。辰星之行又稍遲於太白，但有疾時，遲速相準，則與太白同。太陰之行最遲，一日所行比天爲差十二三四度。其行遲，故退度最多。今人不曉，以爲逆行，則謂太陰之行最疾也。今次其行之疾遲：天一，土二，木三，火四，日五，金六，水七，月八。天、土、木、火，其行之速過於日；金、水、月，其行之遲又不及日。此其大率也。

---

❶「疾」，乾隆本作「速」。

私試策問見國朝文類

治天下之事多矣。有司嘗考今古，以爲其事之大者十有二。稽之古而不能無疑，曷可行於今歟？試因識時務者議之。

古者胄子有教，何教乎？師保有訓，何訓乎？顯中諸吕之謀亂，與奮節甘露變故之後者，孰優？精忠於賢否混淆，與抗疏朝廷草創者，孰劣？上書美莽，何謬歟？醉入賦詩，何迂歟？願聞所以得公族之道。

古者力牧之外，何以有六相？禹、皐之外，何以有十六相？丞相欲斬二千石，與置部刺史而相府不相干者，孰非？丞相欲斬戲臣，與小臣加官而相府不相統者，孰是？蕭、曹舊隙，何以同心？姚、宋不同，何以戮力？嚴明寬厚，何以相資？善謀善斷，何以相用？醇謹相飭，❶才何劣，而係天下安危？二十四考，量何宏？❷二黨交攻，量何隘？而爲天下輕重二十餘年，何才歟？願聞所以爲宰相之道。

古者諫無官，王事無闕，後世置諫大夫，世道不古。御史爲傳命記事，果得乎？御史爲平章按察，果失乎？擢補闕以增直臣氣，謂諫議有諫臣風者，孰優？以中大夫守東海，諫官補刺史者，孰劣？守饒州而

❶「相」，成化本、乾隆本、《元文類》卷四十六作「自」。
❷「量何宏」，成化本、乾隆本、《元文類》卷四十六作「何量與」。

給事不肯草制，可法與？除刺史而舍人封駁，可嘉歟？願聞所以得臺諫之道。

古者金馬承明之著作，與設中書之官，❶孰是？尚書侍郎之起草，與立學士之號者，孰非？取譽於貞觀，與德音除書者，同乎？齊名於元和，與號大手筆者，異乎？賜與宫錦，與下詔而悍卒泣涕者，孰賢？贈以玉帶，與賜詔而王逵效順者，孰勝？願聞所以得兩制之道。

古者東觀、禁中之名，同乎？弘文、崇文、秘書之號，異乎？秘書府居於外，何所始？秘書閣藏於外，何所因？劉章、元成、施讎、周堪，何官？揚雄、班固、傅毅，何職？黄香、盧植、蔡邕、馬融，與馬懷素、褚無量，何所顯乎？賈逵、丁鴻，與張説、徐堅、元澹，何以名乎？願聞所以得館閣之道。

古者左右史與内史，何所殊？大小史與外史，何以異？蘭臺掌圖籍，與禁中注起居，孰優？太史居丞相上，與史館於門下省者，孰是？三墳五典，紀之何人？《春秋》《檮杌》，作之何氏？章程必付柱下，元功必藏御史，何意乎？太史必職司馬，科斗必職東家，何見歟？卻太宗觀史，與卻❷文宗者，孰賢？卻張説託言，與卻李德裕者，孰智？願聞所以得史館之道。

古者撢人巡省四方，與掾史分制諸郡，❸同乎？刺史秩卑權重，與州牧秩重權專，異乎？刺史揚州奏

❶「設」，原脱，據《元文類》卷四十六補。

❷「卻」，原作「郤」，據《元文類》卷四十六改。本篇下同，不再出校。

❸「掾」，原作「椽」，據成化本改。以下同此者逕改，不再出校。

二千石罪，與刺史冀州不察長吏者，孰優？不肯捄火，❶與不肯捕蝗者，孰劣？補職三百，不以私撓，設學校，變風俗，與真刺史者，孰勝？單造賊壘，毁淫祠，❷破機祥，與三獨坐者，孰負？百城聞風而震悚，果賢乎？奸贓望風而解綬，果得乎？願聞所以得監司之道。

古者六官掌於司馬，孰爲將？漢唐府衛，❸孰爲帥？韓、彭、衛、霍之功，孰多？靖、勣、光弼之才，孰愈？築臺簡注，而上客何以誅？設壇寵拜，而椒房何以罰？漢中可戰則戰，非輕乎？荆州可和則和，非怯乎？朝受詔，夕引道，與軍旅俎豆者，孰是？卯受命，辰出師，與廟堂朝歌者，孰非？請抗强晋而學《春秋》者，何以有陳濤之奔？輕裘平吴而作《文賦》者，❹何以有河橋之敗？趙不敢東，匈奴不敢寇，愈於毁其家以舒國難者乎？❺胡不敢南，突厥不敢顧，愈於「匈奴未滅，何以家爲」者乎？願聞所以得將帥之道。

古者渤海潁川之良，果拜守相輒見問之功乎？河北二十四郡無一忠，豈側門俟進止之過乎？由滎陽爲中大夫，❻與上蔡擢河南守者，何如？道不拾遺，蟲不犯境，與江陵反風不期伏虎者，何似？肥鄉之才

---

❶「捄火」，《元文類》卷四十六作「杖小史」。
❷「毁」上，原衍「不」字，據成化本、乾隆本删。
❸「漢唐」下，《元文類》卷四十六有「大將」二字。
❹「作」，原脱，據乾隆本、《元文類》卷四十六補。
❺「舒」，成化本、乾隆本、《元文類》卷四十六作「紓」。
❻「中」，原作「田」，據《元文類》卷四十六改。

何以稱？益昌山陽之才何以美？濫賞王成，何謂賢之？❶不識真卿，何以復國？德化三異與忠信三善，孰優？民不敢欺與民不忍欺，孰善？願聞所以得守令之道。

古者學、校、庠、序之名，❷同乎？司樂、學政、國子之制，❸異乎？六德、六舞、干戈、羽籥之制，何以殊？禮、樂、《詩》《書》，鄉司徒之教，何以別？置子弟員五十人，而至百人千人，而至三千人，❹何以盛？圜橋億萬計，黌舍千八百室，❺與每歲課三科，歲復增二科，何以精？國子三百人，太學五百人，四門千三百人，又何以盛？《鹿鳴》之歌，燕室之琴，舉成送尚書，何以精？博士弟子領於太常，得乎？國子監隸太常寺，當乎？舉司隸之幡，與捄朱穆、皇甫規者，孰優？拒朱泚之亂，與褒陳仲舉留陽城者，孰勝？教牢修之書，何以乎？嗾張顯之誣，❻何因乎？願聞所以得學校之道。

古者選部有尚書，何所始？尚書有吏部，吏部有侍郎，何所自？用人不分流品，故有引强蹶張致相者，何法官必取之法律，而財賦必取之入粟補官乎？選官清鑑與詳密者，何如？平允與請謁不行者，何

---

❶「之」，乾隆本、《元文類》卷四十六作「主」。
❷「學校庠序」，原作「庠序學校」，據明初刻本、成化本、乾隆本、《元文類》卷四十六乙正。
❸「國子」，原作「學」，據《元文類》卷四十六改。
❹「三」，原作「二」，據成化本、乾隆本、《元文類》卷四十六改。
❺「室」下，原衍「之」字，據成化本、乾隆本、《元文類》卷四十六刪。
❻「嗾」，原作「喉」，據《元文類》卷四十六改。

若？山公啓事與二十年天下無遺才者，孰優？金背鏡與二十年留得人者，孰是？或無藻鑑，或賢否雜進，與曳白之譏，孰非？或較覈失實，或大納賄賂，與市瓜之譏，孰劣？願聞所以得銓選之道。

古者八元八愷，誰之苗裔？鄧號毛原，何所自出？仕者世禄，與三衙三衛之制，何以殊？崇德象賢，與武選文較，❶何以異？多憨之夫，三篋之才，與元城之守節，孰優？細柳之屯，朱崖之排，與蕭育之賢，孰優？任太子洗馬、太子庶子，與校書郎、博士弟子者，孰勝？任侍中、司空，爲郎、爲中郎將者，孰負？父任與兄任，孰賢？族父任與宗家任，❷孰愈乎？教子以諂者，何故？教子以容者，何爲？或謂任子不通古今，果當乎？或謂雜色入流者，果宜乎？願聞所以得任子之道。

若此十二事，曷爲而不戾於古，曷爲而可行於今，其詳言之，有司將以觀有用之學。

---

❶「文」，原作「之」，據成化本、乾隆本、《元文類》卷四十六改。

❷「家」，原脱，據《元文類》卷四十六補。

吴文正集卷三

元　吴澄　撰

答問

答海南海北道廉訪副使田君澤問

澄向於京師獲識，深惟足下仕今學古，資純篤而志精專，世所希有，嘉嘆敬慕。但一見之後，無因再聚，每思同志之難遇，未嘗不悠然而興懷也。忽僅貽問，乃知觀風嶺海，又喜持憲之得賢。惠示賀、王二君數種之書，如獲奇寶。旋即開卷玩繹，鄙見頗有未然者，别紙開具，幸垂省覽。承問及《無極太極説》，非面難致其詳，姑言其略。

大概古今言太極者有二，當分别而言，混同爲一，則不可也。莊子云「在太極之先」，《漢志》云「太極函三爲一」，唐詩云「太極生天地」，凡此數言，皆是指鴻濛渾沌、天地未分之時而言也。夫子言「《易》有太極」，則是指道而言也，與莊子、漢唐諸儒所言「太極」字絶不相同。今儒往往合二者爲一，所以不明。如邵子言「道爲太極」，則與夫子所言同。又言「太極既分，兩儀立矣」，則與諸家所言同。蓋夫子所言之太極，指道而言，則不可言分。言分者，是指陰陽未判之時。故朱子《易贊》曰：「太一肇判，陰降陽升。」不言太極而言太一，是朱子之有特見也。朱子《本義》解「易有太極」云：「易者，陰陽之變；太極者，其理也。」朱子只以陰陽之變解「易」字。太極者，是《易》之本原。節齋蔡氏以爲易乃太極之所自出，朱門學者皆疵其説。來諭與蔡説相符，而非朱子意也。《朱子語録》云：「易之有太極，如木之有根、浮圖之有頂。然木之根、浮圖之頂，是有形之極，太極却是無形之極，無方所頓放，故周子曰：『無極而太極。』」世儒讀《太極圖》，分無極、太極爲二，則周子之言有病。故朱子合無極、太極爲一，而曰「非太極之外别有無極也」，又曰「無極即是太極」。澄之説，是發明朱子此義。蓋老、莊、列之意，皆以爲先有理而後有氣。至宋朝二程、横渠出，力闢老氏自無而有之説爲非，而曰：「理氣不可分先後，理是無形之物，若未有氣，理在那處頓放？」又曰：「理與氣，有則俱有，未嘗相離。」非知道者，孰能識之？」程、張之所以爲知道，正以其能識得此與老氏之説不同故也。今生於程、張之後，而又循襲「有理而後有氣」之説，則是本原處差了。可子細取《近思録》《程氏遺書》《外書》《張子正蒙》及《朱子語類》觀之，四先生説得洞然明白，即與愚説無異，其他不能多及。

一　往歲，蒙惠王巽卿《易》《春秋》二書。《易》雖與鄙説多不同，然皆祖本程傳，程傳有與《易》之本文不甚協者，乃更易之。其書最爲平正穩審，不敢以其不與己説合而輕議之也。

一　《春秋類傳》極佳，内雖有一二處與鄙説不同，然大綱領皆精當。用工之深，用意之密，可敬可敬。

一　《大學》一書，舊來只雜於《禮記》中。河南二程子生於千餘載之後，獨得聖道之傳，故能識此篇爲聖人之書，并《中庸》一篇，皆自《禮記》中取出，表而顯之。明道、伊川二先生，皆有更定《大學》傳文次第，然皆不如晦庵之當。經一章渾然如玉，豈可拆破？❶第一節，自「大學之道」至「在止於至善」，言三綱領。第二節，自「知止而後有定」至「慮而後能得」，覆説上文，五句各有「而後」兩字。第三節，「物有本末」至「則近道矣」，總結上文。此以上三節，爲前半章。第四節，「古之欲明明德」至「致知在格物」，言八條目，與第一節相對。第五節，「物格而後知至」至「國治而後天下平」，覆説上文，七句各有「而後」兩字，與第二節相對。第六節，自「天子至於庶人」至「未之有也」，總結上文，與第三節相對。此以上三節爲下半章。經文二百餘字，謹嚴簡古，真聖筆也，與傳之文體全然不同。今乃拆破經之第二節、第三節，以補「致知格物」之傳，豈不識經傳文體之不同乎？而此兩節，欲强解作「致知格物」之義，亦且不通。徒見有一「物」字、有一「知」字，而欲以爲「格物致知」之傳，無乃不識文義之甚乎？且經文中除了此兩節，豈復成文？如一玉盤，打破而去其一角，但存其三角，豈得爲渾全之器哉！

一　「明德」傳引用三「明」字，「新民」傳引用三「新」字，文法整齊嚴密，不可增添。今於「新民」傳增加「聽訟」一節，聽訟固可爲新民之事，然指一事而言耳，與上三節文體不類。子細玩味，自當見之。

一　「平天下」章，程子故嘗更定其傳文矣，而朱子獨以舊文爲正。或問之，言曰：「此章所言已足，而復更端以廣其意，有似於易置而錯陳。然其端緒接續，血脈貫通，而丁寧反覆之意見於言外，不可易也。必欲以類相從，則其界限雖若有餘，而意味反或不足，不可不察也。」今詳觀巽卿所更，又不如程子之明且易。

❶「拆」，成化本、乾隆本作「坼」。下文「拆破」同。

朱子不以程子之所更定者爲然，愚豈敢以巽卿之所更定者爲然乎？巽卿苦學深思，誠爲可嘉，而此一書，比之《易》《春秋》二書，不可同日語矣，恐不可以行於世也。區區老拙，學淺識卑，不足以窺測高賢之所藴，然不敢不盡己之心以告。

一　毁《周禮》，非聖經，在前固有其人，而皆不若吾鄉宏齋包恢之甚。毫分縷晰，❶逐節詆排，如法吏定罪，卒難解釋，觀者必爲所惑。如近年科舉不用《周禮》者，亦由包説惑之也。包説印行，比之巽卿《正義》其多十倍。然愚嘗細觀，不過深嘆其無識而已。今巽卿所言，比之於包，極爲平恕。以包之苛細嚴刻，識者猶笑其爲蚍蜉撼大樹，而凡諸家之所詆，愚皆有説以答之，累千言未可既也，今不復言。

一　《洪範》當更定。愚自幼讀書，即有所疑。後見南康馮深居所更定，然猶未滿吾意。深居，厚齋先生之子，從朱文公學，正與江古心、董矩堂爲行輩。❷今東岡曾爲古心、矩堂所前席，則與深居同時。此本或是曾相講論而爲之，否則，是與之暗合也。可尋探覓馮深居所定《洪範》經傳一觀，則見其與東岡之書大同小異。愚亦嘗有更定，與馮氏之本不盡同，不欲示人。近爲揚州秦氏於學者處傳得藁本刊之，今謾録呈，過目幸甚。

一　《無極太極説》，因朱子《太極圖解》云「上天之載，無聲無臭，而實造化之樞紐、品彙之根柢，故曰無

❶「晰」，成化本、乾隆本作「析」。
❷「古」「董」，原分别作「右」「童」，併據成化本、乾隆本改。下文「古心」改正同此。

極而太極，非太極之外復有無極也」，學者多不曉朱子之説，故作此説爲之疏義，以發明朱子之意而已。其愚意亦有與朱微不同者，當別言也。

答田副使第二書

澄夏間辱惠教墨，嘗率爾奉復，正以未由嗣訊爲慊，倏僅再書，捧讀忘倦。惟明公方以洗冤澤物爲事，而又有餘暇講談義理之精微，非資識傑出一世，何能若是！然斯道自孟氏以後，晦冥者千有餘年，至宋程、張，其脈始續。明公有志乎此，則程氏所遺有《遺書》《外書》《經説》《文集》，張氏所遺有《正蒙》《理窟》《語録》《文集》之類，皆當博觀而細玩，然後見其真得不傳之學者其要領爲何如。若未詳究而輕於立論，則非《中庸》所謂博學審問、慎思明辨之旨。所蒙惠教，謹逐一條析於後，唯明者擇焉。

孔穎達《易疏》云：「太極，謂天地未分以前元氣混而爲一，是太初、太一也。老子『道生一』，即此太極也。混元既分，即有天地，故曰『太極生兩儀』，即老子之『一生二』也。」《三五曆紀》云：「未有天地之時，混沌如雞子，溟涬鴻濛。」❶謂之「太極，元氣函三爲一」。莊子云：「夫道，在太極之先而不

❶ 「溟涬鴻濛」，文淵閣四庫全書本祝穆《古今事文類聚》前集卷一《天道部》引《三五曆紀》作「溟涬始牙，鴻濛滋萌」。

爲高」，❶《漢書》云太極。

澄按：莊子及漢唐諸儒，皆是以天地未分之前混元之氣爲太極，故孔穎達疏《易》亦用此説。夫子所謂太極，是指形而上之道而言，孔疏之説非也。自宋伊洛以後，諸儒方説得太極字是。邵子云：「道爲太極。」朱子《易本義》云：「太極者，理也。」蔡氏《易解》云：「太極者，至極之理也。」蔡氏雖於「易」字説得未是，解「太極」字則不差。澄之《無極太極説》曰：「太極者，道也。」與夫子、邵子、朱子、蔡氏所説一同。而高見不以爲然，蓋是依孔穎達及莊子諸人之説，以太極爲混元之氣故也。然混元未判之氣名爲太一，而不名爲太極。故《禮記》曰：「夫禮本於太一，分而爲陰陽。」朱子《易贊》曰：「太一肇判，陰降陽升。」若知混元未判之氣不名爲太極，而所謂太極者，是指道理而言，則不待辨而明矣。

先次來教，言太極是理氣象數渾而未分之名，則又與漢唐諸儒所謂混元之氣者小異。蓋混元太一者，言此氣混而爲一，未有輕清重濁之分。及其久，則陽之輕清者升而爲天，陰之重濁者降而爲地，是謂混元太一之氣分而爲二也。❷今曰理氣象數渾而未分，夫理與氣之相合，亘古今永無分離之時，故周子謂之妙合，而先儒謂推之於前而不見其始之合，引之於後而不見其終之離也。言太極理氣渾，是矣，又言

❶「在」，原脱，據郭象《莊子注》卷三《大宗師第六》補。「高」下，原爲二空格，成化本、乾隆本爲四空格，郭象《莊子注》卷三《大宗師第六》空格處爲「在六極之下而不爲深」。

❷「謂」，原作「爲」，據明初刻本、成化本、乾隆本改。

未分，則不可。蓋未分，則是終有分之時也。其實則理氣豈有時而分也哉！又以象數並理氣而言，則象數果别爲一物乎？以其氣之著見而可狀者謂之象，以其氣之有次第而可數者謂之數。「象數」兩字，不過言氣之可狀、可數者爾，非氣之外别有象數也。若以太極爲至極之理，則其上不容更着「無極」兩字。故朱子爲周子忠臣，而曰「無極二字只是稱贊太極之無可名狀，非太極之外復有無極也」。若以太極爲一氣未分之名，上頭却可着「無極」兩字。然自無而有，非聖賢吾儒知道者之言，乃老莊之言道也。今録老莊言道自無而有之旨及朱陸辨無極、太極問答大略於後，細觀當自了悟。

老子曰：「天下萬物生於有，有生於無。」又曰：「道生一，一生二。」莊子曰：「太初有無無，有無名，一之所起。」

澄按：老子所謂道，莊子所謂太初，即來教所言之無極也。所謂一者，即來教所言之太極也。若如來教之解無極、太極，即是老莊此二章之旨。説得周子本文固甚分曉，但是押入周子在老莊隊裏行，而不可謂之得吾聖道之傳者矣。朱子費盡氣力爲之分疏，而解此二句不與世儒同者，正欲明周子之所言與吾聖人之言道不異故也。故澄以爲，周子之忠臣程子親受學於周子，周子手授此圖於二程，二程藏而秘之，終身未嘗言及，蓋爲其辭不别白，恐人誤認以爲老莊之言故也。其後學者索之，只將出《通書》，終不出《太極圖》。程子没後，於他處搜求，方得此圖。能知程子不輕出此圖之意，則言之必不敢容易，且知朱子之大有功於周子也。

梭山陸子美與晦庵書云：「《太極圖説》與《通書》不類，疑非周子所爲。不然，則是其學未成時所作；不然，則或是傳他人之文，後人不辨也。蓋《通書》言五行陰陽、陰陽太極，未嘗加無極字。假令《太極圖説》是其所傳，或其少時所作，則作《通書》時不言無極，蓋已知其説之非也。」

象山陸子静與晦庵書云：「無極二字，出於《老子》『知其雄』章，吾聖人之書所無有也。《老子》首章言：『無名，天地之始；有名，萬物之母。』此老氏宗旨也。無極而太極，即是此旨。老氏見理不明，所蔽在此。《太極圖説》以無極冠首，而《通書》終篇未嘗一及無極字。二程言論至多，亦未嘗一及無極字。假令其初實有是圖，觀其後來未嘗一及無極字，可見其學之進，而不自以爲是也。兄今考訂注釋，❶表顯尊信如此其至，恐未得爲善祖述者也。」晦庵答書云：「老氏之言有無，以有無爲二；周子之言有無，以有無爲一。正如南北、水火之反，未可容易譏評也。近見國史《濂溪傳》載此《圖説》，乃云『自無極而爲太極』。若使濂溪本書實有『自』『爲』兩字，則信如老兄所言，不敢辨矣。然因渠添此二字，却見得本無兩字之意愈益分明，請試思之。」

澄按：來教所言，正是以有無爲二，自無極而爲太極也。今録程子、張子所言有無不分先後之旨於後。蓋宋儒之言道，周子微發其端而已。其説之詳而明，直待張子、二程子出，而後人知二子所言之道，與老莊所言自無而有者不同。故論程、張二子有功於吾道者，以其能辨異端似是之非也。

程子曰：「道者，一陰一陽也。動静無端，陰陽無始。非知道者，孰能知之？」

---

❶「訂」，乾隆本作「證」。

澄按：此程子解《繫辭》傳「一陰一陽之謂道」一句也。蓋陰陽，氣也；所以一陰一陽者，道也。道只在陰陽之中，雖未分天地以前，而陽動陰静固已然矣。非陽動即陰静，非陰静即陽動，無更有在陰静陽動之前而爲之發端肇始者。程子既言此，而又以「非知道者，孰能知之」綴於其後，蓋亦自負，而料世人不悟，必有以爲道在陰陽之外，而動静有端、陰陽有始者。惟朱子曉此，故其《太極圖解》曰：「此無極，太極也。所以動而陽、静而陰之本體也，然非有以離乎陰陽也。」即陰陽而指其本體，不雜乎陰陽而爲言爾。言一初便是陰陽，而太極在其中，非是先有太極而後有陰陽動静也。

程子曰：「至微者，理也；至著者，象也。體用一原，顯微無間。」

澄按：此程子《易傳序》中語也。蓋至微之理者，體也，即來教所謂《易》之體者。然體之至微而用之至著者已同時而有，非是先有體而後有用也，故曰一原。至顯之象而與至微之理相合爲一，更無間别，非是顯生於微也，故曰無間。程子嘗與人言：「某之此八字，莫不太洩漏否？」蓋亦自擔當，而料世之人不能悟也。

張子曰：「有無、隱顯，通一無二，則深於《易》者也。若謂虚能生氣，則體用殊絶，入老氏『有生於無』之論，不識所謂有無混一之常。此道不明，儒佛老莊混然一途，語天道性命者不罔於恍惚夢幻，則定以有生於無爲窮高極微之論，多見其蔽於詖而陷於淫矣。」

澄按：張子此言，尤爲明白，非是先無後有、有生於無矣。

蔡氏謂：「周子於太極之上加無極，正是解夫子『易有太極』之『易』字。而其解『易』字，亦曰『易，變易也』。」澄謂變易屬乎陰陽，豈可以言無極？ 蔡氏自知其説之病，乃引「易無體」之説以救之，而曰「變易無體之中，有至極之理也」。朱子以易爲陰陽之變，「《易》有太極」者，言陰陽變易之中有至理以爲主宰也。蔡氏既以變易無體爲理矣，而又曰「中有至極之理」，然則理中復有一理乎？「變易無體」，已是言理，而又曰「有至極之理」，可乎？ 粗曉文義者，亦知其説之不通矣。又曰：「流行乎乾坤中之易，非『易有太極』之易也。」果有二等易乎？ 又曰：「陰陽動静之間，是流行中之太極，與夫子所言太極降一等。」果有降一等之太極乎？ 蔡氏所解卦爻彖象，多有發明朱子未到處，澄《纂言》中亦取其説。但《易解》後別有《大傳易説》一卷，主於破其師「太極在陰陽中」之説，於道之大本大原差了，故有此兩般易、兩般太極之謬談。朱門惟勉齋黄直卿識道理本原，其次北溪陳安卿於細碎字義亦不差。

來教謂澄「以一二三四五六七八九爲《洛書》文，然此乃數也，若五行至六極，則《洛書》之文也」。澄按：舊説以「初一曰五行」至「次九曰嚮用五福威用六極」六十五字爲《洛書》本文。此六十五字者，不知是龜介甲上有此六十五字乎？抑是龜背負得一竹簡或一木板，寫此六十五字在簡板之上乎？ 果如此，則與宋真宗朝所謂天書降者何異？ 世豈有此等怪妄之事哉！ 來教謂禹如何逆知一爲五行，二爲五事。澄謂：設使龜書果有此六十五字，禹亦如何逆知五事之爲貌、言、視、聽、思也？ 如何逆知八政之爲食、貨、祀及司空、司徒、司寇與賓、師也？ 如何逆知五紀之爲歲、月、日及星辰、曆數也？ 與夫三德、庶徵、五福、六極之目，皆非可以臆度，必也并《九疇》之子目，皆是龜背之文寫出而後可知。設若如此，愚人拾得，亦可傳世，何必聖人而後能作《洪範》《九疇》哉！ 且《河圖》之出，亦止有五十五數。伏羲則之，便畫成兩儀、四象、八卦，及重爲六十四卦。此卦畫即非《河圖》所有，伏羲何以臆度而爲此畫邪？至如邵子言：「方者洛書之文，畫州井地之法，其倣於此乎？」❶亦但言《洛書》有九數，其分天下爲九州、分一井之田爲九个百畝者，亦與《洛書》之九數相符爾。聖人之心與天地合德，以脩身、齊家、治國、平天下之事有九个門類，此其素藴於胸中者也，一旦見龜文之有九數，遂撰成《洪範》一書。即平日所藴修齊治平之法分作九類，次其先後，以配龜文之九，正與伏羲見《河圖》有奇偶之數而作奇偶二畫，以倣《河圖》奇偶之數者同。天乃錫禹《洪範》《九疇》，如《商書》言「天乃錫王勇智」。湯生得有勇智，即是天錫，豈必天提此勇智錫與湯邪？「舜有天下也，天與之」，豈是天親手分付而與之乎？「有夏多罪，天命殛之」，豈是天親口有言語而命之乎？《河圖》自一至十，五十五點之在馬背者，其旋毛之圈有如星象，故謂之圖，非五十五數之外別有所謂圖也。《洛書》自一至九，四十五畫之在龜背者，其背文之坼有如字畫，故謂之書，非四十五數之外別有所謂書也。至今馬背之旋毛如星點，特無自一至十之數爾；至今龜背之坼文如字畫，特無自一至九之數爾。《左傳》所謂「有文在其手曰友」，亦是手掌之坼文如「友」字也。手掌之坼文與龜背之坼甚相似。今言河之圖者，不索圖於五十五數之外，而言洛之書者，乃欲索書於四十五數之外，不亦惑乎？大概不曉《洛書》之數爲龜坼之文如字畫，而亦如《河圖》作四十五个圓圈子看，所以惑也。

來教謂澄「概言『易』爲陰陽變易之易，其易已連屬乎陰陽之中，如此是一部《易》書只做得一个『易』字

❶「於」，原作「如」，據乾隆本、邵雍《皇極經世書》卷十三《觀物外篇上》「圓者星也」條改。

字説」。澄竊謂：伏羲當初作《易》時，仰觀天文，天文只是陰陽；俯察地理，地理只是陰陽。觀鳥獸之文與地所宜之草木，近取諸人之一身，遠取諸一切動植及世間服食器用之物，亦無一而非陰陽者。適值河出馬圖，觀其後之一與六，則一陽六陰也；觀其前之二與七，則二陰七陽也。觀其左之三與八、右之四與九，中之五與十，❶又皆有陰有陽也。此天不愛道，而顯然以陰陽之數示人者，於是始作八卦。畫一奇畫以象陽，畫一偶畫以象陰，即此奇偶二畫而爲四象、八卦，以至重爲六十四卦。八卦者，止是十二陽畫、十二陰畫而已。六十四卦者，止是百九十二陽畫、百九十二陰畫而已。除陽畫、陰畫外，别無一句言語，亦無秘密傳授。即此陽畫、陰畫之中，包括天地萬物之理，更無遺者，故可以通神明之德，可以類萬物之情。若謂伏羲之《易》非陰陽變易所能盡，而有不連屬乎陰陽者，不知當於何處尋覓。文王、周公之彖爻姑未暇論，夫子作《繫辭傳》，乃是爲伏羲、文王、周公之《易》作序也，首言「天尊地卑而乾坤定，卑高以陳而貴賤位，動静有常而剛柔斷」。天地，卑高、動静，非陰陽乎？乾坤之卦、貴賤之位、剛柔之畫，非易中之陰陽乎？剛柔相摩、八卦相盪，雷霆風雨、日月寒暑，乾男坤女，非陰陽乎？以至言《易》與天地準，而曰天地之道、幽明之故。天地、幽明，非陰陽乎？曰死生之説、鬼神之情狀。死生、鬼神，非陰陽乎？而夫子又直指而曰：「一陰一陽之謂道。」不知捨了陰陽，道於何處連屬乎？後章又言乾坤、動静、四時、日月，非陰陽乎？效天法地，天地設位，而易行乎其中，非陰陽乎？以後不及縷數。果有不連屬乎陰陽之易，夫子何不言之？而自初至

❶「五」，原作「三」，成化本、乾隆本作「伍」，據上下文義改。

末，皆必以陰陽爲言，何夫子之不能爲高論乎？

來教謂「天地絪緼變化之機，人物性情之理，開物成務、治國平天下之道，夫子作《易繫辭》，發明尤爲詳悉。止言『易者，陰陽相易』，則所以開物成務之大道不見彰著」。澄觀夫子言昔者聖人之作《易》，將以順性命之理。而其所謂性命之理者，不過曰天之道陰與陽、地之道柔與剛、人之道仁與義而已。柔者，地之陰也；剛者，地之陽也。仁者，人之陽也；義者，人之陰也。夫子何不捨去陰陽而别作高虚之説，以言天、地、人之道乎？不審捨了陰陽，而有天地絪緼變化之機否乎？捨了陰陽，而有人物性情之理否乎？以至開物成務、治國平天下之道，無非陰陽之用。今而不知其爲陰陽，正所謂百姓日用而不知爾。先儒言世間無一事無陰陽者，行便是陽，止便是陰；語便是陽，默便是陰。開目便是陽，閉目便是陰；呼氣便是陽，吸氣便是陰。張忠定公詠曾見陳希夷，言公事亦有陰陽，未斷時是陽，已斷時是陰。以至《月令》「逐月順天地之陰陽而行事」，無一而非陰陽也。欲外陰陽而語天地絪緼變化之機，語人物性情之理，語開物成務、治國平天下之道，澄識見卑下，不知其爲何説。澄之愚見，則以爲人之生也，因陰陽五行之氣而有形，形之中便具得陰陽五行之理，以爲健順五常之性。仁禮者，健之性也，屬乎陽；義智者，順之性也，屬乎陰。信也者，實有是陽健陰順之性也，率是性而行焉。仁禮，陽健之道也；義智，陰順之道也。其在五倫，則父子兄弟之仁禮，天屬而屬陽者也；❶君臣夫婦之義智，人合而屬陰者也。又細分之，則父子之仁，陽之陽也；兄弟之禮，

---

❶「天」，原作「親」，據成化本、乾隆本改。

陽之陰也。君臣之義，陰之陰也；夫婦之别，陰之陽也。又細分之，則父之愛，陽也；子之順，陰也。兄之長，陽也；弟之幼，陰也。君之尊，陽也；臣之卑，陰也。夫之倡，陽也；婦之隨，陰也。開物成務、治國平天下之道，果有出於五常、五倫之外者乎？謂非陰陽變易之道，可乎？澄之所尊信者，夫子也。夫子明言一陰一陽爲道，明言曰陰與陽爲天之道。今乃以陰陽變易爲不足以彰著開物成務之道，則夫子之言非乎？

來教又謂「《易》之爲道，有體有用。理，《易》之體也；陰陽變易，《易》之用也」。此言至當。然理無形象，變易者，陰陽之氣也。陰陽之所以能變易者，理也。非是陰陽變易之外，别有一物爲理而爲《易》之體也。

又謂「『畫前元有易』爲言《易》之體」，此是錯解了康節詩，然是蔡節齋錯解了。畫者，伏羲奇偶之畫也。有天地以來不知幾千年，而後有伏羲出來畫卦。伏羲畫卦，所以明陰陽之變易也。然伏羲未畫卦以前，陰陽未嘗不變易，故曰「畫前元有易」，非是指畫字屬陰陽、易字屬空虚之理。若曰「未有陰陽之畫以前先有不屬乎陰陽之理在」，此是不知道者之言，康節不如是也。

又云「無極之前，陰含陽也，是又先言用也」，亦是蔡節齋錯解了康節言語。然節齋并改了字，以「無」字爲「太」，今所引，幸而不曾改字。邵子所謂「無極」，即非周子所言之「無極」，但二字相同耳。「無極之前，陰含陽也；有象之後，陽分陰也。」此是邵子解伏羲六十四卦。圓圖左邊自復卦至乾卦屬陽，陽主生，言生物自無而有也；右邊自姤卦至坤卦屬陰，陰主殺，言殺物自有而無也。無極之前，謂自坤卦右旋以至於姤也；有象之後，謂自復卦左旋以至於乾也。自坤前至姤皆屬陰，而陰之中有八十陽者，陰中所含之陽也；自復後至乾皆屬陽，而陽之中有八十陰者，陽中所分之陰也。即非先言用也。

來教謂「羲、文、周、孔造《易》，其道大矣廣矣。包羅天地，揆敘萬類，豈象占而已哉！」澄謂伏羲作《易》，仰觀俯察，近取遠取，而畫八卦，以通神明之德，以類萬物之情，此即來教所謂「包羅天地、揆敘萬類」者。其時固未有占也。然三百八十四畫，皆是象天地萬物。惟其所象者皆神明之德，故可以包羅天地；惟其所象者皆萬物之情，故可以揆敘萬類。伏羲之《易》，只是三百八十四畫而已，此所謂象也，故曰易者象也。今謂《易》道廣大，豈止於象？若捨象而言，不知伏羲之《易》更在何處。爲此言者，莫是不曉得象字？象者，伏羲之畫所以象天地萬物也。其後卦名，是指出所象之事而爲名。及彖辭爻辭中言龍言馬等，又是指出所象之物而爲言也。象之至大至廣，而可以包羅天地、揆敘萬類者，伏羲之畫也。其次卦名，指一事之義而言者，比伏羲之畫則爲狹小矣。彖辭爻辭中所指一物者，比卦名之指一事者又狹小矣。今人往往但知卦爻辭中所指一物者爲象，諸儒言之不甚明白，惟項平庵《玩辭》，却曉得象字。伏羲既畫卦之後，遂作揲蓍之法，教民以所畫之卦占吉凶而處事，此是聖人之用《易》也。伏羲别不曾教人於揲蓍之外用《易》。後世能明義理者，遵用象辭之意而修身應事，此則無事於占。然其爲善去惡、趨吉避凶之道，亦是自占中來，此後之君子推廣聖人之《易》而用之者也。至若夫子《繫辭》中所言用《易》，只曰「君子居則觀其象而玩其辭，動則觀其變而玩其占」，❶則無他説。及後章，言《易》有聖人之道四焉：曰辭曰變，曰象曰占。推其功效，以爲

❶「玩」，原重文，據成化本、乾隆本删。

天下之至精，天下之至變，天下之至神，可以通天下之志，可以成天下之務，可謂大矣廣矣。而其歸宿，又不過曰「《易》有聖人之道四焉者，此之謂也」。其所以有許大功效者，亦只在辭、變、象、占而已。然則象占，豈可輕忽哉？若可輕忽，則夫子不如此言之矣。想是讀夫子《繫辭》未熟，請將夫子《繫辭》從頭至尾逐一句逐一字子細詳玩，便知夫子之言《易》，還有在於象占之外者否。大概近世學者涉獵乎老佛空虛無用之説，故其言道，皆欲超乎形器之上，出乎世界之外，全無依靠，全無着實，茫茫然妄想而已。卒之自叛吾道，而於老佛真處亦未嘗窺見，此今日學者之大病也。

來教又謂「注《易》之際，當於羲、文、周、孔四聖人脚迹下馳騁。今止祖程義理、宗朱象占，則程朱義理象占已傳於世，又何必贅説？」此論尤爲可怪可駭。夫子生知之聖，猶曰「述而不作，信而好古」，况庸下之末學乎？且程之説義理，朱之説象占，即羲、文、周、孔之旨，捨程朱，則何以能探四聖人之奥？「脚迹下馳騁」五字，是南康戴師愈所僞撰之《麻衣易》，内有「羲皇心地上馳騁，周孔脚迹下盤旋」二句，今用其語而節縮其辭，亦非所願聞。

答田副使第三書

澄前者辱第二書，玩繹之餘，旋以鄙意奉答，❶乘便寄呈，惟恐浮沉。七月得今春所惠第三教帖，乃知

❶「旋」，原脱，據成化本、乾隆本補。

二月已達左右，甚爲之喜。書至之時，恰值病作，未及細觀。既而病證日增，不食者近兩月，頭目昏重，雙耳失聰，幾於危篤。逮兹冬初，方稍輕減，然未復常，未敢出外。念欲附數字以謝，又思已嘗罄竭愚陋之見至再矣，覺來皆與高明之見不合。澄自幼務學，用功六十餘年，今年已八十，資下識卑，所見僅僅至此。雖復瀆進其説，不過如前，何能有補於賢達？是以輟而不爲。❶忽鄉人久寓長沙者還鄉來過，又蒙重筆第三帖見示，深感盛意之勤勤。且聞澄清底績，移寓長沙，相去亦近。天相吉德，履候平康，益可喜也。眷愛之隆，不可虚辱，但病餘精神虚耗，弗克詳悉，以報所施。手顫妨於運筆，命學子代寫。

一　愚見以太極爲道理，而高見必以爲混元渾沌未判之氣，此其不合者一也。愚見以爲理在氣中，同時俱有，而高見必以爲先有理而後有氣，此其不合者二也。愚見以爲易者陰陽之變，「《易》有太極」者，言陰陽變易之中有理以爲之主宰。夫子「《易》有太極」之言，其立言猶曰臣有君、子有父云爾，故朱子以爲《易》之有太極，如木之有根、浮圖之有頂，可謂明白。而高見以爲其説顛倒錯亂，斷不可以訓後學，此其不合者三也。蔡節齋解「易」字作「無極」字，此是背其師説無識之言也，而高見取之；解「太極」字爲至極之理，此言却是，而高見不取。愚所非者而以爲是，愚所是者而以爲非，此其不合者四也。已上愚説，並與周程張朱之説同，皆非不肖自出己見。而來書引王巽卿之言，以爲舍禰而宗兄。澄識見凡陋，竊謂禰之道更秦漢以來晦蝕千有餘年，若非天於盛宋之時生此數兄，發明吾禰之道，則幾於隊地矣。澄視吾兄，有大功於吾禰者

❶「輟」，原作「綴」，據成化本、乾隆本改。

也。凡吾兄所言，五經之梯階也。敢問此數兄有何言語背了五經，乃曰「不可徒求之先儒而不本之五經」乎？若曰「徒求之五經而不反之吾心，是買櫝而棄珠」，此則至論。不肖一生切切，然惟恐墮此窠臼。❶學者來此講問，每先令其主一持敬，以尊德性，然後令其讀書窮理，以道問學。有數條自警省之語，又揀擇數件，書以開學者格致之端。學徒録之於木，今謾納去一帙，是蓋欲如巽卿之説，先反之吾心，而後求之五經也。僕雖老矣，學之久而未得，願與足下共勉之。

一《易》是形而下者，太極是形而上者，先儒已言，澄不復贅。先儒云「道亦器，器亦道」，是道器雖有形而上、形而下之分，然合一無間，未始相離也。今乃曰「陰陽變易之易，非本原形而上者之易」，則伏羲合當如周子畫一圈作太極，何緣但畫一奇爲陽、畫一偶爲陰而已？至夫子方推其本原，而謂陽奇陰偶之中有太極存焉。❷夫太極者，不在陽奇陰偶之外也。今以陰陽爲不是本原，則是伏羲之《易》無了本原矣。伏羲但有卦畫，别無他文。若欲求「易」字、「太極」字於陽奇陰偶之外，竊望就伏羲卦中指出見教，何者是易，何者是太極。如此論《易》，何萬古大聖人之不幸也。噫！

一老子云：「天下萬物生於有，有生於無。」「萬物」者指動植之類而言，「有」字指陰陽之氣而言，「無」字指無形之道體而言。此老子本旨也。理在氣中，元不相離。老子以爲先有理而後有氣，横渠張子詆其

---

❶「窠」，各本均作「窩」，據文義改。
❷「謂」，原作「有」，據乾隆本改。

「有生於無」之非，晦庵先生詆其有無爲二之非。其「無」字是説理字，「有」字是説氣字。若澄之以精氣爲物，爲自無而有；遊魂爲變，爲自有而無。以《先天圖》左邊爲自無而有，右邊爲自有而無，乃是言萬物形體之無有有無。如春夏所生之物，皆去冬之所無，而今忽有；秋冬所殺之物，皆今夏之所有，而今忽無。人之生也，漸至於長大，是自無而有；人之死也，遂至於朽腐，是自有而無。又如平地本是荆榛，乃翦除草茅而蓋造宫室，則此宫室自無而有；其後宫室銷毁敗壞，又成瓦礫之場、禾黍之墟，則此宫室自有而無。又如一虚室，忽然排辦酒器，鋪設筵席，聚賓客於其中，歌舞歡笑，是此宴會自無而有；及其酒罷客散，徹去筵席，收去酒器，依舊一虚室，是此宴會自有而無。凡物凡事皆然。來書謂「世間人物之生，百姓日用之常，那件不是自無而有」，是矣。此之無而有、有而無，是言鬼神之屈伸往來、人物之生死始終、人事之興廢聚散，即與指理爲無、指氣爲有之「無」「有」不同，但有、無二字相同爾。老子謂有氣之陰陽自無形之理而生，以有無爲二，而不知理氣之不可分先後，與予言萬物形體自無而有、自有而無者旨意迥别。今以愚言爲自相抵牾，何其不通文理之甚也！如孟子不言利，前則曰「何必曰利」，後則曰「以利爲本」。前之「利」，强兵富財便利其國之謂也；後之「利」，順其自然之理之謂也。利字雖同，而文義則異。若不通文義，必謂孟子之言自相抵牾矣。來書取南軒先生張氏《太極圖解》首章之説甚當，然請博觀南軒《太極圖》全解及今《文集》《語録》諸書，還曾解太極二字爲渾元渾沌否？還曾謂理在先、氣在後否？南軒《圖解》之下文云：「非太極之上復有所謂無極也。太極本無極，言其無聲臭之可名也。」又云：「無極之真，二五之精，妙合而凝。非無極之真爲一物，與二五之精相合也。」言未嘗不存於其中也。南軒此言，即與朱子所言及老拙所言一同。賣花擔上前後兩籃，不曾遍看，但見前籃一朵之花，便自買取，而不復顧其後籃之花爲何如，況望能於洛陽諸處名園中萬紫千紅而一一識之乎？朱子初焉説太極與南軒不同，後過長沙謁南軒，南軒極言其説之未是。初亦未甚契，既而盡從南軒之説，有詩謝南軒曰：「我昔抱冰炭，從君識乾坤。始知太極藴，要妙難名論。」及南軒死，有文祭之曰：「始參差以畢序，卒爛熳而同流。」是晦庵太極之説盡得之於南軒，其言若合符節。明公取南軒而不取晦庵，何也？

一　「有生於無」，是老氏異端之説。周子「無極而太極」，即非言自無而有，晦庵、南軒二先生之説燦然明白。高意必欲解此一句云「自無極而爲太極」，是押周子入老莊隊也。朱、張二先生皆云「非太極之上復有無極」，極力分解，惟恐人錯認此一句與老氏同。衛道之力如此，可謂忠於周子也。明公必欲屈抑周子以同於老氏，老拙極力唤醒而不見從，是辱吾周子者，明公也。己自爲之，又自稱冤，何耶？

一　《繫辭傳》「《易》有太極，是生兩儀，兩儀生四象，四象生八卦」，此是説卦畫。周子因夫子之言而推廣之，以説造化。言卦畫，則生者生在外，有兩儀時未有四象，有四象時未有八卦。朱子謂生如母之生子，子在母外是也。言造化，則生者只是具於其中，五行即是陰陽，故曰「五行一陰陽」，言陰陽五行之非二，朱子所謂五殊二實無餘欠也。陰陽即是太極，故曰「陰陽一太極」，言太極陰陽之非二，朱子所謂精粗本末無彼此也。朱子又言生陰生陽之生猶曰爲陰爲陽云爾，非是生出在外。惟朱子能曉得《太極圖説》之「生」字與《易繫辭》之「生」字不同。解經析理，精密如此，如何不使人觀之而心服。此等精微豪釐之辯，想明公前此之所未聞。欲以麤心大眼觀聖人之言，何其容易耶！兩儀、四象、八卦，漸次生出者也，非同時而有。太極、陰陽、五行，同時而有者也，非漸次生出。一是言卦畫，一是言造化，所以不同。天地却是後來方有，故邵子之書以爲「天開於子，地闢於丑」。來書既引朱子所云，是欲聞其説也，今爲詳陳。一元凡十二萬九千八百歲，分爲十二會，一會計一萬八百歲。天地之運，至戌會之中爲閉物，兩間人物俱無矣。如是又五千四百年，而戌會終。自亥會始五千四百年，當亥會之中，而地之重濁凝結者悉皆融散，與輕清之天混合爲一，故曰渾沌。清濁之混逐漸轉甚，又五千四百年而亥會終，昏暗極矣，是天地之一終也。貞下起元，又肇一初，爲子會之始，仍是混沌。是謂太始，言一元之始也；是謂太一，言清濁之氣混合爲一而未分也；又謂之混元，混即太一之謂，元即太始之謂，合二名而總稱之也。自此逐漸開明，又五千四百年，當子會之中，輕清之氣騰上，有日有月，有星有辰。日月星辰，四者成象而共爲天，故曰天開於子。濁氣雖摶在中間，然未凝結堅實，故未有地。又五千四百年，而子會終。又自丑會之始，五千四百年，當丑會之中，重濁之氣凝結者，始堅實而成土石，濕潤之氣爲水流而不凝，燥烈之氣爲火隱而不顯。水火土石，四者成形而共爲地，故曰地闢於丑。又五千四百年，而丑會終。又自寅會之始，五千四百年，當寅會之中，兩間之人物始生，故曰人生於寅。開物之前，渾沌太始混元之如此者，太極爲之也；開物之後，有天地有人物如此者，太極爲之也；閉物之後，人銷物盡，天地又合爲混沌者，亦太極爲之也。太極常常如此，始終一般，無增無減，無分無合，故以未判已判言太極者，不知道之言也。

一　夫子言「一陰一陽之謂道」，而澄言夫子以一陰一陽爲道。節縮「之謂」兩字，以「爲」字代之，取其言之便而已，不知有何礙理？夫子言「形而上者謂之道，形而下者謂之器」，程子則言「形而上爲道，形而下爲器」。節縮「謂之」兩字，代以「爲」字，亦合糾彈程子之過乎？又如大程子言「發己自盡爲忠，循物無違謂信」，上句言「爲」，下句言「謂」，二句之意果有異同乎？小程子則曰「盡己之謂忠」，兄言「爲忠」，弟言「之謂忠」，二先生之言果有差殊乎？此等不過取其文從字順、便於口爾。經史傳記子集中或以「爲」代「謂」，或以「謂」代「爲」，二字通行，不一而足。《大戴記》曰：「夫子可謂孝乎？」《小戴記》則衍之曰：「夫子可以爲孝乎？」他不悉數，徧讀諸書，自當見之。

一　《河圖》只是五十五圈，《洛書》只是四十五畫，羲因圖數奇偶而畫卦，禹因書數先後有敘疇，此鄙見也。高見不以爲然，澄豈敢力争己説之是以求勝。但自信則篤，著論以俟百世之知爾，不敢求高明印可也，故不復論。圖書之出，聖人因此有契於心，而遂畫八卦、敘《九疇》。程子曰：「若無《河圖》，八卦亦須畫。」愚亦曰：若無《洛書》，《九疇》亦須敘。夫子因獲麟而作《春秋》，若不獲麟，《春秋》亦須作。至若愚謂《洪範》乃禹自作，此「自」字是言敘疇出於禹之己意，不是傳寫龜背見成之文也，即非説《九疇》是禹一人自作，而箕子無與。今來書謂「禹至箕子千有餘年，安知箕子無一言乎？」澄之《洪範注》及前書中即無此意，何故横生此一枝以見喻？恐是不通文理之人看澄《洪範註》而誤，因對明公説，而明公不自參詳，以致錯誤。不然，明公之高明，❶何緣如此昏謬邪？澄弱冠時，已見南康馮深居先生訂定《洪範》印本，分禹經、箕傳一如所惠賀氏之書。澄後來重定《洪範》，疑經傳二字未甚安，故改之曰「綱目」。深居者，古心江丞相同鄉里之

❶ 下「明」字，原作「了」，據乾隆本改。

父師也。古心之家自有深居《洪範》印本，其有取於賀者，亦喜其與鄉里前輩之書同。故爾澄前書欲得足下尋探收書之家，覓馮深居訂定《洪範》經傳一觀，人家夫豈無之哉？

一　「畫前元有《易》」，畫是伏羲畫卦之畫，《易》是指《易》之書而言。人但知伏羲畫卦之後方有《易》，而不知伏羲未畫卦之前天地間已有此《易》矣。畫字與删字對，皆是指作書修書者；易字與詩字對，皆是指所作所修之書名。今曰「畫非止伏羲卦畫一奇一偶之謂，等而上之，至於太極未判皆前也」。又曰「《易》即理也」。若如此言，試改此一句詩曰「太極以前元有理」，則成何等言語！此句詩若出粗通文理者，笑之矣。如此推廣上句，不知下句「删後更無詩」一句如何推廣。

一　邵子所謂無極，即非周子所謂無極。足下所取之南軒先生亦如此説，非愚之私言也。今必欲以爲與周所言之無極同。愚意陰陽、太極同時而有，不可言「之前」二字。姑如明公之意，則可言陰陽之前先有太極，太極之前先有無極，無極則不可再有所加於其頭上矣。言無極之前，是無極頭上又加一層也。不知無極之前是何物？當作何名稱？以見教如此，則周子《圖説》又欠一層，當言「云云而無極，無極而太極」也。以無極爲周子所言之無極，而陰含陽乃在無極之前，是先有陰陽，後有無極也，可謂顛倒錯亂之甚矣。何乃以此四字而誣朱子，又以此四字而罪老拙邪？

一　項氏説「象」字，出於一己之特見，度越群儒，且非蹈襲前人之所已言。謂彼知其略而不知其詳，則雖得一説超乎其上，然後見彼之爲略而此之爲詳。象非偶不立，數非奇不行，此一偏一曲之論也，識者不取。蹈襲「非兩不立」一句之陳言以説象，既不該徧，又不親切，不免於擇焉而不精、語焉而不詳矣，而何可議項氏之不知其詳也哉！項所謂「象」，所包甚廣；「非兩不立」，所指甚狹。一廣一狹，其孰爲詳而孰爲略乎？

一　「天者，乾之形體；乾者，天之性情。」此兩語，格言至論也。足下疵之，何哉？人之著書筆削，各有其意。若先儒好言語都要寫盡，則豈可謂之成一家言？澄不引用程子此言者，自是用不着，非以其言爲有病不取之也。僕幼時雖未遠出，然聞人説河豚魚、江豚魚，已疑「豚魚」只當作一字解。後見雲間田疇《易解》作「江豚魚」，犂然有當於愚心。長而泛大江，親見所謂江豚魚者，又聞舟人呼之爲風信，於是確然從田疇之説。足下既罪僕不合祖程傳義理，今又罪僕不合不盡用程説，而以爲畔程子，此似市井小夫兩面二舌者之言，非所望於希賢希聖之君子也。王巽卿一部《易》純是宗程，其間與程不同者甚多，亦可指之以爲罪乎？

一　「君子所居而安者，《易》之象也」，「立象成器以爲天下利」。澄各有所據，《纂言》中載之已詳，今再逐一條具。陸德明《經典釋文》曰：「虞翻本《序》作《象》。」東萊呂先生《易音訓》曰：「晁氏云：『虞作《象》。説之按：作《象》乃與下義合。』」此是從陸、晁、呂三家之説。「立象成器以爲天下利」，此是依荀悦《漢紀》所引《易》文。如《坤》卦《象傳》元本云「履霜堅冰，陰始凝也」，朱子據陳壽《魏志》所引云：「初六履霜，陰始凝也。」上添「初六」二字，下去「堅冰」二字，是准此例。「何以守位曰人」，《本義》改「仁」作「人」，而曰「今本作仁，呂氏從古，蓋所謂非衆罔與守邦」。來書謂不知何所據而添改，且如上傳《本義》謂「立字下有闕文」。來書言之，是曾讀《本義繫辭上傳》也。此處朱子直改了本文「仁」字，又註説明白。如此澄從朱子所改，非自改也。乃曰「不知何據」，豈是不曾讀《本義繫辭下傳》乎？凡看人文字，欲尋人疵病，合當首尾洞徹，真箇捉著本人謬誤處，然後疵人而人服。如考進士試卷，黜落之卷更須着力精看，批抹其所以不好之由。又如平反獄訟，須是將案卷前後一一參照精詳。澄《纂言》中三處，於「《易》之象也」章末註云：「舊本《象》作《序》，今依虞翻本。」「立象成器以爲天下利」章末註云：「舊本無『象』字。朱子曰：『立下疑有闕文。』澄按：荀悦《漢紀》引此文作『立象成器』，今增補。」「守位曰人」章末註云：「舊本『人』作『仁』。陸氏曰：王肅、卞伯玉、桓玄、明僧紹作『人』。」已上並是《纂言》各章註文，援據至甚明白，今乃見問「不知何據」，是不曾看澄所註也。若澄之書紕謬不足觀，則當以覆醬瓿，以糊屋壁，或以火焚之可也。既是存留，欲就上尋求疵病，合依平反案卷之法照刷子細，看得情弊方出。今乃看前不照後，看此不照彼，何其疏率也！

一　「生生之謂《易》」，正與生四象、生八卦之「生」同。❶周子所謂生陰生陽、生水火木金土者，其義亦同，但有在外在中之異。「大德曰生」之「生」，意却微别。乾坤法象，此指畫卦之陰陽而言，《易》則陰與陽之總也，故主此陰與陽者謂之《易》。占與事，蓍數之未定、已定者。神則占與事之總也，故主此占與事者謂之神。凡陰陽變易，道理便在其中，元不相離，直以道字解易字則不可。而易之所以易者，道也。故程子言「陰陽非道，所以一陰一陽者，道也」。

一　程子「隨時變易以從道」之言，以此解《易》書之名則未的當。然此言與《中庸》「君子而時中」之意

❶「之」下「生」字，乾隆本作「義」。

同，乃聖賢之格言也。青山疵之，以爲道自道，易自易，可謂謬妄。青山吾鄉人，長吾十歲，澄以兄事之。其人善作時文，却不曉義理。而作文之際，每喜議評先儒。澄屢嘗辨析其不然，卒皆無辭而屈服。明公於晦庵朱子尚不假借，而乃引用青山之言，使其言是，猶可曰不以人廢言；其言不是，而以爲據依，何哉？「舍了甘棠樹，緣山摘醋棃。」可嘆也已。

一　其他諸條，不能一一酬答。

澄老耄無知，卑賤無庸，極荷不鄙，薦賜貽問，不敢不竭愚衷者，蓋恐墮於不忠不孝之域。然技能識見，止此而已。天下之廣，豈無傑特明達之士過澄百倍十倍，可陪明公之講論者哉！澄黽勉奉酧此紙，豈能稱盛心？望憐其愚，不必更賜第四書。借視於盲，借聽於聾，非計之得也。❶

❶「得」下，原衍「者」字，據明初刻本、成化本、乾隆本删。

吴文正集卷四

元吴澄撰

説

無極太極説

太極者何也？❶曰道也。道而稱之曰太極，何也？曰假借之辭也。道不可名也，故假借可名之器以名之也。以其天地萬物之所共由也，則名之曰道。道者，大路也。以其條派縷脈之微密也，則名之曰理。理者，玉膚也。❷皆假借而爲稱者也。真實無妄曰誠，全體自然曰天，主宰造化曰帝，妙用不測曰神，付與萬物曰命，物受以生曰性，得此性曰德，具于心曰仁，天地萬物之統會曰太極。道也，理也，誠也，天也，帝也，神也，命也，性也，德也，仁也，太極也，名雖不同，其實一也。極，屋棟之名也。屋之脊檁曰棟。就一屋

---

❶「也」，原脱，據成化本、乾隆本補。

❷「玉」，原作「五」，據成化本、乾隆本改。

而言，惟脊檩至高至上，無以加之，故曰極。而凡物之統會處，因假借其義而名爲極焉，辰極、皇極之類是也。道者，天地萬物之統會，至尊至貴，無以加者，故亦假借屋棟之名而稱之曰極也。然則何以謂之太？曰：太之爲言大之至甚也。夫屋極者屋棟，爲一屋之極而已；辰極者北辰，爲天體之極而已；皇極者人君，一身爲天下衆人之極而已。以至設官爲民之極，京師爲四方之極，皆不過指一物一處而言也。道者，天地萬物之極也。雖假借極之一字强爲稱號，而曾何足以擬議其髣髴哉？故又盡其辭而曰太極者。蓋曰此極乃甚大之極，非若一物一處之極。然彼一物一處之極，極之小者爾；此天地萬物之極，極之至大者也，故曰太極。邵子曰：「道爲太極。」太祖問曰：「何物最大？」答者曰：❶「道理最大。」其斯之謂與？然則何以謂之無極？曰：道爲天地萬物之體，而無體謂之太極，而非有一物在一處可得而指名之也，故曰無極。《易》曰：「神無方，易無體。」《詩》曰：「上天之載，無聲無臭。」其斯之謂與？然則無極而太極者，何也？曰：屋極、辰極、皇極、民極、四方之極，凡物之號爲極者，皆有可得而指名者也，是則有所謂極也。道也者，無形無象，無可執着，雖稱曰極，而無所謂極也。雖則無所謂極，❷而實爲天地萬物之極，故曰無極而太極。

❶「曰」，原脱，據成化本、乾隆本補。
❷「則」，成化本、乾隆本無。

放心説

其體則道，其用則神。一真主宰，萬化經綸。夫如是心，是爲太極。或已放去，所宜收也。于名于利，于色于味，妄念紛擾，私意纏滞。夫如是心，是爲劇賊。或未放下，不宜留也。不可以放，還家即次者歟？不可不放，解懸棄屣者歟？雖然，放故不放，不放故放，二者相通，而不相戾，此學之全。知不放心，不知放心，二者相尚，而不相同，此學之偏。虚豁豁地，無毫髪累；常惺惺法，無須臾離。其放不放，如是如是。吾會其全，以救其偏。在吾可聖，在彼可仙。於乎至矣，安得起鄒叟、蒙吏，而與之言。

得一説贈傅道士

道家者流，以一爲基，而帝之者，無有也。建之以常無有，主之以太一，古之博大真人哉！此莊氏所以贊其師。無有也者，無名也，天地之始也；一也者，有名也，萬物之母也。故曰道生一。莊氏亦云：泰初無名，一之所起。抱一，抱此者也；守一，守此者也。泊兮未兆，淵兮不盈。慈儉不先爲之竇，濡弱謙下爲之表，抱之、守之之方也。雖然，中央渾沌之帝，初未嘗視聽食息也。七者鑿，而一者離矣。竅開而竇塞，竅閉而竇通。至矣哉，一之體乎！妙矣哉，一之用乎！正一師傅君以得一名，其已得之歟？他日解后無何有之鄉，密若無言，相視一笑。

敬齋説

《易》《書》《詩》《禮》，四經中言敬者非一，訓釋家不過以敬爲恭肅嚴莊、祇慄戒慎之義。至伊洛大儒，始有主一無適之説。❶ 其高第弟子又謂：敬者，此心收斂而常惺惺也。夫彼異端者，流于敬之一字，蓋不數數，而其治心之法，亦惟收斂惺惺是務。然則敬者，聖學之要，雖彼不能外也。東昌張侯汝弼，敦厚詳審，來爲撫州推官。余視其威儀，察其政事，曰恭曰肅，曰嚴曰莊，曰祇曰慄，曰戒曰慎，侯其有焉。名其宴居之齋曰敬，非虚也。雖然，敬之用甚大。異端者之成仙成佛，而吾儒之爲賢爲聖，以至于參天地，莫不由此。侯其懋之哉！昔衛武公年九十餘，尚作《抑戒》以自警，一行一言，兢兢惕惕。詩人美之，而尊之者曰「睿聖」。侯年七十矣，而志不衰倦，充其所到，如武公可也。人美侯之德，將有嗣《淇澳》而詩者。賢而聖，聖而天，一皆敬之功。其法自心起，而非腐儒蹈襲之常談所可了也。侯其敬之哉！

素軒説

絲未染色曰素。《羔羊》《干旄》之詩，並託素絲以美其大夫之德。素也者，不苟悦乎新以改乎其舊，不外假乎文以增乎其質。素位而行，唯君子能之。夫不安其素而悦乎新、假乎文，斯須之榮不足以償其終身

❶ 「適」，原作「説」，據明初刻本、成化本、乾隆本改。

之羞者，有之矣。余于杜子美《白絲行》之作所以每三復焉，而嘆其深得《國風》之意也。清江范亨自京師來，❶稱太原白賁無咎之賢，皮湣亹亹爲余道，且言其以「素」名所居之軒。余聞之而驚異。噫！是殆庶乎能安其素者，❷因爲説素之義。皮、范如京，聞余説而喜，請書以遺。雖然，白已仕，皮將仕，范未仕。見賢而思與之齊，一當以白君爲師，而于《白絲行》之詩之意，諷諸口，識諸心，其勿忘。不然，可黄可黑，固墨氏之所悲也，而況不爲墨氏者乎？

致慤亭説

墓焉而體魄安，廟焉而神魂聚，人子之所以孝于其親者，二端而已。何也？人之生也，神與體合；而其死也，神與體離。以其離而二也，故于其可見而疑于無知者，謹藏之而不忍見其亡；于其不可見而疑于有知者，勤求之而如或見其存。藏之而不忍見其亡，葬之道也；求之而如或見其存，祭之道也。葬之日，送形而往于墓；葬之後，迎精而返于家。方其迎精而返于家也，一旬之内五祭而不爲數，惟恐其未聚也；及其除喪而遷于廟也，一歲之内四祭而不敢疏，惟恐其或散也。家有廟，廟有主。祭之禮，于家不于墓也。墓也者，親之體魄所藏，而神魂之聚不在，是以時展省焉。展省之禮，非祭也。近代所謂祭者，乃或隆于墓而略

❶「亨」，疑當作「楟」。

❷「能」，原作「其」，據成化本、乾隆本改。

于家。夫伊川野祭，古所深慨，習俗之由來漸矣。不有禮以稽其弊，則雖豪傑之士，亦且因仍而莫之怪。余嘗適野，見車馬塞道，士女盈盈于墟墓之間。少長咸集，攀號悲泣，彷彿初喪之哀。未嘗不嘉其孝誠之篤，而亦不能不嘆夫古禮之泯也。茌平梁潤之，篤于親者，作亭墓側，朝之聞人爲扁曰「致慤」。或者又引《祭義》以發明之，俾梁氏孝思悠然而不能已，其言豈無助哉！雖然，《祭義》所云，皆廟祭之事，非可施之墟墓間也。梁之子宜，國子伴讀，復請于予，而予以古之正禮告。禮有其義，人之報本反始，求之于有而不求之于無。非達鬼神之情狀者，未易語此。京兆蕭君曰：❶「爲祠堂于所居，揭斯扁于齋室，庶乎其可。」斯言也，不亦善于禮矣夫！

静安堂説

静而安，聖學之基也。曾子授子思，子思授孟子，孟子之後，失其傳焉。歷千五百年之久，周子特起，以主静爲聖人立人極之本，上合《大學》静安之旨。然儒者莫究其用功之何如也。《大學》之静在有定，周子之静在無欲。知有定、無欲之不二者，于静之功思過半矣。王府掌書何君，以「静安」名堂，其友趙侯徵辭于予。予蓋有意乎曾、思、孟、周之傳，學之四十餘年而未有分寸得也。爲之難言之，其敢易乎哉！雖然，諸

❶「蕭」，原作「簫」，據成化本、乾隆本改。

葛丞相曰：「静以修身，非寧静無以致遠。」❶又曰：「學須静也，險躁則不能理性。」而莊生亦云：「寧可以止遽。」立心處事，惟寧毋躁，是其所謂静安者乎？此前代賢相之所以行，予就何君之所可及者而言，非虚言也。如其言之虚也，雖累千百言，奚庸？

静壽堂説

静，静與？曰「否」。静，壽與？曰「未」。請問，曰「静莫如山」。稽諸《易》：山，艮象也。艮時静時動，曷嘗一于静哉？山，地之隆起者。地，坤象也。坤静翕動闢，曷嘗一于静哉？山，塊然静，雲雨不作，草木不生，朽壞爾。壞朽斯陁，而奚壽焉？夫人也，如槁木，如死灰，曰静可矣；榦遂枯，火遂滅，曰壽可乎？養生家有言：户樞不蠹，流水不冰。日月之明，不息則久。豈必一于静而後壽哉！「仁者静」，「仁者壽」，人知夫子之所已言，不知夫子之所未言。武仁夫以「静壽」扁齋居，余爲發夫子未發之藴。仁在天地爲元，元無頃刻之不運。貞下之元，静極之動也。静根動，動根静，天地之機也。天地之壽無窮者以此，人亦然。體静而用動，動賓而静主，可相有，不可偏無。故曰：静而無動，物也，物也惡能壽？静而無静，神也，神也是以壽。吾聞之周子云。

❶「非」，原作「未」，據成化本、乾隆本改。

仁本堂説

天之爲天也，元而已；人之爲人也，仁而已。四序，一元也；五常，一仁也。人之有仁，如木之有本。木有本，幹枝所由生也；人有仁，萬善所由出也。人而賊其仁，猶木之戕其本也。木無本，則其枝瘁而幹枯；人不仁，則其心死，而身雖生也奚取？《論語》一書，無非教人以求仁。讀之而能知之者，鮮矣。廬陵鄧熙學可，以「仁本」名其堂，大哉名乎！夫立是名者，蓋欲既其實也。既其實者如之何？體仁之體，敬爲要；用仁之用，孝爲首。孩提之童，無不愛親，此良心發見之最先者。苟能充之，四海皆春。然仁，人心也，敬則存，不敬則亡。夫子之言仁，以「居處恭、執事敬」語樊遲；以「出門如見大賓、使民如承大祭」語仲弓。于此實用其力焉，本其庶幾乎！學可資質静重，可與求仁者也。其思所以實斯堂之名哉！

中和堂説

吉水高根，名讀書之所曰中和堂，而問其説于予。夫室屋以居此身也，豈必有其名哉！倘或名之，亦爲是聲稱焉爾，豈必究其實哉！根之名堂也，不取他名而以「中和」名，大哉名也！根之意，殆異于人乎？「中和」二字，見于子思子書之首章，蓋以狀性情之體、❶擬誠之用也。學而求諸性情，秦漢以下之儒所不

---

❶「情」，原脱，據成化本、乾隆本補。

知。逮宋數大賢，始及乎此。而玩繹其遺言，踐修其實功者，甚寥寥也。大率漁獵駁雜之書以爲博，❶飣餖浮淺之文以爲工而已，于性情之學，其孰留意？根也因堂之名而有意究中和之實，予也雖嘗從事于斯，然未易爲子言之也，姑就子所當入之門、所當由之路而言其概。然則如之何？其必慎動于人所不見之處，其必主静於物所未交之時。❷動而能慎，行不内疚，以至於無處而不然，則動應之宜如天氣之順，略無太温太凉、太寒太熱之忒，情之用庶乎不乖其和矣。静而有主，心不外馳，以至于無時而不然，則静定之極如地形之正，略無少東少西、少南少北之偏，性之體庶乎不失其中矣。是其效也。若其本，則慎動在集義，主静在持敬。噫！此舉世儒者之所不肯爲，而根欲聞之乎？予于是誦所聞以告。根字良友。大父諱君轍，宋登仕郎、史館編校云。

收説 游説有序

《收説》者何？遺番陽陳熙也。《游説》者何？亦遺番陽陳熙也。作之者誰？臨川吴澄也。

延祐丁巳十有一月，饒樂平陳熙來山中，言其先世以家所藏書悉上送官，得賜號清白處士。處士之孫

❶「駁雜」，原作「博襍」，據明初刻本、成化本、乾隆本改。

❷「其必主静」至「無處」，二十四字原脱，據明初刻本、成化本、乾隆本補。

慶曆之間擢進士科，卒大理寺丞致仕。詩集中與范文正、包孝肅、唐介、❶孫莘老諸公相往還，仕進代不乏人。熙之先大父教授于家，臨終囑諸子：「謹收吾書。」熙之父遵考訓，扁讀書之堂曰「收」。至熙之子生，亦名之曰收。收之一字既以名堂，復以名子，示不忘也。❷予謂：農之力穡而穫謂之收，井之汲水而上謂之收。農之收，以供食也；井之收，以供飲也。書之爲世用，甚如六府之有穀、五行之有水也。收之者，豈無所用乎哉？收而不知所以用，是猶儲穀于囷倉、貯水于瓶罍，而不以食飲也。然則用之將何如？在乎子孫善讀之而已矣。讀而有所悟，悟而有所得。小用之可以釣爵禄，而榮其身，而顯其親；大用之可以躋聖賢，而澤被生民，而道濟天下。書之用如此。收之者，有期于後者也；用之者，有光于前者也。有收之實，遂有其名；有收之名，必有其用。故予于陳氏之有書也，不徒嘉于祖父之善于收，而猶俟其子孫之善于用云。❸作《收説》。

古無游士也。修于家，舉于鄉，仕不出邦域之内。其窮而不遇者，以先覺而耕于野，以良弼而築于巖。苟非以幣而三聘，以夢而旁求，則終身巖野而已矣，孰肯以游爲事？自王政衰，陵夷至于春秋，至于戰國，生民塗炭。孔孟抱濟時之具，而時不用。聖賢不忍恝然忘天下，于是乎歷聘環轍。而當時潔身避世之士猶

---

❶「介」，原作「芥」，據成化本、乾隆本改。

❷「忘」，原作「志」，據成化本、乾隆本改。

❸「俟」，成化本、乾隆本作「傒」。

且非之，倘無聖賢救世之心而游焉，則其非之也又當如之何哉！七雄以力相并吞，冀得權謀術數之流，不愛高爵厚禄，以招致游士。游士因得大肆其意，以傲世主。然孟子比之妾婦，則其可賤甚矣。漢、晋、隋、唐以來，游者不得如戰國之盛。宋之季，士或不利于科舉而游。入事臺諫，❶則内外庶官畏之；出事牧伯，則郡縣庶民畏之。雖不能如戰國之士立躋顯榮，而挾其口舌中傷之毒，亦可要重糈于人。若夫游于今之世，則異是。上之人無所資乎爾，下之人無所畏乎爾。于身既不可以驟升，于財又不可以苟得。叩富兒門，隨肥馬塵，悲辛于殘盃冷炙之餘；伺候公卿，奔走形勢，僥倖于污穢形辟之地。❷不過如子美、退之所云，其可哀也夫！而好游者諉曰：「吾之游，非以蘄名，非以干利，將以爲學焉爾。」是大不然。夫古所謂游學者，❸不遠千里從師問道也。蓋如孔子者，天下一人而已，故遠近翕然宗之，如百川之赴海。世無孔子，其孰可師？如欲爲學，私淑艾于古聖遺言可也。不求之于此，而求之于游，倀倀欲何之乎？❹司馬子長世掌文史，父子授受，而負傑然不羈之才，雖使終身不出門户，亦自有此雄健之筆，豈得于游哉！謂子長因游而有史者，謬也；信其説者，惑也。樂平陳氏，家世收書，而熙也氣清才俊，可以得志于今，進之可以尚志于古。

❶「諫」，乾隆本作「閣」。
❷「污穢」，明初刻本、成化本、乾隆本倒乙。
❸「所」，原作「之」，據成化本、乾隆本改。
❹「倀倀」，原作「悵悵」，據成化本、乾隆本改。

將游于四方，予勸之息游而歸讀祖父所收之書，作《游説》。

願學齋説

宜黄鄒聖任，少日嘗受學于予。其從弟之子世賢，學儒而旁通醫家之説，名其齋曰願學，以諗于予。予曰：醫之學雖有高下淺深，然一是以濟人爲務，無他術也。儒之學則不然。昔魯號多儒，徧國中皆儒服。而達者笑之，以爲魯國之儒一人耳，曷謂多哉？予觀夫子誨子夏，已有君子儒、小人儒之分。而近世大儒，直指記誦辭章爲俗儒。然則儒之名一，而儒之實甚不一也，豈可概謂之儒而不謹所擇乎？今之願學者，所願何學，所學何如，試自擇焉。倘或告予，當必有以相長也。

仁壽堂説

「仁者壽」，非聖人之言乎？天地生物之心曰仁，惟天地之壽最久。聖人之仁如天地，亦惟上古聖人之壽最久。人所稟受有萬不齊，豈能人人如聖人之仁哉！夫人之全，德固未易全。然禮儀三百，威儀三千，無一而非仁者。得三百三千之一，亦可謂仁，則亦可得壽矣。予嘗執此觀天下之人，凡氣之温和者壽，質之慈良者壽，量之寬洪者壽，貌之重厚者壽，言之簡默者壽。蓋温和也，慈良也，寬洪也，重厚也，簡默也，皆仁之一端。其壽之長，决非猛厲、殘忍、褊狹、輕薄、淺躁者之所能及也。合陽杜翁，年八十有二，而壽數正未艾。一鄉稱善人，名其所居之堂爲仁壽。予雖不識翁之面，其必温和者與？其必慈良者與？其必寬洪而重厚且簡默者與？五者有其一，已宜壽，況或有其二三四五乎？至治三年秋，識翁之子輝卿于京師，獲見時賢所贈《仁壽堂記》諸作，于是推「仁者壽」之理而爲之説以附焉。

誠求堂説

醫家之術，視其色，❶聽其聲，問其食味，切其動脈，以知人之病。而小兒醫乃不盡然。男未齔，女未亂，一呼吸間脈八九至，而脈未可切也；口不能自言其所嗜，而味不可問也。脈未可切，味不可問，則聽聲視色而已。辨啼有訣，相面有圖。審其聲若何，察其色若何，而名其病之爲何病。其方之所載，其師之所傳，有成説，有定法，的確可驗，而毫釐靡差，凡學醫者類能之。故嬰兒雖不能言，而其病洞然于醫者之耳目。此無他，醫之術然也。母之育子，平日曷嘗習知醫家審聲察色之術哉？然因其啼笑于外，而輒能揣度其中。何也？愛子之心真實懇切，而求其所苦所欲者，以誠也。誠可以感神明，貫金石。誠于捕魚，雖厚冰可卧而開；誠于畏虎，雖堅石可射而入。豈有慈母之誠，而不能測識其子之意？彼不通醫術，而誠之所求能若是，況醫有其術，又有其誠，寧不百求而百中乎？其或有醫術之醫而反不若無醫術之母，誠與不誠之異也。夫醫之于人子，一如母之于己子，而後可謂之誠求。求而有所覬，則重用其心而昏；求而無所利，

---

❶「色」，原作「説」，據明初刻本、成化本、乾隆本改。

則輕用其心而怠；求而自恃其能，則處之以易而忽。或昏焉，或怠焉，或忽焉，❶俱不誠也。噫！醫者，人之司命也，而可不誠也耶？廬陵曾仲謙，儒流而通醫術，其術不止小兒醫也，若扁鵲然，隨所在而顯一伎。人以「誠求」二字號其貯藥之堂，蓋取《大學》「如保赤子」之義。噫！仲謙豈特于赤子之病而誠求之，若丈夫，若婦人，苟有所治，無所不用其誠也。誠也者，聖神之用心也。醫家亦以聞聲而知之爲聖，望色而知之爲神。行醫家所爲聖神者之術，而求之以儒家所謂聖神者之心，仲謙之醫，詎可與族醫同日而論哉！❷

時思堂說❸

古者大夫、士皆有廟，惟庶人無廟，而祭於寢。後世大夫、士之家，非有賜不得立廟。故朱氏《家禮》謂之祠堂，而不敢以廟稱。古之廟制，脩廣與寢同。後之祠堂，僅可以棲神主，不可以陳祭物，祭則遷主出就正寢而祭焉。翼城張氏扁「時思」二字名其寢居之堂，以其歲時祭祖考於其中也。間問於予，予曰：古人雖有廟，不聞廟之有名也，後世祠堂亦不聞有名。倘祠堂必有名扁，則朱氏《家禮》言之矣。祠堂且不當名，況

---

❶「焉」，原作「也」，據明初刻本、成化本、乾隆本改。

❷「族」，乾隆本作「凡」。

❸此篇與下篇原無，明初刻本、成化本、乾隆本均有，明初刻本爲《儒藏》中心派人赴臺灣手抄，有明顯誤字，故此二文據成化本補，參以其他二本。下篇同。

人所寢居，而可名之曰「時思」乎？寢居者，人之所宅也。祭之日，暫焉遷主於中，祭畢則主復於他所。今揭「時思」之扁，是遂以此爲棲神之堂也，無乃褻慢而非所以示嚴敬乎？然則張氏「時思」之扁，宜去不宜存也。夫人子之思親，無一時不思，匪特於祭之日而思也；無一處不思，匪特於祭之地而思也。思親之心不忘於内，豈待表於外哉！誠之嘗從名師，欲學聖賢之學，予故舉聖賢之法以告。若夫世俗之所爲不合於禮者，不願誠之爲之也。

存我堂説❶

大哉，我之爲我乎！萬物之靈，五行之秀，天地之塞吾體也。斯我也，何以貴乎？「存我」者，隋儒讚周公之辭也。周公大聖人，奚事於存？而我固自若，下聖人一等，其可無存我之學乎！雖然，我，一也，而體有小有大。存其大體者，其我公；存其小體者，其我私。《中説》所謂我，不知其所存之大與？小與？故先哲猶有譏焉。孟子言：君子所存，上下與天地同流，則廓然大公。又豈但存此七尺之軀，而私於我者哉！樂安吴學則，質美志勤，聲利澹如也。以「存我」二字扁燕處之室，予輒見孟子先立其大之我，而埤益《中説》未盡之意。《中説》之存，存其身；孟子之存，存其心也。孟子存我之學，竊嘗聞之矣。倘有志乎是，它日當誦所聞。其然之也，則所存之我，庶幾乎其爲真我也夫！

❶ 此篇原無，據成化本補。

吴文正集卷五

元 吴澄 撰

説

慎獨齋説

天下人人讀《大學》《中庸》二書，於誠身之要，皆曰「慎其獨也」，讀者類能言之。古舒李文質彬叔，以儒飾吏，亦克自持，取「慎獨」二字名所居，而淮西憲官温侯爲書其扁。❶發揮旨意者不一，而泰州教授王實所述顏、楊、馬、趙四君子之行最爲明切。夫易以溺人汙人者，色與貨也。非理非義之事，雖甚不良之人，往往畏人之知而不敢肆。苟人所不知之地，一時不勝其利欲之私，則於所不當爲能保其不爲之乎？若顏叔子之達旦秉燭，若楊伯起之暮夜卻金，若司馬君實、趙閲道之所爲，❷無一不可與人言，無一不可與天知，真能

❶「扁」，原作「篇」，據成化本、乾隆本改。
❷「閲」，原作「閲」，據成化本、乾隆本改。

慎獨者也。然斯事也，儒者猶或難之。莊子曰：「爲不善乎顯明之中，人得而誅之；爲不善於幽闇之中，❶鬼得而誅之。」君子言人不言鬼，言是非不言禍福。而莊子云爾者，將以警夫中人以下也。今彬叔不俟他人之警而警於屋壁之間，其異於人也遠矣。予嘉其可以爲吾儒之式，豈特可爲吏師而已哉！

主敬堂説

《易》《書》《詩》《禮》之言「敬」者非一，及夫子答子路之問，則其辭重以專，而子路莫之悟也。再問三問，意若有所不足。聖人語以「堯舜猶病」，雖能已其問，而子路猶未悟也。嗚呼！子路，聖門高第弟子也。果於從人，勇於治己，當時許其升堂，後人尊之爲百世之師。親承「修己以敬」之誨於夫子，而未能心受也，況後聖人千數百載，而掇拾其遺言者乎？伊洛大儒，嗣聖傳於已絶，提「敬」之一字爲作聖之梯階，漢唐諸儒所不得而聞也。新安大儒繼之，直指此爲一心之主宰，萬事之本根，其示學者切矣。夫人之一身，心爲之主；人之一心，敬爲之主。主於敬則心常虛，虛者，物不入也；主於敬則心常實，實者，我不出也。敬也者，當若何而用力耶？必有事焉，非但守此一言而可得也。河中張克恭，名其讀書之堂曰「主敬」，而問其説於予。北方學者篤厚沉毅，類無南方輕揚浮淺之習，固晞賢晞聖之器也。標揭作聖之要言置諸屋壁間，晨夕目睹，其志可尚已。嗚呼！近世以來，學者爲虛言所誤，幾成膏肓之疾。予而曰程、謝、尹、朱之言「敬」蓋

❶「闇」，原作「閒」，據乾隆本改。

如此，是又以虚言而益學者之疾也，夫何敢！雖然，主敬之事，人皆可勉能，無庸以子路之不速悟而憚其難也，其亦因名堂之虚言而務修己之實功也哉！

淵默齋説

君子之道，語默隨時，豈偏於默哉！雖然，語者，默之賓也；默者，語之主也。默之時固默，語之時亦默也。夫子欲無言，子貢之徒不知悟是意也，莊氏乃能知之，故曰淵默。默者，無言之謂，而喻之以淵默之意也。淵者何？静而深也。惟静故默，❶惟深故默。彼躁於外，淺於中，則其發言也不擇，惡乎默？西川李巖，平章公之子。資慤而學專，❷不躁不淺，欲由寡言以至於無言，以「淵默」名其燕坐之室。之二字雖出莊氏書，而實有契於聖人警子貢之意。朱子《感興詩》之末篇，演繹其旨甚惓惓也。而或以莊氏爲異乎吾聖人者，過也。夫莊氏之書，於人倫日用，頗有戾於吾教者，吾違之；於心原道奥，苟有契於吾學者，吾從之可也。非從莊氏也，從吾聖人也。夫無言之時，其默也如淵，有目者莫能測；有言之時，其聲也如雷，有耳者莫不聞。此君子之道語默隨時者也。公之子與予之友黄祖德游，概有聞乎君子之道，予是以志之云爾。

❶「故」，原作「語」，據明初刻本、成化本、乾隆本改。

❷「慤」，原作「態」，據成化本、乾隆本改。

敬堂説

淮西楊應叔，以「敬」而名其讀書之堂。噫，大哉名堂之義乎！古聖人垂世之言，肇自唐虞，而典謨之書言「敬」者不一。商人、周人之《詩》，周公、孔子之《易》，繼繼言之。《論語》《大學》《中庸》《孟子》，下逮傳記、諸家之言，又累累及之。然惟《商頌》、周《雅》「聖敬日躋」「於緝熙敬止」兩辭，爲以此贊詠湯、文之德。其餘言「敬」，各隨所指，鮮或該體用之全而言也。夫子答子路君子之問，曰「脩己以敬」，所該則廣矣。而子路曾莫之悟，反疑聖人之言淺近，而不知其甚深甚遠也。千數百年之後，程子始闡明之，以極於天地位、萬物育，而讀者亦或爲之茫然。夫敬者，人心之宰、聖學之基也。釋其字義，曰欽曰寅曰祇；由中而外，曰恭曰莊曰肅。獨程子擺脱訓詁，而謂之「主一無適」，其開示學者之意至切也。❶應叔以予之嘗有志於程學也，請予説以文其堂之名，予不敢臆説也。晞程子之學，當自朱子之言入，乃演釋「敬齋」之《箴》，❷以裨益敬堂之義。《箴》之首章，「潛心以居」者，静而居處之敬也。其次章，「擇地而蹈」者，動而步趨之敬也。三章之如賓如祭者，形見于表之氣象也。四章之如瓶如城者，保持于裏之念慮也。❸故總之曰：「動静無違，表

---

❶「示」，原作「小」，據成化本、乾隆本改。

❷「乃」，原作「以」，據成化本、乾隆本改。「釋」，成化本、乾隆本作「繹」。

❸「于」，原作「干」，據成化本、乾隆本改。

裏交正。」五章之不東西南北，則心之無適而達於事也。六章之弗貳二參三，則事之主一而本於心也。其發程子四言之精藴，未有若是其悉者。而衣冠瞻視，足容手容之間；出門承事，守口防意之際；皆一身用功之實地。應叔，謹飭士也，於父爲才子，於弟爲令兄，於鄉爲良朋友，於官爲賢師儒。進於是也蓋不難，亦在乎爲之而已。目堂之扁，孰究而信蹈焉，則敬不于其堂而于其人。不然，堂之名，虚名也；予之説，虚文也。敬於何有？

立齋説

有學者言陜士翟玨友諒質美而劬書，京兆蕭維斗名其齋居之室曰「立」。敢問立之義何如？予曰：大哉，蕭君之所以期於人者乎！昔夫子之徒三千，其間粹德英才不少矣，而夫子未嘗以立許之。非薄於待人也，誠以立之未易能而不敢輕許也。自漢以至于今千有餘年，務學之士奚啻百千萬億，而能立者，幾何人哉？士之有立，蓋不一端，以春秋叔孫豹所云，則有三焉：有德之立，有功之立，有言之立。三者之立，古之上聖大賢其至矣。吾姑論其次。夷、齊之讓，曾、閔之孝，立德者也；周、霍之安漢，狄、張之復唐，立功者也；漢之賈、董，隋之王通，唐之韓愈，立言者也。夫子之言孝，以立身爲孝之終。立身者，行道於當時，揚名於後世，亘古今而不朽，夫是之謂立。翟君如欲副蕭君之所期，其思所以立之之方乎？或曰：立於禮，可與立。「三十而立」，非所謂立乎？曰：此言既有所知而固守不移之謂，非立身之立也。然果能有知而又能固守，則其能有立於世也可冀矣。二「立」字之義雖不同，❶而實相因也。志於有立者，其尚有味於吾言哉？學者欲筆吾言以寄友諒，予曰「諾」。

敬義齋説

「敬勝怠」，「義勝欲」，其言肇於古册書，而周太師尚父以授武王。後五百餘年，夫子贊《易》，有「敬以直内，義以方外」之説，敬、義二字，遂爲萬世聖學之根基。然自孟子没而其言絶，漢唐千餘年間，知之者誰與？宋程子出，而後直内方外之學復明於世。同時見而知之者，異時聞而知之者，豈無其人，求如程子之直有得乎是者，亦無幾也。予之愚騃，自少妄有志於程子之學，心必主於一，事必合於宜。學之踰五十年，而卒未有得也。蓋其資質之庸下，功力之淺劣故爾。今聞大名王君伯玉以「敬義」匾其齋室，卓哉立志之高乎！聖也者，人皆可學也。患志之不立，與夫所以充其志者或未至焉爾矣。王君有是志，又有以充其志，學之可以晞聖也孰禦？它日解后，以其所志者諗於予，予亦以其未有得者質於君。互相激勵，其不兩有所益哉！若夫掇拾先儒之所已言，而曰若是斯爲敬，若是斯爲義，則凡世之爲學爲文者人人能之，❷予則恥躬之不逮而不敢出諸口也。

❶「二」，原作「一」，據乾隆本改。
❷下「之」字，原脱，據乾隆本補。

逍遥游説

周流六合，臨睨三光，❶此屈子之遠遊也。乘天地之正，御六氣之變，以遊無窮，此莊子之逍遥游也。世其果有斯人乎？蓋未之知爾。於乎！蜩、鳩、斥鷃，又惡能知九萬里之上有大鵬者哉！

無塵説

上方道士陳子靖，通三教書。醫之一技，進乎工巧，以無塵倅其名。問余曰：「若何而可以無塵也？」余曰：子之道所貴也，余儒流，惡足以知之？抑佛者有言：根立而塵集。有根斯有塵也。六根其能無乎？根不能無，則塵豈能無哉？故佛者必務寂滅以無其根，而老者亦務清静以無其塵。二氏之學，余不能知也，又安能爲子言之也耶？無已，則姑爲子言儒者之學。余嘗聞，邵子年十歲學於里，遂盡里人之情，而已之滓十去其一二。年二十學於鄉，遂盡鄉人之情，而已之滓十去其三四。年三十學於國，遂盡國人之情，而已之滓十去其五六。及至年四十，能盡古今之情，而已之滓十去其七八。年五十，能盡天地之情，而已之滓無可得而去。此非所謂無塵者乎？然以其天挺人豪、英邁蓋世之資，冬不爐、夏不扇、夜不就席之功，猶必學至於五十而後無滓也，明得盡則查滓渾化。程子亦云：「查滓渾化者，無塵之謂也，而唯明之盡者能之

❶ 「臨」，成化本、乾隆本作「睥」。

爾。」余固願學焉，而莫之能至也。然則吾儒之無塵，蓋不易能也，不知以清静寂滅而無塵者，其難易爲何如？無塵乎，無塵乎，尚其名不既其實，可哉？

永愚説

愚者，智之反也。智爲五常之一，人孰不欲智哉？不恃其智而自守以愚，不耀其智而自晦於愚，唯古昔之聖神、後來之老莊能。然亦有其識深潛、其才隱約，而其智難以淺窺者，顏淵、甯俞是也。夫敏於悟道之謂智，而顏子之聽受師訓，若無所悟，疑於不能敏；巧於避禍之謂智，而甯子之衝冒艱危，略無所避，疑於不能巧。人或謂之愚焉。然顏子於不違之際如愚，如也者，愚之似爾，究其實，不愚也；甯子於無道之時則愚，則也者，愚之暫爾，要其終，不愚也。顏之敏悟，不惟精於知，而且果於行；甯之巧避，不惟免於身，而且利於君。智孰大乎是？故顏、甯之愚非真愚，二子亦未嘗自以爲愚也。凡自以爲愚者，往往出於憤激，非由衷也。柳子厚少已嶄然露頭角，自恃其智何如也。未幾，一斥不用，不勝其憤激，❶而假託於愚。溪池亭島，悉以愚名，此豈由衷之言乎？友人譚以立之客徐元壽號永愚，❷而求言於予。夫愚之名一，而所指各不同。愚智之分，或指質之豁蔽巧拙言，或指學之明昧敏鈍言，或指身與時之窮達遇否言。予未知元壽所

---

❶「不」上，明初刻本、成化本、乾隆本有「於是」二字。

❷「譚」，原作「謂」，據成化本、乾隆本改。

謂愚者何所指。其憂自耀之或過，而以愚自矯與？抑慮自守之或渝，而以永自誓與？予莫之能知也，又豈容於臆説哉！它日倘一見，見面而知心，然後因所指之實而頌焉，而規焉，蓋未晚也。

思誠説

子思子之《中庸》曰：「誠者，天之道也；誠之者，人之道也。」孟子述其語，不曰誠之，而曰思誠。何也？思也者，所以誠之也。《通書》云：「誠者，聖人之本。」而又云：「思者，聖功之本。」前後聖賢之立言，若合符節。天何思哉？而四時行焉，而百物生焉。自須臾頃刻之近，至于千萬億年之久，而如一，夫是之謂誠。天之道若此，而聖人亦天也，其德之純，同天之不息。生而知之，不待思而得，是以安而行之，不待勉而中也。下聖人一等，思而後能得，則勉而後能中矣。斯其爲思誠者歟？昔丞相張魏公名廬陵文節楊先生之齋室曰「誠誠」，❶宋孝宗御書「誠齋」二字以賜。山南僉憲史侯，又名先生玄孫若羲之齋室曰「思誠」，❷而孝廟神明之胄趙子昂承旨又書「思誠」二字以遺。祖孫輝焕於百有餘年之間，韙哉！趙謂史憲欲使孫之思其祖，蓋借孟子思誠之言，而寓慈孫念祖之意云爾。夫誠之爲誠，一也。然有《中庸》、孟子所言之誠，有文節先生所能之誠。清修苦節，清誠清也，苦誠苦也，文節之實，足以副魏公之名，則然誠者，實而已。今先生之

---

❶「曰」，原脱，據明初刻本、成化本、乾隆本補。
❷「又」，原作「文」；「孫」，原作「蔣」，併據明初刻本、成化本、乾隆本改。

孫，一行在身，必實而非僞；一言出口，必實而非虛。口無虛言，身無僞行，其不謂之誠乎？❶其不謂之思其祖者乎？若夫天道之誠，唯天下之至聖能盡其道。古之大賢雖能知之，雖能言之，而能行之或猶未至。澄也固嘗從事於斯，老矣，而未之能知也，未之能言也。將以己所不能知、不能言而勉若羲，豈誠也哉？則亦曰：思爾祖之爲，近而可能也。

静淵説

其静也淵，水之止也；其動也川，水之流也。惟其止而常定，是以流而不息。❷古之大聖人蓋若是。常定謂何，事物不撓心也；不息謂何，須臾不離道也。吾夫子之後，無其人矣。同時魯國一顔子，曠千數百年之久，江南一周子，河南一程子，其幾乎！予自幼弱，志在晞三子。資下而學不力，❸年八十餘而未之得也。彊壯時嘗取友於天下，合朔南所見，奚啻百千萬億人，而莫之知也。倏有人焉，以静淵自命，❹豈特可嘉可尚而已，❺抑亦可驚可駭也。何也？二字之實未易能，則二字之名未易當也。而予之舊友，以書問其

---

❶「謂」，原作「爲」，據成化本、乾隆本改。
❷「息」，原作「返」，據明初刻本、成化本、乾隆本改。
❸「下」，原作「不」，據成化本、乾隆本改。「不力」，乾隆本作「未力」。或疑「資不」下有闕字。
❹「淵」，原作「而」，據明初刻本、成化本、乾隆本改。
❺「特」，原作「將」，據成化本、乾隆本改。

說。夫粗有所知者，默無所言；安有所言者，瞢無所知也。予敢輕言哉？非不敢言，不能言也。静淵之云，將徒竊其名乎？將欲既其實乎？如欲既其實，試過予，相與默坐一月，庶或相觀而微有悟也。静淵者誰，胡氏光祖。問予者誰，黎氏希賢。俱章貢人也。黎，予所識。胡，予所未識。

青溪道士點易軒説

有一道士，空同其躬，鴻濛其衷。其動顒顒，其止雍雍。濯纓乎青溪之上，混跡於黄垓之中。手持一編，過予而言：曰吾後暝，結廬數椽。即大隱廛，成小洞天。鑪熏梟煙，韋編置前。蘭露淨滴，汞朱細研。執筆臨文，號點易軒。敢問何如？❶予未及答，不覺輾然。《易》道至矣，匪書可傳。求之句讀，如錐測淵。曷探其賾？曷鈎其玄？盍且援筆，襲韜卷衺。沈消百慮，静虚一室。神如歸來，閉塞勿出。進修存存，退藏密密。昭昭南端，靡白可觀；冥冥北牖，靡黑可守。我乾我坤，自尊自卑；我坎我離，自倡自隨。《易》道於斯，奚以點爲？舍蚌取珠，得兔忘蹄。本無二經，本無十翼。安有九師？安有八索？《易》之門庭，甚寬甚宏；《易》之宧奥，甚深甚窈。《易》之樓閣，八窗寥廓；《易》之路途，萬里舟車。天圓吾廬，地方吾褥。焉用夫軒，而構此屋。爰覿溪隅，孰是漁夫。溪上一葉，恍若海桴。其載有月，其釣無漁。可論《易》者，斯人也與？倘能樵乎，試往與俱。道士唤鶴，速騎以趨。四顧悵恍，莫知所如。道士爲誰？北嶽恒山人。

❶「如」，原作「知」，據成化本、乾隆本改。

僑居江之南，餘三十春。家世儒士，因柱下叟命氏。予不知其名，從道其字。

思無邪齋説❶

程子曰：「思無邪者，誠也。」此「邪」字，指私欲惡念而言。有理無欲，有善無惡，是爲無邪。無邪斯不妄，不妄之謂誠。以《大學》之目，則誠意之事也。《易·文言》傳曰：「閑邪存其誠。」此「邪」字，非私欲惡念之謂。誠者，聖人無妄真實之心也。物接乎外，閑之而不干乎内。内心不二不雜，而誠自存。以《大學》之目，則正心之事也。凡人昧然於理欲、善惡之分者，從欲作惡，如病狂之人，蹈水入火，安然不以爲非，蚩蚩蠢蠢，冥頑不靈，殆與禽獸無異。其次頗知此之爲理爲善，彼之爲欲爲惡，而志不勝氣，閒居獨處之際，邪思興焉。一有邪思，即遏制之，乃不自欺之誠也。夫既無邪思，則所思皆理皆善矣。然一念才起而一念復萌，一念未息而諸念相續，是二也，是雜也，匪欲匪惡，亦謂之邪。此《易》傳所謂「閑邪」之「邪」，非《論語》「無邪」之「邪」也。《論語》之引《詩》，斷章取義云爾，《詩》之本意，豈若是乎哉？豫章熊原翁，以「思無邪」名齋室，或以不二不雜勉之。言固甚美，予疑熊君之未遽及是也。蓋必先能屏絶私欲惡念之邪，而後可與治療

❶ 此篇與卷六十一《題思無邪齋説後》一文重，然文字微有差異，故並存兩文，以供參校。

二而且雜之邪。誠意而正心，其等不可躐。無私欲，無惡念，世孰有如司馬公？❶而不二不雜，則猶未也。❷終身每以思慮紛亂爲患，故程子惜其篤學力行而不知道。異端氏之不二不雜，自初而持戒持律，絶去私欲惡念故也。不然，諸業未淨，烏乎而可以不二不雜乎？

❶「如」，原脱，據成化本、乾隆本補。
❷「也」，原脱，據乾隆本補。

吴文正集卷六

元吴澄撰

説

丹説贈陳景和

丹出井中，玉質而日色，蓋至陽之氣所成。知丹之名，則知丹之實矣。希夷先生陳圖南所傳六十四卦圖，❶丹之道具。是魯山景和，非圖南後人乎？好外丹。夫外者，内之景象也。如好之，有圖南之圖在。

藥説贈張貴可

人無恒不可以作巫醫，古有是言也。張貴可設藥肆三十年餘，自前至今如一日。其生藥，精而不倦於治擇；其熟藥，真而不雜以僞贋。又得方外高人傳授丹法、墨法，與衆迥别。養命者服之而效，濡豪者用之

❶「圖」，原脱，據明初刻本、成化本、乾隆本補。

而良，取信於遠近有年矣。而敝衣羸形，安守其業，恬然無欲羸貪利之心，庶幾乎古之所謂有恒者歟？柳子厚嘉宋清市藥而不爲市人之行，余於貴可亦云。

丹説贈羅其仁

丹也者，至陽之氣所成也。似朱非朱，似赤非赤，丹之色也；似玉非玉，似石非石，丹之德也。古之真人，陽純陰絶。方其初也，以無象有，用鉛非鉛，用汞非汞，成之而温養，使精神魂魄混合不離可以長久者，内丹也；及其究也，以有象無，用鉛爲鉛，用汞爲汞，成之而服食，使骨肉血髓消鑠俱融可以升舉者，外丹也。後之名醫以藥濟世，爲之湯以治經絡，爲之散以理中焦，爲之丸以達下部。而丸之别，或名爲丹，何哉？蓋以其匹配陰陽，依放造化，可以愈沈痼，可以扶危急，可以救卒暴，可以起死回生，可以延年益壽，雖醫之用，而有仙之功焉。其名之曰丹也，不以此乎？廬陵羅其仁，克紹父之業，工鉛汞交媾之術、鼎鑪烹煉之法。推其餘爲丹藥，以療未病之人。其爲人慈善篤實，志於利物，不志於利己。其爲丹也，既有仙之功；其爲人也，又有仙之行矣。功行可仙，則丹非凡丹也。得是而服食焉者，不謂之得仙丹也歟？

琴説贈周常清

昭文善鼓琴，而文之綸施及文之子，何也？以其伎之異乎人也。蓋若僚之丸、秋之奕、養叔之射、造父之御。然苟非精於其伎有以自好，則不終其身而廢業者有矣，尚能家傳世守之耶？廬陵周大江，挾琴遊士大夫間，號爲琴師，莫之可儷也。其子常清，得其父之伎。延祐戊午春，予與同止宿者再浹日。每於隔壁聽其吟弄之妙，塵累爲之頓消，❶於是深服其伎之精。予自少有志於樂，嘗歎古樂泯絶，學之無由。夫八音之中，革、木無當於五聲。匏、竹、土之與金、石，五聲雖具，而其節奏不過教坊燕樂。絲之一音，若箏若𥰭，若箜篌若琵琶，非古雅樂器，無足論者。唯琴瑟，古樂器也。瑟之器雖古，而聲亦今。庶幾可以古者，琴而已。琴之譜調，超出俗樂之上，然自古及今，不知幾變矣。更造改作者，果皆石夔、師曠其人乎？抑亦猶夫人也？唐宋盛時，韓子、歐陽子所聽之琴猶不免可憾，況後此者乎？以予所知，未百年間已變三譜。愈變愈新，其聲固有可尚，而纖穠哀怨，切促險躁，或不無焉。淳古遺音，和平安樂、澹泊優游之意，其亦若是否也。世之能琴者往往非儒，能儒者又不知音，欲與論此，而無其人。大江，儒者也，而精於伎。常清歸省，其以予言質正於家庭，他時再會，必有以起予者。故於其行也，書此以贈。

丹説贈劉冀

劉冀仲山，通醫之書，明醫之理，傳醫之方，得醫之法。其辨脈也精，其識證也決。其用藥也，審而不緩，奇而不險。其收功也，全多而失少。又遇異師授丹法。其上之却老還童者頗秘，未暇問。其次之濟世

❶「頓」，原作「傾」，據成化本、乾隆本改。

活人者嘉，與衆共之。藥物有交媾，火候有進退，有烹煉，有温養，宜其妙合陰陽，巧奪造化，而愈難愈之疾、長彌長之壽也。是豈可與藥市市藥者同日語哉！

丹説贈吴生

有神仙延年之丹，有神醫愈疾之丹，實殊而名一。葛溪吴仁叔，丹藥作效於人多矣，取信於人久矣。一門二弟，同得其法。今見其弟，如見仁叔焉。

文泉説

昌化縣主簿錢自牧，言其所治縣有隱士陳希仁，❶博學能文，以「文泉」號其所居之地。予問之曰：「文泉者，舊有此名歟？抑新爲之名也？」簿曰：「地有泉，而陳以『文』之一字名之爾。」予曰：人稱蘇明允爲老泉者，以其地有老人泉，故借其地以號其人，非新創名也。惟柳子厚謫居冉溪之側，特以「愚」名其溪。元次山在南方，往往爲水立新名。道州有水名濂溪者，亦次山之遺教。其後周茂叔先生寓江州城外，取道州舊地名名其書院曰「濂溪」。蘇子瞻詩云：「先生本全德，廉退乃一隅。」謂其取廉之義以名溪，而旁加水字也。

❶「希」，明初刻本作「晞」，成化本、乾隆本作「睎」，「睎」是。

泉之名爲「文」者，其亦昔人以「愚」、以「廉」名溪之意歟？然愚非美名，❶廉亦一善而已，昔人薄於取名蓋如此。若「文」之名，則其義甚大，非「愚」與「廉」所可同也。天有天之文，地有地之文，人有人之文。天、地、人之文，具備於聖人之身，堯舜、禹湯、文武而下，惟周公、孔子可謂之文也。故曰「文不在兹乎」！秦漢以後，儒者不知道，惟以言語之工爲文，則既非矣。蘇子瞻嘗言：「吾文如萬斛泉源。」以言語之工爲文者，倘如蘇子瞻，殆亦庶幾焉。夫水，天下之至文也。而泉者，水之初出。陳君以「文」號其泉，自負豈淺淺哉？最下，猶當爲蘇子瞻。遡而上，則周、孔之文，又非子瞻之所得聞者。名之浮於實，君子必不爲也。錢溥請録吾言，辭不獲，遂書以遺。

松友説

松，木之貞堅也。其爲友者爲誰？《魯論》美其後凋，蒙莊美其冬夏青青，皆與栢並稱。然則栢其松之友乎？《戴記》美其貫四時不改柯易葉，則不止與栢俱，而又與竹儷。世俗亦以松、竹、梅爲歲寒三友。然則竹、梅其松之友乎？人之可與松友者，必如栢如竹如梅而後可。盤桓於孤松之側，松所友者，晋淵明也；吟哦於二松之間，松所友者，唐斯立也。鄱陽陳聖舉，嗜書，有清致，以「松友」名其居。夫不以我友松，而松與我友者，其節其心，當有以肩陶而軼崔。不然，松之爲松，絲蘿施之矣，何以表然特立於栢與竹、梅之

❶「然」，原脱，據明初刻本、成化本、乾隆本補。

上哉？臨川吴澄，爲作《松友説》。

冰花説

清江鎮李巡檢，廉惠人也。所涖之地，瓦屋有霜，結爲冰花。史圖其狀以美侯，客傳其圖以示予。予爲之言曰：凡天下之物，每有、多有者爲宜，希有、忽有者爲異。妖者宜則祥者異也，常者宜則怪者異也。其妖其祥，其常其怪，或謂之宜，或謂之異，在天在人一也。夫廉恥道喪，貪濁成風，瘠人肥己，殘下罔上者，比比而是。於斯時也，而有人焉，以清謹爲行，以寬厚爲政，乃見於卑小之官、遐僻之地，豈其宜哉？異也。有雹有雷，有風有雲，氣候嚴肅，則露凝爲霜，雨凝爲雪，水凝爲冰，天之常也。若夫霜堅成冰，冰鏤成花，稽諸前志，參諸雜記，其似此者，於昔爲間見，於今爲非常，豈其宜哉？異也。由此觀之，李侯，人之祥也；冰花，天之怪也。衆皆若彼，侯獨若此，惟其祥，故在今以爲異；常時所無，一旦所有，惟其怪，故自昔以爲異。夫人之異，非必有以感乎天；天之異，非必有以應乎人。二異於一時而適相遭，吾安得不以人之異者爲斯時喜，又安得不以天之異者爲斯時嘆也哉！

觀瀾説

予家有清池可十畝，泉冬夏混混不竭。月夜乘舟扣舷，蕩漾其間，彷彿赤壁之遊之樂。地四平，無山林障礙，微風發則粼皺淪漣，倡披繽紛，如綺如縠，如鱗如鬣，不可勝狀，有天下之至文焉。大父嘗結廬西南涯，開軒面之，曰觀瀾軒。有客難曰：「瀾之雄偉壯盛者，長河大江之流，洞庭彭蠡之瀦也。今以一勺之水而觀其所謂瀾，得無見笑於天吴哉？」主人答曰：「子知孟子之言觀瀾者乎：『觀水有術，必觀其瀾。』蓋貴乎水之有源也。潢潦之水，雨集而盈，雨止而涸，何瀾之可觀？若夫有源者則異是。彼之經數千百里而來，合數千百川而一者，有源也。此之歷四時千載而如一日者，亦有源也。有源既同，則有瀾亦同也。泰山之與秋毫，政未可以大小而殊其觀。」於是客無以應也。金谿洪君，恢廓尚義。所居有觀瀾閣，浚渠導溪，引活水至前，殆與予之大父同其趣。蓋有源之水，不必如長河大江、洞庭彭蠡之廣且深而後可觀也。青田陸子，近世大儒之知道者。洪君生不同時而與同里，增修祠宇，以表欽慕，是必悠然有會於其心。兹非所謂有源者耶？譬之水然，有源如是，其有瀾可觀也固宜。竊慮時人未達洪君之所以名其閣之意也，故述予大父之答客難者以諗。

虚舟説

真定趙時中，扁其燕坐之所曰「虚舟」，蓋取諸莊氏書。夫彼之所謂虚也者，謂有其舟而無人主之也。❶大概莊、老氏之學，以無心待物，若無主之舟然，任其汎汎於水中。雖偶觸他人之舟，而人不怒，以其無主而非有心故也。待物一皆無心，倘或傷於物，物亦無憾於我。故曰人能虚己以遊世，其孰能害之？雖有己而

❶「有其」，乾隆本倒乙。

己無心，雖有舟而舟無主，是之謂虛。虛舟者，虛己之喻也。其遠害之計高矣，而終不及吾聖人之中道。吾聖人之舟，有主而實，非如彼之無主而虛也。然操之於節度，行之於空隙，百艘並進，狹澗相遭，其舟亦無所觸。既無所觸，誰其怒之？彼無主之虛舟固爲無心，而亦有時觸人之舟，人雖不怒，心實不悦。吾聖人之舟未嘗有觸於人，人不惟無怒於心，而其中亦無不悦之意。蓋莊、老以無心待物，聖人以公心應物。其心公，雖曰有心，亦若無心。利之而民不庸，殺之而民不怨，又奚啻能使褊心之人不怒其觸而已。噫！❶古聖人邈矣，吾於後世得漢相諸葛武侯焉。廖立、李平被廢黜，而終身無怨尤，感之至於垂涕，非其公心足以服人而然歟？豈必如老、莊之無心也哉！時中方以才名爲世用，與其學蒙吏之無心，而縱無主之虛舟；孰若學漢相之公心，而運有主之實舟乎？

春谷説

河南趙和卿，以「春谷」名其居。予聞陶唐命官羲氏司春，而名其賓日之處曰暘谷。暘之爲義，固取日出之明，亦取春暘之温。春谷之春，亦猶暘谷之暘也歟？蓋河南爲天地之中，得氣候之正，非特每歲之春然也。世道太平，而萬物皆春，惟河南爲尤盛。周公營洛，而驗諸陰陽風雨之和，其事遠矣。前三百年，有邵子自衛來居，而以收天下春歸之肝肺自幸。和卿，河南人，而曰春谷，夫誰曰不宜？然天地之氣與化移

❶「噫」，原作「意」，據成化本、乾隆本改。

易，又不知今之河南，視昔何如也。和卿宦遊四方，鮮或歸其鄉，則亦隨所在而皆春谷，奚獨河南之谷可以爲春乎？春之時，在天地爲元，在人心爲仁。元者，藹然發生之理；仁者，盎然惻隱之心。存此心之惻隱，以同乎天地之發生，則春，吾心也，靈明四達，何往非谷，而豈係乎身之所居也哉？和卿賦質慈良，而施於政者多寬惠，此其所謂春谷者也。擴而充之，與天地之春如一，在乎人而已。

方舟説

舟，所以濟不通也。士特舟，大夫方舟，諸侯維舟，天子造舟。其多寡不同，何也？示有等也。南面之君，由天子下達於諸侯；北面之臣，由士上達於大夫。臣之位，至大夫而極；士之志，期於大夫而止。龔仕璋，士也，而以「方舟」名其燕坐之所，蓋以大夫自擬者歟？方舟，濟川之具也。濟世必以人，猶濟川必以舟。欲得舟之用，宜備舟之材。古之舟，刳木而已。後世解木爲片，編以爲舟。一舟所須，其材不一也，有一不備，舟不可以成。濟川之具，其難如此；濟世之具，豈不尤難於舟也邪？❶如夫子之上聖，孟子之大賢，備全人之能，乃可爲濟世之舟也。義理有一之未瑩，才藝有一之未優，臨事鮮不致缺敗。鄉相王文公，學孔孟而志伊周，節行文章爲天下第一。若官爵，若貨利，若聲色，外物之欲，一毫不入其心。及其爲相，設施竟不滿人意。甚哉，濟世之不易能也！惟完舟能濟川，惟全人能濟世。以荆國所志所學，猶未得爲全人

❶「尤」，原作「猶」，據成化本、乾隆本改。

也，況不及其萬分之一者乎？❶夫濟川者，聚衆材成完舟，若楫若維，若檣若帆，靡有不完而後可以浮之江湖之中，置之風濤之衝，而無滲漏覆溺之虞。苟學不至孔孟，才不逮伊周，則皆未完之舟也，其可輕試於一濟哉？仕璋字民望，吾同鄉人也。因其所名而勉之以實，作《方舟説》。

寬居説

京兆邵信可，以「寬居」扁燕坐之室。臨川吴澄問之曰：「何謂也？」對曰：「寬者，仁之德；居者，以之宅心也。」澄遂爲之説曰：人性所有，仁義禮智。四而四之，仁其一爾；四而一之，仁其統也。仁之量宏，仁之施博，故狀仁之德，寬爲首。然天以是理賦於人，木之神曰仁，金之神曰義；仁之德爲寬，義之德爲猛。二者可相有，不可相無，若專於一，則偏矣。金之神王於西，而秦俗往往尚義。信可，西人也。持身峻潔，涖政勇決，其所得於天者，義之分數多。蓋欲擴仁之寬，濟義之猛，俾所由所居，義與仁合，而以寬居自懋也。聖賢之學，使人變化氣質，損有餘，益不足，裁其偏，而約之中。「寬居」之扁，殆古人佩韋之意乎？抑嘗觀夫子所言，寬者，實居上臨下之本。《論語》末篇記帝王出治大概，「寬則得衆」一語，亦冠「信」「敏」「公」之前。寬之用，大矣哉！究寬之用，可以該仁之全，非特可以濟義之偏而已。其量兼容而并包，其施廣被而普及。八荒皆我闥，四海猶一家，寬居則然也。此仁所以爲天下之廣居者夫！信可名思

❶「其」，原脱，據成化本、乾隆本補。

誠，初以儒而仕，繼爲一道泉司之輔，又爲兩路民牧之殷。充其所到，可大受，可大任，是乃寬居之極功，吾將有俟焉。

蒙泉説

吾夫子之亟稱於水也，果何取於水哉？孟子以爲取其原泉之混混也。夫泉者，水之原也。水必有泉爲之原。其來者混混而有常，是以其往者續續而無盡也。苟無是泉，則溝澮之乍盈，不崇朝而已涸；湖澤之極深，曾幾時而亦竭。水之有貴於泉者如此。泉之名，不一也。《爾雅》名其所出，已有三名之殊；世人名其所見，奚啻百千萬名之衆。曰甘泉者，味之宜於供飲也。曰寒泉者，氣之宜於救暍也。曰清泉者，質之宜於鑑照滌濯也。推是而名，雖巧歷莫能殫。真定，河北之雄郡。其地有名之泉甚夥，而吾令君崔耀卿之别墅獨專其一。滃滃而出，涓涓而流，堰之爲渠，瀦之爲池，引之導之，灌田若干畝。昔未有名，自言蒙被茲泉之德，於是假借《易經》卦名之字，而名之曰「蒙泉」。其取義，則與《易》卦所謂蒙者不同也。何也？蒙之字義，巾冪物也。其加草者，❶草之蔽，猶巾之冪焉爾。障隔而冥迷之，蒙昧之蒙也；覆幬而資益之，蒙蔽之蒙也。❷《易》卦所象之泉，潛出於山腹之下，而未達于外。譬如童穉蒙昧，所向惠利未能及物者也。令君

---

❶ 「草」，成化本作「艸」，下句同。

❷ 「蔽」，成化本、乾隆本作「被」。下文「蒙昧之蒙」「蒙被之蒙」對舉，「被」是。

所名之泉，顯出於平地之上，而端達於遠。隨其流注，蒙被所潤，惠利已能及物者也。前此固有以「蒙」名泉者，蓋取《易》卦蒙字之義。今此之以「蒙」名泉者，非取《易》卦蒙字之義也。一以蒙昧之蒙而名，一以蒙被之蒙而名。蒙之字雖同，而蒙之義則異；蒙之名雖舊，而蒙之義則新。廬陵文士劉道存主崇仁簿，爲官長作《蒙泉記》。鎮陽之山川形勝，崔氏之家世閥閲，該載瞻麗，蔑以加矣。予復因令君蒙被兹泉之言，而剖析舊名、新義之各有當於人。俾得所蒙者，兹泉之至德也；於泉不忘所蒙者，令君之厚德云。

車舟説

曾子言：「士不可以不弘毅。」弘，所以勝重也；毅，所以致遠也。夫可以勝重致遠而行於陸者，車也；可以勝重致遠而行於水者，舟也。豫章揭秀才，從吾遊也久。其廣博也，期於無一理之不知，無一事之不爲；其健敏也，期於視萬里而咫尺，視萬古而瞬息。故車以爲名，舟以爲字。其欲勝至重之任，致至遠之地，而通行於天下者乎？雖然，予嘗聞諸邵子曰：物者，身之舟車。身，我也；車也舟也，物也；物以載我而行者也。然我之所以爲身，豈五臟六腑、四肢百骸之謂哉？身非身也，其所主者心也；心非心也，其所具者性也；❶性非性也，其所原者道也。道者，天也。天之所以爲天，我之所以爲身也。然則我之身，非人也，天也。天也者，道爲之身也。至重莫如道，至遠莫如道。倘非恢擴堅强之車舟，何能勝其重、致其遠者。

❶「所」下，原衍「以」字，據成化本、乾隆本删。

重也遠也，身有此道故也。苟無此道，則雖有車舟，無所可載，虚車爾，虚舟爾。出與處與？用與舍與？身之所值有不同，而道無不同也。或以道而殉身，或以身而殉道。身之所在，即道之所在。車舟所載，匪載我之身也，載天之道也。秀才有非車之車、非舟之舟以載矣，又將假有形之車、有形之舟以行於陸，以行於水，而達於京師，仰瞻奎閣清光於九天之上。親而大，有輔星焉；疏而小，有郎星焉。試以車舟所載之身，一鑑照於星光之下，道果無所欠，車舟果有所載。則其重其遠，我所自有，而此身之出處用舍，又奚足云！

蘭畹説

蘭有君子之德，其名見於《易繫辭傳》《春秋左氏傳》《禮》之二《戴記》。至屈子賦《離騒》，則其言蘭悉矣。蘭有德有用，而有益於世，匪但載於儒家之書，在醫經爲草部上品之藥。後之註《離騒》者，援據醫經以辨其名物，曰蘭生水旁，與澤蘭相似，紫莖赤節，高四五尺，緑葉光潤，尖長有岐，幹小紫，❶花紅白色而香，五六月盛。蓋有莖有枝之草，邵子所謂草之木者。而今世所謂蘭，則無莖無枝，草之草爾。豫章黄太史，以一幹一花而香有餘者爲蘭，一幹數花而香不足者爲蕙。俗間同聲附和，謬以此草當《離騒》之蘭。寇宗奭《本草衍義》亦復溺於俗稱，反疑《本草圖經》爲非。甚矣其惑也！夫醫經爲實用設，非虚言也，其可誤識

❶「幹」，原作「陰」，據乾隆本改。

哉！不知今之所謂蘭者，醫若用之，果可利水殺蟲而除痰癖否乎？且其種莫盛於閩之漳與南劍，夾漈鄭氏、考亭朱子皆閩人也，豈有不識其土之所産？朱子《楚辭辨證》既以洪氏所引《本草》之言爲是，而復申之云：「《本草》所謂之蘭雖未可識，❶然似澤蘭則處處有之，可推類以得。其與人家所種葉類茅而花有兩種如黄説者不相似。古所謂香草，必其花葉皆香，燥濕不變，故可爲佩。若今之蘭，花雖香而葉乃無氣，香雖美而質弱易萎，非可刈而佩者，其非古人所指甚明。但不知自何時而誤。」鄭氏《通志》於《昆蟲草木略》則云：「近世一種草，如茅葉而嫩，其根謂之土續斷，其花馥郁，故得蘭名，誤爲人所賦詠。」夫鄭、朱二先生之辨析如此，而世俗至今承誤，猶以非蘭爲蘭，何其惑之難解也！古稱蘭蕙、蘭茝，是蘭與蕙、茝同類。蕙者，零陵香也。茝者，香白芷也。皆可采而乾之，收貯以爲香藥，經久而彌香。非若今人所名之蘭，不過如茉莉、瑞香之花，能香於一時而已。章貢連芳潤，修潔士，取屈子《離騷》之辭，以「蘭畹」名其書室。屈子所好，往往與楚俗異。芳潤心，屈子之心，其所謂蘭，必不與世俗同。因爲誦予所聞，❷作《蘭畹説》，以解世俗之惑，欲人之識真蘭，❸而不惑於僞蘭也。

---

❶「可」，成化本、乾隆本作「之」。
❷「予」下，原衍「以」字，據成化本、乾隆本删。
❸「識」，原作「誠」，據成化本、乾隆本改。

無作說

內息貪嗔癡心,外絶淫殺盜事,此爲學佛初階。綺語亦合禁斷,我不作以媚人,人猶作以奉我。人我雖殊,罪業則一。作綺語人,不如無作。試問居士,如何如何。一吾山人說。

吴文正集卷七

元吴澄撰

字説

凌德庸字説

吴興凌君時中在燕，諗于臨川吴澄曰：「某生而父名之，冠而字之曰德庸。恒懼弗克稱，願聞一言。」澄曰：君以儒術、吏事爲世用。方今仁賢大夫之列若而人，士之列若而人，君所當事而友也。若澄鄙儒，不通時變者，奚於此乎問？抑澄嘗聞之師矣，庸者，常而不易之理，然不可以一定求也。庸因中以爲體，中因時以爲用。昔之過也，今爲不及；彼之不及也，此爲過。隨時屢易而不可常者，中也。夫理之常而不易，政以屢易而不可常之故，一定則惡能常而不易哉？銖兩不易，衡之常也，膠其權，則奚取？然則權之前郤無常，衡之所以有常也。時中之爲庸，蓋如此。所貴乎儒者之爲政，以其能得法外意也。法有一定之例，事紛至乎前，或行同而情異，或名是而實非，百千萬變莫能盡。一概諸例而無權，則府史自足以治世，而又焉用士夫爲？近年法家齪齪，於例惟謹。雖有賢士大夫，亦縮手攣足，一毫不敢行其意。聞君曾爲盱郡獄掾，辯疑辟於府，反覆數四不置，囚藉是得紓死，❶豈執一無權者所能？今受知侍御史程公，奏署東淮憲屬。人皆偉公之不失所舉，知君之不負所舉也。君勉乎哉！尊德性以極衡平之體，道問學以括權變之用，此《中庸》要領。君持是佐其長，其必有非常之政聞於人。人以爲非常，乃德庸之所以爲常也夫！

饒文饒字説

盱南饒君以有異禀，❷宏齋包文肅公名之曰敏學，字之曰文饒，而爲之説。臨川吴澄曰：敏不敏，天也；學不學，人也。天者不可恃，而人者可勉也。蟹不如螾，駑可以及驥，何也？敏而不學，猶不敏也；不敏而學，猶敏也。❸夫子，上聖也，而好學；顔子，大賢也，而好學。古之人，不恃其天資之敏如此也。既敏且學，則事半而功倍。義理日以精，操修日以謹，氣質日以變。一身之言動，一家之倫紀，一國之政教，天下後世之儀範，皆文也。自可欲有諸己，以至于充實，充實而有光輝，文其不饒矣乎？此古之所謂學、所謂文也。古者八歲入小學，十五入大學，所學何事者，❹其書蓋可覩也。饒君資敏而甚有志，吾知其可與共學

---

❶「紓」，成化本、乾隆本作「緩」。
❷「以」，成化本、乾隆本作「少」。
❸「猶」，原作「尤」，據成化本、乾隆本改。
❹「者」，成化本、乾隆本作「哉」。

也。懼夫無以古之學告者，則今之學不過學記誦也，學詞章也。記誦之博洽，詞章之贍麗，則曰文之饒也，然而非也。古學、今學之所以殊，爲己、爲人而已。爲己，喻於義也；爲人，喻於利也。昔陸子《白鹿講篇》，一時深見取於朱子，以其於此剖抉痛快，有以切中學者之病也。包公嘗學於陸子之門，吾故取其意，以補包説之所未及。夫異時不得專意于古學者，猶曰科舉之利誘之也。今無是矣，而不絶利一原者，何也？吾不敏，且未之學也，而有志焉，所願與饒君共勉之。

虞采虞集字辭

著雍困敦，相月六蓂。虞氏二子，丱突而成。既加元服，乃敬其名。字采曰受，字集曰生。采也維孟，集也維伯。爰加爾字，用朂爾德。孰采孰受，忠信於禮。孰集孰生，道義於氣。禮喻夫采，受者其本。如繪之初，質以素粉。義在夫集，生者其効。如耘之熟，苗以長茂。予告汝采，自誠而明。行有餘力，一貫粗精。予告汝集，自明而誠。及其成功，❶四體充盈。念念一實，表裏無僞。言動威儀，浸浸可備。事事一是，俯仰無怍。盛大周流，進進罔覺。采匪詞華，集匪辯博。希賢希聖，爾有家學。相門有嗣，禮義有傳。是究是圖，毋忝爾先。

右十有二章，章有十六字。

❶「成」，原作「誠」，據成化本、乾隆本改。

蕭佑字説

談命者蕭佑字順夫，言人貴賤、貧富、壽夭多奇中，吾戒之勿易其言也。夫幹支之合有從乖，經緯之離有淑慝，而人生所值之不齊，所以爲昏明粹駁之分也。吾意天之命是人也，得其明且粹者，宜其貴，宜其富，宜其壽也。得其昏且駁者，宜其賤，宜其貧，宜其夭也。而或不然，何哉？吁！此吾之所以戒之勿易其言也。《詩》曰：「保佑命之，自天申之。」孟子曰：「莫非命也，順受其正。」然則斯命也，佑之者天也，順之者人也。天也者，不可知者也；人也者，不可不知者也。諸所言者，天乎？人乎？吁！此吾之所以戒之勿易其言也。因書之，爲字説以贈。

周元名辭

昔周元公少依於舅鄭龍圖，卒以繼往聖，開來學。余愧鄭龍圖多矣。周氏其世有人哉？其以元名。

胡同孫字説

中隱胡君之叔子名同孫，而字大中，問其説於予。予不敢言，亦不敢不言。夫大中也者，天地萬物同之，古今萬世同之，不可以意義求。謂不偏不倚，❶非也；謂無過無不及，非也。然則前聖所執所用之中，與中隱君所隱之中，同乎？不同乎？曰「同」。能知其所同，而得之於所獨，則幾矣。如未然，問之嚴君。又未然，問諸夫子之孫。又未然，問諸唐、虞、夏后氏三聖人。

范謙字説

豐城范謙，字君益。夫地中有山爲謙。山，至高也；地，至卑也。内所蓄者至高，而外示人以至卑，所以能受人之益。若恃其高而矜且傲，則人將曰：是堂堂者，是訑訑者。孰肯告以善哉？吾見其損矣。故曰：自高者不高。況内本卑也，而自高以欺人者乎？《易》六十四卦，惟《謙》六爻皆吉。非特人益之，天亦益之。謙乎謙乎，❷其尚有終。

譚適字説

譚適既冠，其父奉政公字之曰立之。公之友爲作字辭者凡三，復以請於余。余何言哉！夫遵其途而

❶ 「倚」，原作「將」，據成化本、乾隆本改。
❷ 下一「謙乎」，二字原脱，據成化本、乾隆本補。

有行者，適也；至其所而有定者，立也。立不難而適難。世有慕京國而遊、思故家而還者，其行也，患不至爾。❶苟至，覩京國之麗，得故家之安，豈有不定於其所者哉？余故曰「立不難」。今夫適萬里者，不知其歷幾亭堠、幾都邑、幾山川而後至。十里至某，如是者以千計；百里至某，如是者以百計；千里至某，如是者以十計。其途有正者，有它者，有徑者，有岐者。出門而迷者有焉，中路而迷者有焉，行已十之九而迷者有焉。迷而復，猶可；迷而不復，終不致矣。余故曰「適爲難」。顔子，聖門之第一人也，其行猶不無差失者，其復能不遠而已。世豈多顔氏子，而謂吾行必不迷而能至也，可乎？適也欲遵何途，欲至何所，余若復舉陳編腐談以瀆告，而曰此之謂適，此之謂立，是不誠於心，無益於事，而負子之請也。謹不敢。子其問途於已至之人，適之而繇其途，則至之而立其所也必矣。子歸，以余言白於公，公以爲如何？

或問立之義。曰：定脚之謂立，動脚則非立矣。此一義也，可與？立者，謂行到此處，立定脚跟，更不移動，故先儒以「守之固」釋之。「三十而立」「立於禮」之「立」並同。❷豎起之謂立，放倒則非立矣，此又一義也。《孝經》所謂「立身行道」「名立於後世」，《左傳》所謂「立德」「立功」「立言」，臧文仲其言「立」之「立」並同。❸

---

❶「至」，原作「致」，據乾隆本改。

❷最下之「立」字，原作「説」，據成化本、乾隆本改。

❸「同」，原作「通」，據明初刻本、成化本、乾隆本改。

立愛惟親，立敬惟長，此猶《論語》「本立道生」之「立」。言植立愛親敬長之心，以爲愛敬他人之本。字義亦與竪立之意同。❶

「如有所立，卓爾。」此言顔子見孔子之道，如有一物卓然立於其前，欲至之而不可至。蓋設喻之辭，非言己之所立也。揚子雲曰「顔苦孔之卓」是已。

張仲默二子字説

汴張君仲默，名其仲子曰權，季子曰柢，謂余字之。余曰：物之輕重不齊也，而衡之稱物常適其平者，以權之或進或退也。故君子之以義制事，隨時取中者似之，而泥於經者疑於權。夫經之爲經，豈執而不通之謂？因時制宜，所以不違乎經也。權乎其毋舉一而廢百哉！木之有柢也，幹、枝、葉、花所繇以生，而實所繇以成也。柢不深固，則其葉其花不及他植矣，況其實乎？韓子云：「根之茂者其實遂。」柢乎其毋輕本而重末哉！請字權曰子經，柢曰子實。既以復于君，君曰「可」，乃書以遺之。

張恒字説

學者張恒請字，字之曰伯固。《易》曰：「恒，德之固也。」固者，堅守而不移。或勤或怠，乍作乍輟，無而

---

❶「亦」，原作「以」，據成化本、乾隆本改。

爲有，虚而爲盈者，不至是。必終始惟一，無時厭倦，而後能之。《易》所云「一德」，所云「雜而不厭」，蓋以此。夫恒之資可以進，其毋不一而易厭哉！抑聞之聖，師不重，則不威而不固。然則内固自外重始，恒懋諸！

馬氏五子字説

河北馬仲温之子，名振，名拯，名授，名持，名揖；其字曰舉，曰用，曰立，曰敬，曰肅。請予即字爲説，以教戒之。予曰：「古者丈夫之冠也，賓字之，祝之以辭，後世因是乃有説其字之義以寓教戒者。若子之字，前定也久矣，而予復何説哉？」請不置，則曰：昔聞郢相詒書於燕相，史誤筆「舉燭」二字。燕相推其説遵而行之，燕國大治。夫其所推之説，非郢書意也，而能有益於燕國。今求有益於若子，亦以燕説説，可乎？舉也，用也，仕者事；立也，敬也，肅也，學者事。仕而學，學而仕，相資不相離也。欲獲舉於上，必有用於世；欲獲用於世，必有立於己。立己之道如之何？内敬外肅而已。立者守之固，敬者心之一，肅者貌之莊。肅斯能敬，敬斯能立，立斯可用，用斯可舉矣。振、拯伯仲叔季閒，究五字之義，而交盡其所當然，則由己及人，何所施而不可？苟五字之約弗之究，雖五車之博奚益？是爲《馬氏五子字説》。

岳至岳屋字説

東平岳伯陽之子，曰至，曰屋，問字於予。夫《大學》篇端、《中庸》篇末皆言至，而溺卑汙、安淺近者，小有德而自足，惡能至其至哉！《詩》曰：「誰謂華高，企其齊而。」故字至曰齊高。躬自㞐者，不肯爲不肖，甘墮凡下人之品而不恥，薄之甚者也。《語》曰：「見賢思齊焉。」故字㞐曰齊賢。至從予學，嘗聞其説矣，尚以是告而弟。

史魯字説

昔者聖人之門，惟子貢之才識可亞於顔子。諸弟子之中，曾子以魯稱，而卒傳夫子之道者，曾子也。「一以貫之」之旨，聖人不輕以語人，得聞之者，曾子、子貢二人而已。然於曾子也，不待其問而直告之。既告之後，曾子深領會焉。於子貢也，先發其疑，而後告之。既告之後，子貢亦未能如曾子之唯也。然則子貢之達，而反不及於魯者與？竊嘗論之，曾子之魯也，其學一出乎誠。蓋惟不恃天資之敏鋭，所當知者，堅志以蘄於通；所當行者，强力以蘄於至。誠篤懇切，敢有一毫怠忽之心哉！《論語》一書，成於曾氏門人之手，而記言首述三省之章。夫謀人必忠，交友必信，傳於師者必習，可以見其誠矣。知之爲真知，行之爲實行，所以能得夫子之道也。中州史魯，學於予，予字之曰伯誠，而語之以曾子之學。魯也勉旃！其毋曰此聖門學者事，非今人之所可爲。

吴浚字説

崇仁貳令吴侯之孫浚，字德普。侯謂予教之，予曰：天之生人也，其性善。善端之發也，如泉之出。泉初出於地而能浚之，則其源深，其流長，所積彌多，而所及彌廣。行而爲大川，豬而爲大淵，可以漕而通，可以灌而注，資人用，膏物産，利澤被乎天下，其德不亦普乎！苟不知所以浚，則其源塞，其流絶，其涸可立而待也，又何望其普也哉！浚年少，喜問學，趨向正而志不卑，有以擴充其善端如浚泉然。予知其爲川爲淵，而及物之普也有日矣。浚之哉，勿自畫。

劉節劉範字説

劉節、劉範，富州尹真定劉侯之伯子、仲子也。伯務學循理，應事知方。仲一惟伯氏步武是隨，器之良者也。節字叔度，範字叔倫。夫《易》之卦有《節》焉，《書》之篇有《範》焉。《易》之《節》曰：「節以制度。」《書》之《範》曰：「彝倫攸敘。」節，如竹之有節，而度者，分寸尺丈之則也；範，如金之有範，而倫者，❶先後次第之序也。一言一行不踰乎界限之外，斯中度矣；一言一行必由乎模楷之内，斯中倫矣。能如是，奚翅一家之良子而已！❷居官爲良吏，立朝爲良臣，繇此其選也。節也範也，尚思所以稱其名哉！二子嘗從周栖筠學，而栖筠遊吾門，是以勉其進。

---

❶「倫」，原作「論」，據明初刻本、成化本、乾隆本改。

❷「已」，各本均作「以」，據文義改。

黄東字説

豫章黄幼德之子名東，字元長。夫東南西北，地之四方也，而東爲先；元亨利貞，天之四德也，而元爲長。地之東，天之元，時之春，人之仁也。《易》曰：「體仁足以長人。」仁者何？人之心也。苟能體此，則有我之私纖介不留，及物之春洞徹無間，真足爲人之長矣。不然，失其本心，没於下流，而不能自拔也，❶又奚長之云？東也勉夫！東請問求仁之方，曰「稽之《魯論》」。

沙的行之字説

鴻濛以來，幾千萬年，有君有臣，其人杳不可聞也。名且無，而況於字乎！自大鴻氏、燧人氏以逮于羲農氏、黄皞氏、頊嚳氏、堯舜氏、禹湯氏，人始各有稱號。然其稱號也，已以是自名，人亦以是名己，初無名與字之别也。至周而彌文，於是乎有名焉，有字焉。字也者，所以倅其名也。人之名與字，何以謂之字？猶文字之字然。書之文與字，何以謂之字？猶字育之字然，謂因生而有也。❷獨體爲文，合體爲字，字者，文所生也；三月而名，既冠而字，字者，名所生也。譬之字育，生生而繁滋，故曰字。上古有名而無字，質也；

❶ 「拔」，原作「授」，據成化本、乾隆本改。

❷ 「有」，原作「猶」，據乾隆本改。

中古有名而有字，文也。九州之内尚文，則如中古之後；九州之外尚質，則如上古之時。其俗之不同也，舊矣。皇朝區宇之廣，鴻濛以來所未有。天之所覆，地之所載，九州内外，靡不臣屬。合諸國諸部而爲一家，蓋各從其俗而莫之或同者也。建康貳侯沙的公，西北貴族。於今日爲能吏，其治所至有聲，同列嘉之。字之曰行之，以從中夏之俗。夫所貴乎中夏之俗者，❶以周公、孔子所置之禮法可慕也。所慕乎周公、孔子之禮法者，以行之爲貴也。慕之切而行不繼，則虚文耳。尚文而虚，不如尚質之實也。行之之行，既取信於同列；行之之字，非直倅其名而已，抑亦表其實云。爲之書者，吴興趙子昂；爲之説者，臨川吴澄也。

吴仲堅字説

宏齋包公之彌甥吴良金，字仲堅，請訓戒之辭以説其字。予曰：金之所以爲良者，以其堅固，❷是以經火百煉而其重不虧。人之心，主於天理則堅，徇於人欲則柔。堅者，凡世間利害禍福、貧富貴賤，舉不足以移易其心；柔則外物之誘僅如毫毛，而心已爲之動矣。堅歟？柔歟？惟子所擇。包公學吾陸子之學，其剖決於理欲之幾必有其説，亦嘗聞之否乎？予言何益於子哉！

---

❶「夫所貴乎中夏之俗」，八字原脱，據明初刻本、成化本、乾隆本補。

❷「固」，原作「故」，據成化本、乾隆本改。

王學心字説

夫學亦多術矣。詞章、記誦，華學也，非實學也；政事、功業，外學也，非内學也。知必真知，行必力行，實矣内矣。然知其所知，孰統會之；行其所行，孰主宰之。無所統會，非其要也；無所主宰，非其至也。孰爲要，孰爲至，心是已。天之所以與我，人之所以爲人者，在是。不是之求而他求焉，所學何學哉？聖門之教，各因其人，各隨其事。雖不言心，無非心也。孟子始直指而言「先立乎其大者」。噫，其要矣乎！其至矣乎！邵子曰：「心爲太極。」周子曰：「純心要矣。」張子曰：「心清時視明聽聰，四體不待羈束而自然恭謹。」程子曰：「聖賢千言萬語，只是欲人將已放之心約之，使入身來。」此皆得孟子之正傳者也。臨川黄令君，字其學者王敏求曰學心，故爲誦予之所聞。

吴晋卿字説

金谿吴晋卿字君錫，問其説於予。予曰：晋者，進也。晋之爲卦，上明下順，内順外明。以一世言之，君明於上，可進之時也；臣順於下，可進之道也。以一身言之，内順於理，克己之仁也；外明於理，應物之智也。遇明時，行順道，既仁且智。如是而進，其有不膺寵錫者乎？故爲侯而進覲，則有車馬之錫；爲士而進用，則有爵命之錫。進之至善者也。君錫之先君子登進士科得仕，而君錫資質粹美，又能文章。進其學焉，俾内於己而順，外於物而明，其將以世科進而受爵命之錫也，餘事耳。學進則身亦進，其進也，孰能禦之哉！

張元復字説

《易》曰：「復，亨。」何謂也？復者，陽剛之來；亨者，嘉美之會。《易》以陽剛爲君子之道。一陽來復，於六陰之時，君子之道自此而長盛，故曰亨。張貴可之子元復請字，字之曰道亨云。

鄧中易名説

金谿雲林鄧氏諸兄弟，❶率取《易》卦立名。伯初名蒙，避廟諱更之曰中。蒙者，《周易》六十四卦之第四卦也；中者，《太玄》八十一首之第一首也。玄之首倣卦氣養，首象頤，爲子月卿卦，成舊歲之終。中首象乎，❷爲子月公卦，開新歲之始。❸中繼以周，象復，爲一陽之辟卦。漢儒卦氣之説，雖與《先天圖》卦序不同，然先天卦亦以坤、❹復之間爲中。中者，歲氣之一初也，故名中字伯初。邵子有云：「《先天圖》自中起

---

❶「谿」，原作「華」，據成化本、乾隆本改。本書卷三十二有《鄧氏族譜後序》一文，知吴澄與金谿鄧氏交往甚厚。作「谿」是。

❷「孚」，原作「字」，據成化本、乾隆本改。

❸「開」，原作「間」，據成化本、乾隆本改。

❹「坤」，原脱，據明初刻本、成化本、乾隆本補。

者，心法也。」蓋在天則爲中，在人則爲心。人能不失此初心，反而求之，何物非我。擴而充之，爲賢爲聖，已分内事耳。然則中之用功何先？曰一。伯初實致其力焉，予之所望也。予豈爲是虛言相媚悦而已哉！

宋沂字説

臨江宋氏子名沂，蓋遠想聖門沂浴之樂者。予觀四子言志，而聖人獨與曾點，何哉？三子皆言它日之所能爲，而曾點但言今日之所得爲。期所期於後，不若安所安於今也。夫此道之體，充滿無毫髮之缺；此道之用，流逝無須臾之停。苟有見乎是，則出王游衍，皆天也。素其位而行，無所願乎外。夫子之樂，在飯疏飲水之中；顔子之樂，雖簞瓢陋巷而不改也。邵子曰：「在朝廷行朝廷事，在林下行林下事。」其知曾點之樂者與？魯南實有沂水也，曾點實可往浴也，故其言云然，非虛言也。今無可浴之沂，而追想當日之事，是亦妄想爾，而與三子者之豫期何以異哉！沂也身九衢埃𡏖之途，目四海名利之府，於此超然而悟，悠然而得，其庶乎！不然，名雖曰沂，夫子必不以子爲點也。沂字吾與，而予爲之説其義云。

王玉字説

建康王玉，冠而字振伯。夫質之美者，玉也。玉之成器非一，而玉磬最實，名之曰天球，藏之與《河圖》並。樂之八音，七音各一物，惟磬有二：有石焉，有玉焉。玉之聲，清越以長，詘焉以竟。鳴之於初，則以配升歌，戛擊鳴球是也；鳴之於後，則以集大成，玉振之是也。孟子所云，兒寬亦云，蓋《樂經》之語也。説者以振爲收，或者又謂不然。振者，振奮、振蕩之義。振旅、振衣、風振條、漢振天聲之振同。樂音將畢，而至委靡，必以持磬奮揚其音，貴有終也。孟子譬聖之事以此。凡人皆當至於聖，遜第一等而爲第二等，比於自暴自棄。然人必學而後知道，猶玉必琢而後成器也。孟子之璞玉雖萬鎰，必使玉人琢之。振之於他日者，已成器之玉；琢之於今日者，未成器之玉。賦之以至美之質者，天也；期之以至貴之器者，人也。亦在乎琢之而已，玉也勉夫！內有大父母、嚴父之訓，外有師長良友之規，琢而成器也可待矣。振之而成樂，它日奚容遜哉！玉也勉夫！其勿忘而祖而父所以名汝字汝之意也。

高諒字説

古人幼學之年，固已請肄簡諒。簡者，書之篇；諒者，言之信。夫不徒授之以書，而必教之以信，以此見古人之教乃躬行之實事，而非止口誦之虚文也。後世但知讀書一途爲學而已，雖或廣覽博記，該洽群書，而詭譎誑誕，自幼已然，至長益甚，則不復可以爲人矣。豈皆質之不美哉？教之不先故也。金陵高生名諒，而字允中。甚矣，名之字之者得其當也！允者，信之誠於中；諒者，信之形於外。其能諒於外，以其能允於中也。生力踐其實，以稱其名。果始終一信，中允而外諒，見而莫不稱之爲信人，然後無愧於古人務實之學。雖然，行己固當諒，取友亦當諒，友諒則爲益友。生之行於己者，其勉之；取於人者，其謹之哉！

吴文正集卷八

元吴澄撰

字　説

孔得之字説

名者，己之所以自稱；字者，人之所以稱己也。古人之名之字，蓋無所取義。近世有説其名與字之義，以寓訓戒者，非古也，然而不害於教，是以君子亦無訾焉。承事郎、寧陽縣尹孔思則字得之，以予爲父之黨，而請其説。予曰：大哉，子之名與字乎！思者，作聖之基也。夫子生知安行之聖，未嘗不思。思而弗得弗措者，子思所以繼聖統也。子思傳之孟子，以心官之能思而先立乎其大，實發前聖不傳之秘。至汝南周氏，直指思爲聖功之本，有以上接孟氏之傳。而關西之張、河南之程，其學不約而同，可見其真得孔聖傳心之印。孔氏自子思以下，代有賢哲。然能洞究聖學、得此心印者，未聞其人。子，聖人之後也，其有志於斯乎？且常人非無思，而不見其有得，何也？不思其則，是謂妄思，惡有妄思而可以有得者哉？思必于其則，而後爲思之正；則必于其得，而後爲思之成。則也者，帝之衷，民之彝，性分所固有，事理之當然也。稽諸夫子之言，無邪其綱，九思其目也。無邪者，心之則。曰明曰聰、曰温曰恭、曰忠曰敬者，視、聽、色、貌、言，事之則也。思之思之，❶其有不得之者乎？子之俊偉通達，嘗爲學官掌教矣，嘗爲祝官掌禮矣。筦庫之塵勞，校讎之清暇，皆當身親歷之試之，於事殆無不可，才士也。夫今又出宰百里，有社有民，責任甚不輕也。學道愛人，此先聖教人以宰邑之則。道若何而可學乎？❷亦在乎思而得之爾。❸況身紹聖人之繫，仕近聖人之居，其感發興起，當何如也？其毋以才士自足，而以學道爲志，學而思，思而得，將可以嗣聖傳而光千載，豈但不忝於名與字之義而已哉！

姜河道原字説

天下之山脈起於崑崙。山脈之所起，即水原之所發也。水之發自崑崙也，❹其原爲最遠，惟中國之河爲然。漢之發原於嶓冢，江之發原於岷山以西，視他水亦可爲遠，❺而非極於山脈初起之處，則不得與河原

---

❶ 上「之」字，原作「九」，據成化本、乾隆本改。
❷ 「乎」，原脱，據成化本、乾隆本補。
❸ 「之」，原脱，據成化本、乾隆本補。
❹ 「也」，成化本、乾隆本作「者」。
❺ 「爲」，成化本、乾隆本作「謂」。

並也。故天下有原之水，河爲第一。古人祭川，先河後海，重其原也。《學記》以祭川之重其原，❶喻爲學之志於本。覃懷姜道原，以河爲名、以道原爲字者，其亦此意與？蓋河之原，盡出山脈之所起；❷而道之原，盡夫道體之所極也。❸道原生許公仲平之鄉，濡染先正之風，脱去凡陋之識。不以其年之既長，而肯降心以學於予。予因其命名命字之意，而嘉其志之遠大也，於是爲之説曰：學者之於道，其立志當極乎遠大，而用功必循夫近小。遠大者何，究其原也；近小者何，有其漸也。漸者自流遡原，而不遽以探原爲務也。道之有原，如水之有原；人之學道，如禹之治水。禹之治水也，治河必自下流始，兖州之功爲多，而冀州次之。河之外，名川三百，支川三千，無所不理。若畎若澮，田間水道爾，亦濬之以距于川，其不遺近小也如是。聖門教人，自庸言庸行之常，至一事一物之微，諄切平實，未嘗輕以道之大原示人也。仁道之大，子所罕言，人豈有隱哉？三百三千之儀，流分派别，殆猶三百三千之川，雖瑣細繁雜，然無一而非道之用。❹子貢之敏悟，曾子之誠篤，皆俟其每事用力。知之既徧，行之既周，而後引之會歸于一以貫之之地。無子貢、曾子平日積累之功，則一貫之旨不可得而聞也。近世程子，受學於周子。《太極》一圖，道之大原也，程子之所手

❶「祭」，原作「濟」，據成化本、乾隆本改。
❷「出」，成化本、乾隆本作「夫」。
❸「所」，原脱，據乾隆本補。
❹「之」，原作「子」，據成化本、乾隆本改。

受而終身秘藏，一語曾莫之及，寧非有深慮乎？朱子演繹推明之後，此圖家傳人誦。宋末之儒，高談性命者比比，誰是真知實行之人，蓋有不勝其弊者矣。❶夫小德之川流，道之派也；大德之敦化，道之原也。未周徧乎小德，而欲窺覘乎大德，舍派而尋原者也。以道原所志之遠大，而舉夫子、程子教人之法以告，俾由近小而入，理其衆流，則卒之究其大原，可俟也。道原可與言，必不以予言爲卑淺。

豫章田三益字説

權衡稱物之輕重，其名有五：曰銖，曰兩，曰斤，曰鈞，曰石也。黄金之數以「鎰」名，則又出於五名之外。鎰從金從益，諧聲而兼會意。或云二十兩，或云二十四兩，皆於一斤而增其兩以益之也，故鎰取「益」之義。豫章田君名鎰，而以三益字，其取於益之義者，大矣哉！人之益，莫大於友。友之益，夫子獨取其三，何也？三友之目雖約，而所該之益甚博。三益者，萬鎰之所從生也。直者爲友，則己之過無隱；諒者爲友，則己之善無僞；多聞者爲友，則天下義理之無窮，古今事變之無盡，莫不因吾之所已知，而悉廣其所未知。雖夫子之焉不學，大舜之樂取諸人，亦可階而升也。益之大，豈復有加於此者！世人不達聖言之深，疑三友之目有限而少之，不知直、諒、多聞三者之益，足以包括天下古今萬端之益而無遺，可謂博之至也已，而可少乎！予嘉田君之益之大也，爲作字説以贈。

❶「其」，原作「之」，據成化本、乾隆本改。

曾瑛字説

瑛者，玉之瑛也。❶何以謂玉之瑛？石，玉之母也，而有石英焉；瓊，玉之類也，而有瓊英焉；琬琰，玉之成器也，而有琬琰之英焉。英也者，言其精華如草木之英也。人之秀乎群，衆亦謂之英。曾瑛之父請予字其子，於是字之曰英玉。先儒以人有英氣比水晶，而不以比玉。蓋温潤含蓄者，玉也；光明瑩徹者，❷水晶也。既爲玉矣，而又曰英，何也？玉之英，非如水晶之光，雖温潤含蓄，而氣如白虹，精神見于山川，是爲可貴也。苟徒瑩徹而已，謂之英則可，胡可謂之玉哉？竊嘗論之：玉而英，上也；英而不純乎玉，次也；不玉而英，下矣；不英而又不玉，下之下者也。聖、愚、賢、不肖之分，大率有四，瑛也其擇於斯。

虞豐虞登字説

潭州路教授虞先生之子采，有子曰豐，曰登。先生命之名，俾予字之。予曰：先生所期於孫者，至矣。夫人之志，非甚狹陋卑汙，孰肯以小者、下者自足，而不期至於大且高者哉？學必至於爲聖人，仕必至於宰天下。苟遜其極，姑處其次，殆與自暴自棄一爾。豐者，期之積而大也；登者，期之升而高也。以其期於

❶「瑛」，各本同，據全句文義疑此處當作「英」。下句同。

❷「瑩」，原作「塋」，據成化本、乾隆本改。

大，則字豐曰與京。❶《傳》云：「京，大也。」以其期於高，則字登曰與齊。《詩》云：「誰謂華高，❷企其齊而。」先生所期則然也。而豐也，登也，所以副親所期者，宜何如哉？期於大、期於高者，德與才也，名與位也，資與力也。德與才，天所賦也。擴之極其大，崇之極其高，在乎學以充之而已。天爵脩而人爵從，名位固不待求也，而資力又何足計哉！雖然，衆流之合匯于海，跬步之進躋于巔，大自小而積，高自下而升也。才德名位之豐登，靡不由是。欲以學而充其才德，其亦曰：小學者，大學之始；下學者，上達之基。威儀三千，事之細微而曲當未易；孝弟二字，行之卑近而篤行寔難。此其大凡也。充其類，非可以一言盡。豐也，登也，日過庭而問諸。

曾尚禮字説

古之經禮，其目三百，而《儀禮》十七篇，嘉禮、賓禮，僅存其十。於僅存之中最易行者，冠禮也。而其廢也久矣。司馬公及程子、朱子，惟恐人之憚其難，故又斟酌古禮而損益之，庶其便於今而可行。然人亦莫之行也。故其在吾鄉，惟蜀郡虞氏及予二家猶不廢此禮，他蓋鮮有聞焉。翰林應奉曾巽初，在京冠其子，有賓有贊有三加，若醮若字，其儀一倣朱子所定。古禮久廢之餘，而獨行人之所不能行，可謂篤志好學之君子

❶「字」，原作「自」，據成化本、乾隆本改。

❷「謂」，原作「爲」，據成化本、乾隆本改。

已。屬予有疾，弗及往觀。冠畢，巽初以其子求見，❶且曰：「巽申之子如璋既冠，賓字之以尚禮。賜一言以繹其字之義，可乎？」予謂：《詩》言「如圭如璋」者，喻粹美之德如圭璋之玉也。考之《周官》，璋之用不一：尚其色則有赤璋，尚其飾則有大璋，又有中璋、邊璋、牙璋之别。用之南方，禮陽神也；用之山川，禮陰示也；用之賓客，則以禮乎人也。不惟用之於文事，而亦用之於武事。起軍旅，治兵守，莫不於璋乎是用。然則吉禮、嘉禮、賓禮、軍禮，皆用璋也。所尚乎璋之爲禮者，貴其有粹美之德也。德可貴者，璋之體；禮可尚者，璋之用也。抑聞古者，男子生而弄之璋，蓋自其初生之時，而期之已不薄矣。及其既冠，責以成人，❷則必其德之體無一可疵，而禮之用無一不宜也。夫欲備知所尚之禮，而無闕於既冠之所用，其亦勉脩所如之德，以無忝於初生之所期者哉！於是書此以授如璋，而爲《尚禮字説》。

萬實元茂字説

君子恥聲聞之過情，喜其實、病其虚也。原泉之有本，而混混不舍；衣錦之尚絅，而闇然日章。有其實者，蓋如是。漢儒之言實而曰茂實，何也？茂者，植物之甚盛也。莊子嘗云：「畊而鹵莽，其實亦鹵莽而報；芸而滅裂，其實亦滅裂而報。」夫其實之鹵莽滅裂也，雖實，而非茂也。昔者國之選士，其科有所謂茂

❶「求」，成化本、乾隆本作「來」，當是。

❷「責」，原作「貴」，據成化本、乾隆本改。

材；君之厲臣，❶其語有所謂茂功。才而茂，甚盛之實能也；功而茂，甚盛之實効也。彼鹵莽滅裂之實，安敢望此乎？然則實固難，實之茂者尤難也。豫章士萬氏，實名而元茂字，清江范德機敘其名與字之説以勉之。范之清操廉節，實清實廉者也。益貧而益堅，彌久而彌光，斯其爲實之茂也已。元茂從之游，其有所師法歟？予方慨斯人之不可復見，而幸見斯人之所與游者焉，如見吾德機也，是以識乎其説之左。

戈直伯敬字説

戈直初字以敬，予爲更之曰伯敬。請問其説，予曰：「敬以直内」，夫子傳《易》之言也。程子謂：夫子言「敬以直内」，而不言「以敬直内」，蓋主於敬則内自直，非以敬而直其内也。以敬者，夫子之所以教子路。子路問君子，而夫子答之曰「脩己以敬」。敬以直内者，成德之事也。脩己以敬者，自始學至成德皆然。始能脩己以敬，則終能敬以直内矣。脩己以敬者如之何？坐如尸，坐之敬也；立如齊，立之敬也。張拱徐趨者，手足之敬；聽必恭視毋回者，耳目之敬也。如執玉，如奉盈，如見大賓，如承大祭，無一時一處而不如斯。則事不二三，心無他適，内之直，將有不期然而然者焉。直者，心正而不斜倚之謂。然事未易言也，子姑從事於敬。

❶「厲」，乾隆本作「勵」。

戈宜字説

戈直之弟名宜，字叔義，求言於予。噫！予言之易也，而行之實難。予言之弗能行，虚言爾，奚益哉！義者，宜之理也。處事各合乎天理之宜，則爲義。義與利對，或分毫有計利之心，斯忘義矣；義與欲對，或分毫有狗欲之心，斯賊義矣。日月之間，惴惴然唯恐入於利，陷於欲，必事事皆由乎天理，夫是之謂宜，夫是之謂義。宜也，有嘉名，有嘉字，尚勉行之，以稱其名、稱其字哉！

湯盤又新字説

盤從皿，或從木，所以承盥手餘水。將欲盥手，别以一器盛水寘手盤上，用杓斟器中之水沃之，❶所沃餘水落在盤中。故盥文從水從臼從皿，兩手加于皿，而以水沃其手也。皿即盤也。《内則》曰：「少者奉盤，長者奉水，請沃盥。」盤不以盛盥水，而以承其餘水。武王銘諸器，載在《大戴禮記》，於盤曰「盥盤」。明盤之爲盥器，而非沐器、浴器也。考之《玉藻》，浴蓋用杅；❷考之他書，沐蓋用盆。盆也，杅也，皆以盛水。潰髮於盆之内，裸身於杅之内。潰髮裸身，既褻且汙，不可刻文。盥盤，承餘水者，不褻不汙，故可刻文而銘也。

❶「斟」，成化本、乾隆本作「斢」。

❷「杅」，原作「杆」，據成化本改，下文「杅也」「杅之内」，改正同此。

按《内則》：凡家之夫婦，上而父母，下而男女，及内外使令之人，每日晨興必盥，故曰日新。不特晨興一盥而已，雖無事，一日大約五盥。有事而行禮，又不止五也。至若沐浴，五日然後請浴，三日然後具沐。亦或過三日五日之期，無一日一沐一浴之禮。不日日而沐浴，不可謂日新矣。湯所銘之盤，與武王所銘之盤，皆謂盥盤也。鄭註但言刻戒於盤，不言盤之爲何用。孔疏乃以盤爲沐浴之盤，朱子仍襲其誤，蓋考之未詳而不及脩改也。日新者何？每日洗滌其手之舊汙而新之也。苟之爲言，猶曰若，謂若自今以始每日而新之，則當繼今之日每日而新之，又於繼今之後每日而又新之也。如此，則每日而新，無休息、無間斷矣。武寧士湯氏名盤字又新，因正《大學》傳文註釋之誤，而書以遺焉。

黄璧元瑜字説

玉之爲器，不一也。有圭焉，有璋焉，有琮、有琥、有璜焉。而禮天必用璧，則璧之視他玉尤爲貴。昔有一璧，當十五城，天下皆欲得之而不可得者，蓋非他玉所能同也。宜春黄君名璧，而字與其名不類，予爲更其字曰元瑜。瑜者，玉之至美也。非至美之玉，不足以成至貴之器。元瑜之質，純然粹然，無瑕可揜，❶無垢可磨，接於人者温如，斯可謂之瑜也已。所成之器，吾知其宜於禮天也，❷吾知其重於連城也，實之稱其

❶「瑕」，原作「暇」，據乾隆本改。

❷「天」，原作「大」，據成化本、乾隆本改。

名者夫！抑人有言：天下之寶，當爲天下惜之。信乎人之貴乎自貴也。❶元瑜爲轉運司屬官，持身謹清，敻異儕輩。❷家素豐殖，視身外物有之若無，漠然不以動于中。其能自重也如是，所以全其美、成其貴者，又豈常人所得而同哉！予既更其字，因爲之著其説，而俾異乎元瑜者知所勸也。

朱肅字説

國子祭酒鄧侯，❸以「敬之」字浙士朱肅。肅問其義，予曰：先儒以敬爲攝心之具、作聖之基。淵矣，予未之能也。唯朱門黄直卿先生，謂敬字之義近於畏者最切於己。凡一念之發，一事之動，必思之曰：此天理與？抑人欲也？苟人欲而非天理，則不敢爲。惴惴儆慎，無或有慢忽之心，其爲敬之也已。尚勉之哉！

陳幼實思誠字説

陳幼實請更其字，字之曰思誠。人之初生，已知愛其親，此實心自幼而有者，所謂誠也。愛親，仁也。

---

❶「信」，原作「言」，據乾隆本改。
❷「敻」，原作「瓊」，據成化本、乾隆本改。
❸「侯」，原作「侯」，據成化本、乾隆本改。

充之而爲義、爲禮、爲智，❶皆誠也。而仁之實，足以該之。然幼而有是實心，長而不能有，何也？夫誠也者，與生俱生，無時不然也。其弗能有者，弗思焉爾矣。五官之主曰思。孟子有云：「思則得之。」周子亦云：「思者，聖功之本。」思於行之先，則能知其所當知；思於行之際，則能不爲其所不當爲。所以復其真實固有之誠也。幼實之資篤實，而不已於學，其進於是也蓋不難。大哉思乎，其學誠之階梯乎！

黄珏玉成字説

天下之可寶莫如玉，玉者，寶之至美者也。雙玉爲珏，珏者，玉之至重者也。人而如雙玉之珏，是有至純至粹之美者也。❷吾郡黄提舉之宗孫名珏，生長素封之家，而慈良温恭，藹然王謝子弟丰度。方且及吾門，問修己接人之道如之何。珏之字，曰玉成。珏之志，蓋以玉雖重寶，必琢而後成器，亦知人有美資，❸必學而後有成也。問學於予，而將以成其美，亦如玉之求琢於工，而將以成其器也。予嘉其志，而勗之以學。予所謂學，非欲其學記誦以夸博，非欲其學辭章以衒文也。其學在處善循理，在信言謹行，在孝弟忠順，在

❶「智」上之「爲」字，原脱，據成化本、乾隆本補。

❷「者」，成化本、乾隆本作「質」。

❸「知人有美資」，成化本、乾隆本作「如人有美質」，似是。

睦婣任恤。於家而一家和，於族而一族和，於鄉而一鄉和，於官而一府和。推而廣之，無施不宜。果若是，❶則昔猶二玉相合之珏，❷今猶一玉琢成之器，爲圭爲璋，爲璧爲琮，爲瓚爲斝，爲盤爲敦，爲諸多珍玩，遂成天下有用之至寶。此珏之所以爲玉成者歟？

陳君璋伯琬字説

玉有瑑飾之文，謂之章，《詩》言「追琢其章」是也。然圭、璋、璧、琮、琥、璜，皆玉也，而貴莫貴於圭。桓、信、躬、❸穀、❹琰、琬，皆圭也，而貴莫貴於琬。何也？六玉者，或以禮神，或以接人，其用不同，各有所執。而七命以上，乃得執圭，故圭之視六玉尤尊。❺凡圭者，或取其方，或取其直，或取其恭己，或取其養人，或取其除慝。而琬圭所以象德，故琬之視圭爲尤重。陳氏子君璋，以琬爲字。夫璋者，篆玉之文華；琬者，象人之德美。君璋涉書通務，習國字，諳國音，嘗觀光于天京，達人樂與其進，所謂瑑飾之章，固有之矣。而内

❶「若」，成化本、乾隆本作「能」。
❷「珏」，原作「理」，據成化本、乾隆本改。
❸「躬」，原作「公」，據成化本、乾隆本改。
❹「穀」，原作「穀」，據成化本、乾隆本改。
❺「尤」，原作「猶」，據成化本、乾隆本改。

之事親長，外之事尊貴，又能終始遜順而無違，❶則所謂象德之琬，豈亦外是哉！予考圭之制，均之剡其首而銳其上。琬獨不銳，而無鋒芒。蓋琬之爲言婉也，婉有圓之義焉。然則琬圭所象之德，非以制行之婉、應世之圓，而削除鋒芒也邪？韓子詩云：「磨礱去圭角。」琬之德是以副章之文者在此。❷予與璋之父同里而相得，嘉其子之有嘉名嘉字也，於是作字説以貽之。

沂州曹茂字説

沂州曹茂，字蜚英。《漢書》云：「蜚英聲，騰茂實。」茂者，學業之美盛也；英者，才智之過人也。蜚與飛同，在内有美盛之實能，在外有過人之聲名也。

陳文暉道一字説

陳文暉字道一，或議其名與字之不相當。袁用和與之厚善，以問於予。予曰：人之踐行者爲道，道非物外幽隱之事也；道之著見者爲文，文非紙上工巧之言也。明乎此，則知文之炳焕而暉，即道之貫徹而一

❶「終」，原脱，據成化本、乾隆本補。
❷「是」，成化本、乾隆本作「足」。

也，惡得謂之不相當也哉？❶世之人論文則淪於卑近，論道則騖於高遠，往往離文與道而二之。失之於卑近者，❷俗儒之詞章爾；失之於高遠者，異端之虚寂爾。吾聖人之所謂文、所謂道不如是，散而爲暉、斂而爲一而已矣。「顯微無間」，斯之謂歟？用和曰：「請書此以爲字説，而遺道一可乎？」予曰「可」。

饒氏四子字説

臨川饒心道之教子也以禮，故其名子也，皆於禮乎有取。伯名約，仲名絢，叔名經，季名紀，而請予字之。予字約曰伯本。博而約之以禮者，末而反其本也。字絢曰仲儀。素而絢之以禮者，質而備其儀也。字經曰叔常。《傳》云：「夫禮，天之經。」經者，言其常也。字紀曰季理。《記》云：「禮義以爲紀。」紀者，言其理也。蓋禮也者，❸所以固人肌膚之會、筋骸之束。以之治身，則莊敬，斯須不莊敬，而慢易生焉。人之於禮也，可不學乎？昔關西張子教學者先學禮，程子善之。饒氏四子之承父訓也，其必内而主一無適，以立乎其大；外而三百三千，以謹乎其小。庶其無忝於父之所期者夫！

❶「謂」，原作「爲」，據成化本、乾隆本改。
❷「者」，原脱，據乾隆本補。
❸「禮」，原作「理」，據成化本、乾隆本改。

楊忞楊悳字説

河南楊友直之子曰忞、曰悳，請予字之。予考六書之義，忞從心從文，悳從心從直。❶雖諧聲，而兼會意。心之所欲言者，傳之於文，是之謂忞；心之所得乎天者，其理則直，是之謂悳。忞者心之傳也，字之曰心傳；悳者心之得也，字之曰心得。凡古聖先賢之書，皆所以傳其心者，苟能博學詳説而反約焉，❷則此心之傳，其傳在我矣。五常萬善之理，皆吾之得於心者，苟能精思力踐而妙契焉，則心之得，❸其得不失矣。忞也悳也，有良質可以受學，有暇時可以務學。家有嚴父，歸求而有餘師，心之傳，心之得，可計日而有功也。其勿自惰自棄也哉！❹予既爲字，又爲之説以贈。

書武仁夫字説後

聖門教人無它事，曰仁而已。樊遲、司馬牛，門人之下品，其問仁也，亦未嘗無誨焉。❺蓋仁者人所固

❶「悳」，原作「德」，據成化本、乾隆本改。
❷「焉」，原作「言」，據成化本、乾隆本改。
❸「則」下，疑脱一「此」字。
❹「惰」，原作「隋」，據成化本、乾隆本改。
❺「焉」，原作「言」，據成化本、乾隆本改。

有，人人可求也。然勇如子路，藝如冉有，習禮如公西華，夫子各稱其能。至於仁，一則曰不知，二則曰不知，何也？仲弓，顔氏流亞，德行顯聞者也，而亦曰不知其仁。噫！仁之難能也如是夫！能之難，言之易，可哉？恒山武寧，仁其字，所師吴民瞻爲作字説，而嗣作者十餘人，自孟、程以來名狀夫仁者，援引無遺矣。復徵予言。噫！已言可損，未言不可益也，予敢易於言哉！雖然，讀《戴記》，得廿有七言，曰九容；讀《魯論》，得廿有八言，曰九思。容容如其容，思思如其思，仁其幾乎！雖然，此非徒言之所可能也，尚允蹈諸。

王章伯達字説

金谿王章將冠，請予字之，予字曰伯達。章從音從十，蓋數至十而竟。樂音之竟，則爲一章。凡樂之節，前章既成，而後達於次。❶學之循序漸進，亦若是。儻未了其一，遽及其二，是欲速也，烏乎而能達哉？吾未見躐等以進，而其學有得者也。故曰：君子之志於道也，不成章不達。因章請字，而語以進學之法，章其勉諸！

---

❶「次」，原作「文」，據成化本、乾隆本改。

吴文正集卷九

元吴澄撰

字　説

玉元鼎字説

學者阿魯丁以玉氏，以元鼎字，其先西域人也。始祖玉速阿剌，從太祖皇帝出征，同飲黑河之水，爲勳舊世臣家，名載國史。今其苗裔，乃能學於中夏，慕周公、孔子之道，可謂有光其先者矣。以其字，而請教訓之辭。予語之曰：鼎者，重大之器。烹飪以養老養賢、享帝享親，皆鼎之功也。其在於《易》，巽下離上之卦爲鼎，蓋取卑遜於内、文明於外之義。卑遜者，進德之基；文明者，進學之驗。進德在於克己，以變氣質；進學在於窮理，以長識慮。氣質變而若下巽之遜，識慮長而若上離之明，此所以成其重大之器也。元鼎讀《大學》《論語》，甚習所謂窮理克己，豈俟他求哉！於二書格言，實用其力而已。筆之爲元鼎字説以贈。

賴致廣字説

豫章士賴致廣，字其淵。善讀四書，❶推繹其文義，亦可謂有志者。然其命名命字，一取諸《中庸》之書，予切異焉。夫致廣也者，充其德性之用而至於彌滿，賢希聖之事也；其淵也者，全其德性之體而極於静深，聖希天之功也。人皆可以賢，可以聖，固在學者己分内。然學而能以聖賢自期者，幾何人哉？尋行數墨，出口入耳，往往近於侮聖言，所謂「淵淵其淵」，是豈常人之所能窺測？知造之之難，則言之何敢易也。若夫致廣之事，尚其勉之。勉之將如何？克其所不忍，達之於其所忍，則凡所忍者皆不忍，而仁不可勝用矣；克其所不爲，達之於其所爲，則凡所爲者皆不爲，而義不可勝用矣。由是而進進不已，雖未可以希天，亦庶乎可以爲賢人也。不然，徒擇格言之美者以自誑，而實之不稱其名，寧不重可愧矣夫！

熊井仲洌字説

水潔清謂之洌。井之洌者，其水潔清，而爲人所用；井之泥者，其水汙濁，而爲人所棄。故井卦五爻，莫善於五，莫不善於初。豐城熊生，井名而洌字，蓋以水之潔清自擬也。人之容貌脩於外，德行脩於内，是其潔清如此水，誰不取而用之？儻不脩而惰焉，外則塵，内則穢，人將見其汙濁而遠之矣。邵子云：「外内

❶「善」，成化本、乾隆本作「喜」。

俱脩，何人不求；外内俱惰，何人不唾。」生殆庶乎外内之不惰者。吾知其爲可用之井，而人之求之也可計日以待，豈或有唾而棄之者哉？

余淵字説

抑嘗觀聖門諸子之名與字乎？水之回旋者，淵也；人之由行者，路也。六材之合而雍和者，弓也；九旗之垂而偃蹇者，斿也。農畊既穫，有服箱之牛；上賜既受，有報禮之貢。物損少則騫，求索則有，以至予之字我，商之字夏。其名略無夸大，其字姑以配名，未嘗取甚尊甚高之義，而使之莫及也。❶近時之人，往往擇第一等之言以名己字己，而不復計其義之何如。曰天曰聖，曰性曰道，昔人不敢以自稱者皆稱之，而不以爲慚惑也，久也。吾郡余氏子名淵，弱冠及吾門，而字深道，屢請予書訓戒之辭爲字説。予曰：「『淵淵其淵』，此《中庸》論聖神之極致，深於道而後能。子之年猶未隨群逐隊、學世俗爲人之學者爾，而遽以聖神之極致稱，可不可也，盍更諸？」既而又請予爲之更，予曰：「禮：名子者父，字之者冠賓。予非父也，又非冠之賓也，輒更汝字，豈禮也哉？」淵請字説益勤，乃爲之説曰：子以深道自期，太早，太易，太僭。然斯道也，子所固有，天與以仁義禮智之性，則有此仁義禮智之道。義、禮、智後於仁，而仁莫先於孝弟。孝弟，子可能

❶「之」，成化本、乾隆本作「人」。

也。若何而善事親，當效《内則》所記；若何而善事長，當效《曲禮》所記。或入或出，❶實踐而無違。勿謂其淺，階之可造而深也，雖至于堯舜，亦不過是道。故曰：堯舜之道，孝弟而已矣。淵乎其勉哉！

徐基士崇字説

清江徐基，字士崇。其先汴人，宋開禧乙丑進士、廣西運使之後裔，咸淳戊辰進士第三人黎先生之外孫也。年少有志於學，請予作字説而示以爲學之方。予爲之言曰：基者，自下而起；崇者，積至於高也。故曰高以下爲基。九仞之山，基於一簣之覆；九層之臺，基於尺土之累。爲學亦然。有其漸，而不可驟也；有其序，而不可紊也。若躐等，若凌節，❷驟而不漸，紊而失序，學之雖勞，而無所成矣。正心誠意，自格物致知而基；致知格物，自明倫敬身而基。明倫基於孝弟，敬身基於恭謹。以其序，以其漸，則德之積也，不期於崇而崇終之。崇肇於始之基也，雖世儒凡近之學，亦未有不立基而能崇者。不究百家説，必無吏部之文；不讀萬卷書，必無工部之詩。恃小小之才思，資淺淺之見聞，非如韓、杜之先立其基，而曰可以文、可以詩，是不猶屋之不堂而構、田之不菑而畬者乎？俗學且爾，而況聖學哉！士崇欲其德之崇，循序積漸而學焉以爲之基，可也。

---

❶「或入或出」，成化本、乾隆本作「或出或入」。

❷「凌」，成化本、乾隆本作「陵」。

陳垚伯高字説

泰定三年十有二月辛酉，陳垚冠，字之曰伯高。其父昇可請爲説其命字之意，俾知所矜式。夫冠而字，禮也；字而有辭，亦禮也。然其辭載在《禮經》，祝頌之微寓訓戒焉爾。及考《大戴禮·公冠篇》所記，亦有别爲冠辭者。近世彌多，而予爲人作字説殆不啻數十，是以昇可之請宜諾也。《説文》三土爲垚，❶蓋積土之多也。土積而多，則高矣，故字書以土高釋垚。積土者自下而起以至於高，高以下爲基也。務學而欲學業之日崇，治生而欲生業之日廣，此皆期於高者也。治生而期於高，必勤於理財，不可謂已足而惰；必儉於用財，不可恃有餘而奢。或惰或奢，則已高者將有替之漸，豈復日進日長而益高也哉？務學而期於高，亦若是。汲汲而求之，勉勉而爲之，不敢自滿且自畫也。先哲有云：自下者，人高之。身之才能，家之貲力，雖高出衆人之上，惟當退然謙下而不驕，庶可保其所已高，而增其所未高也。倘佩服予言而勿忘，予見伯高之不自高而常高已夫！

游通喆仲字説

萬理無不洞達之謂通，明於其事之理之謂喆。喆，今俗書作哲，與悊、晢並諧折聲，義俱訓明。《周易》

---

❶「説」，原脱，據成化本、乾隆本補。

之「明辨晳」，其字從日，日之明也。❶《漢書》之「躬明悊」，其字從心，心之明也。從口之哲，口在下，或在左。「禽聲嘲哲」之哲，陟轄切，假借爲明哲之哲。倉頡古文嚞，讀如折，喆者，省文也。事理苟明，動罔不吉，故合三吉、二吉而成字。王文公云：「上喆能官人，下喆能保身，可謂吉矣。」由明於一事之理，推而明於十事、百事、千事之理，以至於萬事之理無所不明，豁然洞達，❷夫是之謂通。蓋喆者，廣所明之一理而極於萬；通者，該所明之萬理而貫於一。此名通而字喆者之義也。然豈初學所易能哉？吾將勉通以其所可能。夫喆也者，萬理均所當明也，而其要在於明倫；五倫均所當明也，而其首在於明父子之親。聖門閔子騫，人不間於其父母昆弟之言，夫子亦以「宗族稱孝」語子貢，記《禮》者又以州閭鄉黨稱其孝爲人子之道，又以國人稱願曰「幸哉！有子如此」爲君子之孝。然則明父子之親親者宜如何？樂其心，承其志，有聽從，無違咈而已。必得乎親而後可以爲人，必順乎親而後可以爲子。其順乎親也，何以驗其順？必父母稱之，必昆弟稱之，必宗族稱之。不唯親者稱之也，疏而二十五家之閭、五百家之黨亦稱之。不唯近者稱之也，遠而二千五百家之州、一萬二千五百家之鄉亦稱之。不特此也，雖大而一國，群庶億兆之衆靡不稱之，如是乃可無愧於爲人子，如是乃可謂明於父子之親。而喆者所當務者，莫先焉。先所當喆而充其類，其馴至於通也孰禦？不然，昧其所先，匪喆也，惡乎通？是爲游通哲仲字說。

---

❶「日」，原作「月」，據成化本、乾隆本改。

❷「豁然洞達」至「該所明之」，二十八字原脱，據明初刻本、成化本、乾隆本補。

崇仁縣元侯木撒飛仁甫字説

昔我世祖皇帝，建國號曰元。元者，衆善之長，天地生物之仁也。皇元之仁如天地，唯仁足以長人，故能臣妾萬方，混一四海，而爲天下之君也。郡縣設官，實分天子所仁之民而牧養之者。一郡一縣，各有官長一員，統治于守令之上。以今官制參合古訓，❶今之長官，古之所謂元侯也，豈非期之以長人之仁而命之爲民官之長乎？崇仁夙稱壯邑，生齒之繁，習俗之美，他縣莫及。木撒飛承務郎自州倅陞縣長，承天子之命，統治崇仁。前時足跡不到江南，而民情靡不通達，事體靡不諳究。❷涖政以來，凡所施設，無一不當人心，而使民悦服，咸曰：「仁哉元侯！二三十年所未嘗有也。」侯慕效華風，欲立字以副其名。夫字者，匪但副其名而已，蓋將表其德也。以予嘗位于朝，忝文史之職，則討論命字之義所不容辭。於是表其可表之德，而字之曰仁甫。亦因聖朝之重長官，而喜崇仁縣之得此仁侯也。

吴成三子字説

周氏甥歸吴成山則，子三人，肯務學。其名俱以年，其字俱以久，而代伯仲請予爲之字。長子名芳年，

❶「今」，原作「令」，據成化本、乾隆本改。

❷「體」，成化本、乾隆本作「理」。

騷人之辭以衆芳比君子之德，芳年者，久其德也，字之曰久德。中子名彭年，養生之家謂彭祖享八百之壽，彭年者，久其生也，字之曰久生。少子名當年，用世之士當年壯盛，汲汲仕進唯恐後時者，意在久其用也，字之曰久用。久德也，久生也，久用也，一者兼該其三，三者總貫于一。何也？静能保其生，動能顯其用，唯久於德而後能；内可常其德，外可永其用，唯久於其生而後可。此心之德既久，此身之生又久，其久於用世必矣。三久同而異，異而同，一而三，三而一也。雖然，三久其效也有本焉，學是已。爲學譬諸爲山，始一簣，終九仞，是爲山之成也。陸子曰：「拳石崇成泰華岑。」三子之於學，進進如父之成其山，則德之能久，生之可久，用之必久，蓋不期然而然。

柴溥伯淵字説

豫章柴溥以淵爲字，數造吾廬，請問其説。予曰：子之名與字，蓋取《中庸》「溥博如天，淵泉如淵」之語也，此言聖人至德之極。溥也者，如天之大而不可窮；淵也者，如海之深而不可測。豈初學可與議哉？雖然，人皆可以爲聖人，特患不爲爾。學世俗之學而外聖賢之學，心利欲之心而喪義理之心，則將淪於非人。爲常人且不可，况賢人乎？又况高出賢人之上而爲聖人乎？至聖之德雖如天如海，然亦有從入之門也。子思子於《中庸》末章承「溥博」「淵泉」之後，反本而言，示人以入聖之門，甚明且切。首引「衣錦尚絅」之詩，俾學者先立志也；次引「潛伏孔昭」之詩，俾學者急修行也。立志在務内，修行在慎獨。務内者篤實不衒，爲所當爲，而其志不求人知也；慎獨者幽暗不欺，不爲所不當爲，而其行可與人知也。能遵子思子之言，而立其志如此，修其行如此，則其本正矣。繼此而學問，何患不可以晞賢晞聖？溥其無忽予之言哉！

聶誼字説

宋侍郎聶公之裔孫名誼，字隆道，將如京師，肄行業於國子學。來告行，予勉之曰：聖朝養士之恩爲甚渥，用士之途爲甚捷。士之遭遇斯時者，當懷其恩之渥而圖有以報稱，不當幸其途之捷而妄有所希覬也。漢董子云：「正其誼不謀其利，明其道不計其功。」朱子取其言，載在小學之書。國學之教，首以小學書爲入門。就學於彼，而志道誼不志功利，是之謂能遵其教。合人事之宜者，誼也；循天命之性者，道也。誼其用，道其體，二者一而已。思勤行業，人事之宜也，而天命之性存焉，誼不失則道日隆矣。夫志於道誼者，功名利達不足以累其心，然豈有無功之道、❶不利之誼哉！不謀利，不計功，其利其功，實不出乎道誼之外也。故曰「脩其天爵，而人爵從之」。既以斯言勉之，因書之爲字説以贈。

吴椿年久聞字説

壽者，五福之最先、人情之所同欲也。莊子所稱上古大椿之壽，寓言而非實也。人孰不知其非實也，而每期長年必竊比於椿者，于以見其願慕之至也。樂安吴學則名其子曰椿年，而予字之曰久聞。慈父所期於

❶「有」，原脱，據成化本、乾隆本補。

子之壽者，豈徒曰日飫晨晡之飯，日復一日，以至於無盡之日；歲易寒暑之衣，歲復一歲，以至於無盡之歲；而爲久也哉？亦期其有聞於世而已。小而揚名顯親，大而化今傳後，生於世愈久，則其聞於世也與之俱久。夫子極言後生之可畏，又言老而無聞之可戒，欲人於少壯之時而自彊，使其學行有聞也。所以勉人、警人者厚矣。夫所謂聞，蓋非過情之虚譽也，在乎有實學，有實行，可以取重於世焉爾。椿年方游洪，以廣交務得，予乃詒之字説，而督其進學脩行云。不然，年之久如椿，而無一善之可聞，雖久奚益？

李安道字説

縣尹李仲清甫，名其季子曰寧，而字之以安道。年既長，欲聞庭訓而不可得，以其父名己字己之意問於予。予曰：甚哉，慈父之愛子也！其所以期於子者蓋厚矣。無一事撓心之謂寧，然唯安於道者能之。或曰：道豈易言哉？予曰不然。道者，日用常行之路，非有甚高甚難之事。甚高甚難，則非道也。孔門四子言志，曾點獨見與於聖人。曾點不過安其日用之常而已。日用之常，所謂道也。其常謂何？淨垢於沂水之温泉，散煩於雩壇之凉風，行而歌，咏以歸。此點之安於道者，而寧豈不能哉？寧藉先世緒業，室廬足以居，衣食足以給，内而兄弟之聚處，外而賓朋之過從，歡然而可樂，夫孰得以撓其心？彼之不能安於道而無以自寧者，皆其自取也。窮則夢富貴，達則夢神仙，妄想外慕，雖夢中猶且役役，而況覺之時乎？寧不如是也。俚諺曰：「生事事生，省事事省。」人之於世，事不能以盡絶，省之可也。省之，則心不爲事所撓而寧矣，斯其所以爲安於道也夫！

曹璺君與字説

郡士曹璧，字君瑞，數及吾門。其弟璺，字君與，訓授生徒於郡庠，求字説於予。予爲人作字説多矣，然字之有説，非古也。古人之名之字，非有意義。孔鯉字伯魚，因一時之饋物而名之字之也。卜商字子夏，假二代之國號而名之字之也。何義之可説？璺，美玉也。玉從與者，諧與之聲爾，無所取於與之義也。璺名而與字，其可强爲之説邪？雖然，兄璧弟璺，皆用玉而名己者，非以玉爲天下至可貴之寶乎？君子之言行，渾然如玉之温粹而無瑕玷，是亦天下至可貴之人也，豈非人之如玉者哉？❶倘欲以諧聲爲會意而釋其義，如吾荆國丞相之巧説，則必曰：與者，人所親比許可也。德美如玉，而人與之，斯其爲君與名璵之義也已。

雅德思誠字説

雅德彌實養阿，北庭鉅族。慕華風，請予爲立字。其高祖武都王、開府儀同三司，國朝重臣。予願王孫晨夕念爾祖之忠實。忠實者，誠也。於是以思誠字之。

---

❶「玉」，原作「王」，據明初刻本、成化本、乾隆本改。

吳彤文明字說

學子吳彤年未弱冠，就孫先生受學。彤字文明，問其字學於予。予諗之曰：《書》有《高宗肜日》篇。許氏《説文》云：「肜，祭名也。」訛傳肉傍从彡。戴氏《六書故》，以肉、彡二文之合非會意又非諧聲，義無所取，遂廢其字，而謂肜日之「肜」蓋「彤」字之假借。彤，丹傍从彡，以丹飾物也，徒冬切，而亦有融音。考之韻書，融與彤通用，註援張平子《思玄賦》爲證。❶今按《思玄賦》中之「彤彤」，本祖《左傳》「其樂融融」之融，而寫丹傍從彡。推尋聲畫，❷戴氏之言假借，不爲無據也。融，鬲傍，諧蟲聲，釋爲炊氣之上出而散。融亦訓明，《詩》曰：「高明有融。」朱子曰：「融者，明之盛。」南方陽明，其氣融散，是爲文明之地。人之陽明勝則德性用，而天理春融，是爲文明之人也。融、彤二字，一義爾。彤之字文明，其以此歟？

黄鍾仲律字説

昔黄帝命伶倫取嶰谷之竹，斷兩節間爲管而吹之，其長九寸。本此九寸之管遞相損益，各因其長三分之，或損其一，或益其一，而爲十一管，并初管之一凡十二，以候每年十二月之氣，是之謂律。吹十二管之

❶「玄」，原避諱作「元」，據成化本、乾隆本改。以下同此者逕改，不再出校。
❷「推」，原脱，據成化本、乾隆本補。

聲，管最長者聲最下，管以漸而短，則聲以漸而高，於是各如其管聲之高下而鑄十二鍾焉。其聲合於九寸之管者，其鍾名黄鍾。其鍾聲如十一管之以漸而高者，名大吕，名大簇，名夾鍾，名姑洗，名中吕，名蕤賓，名林鍾，名夷則，名南吕，名無射，名應鍾。此十二名，鍾之名也。既定各律之聲，遂以管聲而鑄各律之鍾。既立各鍾之名，❶就以鍾名而名各管之律。蓋十二鍾之聲由律而起，十二律之名則由鍾而得也。黄氏子名鍾而字仲律，予爲推言鍾律之義。十二管之稱爲律，何也？律者，行節也。❷十二管聲有高有下，爲樂之節，猶行之節也。第一鍾之稱爲黄者，何也？黄者，中也。黄鍾之聲，中聲也。其聲比十一鍾爲尤下，❸而曰中聲，何也？十一鍾者，樂所有之聲也，但以樂所有之聲而較，❹則黄鍾之聲最下。通以樂所無之聲而論，則黄鍾之聲，正當高下之中也。聲下者濁，聲高者清。樂聲陽也，貴輕清，賤重濁。惟黄鍾爲中聲，截自中聲以上，輕清者用之；其中聲以下，重濁者不用也。故樂有黄鍾以上之聲，而無黄鍾以下之聲，用其清不用其濁也。律管之長短，黄鍾之九寸適其中，他律皆短，不及黄鍾之管，則爲清聲，而可以入樂。倘若加長，過於黄鍾之管，則爲濁聲，而不可以入樂矣。黄鍾介乎清濁之間，其聲非清也，亦非濁也，所以謂之中聲歟？君

❶「立各」，原倒，據成化本、乾隆本乙正。

❷「行」，乾隆本作「竹」，似是。下文「行之節」同此。

❸「一」，原作「二」，據明初刻本、成化本、乾隆本改。

❹「較」，成化本、乾隆本作「校」。

子無過無不及之中德，爲衆行之本，其亦猶黄鍾不清不濁之中聲爲衆律之本者哉？

曹貫字説

曹氏子年未弱冠而勤於學。雖從俗學舉子業，留吾門數月，獲聞道德性命之説，欣然若有領會，蓋可與語上者。貫其名也，奉世父暨父之命請予字之，而予字之曰伯通。繩穿錢謂之貫。夫子以「貫之」一言喻門人，惟子貢、曾子得聞之爾。朱子之釋曰：「貫，通也。」凡學之大端有二：知必致也，行必篤也。子貢之於知，每物而致焉；曾子之於行，每事而篤焉。及其日久而功深也，物物無不致，事事無不篤。夫子乃舉「一以貫之」之語以告，俾其所知所行之十百千萬，豁然渾然，而通于一，故曰貫。雖然，此未易到也。今之學舉子業者，亦欲其經明行脩，然而經豈易明哉？行豈易脩哉？必也逐字逐句而究諸經，隨時隨處而謹細行。❶究之究之，而於經益以明；謹之謹之，而於行益以脩。則子貢、曾子之真知實行漸可晞，而夫子「一以貫之」之傳，又豈待借力於人而後可幾也哉？貫乎其志於通也，亦爲之而已矣。

何自明仲德字説

讀聖經者先四書，讀四書者先《大學》。《大學》篇首第一事，則明明德也。讀之者幾千萬億人，其能知

---

❶「時」，原作「明」，據成化本、乾隆本改。

明德之爲何物、而明之之法宜何如者，果有其人矣乎？予每嘆世之讀書者，大率如梵僧之誦呪，依其字，作其聲，而漫不究其所以然。江州瑞昌之何，世科世儒，自昔多才子弟。若宋景祐進士、御史中丞、宣敏公之十世孫名自明字仲德者，其傑也。始予聞其名，聞其字，固驟然異之。及見其人，方役役郡從事之勞，而超超塵埃外之趣，益有以驗其資質之美。既而以其名、以其字，請其說於予。予久病夫《大學》篇首之三字讀者往往忽視，今以是爲名，以是爲字，而有所請，其殆知此三字之不易能乎？德者，人人所同得也，而鮮或明之，何哉？有查滓以混淆於未生之先，有邪穢以汙壞於既長之後，德之所由不明也。必也銷鎔其查滓，必也杜絶其邪穢，而後可使吾氣血所成之身如無身，使吾耳目所接之物如無物。明之參半，邪穢漸無矣；明之十全，查滓悉無矣。噫！亦在乎明之至於盡而已爾。明之之法不一，讀書爲入門，亦其一也。然讀而不過尋行數墨之讀，縱使精通訓詁，洞了意義，亦外也而非内也，虚也而非實也，而況訓詁之不通、意義之不了者乎？噫！見孺子入井，惻然不忍，是心從何而萌；聞犬馬呼己，艴然不受，是心從何而起。舉世倀倀，如無目之人坐無燭之室，金玉滿堂，而冥然莫知其有此寶也。倘能感觸前聖之所已言，歸求吾心之所同得，而一旦有覺焉，譬猶目翳頓除，燭光四達，左右前後，至寶畢見，皆吾素有，不可勝用也。此仲德之德而能自明，則如此。凡予所云，願與今世之士共學，而未有肯同者也。仲德將思稱其名、稱其字乎？暇時尚當竟所未竟之説。

張彝字説

益都張志道之子名彝。彝者，常也。予謂字之曰伯常。彝之訓爲常，何也？彝，尊也；常，旂也。尊之屬有六，而彝以盛鬱鬯，灌之所酌也。彝在六尊之外，視六尊爲尤貴。旂之别有九，而常則繪日月，王之所建也。常在九旂之中，視九旂爲最重。凡人臣之功，銘之於彝，書之於常，取其常用常存之器物，與宗廟國家同其永久也。是以日月之旗名爲常，鬱鬯之尊名爲彝，而亦訓爲常也。張彝之父，今良吏。彝勉勉進脩，克常所學。異日學成，其事業將如古之銘于宗彝、書于太常者。此予所以字之之意云。

吴文正集卷十

元吴澄撰

字說

雍吉剌德新字説

雍吉剌脱脱，貴戚鉅族。司臬事能發奸擊强，名聲振于天朝，公選爲江南等處行御史臺經歷。德新，其字也。某郡姓某。❶爲之説曰：凡天下之物，新必敝。有十九年之刀，而刃若新發於硎者，何也？善於用其剛也。不然，一用之而缺，再用之而折，新其可得乎？世有剛者也，山不可拔，拔之；石不可摧，摧之。虎豹貙狼具於前，攘臂而攖，折箠而笞，徒手搏之，而目不瞬，而色不變。一而作，再而盈，此戰士之剛，不能保其不竭也。德之新者，不如是。人孰不謂德新之氣之雄，而力之堅與風采之振揚，常如浙東持憲時？斯爲新也已。雖然，雷霆終日而轟轟，冰霜終歲而稜稜，是其可常之道哉？善用其剛者，蓋必有道矣。《易》

❶「郡姓某」，三字原脱，據明初刻本、成化本補，乾隆本作「郡某姓」。

云「德日新」，《書》云「德日新」，盤之銘《大學》載之。偉哉，德新之剛德也！吾將見其學之益新，而德之常新也，其可量也哉！

程世京伯崇字説

翰林承旨程公之孫有名世京者，今翰林應奉大夫之嫡長子也。問字于予，予字之曰伯崇。蓋京者，絶高之山；❶崇者，言山之高也。然字以表其德，欲其德如山之崇也。德者何？曰仁，曰義，曰禮，曰智，曰信。稽之古訓，❷智崇效天，崇其智也；敦厚崇禮，崇其禮也。樊遲問崇德，語之以「先事後得」，崇其仁也。子張問崇德，語之以「主忠信徙義」，崇其義與信也。五者之德，性所固有，進進於學，❸日增其高。譬如爲山，始于一簣，至于九仞，以成乎極天之峻，夫是之謂崇。抑古者顔回字淵，人稱顔淵；言偃字游，人稱言游。唯一字而已，上加伯仲叔季，以別長幼也；下或加甫，以爲美稱也。今曰伯者，表其爲嫡長。而不曰甫，爲其年幼，不敢遽當美稱，示謙讓也。

---

❶「絶」，原作「盈」，據成化本、乾隆本改。
❷「之」，成化本、乾隆本作「諸」。
❸上「進」字，原作「日」，據明初刻本、成化本、乾隆本改。

趙以文兄弟字説

夫子之以文行忠信立教也。四者之施，有先後爾。非專於一、偏於一而不該不偏也，故學其一，而於三者兼通焉，於四者全備焉，斯可謂學之成也已。何也？聖人之道，書所具載，首之以學文，而講習之，究索之，則能明其道於心矣。所明之道，我所固有，加之以學行，而修踐之，持守之，則能履其道於身矣。所履之道，或不誠實，是欺也，是誣也。盡己之誠爲忠，循事之實爲信，繼之以學忠與信，而内外一於誠實，則踐真守篤，無虚僞矣。既能明於心，又必履於身；既能履於身，又必誠於内、實於外，聖人之教人也，始終該徧如此哉！郡倅趙侯，以四教之文行忠信名四子，而請字于予。予字以文曰元明，文也者，所以明此道也；字以行曰元履，行也者，所以履此道也；字以忠曰元誠，忠也者，所以存於己也；字以信曰元實，信也者，實之接於事也。各從其一，以兼全其四。是四者，聖門之爲教，而與世儒之所以教不同。四子欲聖門之教乎？予嘗竊志於是，他日當爲言之。倘能有契於予言，庶其無忝於父之命名也夫！

易原以清名字説

天下之清莫如水，先儒以水之清喻性之善。❶人無有不善之性，則世無有不清之水也。然黄河之水渾

❶「性」，原作「世」，據成化本、乾隆本改。

渾而流，以至于海竟莫能清者，何也？請循其初。原者，水之初也，水原於天而附於地。原之初出，曷嘗不清也哉？出於巖石之地者，瑩然湛然，得以全其本然之清。出於泥塵之地者，自其初出而混於其滓，則原雖清而流不能不濁矣。非水之濁也，地則然也。人之性，亦猶是。性原於天而附於人，局於氣質之中。人之氣質不同，猶地之巖石、泥塵有不同也。氣質之明粹者，其性自如巖石之水也；氣質之昏駁者，性從而變泥塵之水也。水之濁於泥塵者由其地，而原之所自則清也。故流雖濁，而有清之之道。河之水甚濁，貯之以器，投之以膠，❶則泥沉於底，而其水可食。其濁，固可使之清也，況其濁不如河之甚者乎？世之治性者，非惟無以清之，而又有以濁之。性之汙壞，豈專係乎有生之初哉！有生之後，日隨所接，而增其滋穢。外物之漉，多于氣質之滓者，奚翅千萬！不復其原之清，而反益其流之濁，情其性之罪也。雖然，原之清，天也；清之濁，人也。人者克則天者復，亦在乎用力以清之者何如爾。廬陵學者易原字以清，問其名與字之説，遂書此以遺。

余浚字説

浚，《説文》曰：「抒也。」徐鉉曰：「抒，取出之也。」浚井者，抒而取出其土，以深其井。故《易》有「浚恒」之辭，而夫子之傳以爲「始求深」也。由是觀之，夫子固以求深釋浚之義矣。學者之爲學，亦如浚井之求深，

---

❶「投」，原作「拔」，據成化本、乾隆本改。

然必以敬爲之本。朱子註《論語》之首章，引程子之言者再，一則曰「思而時繹，則所思浹洽」，此浚於知，以求深也。一則曰「行而時習，則所行在我」，此浚於行，❶以求深也。而又以謝氏「坐如尸、立如齋」之説繼其後，非欲人以敬爲知行之本與？子思子揚尊德性於道問學之先者，其意蓋若此。臨川余浚之父，以丞相張魏公之名名其子，而以南軒先生之字字之。所期於其子者，豈淺淺哉！浚將何以副其父之所期乎？求其學之深，亦惟實用其力於敬而已。持敬之方，朱子之箴備焉。予以口述，不復筆傳也。浚其勿以虚言視吾言，於此而不實用其力，是不爲也，非不能也。

畢光祖宗遠字説

今户部畢侯敬甫，名其冢子曰光祖，而字之曰宗遠。比其壯也，問學於予，因得悉其父所以名子字子之意。夫遠而自他有耀者謂之光，《春秋傳》所載筮史之言也。彼以陳公子生於陳，顯於齊，爲應筮史光遠之占。然其所謂光者，得仕於齊，烜赫其名位、焜煌其寵禄焉爾。侯之期其子，殆不止是。何也？名位寵禄，未足爲光；而自陳適齊，未足爲遠也。外之光，必由乎中之實，故曰充實而有光輝。實充於其中，則光發于其外。大而道德之光，次而功業之光，爲法於天下、可傳於後世者，其遠也。昔司馬文正公之父名子曰光，而以君實字，蓋取實則有光之義。文正公能稱其父之所名，是以道德可法，而功業可傳。名位寵禄，則天下

❶「浚」，原作「洽」，據成化本、乾隆本改。

之相，非但如陳公子一國之卿而已。光之遠，孰有加焉？光祖習儒書，達時務，起家而仕，煒然有能聲，充而至先哲之道德、❶賢臣之功業，其不在己乎？所學所行，一以文正公之篤學力行爲矩範可也，斯其無忝於嚴父之所以名、所以字者哉！

鄔畇兄弟字説

吾長孫當之婚兄弟四，就田之一類立名，各以其傍之諧聲字焉。伯名畇，字勻；仲名畹，字宛；叔名畸，字奇；季名疇，字壽。畇者，農功之均也；畹者，畝數之號也；畸者，墾闢之餘也；疇者，界畫之分也。所建之類同，而所諧之聲異。其爲聲雖四，而其爲田則一也。有一家之田，有一身之田。一家之田，土地是也；一身之田，性情是也。地之爲田也，起土曰耕，播穀曰種，去草曰耨，納稼曰穫。情之爲田也，耕之以禮，種之以義，耨之以學，穫之以仁。夫禮耕、義種、學耨、仁穫者，古之聖王所以治人也。學者用聖王之所以治人者而治己，則於其耕種耨穫之務，可不循次而致其力哉！畊之以禮者，❷習其節文也；種之以義者，達其事理也；耨之以學者，精其智識也；穫之以仁者，全其心德也。約愛、惡、哀、樂、喜、怒、憂、懼、悲、欲十者之

---

❶「先」，原作「光」，據成化本、乾隆本改。

❷「者」，原脱，據成化本、乾隆本補。

情，而歸之於禮、義、智、仁四端之性，❶所以性其情，而不使情其性也。耕也，種也，耨也，穫也，皆由治田之務也，而自耕始；禮也，義也，智也，仁也，皆治情之具也，而自禮始。鄔之伯仲叔季，將治一身之田，其必先學禮乎？學禮之條目，枚舉未易盡，儻其學之也，繼自今一一言之。

解觀伯中字説

鄉貢進士解觀，天曆己巳，暨其弟蒙聯貢禮部。至順壬申春，造予山間，留數日，曰：「觀於名之下，增一言而爲字，或不吾可。請於内外之尊者，更字伯中，僉謂之允，何如？」予曰：字者，名之表也。大哉，子之所以表其名者乎！《易》坤下巽上之卦名「觀」。觀者，觀九五也。九五在上，德稱其位，在下觀之爲法式。夫人之聚觀於五，五之爲人所觀，以其中故爾。聖之盛莫盛於堯舜，而堯之傳舜，惟「允執厥中」一語。舜復以是傳禹。湯之去堯舜遠矣，而孟子亦曰「湯執中」。然則堯舜之中，禹見之，湯聞之，四聖所執，同一中也。及文王、周公繫《易》之彖，繫《易》之爻，每於卦之二五、爻之二五，若獨貴重然，而含蓄不露也。孔子始發其蘊，曰「得中」，曰「以中」，而後文王、周公之意，粲然可見。文王、周孔之「中」，堯舜禹湯之「中」也。孔子既没，其孫惟恐其傳之泯絶，特著一書，以《中庸》名，孟子而下，知者殆鮮。千數百年之久，周子作《易通》，統論《易》之大旨，以剛、柔、善、惡、中五者，别氣禀之殊。予嘗合之於《易》。《易》以剛柔得位爲正，上

❶「端」，成化本、乾隆本作「者」。

五下二爲中。剛而正者，剛之善；其不正者，剛之惡也。柔而正者，柔之善；其不正者，柔之惡也。剛柔之正者雖善，而猶不無或過或不及之偏。善至中而止，斯其爲善之善也已。「觀」卦九五之剛正而中，❶下之觀而化者，甚神速也。而今之所觀與古異。古所觀者，當代之君師；今所觀者，前代之聖哲。内而反觀，外而汎觀，人倫之大，日用之微，於其當然之則，觀之而善歟？未也。一毫之過，不可也；一毫之不及，不可也。蓋善有不中也，而中無不善也。必曲當，必具宜，必無少乖戾。子思所謂中節之和，是乃無過無不及之中也。雖然，其觀之也，必有所事。觀之於物，而知其性，盡其心，所以明此中也；觀之於我，而養其性，存其心，所以誠此中也。觀而若是，其幾乎！因筆之爲字説，以遺伯中焉。

陳幼德思敬字説❷

仁、義、禮、智之得於天者，謂之德。是德也，雖同得於有生之初，而或失於有生之後。能得其所得而不失者，❸君子也。蓋德具於心者也，欲不失其心，豈有他術哉？敬以持之而已矣。❹昔子路問君子，夫子以

❶「之」，原作「五」，據成化本、乾隆本改。
❷「説」，原脱，據成化本、乾隆本補。
❸「者」，原作「也」，據成化本、乾隆本改。
❹「持」，原作「待」，據成化本、乾隆本改。

「修己之敬」爲答。敬也者，所以成君子之德也。堯舜禹之欽，即敬也。傳之於湯，爲日躋之敬；傳之於文王，爲緝熙之敬。夫子「修己以敬」之言，傳自堯舜、禹湯、文王，而傳之於顏、曾、子思、孟子者也。至于程子，遂以敬字該聖功之始終。敬之法，主一無適也。學者遽聞主一無適之説，倘未之能，且當由謹畏入。❶事事知所謹，而於所不當爲者有不肯爲；❷念念知所畏，而於所不當爲者有不敢爲。充不肯爲、不敢爲之心而進進焉，凡事主於一，而不二乎彼；凡念無所適，而專在乎此。程子敬字之法，不過如是。敬則心存，心存而一静一動皆出於正。仁義禮智之得于天者，庶幾得於心而不失矣乎？里中陳幼德有志務學，予嘗字之曰思敬，於是復作字説以貽之。

陳毅誼可更名更字説

陳於予，婚媾之家也。數數謂予曰：「某以聖爲字，非所安也。」既而出其族譜以示曰：「某高祖之從昆弟名炳，吾其敢以炳爲名乎？❸請更名曰毅，先生其字之。」予曰：已孤不更名，禮之常也。已名不可犯族高祖之諱，誼之宜也，字曰誼可，可。凡發强剛毅，誼之用也。夫毅也者，力氣精神之健，彊立而能耐久，堅

❶「謹」，原作「敬」，據明初刻本、成化本、乾隆本改。
❷「所」，原作「有」，據成化本、乾隆本改。
❸「炳爲」，原作「所謂」，據成化本、乾隆本改。

忍而能致遠者也。夫子六十四卦之象,「自彊不息」冠其首。自彊不息,其毅之謂歟? 臯陶之謨,以毅濟擾;曾子之言,以毅配弘。蓋馴擾之善,必有果毅之剛,以濟其柔;寬弘之器,必有勇毅之力,以配其量。毅之爲用,大矣哉! 而毅之德,則根於誼之性。字曰誼可,可。❶ 世俗通行之字,從羊從我爲義,此假借字爾,當以從言從宜爲誼字。字誼之正,故曰誼可云。

闕和鈞可權字説

江南憲府闕可權,和鈞其名也。古昔聖人制器,以稱物之輕重,於是乎有權。權之數五,而鈞其一也。鈞在石與斤之間,以兩計之,則四百有八十;以銖積之,則萬有一千五百二十也。❷ 鈞之體一定,而權之用不一定。鈞之所以和也,輕重適其平之謂和。蓋六十分其鈞,而益以百有八十,則爲石,石重於鈞者也。六十分其鈞,而損其五十有八,則爲斤,輕於鈞者也。以石之重而減輕之,非權之入而向内,不可也;以斤之輕而加重之,非權之出而向外,不可也。輕之重之,石者減,斤者加,及鈞而平焉,斯其爲和也歟? 鈞者,體之定;權者,用之應。鈞之和,由於權之可,此物之則也。人之道亦然。嘗稽諸《論語》之言,自「可與共學」

❶「可」,原脱,據明初刻本、成化本、乾隆本補。
❷「五百二十」,原作「二百五十」,據成化本、乾隆本改。

至「可與立」凡三，必至于「可與權」而始備。又嘗稽《易大傳》之言，❶自「履以和行」至「井以辨義」凡八，至于「巽以行權」而後止。是知權也者，學而修己之大成、仕而處事之極致也。關掾昔焉而學，今焉而仕，可於權而不凝滯於執一。吾見其和於鈞，而所稱之物無有不平也。勉之哉！

鄧衍字説

友人鄧善之子衍字慶長，請字辭於予。予曰：「古者冠禮，始加，再加，三加，醴若醮，以至于字，俱有辭，蓋悉備于周公之禮矣。亦有自脩其辭者，若《戴記·公冠》篇所載是也。而近世能言之士，多有稽諸《禮經》，則冠者之字也，賓爲之字；字者之辭也，賓爲之辭。往年虞子及之子集冠，予辱爲賓，嘗辭而字之。衍也，今既冠且字矣，而予瀆爲之辭，得無非所宜乎？」善之曰：「子其毋讓。予思之，君子不自教子，而易子以教。」予也因善之請，而寓勸戒於辭以迪其子，是或教之一道也。乃爲之説曰：慶也者，人之所願慕也。惟其願慕也，是以期於長。《易》之前民用也，期於亨，期於利，期於吉；《洪範》之所嚮用者，期於壽，期於富，期於康寧。亨也，利也，吉也，壽也，富也，康寧也，慶之屬也。冠禮之辭，曰祺，曰福，曰祥，曰休，曰慶，大率人之所期不過是。字辭云「宜之於假」，釋者以假爲大。朱子曰：「非也。假嘏通，福也。」然則古之字者期之以嘏，今之字者字之以慶，豈有異於古哉？雖然，慶也者，其獲也，其報也。不先其難，于何而獲；

❶「言」，原作「則」，據成化本、乾隆本改。

不有其施，于何而報。其難其施也，慶之本也。其本維何？《易》曰：「積善之家，必有餘慶。」善，其慶之本與？善者，天所與我而根於心，封而茂之，彍而彀之，韞之内而有美，章於外而有輝，可以儀天下、軌後世，慶之長也孰加焉？世俗所謂福祥休祺，又奚足算哉？故嘗謂慶之長有三：上焉者德立，次焉者功立，下焉者言立。其長，叔孫穆叔所謂不朽也，保族宜家，令聞長世，餘事爾。夫德立者，顏、曾其人；功立者，葛、狄其人；言立者，董、韓其人也。而周公、孔子兼之。吾善之行粹才優而文古，固有立德立功立言之具矣。衍歸求於家，而得師最之，最之進進不已，雖董韓、葛狄、顏曾、周孔，孰云不可馴至哉？抑予譬之於水：衍者，流之盛也，流必有源；源者，水之初也，源源者流長。❶善之名原，其所積者深而未發，將至其子而大，予是以云然。

劉又新字説

新者，對舊之稱也，不仍其舊之謂新。凡天下之物，❷久則必弊，弊則必新之而後可。有數歲而一新之者，有一歲而一新之者，有數月而一新之者，有一月而一新之者，亦有一日而一新之者焉。❸起坐之室，一

---

❶ 下「源」字，成化本、乾隆本作「深」。

❷ 「物」，原作「務」，據明初刻本、成化本、乾隆本改。

❸ 「亦」，原脱，據成化本、乾隆本補。

日不灑掃，則塵坌而不可居；飲食之器，一日不滌濯，則汙穢而不可用。日日而灑掃，日日而滌濯，此一日而一新者也。其在身也，亦然乎？經宿而不盥洗，則亦塵坌汙穢矣。是故無貴賤，無長少，❶晨興必盥洗也。盤者，所以盛盥洗之餘水也。湯以「苟日新，日日新，又日新」九字銘之於盤者，此也。然湯之銘，不但爲盥洗其手者言也，蓋以喻德也。手不可一日而不新，德尤不可一日而不新也。手有形可見也，欲新之可能也；德無形不可見也，欲新之豈易能哉！德雖人人所固有，而人不知何者之爲德也。既不知何者之爲德，則又何從而致其新之之功也哉？昇人名德新字又新者，求又新之説於予。予不敢以虚言應之也。昔趙忠憲公日中所爲，夜必告天；司馬文正公平生所爲，皆可語人。如欲自新乎？每日省之，事之可以告天、可以語人者爲是，其不可告天、不可語人者爲非。非則速改。昨日之非，今日不復爲也。日日而省之，日日而改之。一年十二月，爲日三百五十有四，改其非者亦三百五十有四，是之謂日日新、又日新。倘或不然，非而不知省，省而不知改，今日猶夫人也，明日猶夫人也，一月復一月，一歲復一歲，不過仍其初，❷則終身猶夫人爾。猶夫人者，陳人也。陳而不新，新則不陳，名新字新而實不新，雖得予之説奚益？有志於自新者，其勉諸。又新，劉氏。爲之求予説者，方外士也。

---

❶ 「少」，成化本、乾隆本作「幼」。
❷ 「仍」，原作「人」，據乾隆本改。

彭訓永年字説

臨川彭訓字永年，治《書經》，應進士舉。父之命其名與字，用古文《書·畢命》篇中語，蓋尊其所治之經也。予觀古文《書》雖晚出，而其間多格言，以能訓爲永年之基，以德義爲大訓之實，淵哉乎其言也！九疇之五福，一曰壽。年之永者，人之至願也。人之永年，不過幸其取數於天者多爾，而孰知其有所基也哉？德不以喜怒情欲傷其神，不以鬬狠刑辟傷其形，❶保其身，全其生，❷此永年之基也，而唯有德有義者能然。德也者，天命之性得於心而靡有失也；義也者，率性之道行於事而各有宜也。得之靡有失，義之各有宜，自修道之教始。《書經》之能訓，其《中庸》修道之教與？訓也因父之名己，而於其訓以修其德義，則年之永，在己而不在天也。劉子謂養之而以福，夫子謂培之而必得壽，聖賢之言，豈欺我哉？訓留吾門三閱月，氣質之謹慤，識趨之敷暢，不負其父之經訓可期也。於其歸省也，以其父之名之字之者，爲説以貽焉。

宋誠字説

古之冠者，賓字之，有辭以致祝頌，載在《儀禮》。後世因此或别作字説以寓規戒焉，然必出於所師尊之

---

❶「狠」，成化本、乾隆本作「鬩」。

❷「生」，原作「身」，據成化本、乾隆本改。

人而後可。非冠之賓而祝頌，諂也；非教之師而規戒，瀆也。予客江州，一二學者以其名字求規戒語，姜道原援例而爲宋文卿請。韓子有云：「非師而教，云胡不欺？」❶予將誦斯語以謝。道原曰：「宋，官派也，儒流也，某所與遊之友能受教者也。先生其勿拒。」予觀文卿，名誠而字文。誠者，中之實也；文者，外之華也。中有其實，外有其華，所謂誠於中、形於外也。然實與妄對，華與澆對，純乎天理之實爲誠，狥乎人欲之妄爲不誠。名誠而實不稱，則文之華者流而澆。應對之便捷，鸚舌爾；丰儀之秀整，翠羽爾。豈誠中形外之文哉？惟能以天理勝人欲，一念不妄思，一事不妄行，仰無所愧，俯無所怍，庶幾其誠乎！習之熟，藴之久，充實積中，英華發外，小而華身，大而華國，此文之至也，而誠其本也。倘或不誠，雖有規戒之言置座右，亦猶誦慈懺於屠門，講容經於倡館，❷適以資識者之笑。文卿殆不其然，勉之哉！

吴琢玉成字説

《學記》以玉之琢而後成器，譬人之學而後知道。其言善矣，而或有所未盡。❸何也？玉者，質之粹美者也。一琢可成良器，未琢之先，亦不失爲良璞也。若人之氣質，則有粹駁美惡之殊。上智大賢以下，豈能

❶「胡」，原作「乎」，據成化本、乾隆本改。
❷「容」，乾隆本作「聖」。
❸「所」，原脱，據成化本、乾隆本補。

人人而如玉哉！苟不能以如玉，則必變化其質，乃可求至於道。學者詎可自比於玉而期其成乎？昔在聖門，惟顔子之資，深潛純粹，渾然無疵。雖曾參之賢，其魯亦與柴之愚、師之僻、❶由之喭，均之爲一偏。其他如賜之辯察、商之迫隘、求之退懦、予之昏惰，須之麁鄙、棖之悻狠，皆不可無矯揉變化之功。故曰學者以變化氣質爲先。盱江吴琢字玉成，客游江州。比予之至，請受學焉。予既嘉其志，奇其才，因其名與字之有取於《學記》也，是以發明其未盡之意，俾之自省自勵，而爲進道之基。久而如粹美之玉，則琢之而成至良之器也何難！程子教人克己之偏，而難克者藍田。吕先生謂變化氣質則愚可明、柔可彊，❷皆至言也。若夫變化之所當先，則平居講論之際，蓋已嘗隨事言之。琢也，尚繹予言而實用其力哉！❸

丁儼字説

前大學進士豫章丁君之孫儼，從其父游宦湓江，❹數數抵予寓聽言議。予曩識其大父，峭直不苟徇。今見其父長厚有幹略，而儼端謹肯問學，三世俱吉人，可尚已。其父請余爲儼命字。予觀《戴記》援引古《禮

❶「僻」，成化本、乾隆本作「辟」。
❷「彊」，原作「疆」，據成化本、乾隆本改。以下同此者逕改，不再出校。
❸「尚」，原作「甞」，據明初刻本、成化本、乾隆本改。
❹「湓」，原作「溢」，據成化本、乾隆本改。

經》之辭「儼若思之上，先之以毋不敬」，釋之者曰：「禮主於敬。」蓋儼者，敬之形於外；敬者，儼之立於中。❶中有所主，而後外有所形，乃字之曰主敬。夫「敬」之一字，自《書》《詩》《易》以來，談者熟矣。曰欽，曰寅，曰祗肅，曰恭恪，曰齋莊，皆敬也。朱門黄直卿先生謂近於「儆畏」者，其意尤切實。若程夫子之云「主一無適」，謝先生之云「常惺惺」，尹先生之云「其心收斂，不容一物」，則推而極之，以爲聖學之基也。初學雖未易語此，然姑就「欽」「寅」以下八字之義究竟持循，念念若是，事事若是，常如黄先生之所謂「儆畏」，庶其可以藥放肆慢忽、怠惰狎侮之病。養之久，行之習，聖學之基亦由是而積，豈俟於他求哉？中心無時而不敬，則外貌無時而不儼。然敬之功，不亦大乎！「敬勝怠者吉」，太師尚父得之于丹書之訓。太師固丁氏之所自出，倘能不忘遠祖之心傳，以不忝近祖之家聞，則賢子也。儼其懋敬之哉！

❶「儼」，原作「敬」，據成化本、乾隆本改。

吴文正集卷十一

元吴澄撰

書

與程侍御書❶

去夏望湖亭下目短風帆，❷悠悠别後之思，繼得維揚所賜翰墨。下邑僻處一隅，無便使可致興居、問邇辰。兩間陽長，衆正道亨，敢共爲天下賀。忠賢得路，自古所難。畏天命，悲人窮，君子大公至正之心焉。❸事業不必出於己，名聲不必歸於己，竭吾誠，輸吾所學，有能用之，天下被其福，則君子之志願得矣，此外何求哉？此不可爲鄙夫道，惟閤下則可。天下顒顒，望治如飢渴，事半古，功必倍。得賢守令數百布滿郡縣，公廉之人十數典持風憲，俾貪濁者不敢肆，則治平指日可冀，機括轉移易易耳。諸君子同堂合席，一心一

❶「侍」，原作「待」，據成化本、乾隆本改。
❷「目」，原作「日」，據成化本、乾隆本改。
❸「焉」，成化本、乾隆本作「也」。

德，嘗致思及此否乎？往年當宁，赫然發憤，去邪任賢，旬月間天下改觀。如久陰乍晴，久疾得瘳，此閤下所親見。機括轉移之易，豈不信哉？孔子曰：「三年有成。」諸君子用事日久，而天下之望猶缺，草茅書生所以不能不深疑也。閤下入覲清光，日與諸君子處，豈相爲賜哉？陸宣公上下不負之心，要必於此時見之。嫠婦之於周，漆室之於魯，皆出其位而有憂。草茅書生，何預天下事，心慮豈出一女子哉？然則出位而言，不爲僭越也。閤下采其意而深思之，斯世幸甚。

答孫教諭詵書

博文約禮者，聖賢相傳爲學之方也。自周以來千五百餘年，而後其傳續。又自周、程、張子以來至朱子殁，而其學失。近世家藏朱子之書，人誦朱子之説，而曰其學失，何也？非復聖賢博文約禮之學也。夫以約禮爲事者，誠不多見；以博文爲事者，未嘗無也。而曰非復聖賢之學，何也？窮物理者，多不切於人倫日用；析經義者，亦無關於身心性情。如此而博文，非復如夫子之所以教、顔子之所以學者矣。而真能窮物理、析經義者，抑又幾何人哉？澄取友於四方有年矣，❶今兹來閩獲見足下，亦半世一奇遇。解后之初，❷不及從容，别後無日不往來于懷也。遠僅手書，益佩繾綣。且承惠教講義三篇，俾之評論，非德盛禮

❶「友」，原作「交」，據成化本、乾隆本改。

❷「解后」，成化本、乾隆本作「邂逅」。以下同此者不再出校。

恭、忘年折行以下交於晚學，其何能至是！顧淺陋何足以知之，然不敢不答厚意也。第二篇所講《七月》詩，發明朱子《集傳》之説透徹，最爲平實穩審。第三篇中一節，猶合商量。蓋「風」「雅」「頌」乃樂章之名，其音節各異，如今慢詞、小令之分。雖欲以彼爲此，以此爲彼，而不可得，非編《詩》者可以己意移易。今若曰《七月》本可列於《雅》，然《雅》有「篤公劉」矣，❶故寘之《豳風》。《生民》本可以列於《頌》，然《頌》有「思文后稷」矣，故寘之於《雅》。如此則是《風》《雅》《頌》初無一定，由人以意安排也。《七月》乃夏時之詩，豳國民俗所作，自當爲《風》。其後周公取其詩以教成王，俾知先公風化之由、周家王業之始，非周公追想當時民俗於千載之後而擬作也。《生民》乃祭姜嫄之後飲酒受釐時所歌，施於人而非施於鬼神者，自當爲《雅》。蓋祭祀之時歌之於鬼神者，《頌》詩也；受釐之時歌之於生人者，《雅》詩也。況《頌》詩與《雅》詩之體製，亦自判然有不同也哉！云云。

與憲僉趙弘道書❷

半生悚慕之至，來洪僅及一見。驅馳公務，獨賢獨勞，從古以然。然畏天命、悲人窮者，豈敢自求安逸哉！天之生是人也，此爲智、爲賢且貴而爲公卿大夫也，彼爲愚、爲不肖且賤而爲庶人也，固將使賢智而貴

---

❶「然」，乾隆本作「惟」。

❷「憲僉」，成化本、乾隆本倒乙。

者，治其愚不肖而賤者，此行其道而彼被其福也。故禹稷居位，視天下之飢溺，猶己實飢溺之。伊尹雖耕於野而未仕，見匹夫匹婦有不得其所者，若己推而納之溝中焉。孔門弟子問夫子所志，亦曰安老懷少而信朋友。❶夫老者，年高於己者也；朋友，年齊於己者也；少者，年卑於己者也。舉天下之人，凡年高於己、齊於己、卑於己者，吾則安之、信之、懷之，是使之一皆得其所也。三者之人，欲其無一之不得其所，故曰聖人之心猶天也。若夫自處其身於無過之地，而視人之得其所、不得其所若無與吾事然，是則楊朱爲我之學，而聖賢之所深闢也。若曰時不可爲，不若全身避害之爲得，又曰今與古昔聖賢所遇之時不同也，所居之位不同也，切謂不然。夫時不同，爲其時之所可爲者而已；位不同，爲其位之所當爲者而已。若復瞻前顧後、有趨利避害之私，❷則是於義命未能灼然無所惑也。夫賢人君子，於衆人之中千百不一覯焉。幸有其人矣，而所爲有未合於聖人之道，此固有識者之所惜也。是以不得以交淺言深爲辭，而敢布其愚如此，惟高明擇焉。

復董中丞書

正月十一日，臨川儒生吴澄頓首再拜中丞相公閤下：

澄聞學者非以求知於人也，欲其德業有於身而已矣；仕者非以自榮其身也，欲其惠澤及於人而已矣。

---

❶「老懷」，原倒，據成化本、乾隆本乙正。

❷「有」，原脱，據明初刻本、成化本、乾隆本補。

澄，江南鄙人也。自幼讀聖賢之書，觀其迹，探其心，知聖賢之學得之於心爲實德，行之於身爲實行，見之日用、施之家國爲實事。業資之不敏，力之不勤，學之四十年矣而未有成，是以日夜孜孜矻矻，惟恐無以自立於己，而不敢求用於時也。閑居方册中，以古之聖人爲師，以古之賢人爲友，而於今之世位尊而有德、位卑而有學者，皆所願事，皆所願交也。往年閤下分正江右，側聞閤下之風剛正公廉，卓然不倚，皎然不滓，特立獨行於衆醉群污之中，❶心切慕焉。二年之後，始得與同遊之友嘗出入門下者一望道德之光。以一朝之所見，而益信二年之所聞。未幾，澄居山中持喪，而閤下自南臺入覲，足跡無復再至閤下之庭。勢位之相縣，道里之相隔，如九地之視九天，無一言可以達閤下之耳，無一字可以達閤下之目。疎賤姓名，何翅一草之微，意閤下且忘之矣。不謂克勤小物，過取其所不足取，而以聞于朝。聖上聽言如流，賢相急才如渴，繇布衣授七品官。成命既頒，而閤下又先之以翰墨，敦請諄諭，如前代起處士之禮。澄何人斯，而足以當之！夫朝廷用人之不次，公卿薦人之不私，布衣之受特知、蒙特恩如此，近世以來所希有也。雖木石，猶當思所以報稱，而況於人乎？然夫子勸漆雕開仕，對以「吾斯之未能信」，而夫子説之，何哉？説其不自欺也。然則開之可仕不可仕，雖夫子不能知，惟開自知之耳。閤下之舉，古大臣宰相之所爲也，澄敢不以古賢人君子之所以自處者自勉而事閤下哉？邇年習俗日頹，儒者不免苟求苟得，鑽刺百端。媚竈乞墦，不以爲羞；舐痔嘗糞，何所不至。今之大臣宰相，當有以微斡其機而丕變其俗。若俾疎賤之人驟得美仕，非所以遏其徼

---

❶「污」，原作「洿」，據成化本、乾隆本改。

倖冒進之萌也。澄以古之賢人君子自期，❶則其出處進退必有道矣。不然，貪榮嗜進，亦若而人也，閣下奚取焉？愛人以德，成人之美，是所望於今之大臣宰相能如古人者。愛之以德，而成其美，豈必其仕哉？康節邵先生詩云：「幸逢堯舜爲真主，且放巢由作外臣。」❷澄雖不肖，❸願自附於前修，成之者在閣下。澄感恩知報，❹匪言可殫。未繇庭參，敢冀爲家國天下保重。臨筆不勝拳拳，不宣。

答鄧以修書

曩歲於喬木林中覩玉樹笋立，心固洒然異之。第倏聚忽散，未獲款密叩底裏，望望有俟於再會，既而遠客三載不相聞。去冬歸視蕪園，得之東西行者，知尊仲父梓材公已高謝人間，超脱塵外。未能炙雞絮酒，一酹宿草，雲黯玉笥，愴然西悲。足下英英賢胄，挺然自拔於流俗，能以玩繹前言、究竟精理爲務，使古之聖賢復生於今，且將引與共學，况淺識謏聞者乎？苟有寸知片能，何敢有愛於左右哉？邵子著書，本祖於《易》，直可上接伏羲、文王、周公、孔子之傳，而非管輅、郭璞、袁天綱、李淳風輩小小術數者之比也。祝泌乃

---

❶「之」，原作「人」，據成化本、乾隆本改。
❷「放」，原作「教」，據成化本、乾隆本及《擊壤集》卷七改。
❸「澄」，原作「登」，據成化本、乾隆本改。
❹「知報」，原倒，據成化本、乾隆本乙正。

一風角鳥占、壬課遁甲之流，起卦推占，小事不無小驗，其視管、郭、袁、李尚如九地之視九天，而於邵子又何知焉？但邵子之書，舉世無能通曉，止有祝泌稍以小術見知於當路，附託其説，鏤版以行。世無真識，❶莫不受瞞，萬人一律，同聲附和，曰「此《經世書》解也」。澄屢爲人道，哲者頗領吾言，惑者終莫能悟。近年，豐城徐覺則仁，以祝泌之學自名。澄弱冠時，見其在人家望氣聽聲，往往奇中，而陰察其不中者亦多。澄嘗詰之云：「祝氏不明《經世書》也。」與處數日，既狎習，徐自首曰：❷「某術蓋有秘訣，實於《經世》無干。」慨然欲以相授，而澄家貧無貲，不能學也。其言率是推測揣摩，衆莫不神之，而澄竊不以爲然。足下欲通邵學，姑就其書熟觀，久久自得端緒。若祝泌所附託，即非邵子本旨，它日指摘一二，當自灼見其繆。大抵不可錯認邵子爲豫知算數之徒，其能前知，在人不在書也，在心不在數也。故其言曰：「若欲學，須相從山間林下數年，令心中無一事方可。」又況人之爲學，宜有先後次第。❸足下有資有志，政當於四書用功，字通而句悟，心體而身驗之，於此洞然無疑，則它書有如破竹之勢。倘忽此以爲卑近，❹而曰人人能讀，初無深微，則是麤心大眼，入頭處草草放過。本之不立，詎可躐等而通它書也哉？苟不鄙夷，誠懼虚辱厚意，一得之愚，輒

❶「真」，原作「有」，據成化本、乾隆本改。
❷「徐自首」，乾隆本作「覺」。
❸「有」，原作「又」，據成化本、乾隆本改。
❹「卑」，原作「俾」，據成化本、乾隆本改。

敢直布，明敏其審察焉。後便過貴州，又得簪盍以悉。❶

與鄭提舉書

昔夫子學夏殷之禮，必欲徵杞宋之文獻。文也，獻也，二者不可得兼，則如之何？《詩》曰：「雖無老成人，尚有典刑。」《記》曰：「文武之政，布在方册，人存則舉。」二説不同也。夫典刑方册，是之謂文；老成人存，是之謂獻。詩人所歎，蓋不得已而云。澄謂：與其有文而無獻，不若有獻而無文也。❷夫所貴乎獻也者，非以其幼壯宦學之所歷、❸父兄師友之所漸，無往而非前代憲章、故家軌物與？然則獻在是，文即在是矣。澄生二十有七年而爲太平新民，及今三十年，眼中先進，落落衰謝。前之歲，因緣幸會，識閣下於京師。明憲章，習軌物，所謂杞宋之獻，不在兹乎？是固夫子之所欲徵者，而況於愚不肖也哉？文乎文乎，不能以偏考矣，得見如是之獻，臣斯可矣。夫何留處止數月，合并僅三四，每見又輒卒卒無從容之暇，而澄南還。閣下既膺江廣儒司之命，未幾，銓衡者又進末學爲閣下副，若曰同寮，則澄豈敢？庶幾繇是相與朝夕見見聞聞，以償所願焉耳。天速閣下之來，兩道士子之幸也。而澄也抱微痾，方將遊喬岳名山，嘗草木之味，冀

---

❶「盍」，原作「蓋」，據成化本、乾隆本改。

❷「文」下，成化本、乾隆本有「何」字。

❸「宦」，原作「官」，據成化本、乾隆本改。

遇善藥已吾疾。深恐期會遥只，隳闊疏懈慢之愆，是以一訊起居而後行。未遑覿間，伏惟以道自重。不宣。

與祝静得書

共惟赫赫盛名，疇昔聞之熟矣。比至京師，所聞有加焉。繼留東淮，所聞又有加焉。夫京師，名利之都府；東淮，南北之通道也。人之好惡不同，從古以然，況或出於怠忌之私者乎？今也不間戚疏賢否，衆口同聲，稱贊德美，是豈聲音笑貌之末所能得此於人哉？大才辱臨江右，氣類津津有生意。澄也旅而未家，去年十月來歸，養痾衡茅。往來言及閤下，如冬之日、秋之月、夏之風、春之雨，靡不愛悦快慶。獨區區猶遲於一識，晨夕慊慊不自安，眷眷不能已，不以此與？顧惟索居五十年，於世不數數，而垂老一出，誰其汰之？又俾沙礫，在精鑿之後，秖自愧耳。雖然，簡静謙和，人人佩服盛德，匪規曷隨，波及方來者，閤下之餘也。澄將往觀衡霍，繇南而西，西而東，還期不邇，會晤未可幾也。而姓名不以聞于左右不可，故亟亟奉此，有古之意，無今之文，惟閤下亮之。

與段郁文書

近於盱江覯所惠雪樓書，陳誼甚高，愛悦罔已。❶欲一見蘧使，問夫子何爲，則追之不及矣。曩在豫

---

❶「罔」，原作「网」，據成化本、乾隆本改。以下同此者逕改，不再出校。

章，雖相會不數，而相知最深。蓋以剛正公廉，有志立身立事以自見於世者，足下其人也。直道難容，於己何慊；仕途崎嶇，是固有命。所謂「博懸於投不在德」，願益自勉自勵，爲天地間好人，勿以州縣之勞自沮，幸甚。

與鄭提舉書❶

去冬上問之後，今春謀爲衡霍之遊。初以冰雪阻，繼以水潦阻。夏且半矣，黽俛出門，則饑莩塞道，炎熾如火。每日同間道進數里，遇可休息之所即止。稍適意或宿或信，或數日留。陸而舟，舟而陸，如是再閲月，猶未越西江之竟。沿途往往避人，不與吾徒接。所值非緇褐之流，則樵牧之伍也，坐是不能詳通都會府事。臨、袁之間，聞静得變故，疑不敢詢，❷然非不敢詢，❸亦不欲詢、不忍詢也。家童疾趨而至，詢之果然。尊謙惠愛末屬，❹招之速前，甚以早獲親炙老成爲喜。第於舊政不及一聆告新之令猷，而遽隔今古，良亦可悲。承命之日，遄東其轅。殘暑猶劇，夜興晝伏，未免遲遲，塵埃滿衣，❺顔色如赭。到家又須澣沐齋袚而

❶「與」，成化本、乾隆本作「答」。
❷「詢」，原作「前」，據成化本、乾隆本改。
❸「然非」，原作「而」，據成化本、乾隆本改。
❹「末」，原作「未」，據成化本、乾隆本改。以下同此者逕改，不再出校。
❺「塵埃滿衣」，原作「而」，據成化本、乾隆本改。

行，俟華祝嵩呼禮畢，乃能一舸東下。先期不煩再遣卒隸，蓋處士門閭無用此輩爲也。於新淦已得公牘，❶囑州學專達淦之東鄙，又得再移，感悚愈深。亟走一介報命，所賜教墨又稽回答，大懼不敏，亦就旅次拜先施之辱。擾擾匆匆，辭不贍蔚，維是前託交承之好，兹聯長貳之署。宿緣宿契，依倚正殷；欲謝欲言，究悉未易。並需覿侍以請。❷澄不酒不肉，二力携簞瓢從，所至如全真道、行脚僧，斗室自可安單，至日徐圖之。不宣。

伏蒙賜書，重以禮幣。然禮尚往來，施而不報，非禮也。家無青玉案，難酬美人錦段之贈，況在旅中，尤不能辦。《曲禮》有云：「貧者不以貨財爲禮。」閤下與澄，俱不可謂富，請遵用《曲禮》所云可乎？來幣二兩卷還，九書留下，是亦領厚意矣。邵先生集，澄所訂定，視番陽舊刻舛誤錯脱者大不侔。其文字之提挈高低，章節之離合次第，考校詳審，布置精密，並有意義，可備觀覽。行橐偶存一部，庸敢以伴回字。管城子二十輩與偕，此非貨財之比。勿訝，幸甚。

答姜教授書

辱書知前在京師時嘗蒙惠顧，失於承接，負愧負愧。高兄年雖少而擇交嚴，視所與遊，相悉不待相識

❶「得」，原作「耳」，據乾隆本改。

❷「請」，原作「清」，據成化本、乾隆本改。

也。人來自洪，多談盛美，意聚會必在歲晚。❶方觸暑西行，將追躡昌黎公祝融、石廩之遺迹。中道忽得公牘，趲近赴官程期。司長有命，而足下申之，藻句葩辭，照耀客舍，此意勤甚。澄，迂僻人也。❷於仕素非所欲，亦非所諳，散職何庸冒處林林時俊之右？它無能焉，唯曰一豪有所希覬、浸漁於學校以益其私，則決不爲耳。近年貪濁成風，在在而然。行之不以爲非，言之不以爲恥，陷溺至此，蓋有爲也。何爲？爲飲食之費、妻妾之奉、子孫之遺而已。澄酒肉俱絶，而無所於費也；中饋久虚，而無所於奉也。二三兒軀幹壯健，寫字讀書之餘，各務耕桑，自營衣食，於家可以不饑不寒，而無俟於其父之遺也。蕭然一身，二豎給使，令紙帳布衾，如道寮禪榻，隨所寓而安。案上古《易》一卷，香一炷；冬一褐，夏一絺；朝夕飯一盂，蔬一盤。所至有學徒給之，無求也，而無不足。身外皆長物，又焉用喪所守以取羸爲哉！此區區自樂之實，而無所資於人。若夫不能不資於諸賢者，有矣。教養，重事也。詔旨每諄諄焉，❸思之能無曠缺乎？協力齊心，整治而扶樹之，俾實效底于成，❹而毋徇虚文以爲欺。夫如是，上可以不負君，❺下可以不負民。❻敬輿此志，澄

❶「意」，原脱，據成化本、乾隆本補。
❷「僻」，原作「避」，據成化本、乾隆本改。
❸上「諄」字，原作「諳」，據成化本、乾隆本改。
❹「效」，原作「交」，據成化本、乾隆本改。
❺「君」，原脱，據乾隆本補。
❻「民」，原脱，據乾隆本補。

與諸賢所同也，足下能爲數十郡之倡乎？澄所深願。及是閑暇，其率佐屬熟講詳究，有可開諭者勿吝。旅次草草復來施，非久至洪，又得面布。

答趙儀可書

澄方業舉子時，連歲覩薦書策名，若拔領下髭然，固已竦異。其後潛深伏隩讀書，人以《青山初稾》售，乃知嚮之逐時好者，又轉而追古作矣。繼又有見焉，而又有加於初，而又知進進之未已也。然兹事大難大難。未嘗實用力者忽之以爲易，而孰知良工之心苦哉！建、紹以後，可名一家者誰與？昌國、正則之上，亦有其人與？邇來舉子業廢，稍能弄筆遣辭者，英華無所發泄，拈掇小詩之外，間或以此爲務。合東西數道，可僂指者不三四，而足下其一焉。當路屈耆年碩學主湖山講席，而澄以鄉里後進亦將至洪，喜有合并之期。遠辱貽書，齒尊而禮卑，不敢當，不敢當。今之學院目爲師儒如鄉先生足下者有幾，此在上所當敬禮、在下所當嚴事也。而憂於迫，而病於鎮服之難，何哉？古之君子，有所得於中，充然不渝其樂，外境之變于前，或順或逆，殆如浮雲空華之過目。終身順適而自樂者未足多，滿前拂逆而處之泰然者，深可貴也。足下蓋嘗以此意論顏子，以論顏子則未當，獨不可自受用斯言乎？吾徒以心同，以義合，尚直道而不苟爲悦，故雖未見顏色，而不敢隱。不自知其爲躁且訐也，足下亮之，❶它俟面白。

❶「下」，原作「以」，據成化本、乾隆本改。

與馮廉使書

澄昨歲因蕭令行附致數字，違離之久，合并未期，晨夕爲之惓惓。閣下博古通今，明理習法，既往方來之世故，瞭然如燭照龜卜。時無不可爲之時，事無不可處之事，豈弟君子，神所扶持，亦惟謹其在我者、安其在彼者而已。智欲圓，行欲方，有定見，有定力，豈不綽綽然有餘裕哉！稽諸《易》，❶《大畜》之蠱曰「有厲利己」；❷《大畜》之泰曰「何天之衢，亨」。夫畜之初則厲，畜之極則亨，固理勢之自然。聖人之辭，示人變變之道也。澄相望數百里，不獲奉命承教，便風訊起居，殊愧厓略。惟爲國爲民自愛，幸甚。

答何友道書

朋友中能文辭可與商略古今者，舍足下其誰？兹蒙惠書累數百言，言皆有用之實，而非無益之談。雖古人相勉相成之道，何以逾此！三復之餘，什襲而藏之矣。昔時子道齊王之意，俾孟子爲諸大夫國人矜式，其意甚厚。而孟子亦豈不欲爲此者哉？又豈不能爲此者哉？而曰「夫時子惡知其不可也」。孟子言其不可，而不言其所以不可，何與？事固有未易言者，而非可以言相授受也。抑韓子有云：「知言之人，不

---

❶ 「易」，成化本、乾隆本作「周易」。
❷ 「蠱」，原作「故」，據明初刻本、成化本、乾隆本改。

言而其意已傳。」庸詎知夫不言者之非深言之也邪？足下，知言者也，❶豈待言而後知？故於答足下之意，不以言而以不言，惟高明諒之。不宣。

答吴宗師書❷

曩玄卿過顧，❸又荷養浩令姪惠書，索及觀記詩序。年耄才荒，聊爾塞命，乃蒙勒之堅珉，壽以文梓。今見刻本，惟有慚怍。二月下弦，盤中使到，持示臘月十二日教墨，督岳廟、玄宇二文。久病之餘，精神遐漂，然盛意不敢虚辱，謹撰《東岳碑》，❹付盤中使回轉達，應不遲緩。但此文關繫古今大典禮，倘不鄙棄，於内不可有所改换。蓋一字失當，恐貽將來識者之嗤誚，而其文不可以傳。仁靖觀中先開府之祠以「玄宇」爲扁，❺所該甚廣。今崇真宫所建，上復加「仁靖」二字，則「玄宇」但是代祠堂二字之名。四字聯屬，義不通貫，竊疑未安。大概此等名稱垂示久遠，惟當正大平常，不可如近時人家花圃亭榭館舍，取其名之新巧奇異也。或曰「仁靖真君祠」，可乎？更望審定其名，以喻小孫當，俾於家問中附來。文成之後，亦附便俾小孫

---

❶「知」，原脱，據成化本、乾隆本補。
❷「宗師」，乾隆本作「特進」。
❸「玄卿」，乾隆本作「承」。
❹「撰」，原作「選」，據成化本、乾隆本改。
❺「靖」，原作「静」，據成化本、乾隆本及下文改。

奉呈也。玄元之道，所忌者盈，所惡者夸，故曰：「保此道者不欲盈。夫惟不盈，故能敝，不新成。」言不欲盈滿，使之常如舊物之敝壞，不使之如新物之成完也。又曰：「行於大道，惟施是畏。朝甚除，服文采，帶利劍，飲食資財有餘，是謂道夸，非道哉！」施者，夸張也，與《論語》「無施勞」之「施」同，言以宫庭之美、服飾之盛、飲食之豐、貨財之多夸張於人者，違悖之道也。❶又曰：「去甚，去奢，去泰。」言不欲其甚，而常處於微；不欲其奢，而常處於儉；不欲其泰，而常處於約。又曰：「大小多少，終不爲大。」言雖大而常自處於小，雖多而常自處於少。始焉未大，固不敢以爲大；終焉既大，亦不敢自以爲大也。凡此皆是不盈不夸之意，所謂良賈深藏若虛。先開府之盛德，真能若是。近日月如在山林，接微賤不異貴顯，沖虛慈儉，❷不自高大，默契玄元之道。❸後之人崇其祀，亦當以榮夸爲戒，庶其與開府之盛德相稱也。蓋禮有以多爲貴者，有以少爲貴者。苟貴其多，則少者固若簡略；苟貴其少，則多者亦似褻瀆。古者，萬乘之尊與世之賢士大夫，追孝其親之心何有窮已，然立廟皆止一處，豈是簡略於其親哉！漢代祖廟之外，郡國有原廟。近世俗人之家，祠堂之外，墓所菴堂及寺觀，又立祠以奉祀。夫其廟祀之多，似若加厚於其親矣。然知禮者，不以漢世郡國原廟爲隆於三代，不以俗人菴堂等祠爲優於賢士大夫，何也？以此推之，報本之禮，與其多而爲褻瀆，不若

❶「之」，成化本、乾隆本作「於」。
❷「虚」，原脱，據成化本、乾隆本補。
❸「元」，原作「凡」，據成化本、乾隆本改。

專於一者之爲嚴敬也。且唐開元以前，孔聖惟有非時之特祀，而無每歲之常祀。如今每歲春秋釋奠，可謂尊崇孔道之至，而南豐曾氏獨以爲非禮。非其見識超卓，何以敢如是立言？開元以前，祀禮之簡也，孔道不爲之而輕損；開元以後，祀禮之數也，孔道不爲之而增重。南豐之言，雖乾道、淳熙間之大儒，亦不非之。近年張夢符作《揚州學記》，乃詆南豐之非，以爲設使後世有不令之主，因其言而遂廢孔祀，豈不爲大害？是不過以事之利害言，而不以禮之得失言，豈足以服知道知禮者之心乎？因筆泛及，不覺覼縷。未繇覿面，惟冀茂毓天和，以凝道中之福。

吴文正集卷十二

元吴澄撰

書

回劉參政書

恭惟國家興賢興能，將與共治，此誠重事。閤下以中朝名臣，出膺保釐分正之寄，欽承明詔唯謹，謂考言校藝，不可輕畀其人，❶而當慎擇。誤於聽聞，下逮老拙，治書奉幣，輝賁林藪，非所宜蒙者。澄雖散材，靡用於世，然苟有寸長可以自獻，則必持以報上，不敢靳愛。延祐初科、再科，省府以閱卷之責見諉，當時聞命就道，略無辭避。今相去十有餘年，年齒加多，耳目心思，種種不及於昔。而又自六月中旬，❷一病殊劇，❸踰月猶不脱體，是以願趨侍相公而不能也。事與心違，自增慨嘆而已。齵言不足以報先施，同堂諸相

❶「畀」，原作「卑」，據成化本、乾隆本改。
❷「中」，成化本、乾隆本作「初」。
❸「病」，成化本、乾隆本作「疾」。

公聚會間，❶爲白區區之忱，幸甚。北望泰階，晨夕色齊，不勝耿耿仰瞻之至。❷不宣備。

與曹伯明書

別教三年無問訊，便中間於盱江會仲堅主簿，得聞動履之適，私以爲喜。數千里相望，何由面覿，罄竭所懷。諸郎爲學，想日有進益。茲因親友袁主一行，附此以敘眷眷之衷。善之學士不果別紙，會次幸及澄名。言不盡意，惟祈保重。不宣。

復穀總管書

澄家在撫之支邑，去盱境密邇，前後賢侯善政，接于耳目見聞者非一。相公下車以來，聲譽旁達，恨未識面。忽辱貽書，展誦驚喜。治績之暇，留意憲章文物，此豈俗吏所能。《通典》一書，歷代禮樂刑政之大概備具，改鋟善本，甚幸。但更須妙選通儒，詳定校正，庶與他處所有不同。承索序引，老拙荒蕪，立言奚足爲重？盛意不敢虛，如命撰至，託直學轉徹左右。竊惟相公刊書，老夫作序，皆職分所宜，豈當受禮？篚幣之貺，謹用卷還，就以爲賞賚工人之助，與已拜賜均也。病中答書，草略多愧。良覿未期，冀保愛以迓天渥。

❶「會」下，成化本、乾隆本有「問」字。
❷「瞻」，成化本、乾隆本作「望」。

不具。

復趙廉使書

澄自京還家，荏苒八年矣。老病浸加，❶卧不離床、坐不出户者連月。去秋去冬，長子一房洊罹喪婦、喪孫之禍，而同居各房又喪一孫婦，異居至親又喪一妹一弟。半載之間凡五喪，朝暮戚戚。❷今歲五月以後，就養於少子，客寓郡城。炎暑中得所惠翰教細讀，❸悠然動久別之悲。先府君潛德弗耀，有子顯聞于時，固應不朽。過蒙不鄙，欲取蕪陋之文以示永遠，無乃左計乎？不敢逆孝子追慕之情，黽勉奉命，其何足以稱塞！憂患之餘，筆硯荒廢，報先施不謹。三藥之珍、二墨之寶承貺，就此聲謝。合并末由，遥祝厚加保愛，前膺大用。不具備。

復王總管書

往歲相公任江西理問時，竊聞大名，愧不及識。陳山長至，特辱惠翰，錦繡駢儷之辭、筐篚表裏之贄璀

---

❶「浸」，成化本、乾隆本作「侵」。
❷「暮」，成化本、乾隆本作「夕」。
❸「細讀」，二字原脱，據成化本、乾隆本補。

璨于前，自揆何以當此哉！相公民政之餘，扶植儒教。學院之營造，俗吏視爲不急者，公汲汲焉惟恐後，見趣之過人遠矣。有是偉績，固宜有雄文記其實。但老病昏耗，不足以承隆委，彊顔爲之，聊以塞命焉爾。先相公盛德，尤未易以形容，力辭則拂孝子慈孫之意，故亦不掩其蕪陋，而具藁以達，垂覽幸甚。相望三千里外，末由晤對，惟冀保重，❶進迓殊渥。不具。

與子昂書

自離金陵後，相去隔遠，問訊浸踈。緬惟水晶照徹，心跡雙清，履候多福。廬陵二劉兄，白屋好脩，篤志文學，與劉須溪諸子遊處，求鄙文碣其父之墓。然吾文豈可傳者，當藉羲、獻之字以傳，爲是有請。尚冀憐孝子慈孫之心，特賜揮灑，幸甚。未期會晤，願安眠食，以答昭代特異之眷。不備。

與李伯瞻學士書

澄日與深山之木石俱，而病魔相尋，坐卧之時多，行立之時少。遥睇舊知於數百里外，欲一見而無由。❷

---

❶ 「冀」上，原衍「相」字，據成化本、乾隆本删。

❷ 「見」，乾隆本作「面」。

恭惟西雨南雲，晨夕佳趨，❶何時得分半席乎？里中士吴尚伯達，有行有文，數歲留敝舍，教諸孫穉。兹造洪府，慕望玉堂耆彦，願覿丰儀。不敢冒昧而前，求羽言爲之介，蒙與其進，幸甚。未合并間，冀保愛以迓殊渥。病中不能秉筆，命兒曹代書，上干照亮。不具。

答胡主簿書

澄異時道經南劍，訪延平李先生遺事，往往得文字所不載、世人所未聞者，至于今欣欣焉不忘。新安，朱子父母邦也。百餘年間，君子之澤未斬，或識其大，或志其小，❷應有足徵之文獻。嘗欲一至，省想流風，以起予高山景行之思，而未能也。足下顯揚世美，創建家塾，遠惠書札，陳誼甚高，此區區之所樂聞。然近年所在，增置書院不一，初若可嘉，要其成績，卒無可紀，虚設其名而已。足下其與敬教授詳慮審處，延禮名儒，招集俊士，精勤修習，于其中真實用功。俾數年之後，果有明經者出，踐今所言，償今所志，是乃無忝於先師，有光於先世，而亦區區之所願見也。記文就附汪簿遺達，謹此謝來施之辱。所期於後，非止如今，足下其留意。不具。

---

❶「趨」，成化本、乾隆本作「趣」。

❷「志」，成化本、乾隆本作「識」。

復崇仁申縣尹書

澄跧伏山中，未能再造琴堂下，忽承教墨，備見愛民憂旱之誠心。然縣宰爲百里諸侯，諸侯所當祭者，❶境内山川。先儒嘗論禱雨之事，其言曰：名山大川能興雲致雨，今都不理會，却去土木人身上討雨。土木人身上果有雨乎？世俗之敝政在乎此。至若道流建醮，此乃前代亡國君臣作此兒戲之舉，褻瀆甚矣。循習至今不改，良可歎恨。青詞之類，皆矯巫僭亂之辭，適足以獲罪於天耳，豈足以感格哉？若欲致禱，當用祭文禱于山川之神，罪己哀籲，庶乎其可。今録去韓昌黎袁州禱雨、謝雨文三篇，爲格式。宰公所惠書辭甚佳，祭文亦不過如此而已。張令史能言宰公所見，與鄙見略同，謹此以復來施，伏惟照察。

答解推官書

澄去冬舟過西津，卧病不能入城造謁，良用慊慊。日來舊病稍減，彊勉到邑，引領東望百里，殊劇懷仰。忽承貽問，矜憐老拙，特有嘉果之貺，受之銘感，謹先此申謝。即辰四郊時雨，三市春風，諒惟公務從容，履候安適。末由面對，尚祈葆衛。前膺不次之擢，不具。

❶「諸侯所當」，成化本、乾隆本作「所」。

與元復初書

自去年九月離儀真後，問訊三四而未知達與否。雪樓之趨京也，亦有數字，託其客轉致。即辰冬日可愛，恭惟政事之暇，文章之娱，義理之樂，悠然自得，誰與共之？澄自素如昨，來春將爲名山之遊，不知何時可以胥會。袁主一，異姓兄弟也，偕其友觀國之光，因之訶起居。相望遼隔，敢祈保重，以迓殊渥。不具。

與崔縣尹書

學者吴景尹，淳謹畏法，勤學能文，館寓遠方。於其來歸，久仰名德，介造庭下，予進是幸。

答吴凌雲書

未獲識面，倏僅惠書。辭甚高而問甚恭，展玩起敬，知爲當今英才。詩賦雜著等作，穎然出群。文不患不工，機不患不熟。雖然，進未已也。本之經，證之史，參之諸子。充其識，充其學，廬陵又一歐陽子矣。年少力彊，爲之不難。後生可畏，勉之勉之。不宣。

復顔可遠書

澄雖未獲識面，康兄來，叩其底裏，一則曰顔先生之教，二則曰顔先生之教，於是因其徒而知其師。砉承貽翰，辭義高遠，益信所聞。士之自脩者，爲己之外，任其自然而已。君用之，則安富尊榮；子弟從之，則孝弟忠信。士之用功於人在此，❶然其一可期，其一不可期。吾惟勉盡於其所可期，而不希覬於其所不可期。吾之心所以泰然無事而常樂也，世俗之榮辱，曾何足爲吾之輕重哉！足下之文暢達，可窺大郡歐陽子之門。末由聚會相與細論，且此復先施之辱。❷病餘弗克自書，諒察幸甚。不具。

答曾巽初書

夏間辱枉顧山中，草木至今衣被餘光。窮鄉寂寞，弗克少淹騶從，别去黯然。繼僅貺禮，非所宜蒙，感愧何極！即辰秋暑尚熾，諒維凝神定慮，❸一静可以敵炎歊，清風穆如也。承不鄙斥，令撰記序，今録去，呈以過目是幸。外一二未下筆者，輒陳卑見，言其所以，非怠於報命，❹君其鑑裁之。❺擬一觀書院規制，私務縈絆，欲出未能，俟稍暇即當至彼。來期以前，不煩伺候。未會晤間，祈保重以迓殊渥。不具。

---

❶「用」，成化本、乾隆本作「有」。

❷「且」，乾隆本作「具」。

❸「慮」，成化本、乾隆本作「志」。

❹「報命」，成化本、乾隆本作「作也」。

❺「君其」，成化本、乾隆本作「惟高明」。

與夏紫清真人書

澄留京師三年，相與真若符契。每恨俗塵障隔，弗少得從容劇論。別去各天一方，晨夕延佇遠想，祇表玉中道體安適。自謙使還，謾寄字以詷，何似甚時會晤，既所欲言。不具。

與虞邵菴書

澄頓首再拜學士相公伯生足下：

澄老病侵加，匪藥可治，惟習忘以勝之耳。過客多不及見。宜春夏判官再舉登科，考滿赴部，欲造庭下。懼姓名不能自通，是以輒爲之請。人才難得，舉子中有如斯人，表表穎出者也。儻被容接，遠方下士之榮何如哉！病體作字疏率，照察幸甚。

復柳道傳提舉書

客歲七月後一病數月，冬仲始漸輕減。[1]歲晚微進，今春人日又作。熊太古來，適遇病中，不能出見。至床前奉示教帖，披翫一再，沉疴頓覺減半。文星照耀吾野，斗牛爲之增輝。朝家促還伊邇，雖欲更借以私

---

[1]「冬仲」，成化本、乾隆本倒乙。

江右之士而不可，惟劇慕戀。力疾拈筆復先施，殊愧厓略。惟茂對穠郁之景，滿懷皆春，以迓天渥。不具。

回忽都篤魯彌實承旨書

澄頓首再拜承旨相公執事：

澄三歲得託末僚，席庇不淺。别來末由申詷起居，先辱惠翰，仰見篤愛不忘之盛心。澄去臘抵家閒居，幸無他苦。公朝厚恩，賜以禮幣。但老病非才，愧無寸勞，曾不能略効忠力於國而受錫賚，於義不當也，謹以奉表闕庭、❶呈覆省府懇辭。倘會當朝諸公，望助一語，俾得從請爲幸。且承寄貺紋綾，領外榮感無以爲報，衷懷慊然，弗克周悉，尚容嗣狀。惟冀保嗇，以膺大用。不具。

回散散學士書

澄聯車二年餘，如日近良玉，見其爲貴。老病侵加，不能久作京華之客。遠餞于郊，情誼厚甚，❷别來倏改歲矣。劉自謙來，辱語教字，披讀有如晤對，喜懌何極！學士質美而學不倦，僕雖衰耗，亦賴以自勵焉。諸書雖間有鄙見，未有學徒抄出，俟有録本，續當寄呈。未期合并，願保重以迓殊渥。不具。

---

❶「以」，原作「已」，據成化本、乾隆本改。

❷「厚甚」，成化本、乾隆本倒乙。

回王儀伯學士書

澄自别後，病體甚不安帖，以此闕於問訊。蒙索齋記，亦不果作。去臘抵家，始得驗方合藥，略加調攝。自謙春季來至山間，袖出翰教，得之喜懌。齋記就便附納。諒惟侍養優游，尚友聖賢於千載之上，此至樂也，但未易與人言爾。末由合并，惟冀以久大德業自任，幸甚。不具。

回曹子貞尚書書

澄於别後嘗一附書，已達未達，不可知也。自謙來辱惠教字，把翫喜如面覿。澄老病無用於時，❶尸位竊禄，内省已劇羞愧，退後又荷朝廷厚恩。此雖聖君賢相之大德，然揆之分義，非所敢當。是以拜表闕庭，具呈政府，致懇辭之誠。子貞相知之深，望於當路一語，儻得勉從區區所請，則此心安矣。表稾及呈省公文抄録見至，幸一過目，爲澄審處之。自謙行急，奉答先施不詳，必蒙鏡燭，不待覼縷也。願言保重，以稱大用。

❶「時」，成化本、乾隆本作「世」。

與許左丞書

恭惟先文正，吾道之宗，家學淵源，今獲展布。遠方賤士，亦復竊被餘光，至幸至幸。澄尸位三年，多僅鉅公過愛，惜年齒逾邁，疾病侵加，雖欲久客京華而莫可。還家治藥，扶護衰齡，庶或緩死，以觀太平。未去之先，荷政府勉留；已去之後，荷公朝錫予。此聖天子、❶賢宰相、衆大臣優老禮賢之大德，施非其人，豈所敢當！澄既非勳舊，又無勞績，一旦濫叨重賜，爲之慚怍驚悸，是用攄誠懇辭。伏惟寅恭同協，肯爲轉旋，使澄於心得安，免致踰分愆義，❷榮莫大焉。相公以先文正之心爲心，而澄亦願以先文正之學爲學。辭受貴乎得其宜，❸庸敢奉白，區區之私，切冀垂察。相望遥遠，惟爲國愛重是祈。不備。❹

與高堯臣侍御史書

澄去歲秋歸，舟及廣陵，已聞美除。王陽得位，貢禹能不喜乎？士患不見用，用則必行所學。因時度

---

❶「此」，原作「比」，據成化本、乾隆本改。

❷「免致」，原倒，據成化本、乾隆本乙正。

❸「得」，成化本、乾隆本作「合」。

❹「備」，原作「兑」，據明初刻本、成化本、乾隆本改。

宜，稍異於衆，乃同志相望。澄服藥扶衰，幸免他苦，忽蒙公朝賜賚，非遠臣賤士所宜得，是以懇辭。當路諸公儻或胥會，❶旁助一言，俾遂吾意爲佳。便風草草附字，不能詳也。愛重幸甚。

回吴宗師書

去秋都門之外，辱早出遠餞，極感盛心。而爲政府諸公所留滯，緣此遲遲，深以不得面别爲慊。自謙南來，辱惠教墨，讀之儼如親覿。老病席庇，晨夕粗遣，公朝厚禮，賁于丘園。然既非勳舊，又無勞績，受之於義未安，是用懇辭。宗師知我者，諸公會次，傍助一言，得如吾意則幸矣。未期盍簪，祈爲道保重。不具。

與王參議繼學書

澄老病不堪久客，去秋治任將歸，❷辱在廷諸公枉問，且勉其留，此意甚厚。歸舟幸得善達山中，日尋藥裹，❸以扶衰憊。天使忽臨，頒下公朝錫賚之禮，此施之於勳閲世家者，豈疎遠賤臣所宜得？驚悸不寧，

❶「會」，原作「重」，據成化本、乾隆本改。
❷「治任」，二字原脱，據成化本、乾隆本補。
❸「日」，原脱，據成化本、乾隆本補。

再三撰分度義，非所敢受，是用懇辭。切惟疇昔先承旨相公愛念不薄，於今參議忝爲世契，必能諒區區之衷而斡旋之。❶ 所貴乎士者，辭受得宜也，幸鑑裁焉。丘參議相公同協之際，干道澄名。朔南遼隔，敢冀保重，以承殊渥。不具。

❶「斡」，原作「幹」，據成化本、乾隆本改。

吴文正集卷十三

元吴澄撰

書

回全平章書

某自聞閣下保釐大江之西，深爲兩道士民幸。❶惟是老病之軀，筆硯荒廢，不敢容易奉興居狀以瀆崇嚴。忽辱先施，存問備悉，且致香供於深山之野人。似此厚意，非所宜蒙，感謝感謝。又承付下彦祥廉使之書，尤見盛心。第耋耄之年，言不足采，何以發逸民之潛德、稱人子之孝思乎？炎暑中低垂昏倦，報字殊愧簡率。未期參覿，敢冀爲明時厚加保愛，不具。某再拜。

❶「兩」，成化本作「西」。

與張淡菴承旨書

某自幼玩閱史册，每見其間所載正人君子之事，忻忻慕之，恨不與之同時。老年一出，竊禄三年，雖可慚怍，然得屢遊正人君子之門，承下風，望餘光，亦此生莫大之幸。澄去秋後公一月而出，歲晚至家。日尋藥裹以扶衰憊，❶庶幾緩死以觀太平。今春聞公賜環，禁林增重，私切喜懌。❷相去遼邈，無由親炙，偶承便風，敢冀頤神復命，爲時自愛。不宣。

與王伯弘中丞書❸

澄老病不能久客京華，去秋南歸，在途得聞相公還朝，私竊慶抃。即辰槐夏清凉，恭惟栢府嚴邃，神明多福。偶承便風，附訊起居。澄客臘至家，日尋藥裹，幸免他苦。暇則相對聖賢，自尋樂處。相望遼邈，伏願體道怡神，爲時保愛。不具。

---

❶「衰」，原脱，據乾隆本補。

❷「切」，成化本、乾隆本作「竊」。

❸「弘」，原避諱作「宏」，據明初刻本、成化本、乾隆本回改。以下同此者不再出校。

與烏伯都剌平章書

某竊禄三年，足跡未嘗一至庭廡，相公不責其簡，每加愛念。自惟遠方賤士，誤忝明時録用，老病日侵，靡有寸長，可效報補。去職之後，公朝復遣禮幣，此聖天子、賢宰相、諸大臣優老育才之盛德。但澄虚老而已，無才可稱，國家恩貺，過於隆厚。既非勳舊，又無勞績，豈所敢當？是用攄誠懇辭，乞相公密贊上宰，特爲奏聞，收還所賜，庶幾於義得安。不揆微賤，輒具書控告，伏惟鈞慈鑑之。澄蒙惠藥物，領外榮感，瞻望相垣，晨夕睠睠。式冀善調元化，❶以福四海。不具。

回饒睿翁書

澄歲首嘗留金谿，密邇珂里，甚恨不獲一造西園覽觀勝景爲欠事。惟澤火既革之後，地天重泰之初，文獻故家，能如經冬之木榮於春、經宿之火然於旦，非其先世福澤之深厚、後嗣才能之優異，其曷能然！東西行者，往往道名門盛事，伏承尺書，示以諸公記詠。數字遠寄，聊訂後會之約，政恐林慚澗愧爾。秋暑猶熾，治復不能詳謹，未究衷懷，尚儲嗣訊以既。不具。

❶「式」，乾隆本作「伏」。

與馬伯庸尚書書

澄近睹除目，恭審涣頒綸渥，晉長春官。叨名世之才，❶充盛世之用，敢爲公朝得人、君子得路賀。鄉中涂雯，種學績文有年矣，懷玉絅錦，知之者希。兹觀上國之光，介之造庭下，進之教之，使得以數於一士之列，則感恩知己，終身勿諼也。澄相望數千里外，末由合簪，切冀爲時愛重。不宣。澄再拜。

與龔國祥書

澄往歲一解后問竦然起敬，知爲昭代有用之器，别去每以嗣會無緣爲欠。區區客京華三載，移疾南歸，得聞小淹長材，試仕敝郡。養疴衡茆之下，未能振衣相從，以話契闊。一雁南翔，倏枉嘉問。五雲絢爛，老眼爲之增明，司丞項氏之譽，洋洋盈耳。其子同知，在都下亦相聞。所需銘文，敢不如戒，第恐筆墨枯淡，不足慰孝子慈孫之心爾。上介告旋，且此酬先施之辱。❷合簪未卜，快覩優擢，尚規後便，❸以賀以謝。不具。

---

❶「叨」，成化本、乾隆本作「以」。

❷「且」，乾隆本作「具」。

❸「規」，乾隆本作「圖」。

與胡石塘書

澄去秋豫章貢院晨夕親炙，此樂何極！别去數月，始得所惠翰墨，乃知尚留盱江，尊體服藥，想已安愈。相望二百里間，苦無承接之由，懷人奈何？《三規圖》新本未得到手，舊有背成二軸，附便申納。區區衰老，又不免再北行一次，不知何時可復屠羊之肆。❶未期合簪，❷伏惟保愛，前迓殊擢。不具。

與董慎齋書

澄兹審三陽泰長，衆正咸和，溥此春熙，施及四海。凡在一草一木之列，莫不欣欣向榮。惟是去天萬里，無由致履端慶。遠惟府中賓從，同納維新之祉，可喜可幸。謙齋節使游志希夷，俾其晚景囿清静自然域中，❸亦公之德也。袁主一偕其友上國觀光，因得問起居。未參覿問，敢冀爲時保重。不具。

---

❶「可」，乾隆本作「再」。
❷「簪」，明初刻本、成化本、乾隆本作「并」。
❸「域」，原作「城」，據成化本、乾隆本改。

復孟中書

澄壯歲客小田，稔知名族爲喬木故家。時有往來蕭門者，間嘗交談，其後又於永豐得會横舟主簿。然族之俊秀，未能徧識也。往歲令嗣惠顧，適值遠役，勿及從容，❶忽忽而别。今歲重來，不厭飯疏飲水之窶，❷同處甚安。淳謹重厚，志學勤敏，此固令嗣天稟之異，亦必庭訓素嚴而然。專伻及門，辱賜華翰，重以貺禮，誼不容卻，受之殊增惶感。蒲節日感冒不能出，盛伻告旋，病中草草布復，深愧厓略。不宣。

復蕭次張書

澄於先大夫判簿在小田承教數數，今有名家子克紹世美，深以爲喜。令甥處此，屢嘗問及動履。兹辱貽書，且有華牋之貺，深感故家遺友不忘舊交之意。佳篇且留，俟詳玩，却當附數字求教也。奉酬先施，愧不周悉，惠徼台照。不具。

---

❶ 「勿」，成化本、乾隆本作「弗」。

❷ 「窶」，成化本、乾隆本作「窘」。

答黄浮山賀生日書

澄自去秋别後，雖屢交訊，而竟無承顔之便，惟晨夕延佇而已。今歲始生之期，值雨水連日，泥潦妨途，恐勞賓友之沾體塗足也，遂出至隣邑之近鄉。二十日昏黑始還家，乃見專使在門。啓書受禮，備悉眷愛之厚，忻感罔懌。❶區區忙遑，❷酬先施不謹，旦夕到邑，却得面既謝私。不備。

與于五雲書

澄比歲郡庠胥會，於久别之餘，得重論之喜。其時方有遠役，應接紛紜，不暇從容話舊，殊覺悵怏。澄一去三年，客臘至家。今春，郡間二三少俊來訪，問之，俱嘗及門。竊知齒德俱尊，教誨不倦，能以餘力淑後進。晨夕延佇，思未有良晤之期。令子遠臨，蒙惠教墨，驚誦如在左右，欣懌倍常。令子家學淵源，躬履篤實。同來二士，俱有駸駸騰上之勢，可望其成。不肯久留，遽至告去。於其還侍，❸謹此謝先施之辱。炎暑

---

❶「忻感罔懌」，乾隆本作「揣分度義」。

❷「區區」至文末二十一字，乾隆本作「非區區所敢當，然猶未敢卻也。領外祇增慚愧，聊復先施，餘容後會，不復」。

❸「去於其還侍」，乾隆本作「旋」。

困人，伸紙不能周悉，謀欲就近城擇寬閑之所，相約一見，以罄底裏。未償此願以前，且蘄善調眠食，❶以壽斯文。

答吳養浩書

春末有倪秀才携至台翰，知蒙示下令叔宗師近稿，日以俟之。今秋孟已踰旬，而始得肅觀，何其遲也？涼風漸新，諒惟文候清佳，侍奉多慶。澄老病侵加，日來感冷，泄瀉不能出户。適值專使之來，亦不及迎見。宗師詩律，自足孤行於世，誰不愛悦？序語祇增塵穢爾。力疾數語，聊以塞命，可用與不可用，唯養浩與盤中裁焉。體倦奉復疏略，照亮是蘄。長子長孫俱出辱問，甚感，并此聲謝。未期會晤，願自珍以迓殊渥。不具。

答袁修德書

澄向者雨澤淋漓、溪流浩渺之時，徑詣屏墻。於震凌而藉厦屋之帡幪，於造次而奉尊俎之談笑，❷欣感何極！別來無因嗣見，轉眼數月。即辰秋水，一洗炎毒，東籬又見花矣。悠然真意，應不減淵明。莫能共

---

❶「蘄」，乾隆本作「期」。

❷「而」，原作「以」，據明初刻本、成化本、乾隆本改。

話，南望曷勝繾綣。先閣相銘文昨承面命，何敢懈怠！惟是衰耗荒疎，未必能發盛美爾。忽沐專翰，貺以厚禮，揆分非所宜蒙，然不敢卻也，祇受增愧。數日疾作，不能出，强起以承來施之勤。❶匪謹匪虔，諒不我尤，統干台照不一。

復曾所性書

澄於英嗣、于難弟，俱獲識面，而獨以未識其賢父兄爲欠。忽沐貽書，展誦再四，雖未識，猶識也。兹審仕途發軔，行橐載書，前問通津，往涖邑校，賓朋祖餞，鄉里榮觀。惜老病之軀，弗得與此盛事中。❷昨先府君墓石承索鄙文，黽勉供去，惟恐不足以稱孝子之心，何以謝爲？篚幣之貺，領外知感。力疾報先施之勤，殊愧厓略，尚祈照諒。

復董容窗書

澄衰老之軀，無所用於世。前歲一出，至中途而病劇，滯留江淮間治疾，將及三載，今秋始得還家。征

---

❶「承」，成化本、乾隆本作「復」。「之勤」，乾隆本無。

❷「弗」，原作「勿」，據明初刻本、成化本改。

塵滿襟，思一游名刹勝地，❶挹幽邃以清俗抱，而未能也。乃蒙眷念，貽問勤渠，❷重之以貺禮。緑蟻春盎，黄雞秋肥，酌之烹之，殆不減謫仙人。山中初歸之樂，緊容窗之賜也，❸其何以當此盛意哉！祇受惟增慚感而已。泚毫拂楮，聊復先施之辱。愚叟以次不及枚謝，晨燈暮鐘之暇，❹一一道及澄名爲幸。❺欲言莫既，尚儲面敘。

答康思濟書

澄衰疾纏綿，近方小愈。倏英嗣過顧，辱貽嘉問，展視欣懌。堂構一新，先大夫有靈，必曰「予有後矣」。無任贊慶，名篇煒煌，允哉切實，康氏之占。於焉而占數語，效勉進之忠，殊愧荒陋。言者雖耄，聽者勿藐，行之惟艱，名父子尚留意焉。

❶「刹」，原作「利」，據成化本、乾隆本改。
❷「渠」，原作「劬」，據明初刻本、成化本、乾隆本改。
❸「緊容窗」至「以次」三十六字，乾隆本作「屢蒙賜厚」。
❹「晨」上，乾隆本有「惟冀」二字。
❺「澄名」，乾隆本作「衷曲」。

答樂諒齋書

去冬甫及回去春之書，甚愧遲緩。新年政切懷仰，朱兄遠來，相就於荒僻之境。又辱惠翰，展誦備見成人之厚德、愛人之盛心。朱兄立志堅彊，用功謹密，真可進於學。惜相處未久，區區又有行役，不能不孤其意。來教稱李宰之賢，令人嘉嘆。《拙逸》之記，甚恨不到仙邑，又不接其人，漠乎不相及，無因由可以措辭。黽勉爲之，便中附至，他日必經月眼是正之可也。

答和卿書❶

澄舊歲客江州，聞公來貳郡政，深以爲喜，意謂可有參承之期。旅次養病不便，秋風吹動歸輿，遂尋山中采茹之樂。遠想廬阜、湓水光風霽月之景，與清白之操、循良之治兩相宜稱，碧雲千里，企予望之。濂溪舊山長黄次思與澄同里，名家美彦，與碌碌爲學官者不同。昨以母疾請假歸養，侍湯藥半年之上，竟爾遭喪，以易練服矣。當可給由，惟公其造就之。喪滿赴都，必拜庭下而後往也。澄席庇，晨夕粗安，微疾時復發動，惟賴先聖格言日接乎目，可以忘憂忘老。末由會晤，惟冀順時保愛，進膺大用。不具。

---

❶「答」下，成化本有一空格。

與希元書❶

昨留湓城，晨夕藉庇，别去未嘗忘也。遠思郡政優游，❷福履駢集，惟以未由重會爲欠。濂溪黄山長在任之時多感提奬，不幸遭喪，今已期年之上，❸當可給由。相公以舊日參趨之故，特成全之，此盛德事也。

與可立書❹

澄在湓城日，深感眷與之厚。别去年餘，末由問訊，晨夕馳仰。濂溪黄山長舊來多荷提撕，母喪之後，給由凡百，望郎中早與成全，幸甚。經歷郎中未及會面，不敢具記事以瀆。協恭之際，得蒙道及區區意，尤拜盛德也。

---

❶「與」下，成化本有一空格。
❷「思」，成化本作「想」。
❸「年」，原作「乎」，據成化本改。
❹「與」下，成化本有一空格。

與皆山書❶

相望不百里間，常思一見，以敘兄弟之情。而衰病侵加，舉動良難，是以有願而莫遂。即辰秋月十分，諒惟對此清景，履候多適，延佇南雲，曷勝繾綣。永豐陳立仁留敝舍數日，慕名德甚至，欲造庭下。❷自謂見長者之禮，莫或爲之先則不可，而以見告。予以其名家之子，純善之士，非干謁者比。用敢令其前，因得通問訊字，進而教之，幸甚。不具。

與總管書❸

澄往歲客溢城數月，屢造寓府，得與令親談話。於時公留官所，不獲胥會，❹别久懷深，晨夕睠睠。茲審貳郡政最，解組錦還，諒惟燕適優游，清風滿坐，人間炎暑所不到，台候起處多福。澄之鄉人潘叔瑀，老成諳練，係出儒家。素優吏才，善辦公事，公所知也。今爲運使末屬，都運以下諸公皆無舊識，敢干重言，於其

❶「與」下，成化本有一空格。
❷「造」，乾隆本作「遣」。
❸「與」下，成化本有一空格。
❹「不」，成化本、乾隆本作「弗」。

在上官長處道其爲人，庶幾見知，得以安心展其才具，惟公留意焉。

與人書❶

澄卧病山中，闊焉興居之問，因陳教諭人來，得知文星移照百粤分野。霜晨炯炯，芒寒色正，羅浮梅花，待公之至久矣。贛信豐縣教曾仁，向嘗受學在彼岑家，願從公游。一紙春風，幸勿靳也。陳教諭能道其詳，不復覼縷。偵伺還旆，❷又當嗣問。不具。

答劉道存書

澄嘗獲交於令兄主簿君，每愛其文如行雲在天，悠悠揚揚；如流水赴海，汩汩滔滔。有布濩周徧，無凝滯齟齬，讀之必爲三復。其遲回閩嶠也，常切懷思，後聞得代，深以爲喜。適聞治病留江淮間，不相聞問。及至還家，則聞先我而逝矣，豈特如尋常朋友喪亡之悲而已哉！執事之文，宛然伯氏丰度斯文，如女有正色，不待效矉穠粧爲美。可與語此，舍昆季其誰！今又弱一个，猶幸有道存在也。遠蒙惠書，細味辭意，皆相厚之道，雖老病衰耗，何敢方命？謹如來狀敘述，附獨清持去，一覽幸甚。次兒京去秋同還，亦苦鼻痔之

---

❶「與」下，成化本作「□某」。「人」，明初刻本無。

❷「旆」，原作「佩」，據成化本改。

疾。兹辱念及，敬謝繾綣不忘之盛心。未期合并，願節宣眠食，居易俟命，以遂遠業。相望數百里，泝風無任拳拳。

答譚宣使書

澄老病侵加，所親惟藥物。目尚能視，而耳之聞言已不聰；足尚能步，而手之運筆已不便。用是於朋遊問訊侵侵闊疎，雖欲復如少壯時之交際，不可得已。兀坐一室，政此厭厭，好風東來，吹下雲朵，四壁頓爲之光輝，一二豎亦爲之驚卻。困悴之體，甦醒者數日。❶昔人云「痊風驅瘧」，豈不信然！永愚手卷，不敢以荒陋而靳於言，第不甚相知，措辭不能的切，聊以塞命爾。疾餘，❷作字艱苦，呼兒代書，不克效先施之瞻麗，勿罪幸甚。末由良覿，宵夢飛遶乎高丘，聞龍駒鳳雛，駸駸有騰雲冲霄之勢。❸何當再登君子堂，一覩英物乎？崇令德，愛景光，諒不欠區區之囑。

❶「數」，成化本、乾隆本作「半」。
❷「疾」，成化本、乾隆本作「病」。
❸「霄」，原作「宵」，據成化本、乾隆本改。

與人書❶

澄往歲客溢城，聞相公至，意謂必獲會面。既而離去，不及候見，至今抱慊。轉眼又八九年，忽辱詒翰，展誦喜劇。相公精神方健，已致懸車之請，勇退可嘉。且審先相公榮被追贈，天恩之厚，家慶之隆，不勝歡抃。老拙疎謬，何足發揮幽光？然盛意不可辭，謹撰碑文一通，畀令嗣舍人回呈。末由合并，惟冀保重。不具。

賀何存心生日書

澄五月望日在鰲溪書院聞尊體小小違和，擬往問候，盛暑中恐勞降接，將進復止，嘗托令侄代致下意。茲審瑞紀初辰，壽登八袠，在前朝爲高科黄甲之貴，在今日爲高年黄髮之老。天相斯文，福禄未艾，不特家庭兒孫所甚喜，抑遠近氣類所同慶也。澄本圖趨侍舉酒稱壽，適苦河魚之疾，不能如願。書以寫區區之忱，❷惟冀滿飲壽觴，茂迎新祉，躋於千歲之祝。

❶「人」，明初刻本無，成化本作「某□」。

❷「書」下，乾隆本有「此」字。

答熊貴文書

澄往歲豫章驛中幸甚識面，一向無由嗣見。近長兒歸自鄧林，能言萬安美政，深以爲喜。且蒙惠翰，以先府君碑文見囑。恰七月以後抱疾，至初冬方能稍離卧席，然猶未復常也。力疾撰成墓表一通，就附劉季平處轉達。外承貺禮，難於卻回，領外感愧。

答項菊山書

澄於是疏闊久矣，劉季平至，倐僅惠書，啓誦欣懌。足下生長富家，超出流俗，不爲塵埃所汩，此真卓卓高世之識，常切敬嘆。礱石作橋，追念先大夫未就之志，孝心善事，永遠垂譽，乃區區所樂道者。記文已納之季平，囑其轉達，過目幸甚。

答劉季和書

澄足跡不一到大郡，於後來英俊往往有未識面者。❶ 蕭真士來過，遠勤惠翰，展誦一再，備見至情。先

❶ 「英俊」，原作「俊彦」，據明初刻本、成化本、乾隆本改。

府君高才厚德，偉然可稱。思發其幽潛之光，人子之孝也。顧惟老拙荒陋，❶恐不足以稱所期。雖然，❷盛意不可孤，謹摭事實，敘而銘之。録本就付獨清持去，以達於左右。末由胥會，冀立身揚名，以盡顯親之道，區區所望於賢伯仲者如此。不具。

與蕭道士書❸

澄於盛伻及郭秀才之來，兩蒙惠翰，俱以不及回答爲愧。諒惟山水佳處，道氣常存，❹獨清真趣，每寄托於吟風弄月之間。❺共此樂者，其誰乎？某有請清江舊友彬溪楊信可。壯歲以能詩見知於盧疏齋學士，又精探古今文字之本源，自編《鐘鼎古韻》，刊板盛行於世。歲晚倦遊，安貧自守，恬淡循理，無纖毫妄求妄作之事。喪母喪妻，二喪在淺土，不能葬。劉居士世以好義著聞，今介之進，煩爲引見桂平五昆季，道及區區意。能氈毛助之，俾得終此喪事，則此福德，勝於其他功德百倍也。

---

❶「惟」，成化本、乾隆本作「予」。
❷「雖」，乾隆本無。
❸「書」，原脱，據成化本補。
❹「常」，成化本、乾隆本作「長」。
❺「間」，原作「餘」，據明初刻本、成化本、乾隆本改。

與元復初書

久别之餘，溢城一會，奇甚。然公行有期，某亦少暇，弗獲從容以罄底裹，寧能紓去後眷眷之懷乎？❶鳳儀于天庭，鴻漸於雲衢，所以瑞盛世而繫群望。❷時措之宜，何施不可，舍執事將誰屬？宜黄樂順，吾門學者。好讀《易》，雖未深造，而多能小伎。遊京師，就令問訊起居。進見之士，豈能窺公旦之萬一，然杞包瓜、葛纍木，惟從者見之，幸甚。病手作字震掉，願保愛以迓殊渥。不具。

回趙樗堂書

先世久附金蘭氣味之同，近年又忝瓜葛因依之幸，情誼厚矣。雖疏闊之時多，而親密之心罔替也。即辰獻歲發春，欲雪未雪，共惟樂善循理，動止安裕，神相百禄。政以末由問訊興居爲欠，❸乃沐深眷，不忘衰朽。一札之慇勤，六提之恭謹，非所宜蒙者。重之以腆貺，將之以嘉果，朔瓶博碩，舊醳醇醲，益非所敢當。

❶「紓」，原作「紆」，據成化本、乾隆本改。
❷「世」，原作「治」，據成化本、乾隆本改。
❸「問」，原脱，據成化本補。

然盛意不容辭卻，肅使祗受，無任榮感。病體龍鍾，弗克效先施，❶奉報牘，殊愧少文。

答王子絶書❷

澄暑窗鬱悶，忽奉尺書，喚起童時舊夢，爲之灑然以醒。雖然，感慨係之矣。五十年餘，至今未獲償重論之願。信矣，人生會合之難也！平居倒指耆儒宿學，如吾純心者寥寥晨星。翹首南雲，邈不可即。惟聞隱居講授，淑鄉里子弟爲善良，其功不在王仲淹下，則私竊以喜。令子英彦，克光世業，此區區老拙之所願交。事會之來，與日俱新，乘時奮迅，有志者事竟成。苟可致贊助之力，不敢有愛。藏器於身，待時而動，何不利之有？客中命毛生謝先施之辱，殊愧厓略，惠徼台炤。

❶「弗」，原作「勿」，據明初刻本、成化本改。

❷此篇底本無，據成化本、乾隆本卷八補。「絶」，乾隆本作「純」，或是。

吴文正集卷十四

元吴澄撰

書

儷語

賀劉熙載承旨八十啓

承旨相公唯齋先生閣下：

兹審日臨初度，天益遐齡。憐同丁未之端明，重際丙寅之元祐。恭惟某人，國中碩老，海内耆英。身居鑾坡最長之班，家貯鴻苑長生之訣。璧門金闕，幾看宫井之槐花；禁直玉堂，共汎仙舟之蓮葉。紅桃臉嫩，翠柏命堅。每一添年如《玄經》，自一而三，❶添爲九二；衍八積數若算法，既以其十，積至千二。澄舊忝末僚，新知慶事。渺渺隔西江之白浪，拳拳瞻北斗之紫垣。僻在勾吴之區，正勤采藥；遥祝公劉之壽，弗及躋

❶「自」，原作「目」，據成化本、乾隆本改。

堂。乘風寄辭，流電垂盻。不備。

回何道心啓

鯫生遯野，誤沐異恩；專使臨門，辱貽儷語。褒字遠踰於繡黻，餘光近照於布韋。三讀以還，十襲惟謹。某學非有用，年已無聞。斯道在耕，頗有樂堯舜之迹；時人縱許，敢前比管樂之心。偶然貴公之見知，遂以賤士而獲薦。職親至矣，才薄奈何。爾雅之文章，深厚之訓辭；馳騁乎古今，貫穿乎經傳。豈云易易，政此兢兢。效邵子賦巢由外臣之詩，冀樊生勉宋李虛名之誚。胡乃過情之譽，發於知己之言。茲蓋伏遇某人，早捷桂宫，壯雄蓮幕。望實貞元之士，詞華正始之音。其愛我也甚深，故談之而不置。考評舊典，擬度前修。抑揚反覆之間，獎惜褒嘉之極。❶如鄒輿喜樂先之得政，如貢禹爲王陽而彈冠。❷非所敢當，何以爲報。小草一出，恐慚遠志之天全；除目休看，敬慕道心之日長。先施意渥，後會面陳。

回溪山賀啓

春間留邑，飽聆清露之談；夏五居家，倏枉彩雲之翰。麥霏雪粉，籠貯霜毛。既珍貺之駢臻，又衮褒之

❶「惜」，成化本、乾隆本作「借」。

❷「王」，原作「玉」，據成化本、乾隆本改。

溢美。顧憐晚景，叨遇明時。政祈園公綺季之間，豈覬疏傅桓師之寵。而上恩之過厚，非下走之敢當。乃蒙四六駢儷之辭，特致再三勤拳之賀。秖領盛意，愈增厚顔。絶妙來書，誰不高故人之誼；厚贈知報，何能成織女之章。未究心乎，尚圖面契。

回何太虛賀啓

皓首趨朝，厚顔如甲。寤寐圖還於羊肆，夤緣幸脱於雉樊。早賦歸來，儒於我乎何有；自憐老去，誰與子以争先。政此息肩，懷哉會面。今雨洗淨塵埃之袂，❶好風吹墮綺繡之章。蟬蜕重封，虹彩回壁。伏念澄生處窮僻，學隣怪迂。弗顧人之笑且排，惟恐身之傳不習。丁年垂壯，遽罹革命之屯；己志寖睽，甘作隨時之遯。以日之過河有暈，而雲之出岫無心。竊意商天民，可終莘野畎畝之樂；豈料陳公子，猶爲齊國覊旅之臣。進用既非所長，退耕未逾其業。又况迫西頹之景，詎堪廁北共之星。至漏盡而不休，愓若涪翁波上之戒；嫌既老兮貪禄，美矣摩詰山中之歌。敢云慕晝錦之榮，聊爾解暮途之誚。葩奇儷犢，藻藉溢情。援昔者伊傅程朱，難當倫儗；訝今之歐蘇韓柳，易縱衮褒。蓋惟某人，一代文豪，萬鈞筆力。良由仁弟愛兄之道，相勉大賢希聖之心。甫實憐才，疇能敵三千首之風月；聃期同壽，願共躋五百歲之春秋。誤辱虚擲之黄金，愧乏報贈之青玉。復言猥瑣，臨紙躊躇。

❶「洗淨」，原倒，據成化本、乾隆本乙正。

回游和叔賀啓

昔也娶齊，久托維私之好；今焉頌魯，過僅永錫之祈。謂符祁國之八旬，喜殿坡仙之一月。實由雲庇，得衍天年。辱備物之多儀，華孟陬之初度。羊宜稱壽，伴朋酒於豳堂；鵝既饋生，勝萬鍾之蓋禄。以親親之誼重，❶而老老之情深。敢不拜嘉，謾有三肅使人之敬；將何報贈，愧無七襄織女之章。莫究心孚，尚儲面巽。

回余半隱賀啓

變玄成皓，已驚霜雪之二毛；對白描黄，快覩雲霞之五彩。文既呈於錦繡，禮宜費於貨財。緑蟻浮香，黄雞侑酌。❷僅再三之盛意，慶八十之衰年。有其實，有其華，甚隆甚厚；無以酬，無以報，多感多慚。衷悃未殫，斐辭申謝。

---

❶「誼」，成化本、乾隆本作「義」。

❷「酌」，乾隆本作「酒」。

回黄建可賀啓

雲鬟霜髯，自憐枯槁；天心月脅，獲覩瑰奇。低佪四六近體之中，超越數十大家之上。❶費貨財而行盛禮，致滋味以養衰年。若施於寫經問字之人，而備此羞豆酌尊之物。愛我誠厚，豈所宜蒙！蓋非友以面而友以心，用是既其文而既其實。施隆錦贈，闕焉青玉之報何；襲謹篋藏，虚此黄金之擲已。謾裁短語，略寄謝悰。

賀程雪樓生日啓

伏審四月維夏，初度揆予。坐中和堂，藹佳氣葱葱之瑞；飲懽喜酒，融滿懷拍拍之春。❷違咫尺之天邊，作神仙於地上。❸共惟某官，一元間氣，四朝舊人。早依日月之光，高翥雲霄之翼。立登要路，偏歷好官。❹黼黻王度，潤色皇猷。霧窗晝永，風采朝廷；謀謨帝右，霜簡秋清。薦攬轡於南疆，復錫環於北闕。際龍御九五之會，❺躋鸞坡第一之班。久顯文儒，超前代五更之貴；若稽爵秩，極上公九命之榮。雖承雨露

❶「十」，原作「千」，據明初刻本、成化本、乾隆本改。
❷「滿」，原作「蒲」，據成化本、乾隆本改。
❸「於」，原作「之」，據成化本、乾隆本改。
❹「偏歷」，原作「偏立」，據成化本、乾隆本改。
❺「會」，原作「位」，據成化本、乾隆本改。

之深恩，久負烟霞之雅志。昔焉不得已而復起，今也未致仕而先閑。光禄歸田，縉紳嘉歎；大夫知足，鄉里詩傳。式逢麟紱之期，盛舉兕觥之慶。過今年年七十，恥吟學士之未宜休；滿人世世三千，直如活佛之無量壽。某夙託參苓之籠，晚慚松柏之姿。且老且貧，弗克筋力貨財而爲禮；是嘏是頌，益加昌熾耆艾以錫公。仰溷鈞衡，俯祈鏡鑑。不備。

回蕭獨清賀啓

澄爰自違離，嘗思簪盍。鳳臺蕭史，底處吹笙；龍沙吴仙，幾時得道。新年八袠，舊習兩忘。誰憐鬢雪之衰齡，乃辱彩雲之儷牘。華予歲晏，盎若春陽。尚期半死之真人，分授長生之秘訣。養神千二百歲，若何塞有漏之身；皈命三十六天，當共超無色之界。便鴻寄謝，傒鶴飛來。

答鄔君行賀啓❶

病不造朝，遂起浩然之歸志；情如會面，忽承絶妙之來書。雖云絲蘿締好之新，❷有甚膠漆論文之舊。禮勤意厚，喜極感深。共維鉅族名門，英姿義概。豈婞嫛肯處人之下，必卓犖能出世之間。嘗於岷峩諸友

❶「行」，乾隆本無。

❷「蘿」，原作「羅」，據明初刻本、成化本、乾隆本改。

之家，識此湖海一時之傑。在吾爲素所敬，恨不可得而親。豈期北山愚公之孫，誤中東床佳壻之選。每自嘆羈旅游行之遠，弗即叙昏姻繾綣之懷。辭彼三旌，幸獲返屠羊之肆；甫兹安宅，遽蒙寄征鴻之還。❶輝煌駢四儷六之文，慚恧挂一漏萬之報。三肅使者，什襲藏之。忘官爵宦游於退居之餘，以佚吾老；悦親戚情話於歸來之後，其始自今。未究謝私，尚容嗣問。

疏

趙法師曹女喪求賻疏并序

楊林法曹，有商孫子。於今爲庶，況復食貧。季女云亡，久未克葬。里中吴澂，代爲陳情。諗於仁人，庶有矜而振之者。

娟娟閨中秀，眉目如在於斯；冥冥泉下人，骨肉未復其所。慈情豈恝，葬具誠難。❷欲周於身，且周於棺；必得其財，乃得其禮。人父良可愧矣，君子寧不惻然？爰忍恥以有言，冀興哀於無用。倘或急范舟之義，即堪題孥壙之銘。空宇寂寥，試造笙竽之北里；季女婉孌，將依蔚薈之南山。此時載稛而歸，他年結草

❶「寄」，原脱，據成化本、乾隆本補。

❷「具」，原作「蘇」，據成化本、乾隆本改。

以報。

胡性初化修造疏

頗嘗見有此客，物外畸人；吾不知其何名，性初胡氏。問汝問汝，誰乎誰乎？貫穿經史，馳騁古今；彌綸天地，出入造化。諸法是同是異，曰將無同；群居或合或離，緊各有合。斯亦奇矣，其遇何如？飛吟北海，蒼梧袖，青蛇袖；浩蕩南山，清渭波，白鷗波。半生未辦蓋頭茅，幾時遂了行脚債。烏鵲繞樹，三匝遑遑；鷦鷯巢林，一枝易易。舉買田買園故事，在好仁好義鉅公。鳩松栢良材，寵花竹佳處。雖乾坤水上，等爲信宿蘧廬；然日月壺中，便可逍遥蓬島。擬占方丈，共話圓機。坐令眼前萬間之安，不過閤下一朝之享。

回楊賢可縣尹賀生日啓❶

伏以桃李春永之時，喜逢茂宰；松栢歲寒之誼，篤念衰翁。孟陬之度初貞，一瓣之香敬爲。麥塵雪色，潔白誰如；蠟炬月光，幽玄畢照。自以比德，推之及人。遂令毫耄之軀，獲領珍重之意。若金華黄仙之化石，皆河南赤尹之俸錢。毫端葩藻之文，駢四儷六；天上蓬萊之曲，倡一歎三。况公侯挺生是錐，俾左右驚見此客。窗裾下顧，苕遥增輝。愧我八十之有餘，幸而未死；擬諸五百之名世，豈所敢當！聊復先施，他

❶「ヨ」，原脱，據成化本、乾隆本補。

須後會。不具。

賀楊賢可縣尹續絃啓

玆審金泥一續，玉鏡再圓。堂上鳴琴，操久彈於孤鳳；❶邑中製錦，紋重織於雙鴛。蓋惟君侯，蒞百里之男邦；合得主婦，治一家之女事。星期晢晢，雲從祁祁。鸞鏘顯出迎之光，鵲集喜覯新之燕。遥瞻仙聚，薄效客羞。桃室内宜外溥，河縣潘桃之春意；桂娥上照下催，燕山竇桂之秋香。慶賀心長，悚慚辭拙。不具。

賀曾山南六十啓❷見曾氏家藏墨蹟

伏以山南維陽，降神生甫；斗西其柄，酌酒壽公。將書春秋又始之年，不盡風月無邊之意。恭惟山南徵君尊親家，雲鵬志氣，霧豹文章。家傳忠恕之言，躬負王霸之略。良平其智，❸儀秦其辯，蓋有自來；彭祖

---

❶「彈」，原作「揮」，據成化本、乾隆本改。

❷此篇底本無，據成化本卷九補，校以明初刻本、乾隆本。

❸「智」，原作「志」，據明初刻本改。

而壽，喬松而仙，亦何能尚！天周花甲，人喜更新。先公朝虎拜之期，慶私家麟紱之瑞。❶丁未初度，如耆英會上第四人；重陽有詩，正安樂窩中六十歲。雜遝錦茵之賓從，斕斑彩服之子孫。衆口同詞，厖眉皆老。其相知丱角，各已白髭。其爲拳拳頌禱之真，夫豈汎汎親友之比。❷偶從大夫之列，恭俟嵩呼；遥瞻少微之躔，未由庭賀。❸命會稽楮先生代往，問崆峒廣成子何如。道眼入不二門，世緣久熟；福德滿大千數，算紀彌增。無任冰兢，有祈電囑。不具。

❶「紱」，原作「跋」，據明初刻本改。
❷「友」，明初刻本作「交」。
❸「未」，明初刻本、乾隆本作「末」。

吴文正集卷十五

元吴澄撰

序

出門一笑集序

唐人詩可傳者不翅十數百家，而近世能詩者何寡也！場屋舉子多不暇爲，江湖遊士爲之又多不傳，其傳者必其卓然者也。往年鑑溪廖别駕以名進士爲學子師，既宦遊，偏歷嶺表，始有詩曰《南冠吏退》。其從子業舉子，未仕，亦有詩曰《月磯漁笛》。《吏退》之語清而韻，《漁笛》之聲奇而婉，雖不傳於人，吾固知其詩也。雲仲亦别駕君從子，自選舉法壞而其業廢，遂藉父兄之餘爲詩。且韻且婉，鏘然不失其家法，顧取黄家詩題其集曰《出門一笑》。黄詩自爲宋大家，然諸家中一家耳；「水仙」之辭，又一家中一句耳；而奚獨有取於是哉？此句與老杜「寒江山閣」之句同機，於此悟入，横竪透徹，則一句而一家，一家而諸家，諸家而數十百家，躋於晉魏漢周可也。詩至是，其至矣。雲仲其然之乎？

癡絶集序

昔予弱冠，與郢程鉅夫同學臨汝書院，時月香林君以鄉先達日坐前廡位。予二人朝夕出入，以諸生禮詣位趨揖然後退。不十年，事大異，各去不相聞也。而鉅夫爲達官位於朝，予爲農夫耕於野，林君亦歸隱於市。又數年，君暫出爲縣大夫客，始相見。予既壯，君亦老矣，俱忘言，不暇相問，且相悲也。一日，君以詠史一編示予。予每謂作詩難，詠史尤難，安得有人能一洗胡曾之謬者？如君《銅雀臺》詩，胡曾有是哉？君謂觀者必笑其癡，而自名之曰《癡絶》。意必有在，予不敢易度。讀至《申包胥》「楚人一縷垂亡命，盡向秦庭哭得回」，至《魯仲連》「六國既亡秦一統，如何却道帝秦非」，瞿然曰：「誰謂君癡！」感嘆久之。再讀至《馮道》「那知老子癡頑福，曾見官家歷五朝」，至《顧愷之》「可憐幾幅通神畫，只入桓玄夾袋中」，❶爲之掩卷，抵掌曰：「誰謂君癡？誰謂君癡？謂君癡者誰乎？君謂癡者誰乎？」嗚乎！三代以至於今，夢也，今君有詠夢語也。予謂君語爲夢，亦夢語也。彼此皆夢也，而於癡人焉語之，則其謂君癡也亦宜。

秋山翁詩集序

歲在庚辰，予客於鄭。鄭之婚兄曰秋山翁，亦客焉。余日從之遊，知翁刻厲於詩舊矣。越十有六年，翁

---

❶ 「袋」，原作「道」，據成化本、乾隆本改。

過予山中，劇談詩。於是悉翁平生所吟，翫之不忍釋，而繼之以嘆且泣也。蓋翁與先君子同年生，其詩自余始生之歲以逮於今，幾四十有七年，爲詩始數百篇。❶中間名人勝士爲選其尤，十或存其五六，或存其三四，或存其一二，亦既精矣。然己酉至己巳，安樂之音也，存者無幾。丙子以後所謂「哀以思」者，乃層見疊出。詩固窮愁發憤而後能多歟？近一二歲又漸造和平，其亦幸時之稍無事，得生全於天地之間，以自適其性情之正。飢渴之易爲飲食，如此哉！翁今年七十有一，而詩凡三變，翁不自知其然也，時則然爾。「詩可以觀」，信夫！然則翁之詩存，誠足以爲觀風者之一助，而不能不動觀物者之深慨云。翁康氏，字敬德父。温柔敦厚天質也，非特其詩爲然。

戴子容詩詞序

里中謝從一丈長於詩，鄧聞詩兄長於詞，余於二者皆未之能也。❷戴子容詩見取於謝，詞見推於鄧可矣，而余又何知焉？然一有怪者。謝非不能詞也，鄧非不能詩也，今爲子容序引，似各以其所長自好，而不合於一。主詩者曰詩難，主詞者曰詞難，二説皆是也。第以性情言詩，以情景言詞，而不及性，則無乃自屈於詩乎？夫詩與詞一爾，歧而二之者非也。自其二之也，則詩猶或有風雅頌之遺，詞則風而已；詩猶或以

---

❶「始」，乾隆本作「殆」，似是。

❷「之」，原作「知」，據成化本、乾隆本改。

好色不淫之風，詞則淫而已。雖然，此末流之失然也，其初豈其然乎？使今之詞人，真能由《香奩》《花間》而反諸樂府，以上達於三百篇，可用之鄉人，可用之邦國，可歌之朝廷而薦之郊廟，則漢魏晋唐以來之詩人，有不敢望者矣。尚何嘐嘐然不揣其本而齊其末哉！❶子容以余言爲何如也？

董震翁詩序

宋參政簡齋陳公，於詩超然悟入。吾嘗窺其際，蓋古體自東坡氏，近體自後山氏，而神化之妙，簡齋自簡齋也。近世往往尊其詩，得其門者或寡矣。吾鄉董震翁新學詩，觀其古近體一二，不選不唐，不派不江湖。問曰：「君嗜簡齋詩乎？」曰「然」。夫學者各有所從入，其終必有所悟。大音希聲，未必諧於里耳。君能以人之好不好爲意，❷而嗜之不厭，其可畏也已，參政公得專美哉？

參同契序

《參同契》，有可知者，有不可知者。悉可知則泄天，悉不可知則絶道。此書意也。彭真人知其所不可知，而不知其所可知；鄒道士知其所可知，而不知其所不可知。葆真道人之述，其在彭、鄒之間乎？他日

❶「何」，原作「可」，據成化本、乾隆本改。
❷「不」，原作「勿」，據成化本、乾隆本改。

相與言，請闕其所不可知者，而既其所可知者，可哉？歲先天大過月辟乾日後天井辰直九二，臨川真隱道士讚。

鄔性傳詩序

吾里中近代自有吴公詩，其言藹然，其味悠然。吾愛其詩而不及識。後讀晴窗鄔君所作，光彩透紙背，精神奪人目，蓋亦似其爲人。吾識其人而不及事。晴窗君有子性傳，七律工甚，字有眼，句有法，光彩精神既不減其家傳，而又有所謂藹然、悠然者。文章與世道相爲升降，每歎前輩流風餘韻不可復得，一旦見有似之者焉，如之何其不躍然而喜哉？性傳之詩方進而未已，他日不涉宋人、陛級而詣唐人突奥者也。

聶詠夫詩序

往年有爲余誦詩一二章者，余驚怪曰：「是無場屋舉子氣，又非江湖遊士語，作者其誰與？」曰「梅山聶詠夫」。後數年始識君，悉其故，知君少登清江蕭氏之門，詩法固有自。然君所到，不限於所見也。君愿慤而博洽，其志堅，其思苦。遭時之變，雖傾覆流離，不餒不懈，詩日益精工。今閲新、舊二藁，會意處愛之不能忘。蓋津莆陽，泝山陰，分派江西，拾級半山，而睥睨唐人者也。

鄧性可删藁序

《國風》《雅》《頌》列於經，説者云自三千删之而三百爾。曾經聖人手，議論安敢到？漢魏以來，❶諸詩入蕭《選》者，删非不嚴，而識者有遺憾焉。然則詩固不易，而删亦未易也。唐人佳篇，世共嗟賞，觀其全集，輒令人弛然。雖詩中數大家，猶不無可揀擇去取。所存至簡而至精，惟近世簡齋陳去非詩，蓋其所自删也。友人鄧性可，亦自删其詩曰《删藁》。吾讀之，欲再有所去取而不能。吾鄉詩人如趙成叔、甘泳之，他處所無也。流風餘韻之所霑丐，❷往往能詩，而能如吾性可者，寡矣。詩既不多得而又删之，則其不輕於示人，而欲必於傳世可知已。昔人詩至老而益工，性可年方彊而詩已若是，吾及見其老也。成叔、泳之，豈得專詩名於斯郡斯邑哉！

繆舜賓詩序

《春秋》諸國君謚「穆」者，《左傳》、❸《穀梁》作「穆」，而《公羊傳》皆作「繆」。故姓氏家以繆爲秦繆公之

---

❶「魏」，原作「衛」，據成化本、乾隆本改。

❷「丐」，原作「溉」，據明初刻本、成化本、乾隆本改。

❸「傳」，明初刻本、成化本、乾隆本作「氏」。

後，繆、穆二字通也。河南伯長以古文鳴宋初，而吾邑之繆亦爲著姓，以至于今。舜賓少遊梅亭李氏之門，見聞既富矣，而所得於詩爲尤長。然隱約不矜，人或未之知也。吾評吾邑詩人，未知其孰爲夫子，舜賓其不與之中分魯歟？

蕭粹可庸言序

觀書貴乎有識，而學者之病有二：卑者安於故常，高者喜於新奇。安故常則踵訛而習陋，喜新奇則創意而鑿説，二者皆非也。予於贛蕭君粹可交遊二十載，聽其議論，輒推服焉。蓋其觀書如法吏刻深，情僞立判，搜抉微杳，毫髮畢露。有評詩二十餘條，曰《粹齋庸言》，乃其善者機耳。如是而觀書，真有識者也，非安於陋、喜於鑿者也。君名士贇，詩人冰厓公之子，能詩固其餘事云。

孫少初文集序

世之詩人、文人能爲今之作者，特也；能如昔之作者，亞也。既不能以名於今，又不能以方於昔，而有作焉，妄人爾，庸人爾。噫！皆是也。予讀豐城孫少初集，其於今雖未至自成一家言，其於昔則固弟陸務觀、兄劉潛夫而有餘矣。孫氏之族多美才，詩文往往可傳。以予所逮見逮聞，未有先於少初者也。少初名素，咸淳之季以進士貢，不第，年未五十死。家甚貧，平生撰述，散軼無存藁。其族弟懷瑾輯其遺詩，得若干篇；印吾復輯其遺文，得若干篇。清江皮溍嘗學於少初，❶并爲刻板以傳於世。板成，以畀其子。予嘉是心之可以拯頹風而厲薄末也。彼有師死而遂倍之者，果何人哉！果何人哉！

饒汝成詩序

吾里多秀士，山川風土固然。饒汝成閉門讀書，自爲詩。年如此，詩已如此，謂非山川風土，不可也。見聞益廣，詩與年俱，莫可涘已，何羨於長吉、敦夫哉！

皮季賢詩序

清江皮野季賢，年未老而詩已老，詩未多而可取者已多矣。昔人或以一字一句而名後世，此集奚翅一字一句而已哉！他日年愈老，詩愈多，可傳又不止此，吾猶及見其大成也。

曾志順詩序

人病不學耳，學斯肖，肖斯成。學而不克肖、肖而不盡肖者，其資與志之不齊也。宋詩至簡齋，超矣。近來人競學之，然學而肖、肖而成者，幾何人哉？曾志順年未三十，學簡齋直逼簡齋，可畏也已。其未盡肖

---

❶「溍」，原作「潛」，據成化本、乾隆本改。

者百不一二，底於成也夫何難？雖然，世間之事，所當學者豈唯詩？世間之人，所可學者豈惟簡齋？以君之志，以君之資，何人不可學，何事不可成？詩固游藝之一端也。君家自有世間第一希有之人，第一希有之事，其學之乎？歸而求之先世之遺言。

諶季巖詩序

丁酉冬見諶季巖詩，詠物工而用事切。謂曰：「詩誠佳。然吟詩必此詩，或非詩人所尚爾。」壬寅春又見之，則體格與昔大異。問曰「近讀何詩」？曰「簡齋」。余曰「得之矣」。乃題而歸其篇。

平冤集録序

邑人姜斯立，業吏學而通儒書。以《洗冤録》《折獄集》參互考證，❶抄類成編，名曰《平冤集録》。余每怪夫食天禄、司天民者，於人命曾不介意，痕傷則或以無而爲有，或以有而爲無；情款則或以重而爲輕，或以輕而爲重。壹惟己私是徇，豈復顧天理、畏天刑哉？斯立居閒，❷其用心若此。俾得膺事任，移此心以治獄，則陰德之及人也，庸有既乎？

---

❶「參互」，原作「今古」，據明初刻本、成化本、乾隆本改。

❷「居閒」，乾隆本倒乙。

黄懋直詩序

余友鄭特立、何太虛數爲予言：迂厓黄懋直善談而能吟。後見其人信，見其詩尤信。夫詩孰不吟，而能者鮮矣。亦或能之，而古近五七言俱能者鮮矣。❶曷謂其能？❷謂諸體中格致俱高，意趣俱新，字句俱不苟云爾。黄氏詩人，有《櫟澗集》，有《東窗集》，懋直其能有光於父兄也夫？

謝仰韓詩序

澹山謝君仰韓，昔年與余同預秋貢。途行邸止，必偕相與如手足。君，福建運判野航公之元孫，淮西總幹秋巖公之元子。氣勁行方，識趣正而見聞博，家學固有自來，詞章其餘事爾。贛秋礀蕭君大方評其詩曰：❸「長篇浩如江河，短章絢如雲錦。」余讀之信然。然獨君家大謝，猶不無靳惜衣鉢意。異時浩乎流轉，中有波而無波；絢乎美麗，中有文而無文。雖别起江西一祖可也。此衣此鉢，舍君將誰歸？

---

❶「古近」，原倒，據成化本乙正。

❷「其」，原脱，據成化本補。

❸「礀」，成化本、乾隆本作「澗」。

傷寒生意序

《生意》者，崇仁熊君景先所輯醫方也。熊氏世以儒科顯，而景先之大父業《尚書義》，專門爲進士師，從之遊者至自數百里外。景先得其家學，每較藝輒屈輩流，幾於貢而不偶，於是大肆其力於醫。醫亦其世傳也，❶然脈理明，治法審，❷療疾無不愈，進於工巧，蓋其所自得多矣。暇日輯家傳之方、常用之藥累試而驗者成此書，以公其傳。夫天地之德曰生，爲人立命而生其生者，儒道也。醫藥濟枉夭，❸餘事焉爾。景先之儒未獲施，而醫乃有濟，所以贊天地生生之意，其功爲何如哉！

何友聞詩序

詩貴有其影，有其神，而無其形。何友聞詩，篇無滯句，句無俚字，機圓而響清。雖未遺於形，而已不形於形，可謂能也已。余最愛草亭何君詩，又愛何山太虚詩。友聞，草亭之從子，太虚之族父。何氏三世而能詩者，余見其三，盛哉！

---

❶「其」，原脱，據成化本、乾隆本補。
❷「治」，原作「晰」，據成化本、乾隆本改。
❸「夭」，原作「天」，據成化本、乾隆本改。以下同此者不再出校。

徐侍郎文集序

故兵部侍郎雲屋徐公，明經登進士第，以能治劇縣，政聲聞於朝廷。擢升臺諫，歷官至侍從。公之子必茂，輯公奏疏若干篇。余讀之，暢達懇切。壹是以仁義陳於上前，薦李、文二公可當大事，卒能有所立，可謂知人之明。他文亦醇潔，似其爲人。韓子曰：「仁義之人，其言藹如。」豈不信哉！公又有四書、諸經、太極圖、通書等説在集外。余不及識公，而得見其遺文，幸也。庸敢附名篇端，以致追慕前修之意云。

記纂提要序

古之游於藝者，禮、樂、射、御、書、數是也，今亡其法。秋山康敬德父《記纂提要》之書，非游藝者之一助乎？其功勤矣，其心仁矣。或曰：「『呻其佔畢，多其訊，言及於數』，《學記》所以呰今之教者也。」予謂不然。生今之世，爲今之人，游於藝而先通其名數，然後窮其理而得於心。由今之教，達古之學，在乎其人而已，而於是書奚呰焉？

許士廣詩序

樵屋許士廣，詩無一字一句不工，其韻度品格，雖至吾鄉相不難也。鄉相窮經有實學，修身有實行，經世有實用。三實者，盈乎中而溢乎外，詩其支流爾。士廣得其詩，進而究其所以詩，又當爲吾鄉一大詩人。

聶文儼詩序

學詩者，若有適也，適必以其道。以其道，則未至而可至；不以其道，❶則愈至而愈不至。清江聶文儼詩，不俗不腐，蓋望參政陳公之門而適之以其道者，余知其至也有日矣。

張仲默詩序❷

詩必有其本。近世之爲詩者，不知其幾千百人也；人之爲詩者，不知其幾千百篇也。求其一句能如「池塘春草」「楓落吴江」之可傳者，或鮮矣，況望其能如唐之陳李杜韋、宋之王蘇黄陳，可以成一家而名後世也哉！然則家有其集，集有其板，卒歸於覆瓿而已。其用力非不勤，不謂之愚且拙乎？是無它，不修其本爾。大德六年冬，於青州遇張君仲默。與之同舟而北，日相與語，而知其學之知所本也。小官微禄，韜隱於遠方者垂二十年，守約處晦，内自足而無所營於外，非知本能如是乎？故其詩亦和平沖淡，似其爲人。讀之可以見其志，固非世之務聲音采色以爲詩、以衒於人而干於時者所可同也。君，汴人，名道濟。年踰五十，而問學之志不衰。其本將日以豐，而所到未可涯涘也，詩云乎哉！

❶「不以其道」至文末，四十四字原缺，據明初刻本、成化本、乾隆本補。

❷此篇原缺，據明初刻本補，校以成化本、乾隆本。

歐陽齊汲詩序❶

歐陽生歌行如夔峽春濤、浙江秋潮，其勢如屋如山，如迅雷颶風不可禦，何可近也！雖然，水之爲物洶涌澎湃，瀚漫滔汩，淪漣洄洑，泓涵澄深，是不一德。觀之於源源混混之初，已駭目怵心，❷繼此而悉其千態萬狀，❸不可名者。水哉水哉！世以《廬山高》闞六一翁，政恐壺子笑人。

滕司業文集序❹

宋氏南渡，中州亦尚文治，風聲習氣不泯。逮於天朝之興，往往有能文之士，集之行於世者，概可覩也。至覃懷許公得朱子之書，而愛之，而誦之，而傳之，而學者又知有義理之學矣。予客廣陵，識中山王祁，知其師滕侯仲禮之爲人，蓋有學有行而有文者也。一日，示予《東庵家藏類藁》，乃江西廉訪使趙侯所刻，曰：「某侍先師筆硯久，收拾遺文，具備此藁，第因家藏所有而類之耳。其散逸流落者不在是，而非削之也。圖再

---

❶ 此篇原缺，據成化本卷九補，校以明初刻本、乾隆本。

❷ 「怵」，原作「休」，據乾隆本改。

❸ 「而悉」，二字原脱，據明初刻本補。

❹ 此篇自題目至末句「謂」字之前，三百一十四字原缺，據成化本卷九補，校以明初刻本、乾隆本。

刻以會其全，請贊一語。」辭曰：「予不及識子之師，而何足以知其文？雖然，試讀一二，粹然温然，悠然粲然，根之以義理，翼之以華英，信乎有學有行者之言也。❶子守師學無玷，懼其一善之或墜而不傳，事師之道宜哉！」滕侯名安上，官至國子司業。趙侯，其友也。祁端謹醇厚，不忘交，不求聞於人，授徒以養其親。玩周、程、張、邵、朱子之書，寢食爲廢。博考詳究，必如朱子之句句而談、字字而議也，可謂有光於師門者夫！❷

張達善文集序

昔之爲文者曰：不蹈前人一言一句。或曰：此文人之文爾，儒者之文不如是。儒者托辭以明理，而非有意於文也。雖然，周子之《太極圖》《易通》，張子之《訂頑》《正蒙》，程子、邵子之《易傳序》《定性書》《觀物篇》，前無是也，朱子祖述周、程、張、邵，而辭莫有同者焉。誰謂儒者之文不文人若哉！彼文人工於詆訶，以爲洛學興而文壞。夫朱子之學不在於文，而未嘗不力於文也。奏議倣陸宣公而未至，書院學記曼衍繚繞，或不無少損於光潔。若他文，則韓柳歐曾之規矩也，陶謝陳李之律吕也。律之吕之，規之矩之，而非陶非謝，非陳非李，非韓非柳，非歐非曾也，是豈區區剽掠掇拾者而猶有詆訶者乎？噫！儒生之立言也難矣。東平教授張達善父，以誦習朱子之書爲一時名公卿所禮，子弟從之遊者，詵詵如也。其業也專，其説也

❶ 下「有」字，原脱，據明初刻本補。

❷ 「夫」，成化本、乾隆本作「矣」。

明，其考索研究也精覈，南北之士鮮能敵之。知之深、始終敬愛不渝者，江東宣慰使北燕珊竹公也。至元中，予識達善於金陵，出一二著述相與細論。後十六年，予留儀真，許昌趙思敬率其同門友携達善文集來，曰：「先師遺藁，珊竹公將爲鋟木以傳，敢請表其篇端。」余讀之竟，而嘆吾達善之學，殆非庸淺者之所能窺。議論正，援據博，無一語不有根柢，貫穿縱横，儼然新安氏之尸祝也。苟有關於人心世教可矣，而暇弊精神爲夸末俗計哉！序記筆勢翩翩，尤在諸體之上。經説等類，達善既不可作，而予亦何能獨審其至當？絶伯牙之絃，過惠子之墓，夫孰察予之悲慨也夫！

胡器之詩序

豫章胡璉器之，古體詩上逼晋魏，近體亦占唐宋高品。蓋自《騷》《選》以來，作者之辭志性情、渟滀胸次，見趣議論，往往度越輩流。非特其才之清逸，亦其學、其識有以副之。是三者，一由乎天，二由乎人。❶人者日進日崇，則天者與之俱。他日當自爲胡器之詩，不止肖魏晋唐宋某人某人而已。

蔡思敬詩序

唐人詩數百家，一集中可觀者無幾。豫章蔡巘思敬集，七體無一體不佳，每體無一篇不佳。若與唐人

---

❶ 「二」，原作「一」，據明初刻本、成化本、乾隆本改。

集並行，此集當爲第一。雖然，體凡七，題止七十五，惟約故精。繼此約者博，精者不雜，縱横顛倒，自成一家，則爲曹爲阮，爲陸爲陶，爲陳爲李，爲杜爲韋，吾何間然？

詩府驪珠序

嗚呼！言詩頌雅風騷尚矣。漢魏晋五言訖於陶，其適也，顔、謝而下勿論。❶浸微浸滅，至唐陳子昂而中興。李、韋、柳，因而因；杜、韓，因而革。律雖始而唐，然深遠蕭散、不離於古爲得，非但句工、語工、字工而可。嗚呼！學詩者靡究源流，而編詩者亦漫迷統紀。胡氏此篇，其庶乎！緣予所言，考此所編，悠然遐思，必有超然妙悟於筆墨蹊徑之外者。

曹璧詩序

乙巳春，予客盱北，❷雪樓公以余遊麻源第三谷。澍雨中有士至，問其姓名，曰曹璧，余同郡英甫之從子、名甫之子也。手詩一編以呈於公，且以請於余。試閱一二，蓋閴然屏絶時俗哇麗之音、塗抹之態。余驚異焉，謂曰：子詩已得第一詩體，惟益培其根，益浚其源，則語意不求高而高，不求新而新，不求奇而奇，不

---

❶「勿」，成化本、乾隆本作「弗」。

❷「北」，原作「白」，據成化本、乾隆本改。

求工而工，至是其至矣。然子才可以應世，❶非止以詩行世者。勉之，余將期子於詩之外。

黄純仁詩序

近年，里中諸英俊往往能詩。黄純仁遊湖湘，得一集，其五七言、長短句多妙音。純仁儒家子，又徧識當代鉅人，以博其趣，詩之妙也固宜。見見聞聞，日富日新，而詩與之俱，此特泰山一毫芒耳。

皮昭德詩序❷

詩之變，不一也。虞廷之歌，邈矣勿論。❸予觀三百五篇，南自南，雅自雅，頌自頌，變風自變風，變雅亦然，各不同也。詩亡而楚騷作，騷亡而漢五言作。訖于魏晋，顔謝以下雖曰五言，而魏晋之體已變。變而極于陳隋，漢五言至是幾亡。唐陳子昂變顔謝以下，上復晋魏漢，而沈宋之體别出。李杜繼之，因子昂而變，柳韓因李杜又變。變之中有古體，有近體；體之中有五言，有七言，有雜言。詩之體不一，人之才亦不一。各以其體，各以其才，各成一家。信如造化生物，洪纖曲直，青黄赤白，均爲大巧之一巧。自三百五篇，

---

❶「以」，原脱，據成化本、乾隆本補。

❷「昭」，原作「照」，據成化本、乾隆本改。

❸「勿」，成化本、乾隆本作「弗」。

已不可一概齊，而況後之作者乎？宋氏王蘇黄三家，各得杜之一體。涪翁於蘇迴不相同，蘇門諸人，其初略不之許，坡翁獨深器重，以爲絶倫。眼高一世，而不必人之同乎己者如此。近年乃或清圓倜儻之爲尚，而極詆涪翁。噫！群兒之愚爾。不會詩之全而該，夫不一之變，偏守一是而悉非其餘，不合不公，何以異漢世專門之經師也哉！清江皮溍，❶才優而學贍。其爲詩也，語工而句健，蓋諸家無不覽，而守涪翁法嚴甚。余深喜之，而意晁、張者流或未然也，故具道古今之變，以與能詩者共商焉。

吴景南詩序

吴景南家臨川南鄉之種湖市，向來曾從空山雷講師學詩。尊敬其師，既歿而拳拳不能忘也。講師之詩雄健，景南之詩婉麗。其子寵以示予。惜予不能詩，寵也其請於工詩之士，删其所可删，存其所可存，斯足以章其父之美矣。❷八十五翁吴澄序。

❶「溍」，原作「潛」，據成化本、乾隆本改。

❷「章」，成化本、乾隆本作「彰」。

吴文正集卷十六

元 吴澄 撰

序

診脈指要序

俗間誤以《脈訣機要》爲《脈經》，而王氏《脈經》，觀者或鮮。旴江姚宜仲三世醫，周秋陽、周嘉會，儒流之最也，亟稱其善脈，其進於工巧可知。增補《斷病提綱》，殆與錢聞禮《傷寒百問歌》同功。《診脈》一編，父經子訣者也。爲醫而於醫之書、醫之理博考精究如此，豈族醫可同日語哉！余不治醫，而好既其文。臟腑之脈各六，三在手，三在足。醫家所診一寸九分，乃手太陰肺經一脈爾，於肺之一脈而并候五臟六腑之氣。其部位也，《脈要精微論》言之，下部候兩腎，中部左肝右脾，上部左心右肺。心包與心同位，所謂左内以候膻中是也，而不寄諸右尺命門之部。陳無擇《脈偶》，蓋十得八九而未之盡，何也？脈書往往混牢、革爲一，有牢則無革，有革則無牢。夫牢者堅也，經云：「緊牢爲實。」又云：「寒則牢堅。」革者，寒虚相博之脈也。而可混乎？脈之名狀浮沉、❶實虚、緊緩、數遲、滑濇、長短之相反也，强弱猶弓之有張弛，❷牢濡猶物之有堅硬，匹配自不容易，抑有難辨者焉。洪散俱大，而洪有力；微細俱小，而微無力。芤類浮也，而邊有中無；伏類沉也，而邊無中有。若豆粒而摇摇不定者，動也；若鼓皮而如如不動者，革也。洪，微也；散，細也。芤之與伏也，動之與革也，亦其對也。二十四者之外，促、結、代，皆有止之脈。疾而時止曰促，徐而時止曰結。雖有止，非死脈也；代，真死脈矣。故促、結爲對，而代無對。總之，凡二十七。宜仲有「脈位」「脈偶」二條，因附鄙説。其然歟？其不然歟？裁之可也。

地理真詮序

《漢・藝文志》「《宫宅地形》二十卷」，蓋相地之書也。然官有其書，民間無之。無其書亦無其術，通於其術如晋郭景純輩，曠代一見，豈人人能哉？楊翁給使唐宫秘書中得此禁術，後避巢寇至贛爲贛人。言地理術盛於江西，自此始。長安蒼黄出奔時，跋涉萬里，九死一生，僅保餘息，惡有文字自隨？❸大率指授目

❶「沉」，原作「流」，據成化本、乾隆本改。
❷「强」，原作「弦」，據文義改。
❸「字」，原脱，據成化本、乾隆本補。

受，❶面命心得，不在書也。此術之傳漸廣，而其書之出日富，好事者增益附會之爾。極于宋末，儒之家，家家以地理書自負；❷塗之人，人人以地理術自售。郭、楊、曾，殆滔滔而是。噫！何其昔之秘而今之顯，昔之難而今之易，昔之寡而今之多也！余評諸家地理書，郭氏《葬書》雖不敢必其爲景純之作，而最爲簡當，俗本亦復亂之以僞。余黜其僞，存其真，才千餘字。❸若建安書市所刻《地理全書》繁蕪穢雜，豐城儒流所撰《玉髓經》假託欺誑，奈之何舉世惑焉而莫之察也！噫，可歎已！吾里王謙道，於諸書中去所可去，取所可取，輯《地理真詮》三卷，衍者十無一二，擇之不亦精乎？以此而相地必不苟，以此而授人必不惑矣。謙道遊四方四十年，工於詩，前輩鉅公皆許可之。儒家之術，術家之儒，書之精也宜哉！

黄成性詩序

余戊寅歲初客盱，其後或中歲一至，或數歲不一至。盱之俗，盱之人，不悉聞悉見，大略可知也。黄成性，金谿人，❹而游處多在盱。盱、金谿接壤，士氣頗相類，詩文往往奇倔峭厲，直講先生其表表者。南豐和

❶「目」，原作「曰」，據成化本、乾隆本改。
❷底本原脱一「家」字，據成化本、乾隆本補。
❸「才」，乾隆本作「本」。
❹「谿」，原作「溪」，據乾隆本改。以下同此者逕改，不再出校。

粹昭晰，蓋涵茹於經而然，然稽其立己行事，不減泰伯。以吾陸子有得於道，亦且壁立萬仞，非土風然與？乙巳春，於程氏館讀成性詩一二，已矍然驚。自吾客盱以來，未嘗有也，讀竟率稱是。夫生長山間林下，師友不出乎一家之聞見，上無所承，下無所麗，而挺然拔起如此。器固直講器也，澤之以南豐之經，原之以金谿之道，❶磨礱浸潤，光瑩透徹，查滓盡而冲漠存。❷德人之言如玉，才人之言如金，逸士高流如水晶雲母，心聲所發，自然而然，先進又何能多！彼浮沉氣中，作意倣像，雖形似超超於青冥風露之上，而人也方與蜣琅蠅蚋同夢而未醒。詩乎文乎？言焉而已，非余之所敢知也，非成性之所肯爲也。

興善録序

古聖先賢之立教行事，具載方册，可效可師。然其世邈，其旨奥，譬之海焉或浩渺無涯涘，譬之山焉或峻絶莫可躋攀，非睿敏所到，未易一觸而省悟感發者。盱江周嘉會紹述先志，取近代前脩及鄉里聞人，凡一言一行之善，賅而録之，易知且易行也。如名醫單方，一草可愈一疾，不必遠方難致之物。用力寡而收效速，豈不爲爲善者之一助乎？嘉會嘗纂家庭所聞義訓，一皆淑人心、扶世教、警厲學者語。斯録也，又《義訓》之毗輔云。

❶「原」，明初刻本、成化本、乾隆本作「源」。以下同此者不再出校。
❷「漠」，原作「莫」，據成化本、乾隆本改。

皇極經世續書序

邵子之書，其初十二篇，以一元經十二會，❶而繫之以運與世；其次十二篇，以九會經二百四十運，而繫之以世與歲；又其次十篇，以十運經一百二十世，而繫之以歲與字。元之經會，始月子，訖月亥，效天也；會之經運，始星己開物，訖星戌閉物，❷法地也；運之經世，始辰子二千一百四十九，訖辰亥二千二百六十八，紀人也。紀事起二千二百五十六世内之甲辰，止二千二百六十六世内之己未。唐帝堯以前，❸不紀無考也；周顯德以後，未紀有俟也。鄭松特立甫爲續二百七十五年，自庚申宋興至甲午金亡，近述邵子《經世》之事，遠繼夫子《春秋》之志，用意宏矣。邵子所紀三千三百一十六年間，頗有更定，書法視昔尤謹。論國統絶續離合，謂興國無所承、亡國無所授者各爲系。漢、魏、晋、宋、齊、梁、陳，七代一系也；❹魏、周、隋、唐、梁、唐、晋、漢、周、宋，十代一系也；遼、金、國朝，又一系也。斯論也，世儒未之及也。噫！鄭續邵之書，它時豈無續鄭之書者乎？雖千世可知也。特立在前代，三預進士貢不第；在今日，隱處三十年不仕。獨折

---

❶「一」，原脱，據明初刻本、成化本、乾隆本補。

❷「閉」，原作「閑」，據成化本、乾隆本改。

❸「堯」，原作「荒」，據成化本、乾隆本改。

❹「七」，原作「統」，據明初刻本、成化本、乾隆本改。「也」，原脱，據成化本、乾隆本補。

行輩與澄友，古今因革，聖賢心迹，每共細商焉。是書之成，以澄能知之，而俾題其端。所纂經説拾遺，亦多可取云。

唐山鄭君詩序

唐山鄭君器識超邁，記覽博贍。少年三試禮部不利，嘗學詩於翠屏曾氏、蒼山曾氏。中歲乃與予善，靡所不談。今老矣，窮山讀經，日有新得，技不止於詩也。謝仁叔從之遊，抄其詩若干篇，❶將以傳於世，可嘉已。鄭詩蓋出曾氏，而其後所到，穎然二師之上，工詩者能辨之。

黄少游詩序

詩人説仙説禪，精妙脱透無如坡翁者，而竟未實得也，故曰知者不言，言者不知。廬陵黄少游，往年同吾兒遊盱，久知其爲俊士。❷覽近作數十篇，仙禪悟解上逼坡翁，而其詩超超不凡。噫！吾所畏也。雖然，子於二家真有得而有成，吾不爲子願之，而況簾視壁聽之悟，徒以資言語文字之神乎？神而傳焉，亦言之立而已。身苟立，不待言之立也。子之能詩已三世，拳拳欲壽乃祖乃父之言，以傳於人，孝子慈孫之心

---

❶「抄」，原作「授」，據成化本改。

❷「久」，原作「父」，據成化本、乾隆本改。

也。揚己之名，顯親之實，必有其道。子將求之言乎？似坡而可矣。如將求之身乎？坡未足多也。而子之志何如哉！❶

内經指要序

醫家《内經》，與儒家六經準，其三才之奥、諸術之原乎？然其辭古，其旨深，醫流鮮能讀，儒流謂非吾事，亦不暇讀，何望其能探奥而究源也哉？吾兄李季安，自爲舉子時，博洽群書，纂事記言，細字大袠，堆案盈篋。余嘗嘆其用心之密，用力之勤。中歲從事於醫，其心力之悉，又有加焉。所輯諸家方論，靡不該備，抑其末耳。若《素問》，若《靈樞》，若《難經》《傷寒論》，所謂醫家六經者，融液貫徹。取《素問》二經綱提類别，較然著明，一覽可了，名曰《内經指要》。余夙嗜此經，每欲與人共論而莫可，今獲見此，能不抵掌稱快！是篇布濩乎天下，俾觀者有徑可尋，有門可入，人人能讀《内經》而得其奥，而得其源，則於儒家窮理盡性之方、醫家濟人利物之務，其不大有所裨歟？季安應人之求不擇貴富，雖貧賤不能自存，必拯其危急，皇皇惟恐後。蓋以儒者之道，行醫者之術，此其實行也，非止善著書而已。

---

❶ 「志」，乾隆本作「至」。

馬可翁詩序

馬可翁簡直任氣，故人不皆好之。余於衆不皆好之中，而知其可取者焉。詩效昌谷者逼昌谷，效山谷者逼山谷，它作亦往往賢於人。里中先輩，如甘、如許逝矣，詩之不亡也，於子寧無望乎？韓子有云：「磨礱去圭角，浸潤著光精。」請以斯言爲子脩辭之則，亦爲子脩身之則。夫如是，其誰不子之好？雖不好也，將奚疵？

東麓集序

主簿石君，以東麓張君詩文四卷示余。余讀之，理勝氣勝。詩文以理爲主，氣爲輔，是得其本矣。其詩不尚纖穠，不拘拘於法度，以文爲詩者也；其文不尚俳麗，不屑屑於言辭，以質爲文者也。夫生長中州返樸之時，而老死昭代右文之日，上奚所於師，下奚所於友，而有詩有文如此，不謂之卓然特起者歟？《大學箴》一篇，有見於聖賢爲學之道。蓋聞魯齋許公之風而興，而於考亭朱氏之書嘗致其力，又豈詩人、文人所易及哉！石與張，兄弟也。閔其不霑一命，將遂沉没，余故爲之序云。張君名桓，字武叔，東昌人。

陳善夫集序

宋三百年，文人未有過吾荆國丞相者，詩人亦未有過吾荆國丞相者。詩人名其後有二謝氏，文則未有嗣焉者也。近年邦人類多學詩，陳君善夫最久最能，清才逸思，洋溢動盪。丙子以前初藁，已不肯作江、鮑以下語，況年彌老彌變，詩彌變彌工乎？詩之外有文，又難已。老杜詩如此，而拙於文；老蘇文如此，而短於詩。兼此二長有鄉相，在山川之奇秀鬱發，何幸再見其人哉！陳家詩如伯玉，如履常，如去非，家法自不待它求。文乎文乎，一惟鄉相是式。雖唐柳韓、漢班馬復生，且將引而與之並，而它奚足云！

鰲溪群賢詩選序

《詩經》有十五國之別，土風各不同。邶、鄘皆衛也，而不繫之衛；魏亦唐也，而不繫之唐。何也？國別之中又有不同者，來者不容不本其地，編者不敢不離其篇也。《國風》遠矣，近年有中州詩，有浙間詩，有湖湘詩，而江西獨專一派。江西又以郡別，郡又以縣別，豈政異俗殊而詩至是哉！山川人物固然而然，土風自不可以概齊也。撫，江西望郡，統縣五，而樂安最後置。割永豐之東鄙、合崇仁之西鄙而爲縣，故其風有撫、吉之襍。宋之季，文風特盛，進士科得人甲諸邑，以詩鳴者蓋不數數也。有不局於舉子業者，乃或兼通焉，或專攻焉。夫江西之有撫，撫之有樂安，樂安之有詩，以古準今，如衛之別爲邶、鄘，唐之別爲魏，非一國之風乎？采詩無官，編詩無人，其詩浸浸湮没。草亭何君垚，少年擢第，仕爲諸侯殷五。長於詩，老而猶以此自好。閔鄉里前脩一善之或遺，❶蒐獵邑之能詩者得若干人，詩之可取者得若干篇，題曰《鰲溪群賢詩

❶ 「一」，原脱，據成化本、乾隆本補。

選》，夏幼安命梓工刻之于鰲溪書院。知者可以興，不知者可以觀。噫！敦厚之教也。

丁英仲集序

嘉興丁英仲，吟古近體詩，又善樂府長短句，又工四六駢儷語。挾三長客諸侯，有名聲。時命革，依皮南雄，老于清江之野。予及見之，嚴厲振整，蓋雖遊客，而自貴重。玉霄滕君推爲丈人行，❶心服可知也。平生著述多軼，子埴録其存藁。予讀之，而嘆斯人之不可復見也。埴克紹先業，廩廩緒言之墜遺，可謂能子矣。英仲諱杰，人號爲山臞先生。❷

皮達觀詩序

詩之自然者，所到各隨其所識。迹已然之迹，聲同然之聲，則意若辭不繇己出，使然耳，非自然也。清江皮達觀，素不以外樂易内樂，其識固已超邁。邇來太極先天之理融液於心，視故吾又有間矣。偶然游戲於詩，蓋其聲迹之髣髴，所到可涯涘哉！雖然，時露一班，或從管中窺見，將得以名我。聚則文成五彩，散則寂無一有，其猶龍乎？何豹之足云！余期達觀之進乎是也。

---

❶「丈」，各本均作「文」，據文義改。

❷成化本、乾隆本文末有小字：「廩字，《漢書》即懍。」

光霽集序

嘗聞盱江包氏，從朱、陸二先生學。一日自建寧至金谿，陸先生問曰：「元晦何言？」曰：「某爲朱先生求數大字扁堂室，悉得之，獨『光風霽月之亭』六字有靳色。曰『姑少俟』。將歸再請，又曰『姑少俟』。」陸先生曰：「吾固知元晦不肯書此。然人人有此光風霽月，吾當爲子書之。」至今其家，揭陸先生之字于亭間。廬陵蕭氏道心翁，以「光霽」名詩集，亦吾陸先生所謂人人有此者也。青山趙儀可摘集中好句，《光霽》端倪，已呈露一二矣。其子樂昌教諭卿元，汲汲揚父之美，復以示予。夫周子氣象，惟大程子有焉。翁希程，則光風霽月其人也，詩云乎哉！

四書言仁録序

仁，人心也，然體事而無不在。專求於心而不務周於事，則無所執着，而或流於空虚。聖賢教人，使之隨事用力。及其至也，無一事之非仁，而本心之全德在是矣。四書而後，惟張子《訂頑》最爲切實。同郡嚴肅，類聚四書中言仁者爲一編，綱舉目張，靡所不備。學者苟能玩繹於此而實用其力，既得其隨事之用，又不失其本心之體。其有補於求仁也，其功豈淺淺哉！

增廣鐘鼎韻序

倉頡字世謂之古文，其别出者謂之古文奇字。自黄帝以來至于周宣王，二千年間中國所通行之字，惟此而已。史籀始略變古法，謂之大篆。李斯又略變籀法，謂之小篆。小篆、大篆、古文，名則三，實則小異而大同。今世字書，惟許氏《説文》最先。然所纂，皆秦小篆爾，古文、大篆，僅存一二。宋薛氏，集古鐘鼎之文爲五聲韻，雖其所據有可信者有不可信者，然使學者因是頗見三代以前之遺文，其功實多。清江楊鈞信可重加訂正，有所增益，其文蓋愈賅矣。此世所不可無之書也，若其所取之或可疑，兼收可備博考，而未易立談判，好古之君子其審諸。

左傳事類序

杜元凱讀《左傳》法曰：「優而柔之，使自求之；饜而飫之，使自趣之。若江海之浸、膏澤之潤，涣然冰釋，怡然理順，然後爲得。」淵哉乎其言也！豈惟讀《左傳》宜然，凡讀他書皆然。朱元明以徐安道所輯《左傳事類》示予。夫作文，欲用事而資檢閲，記纂不爲無功也。用心如此，亦勤矣。以此之勤，循元凱之法，俾《左氏》一書融液貫徹於胸中，倘有所用，隨取隨足，無施而不可，其功猶有出於記纂之外者。安道試就李父半溪翁質之。

一笑集序

詩人網羅走飛草木之情，疑若受役於物。客嘗問焉，予應之曰：江邊一笑，東坡之於水馬；出門一笑，山谷之於水仙。此蟲此花，詩人付之一笑而已，果役於物乎？夫役於物者，末也；而役物者，亦末也。心與景融，物我俱泯，是爲真詩境界。熊擐君學，其可與議此矣，遂以斯言題于其集之首。

熊希本詩序

熊希本訪余於清都，一見知其爲才子弟。既而見其詩，一覽知其爲能文辭。雖然，文辭，學之末也，詩又文辭之末也。若曰「吾詩如是足矣，奚事它學」，夫誰得而彊之？雖然，工之又工，其於鸝音翠羽有辨乎？若曰「此不足爲吾學」，則有上於此者，子試求之。

丁暉卿詩序

李太白天才間氣，神俊超然八極之表，而從容於法度之中，如夫子之從心所欲而不踰矩，故曰詩之聖。槌黃鶴樓，倒鸚鵡洲，此以夢語觀太白者。丁暈暉卿，破厓岸、絶畦徑而爲詩，志則高矣，才氣果能追太白矣乎？可也。暉卿交東原趙少府久，少府如程將軍、龍伯高，暉卿如李將軍、杜季良。余固以謫仙人相期待，少府君以爲何如哉？

富城醵飲賦詩序

酒所以合歡，歡而有文，歡之尤也。古者於燕享，歌詩以道志。自歌詩禮廢，而文士之飲，或自爲詩，以敘其情，東都以來則然。然文字之飲，難矣。蘭亭之集，勝流咸在，詩不成者有之，二詩成其一者有之，至今不無遺憾也。臨川周君昂霄，❶夙與富城諸能詩者游。别三年而再至，於是各持斗酒肴諂朱有源氏，具盤殽劇飲盡歡，❷以「竹深留客處荷淨納涼時」分韻賦詩。賓一主八，朱士坦元明、趙用信以誠、黄中克正、蔡澂思敬、胡敏仲遜、胡然文彬、胡璉器之，富城人；清江聶埜廉翁與。韻有十，真定劉節叔度補其一，嘗學詩於周者也。詩十首，或明潔，或清淳，或精深，或古澹，蓋一時之勝萃是已，來者可以觀焉。

春秋會傳序

邵子曰：「聖人之經，渾然無迹，如天道焉，故《春秋》書實事而善惡形乎其中矣。」世之學《春秋》者，率謂聖人有意於襃貶，三傳去聖未遠，已失經意，而況後之註釋者乎！或棄經而任傳，❸或臆度而巧説，幾若

❶「君」，原作「筠」，據成化本、乾隆本改。
❷「歡」，原脱，據成化本、乾隆本補。
❸「或」，原作「哉」，據成化本、乾隆本改。

舞文弄法之吏。然觀者見其不背於理，不傷於教，莫之瑕疵，又孰能紬繹屬辭比事之文，而得聖人至公無我之心哉！漢儒不合不公，無足道。千載之下，超然獨究聖經之旨，唯唐啖、趙二家。宋清江劉氏，抑其次也。澄嘗因三氏研極推廣，以通其所未通，而不敢以示人。今豫章熊復庶可所輯《會傳》，同者已十之七八，諸家註釋，未有能精擇審取如此者也。熊君謹厚純正，篤志務學，其可爲通經之士云。

易簡歸一序

近代醫方，惟陳無擇議論最有根底，而其藥多不驗。嚴子禮剽取其論，而附以平日所用經驗之藥，則既兼美矣。王德膚學於無擇，《易簡三十方》，蓋特爲窮鄉僻原、醫藥不便之地一時救急而設，非可通於久遠而語於能醫者流也，是以不免於容易苟簡。其有以來，施、盧之攻也宜。且如瘧痢之證，病源不一，治法自殊。❶ 世有執「無痰不成瘧、無積不成痢」之説而概用一藥者，或驗於甲而不驗於乙，人但咎其藥之不靈，而孰知由其辨之不明哉？數見病瘧者對證依施氏用藥，又數見病痢者對證依嚴氏用藥，證各不同，無不應手愈。信夫辨證之明而處方之當者，其効如此。德膚局以四獸，斷下二藥，豈可不笑也邪？德膚以來，增補其書者凡三，曰孫，曰施，曰盧。豫章徐若虚，昔以進士貢儒而工於醫。又取四《易簡》而五之，名曰《易簡歸一》。其論益微密，其方益該備，施、盧且當避席，而況王若孫乎？雖然，微密非易也，該備非簡也。非易非

❶ 「治」，原脱，據成化本、乾隆本補。

簡，而猶曰易簡，蓋不忘其初。吾取其有功於愈疾、有德於人而已，於書之難易繁簡也夫何計。❶

服制考詳序

凡喪禮，制爲斬、齊、功、緦之服者，❷其文也；不飲酒、不食肉、不處内者，其實也。中有其實而外飾之以文，是爲情文之稱。徒服其服而無其實，則與不服等爾。雖不服其服而有其實者，謂之心喪。心喪之實，有隆而無殺；服制之文，有殺而有隆。古之道也。愚嘗謂：服制當一以周公之禮爲正。後世有所增改者，皆溺乎其文，昧乎其實，而不究古人制禮之意者也。爲母齊衰三年，而父在，爲母杖期。豈薄於其母哉？蓋以夫爲妻之服既除，則子爲母之服亦除，家無二尊也。子服雖除，而三者居喪之實如故，則所殺者，三年之文而已，實固未嘗殺也。女子子在室爲父斬，❸既嫁則爲夫斬，而爲父母期。蓋曰子之所天者父，妻之所天者夫。嫁而移所天於夫，則降其父。婦人不二斬者，不二天也。降己之父母而期，爲夫之父母亦期。期之後夫未除服，婦已除服，而居喪之實如其夫。是舅姑之服期，而實三年也，豈必從夫服斬而後爲三年哉？

喪服有以恩服者，有以義服者，有以名服者。恩者，子爲父母之類是也；義者，婦爲舅姑之類是也；名

❶「繁」，原脱，據成化本、乾隆本補。
❷「緦」，原作「總」，據成化本、乾隆本改。
❸「女子子」，乾隆本作「女子」。

者，爲從父從子之妻之類是也。從父之妻，名以母之黨而服；從子之妻，名以婦之黨而服。兄弟之妻，不可名以妻之黨，其無服者，推而遠之也。然兄弟之妻之服己之妻有娣姒婦之服。❶一家老幼俱有服，己雖無服，必不華靡於其躬，宴樂於其室，如無服之人也。同爨且服緦，朋友尚加麻，鄰喪里殯猶無相杵巷歌之聲，奚獨於兄嫂弟婦之喪而恝然待之如行路之人乎？古人制禮之意必有在，而未易以淺識窺也。夫實之無所不隆者，仁之至；文之有所或殺者，義之精。古人制禮之意蓋如此。後世父在，爲母亦三年；婦爲舅姑從夫斬齊並三年；爲嫂有服，爲弟婦亦有服。意欲加厚於古，而不知古者子之於母、婦之於舅姑、叔之於嫂，未嘗薄也。愚故曰：此皆溺乎其文，昧乎其實，而不究古人制禮之意者也。古人所勉者，喪之實也，自盡於己者也；後世所加者，喪之文也，可號於人者也。誠僞之相去何如哉！每思及此，而無可與議。豫章周成大《服制考詳》，可謂究心於禮矣。嘉其有補於世教，因附愚説於其篇端，俾共世之知禮者講焉。

---

❶「姒」，原作「姝」，據成化本、乾隆本改。

吴文正集卷十七

元吴澄撰

序

皮魯瞻詩序

魯瞻，皮氏之賢子。從其族父遊京師，有紀詠數十篇，儼然如醇儒端士，讀之益信其賢。吾友元復初自負才高，於人寡許可，獨進魯瞻當路，又薦之試吏。余爲子以吏喻詩。夫吏以文無害爲善，一變則深文巧詆之吏，再變則舞文弄法之吏。吏不可如是，詩不可不如是。方見其爲醇儒端士，倏見其爲天仙化人，❶詩之變也。變至此，詩之至也。余將徯子之至。

---

❶「天」，成化本、乾隆本作「飛」。

熊君佐詩序❶

豫章熊君佐嗜好雅淡，❷能自蜕於一切世味之中，❸是以詩似其人。若「草木生天香」，若「花盡春容瘦」，❹不事雕琢，而近自然。「細評古今難爲别」，則予亦未能窺其何如也。

劉志霖文藁序

近年廬陵劉太博以文鳴，❺沾丐膏馥者不少。然學之者，字其字，文其文，形模謦欬，事事逼真，儼若孫叔敖之衣冠。❻竊意善學者不如是。志霖，居與之鄰而日親炙者也。太博之後，尚有嗣其響儀可，分其光而又有志霖焉。文之病，或頗僻，或淺俗，或冗羡，或局促，或泛濫，或滯澀，或疏直，或繁碎，或浮靡，或枯槁。而志霖一無有，色炳炳，聲琅琅，勢滔滔汩汩，不太博而太博，其可謂善學矣哉！其可謂能言矣哉！

---

❶ 此篇與卷五十四《跋熊君佐詩》一文重，然兩篇文字微有差異，故並存以供參校。

❷ 「雅淡」，原作「推敲」，據成化本、乾隆本及卷五十四《跋熊君佐詩》改。

❸ 「蜕」，原作「鋭」，據成化本及卷五十四《跋熊君佐詩》改，乾隆本作「脱」。

❹ 「瘦」，原脱，據成化本、乾隆本及卷五十四《跋熊君佐詩》補。

❺ 「廬」，原作「齊」，據明初刻本、成化本、乾隆本改。

❻ 「儼」，乾隆本作「幾」。

雖然，文有本，非徒能言而已。若韓氏，若柳氏，若歐陽氏，若老蘇氏，縷縷自陳其所得。志霖於四家熟之復之，必知其所得之由，他日轉以告我。

長岡讌飲詩八十韻序

游讌有詩，建安以來始盛。然蘭亭之集，督之以嚴罰，賦者猶或止於五言四句。青谷劉志霖長岡之飲，❶成詩至八十韻，才之慳贍不同固如是乎哉？或比之南山，南山未足多也。豐而不餘，約而不失，古之作者如是。一時情思，因酒而發，浩瀚淋漓，欲禁莫可，志霖不自知其多也。

黄體元詩序

黄體元妙年有詩，評者謂似江西派，余謂不然。氏黄也，詩不黄也。何也？黄沉重，此輕飄；黄嚴静，此活動；黄密塞，此疏通；黄硬健，此軟美。不必其侶，而惟其可，最爲善述前人者。妙年能此，奇矣。余欲剟其英，參寥、太虚已先之。句句如郭所摘，字字如何所點，又大奇也，行當見之。

---

❶「飲」，原作「歌」，據明初刻本、成化本、乾隆本改。

切韻指掌圖節要序

聲音用三十六字母，尚矣。俗本傳訛，而莫或正也。「群」當易以「芹」，「非」當易以「威」，知、徹、牀、娘四字宜廢，圭、缺、群、危四字宜增。樂安陳晋翁，以《指掌圖》爲之節要。卷首有《切韻須知》，於照、穿、牀、娘下，註曰「已見某字母下」；於經、堅、輕、牽、擎、虔外，别出扃、涓、傾、圈、瓊、拳；則宜廢宜增，蓋已瞭然。晋翁純篤力學，至老不倦，豈徇俗踵訛者所敢望哉！故其著述有見如此。而余之爲是言，亦可與言而與之言也。

新編樂府序

詩騷之變，至樂府長短句極矣。韻人才士之作，不絶乎耳。午牕坐困，夢遊鈞天，忽聞此音，爲之醒然而起。作手妙，選手尤妙。選者爲誰？清江嚴以仁氏。

運氣新書序

天地陰陽之運，往過來續，木、火、土、火、金、水，始終終始，如環斯循，六氣相生之序也。歲氣起於子中，盡於子中，故曰「冬至子之半，天心無改移」。子午之歲，始冬至燥金，三十日然後禪於寒水，以至相火，日各六十者五，而小雪以後，其日三十，復終於燥金。丑未之歲，始冬至寒水，三十日然後禪於風木，以至燥金，日各六十者五，而小雪以後，其日三十，復終於寒水。寅申以下皆然。如是六十年，至千萬年，氣序相生而無間，非小寒之末無所於授，大寒之初無所於承。隔越一氣，不相接續，而截自大寒，爲次年初氣之首也。此造化之妙，《内經》秘而未發，啓玄子闕而未言，近代楊子建昉推而得之。夫醫家運氣之説，惟《陰陽大論》七篇具存，而啓玄子取以補《内經》。醫流之究竟及此者，蓋鮮。鄧焱景文貫通儒書，精專醫伎，純厚謹審而篤於學。演繹七論，條分類别，目曰《運氣新書》。經文註義，采拾靡遺，凡著書欲以明運氣者，未有能若是賅且悉也。予又因楊氏所推，特表古聖先賢未發未言之奥於其篇端。鄧氏此書之行於世也，可無毫髮罅漏矣。

黄養源詩序

詩自《風》《騷》以下，惟魏晋五言爲近古。變至宋人，寖以微矣。近時學詩者頗知此，又往往漁獵太甚，聲色酷似而非自然。黄常養源，詩清以淳，進進而上，當與世之學魏晋者不同。然養源年少有志，其學豈止工詩而已乎？予之所期，蓋在彼而不在此也。

淝川書塾序

淝川書塾，盱江包淮仲邳所以名其讀書之塾也。包氏自贈太子少師克堂公早游朱、陸二先生之門，而資政殿學士文肅公掇儒科，登政府，文學政事爲一世師表。淮，文肅之曾孫、少師之玄孫也。克承其祖武，亦可爲聞人矣。乃遠推所自，取龍圖孝肅公所起之地名其塾，淮之所志遠矣。昔周子家春陵而稱汝南，朱子家建安而稱新安，皆不忘其初也，蓋與太公封於齊而不忘周者同意。是意也，豈俗儒小生所能知哉！仲邳年少才俊，博古而通今，由文肅上遡孝肅，文學政事之美，固已不待他求。又充其所到，而朱而周，則包氏世世有人，將有光於其先。仲邳勉之哉！

楊桂芳詩序

清江楊桂芳，工詞賦而善歌詩，詩甚淳美。然桂芳才與年俱盛，非山澤枯槁、田野閒曠者。由詞賦而歌詩，由歌詩而上達屈騷、風雅頌之旨，聲其聲，實其實，則爲子而孝，爲臣而忠，政可以官，言可以使。詩之爲詩蓋如此，豈徒吟詠風花雪月、如今世所謂詩人而已哉！予將有俟於子。

周立中詩序

自進士業廢，而才華之士無所寓於其巧，往往於古今二體之詩。❶ 然稍有能輒自負，曰「吾能是足矣」，豈知士之爲士，有出乎詩之外者哉？豫章周遏立中，純謹俊秀，能進士業而又能詩，所到處，❷古可逼魏

❶「今」，成化本、乾隆本作「近」。
❷「所」，成化本、乾隆本作「用意」。

晋，律可如唐人。世之不能至是者已自足，❶而立中不爾也。使其進而益力，❷則知本之不在是。予是以嘉其識，而不但美其才也。夫才力所及，蓋難能之。然才力之外，更必有見焉，❸其尚以語我也。

運氣考定序

邵子謂《素問》《密語》之類，得術之理。鄆城曹君大本彦禮父，嗜邵子書，而尤究意於《素問》《密語》運氣之説，裒集《大論》三卷、《密語》七卷，亦勤矣。吾鄉有醫士鄧氏所編《運氣新書》，相近而微不同，予嘗爲之序。噫！世之言運氣者，率以每歲大寒節爲今年六之氣所終、來年一之氣所始。其終始之交，隔越一氣，不相接續，予嘗疑於是。後見楊子建《通神論》，乃知其論已先於予。彦禮父好邵學，予請以先天、後天卦明之。夫風木，冬春之交，北東之維，艮、震也；君火，春夏之交，東南之維，震、巽也；相火，正夏之時，正南之方，離也；濕土，夏秋之交，南西之維，坤、兑也；燥金，秋冬之交，西北之維，兑、乾也；寒水，正東之時，正北之方，坎也。此主氣之定布者也。地初正氣，子中而丑中，震也；地後間氣，丑中而卯中，離也；天前間氣，卯中而巳中，兑也；天中正氣，巳中而未中，乾、巽也；天後間氣，未中而酉中，坎也；地前間氣，酉中而

❶「至」，原作「立」，據成化本、乾隆本改。

❷「使」，成化本、乾隆本作「若」。

❸「更」，乾隆本作「尤」。

亥中，艮也；地中正氣，❶亥中而子中，坤也。此客氣之加臨者也。主氣土居二火之後，客氣土行二火之間。終艮始艮，後天卦位也；始震終坤，先天卦序也。世以歲氣起大寒者，似協後天「終艮始艮」之文，然而非也。子建以歲氣起冬至者，冥契先天「始震終坤」之義。❷子午歲之冬至起燥金，而生丑中之寒水；丑未歲之冬至起寒水，而生丑中之風木。寅申歲起風木，卯酉歲起君火，辰戌歲起濕土，巳亥歲起相火，皆肇端於子半。六氣相生，循環不窮，豈歲歲間斷於傳承之際哉？然則終始乎艮者，可以分主氣所居之位，而非可以論客氣所行之序也。彦禮父於經傳之所已言采拾詳矣，惟此說乃古今之所未發，敢爲誦之，以補遺闕。彦禮父天資淳實，於書無不讀，而慕邵子甚至。昔司馬公與邵子同時而師尊之，註《太玄》，譔《潛虚》，篤學清修。吾彦禮父之資，其幾乎？予忝與之聚處國學，獲覩其書，遂爲志其卷首。

伍椿年詩序

詩本乎氣，而形於言。伍椿年，有氣有言者也，詩宜工。又因詩而治氣審言焉，俾氣調而言度，則詩浸浸乎古矣。其爲人，温柔敦厚而不愚，深於詩者如是，古之教也。余將觀氣察言，以驗子之進。

---

❶「中」，明初刻本、成化本、乾隆本作「終」。

❷「冥」，乾隆本作「實」。

石晉卿易説序

上古聖人，作卦象以先天，而其體備於八八；作蓍數以前民，而其用衍於七七。八八之象本於一，而一無體；七七之數始於一，而一不用。合卦與蓍，是之謂《易》。中古聖人，體卦用蓍，繫之象，繫之爻。其辭雖爲占設，然擬議所言，理無不貫。推而行之，占云乎哉！秦漢而下，泥術數者陋，演辭義者泛，而《易》道晦矣。至邵子，極探卦象蓍數之原，❶而《易》之道大明。夫子以來，一人而已。而於文王、周公之辭，有未暇及也。若程子之傳，則因文王、周公之辭，以發其真知實踐之理，推之爲修齊治平之用，宜與三古聖人之《易》而爲四，非可以傳註論。昔夫子年將七十，有「假我數年，卒以學《易》」之語，是經豈易學哉！主簿傅君，以其師石君晉卿所著《易説》示予。予讀之，喜其説理之當、説象之工，蓋於象學、理學俱嘗究心。世之剽掠掇拾以爲説者，何能幾其十一！聞石君兩目無見，古之瞽者爲樂師，取其用志不分也。樂，一藝耳。《易》之道，詎一藝所可比！瞽而爲《易》師，亦其外物不接，内境常虚，故能精專若是歟？或曰：「子之於《易》，與石君不同，何也？」曰：予，補朱義者也；石，廣程傳者也。君釋象，予亦釋象，則皆程朱之所未言者。雖有不同，而言固各有當也。予又安敢以予之未必是而廢石君之是哉！

---

❶「象」，原作「彖」，據成化本、乾隆本改。

虞舜民禮學韻語序

古之教者，子能食而教之食，子能言而教之言。欲其有別也，而教之以異處；欲其有讓也，而教之以後長。因其良知良能而導之，而未及乎讀誦也。教之數，教之方，教之日與夫學書計、學幼儀，則既辨名物矣，而亦非事夫讀誦也。弟子之職，曰孝曰悌，曰謹曰信，曰愛曰親，行之有餘力而後學文。今世童子，甫能言，不過教以讀誦而已，其視古人之教何如也？然古人豈廢讀誦哉！戴氏《記》拾《曲禮》遺經，句三言或四言；管氏書載《弟子職》一篇，句四言或五言六言。皆韻語，句短而音諧，蓋取其讀誦之易而便於童習也。古書闕而教法泯，俗間教子，率以周興嗣《千文》、李瀚《蒙求》開其先。讀誦雖易，而竟何所用？士大夫之家，頗或知其無用而舍旃。童習之初，遽授小學、《孝經》等書，字語長短參差不齊，往往不能以句，教者强揠而學者苦其難，又胡能使之樂學哉！程子嘗欲作詩，略言教童子洒掃、應對、事長之節，而不果作。陳氏五言禮詩近之，而有未備，君子病焉。江東虞舜民輯古經傳記成訓，❶補而綴之，裁而成之，名曰《禮學韻語》。其事該，其辭雅，凡程子之所未及，陳氏之所未詳，一旦悉具而無遺。又有《名數韻語》一書，相輔而行，既非《千文》《蒙求》無用之言，又無字句參差難讀之患。幼而復熟於此，長而階之，以稽全經，可不謂之有功於初學已乎？仁矣哉！其用心也。舜民年踰五十，志學彌篤。其師謝氏，節義士也。淵源所漸，蓋有自云。

❶「民」，原脱，據成化本、乾隆本補。

莊子正義序

莊子内聖外王之學洞徹天人，遭世沈濁，而放言滑稽以玩世，其爲人固不易知，而其爲書，亦未易知也。魏晋以來，註釋奚翅數十，雖淺深高下不同，大抵以己見説《莊子》，非以莊子説《莊子》也。玄學講師侯大中，蜀産也。澹然樸素，好《南華經》。聞清江道士杜充符有唐劍南道士文如海《南華正義》，命其徒徑往繕寫以歸，如獲珍器。近以示予。予嘉文氏方外之人乃能獨矯郭氏玄虚之失，而欲明《莊子》經世之用，噫！可不謂拔乎儔類者哉！昔在天寶間，玄宗蓋嘗賜見《正義》十卷。宋太平興國八年，成都道士任奉古鋟諸木，而世不傳。講師將爲重刻，故敘其所以得書之由。若夫得意忘言，奭然四解，進進乎南華真人之逍遥遊，師其自知之矣。

詹沂仲文集序

樂安詹君沂仲，戊辰試太學第一，處太學七年而歸隱。會郡侯慕君文名，强起之，教授於邑校。余自幼喜聽君談文、談當世事，明峻激發，英英然有永嘉諸君子之風，惜哉不獲究其用也。子天麟收拾遺藁，廩廩恐泯墜。於乎！沂仲不可作矣。觀於斯文，尚可想見其人，蓋非特才進士而已。❶

❶ 成化本、乾隆本文末有小字：「廩廩，出《漢書》，即懔字。」

詹天麟慚藁序

樂安詹沂仲，往年試藝，補太學諸生，名次冠天下，❶其雄文高論，震撼一世。子天麟，能傳其家學，有詩有文如此，沂仲爲不亡矣。

象山先生語録序

青田陸先生之學非可以言傳，而學之者非可以言求也。盱江舊有先生《語録》一袠，所録不無深淺之異。此編之首，乃其高第弟子傅季魯、嚴松年之所録者，澄肅讀之。先生之道如青天白日，先生之語如震雷驚霆，雖百數十年之後，有如親見親聞也。楊敬仲門人陳塤，嘗鋟板貴溪象山書院。至治癸亥，金谿學者洪琳重刻于家，樂順携至，請識其成。嗚呼！道在天地間，今古如一，人人同得，智愚賢不肖，無豐嗇焉。❷能反之於身，則知天之與我者，我固有之，不待外求也；擴而充之，不待增益也。先生之教人蓋以是，豈不至簡至易而切實哉！不求諸我之身，而求諸人之言，此先生之所深閔也。今之口談先生、心慕先生者比比也，果有一人能知先生之學者乎？果有一人能爲先生之學者乎？嗚呼！居之相近，若是其甚也；世之

❶「次」，乾隆本無。

❷「無」，原脱，據成化本、乾隆本補。

相去，若是其未遠也。可不自愧自惕而自奮與！勿徒以先生之學付之於其言也。

女教之書序

女德之懿，以柔静淑慎、堅貞修潔爲貴，雖其天質之至美，亦未嘗不資於教。古之女教，略見於《内則》《曲禮》之篇。而今世之女子，或教以文繡之工，❶或教以詞章之麗，非矣。相臺許獻臣，蒐獵經史傳記，摭其嘉言善行，名曰《女教之書》。凡爲女爲婦、爲妻爲母之道，靡所不具。女子於女功之暇而能誦習焉，則知如是者之可慕可傚而爲之，不如是者之可羞可惡而不爲，其於世教，豈小補哉！夫自王公至於士庶，人未有不須内助之賢。家之興廢，往往係於女德之何如，教之何可以不豫也！獻臣喪親而孝，涖官而廉，其身固可以立教，而又取前言往行筆之於書。倘其書之所以教者盛行於世，閨門之内，奥室之中，莫不感發於其言、薰沐於其行。久而與之俱，❷且將人人備女士之德，不惟世之父母得有賢女，而爲舅爲姑皆有賢婦，爲夫爲子皆有賢妻賢母。化成俗厚，駸駸幾二《南》之風，蓋不難也。然則是書，其可與朱子《小學》之書並行者乎？

❶「文」，原作「紋」，據成化本、乾隆本改。
❷「久」，原脱，據成化本、乾隆本補。

譚晋明詩序

詩以道情性之真。十五《國風》，有田夫閨婦之辭，而後世文士不能及者，何也？發乎自然而非造作也。漢魏逮今，詩凡幾變。其間宏才碩學之士，縱横放肆，千彙萬狀，字以鍊而精，句以琢而巧，用事取其切，模擬取其似，功力極矣。而識者乃或舍旃而尚陶、韋，則亦以其不鍊字，不琢句，不用事，而情性之真近於古也。今之詩人，隨其能而有所尚，各是其是，孰有能知真是之歸者哉？宜黄譚德生晋明，天才飄逸，綽有晋人風致。其爲詩也，無所造作，無所模擬，一皆本乎情之真，瀟洒不塵，略無拘攣局束之態。世之以鍊字、琢句、用事爲工者或不相合，而予獨喜之之深，蓋非學陶、韋而可入陶、韋家數者也。故觀其詩，可以見其人。彼詩自詩，人自人，邈乎不相類者，又何足以知之？

劉鶚詩序

有客携廬陵劉鶚詩一袠來。予觀之，五言七言古體，五言七言近體，五言七言絶句，凡六體，無一體不中詩人法度，無一字不合詩家聲響。夫人之才，各有所長，學詩者各有所從入。唐宋以來，詩人求其六體俱可者亦希，如之何不爲之嘉嘆！觀詩竟，觀諸人序引，而又知鶚之早慧，年二十已能詩。北走燕趙，南走湖湘等處，廣覽山川風俗，以恢廓其心胸耳目。志氣卓犖不群，詩之不凡也宜。卷首一序，乃其大父桂林翁所作。年過期頤，訓其孫作詩貴實，蓋知作詩作文之要領。且謂當推此實於言行，則其學識知所根柢，❶非但文士見趣而已。世之訓其子孫而能若是者，幾何人哉！聞翁九十有五，時人以衛武公日誦《抑》詩自警之事美之。武公固未易及，然《抑》之詩曰「斯言之玷，不可爲也」，又曰「相在爾室，尚不愧於屋漏」，其慎言慎行者至矣。翁以實其言行詒孫謀，殆亦武公之意與？劉氏祖孫壽而德，少而才，一家有二瑞焉，天之厚於其家必有由也。翁字叔正，長吾父三歲，今一百有二。鶚字楚奇，與吾諸子之年相後先，今三十有六。予喜翁之壽，敬之如吾父；嘉鶚之才，愛之如吾子。於是書此而授之客，以遺劉氏。

張達善文集序

蜀儒張䇓達善父，少從金華王氏遊。王氏之學，其源出自朱子門人黄勉齋先生。故凡達善所聞格言至論，皆足以範俗垂世。國朝奄有南土，中州士大夫淑其弟子以四書者，競延致達善而講説焉。或薦於朝，特命爲孔顔孟三氏教授，鄒魯之人，至今服誦其遺訓。東昌張遜謙叔得其文若干卷，刻梓以傳，好善樂學之意可尚哉！達善長予十有三歲，予視之猶兄也。前此江東宣慰使拔不忽嘗欲板行其文，余序其端，今謙叔之從子德光又以序爲請。❷余悲達善之無嗣，而幸其遺文之不泯。俾後進之士，因前輩所聞而知其所未知，

---

❶「柢」，原作「抵」，據成化本、乾隆本改。

❷「叔」，原作「淑」，上下文均作「謙叔」，據以改。

裨益於人蓋不爲少，是則謙叔之功也。

徐君頤詩序（缺）

吴文正集卷十八

元吴澄撰

序

澮軒康氏詩藁序

予髫丱時已聞澮軒翁詩名，而不及識也。翁平生悉其精力於詩，同時詩人爲之選摘，皆拔其尤。今可見者，《淳祐藁》，耐軒吕開選抄八十七首；《寶祐藁》，同郡陳藏一選抄三十六首，東樵揭齋丘拾遺八首；《開慶藁》，後林李義山選抄三十一首；《景定藁》，約山朱涣選抄四十五首，❶蒙泉李濤選抄三十二首。大山蕭山則初摘五言一十句、七言一十二句、全篇一十一，續摘五言三十六句、七言一十二句、全篇六；小山蕭泰來又摘五言一十句、七言一十四句、全篇三。各繫之以和章，益之以褒辭。矩山徐經孫、雪坡姚勉、止庵林實夫、芸莊蕭澥、冰厓蕭立之，亦有題句跋語。一時聞人相與，盛矣哉！翁雖已殁，而其詩光彩爛然，至於

❶ 「涣」，原作「漢」，據成化本、乾隆本改。

今不泯。子同老請爲選《咸淳藁》，予適未暇。嗚呼！詩祖「三百篇」，學詩者以邇之事父、遠之事君爲切實受用。翁有子，汲汲揚父之美，務表其詩，以傳於後。事父若是，非有得於學詩之實者乎？父之能詩，子之能孝，俱可傳也。翁康氏，諱應弼，字輔德；同老字聖與云。

周易略例補釋序

伊川程子《易傳》未成之時，每令學者觀三家《易》，一曰王輔嗣，二曰胡翼之，三曰王介甫。蓋漢儒好以術數談《易》，以義理註《易》自輔嗣始。唐初諸儒作疏義，悉廢諸家之註，而獨取輔嗣者，以此也。輔嗣解經之外，著《略例》二篇。其上篇析論彖、爻、❶卦、象、位各一章，其下篇先之以五凡，終之以十一卦，略總一經之大概云耳。唐邢璹有《略例註》，今潮陽陳禧爲之補釋，多所發明，王氏之忠臣、邢氏之益友也。禧年甚少而篤志於經，世武功而從事於文，諸侯之子而齒於庶士以共學，是其天質之異於人者也。

李學正小草序

袁州路儒學正李長翁，昔年從予學，其資穎然特異。教諭石城、金谿二邑，綽有聲譽。觀其文不苟作，韻語、儷語皆工。得如斯人百輩布滿州縣學官，文事其興乎！雖然，又有進乎此者。譬之木然，文猶枝柯

---

❶「爻」，原作「文」，據成化本、乾隆本改。

葩華也，明經以培其本，修行以美其實，文乎文乎，非但末技虚言而已。

葉氏聱譚序

宋乾道、淳熙間，一時士學之懿、人才之盛，幾及嘉祐、慶曆之際。其名實彰彰者既如彼，若吾臨川葉英叔先生者，韜光弗耀。觀其所著《聱譚》一編，讀經讀史，評古評今，識見之高，議論之正，有非區區文人才士之所敢望。丞相益國周文忠公之深許之也，宜哉！當時亦與朱、陸二子交游。去今百有餘歲，往往先得我心之所同。然視世之實無所知而剽掠以著書者，奚翅相倍蓰也。先生之孫誼，栖栖貧窶，汲汲揚其先祖之美，資力於人，鋟木以傳其書。仁夫！予喜吾邦之有是人，又喜斯人之有是孫也，是以志之云耳。

王實翁詩序

黄太史必於奇，蘇學士必於新，荆國丞相必於工，此宋詩之所以不能及唐也。王實翁爲詩，奇不必如谷，新不必如坡，工不必如半山。性情流出，自然而然，充其所到，雖唐元、白不過如是。前永州教授何君周佐評其詩曰：「興寄閒婉，得詩天趣。」當矣。又評其人曰：「神情曠夷，光霽被面。」噫，非此人安得有此詩！

息窩志言序

吾兄李季安詩，矯矯如雲中龍，翩翩如風中鴻。其古體仙逸奇怪，有翰林、玉川之風；其近體工緻豪宕，有工部、誠齋之氣；其絶句清婉透脱，而又有張司業、王丞相之韻度。夫人於是數者，或能於此不能於彼，今乃兼衆長而無不可，固曰天才絶異於人。而亦有由焉，學詣玄微，識超凡近，非可徒以詩人目也。是以縱横顛倒，無非妙用，豈紛紛調聲響、絢采色者之所可企而及哉！息窩，安樂窩也；《志言》、《擊壤集》也。世有知言者乎？無名公不同時之高第弟子也。

續文鑑序

昔東萊吕成公編《先宋文鑑》，新安朱文公讀之，❶猶有非議，其言載於《文集》《語録》，可考也。今廬陵李文翁輯《大元文鑑》，其用心之公廣，立例之謹密，果已如成公所編乎？其尚審取精擇之哉！人也必其人之真能文，文也必其人之真可傳，如是而取焉擇焉，毋俾不如文公者或得而非之議之，則善矣。

虞氏三子字辭序

子生而名，冠而字，字有辭，載於古禮經。父自爲辭以教，則猶孔庭道詩禮以命伯魚、晉卿書訓戒以示無恤之意也。辰州路儒學教授虞槃德常，字其子宣曰雷、旦曰新、豈曰悦，而授以辭。其言曰：「雷在地中爲復，雷行天下爲無妄。知善而慎守，知不善而速改，復也。知之明，養之充，動斯無妄矣。」又曰：「旦者，

❶「朱」，原作「宋」，據成化本、乾隆本改。

初日新明之時。苟能於學，如夜復明而更新，如日方旦而未已，則昏可明，弱可强。」又曰：「學以悦於己，孝以悦於家，忠信以悦於國人。」斯言也至矣，聖人復起，不易斯言矣。宣也，旦也，豈也，其踐斯言乎？庶幾如伯魚之克世其學，奚翅如無恤之甚習其辭而已哉！子及先生，吾兄也；槃，猶子也；宣、旦、豈，猶孫也。是以識于其字辭之右方。

皮棨字説序

父之愛其子，何所不至哉！愛之至，則期之深。仕也，期其位之極於人臣；用也，期其才之益於人國。皮氏子名棨，而字維楨。棨者，公之儀、位之高也；楨者，國之榦、才之大也。位高足以展其才，才大足以勝其任，斯無愧於人臣，無負於人國矣。棨也，平江州判官之子、南雄路總管之孫也。其如所期，以弘父訓而光祖烈哉！

朱元善詩序

不能詩者，聯篇累牘，成句成章，而無一字是詩人語。然則詩雖小技，亦難矣哉！金谿朱元善，才思俱清，遺辭若不經意，而字字有似乎詩人。雖然，吾猶不欲其似也，何也？詩不似詩，非詩也；詩而似詩，詩也而非我也。詩而詩已難，詩而我尤難。奚其難？蓋不可以强至也。「學詩如學仙」，時至氣自化。元善之於詩，似矣；比其化也，則不見其似。吾猶將徯其至焉。

鍾山泉聲序

王翊聖韶，以「鍾山泉聲」號其詩，爲之序引者三，爲之選點者一。引者任耳聽於無聲，曰淙淙，曰泠泠，疑若殷師之鬭牛、石勒之聞金鼓。其曰沈沈，蓋進於聰者也，庶幾乎耳病減矣。選者任目視於有形，采其四句者，曰「萬室機杼夜，千村場圃時。山中有癡事，秉燭報新詩」；曰「蒼白雲邊天上下，紫玄洞口日方圓。三千世界殘棊局，百萬塵身一蛻蟬」。采其二句者，曰「不見重來燕，空令半捲簾」；曰「不知春幾許，兩月住江城」；曰「炎涼翻覆手，絡緯夜如何」；曰「細雨斜風裏，池亭得此人」；曰「江城昨夜西風急，明月寒砧十萬家」；曰「衣冠不群俗眼笑，山川出色韻士來」。采其一句者，曰「無言領取青山意」，曰「江湖路熟水雲酣」。殆猶紀昌之視蝨、秦越人之視五藏，精矣哉！非詩人安能識詩如此，予不敢再爲殷、石之耳，故且同於紀、秦之目。

甲子釋義後序

十榦、十二支之名立，而相配爲六十，不知其所始。世傳黄帝命大撓作甲子，或然也。漢之時，術家以六十之四十八配《周易》八純卦之六爻，謂之渾天納甲，不過以寅卯二支爲木，巳午二支爲火，申酉二支爲金，亥子二支爲水，辰戌丑未四支爲土而已。後之所謂納音者，每支五行備，而每行周乎十二支。榦則否，壬癸各二水而四金四木，丙丁各二火而四土四水，戊己各二土而四木四火，庚辛各二金而四木四土，甲乙不爲木而四火四水四金焉。予嘗謂：納甲之五行猶先天之卦，納音之五行猶後天之卦也。且納音始於誰乎？五行之上曰某水某火某土某金某木者，又始於誰乎？疑末世術家猥瑣之所爲也。予壯歲過德化縣丞宋先生光父之家，見其所撰《甲子釋義》，凡榦支所屬五行及其上所加二字，皆以理論。雖甚精密，而亦不無牽强者。予曰：「納音蓋以數起，得木數者木，得金數者金，得土數則水，得水數則火，得火數則土也。」先生布算算之而悉合，喜曰：「當改而正之。」越三十餘年，希一與予會於夏氏之館，出所改《釋義》以示。下之五行概諸數，上之二字析諸理，愈明白而愈精密。予追思往時先生年幾六十，而嗜學不倦、舍己不吝如此，噫！今不可復見矣，感慨而識其左方。先生工進士業，蚤年充貢，五試禮部，特奏名授官。既仕，轉運司又以貢于禮部者再。

春秋備忘序

《春秋》，魯史記也。聖人從而脩之，筆則筆，削則削，游、夏不能贊一辭。脩之者，約其文，有所損、無所益也。其有違於典禮者筆之，其無關於訓戒者削之，何以不能贊一辭？謂雖游、❶夏之文學，亦莫能知聖人脩經之意爲何如也。蓋自周轍東，王迹息，禮樂征伐之柄下移，諸侯國自爲政，以霸而間王，以夷狄而滑

❶「謂雖」，乾隆本作「雖以」。

夏。❶天經紊，人理乖，災見於上，禍作於下。耳聞目見，一一皆亂世之事，王法之所不容。聖人傷之，有德無位，欲正之而不能，於是筆之於經，以俟後聖。故曰：「《春秋》，天子之事也。」又曰：「《春秋》，孔子之刑書也。」又曰：「《春秋》，正王道，明大法，孔子爲後世王者而脩也。」然此意也，當時及門之高第弟子有不能知，而況於遠者乎？然則三傳釋經，詎能悉合聖人之意哉！澄也常學是經，初讀《左氏》，見其與經異者，惑焉。繼讀《公》《穀》，見其與《左氏》異者，惑滋甚。及觀范氏傳序，喜其是非之公；觀朱子《語録》，識其優劣之平；觀啖、趙《纂例》《辯疑》，服其取舍之當。然亦有未盡也。徧觀宋代諸儒之書，始於孫、劉，終於趙、吕，其間各有所長，然而不能一也。比客京華，北方學者言《春秋》專門，亟稱敬先生鼎臣。澄惜其人之亡，而不知其書之存也。先生之從孫儼，參知江西行省政事，因是獲覩先生所著《春秋備忘》三十卷、《明三傳例》八卷，稽其用功次第，見於自序。弱冠受讀，學之三十年而始著書，年幾七十而脩改猶未已，前後凡五易藁，總數十家之説而去取之。其援據之博，采覽之詳，編纂之勤，決擇之審，至謹至重，惴惴然不敢易，可謂篤志窮經者矣，非淺見謏聞所能窺測也。參政屬澄序其端。竊惟《春秋》一經，自三傳以來，諸家異同殆如聚訟。今於衆言淆亂之中折衷以歸于一，是誠有補於後學。澄之庸下，有志於斯者，亦得因先生之所同以自信，又得因先生之所異以自考，遂不讓而爲之序。先生諱鉉，易水人，金朝參知政事之孫。興定四年登進士第，主郟城簿，改白水令。值中州多虞，北渡隱處。國朝訪求前代遺逸，宣授中都提舉學校官。舊讀書大

❶「夷狄」，原作「遐服」；「滑夏」，原作「逼邇」，併據明初刻本、成化本、乾隆本改。

寧山下，人號爲大寧先生云。

鄧夔武詩後引

樂安董直心父，予老友也。有工於詩者，董出也；有引於前者，董筆也。讀其引，觀其詩，未有年如此，已有詩如此，異哉少成者也。引曰：「負才惺鬆，造語警拔。」噫！舅之知其甥也至矣。曰：「養深見定，厚積薄發。」噫！舅之愛其甥也亦至矣。予欲有言，又何以加於此哉！爲詩者誰？鄧氏，夔武字也。

連道士詩序

連學禮，家儒而身道，故友新喻州儒學教授周君之外孫也。道家者流爲詩只如此已不多得，予欲勉之，梯《南華》，躋《道德》。異時二經融液，志之所至，聲之所發，皆天仙語，豈復人世之詩也哉！

鄔迪詩序

鄔孟烈之子迪能詩，予嘗喜其年少而倜儻俊邁，今觀其詩尤信。太白《古風》壓卷，子美《秦蜀紀行》如畫。若「悲來乎」，若「笑矣乎」，非太白詩，僞作也。若「黄四娘家花滿蹊」，若「南市津頭有船賣」，雖子美詩，漫作也。李杜遠矣姑置，試言吾鄉近事，毋謂齊人知管、晏而已。甘泳中夫，一生無他學，精力萃於詩。盛年所作，縝密絢麗，甚精甚工。比其老也，有曰「大醉顛倒扶歸來」，有曰「醉倒太極虛空頽」，人多好之，而無復道其盛年精工之語。中夫不誤人，人自誤爾。迪之倜儻俊邁，吾懼其易流於此，故舉李之《古風》、杜之《秦蜀紀行》、甘之盛年所作以勉。

玄庵銘後序

色之中正者黄也，昦明者赤也，質素者白也，黤黮者黑與青也。玄在青黑之間，故遠而不可究曰玄，玄天是也；深而不可測曰玄，玄淵是也。玄有茫昧不可知之意，而老氏之言道曰玄。道莫尚於《易》，《易》言深遠，言隱賾，言幽微，言神妙，不言玄也，而楊子雲之準《易》曰《玄》。然則《易》，其玄乎哉？宗家子居歆，以人生所值榦支配《易》卦起數論禍福，憲使盧公處道銘其庵曰「玄」而銘之。盧公好爲文章，於數則未暇學。予嘗與之談竟日夕，倘及幽微神妙，欣欣焉樂聽忘倦，雖不知數，喜數者也。然則數其玄乎哉？夫一衍四，二衍八，三衍十二，四衍十六，五十去一而七七四十九，策之過揲凡萬一千五百二十者，《易》之蓍數也。二倍四，四倍八，八倍十六，十六倍三十二，五畫加一而八八六十四，卦之再重凡四千九十六者，《易》之卦數也。一而三，而九，而二十七，而九九八十一，復乘之以九，而七百二十九者，楊氏玄數也。一而十二，而三百六十，而四千三百二十，而十二萬九千六百，復乘之至三，而五萬五千九百八十七萬二千者，邵氏皇極數也。若夫子壬一，亥癸六，巳丁二，午丙七，寅甲三，卯乙八，酉辛四，申庚九，辰戌戊五，丑未己十，天地生成數也。子癸配坎一，午壬配離九，卯庚配震三，酉丁配兑七，戌亥甲配乾六，未申乙配坤二，丑寅丙配艮八，辰巳辛配巽四者，九宮納甲數也。甲巳子午九、乙庚丑未八、丙辛寅申七、丁壬卯酉六、戊癸辰戌五、己亥四者，五行納音數也。是皆例之所可推、算之所可求，何玄之有？蓋數，器也，器匪玄；數，跡也，跡匪玄；數，粗也，粗匪玄。數匪玄也，所以數者，玄也。雖然，玄有三：深遠不可名，此爲玄之真；茫昧不可詰，此爲玄之似；淺近不可言，此爲玄之反。然乎否？主庵者曰「然」。

羅垚詩序

豫章羅垚，予識之之時年甚少，不及與之細論。今死矣，觀其詩文若干篇，超然有見，不似專學言詞之人。天假之年，學日以充，所到詎可量哉！其不壽也，非先哲所謂間值之難而數不能長者歟？惜也。予之中子衮，少亦學爲詩文，亦年二十八而卒。垚之父之悲，猶予之悲也。而予之所以重惜之者，豈但如其父子之惜而已乎？

明良大監序

羅垚少而俊敏，天才絶出，詩文足以動人。受知貴戚之卿，拔之爲屬，得八品官。年二十八，客死京師。予友姜肅序其初藁，又以其所著《明良大監》示予。予嘗誡後生晚進勿輕著書，垚之著書也太蚤，其謝世也亦蚤，悲哉！《相業》一篇，多好語。嗚呼！使其得年，而學不期於速成而期於大成，何可當也！垚字奕高，豫章人。

金谿傅先生語録序

陸先生之學，不在乎言語文字也。故朱之《語録》累百餘卷，奚啻千萬億言，而陸之《語録》僅僅一帙。其一帙者，亦可無也。蓋先生平日教人，專於心身上切實用功，❶一時精神之感發、旨意之懇到，如良工斲輪、大冶鑄金，巧妙莫可彷彿也，而可筆録乎？朱語諄詳，而所録多冗複；陸語峻潔，而所録或暗劣。此語録之病也，故曰可無。陸門高第弟子傅季魯，人稱琴山先生。其玄孫斯正，示余《語録》一篇，所記三十五條，其間五條已載陸先生《語録》，將欲鋟木以傳。余謂傳之不足以章世美，觀之不足以得家學。孟子曰：「萬物皆備於我矣，反身而誠，樂莫大焉。」由傅以遡陸，由陸以遡孟，在此而已，安用《語録》爲哉？余雖有是言，而其鋟木之意不能已，遂爲之題其篇端。

大西山白雲集序

文章一技耳，詩又技之小者也。技雖小，豈易能哉？知其不易，則一字不輕出。而世之小有才者率意爲之，聯章累句在俄頃之間，若甚不難。雖然，可聽而不可觀也，可觀而不可玩也。彼安焉習焉而不愧者，何歟？不知故也。昔之能詩者遠矣，近年廬陵劉會孟於諸家詩融液貫徹，評論造極。吾鄉甘中夫少而專

---

❶「心身」，乾隆本倒乙。

攻,老乃奇絶,自成一家。若二君之於詩,庶乎其可也。永豐曾可則,每言會孟稱其師王太初詩爲廬陵八邑之冠。予固服會孟之識,而不及見太初之詩。今得其集,觀玩竟日,不忍釋手。蓋巧琢工鍊,高挹冥搜,字字不苟,句句不苟,寘之唐人詩中當占上品。於是益歎會孟之識之不凡,而許與之不輕也。太初,忠州太守之孫,父兄俱仕,意態宜匪寒士比。延賞弗逮,試藝屢屈,爲衣食故,客於人之門,俠氣猶自若也。晚值世變,家禍殊劇,既貧且病,而詩愈工。無如憂患何,頗藉西竺空幻之説以自誑。然少日歡娱快適之情,或時露一二,未能盡忘也。而卒不得志以死,可哀也夫!太初名泰來,嘗夢遊大酉山下,故命其集曰《大酉山白雲》。

劉巨川詩序

嗚呼!詩不易能也。世之事斯技也衆矣,或如春華之煒燁,❶或如秋樹之替零,或如洪河之洶湧,或如弱水之底滯,或如騏驥之馳驟,或如蚤蝨之緣延。或如禮法進趨之士,折矩周規;或如狂病叫呼之人,踰垣上屋;或如三軍一將之令,整肅精明;或如一皿百蟲之蟲,蠕動雜揉。人之能不能,萬不齊也,而豈可彊哉?淦劉濟巨川,才氣徤,格律正,琢句鍊辭,雖唐宋大詩人殆不是過。嗚呼!可謂能也已。然則其可李可杜、可王可蘇否乎?曰可。何由而可?曰:四家未論也,先論《風》《騷》。《風》之變者、《騷》之續者未

❶「煒」,原避諱作「煜」,據明初刻本、成化本改,乾隆本作「爗」。以下同此者逕改,不再出校。

論也，先論其正。《風》二十五、《騷》二十五，可以群，可以怨，可以動天地，可以齊日月。何也？蓋有在於辭句之外者，李杜、王蘇亦莫不然。嗚呼！巨川其知之矣。

曾可則詩序

廬陵曾可則，才俊辭麗，如健鶻横空，如快馬歷塊，如春園桃李，如秋汀蓼蘋，超逸不群而嫵媚可愛。往年喜其樂府小詞之工，今又獲觀其詩。問淵源所漸，則曰自西山王氏。聞須谿劉氏云：「廬陵八邑詩，莫或出王之右。」誠如是也。舐淮南鼎，雞犬可仙，况親經點化者乎？集中古體頗倣昌谷，近體亦有姿態。將壽諸木，欲其長留天地間也。嗚呼！由古及今，詩之所以長留，豈偶然哉！

張氏自適集序

古之文，自虞夏商周更秦歷漢，至後漢而弊，氣日卑弱，莫可振起。唐韓柳、宋歐曾王蘇七子者作，始復先漢之風。他豈無人，要皆難與七子者並。以文論人，則然也。歐曾王蘇同時，有若司馬文正公，豈出數子上哉？然讀者不肯釋手，何歟？蓋其心術正，倫紀厚，持守嚴，踐履實，積中發外，辭氣和平，非徒言之爲尚。以人論文，則然也。河南張仲美名道濟，修潔士也。小官微禄，韜隱遠方垂三十年，屢空而不戚。身外之物，一物不苟取；天下之人，一人不輕與。爲詩爲文，一本諸中言，言必麗於理。世之絢采色、調聲響、炳炳琅琅以飾其於外者，❶能如是乎？故余不以文論其人，而以人論其文。昔年邂逅清、滄間，一見相好，偕至京師，聚處數月，嘗序其詩。越十有五年，仲美由紹興知事、黄岡縣尹遷寧州判官，以年踰七十告致仕而去。共余校文江西，獲覩全集。每篇三復而嘉歎焉，再爲之序而還其藁。嗚呼！有德者必有言，有言者不必有德，吾聞諸夫子云。

張仲美樂府序

《風》者，民俗之謡；《雅》者，士大夫之作。故《風》葩而《雅》正。後世詩人之詩，往往《雅》體在而《風》體亡。道人情思，使聽者悠然而感發，猶有風人遺意者，其惟樂府乎？宋諸人所工尚矣。國初太原元裕之以此擅名，近時涿郡盧處道亦有可取。河南張仲美，年與盧相若，而嘗同遊，韻度酷似之。蓋能文能詩，而樂府爲尤長。然仲美正人也，其辭麗以則，而豈麗以淫者之所可同也哉！

❶「其於」，乾隆本倒乙。

吴文正集卷十九

元吴澄撰

序

唐詩三體家法序

言詩本於唐，非固於唐也。自「河梁」之後，詩之變，至於唐而止也。於一家之中，則有詩法；於一詩之中，則有句法；於一句之中，則有字法。謫仙號爲雄拔，而法度最爲森嚴，況餘者乎？立心不專，用意不精，而欲造其妙者，未之有也。元和，蓋詩之極盛，其體製自此始散。僻事險韻以爲富，率意放辭以爲通，皆有其漸，一變則成五代之陋矣。異時厭弃纖碎，力追古製，然猶未免陰蹈元和之失。大篇長什未暇深論，而近體三詩法則先壞矣。「一鳩雙燕」或者方且謙遜，而「落木長江」得意之句，自謂於唐人活計得之，眩名失實，是時昧者之過耳。永嘉嘗有意於變體，姚、賈以上，蓋未之思。故今所編摭，閱誦數百家，擇取三體之精者，有詩法焉，有句法焉，有字法焉，大抵皆規矩準繩之要。言其略而不及詳者，欲夫人體驗自得，不以言而玩也。

春秋類編傳集序

析輪、輿、蓋、軫而求車，然後有以識完車之體；指棟、梁、桷、宲而求室，然後有以識全室之功。車、室非有假於分，而求其所以爲完車全室，不若是其詳，不可也。子朱子曰：「析之有以極其精而不亂，然後合之有以盡其大而無餘。」噫！讀《春秋》者，其亦可以是求之矣。《春秋》，化工也，化工隨物而賦形；《春秋》，山嶽也，山嶽徙步而異狀。持一概之説，專一曲之見，惡足與論聖人作經之旨哉！進賢陳君某，示予所著《春秋類編》。析經以主傳，分傳以屬經，創意廣例，論類粲然，蓋有得於子朱子之教者也。❶《春秋》非有假分合於人也，如是而求之，庶幾有以得其全耳。夫屬辭比事，《春秋》教也。屬辭所以合，比事所以析。不知比事，是舍輪、輿、蓋、軫而言車，離棟、梁、桷、宲而求室也。知比事而不知屬辭，則車與室具亡，❷矧於化工、山嶽乎何有！陳君其有以識是乎？夫極其精，所以盡其大也；不盡其大，無以得全體。陳君其必有以識是矣。

❶ 上「子」字，原脱，據成化本、乾隆本補。
❷ 「具」，原作「其」，據乾隆本改。

元復初文集序

儒者以文章爲小技，然而豈易能哉！能之不易，而或視以爲易焉，昌黎韓子之所不敢也。且其爲不易何耶？未可以一言盡也。非學非識，不足以厚其本也；非才非氣，不足以利其用也。四者有一之不備，文其能以純備乎？或失則易，或失則艱；或失則淺，或失則晦；或失則狂，或失則萎；或失則俚，或失則靡。故曰不易能也。學士清河元復初，自少負才氣，蓋其得於天者異於人，而又浸淫乎群經，蒐獵乎百家，以資益其學，增廣其識，類不與世人同。既而仕於内外，應天下之務，接天下之人，其所資益增廣者，又豈但紙上之陳言而已。故其文脱去時流畦徑，而能追古作者之遺。正矣而非易，奇矣而非艱；明而非淺，深而非晦；不狂亦不萎，不俚亦不靡也。登昌黎韓子之堂者，不於斯人而有望歟？余與之交也久，今由湖廣參政赴集賢學士之召，與余遇於江州。出示近藁三帙，所得有加於前。余非能文者，喜談文者也。於斯時也，而有共談之人，如之何而不喜也。雖然，無迷其途，無絶其源，願共服膺韓子之言，以終其身。

六經補注序

先聖王之教士也，以《詩》《書》《禮》《樂》爲四術。《易》者，占筮之繇辭；《春秋》者，侯國之史記。自夫子贊《易》修《春秋》之後，學者始以《易》《春秋》合先王教士之四術而爲六經。經焚於秦而《易》獨存，經出於漢而《樂》獨亡。幸而未亡者若《書》若《禮》，往往殘缺，惟《詩》與《春秋》，稍完而已。漢儒專門傳授，守其師說，不爲無功於經，而聖人之意則未大明於世也。魏晉而唐，注義漸廣。至宋諸儒，而經學之極盛矣。程子之《易》，立言幾與先聖並，然自爲一書則可，非可以經注論。若論經注，則朱氏《詩集傳》之外，俱不能無遺憾也。後儒於其既精既當者，或未能嚌味其所可取，則於其未精未當者，又豈人人而能推索其所未至哉！予嘗於此重有慨焉，而可與者，甚鮮也。蜀儒黄澤楚望，貧而力學，往年初識之於筠，今年再遇之於江。讀《易》《詩》《書》《春秋》及《周官》《禮記》，❶悉欲爲之補注。補注之書未成，而各經先有辯釋。宏綱要義，昭揭其大而不遺其小，究竟謹審，灼有真見。先儒舊説，可從者拳拳尊信，不敢輕肆臆説以相是非，用功深，用意厚，以予所見明經之士，未有能及之者也。晚年見此，寧不爲之大快乎？楚望不輕以示人，而德化縣令王君乃爲鋟梓以傳。予歎美之不足，因以諗於學者，蓋於諸經沈潛反覆，然後知其用功之不易、用意之不苟云。

事韻擷英序

昔歐陽公、蘇老泉、王荆國諸人，以「黯然銷魂惟别而已」八字分韻賦詩，送裴吴江。蘇得「而」字，其詩云「談詩究乎而」。荆國就席，擬賦二篇，一曰「風作鱗之而」，一曰「兩忘我與而」，滿座駭服。宋以前和詩，

---

❶「詩」，原作「讀」，據成化本、乾隆本改。

和意不和韻，至荆國、東坡、黄山谷，始以用韻奇險爲工。蓋其胸中蟠萬卷書，❶隨取隨有，愈出愈巧，故得以相矜尚也。倘記覽之博不及前賢，則不能不資於檢閲，於是有詩韻等書。然其間往往陳腐，用之不足起人意。江州路教授西蜀張壽翁所編《事韻擷英》，削去陳腐之字，而皆奇險之韻。荆國嘗謂晏元獻公用事的切，後見其類藁，乃知其有自來。纂輯之書，亦不爲無功也。壽翁此編，可爲賦詩用韻之助，其功不既多矣乎？置一袠，則人人皆用奇險之韻，何異於王、蘇、黄三鉅公也哉！

活人書辯序

漢末張仲景著《傷寒論》，予嘗歎東漢之文氣無復能如西都，獨醫家此書淵奥典雅，焕然三代之文，心一怪之。及觀仲景於序，卑弱殊甚，然後知序乃仲景所自作，而《傷寒論》即古《湯液論》，❷蓋上世遺書，仲景特編纂云爾，非其自譔之言也。晋王叔和重加論次，而傳録者誤以叔和之語參錯其間，莫之别白。宋朱肱《活人書括》一本仲景之論，書成之初，已有糾彈數十條者。承用既久，世醫執爲《傷寒》律令，夫孰更議其非？龍興路儒學教授戴啓宗同父，讀書餘暇兼訂醫書，朱氏《百問》，一一辯正。凡悖於《傷寒論》之旨者，

---

❶「蟠」，乾隆本作「藏」。

❷上「論」字，原作「診」，據成化本、乾隆本改。

擿抉靡遺，如法吏獄辭，隻字必覈，可謂精也已。然予竊有間焉，謂以吾儒之事揆之：❶由漢以來，《大學》《中庸》混於《戴記》，《孟子》七篇儕於諸子，河南程子始提三書與《論語》並。當時止有漢魏諸儒所注，舛駁非一，而程子竟能上接斯道之統，至《章句》《集成》《或問》諸書出，歷一再傳，發揮演繹，愈極詳密。程學宜有嗣也，而授受四書之家，曾不異於記誦辭章之儒。書彌明，道彌晦，何哉？然則輪扁所以告桓公，殆未可視爲莊生之寓言而少之也。今同父於傷寒之書，有功大矣，不知果能裨益世之醫人乎？

脈訣刊誤集解序

醫流鮮讀王氏《脈經》，而偏熟於《脈訣》。《脈訣》蓋庸下人所譔，其踈繆也，奚怪焉。戴同父，儒者也，而究心於醫書。刊《脈訣》之誤，又集古醫經及諸家説爲之解。予謂此兒童之謡，俚俗之諺，何足以辱通人點竄之筆？況解書者，爲其高深玄奥也，得不借易曉之辭以明難明之義耶？❷今歌訣淺近，世人能知之，而反援引高深玄奥者爲證，則是以所難明釋所易曉，得無類於奏九《韶》、三《夏》之音，以聰《折楊》《皇荂》之耳乎？同父曰：「此歌誠淺近，然醫流僅知習此而已。竊恐因其書之誤，❸遂以誤人也。行而見迷途之人，

❶「謂」，成化本、乾隆本作「請」。
❷「耶」，原作「也」，據成化本、乾隆本改。
❸「恐」，成化本、乾隆本作「慮」。

其能已於一呼哉！」予察同父之言，蓋仁人用心，如是而著書，其可也。

蕭養蒙詩序

性發乎情，則言言出乎天真；情止乎禮義，則事事有關於世教。古之爲詩者如是，後之能詩者亦或能然，豈徒求其聲音采色之似而已哉！蕭養蒙年少才老，詩清而俊，❶知其可以語上矣，故以上上語語焉。

省心詮要序

道家者流任永全，携書一編至，曰《省心詮要》。予觀之，可以警悟人心，可以扶樹世教，藹然君子之言也。書無作者姓名，遡其所自，謂和靖處士林逋君復之書也。❷處士當宋盛世，❸皎然肥遁，禄利不怵於中，其在逸民、卓行之科乎？今人不過誦其詩語之清而已。昔范文正公造廬而贈以詩，有「風俗因君厚」之句。及其終也，猶以遺藁無《封禪書》自喜。夫異時身聞東封之事，天書矯誣，雖堂堂名儒不免阿徇，蓋弗之取而難於言，微寓其意於臨絶之音，奚但以司馬長卿爲恥哉！行如此，識如此，言之可傳也固宜。然予未能必

---

❶「俊」，原作「俊」，據成化本、乾隆本改。
❷「逋」，原作「浦」，據成化本、乾隆本改。
❸「世」，原作「且」，據乾隆本改。

其果出於林也，以其書之有益，而能尊之信之以垂世淑人者，誠可尚，乃爲識其篇端。永全，昇人也，字玄静。少學於儒，是以能然。

清江黄母慶壽詩卷序

清江鎮黄伯原，母年七十八，舉觴壽其親，遠近見聞其事者，咸作詩以頌。夫人子，孰不喜其親之壽？然七十之年世所常有，年高而多男，男多而又賢，世所難得也。《魯論》述周有八士，説者以爲記善人之多。夫才子八人，在昔有八凱矣，有八元矣，記者獨注意於八士，何哉？蓋八凱同出高陽氏，八元同出高辛氏，而各有父母，非一人所生也。八士則一母而八子，是爲可貴耳。舊友蔡仁傑示予黄母慶壽詩卷，予固喜其多年壽，而尤喜其多賢子，遂爲題其卷端，亦《魯論》記八士之意云。雖然，七十而八十，八十而九十，九十而期頤，母之壽益高，子之賢益進，乃可謂之無忝所生。

書傳輯録纂注後序

自《樂經》亡，而經之行於世者惟五。《詩》《禮》《易》《春秋》雖不無闕誤，而不若《書經》之甚也。朱子嘗欲作《書説》，弗果；門人嘗請斷《書》句，亦弗果。得非讀之有所疑、而爲之不敢易邪？訂定蔡氏《書傳》，僅至「百官若帝之初」而止，它篇文義雖承師授，而《周書》《洪範》以後浸覺疎脱，師説甚明而不用者有焉，豈著述未竟而人爲增補與？抑草藁粗成而未及修改與？《金縢》「弗辟」，鄭非孔是，昭昭也。既迷於自擇，而與朱子《詩傳》、文集不相同。然謂《鴟鴞》取卵破巢，比武庚之敗管蔡及王室，則又同於《詩傳》，而與上文避居東都之説自相反。一簡之内而前後牴牾如此，何哉？《召》《洛》二誥，朱子之説具在，而傳不祖襲之，故切疑《洪範》以後，始非蔡氏之手筆也。❶番陽董鼎季亨父治聖人之經，學朱子之學，詳稽遺語，旁采諸家，附於蔡氏各條之左，名曰《輯録纂注》。有同有異，俱有所裨。「西伯戡黎」，其國蓋在黎陽之地，而非上黨壺關之黎。武王伐商，兵渡孟津，道過黎陽，先戡黎而後至紂都，如齊桓伐楚，先潰蔡而遂入楚境也。《輯録》引董銖叔重之問，謂吴才老以戡黎爲伐紂時事，《召誥》三月「甲子，周公用書命庶殷侯甸男邦伯」，《多士》篇即其命庶殷之書也。而舊注云《多士》作於祀洛次年之三月。《纂注》引陳櫟壽翁之説，以此三月誥商士爲周公至洛之年，周公居東。二説兼存，不以蔡之從鄭爲然也。略舉一二端，則季亨父之有功《書經》多矣。澄於此經，亦嘗因先儒所疑而推究其所可知，往往不能悉與舊説合。觀所輯纂，其間乃有與予不異者。季亨父篤行信於鄉里，年六十八而終。子真卿來遊京師，出父書以示。嘉其窮經有特見，而無黨同護闕之蔽，於是爲識其卷末。

大元通制條例綱目後序

孟子曰：「徒善不足以爲政。」言治天下不可以無法也。法者，政之在方策，傳之於後世，爲成憲、爲舊

❶「始」，乾隆本作「殆」。

章者也。古聖人治天下之法，商以前弗可考已，經制大備於周，而推《周官》六典猶可見。六者又亡其一，五者雖存，特其大綱耳。當時必别有細目，而不傳於今也，姑以春官、秋官言之。禮典必有三百之經，刑典自有三千之屬。況典禮威儀，纖悉乎三百經之外；上下比罪，貫穿乎三千屬之中。其浩博爲何如哉！禮經三百，僅有《儀禮》十七篇内之十四禮。刑屬三千，已無其書。律十二篇，蓋其遺法，自秦以來官府之所遵守，吏師之所授受，而各代頗有釐革者也。李唐增修，視前加密；柴周續纂，比舊尤精。所因據古律正文，所損所益，或附勑令格式。勑者，時君之所裁處；令者，官府之所流布；格式者，各代之所造設也，與律相參，歸於允當。宋建隆間，命官重校，號稱《詳定刑統》，而云周顯德律令，後不行。夫不行者，謂不行於周顯德所纂之本，非謂不行歷代相承古律之文也。皇元世祖皇帝既一天下，亦如宋初之不行周律，有旨「金《太和律》休用」，❶然因此遂并古律俱廢。中朝大官懇懇開陳，而未足以回天聽。聖意蓋欲因時制宜，自我作古也。仁宗皇帝克繩祖武，爰命廷臣類集累朝條畫體例爲一書。其綱有三：一制詔，二條格，三斷例。延祐三年夏，書成。英宗皇帝善繼善述，申命兵府憲臺暨文臣一同審訂，名其書爲《大元通制》，頒降於天下。❷古律雖廢不用，而此書爲皇元一代之新律矣。以古律合新書，文辭各異，意義多同。其於古律，暗用而明不用，名廢而實不廢。何也？制詔、條格，猶昔之勑令格式也。斷例之目，曰衛禁，曰職制，曰户婚，曰

❶「有」上，乾隆本有「俱」字。

❷「頒」，原作「頌」，據成化本、乾隆本改。

廐庫，曰擅興，曰賊盜，曰鬬訟，曰詐僞，曰雜律，曰捕亡，曰斷獄，一循古律篇題之次第而類輯。古律之必當從，雖欲違之而莫能違也。豈非暗用而明不用、名廢而實不廢乎？宋儒謂律是八分書，而士之讀律者亦鮮。吾郡張紹漸漬儒術，練習法律，爲律吏師。《通制》未成書之時，編録詔條及省部議擬通行之例，隨所掌分隸六部，題曰《大元條例綱目》。枚莖朗例，采拾該徧，由初逮今，垂四十載，功力勤甚。紹已自敘于前，而予嘉其可以輔《通制》之書，故又爲之後敘，于以推尊而符古律。志於究律學者，其尚慨想於斯焉。

何養晦詩序

何養晦，儒家子，清介朴愿，無世俗不正之好，可與遊乎方之内。其詩亦潔淡明整，非謾作者。噫！未易多得也。然少孤且貧，寄跡老子法中，不肯如其同類之混混於垢穢，志在遊乎方外，故以「天遊」名其詩，可尚矣哉！噫，未易淺期也。遊有三：有蘇相國之遊，有司馬太史之遊，有南華真人、三閭大夫之遊。相國之遊，欲界之遊也；太史之遊，色界之遊也；超乎無色界者，其惟南華真人乎？南華之遊，真遊也。三閭知之言之而已，請問所安。

顔子序

考《漢·藝文志》，孔門諸弟子，惟曾子有書。其十篇今見《大戴禮記》，而《小戴禮記·曾子問》《檀弓》《祭義》等篇，亦述曾子之言。宋儒備《論語》諸書所載，合《大戴記》内十篇，爲《曾子書》。又粹子思所言，爲

《子思子書》。於是有《曾子》，有《子思子》，而顔子無書也。蓋顔子雖孔門第一人，然既不得年，又不授徒，故其言無所紀録。夫子嘗謂「吾與回言，終日不違」，又謂「於吾言無所不悦」，又謂「語之而不惰」。由是觀之，夫子平日與顔子言者多矣，而泯泯無傳，惜哉！《論語》中，顔子之自言者僅一章，夫子之與言者亦僅一章，夫子言而顔子答者二，顔子問而夫子答者二，其餘則皆稱美追憶之辭耳。河北文安李鼒、江南高安李純仁，各倣《曾子》《子思》二書例，而爲顔子書。先之以《論語》《中庸》《大傳》，附之以諸子傳記、雜語。二人編纂，小有不同，其用意則一也。純仁廣覽博聞，而樸厚端謹，固具可至顔子之資。因書之言，學顔之學，必也。於所知之理無所不知，於所爲之事有所不爲，勉勉循循，有進無退，則不遷怒，不貳過，三月不違仁自可馴致，而得其所樂，殆有難以語人者。夫如是，其於顔子也，直可睎其人，非但輯其書而已。予將有俟焉。

周聖任詩序

豐城周聖任客於皮南雄之門，其議論精悍，其辭章俊拔，予數與語而嘉其能。今其子粹其父之文爲一帙，而南雄之子平江判官漕持以示予。予讀其文，如見其人，而嘆聖任之不可復作也。書此而還其槀。

蕭獨清詩序

詩也者，乾坤清氣所成也。屈子《離騷》《九歌》《九章》《遠遊》等作，可追十五國風。何哉？蓋其蟬蜕汙濁之中，浮游塵埃之外，皭然不滓，於楚俗爲獨清故也。陳拾遺《感寓》三十八，如丹砂空青，金膏水碧，超然爲唐詩人第一。李翰林仙風道骨，神遊八極，其詩清新俊逸，繼拾遺而勃興。未能或之先者，非以其清歟？❶朱子論作詩，亦欲淨洗腸胃間葷血腥羶而漱芳潤。故曰詩也者，乾坤清氣所成也。道家者流，物外之倏然獨清者也。今世道流，其濁穢乃或甚於凡庶，而萬安道士蕭獨清不然。觀其詩，瑩瑩如冬冰，瀼瀼如秋露，湛湛如石井之泉，泠泠如松林之風。豈意道流中之有是詩也，又豈意道流中之有是人也。噫！不有是人，何以有是詩哉？故曰詩也者，乾坤清氣所成也。雖然，獨清將爲詩人乎？抑爲道士乎？因詩悟道，因道成詩，階有名之清，躋無爲之清。至是，則詩其天矣乎？若今之詩，清則清矣，而猶未離乎人也。獨清名復清云。

州縣提綱序

天子者，天下之人牧，治之不能徧也，❷於是命州縣之官分土而治其民，其責任不亦重乎？而近年多不擇人，或貪黷，或殘酷，或愚暗，或庸懦，往往惟利己是圖，豈有一毫利民之心哉！嗚呼！何辜斯民而使此輩魚肉之也？吾鄉姜曼卿録事仕於閩，忍貧自潔，遇事必究底藴，惻然惟恐傷於民。前脩所編《州縣提綱》一書，手之不置，蓋與其意無一不合故也。章貢黎志遠復爲鋟木，以廣其傳。嗚呼！州縣親民之官，人

❶「歟」，原作「故」，據成化本、乾隆本改。
❷「徧」，原作「編」，據成化本、乾隆本改。

人能遵是書而行之，民其庶幾乎！曼卿之持身固謹，而志遠之用心亦仁矣。安得如此持身、如此用心者，布滿天下州縣哉！

黄定子易説序

《易》之道，廣大悉備，學者各以其所見爲説，然亦各有義焉，蓋《易》之道無所不包故也。以理言《易》者，王輔嗣、胡翼之、王介甫，至程子而極。以象言《易》者，虞仲翔、朱子發。近世有丁、有范，博極諸家，兼總衆説，搜括無遺矣。然或失之鑿，或失之泛，俱未得爲至當也。夫《易》之取象，或以三畫正體，或以三畫互體，或四畫爲一體，或五畫爲一體，或以六畫全體，或以六畫複體。卦變則剛柔相易，一往一來者也。爻變則一畫變與五畫變，而一畫不變者也。惟旁通飛伏之説，不可取爾。友人黄定子委安之用功於《易》也有年，專以一畫變、一畫不變者起義，蓋與《春秋左氏傳》沙隨程氏説及朱子《啓蒙》三十二圖皆有合也，而淺識或莫曉其所以然。予嘉其用意之勤，取義之密，故書篇首以曉觀者，俾知其説之未可輕視也，非特喜其同己而已。

陸宣公奏議增註序

三代以後，人臣論事，未有能如陸宣公者。蓋其學正，其識精，其氣和，其辭達，故其所論，深切著明如此。雖以德宗之彊愎自任，猜忌多疑，然覽所奏，未嘗不心服也。夫以眉山蘇氏文章之敏妙，新安朱氏義理之精微，至於奏篇，必效其體，豈非百世人臣告君之楷式乎？ 廬陵鍾士益博綜群書，喜讀奏議，各疏事迹始末於每篇之下，其所援據亦皆附載，繼之以諸儒之評，廣之以一己之説，因郎氏舊註而加詳焉。 凡公之言，或用於當時，或驗於他日，莫不了然易見，其可謂有功於前訓、有補於後賢者矣。

吳文正集卷二十

元吳澄撰

序

周易本説序

《易》者，天地鬼神之奧，而五經之原也，夫豈易究哉！ 古魏齊履謙伯恒父篤學窮經，其志苦，其思深。其於《易》也，悉去諸儒支蔓之説而存其本，著《本説》四卷。 其辭簡，其法嚴，能以一字一句該卦爻之義，余讀之而有取焉。 於《乾》之「乾」，而曰「上乾名，下卦名」；於《坤》之「黄裳」，而曰「不外事，無上侵」；於《蹇》之「來反」「來連」，而曰「反二連三」；於《解》之「負且乘」，而曰「負四乘二，以悔亡爲功，能掩過；以無悔爲功，過俱亡」。 此其訓釋之善者也。 於《屯》之二，曰「辭之遯，所以見履之危；❶期之遠，於以明守之堅」；於《訟》之三，曰「食舊德，則人莫與争能；從王事無成，則人莫與争功」；於《遯》之三與上，曰「係者情牽於私，

❶ 「履」，原作「覆」，據成化本、乾隆本改。

而功業非所勉；肥者宏博自大，而職事非所屑」。此其文義之暢者也。《無妄》之妄，謂《史記》作「望」，意尤明白，則同乎先儒而擇之精。《坎》三「來之」，謂「之」爲語辭而不訓「往」；《復・彖》「來復」，謂一陽始生於冬至之後，而謂十月微陽已生者不然，則異乎先儒而語之當。姑舉其概如此，他未暇徧舉。嗚呼！伯恒其知《易》教之以潔静精微爲貴與？然其簡嚴太甚也，觀者鮮或細玩而詳窺，兹蓋未易與寡見諛聞議也。或曰：「齊氏之説，與子之説《易》不盡同也。」予曰：「然。彼之與予同者，予固服其簡且嚴矣；其不與予同者，予敢是己之是而必人之同乎己哉！亦將因其不同而致思焉。則其同也，其不同也，皆我師也。」伯恒學孤特，行清介，所守確乎不移。予嘗與爲寮友，君子人也，非止經師而已。

春秋諸國統紀序

讀三百五篇之《詩》，曰有美有刺也；讀二百四十二年之《春秋》，曰有褒有貶也。蓋夫子既没，而序《詩》傳《春秋》者固已云然，則非秦漢以後之儒創爲是説也。説經而迷於是也，千年矣。逮自朱子《詩傳》出，人始知《詩》之不爲美刺作，若《春秋》之不爲褒貶作。則朱子無論著，夫孰從而正之？有惑有不惑者，相半也。邵子曰：「聖人之經，渾然無跡，如天道焉。《春秋》書實事，而善惡形於其中矣。」至哉言乎！朱子謂「據事直書而善惡自見」，其旨一也。唐啖、趙，宋孫、劉而下，不泥於傳，有功於經者，奚啻數十家。然褒貶之蔽，猶未悉除，必待宋末李、吕而後不大惑。夫其所謂褒貶者，以書時書月書日爲詳略其事，以書爵書人書國爲榮辱其君，以書字書氏書名書人爲輕重其臣而已。噫！事之或時或月或日也，君之或爵或人或國也，臣之或字或氏或名或人也，法一定而不易，豈聖人有意於軒輊予奪之哉！魏邑齊履謙伯恒父之説《春秋》則異是，不承陋襲故，皆苦思深究而自得。内魯尊周之外，經書其君之卒者十八國，乃分彙諸國之統紀凡二十，已所特見各傳于經，縷數旁通，務合書法，餘事闕而不録。其義視李則明決多，其辭視吕則簡淨勝。予之所可，靡或不同。間有不同，亦其求之太過爾，而非苟爲言也。不具九方皐相馬之眼者，又烏能識之？伯恒父之篤志經學，知之雖久，晚年獲覩其二書之成，寧不快於心歟？二書謂何？《易》《春秋》也。

周易輯説序

《易》之道，其大如天，其廣如地，其悉備也如天地間之萬物，靡所不有。世之説《易》者，各隨所見，苟不悖於理，其爲言也必有可觀。無他，《易》廣大悉備，無不包羅，無不該徧故也。金谿曾先生諱子良，在宋兩貢于鄉，擢進士科，仕至縣令。晚節隱居講授，以通經學古、能詩能文爲後進師。臨川饒宗魯遊其門，每日授《易》，所聞皆能記憶。❶師既卒，乃祖述其意，撰著新辭，文口談之質俚，如傳註之純雅，名曰《周易輯説》。意或未安，不敢輒改，蓋有漢儒治經守家法之遺意焉。先生之年，吾父黨也，素所敬慕者。今因所輯，得窺前輩之所學，又嘉宗魯之能守其師説也，是以爲之序云。

---

❶「皆能」，成化本、乾隆本作「者皆」。

中庸簡明傳序

《中庸》，傳道之書也。漢儒雜之於記禮之篇，得存於今者，幸爾。程子表章其書，以與《論語》《孟子》並。然藴奧難見，讀者其可易觀哉！程子數數爲學者言，所言微妙深切，蓋真得其傳於千載之下者，非推尋測度於文字間也。至其門人吕、游、楊、侯，始各有註。朱子因之，著《章句》《或問》，擇之精，語之詳矣。唯精也，精之又精鄰於巧；唯詳也，詳之又詳流於多。其渾然者巧則裂，其粲然者多則惑。雖然，此其疵之小也，不害其爲大醇。廬陵劉君惟思良貴甫，以朱子《章句》講授，考索玩繹五六十年。年八十，乃纂其平日教人者筆之於紙。辭簡義明，倣夫子説《烝民》詩之法，始學最易於通習，惠不淺也。夫漢儒説「稽古」累數萬言，而鄭康成於《中庸》二十九字止以十二字註之，朱子深有取焉。然則良貴父之簡明，是亦朱子意也，而見之不同者不曲徇。澄少讀《中庸》，不無一二與朱子異，後觀饒氏伯與父所見亦然，❶恨生晚，不獲就質正。今良貴父，吾父行也。皇慶元年夏，其子秘書監典簿復初官滿南歸，相遇於東淮，出其父書以示。澄讀之竟，既知先輩用功之不苟，而良貴父亦已下世，疇昔所願質正於伯與父者，今又不獲從良貴父而訂定。三人之不同，各有不同三，卒未能以合於一也，則又烏乎不悵焉以悲？故爲識其左，而還其書於典簿氏。

❶「與」，原作「輿」，據成化本、乾隆本改。本文下云「伯與父」，則「與」是。

春秋集傳釋義序

古之學者醇厚篤實，不肯背其師説。予觀公羊氏、穀梁氏之徒，既傳其師之説以爲傳，而其間有特稱「子公羊子」「子穀梁子」者，又以著其師之所自言也。嗚呼！此其所以爲三代以上之人與？漢儒治經亦謹家法，不以毫髮臆見亂其所聞。唐之陸淳初師啖氏，啖卒而師啖之友趙氏，遂合二師之説爲《纂例》、爲《辨疑》等書，至今啖、趙之學得以存於世者，陸氏之功也。新安俞皐，其學博，其才優，其質美。從其鄉之經師趙君學《春秋》，恪守所傳，通之於諸家，述《集傳釋義》，經文之下，融會衆説，擇之精，語之審，粹然無疵。經後備載三傳、胡氏傳，以今日所尚也。玩經下所釋，則四傳之是非，不待辨而自明，可謂專門而通者矣。予喜其有醇厚篤實之風，乃爲序其卷首。趙君名良鈞，宋末進士及第，授脩職郎、廣德軍教授，宋亡不復仕。皐字心遠，居朱子之鄉。與人論經，一則曰趙先生云，二則曰趙先生云。學而能若是者，鮮哉！予是以喜之之深也。

字體正訛序

自隸興於秦而篆廢於漢，其初不過圖簡便以適己而已。漢隸之流爲晋隸，則又專務姿媚以悦人，妍巧千狀，見者無不愛。學者竭其精力以模擬之，而患不似也。夫字者，所以傳經載道，述史記事，治百官，察萬民，貫通三才，其爲用大矣。縮之以簡便，華之以姿媚，偏旁點畫，浸浸失真，弗省弗顧，惟欲以悦目爲姝，何其小用之哉！漢晋而後，若唐若宋，聲明文物之盛，各三百年，頗有肯尋斯籀之緒、上追科斗鳥跡之遺者，視漢晋爲優，然亦間見爾，不易得也。就二代而論，唐之能者超於宋，宋之能者多於唐，餘風猶未泯。番昜吴正道，❶承家世文獻，工篆書。不惟筆法之工，并究字體之原，以所訂偏旁一帙示予。予每慨古藝之不絶如綫，而忽值斯人焉，如之何而不喜之之深耶？

貞觀政要集論序

夏有天下四百五十餘年，商有天下六百三十餘年，周有天下八百六十餘年。三代以後，享國之久，唯漢與唐。唐之可稱者，三君而已。太宗文皇帝身兼創業守成之事，納諫求治，勵精不倦，其效至於米斗三錢，外户不閉。故貞觀之盛，有非開元、元和之所可及，而太宗卓然爲唐三宗之冠。史臣吴兢，類輯朝廷之設施、君臣之問對、忠賢之諍議，萃成十卷，曰《貞觀政要》。事覈辭質，讀者易曉，唐之子孫奉爲祖訓。聖世亦重其書，澄備位經筵時，嘗以是進講焉。夫過唐者，漢孝文之恭儉愛民，可鏡也；超漢者，夏大禹之好善言、惡旨酒，可規也。繼夏者，商成湯之不邇聲色、不殖貨利，可師法也。周監二代，郁郁乎文，文、武之德，旦、奭之猷，具載二《南》二《雅》《周頌》之詩、《召誥》《立政》《無逸》之書，義理昭融，教戒深切。率而由之，其不

---

❶ 「昜」，底本作「易」，爲版刻誤字，以下逕改，不出校。

上躋泰和景運之隆乎？然譬之行遠必自邇，譬之登高必自卑，則《貞觀政要》之書，❶何可無也？撫士戈直考訂音釋，附以諸儒論説，又足開廣將來進講此書者之視聽，其所裨益豈少哉！

甲子年表圖序

宋司馬文正公作《資治通鑑》，倣《春秋左氏傳》編年法而不書甲子。天下不一統之時，不備各國之年，故又節約正書，撰《目録》三十卷，用《史記·十二諸侯年表》之例，標歲陽歲陰之號於上，載諸僭僞國之年於下。徽國文公朱先生因之，而脩《綱目》，直書甲子幹支，大書小書，❷以别國統離合，明如日星矣。然卷帙浩繁，披閲匪易。或有以紀年甲子列爲圖者，極便覽觀，而不無缺略也。樂安陳景德皓首劬書，博考歷代諸國紀年，起上古以逮於今，萃成一編，❸名《甲子年表之圖》。間附事跡，一二筆削，俱有意義。遠者傳疑，近者傳信，悉無所苟。李泰，同邑士也。喜其書，偕友王開抄寫點校，將鋟木以廣其傳，用心之公可尚已。予是以題其卷端云。

❶「政」，原作「改」，據成化本、乾隆本改。
❷「小」，原作「卜」，據明初刻本、成化本、乾隆本改。下「書」字，原作「習」，據乾隆本改。
❸「編」，成化本、乾隆本作「卷」。

太玄準易圖序（存目）❶

春秋綱常序

「《春秋》以道名分」，此言雖出莊氏，而先儒有取焉，以其二字足以該一經之義也。古今《春秋》傳註家奚翅百數，或間得其義，而能悉該其義者蓋未之見。淮西張鑑所述《春秋綱常》，不自措一辭，但於每行書字有高低而已。觀其敘例，大義炳然，正名定分，無以踰此。簡而嚴，嚴而簡，真可羽翼聖經，以垂訓戒于千萬世。旨哉書乎！予故識其篇端。

古今通紀序

《易》敘伏羲、神農、黄帝氏，《書》起堯舜及夏商周，此帝王傳系之見於經者。秦而下有史可稽，伏羲以

❶ 校點者按：此文非吴澄作。朱彝尊《經義考》卷二百六十九謂此文是邵雍爲《太玄準易圖》所作自序，朱按語云：「按是序載元吴草廬《支言》，然晁以道《嵩山集》即載之，當屬康節之作。」朱説有小誤。晁以道名説之，其集名《景迂生集》，北宋人。查晁説之《景迂生集》卷十載此文，標「康節先生太玄準易圖序」；又王應麟《玉海》卷三十六亦載此文，標「邵雍太玄準易圖序」。可證此文確爲邵雍作。此處删去正文，僅存目。

前，異書所載，則荒誕不足徵已。舊日紀歷代傳系之書，皆始伏羲而訖宋。今清江何君增益其舊，纂記靡遺，逮至國朝一統之盛。美哉書乎！雖未嘗讀史，亦一覽而知古今之大概。其子璋孫以刻本示予，予甚珍之，乃爲題其卷首。中間亂臣賊子，背叛簒弑，竊大位，改年號，或不數年，或不踰年，或不數月，或不踰月，而誅夷殄絶者，當别作一條，表其大逆，不可與乘時割據之國同稱僭僞。何君名岳生，在宋受父澤廕將仕郎，紹定壬辰進士、隆興通守嵩之之子也。晚歲窮居講授，不求聞達。其文昭晰從順，宜於程試，堪爲今日進士之師云。

四書名考序

朱子之釋四書，義理精矣，然所引用人名及其事實，初學或有所未詳。清江周良佐，博考備述，俾人名事實坦然明白。間又發揮其辭語，通暢其旨趣，於讀者誠有資。予雖老，亦願得此編常寘書案間，豈特可爲初學之益而已哉！

易説綱要序

清江楊明夫，與予同歲生，自少工進士業。國朝既復貢舉，時年六十餘矣，欣欣然就舉，至八十猶未已，其篤好蓋如是。觀所編《易説綱要》，程朱爲之本，而他諸説附焉，將以淑其子孫。年老而志不衰，可尚也。夫有能因其所説，擇其相近者玩繹而踐行之，則可以立身，可以應世。及其久也，得《易》之用而深於

《易》，雖希於聖，不難也。然則是編也，豈特爲楊氏子孫所習而已哉！明夫名士龍，今年七十九，視强壯無以異。

臨川王文公集序

唐之文，能變八代之弊，追先漢之蹤者，昌黎韓氏而已，河東柳氏亞之。宋文人視唐爲盛，唯廬陵歐陽氏、眉山二蘇氏、南豐曾氏、臨川王氏五家，與唐二子相伯仲。夫自漢東都以逮於今，駸駸八百餘年，而合唐宋之文可稱者，僅七人焉。則文之一事，誠難矣哉！荆國文公，才優學博而識高，其爲文也，度越輩流。其行卓，其志堅，超超富貴之外，無一毫利欲之汩，少壯至老死如一。其爲人如此，其文之不易及也固宜。宋政和間，官局編書，諸臣之文獨《臨川集》得預其列。靖康之禍，官書散失，私集竟無完善之本，弗如歐集、曾集、老蘇、大蘇集之盛行於時也。公絶類之英，間氣所生。同時文人，雖或意見素異，尚且推尊公文，口許心服，每極其至。而後來卑陋之士，不滿其相業，因并廢其文。此公生平所謂流俗，胡於公之死後而猶然也？金谿危素好古文，慨公集之零落，搜索諸本，增補校訂，總之凡若干卷，比臨川、金陵、麻沙、浙西數處舊本頗爲備悉，請予序其成。噫！公之文如天之日星、地之海嶽，奚資於序？而公相業所或不滿者，亦鮮究其底裏，何也？公負蓋世之名，遇命世之主，君臣密契，殆若管葛。❶主以至公至正之心，欲堯舜其民；臣以至

❶「管」，原作「菅」，據成化本、乾隆本改。

公至正之心，欲堯舜其君。然而公之學雖博，所未明者，孔孟之學也；公之才雖優，所未能者，伊周之才也。不以其所未明、未能自少，徒以其所已明、已能自多，毅然自任而不回，此其蔽也。一時之議公者，非偏則私，不惟無以開其蔽，而亦何能有以愜公論哉？論之平而當，足以定千載是非之真者，其唯二程、朱、陸四子之言乎？

通典序

古先聖人，竭心思以治其天下，必立法度以繼其心思而貽永久。紀載尚存者，《書》有《禹貢》，《禮》有《周官》是已。司馬遷之八《書》，班固之十《志》，倣效《禹貢》《周官》者也。以後諸史之所紀載，大率皆祖遷、固。然各代不相聯絡，國異家殊，涣無統屬。至唐杜佑，乃合周秦以來之法度，萃爲一書，分食貨、選舉、職官、禮、樂、兵、刑、州郡、邊防九類，凡二百卷，名曰《通典》。使求治之主、佐治之臣志在興禮樂、修政刑者，考證於此而損益之，所因所革，近如指掌。故先哲鉅儒，亦有取焉，不以其爲記纂之書而少之也。況今以時務策試進士，酌古準今，尤不可以無所考證，則此書寧不爲有實用乎？惜無善本。盱守谷侯治郡之暇，將崇文物，精擇詳校，鋟板郡庠，命直學吴溥來索序引，其措意遠矣。此書既成，侯及一郡之士無不明習法度，它日進當要路，儻時有創建，而身與其間，必能光輔聖君賢相制作之盛事。則此書之功，其有補於國家豈小哉！侯名嵓輔，河南人。

綱常明鑑序

三綱二紀，人之大倫也，五常之道也。君爲臣之綱，其有分者，義也；父爲子之綱，其有親者，仁也；夫爲妻之綱，其有别者，智也。長幼之紀，其序爲禮；朋友之紀，其任爲信。之二紀者，亦不出乎三綱之外，何也？因有父子也，而有兄弟以至於宗族，其先後以齒者，一家之長幼也；因有君臣也，而有上下以至於儔侣，其尊卑以等者，一國之長幼也。因有兄弟也，而自同室以至於宗族，其互相助益者，同姓之朋友也；因有上下也，而自同僚以至於儔侣，其互相規正者，異姓之朋友也。舉三綱而二紀在其中，故總謂之綱常。人之所以爲人而異於物者，以其有此綱常之道也。盱江吴琢，纂輯經史傳記所載嘉言善行，凡有繫於五倫者聚爲一書，名曰《綱常明鑑》。人能以此爲鑑，可以爲人矣。予嘉其書之有裨於世教也，❶於是爲之題其端云。

曾子音訓序❷

夫子既没，傳其道者，曾子、子思、孟子也。《漢書·藝文志》有《曾子》十八篇、《子思》二十三篇、《孟子》

---

❶「嘉」，原作「喜」，據成化本、乾隆本改。

❷「訓」，成化本、乾隆本作「釋」。

十一篇。孟子書，即今《孟子》七篇及趙岐所黜外書四篇是也。子思子書無傳焉，《史記·孔子世家》謂子思作《中庸》。《中庸》果在二十三篇之内乎？曾子書，存者十篇而已，漢戴德取之入《大戴禮記》，戴聖又采十篇之一入《小戴禮記·祭義》篇中。宋清江劉清之，病曾子之粹言有非十篇所該，别輯《新曾子》七篇。篇分内、外、雜，朱子識其卷首。予竊玩繹，惜其釐析之猶未精也，意欲以《論語》《大學》《孟子》所有爲内篇，而《小戴記》所采《大孝》一篇則附於内；以《小戴記·曾子問》與《内則》諸篇所載爲外篇，而《大戴記》所存《立事》等九篇則附於外。就中擇其言之粗者，并諸家群書之言，共爲雜篇。然又思之，若《論語》，若《大學》，若《孟子》，若《小戴記》，人所常讀，曾子遺言未嘗不接乎耳目，是書雖不輯庸何傷？惟古《曾子》十篇，文字多缺誤，不可不考正。豫章周逿參合諸本，訂其同異，明其音訓，用志不苟，可謂篤好曾氏之書者矣。逿字立中，醇厚愿樸。少有餘力工於詩，今又斂工詩之華敦劬書之實，其益詎可涯也哉！

吴文正集卷二十一

元吴澄撰

序

存古正字序

正書之變三，俗書之變二。正書者何？黄帝時倉頡所造也，後世謂之古文，别出者謂之古文奇字。歷數千年而周宣王之時變爲大篆，又數百年而秦始皇之時變爲小篆。古文、大小篆，三體略有改更，實不相遠也，故於六書之義無差殊。俗書者何？秦時所作隸書也，當時取便官府吏文而已。人之情喜簡捷而厭繁難，自此以後，公私通行，悉用隸書，而古初造字之義浸泯。後漢許氏叔重爲之慨，況距今又千載乎？隸變而楷，則惟姿媚悦目是尚，豈復知有六書之義哉！六書之義不明，則五經之文亦晦，何也？五經之文，古人之言也。古人之言而書以後世之字，字既非古，則其訓詁名義何從而通？苟欲率天下之人而廢俗書、復古篆，勢固有所不可。惟於世俗通行之字，正其點畫之謬訛、偏旁之淆亂，則雖今字而不失古義。昔臨邛魏公華父，蓋嘗有意乎此，而於字未能悉正也。至元之季，於金陵識先達李君仲和父，精究字學，所輯《稽古韻》深契予心。後三十年，其孫桓示《存古正字》一編，又因《稽古韻》而約之者也。凡華父所未及正者，仲和父悉正之，其有功於字學大矣。而予之尊其書也，非特以其與己同好也。仲和諱旬金，宋淳祐庚戌進士出身，❶官至承直郎、淮西節制司屬官。

篆書序

秦隸興而篆書廢，漢四百年莫有能者，觀於漢代碑刻可見矣。三國六朝間，亦無聞焉。唐三百年，李當塗一人而已。自秦丞相逮於宋初蓋千年，而僅有徐騎省以能繼當塗自許，何斯學之寥寥也！宋人能篆書者頗多於唐，蜀魏文靖公至今爲人所稱。陳伯英，魏公鄉人也，游藝之暇及此。所書千文，字體整潔，其可上晞文靖者夫！陳之先世，少師公於蘇文忠公如大父行，參政公當宋南渡之際以詩名家，咸淳季年別院省試《春秋》第一人，伯英季父也。一家文學之傳不絕。伯英名瑛，受朝命爲郡教授。

隸書存古辯誤韻譜題辭

自《三倉》之篇既亡，僅有許氏《說文解字》爲文字一家之宗，而其義不盡得。夾漈鄭氏略正一二，未悉正也。近時永嘉戴氏之書出，六書之學始大備。然俗書行世，雖爲士者，鮮究文字之本原，況非士者乎？

❶「戌」，原作「戊」，據明初刻本改。

夫古之聖人，作書契以代結繩，所關係豈小哉？秦人苟簡之政，取官府之便易而有隸。隸也者，隸輩所書爾，未嘗以此律士。甘於降爲隸而從其書，士之不尚志也。由漢逮今，循襲已久，隸不容廢，而偏旁之訛謬當正。就隸之中稍革訛謬，而不全失頡、籀、斯之意，其可也。番易吴正道，儒宦名家，❶志在正俗書之非。嘗輯偏旁訛誤，❷予固嘉之，今又增廣其書，爲《辨誤韻譜》。此書倘行，庶幾無不識字之士矣。予自少有志於斯，然術業非專攻，心力有不暇，見有人能爲予所欲爲而不及爲者，是以喜之極，而爲之題辭焉。

經傳考異序

金谿余國輔，輯《經傳考異》，以予之亦嘗用力於斯也，俾序其首。予少時讀經書，疑其有誤字錯簡處，必博考詳訂而是正之。一日，有先生長者見其一二，叱責曰：「聖經如在天之日月，千古不易，何可改耶？汝何物小子，而僭妄如此！」予鞠躬謝過，曰：「父師之教，敢不承乎？第古書自秦火之餘，炎漢之初率是口授，五代以前率是筆録。口授者，寧無語音之訛？筆録者，寧無字畫之舛？語訛字舛，爲經之害大矣。不訂正而循襲其訛舛，强解鑿説，不幾於侮聖言與？予之訂正也，豈得已而不已者哉！況一一皆有按據，曰某本作某字；或先儒曾有論議，曰某字當作某字。未嘗敢自用己意點竄也。」先生長者不領予説，予亦不

---

❶「宧」，原作「官」，據明初刻本、成化本、乾隆本改。

❷「偏」，原作「傍」，據成化本、乾隆本改。「訛」，成化本、乾隆本作「辨」。

能從其言而遂止，然於此每兢惕謹審而不敢苟。國輔老成之儒，顧亦同予少時之癖，而所去取不悉與同。何當聚談，細細商略，以歸於至當之一。

陶詩註序

楚三閭大夫竭其忠志，欲强宗國。懷王信讒疎之，國事日非，竟客死於秦。襄王又信讒，放之江南。原不忍見宗國駸駸趨於亡，遂沈江而死。韓爲秦所滅，韓臣之子子房，自以五世相韓，散財結客，爲韓報讎。博浪之椎不中，則匿身下邳以俟。時山東兵起，從沛公入關，立韓公子成續韓後。秦亡而楚霸，王沛公於漢，又殺韓成，良乃輔漢滅楚，而後隱去。諸葛孔明初見昭烈，已知賊之必亡漢，而勸昭烈跨有荆、益，圖霸業，復帝室，後卒償其所言。晋陶淵明，自其高祖長沙桓公爲晋忠臣。及桓玄篡逆，劉裕起自布衣，❶誅玄，❷又滅秦滅燕，挾鎮主之威。晋祚將易，既無昭烈可輔以興復，又無高皇可倚以報讎，❸志願莫伸，其憤悶之情，往往發見於詩。蓋四賢者，其遇時不同，其爲人不同，而君臣之義重，則其心一也。子房、孔明，得

❶「裕」，原作「豫」，據成化本、乾隆本改。
❷「玄」，原作「勳」，據明初刻本、成化本、乾隆本改。
❸「讎」，原作「復」，據成化本、乾隆本改。

伸其志願者。屈、陶二子抑鬱無聊，因其情每託之空言。然《楚騷》二十五篇，解者莫能明其心。❶自朱子作《集註》，而原之心始得白於千載之下。陶之詩，人亦莫能明其心，惟近世東澗湯氏略發明一二，不能悉解也。吾里詹天麟，徧歷廬阜之東西南北，則即柴桑故居，訪淵明遺跡，考其歲月，本其事跡，以註釋其詩，使陶公之心，亦燦然明著於千載之下，蓋其功與朱子之註《楚辭》等。予既悲陶公之志，而嘉天麟之能發其隱秘也，故爲序其卷端。嗚呼！後世有厚於君臣之義者，必有適讀是詩而流涕者焉。

陶淵明集補註序

予嘗謂楚之屈大夫、韓之張司徒、漢之諸葛丞相、晉之陶徵士，是四君子者，❷其制行也不同，其遭時也不同，而其心一也。一者何？明君臣之義而已。欲爲韓而斃呂殄秦者，子房也；欲爲漢而誅曹殄魏者，孔明也。雖未能盡如其心，然亦略得伸其志願矣。靈均逆覩讒臣之喪國，淵明坐視强臣之移國，而俱未如之何也。略伸志願者，其事業見於世；未如之何者，將没世而莫之知，則不得不託之空言以泄忠憤。此予所以每讀屈辭陶詩而爲之流涕太息也。屈子之辭，非藉朱子之註，人亦未能洞識其心。陶子之詩，悟者尤鮮。其泊然冲澹而甘無爲者，安命分也；其慨然感發而欲有爲者，表志願也。近世惟東澗湯氏，稍稍窺探其一

❶「明」，原作「名」，據明初刻本、成化本、乾隆本改。下文「人亦莫能明其心」，改正同此。
❷「者」，原作「也」，據明初刻本、成化本、乾隆本改。

二。吾鄉詹麟若麒，❶因湯氏所注而廣之。考其時，考其地，原其序，以推其意。❷於是屈、陶二子之心，粲然暴白於千載之下。若麟之功，蓋不減朱子也。嗚呼！陶子無昭烈之可輔以圖存，無高皇之可倚以復讎，無可以伸其志願，而寓於詩。倘使後之觀之者又昧昧焉，豈不重可悲也哉！屈子不忍見楚之亡而先死，陶子不幸見晋之亡而後死，死之先後異爾，易地則皆然，其亦重可哀已夫！晋興寧乙丑歲淵明生，越六十有三年而卒。自昔丁卯至今丙寅，九百年。

古學權輿序

《曲禮》三千，今不可得而見矣。《小戴記》首篇之首所引四言，先儒以爲古經之遺也。句止三字，意欲童幼之便於口誦也歟？然禮篇中亦猶有三字爲句者，廬陵士劉我綴輯之，附益《戴記》篇首之四言，視陳淳安卿五字句禮詩尤馴雅。并取朱子所釋《弟子職》及一二蒙訓，通作一編。其文易誦，其事易行，真古學之權輿矣夫！

❶「詹麟若麒」，成化本、乾隆本作「詹麒若麟」。

❷「其」下，成化本、乾隆本有「志」字。

毁曹操廟詩序

夫篡逆之賊，雖去之千載，見其姓名猶起人惡怒，廟而祀之何居？山南江北道憲司巡歷至夷陵，毁除冀牧曹操廟，甚快人意。「當塗轉凶悖，炎精遂無光」，朱子嘗有詩憤歎矣。而斯議，自掌書申屠駉發之。申屠之父御史君，擊姦嫉惡有聲。❶駉又好讀書，講聞乎義理，故能啓其長爲是舉也。諸君子喜談而樂道之，宜哉！

蒼山曾氏詩評序

宋末江右之能詩者，若章貢，若廬陵，若臨川，若盱江，若清江，皆有人焉。所入所造雖殊，而各有可取。其學識，則章貢曾子實爲諸詩人之冠。《詩評》一篇，乃其同鄉之士黎希賢所輯，可與朱子《畣鞏仲至》一書相並。而又發其所未發，備評諸家詩，未有若是其的切周悉者也。得此不惟可以見前輩觀書之眼目，抑真可以爲後進作詩之階梯。❷子實諱原一，居寧都蒼山之下，❸三貢于鄉，又以平寇功免文解。四試禮部不

❶「嫉」，成化本、乾隆本作「疾」。
❷「作詩」，二字原脱，據成化本、乾隆本補。
❸「蒼」，原作「倉」，據成化本、乾隆本改。

偶，朝臣列薦授官，官至承奉郎、知南昌縣。詩文有集，没六十八年矣。希賢名文明，寧都東韶人也。天質敦厚，自少攻詩，其志於羽翼詩道者乎？

學則序

《周官》三德之教：一至德，二敏德，三孝德。至德者何？能知能行，明誠兩盡，德之極至者也；敏德者何？知有未徧，行無不篤，德之敦敏者也；孝德者何？百行之中，莫先於孝，庸德之行，專務其本者也。蓋知行兼該者，上也。二者不可得兼，則篤於行而知未逮者，抑其次也。❶夫行之而不知，有矣；知之而不行，未之有也。知之而不行者，未嘗真知也。果知之，豈有不行者哉？故行而未知者，雖未爲至德，亦可爲敏德。若徒知而不行，雖知猶不知也，是以不得與於三德之目。然所行非一端而已，苟未能一一純備，先務其大。而有孝之一德者，又其次也。朱子以至德當河南程伯子，敏德當司馬文正公，孝德當節孝徐先生。善夫！莘野王德新君實，事親以孝聞，養生致樂，送死致哀，州里稱之。出而在官也，處而在鄉也，他行悉無玷焉，由孝德而達於敏德者也。一日，見其所述《學則》二篇，爲之驚異。何也？異其讀書之審、析理之精也。以昔者所聞力行之實既如彼，而今者所見致知之實又如此，其不造於至德之盛乎？雖然，夫子聖人也，汲汲然好學之功無終窮也。君實之所得異矣，不以其所已得自足，進進而未止，所得遽可限量也！

❶「次」，原作「似」，據成化本、乾隆本改。

吴文正集卷二十二

元吴澄撰

序

徐中丞文集序

御史中丞徐公伯弘父之文，如穀粟之可以食、桑麻之可以衣也。彼爛然紅紫之花，蔚然蒼翠之草，可玩而已矣。公之子守義，曩從予於胄監，而予及識公。殁後贈資政大夫、中書右丞，封平陽郡公，謚文靖。

吴閒閒宗師詩序❶

物之有聲而成文者，樂也；人之有聲而成文者，詩也。詩、樂，聲也，而本乎氣。天地之氣太和，而聲寓於器，是爲極盛之樂；人之氣太和，而聲發乎情，是爲極盛之詩。自古及今，惟文武、成康之世，有二《南》

❶「閒閒」，乾隆本作「特進」。

《雅》《頌》之聲焉。漢魏以後，詩人多矣，而成周之太和不再見。其間縱或小康，而詩人大率不遇，身之轗軻窮愁，則辭之淒凉哀怨宜也，何由而得聞治世之音乎？玄教大宗師吴特進，當四海一統之時，際重熙累洽之治。出入禁闥，晨夕清光，歷仕六朝，眷渥如一。一世亨嘉之會如此，一身希曠之遇又如此。醺酣唐虞三代之春，醲郁蓬瀛三島之馥，太和之氣貫徹於身，表裏冲融，居天上人間第一福德，其發於聲而爲詩也，韻度何如哉？舊有《瓢藁》，不啻千篇。泰定二年，被旨代祠江南三神山，四年還京。天機天籟，觸處吟詠，詩凡二百餘首，曰《代祠藁》。其徒李盤中提點將鋟諸梓，而其從子吴養浩待制請序卷端。其詩如風雷振蕩，如雲霞絢爛，如精金良玉，如長江大河。蓋其少也嘗從碩師博綜群籍，蚤已闖闖唐宋二三大詩人之門户。況又遭逢聖時，涵泳變化，其氣益昌。太和磅礴，可使畏壘之民大壤，❶可使藐姑射之物不疵，聲詩特餘事耳。偶然游戲，字字鳴國家之盛，諧於英莖咸韶之樂，❷固非寒陋困悴、拂鬱憤悶者之所可同也。幸哉！此生之在此時也。盛哉！此時之有此詩也。李盤中名某，宣授體文翊教淵素真人云。

周栖筠詩集序

世有學術貫千載、文章妙一世，而詩語或不似者。唐宋六七百年間，有學有文而又能詩，不過四五人而

---

❶「壤」，乾隆本作「穰」。

❷「諧」，原作「詣」，據成化本、乾隆本改。

已，茲事豈易言哉！善詩者，譬如釀花之蜂，必渣滓盡化，芳潤融液，而後貯於脾者皆成蜜；又如食葉之蠶，必內養既熟，通身明瑩，而後吐於口者皆成絲。非可强而爲，非可襲而取。栖筠自少壯客遊，以詩好，每出一語，何其似也！正而不陳腐，奇而不生硬，淡而不枯槁，工而不靡麗。觀其所作，期其所到，殆將梯黄、杜而窺陶、曹，猶慊然不自足。蓋其才高，其思清，不待苦心勞力，天然而成。雖得之之易，而能知其難，非真有悟於中不如是。晚年學造乎理，文進乎古，則其詩之愈超也固宜。

李侍讀詩序

韓子之論文，謂氣盛則言之短長、聲之高下皆宜。夫詩與文之有資於氣也尚矣。翰林侍讀學士李仲淵，心易直而氣勁健，其爲詩也肖其人。❶古體五言，如生在魏晉，略不涉齊梁以下光景。七言雜言，翩翩游乎鍾山丞相、雪堂學士之間而無留難。約之而爲近體也亦然。蓋其平日淹貫古今諸名家詩，芳潤熏漬乎肝脾，英華含咀乎頤輔。藏蓄既富，而氣之盛又足以驅役左右之，俾效供給而各職其職，非若孱懦之帥，擁兵百萬而拙於調用。故出乎喉吻，溢乎毫端，與名家詩人之態度聲響無一不似。彼肆口肆筆漫成音韻而曰詩者，何能窺見其彷彿哉！❷所謂言與聲之皆宜者由乎氣之盛，詎不信矣夫！予於仲淵之詩，所以三復

---

❶「詩」，原作「氣」，據明初刻本、成化本、乾隆本改。

❷「見」，原脱，據明初刻本、成化本、乾隆本補。

諷詠而不敢易視之也，爲識其左而歸其編。

劉尚友文集序

西漢之文幾三代，品其高下，賈太傅、司馬太史第一。漢文歷八代浸敝，而唐之二子興；唐文歷五代復敝，而宋之五子出。文人稱歐、蘇，蓋舉先後二人言爾。歐而下，蘇而上，老蘇、曾、王，未易偏有所取舍也。如道統之傳稱孔孟，而顔、曾、子思固在其中，豈三子不足以紹孔而劣於孟哉？敘古文之統，其必曰唐韓、柳二子、宋歐陽、蘇、曾、王、蘇五子也。宋遷江南百五十年，諸儒孰不欲以文自名，可追配五子者誰與？國初廬陵劉會孟氏突兀而起，一時氣燄，震耀遠邇，鄉人尊之，比於歐陽。其子尚友，式克嗣響。夫一家二文人，由漢迄今，僅見眉山二蘇。而尚友之嗣會孟，不忝子瞻之嗣明允。嗚呼盛矣！然歐實宗韓，明允乃以爲非韓子之文而歐陽子之文。劉與歐同鄉，而不專宗歐，予亦以爲非歐陽子之文而劉子之文也。明允雄渾奇峭，永叔擬以荀卿，直躋之周秦間。子瞻長江大河，一瀉千里，評者曰：「子瞻之文，非明允之文也。」若會孟之諔詭變化，而尚友浩瀚演迤，評者亦曰：「尚友之文，非會孟之文。」則爲知言也已。嗚呼！百世之下，有深於文者，其亦然予斯論否乎？尚友之門人曾聞禮編輯其文，自附於韓門李漢。❶予與尚友善，素喜其文辭，又嘉劉門之有南紀也，是以序其卷首云。

---

❶「自」，原作「曰」，據成化本、乾隆本改。

孫履常文集序

予家崇仁之極境，距郡城二百里餘，故於郡之名流聚會不數數。孫君履常，有學有行，撫士之巨擘，予心所敬畏者也。輒十年僅一見，平居聽人傳誦其詩，喜之如聞韶音，而猶以鮮獲覩其文爲欠。❶至順壬申，予至郡，舊學者王遠抄録履常之文二編，約百五十篇。予取而觀之，明潔整嚴，紆餘曲折，本原混混而愈有，議論衮衮而不匱。蓋根茂實遂，膏沃光燁，韓子所謂仁義之人其言藹如者。夫文章，固儒之末技，然其高下興衰，關係天下之氣運，亦豈可易視哉！予雖不能，而自幼好讀先漢、盛唐、盛宋諸文人之辭。因履常所作，而幸韓、歐之緒可不墜，是以書於其編。

遺安集序

唐宋二代之文，可與六經並傳者韓文。公自幼專攻古學，既長，人勸之舉進士，始以策論詩賦試有司。歐陽文忠公、王丞相、曾舍人、蘇學士，皆由時文轉爲古文者也。柳刺史初年不脱時體，謫官以後，文乃大進。老蘇亦於中年，棄其少作而趨古。前進士宜黄鄒次陳悦道甫，精於時文，少年魁鄉貢，成科名。名成而不及仕，隱居講授，日從事於文。若古近詩，若長短句，若駢儷語，固時文之支緒，其工也宜。餘力間作古

❶「獲」，原作「或」，據乾隆本改。

文，浸浸逼古之人。蓋其才氣優裕，義理明習，故文有根柢，非徒長於辭而已。子成大輯其稾凡十八卷，諸體畢具，森然如武庫兵。予爲序其首，俾有志於文者觀焉。

盛子淵擷藁序

予每過揚，論文必之盛氏。教授君以耆年碩望老於家，而子淵得家學，擅名東淮，舍是殆無可與論斯事者矣。夫文，小技也，予幼亦好之。好讀誦，好評議，用力多而見功寡。或發於聲，不過能爲今人語，以達於意而已。求一言之幾乎古，不能也。比年涿郡盧學士處道所作古詩，類皆魏晋清言，古文出入《盤》《誥》中，字字土盆瓦釜，而倐有三代虎蜼瑚璉之器，見者能不爲之改視乎？今覽子淵《擷藁》一二，何其形制之似也！蓋與盧游從也歟，❶家學之外，薰漸固有自云。子淵不自是，而就正於予。顧予藜羹糲食，野人所共笑，豈有物外奇玩如金膏水碧者哉！度不足以愜所期，聊書此以開異時細論之端。

金谿劉大博文集序

宋太學博士劉君之詩文，僅存若干篇，皆典雅温潤，明白敷暢，讀之可見其爲正人。胸懷皎潔坦易，略無塵滓嶔崎。蓋其天資超特，人物偉然，自宜居當世之第一流。年十七而登陸子之門，二十四而入學，二十

❶「游從」，乾隆本倒乙。

九而釋褐，四十四而遽終。予深惜其達之太早，不得久於親師；又惜其逝之太速，不得竟其務學。是以所就，但如是而已。其族曾孫立大，收拾遺文及年譜、行狀等鋟之於木，故爲之題辭，以表予之所敬慕，亦以致予之所惋惜焉爾。

詩珠照乘序

古之詩，或出於幽閨婦女、山野小人，一爲采詩之官所采，以之陳於天子，肄於樂官，至今與《雅》《頌》合編，人尊之以爲經。采者豈爲無功於詩哉！後世不復有是官，則民間有詩，誰其采之？廬陵郭友仁，窮閻之士也，以采詩自名而行四方。詩有可取，必采以去，鋟之木而傳之人，俾作詩者之姓名炳炳輝輝，耀於一時。譬之珠然，所生之處，澤媚而厓不枯，固異於凡物。不有人焉采之以獻，則潛於深淵，世無知者，又烏得覩其照乘之光乎？詩之不可以不遇夫采者，蓋如此。雖然，唐之翰林、工部，當時有采其詩者否？今五百餘歲而光燄萬丈，愈久愈明，又不止如珠之照乘而已。詩若二子，雖不采，庸何傷？

史事初基詩註序

《史事初基詩註》一部四袠，❶横浦何君之所撰述也。綴五言爲詩，以提大綱；輯諸説爲註，以備衆目。

❶「袠」，原作「表」，據成化本、乾隆本改。

凡聖賢訓戒，古今禮法，公私應接，大小事務，靡不該載；經史子集，律令條例，舊聞新見，嘉言善行，靡不援引。上自帝王，次而公卿，次而府史，下逮庶士，皆有裨益，皆可遵行也。其爲詩也，標一句五字於上，如《書》篇之有名、《詩》章之有題，淺近明白，雖若質俚，而不可忽且易也；其爲註也，累數十百言於下，如經解之有疏、史書之有志，諄復詳悉，雖若繁雜，而不可厭且憚也。然非徒撰述之者爲難，而觀覽之者亦難，故予讀之數日而後能竟，於是而嘆其學之博贍、識之周徧也。其所援引，其所該載，雖儒流或未研窮，豈但可爲吏師而已！何君幼習儒，壯而試吏入官。初遇之於豫章，已聞其翊贊風憲之美；再會之於京師，又見其耽玩經史之勤。稽其撰述，而昔之所見所聞猶信。抑嘗謂周興嗣以王右軍所書一千字次而韻之，非有意著書立教也，而其間之「知過必改」，❶靡恃己長，心動神疲，逐物意移」等語，雖聖賢遺論，奚以尚兹？何君此編，特爲吏事設耳，而有曰「道合生諸妙，神凝湛一泓」，則浸浸乎窺閫聖賢仙佛之域，吏事云乎哉！予既爲之作序，復摘出此語，以旌君所學所識云。

周天與詩序

梅南周天與詩二十篇，青山趙儀可所選精矣，而猶曰待删，以請於予。予謂詩可選不可删也。何也？

❶「而」，原脱，據成化本、乾隆本補。

自《商頌》逮周文武訖陳靈，皆夫子所删；自楚騷逮漢魏晋訖齊梁，皆蕭統所選。❶ 删非聖人不能，選則才士可爲也。韓子曰：「曾經聖人手，議論安敢到。」邵子亦云：「删後更無詩。」删詩豈易言哉！選之可也。然靈均《九章》，《選》僅存一；淵明諸詩，《選》止留四。詎可執以爲定乎？然則删固不可能，選亦未易能也。周君才氣情思如雷雨交作，紅紫競妍，森不可遏，其二十篇，泰山一毫芒耳。雲興泉湧，日富日新，予雖老拙，尚當嗣儀可爲君選之。

胡印之詩序

近年以來，學詩者浸多，往往亦有清新奇麗之作。然細味深玩，不過倣像他人之形影聲響，以相矜耀。雖不可以其人而廢其言，亦不可以其言而取其人也。若胡氏弘印所作，❷則不然。達意而不巧飾於言，纂古而不希合於今。卷端自序其志欲進於道，庶幾乎可與言詩矣。夫道也者，天所與我，己所固有也，不待求諸外。有志而進進焉，有見有得，可立而竢，非止能言而已。斯志也，余嘉之。故期以遠者大者，而還其槀，請姑置是而求其所謂道。

❶ 「統」，原作「紀」，據成化本、乾隆本改。

❷ 「若」，成化本、乾隆本作「吉」。

何敏則詩序

天時物態，世事人情，千變萬化，無一或同。感觸成詩，所謂自然之籟，無其時無其態，無其事無其情。而想像摹擬，安排造作，雖似猶非，況未必似乎？近代參政簡齋陳公，比之陶、韋，更巧更新。❶今觀臨江何敏則，句意到處，清俊絶倫，蓋亦參透此機。彼鈍根下品，孰敢仰視？點者評者，一一摘抉示人矣。他日不新而新，不巧而巧，點者莫能著一筆，評者莫可措一辭，是又詩之最上乘。

董雲龍詩序❷

幼深弟出《驪海獨吟》一篇示余，余讀之喜曰：「此何人也？何其詩之似簡齋也？」讀之竟，其於簡齋有未似者，有近似者，有酷似者，於以見其進進之未已。❸誄文一篇，爲其師而作，殆與后山《妾薄命》之詩同其悲。夫温柔敦厚，爲有得於詩教。所從受學之師，生而尊慕焉，死而哀慕焉，可謂不忘本矣。敦厚人也，其詩之進進而未已也，宜哉！吟者爲誰？董氏，雲龍其名。

---

❶「更巧更新」，成化本、乾隆本作「更新更巧」。

❷「序」，原作「集」，據成化本、乾隆本改。

❸上「進」字，原作「其」，據成化本、乾隆本改。

空山漫藁序

予壯歲遁身巴山之陰，屏人讀書。一日，有空山雷講師自郡城至，求大木以營搆。聚處談老子，甚相契。後屢會，每見師與人論詩，群雌孤雄，聽者披靡。蓋才高學廣，氣盛辭贍，横説豎説，無施不可，孰敢迎其鋒？所謂長袖善舞者歟？師没將三十年，其徒孫周惟和攜所録詩集過予。予讀之，❶精深工緻，豪健奇傑，大概從杜、韓中來。早師趙而與趙不同，晚友曾而與曾亦異，與甘俱出於趙，而各擅一體者也。師嘗註《道德經》及《南華·内篇》三，詩其一伎爾。少業進士，應舉不偶，乃寄跡老氏法。儒中之巨擘，非道家者流也。❷師名思齊，字齊賢甫，空山其號云。

管季璋詩序

贛之寧都，宋末多有以詩名。蒼山曾子實，❸其巨擘也，蕭、管二姓之爲詩者皆宗之。予年八十四矣，始得見管如圭季璋之詩，讀之驚異曰：「此地乃有此詩人乎？」蓋不尚辭之工、辭之奇，而篇篇有意，感今懷

---

❶「予」，原脱，據成化本、乾隆本補。
❷「流」，原脱，據成化本、乾隆本補。
❸「實」，原脱，據明初刻本、成化本、乾隆本補。

古，令人興嘆興悲，而莫能自已。由其讀書有眼目，故其形於言，發於聲，達於事變，止乎禮義，非無源之潢潦所可同也。予懼夫世俗之觀求備於其辭，而不識其爲至寶，是以爲題其卷端。

李元吉詩序

廬陵郭以是，博記覽，工詞章，予嘗許其可與議杜、韓。以書介里中士李業來見，有詩一衺，而郭爲之序。昔昌黎韓子勉李翊，曰「養其根而竢其實，加其膏而希其光」，「仁義之人，其言藹如也」。今郭之所以勉業，視韓之所以勉翊若合符契。業字元吉，詩淡婉可愛。與郭居相近，志相得，游處親密，漸漬長益，月異而歲不同。他日再至，❶而詩與學俱進。予將嘆美曰：「魯無君子者，斯焉取斯。」

孫静可詩序

孫静可詩甚似唐人，或者猶欲其似漢魏。夫近體詩自唐始，學之而似唐，至矣。若古體詩，則建安、黄初之五言，❷《四愁》《燕歌》之七言，誠爲高品。然制禮作樂，因時所宜，文章亦然。品之高，其機在我，不在乎古之似也。杜子美，唐人也，非不知漢魏之爲古。一變其體，自成一家，至今爲詩人之宗，豈必似漢似魏

❶ 「再」，原脱，據成化本、乾隆本補。

❷ 「言」，原作「年」，據成化本、乾隆本改。

哉！然則古詩似漢魏可也，必欲似漢魏則泥。此可爲圓機之士道，執一廢百者，未足與議也。予方喜静可之似唐，詎可勸其舍故行而習新步歟？

胡助詩序

金華胡助詩，如春蘭茁芽，夏竹含籜，露滋雨洗之餘，馥馥幽媚，娟娟淨好。五七言古近體皆然，令人愛玩之無斁。《頌》《雅》《風》《騷》而降，古祖漢，近宗唐，長句如太白、子美，絶句如夢得、牧之，此詩之上品也。得與於斯者，其在斯乎？其在斯乎？

金陵集序

鄉相王文公辭位，退居留金陵。其詩傳播至於今，與大江秦淮、鍾阜石城同其流峙。吴梓南杰，自吾鄉來游於斯，有詩一編，曰《金陵集》。追躡前塵，非苟作者。將俾臨川詩人之景響，炳耀鏗鍧，往往爲佳麗地而留與？充之充之，又一半山可也。宗人澄書。

谷口樵歌序

唐初創近體詩，字必屬對偶，聲必諧平仄。❶由是詩分二體，謂蕭《選》所載漢魏以來詩爲古體，而近體一名律詩。善古體者詆之曰：「古體之律尤精也，近體惡得專律之名哉！」予解之曰：「彼所謂律，非謂詩法也，特以其有對偶平仄之拘而謂之律爾。若以詩法爲律，則二體詩各有律，近體誠不得專其名也。」方與客論此未竟，適盱士吴君定携其《谷口樵歌》至。予讀之驚喜，蓋於近體詩尤長，雜之李唐諸家傑作中幾莫可辨。竊以比之許郢州，而穠麗工緻猶或過之。但其處僻出稀，相知未衆，惟玄教大宗師吴成季一見而奇之，爲鋟木以傳者凡百餘篇，可謂有目能識寳矣。予亦有取焉。二人非黨同姓而偏稱奬也，尚瀟散、貴豪健者不與同調，乃其所習之殊而然。世間至寳，人人共珍，予所取者公一世，其所殊者私一己而已。有寳在斯，韞匵以待，四海之内，寧不再有如成季與予者乎？君定名閏孫，南城人也。

劉復翁詩序

古之詩，皆有爲而作，訓戒存焉，非徒修飾其辭、鏗鏘其聲而已，是以可興可觀，可群可怨。漢魏猶頗近古，齊梁以後靡矣。流連光景，摹寫物象，敝精竭神，而情性之所發、意義之所託，蔑如也。唐宋詩人如山如

---

❶「仄」，成化本、乾隆本作「側」。下文「平仄」同。

海，其追躡風騷者固已卓然名家，然有之靡益、無之靡損者，亦總總而是。吉士多俊流，或呈露於詩，大率能奇能工，有如劉君復翁者乎百不一二也。蓋篇篇寓訓戒，而不苟焉假於聲辭。今見其詩，而恨見之之晚也。復翁軀幹雄偉，志氣豪邁，才可爲世用，而年且耆艾，肥遁若將終身。由是推之，世之人才，其沈晦於下而不獲顯庸者，豈少哉？噫！

豐城洪先生文集序

豐城洪先生淵，❶宋鄉貢進士，皇元以儒學教授致仕，給半俸養。文士之蒙恩，鮮或有是。自號永齋翁，❷生端平甲午，年八十一而卒。既卒之十三年，其孫寄示所刻《環中集》十卷。翁天資敏邁，少工進士業，雖時異科廢，猶喜談而不厭。接人坦易和厚，盎然如春。晚耽邵子《易》學，揭《先天方員圖》於屋壁，扁曰「環中」。得此洗心滌慮，固宜高出物表，視彼終身没溺於利欲之海者，奚翅相去萬萬哉！集中論井田，論封國，皆千載未明之疑，而援引該博，議論贍蔚，如江漢波瀾，衮衮不竭。《民數》《氣運》二篇，玩之再三，而不忍釋焉。疇昔聚會之時，往往造次，未嘗共評此等奥義。今也撫卷太息，而翁不可復作已。士之勤苦，每患無以傳後。不獲與翁並世，而觀於其文，則翁所學所識，大概亦可知也。

❶「城」，原作「溪」；「淵」，原作「前」，併據成化本、乾隆本改。

❷「永」，成化本、乾隆本作「泳」，似是。

黄養浩詩序

世所選諸家詩，每令人手披口誦不忍釋，及閲其全集，則又不然。雖李杜大家，亦不篇篇可人意，於以見詩之不易爲也。獨近代簡齋陳參政集，無可揀擇，蓋自選之，而凡不可者不復存也。樂安黄養浩有詩一帙，不滿五十題，亦必自選，而不以多爲貴也。意態聲響，宛然參政公之彷彿。作詩如是，可謂不苟作者矣。披誦至三四，因書卷首，以志吾之喜，而歸其編。

秀山小藁序

宋從政郎、建寧府節度推官南豐鄧元實，咸淳戊辰進士，元至元戊寅秋卒。仕未十年，年止四十七，平生遺文，僅僅存此，皆一時隨俗應用之作，非有意傳後者。然葩華光彩，至今晃耀人目，❶亦其才思之超邁而然。子既昭既以鋟諸木，孫允文又以授諸人，蓋欲永其傳、廣其傳也。孝子慈孫之心哉！❷

---

❶「晃耀」，乾隆本作「焜燿」。

❷「孝子慈孫之心」，乾隆本作「豈非孝子慈孫之心者」。

東湖集藁序

予在京師時，嘗對東平申屠駉言，豫章老詩人李庭桂最工近體。及至申屠氏掾江西省，始與李相聚。一二年間，倡和成集。于喁之前後，泠飄之小大，此兩間奇絶之聲；孟韓聯句，蘇黄賡韻，迨今令人嗜之如膾炙。何也？兩相值而互相發，則詩亦神，世謂敵手棋好觀是已。子迪，駉字也。庭桂之字，予偶忘之，人稱栖碧山人云。子迪寄示《東湖集藁》，因爲題其卷端。

吴伯恭詩序

吾猶及見里中甘、許、謝三長者言詩，而吾家周栖筠亦以詩自好。每聞謝、周稱吴肅伯恭之才，今春留邑，始獲見其詩。蓋氣質剛毅，不爲貧賤所移，使易地而處，夫豈淫於富貴、屈於威武者哉！如是而爲詩，宜非凡流所可到。而伯恭方且研經務學，以培其本。他日本亦深，理亦明，則其心聲所發，理爲之主，氣爲之輔，雖古之大詩人，何以尚兹？雖然，學以充其才，理以長其氣，必有事焉，當不但能詩而已。吾其止以詩人期伯恭乎？抑猶有在於詩之外者也。

吴文正集卷二十三

元吴澄撰

序

丁叔才詩序

唐宋以來之爲詩，出没變化以爲新，雕鏤繪畫以爲工，牛鬼神蛇以爲奇。而《周南·樛木》等篇，何新之有，何工之有，何奇之有？臨川丁叔才教授生徒，以其餘力爲詩章，辭達而已，不惟新惟工惟奇之尚。大篇春容，短章參錯，如和陶諸詩皆清淡，有悠然之興，可嘉已。雖然，「詩言志」，寧高無卑，寧純無雜，寧正無邪。君之詩，進進乎《周南》矣，唐宋以來之詩，奴僕也。

張君材詩序❶

作詩自成一家固難，酷似前人亦難。或有似者矣，似其一不似其二，才氣各有偏也。能諸體畢似者，鮮

❶「材」，原作「才」，據成化本、乾隆本及正文改。

哉！廬陵張櫟君材，古體五言似蘇州，七言雜言似昌谷，近體五七言八句四句，無一不似唐人樂府，高處幾逼無住。或泊然沖澹，似霞外超逸之仙；或嫵然輭媚，似花間孌婉之客。❶不專一長，無施不宜，可謂全能也已。非蹈襲，非摹擬，其似也天然。益豐其本，而自成一家，其不爲一代大詩人乎？君材通古通今，多學多藝。吾觀其人，當以才顯，不當以詩窮也。果如余所期，將無暇於工詩。

璜溪遺藁序

璜溪張瑞輔先生，❷年先於予十有五，宋咸淳庚午同預進士貢。宋運既革，鄉里諸大家延致，禮之爲賓師，未及六十而終。生平博覽多記，胸次浩瀚，隨取隨有，用之不竭，嬉笑怒罵，皆成文章。詩詞駢儷等作甚富，身後無人收拾，散逸靡遺。王德泰即其舊游處搜求抄録，得詩詞凡若干篇。此先生負才不獲小試，享年不及下壽，文章又將無傳，噫！可傷已。今雖僅能存其十百之一二，猶爲可幸也。

陳景和詩序

夫詩以道情性之真，自然而然之爲貴。秋塘陳居士，吾里之德人，平生非用力於詩者。其季子以禮傳其

---

❶「孌婉」，成化本、乾隆本作「戀嫪」。
❷「瑞」，成化本、乾隆本作「端」。

晚筆一二，所謂有德必有言也。以禮幼從予學，亦未嘗教之作詩，隨所感觸而寫其情，皆冲淡有味。陳氏自昔多大詩人，伯玉甫唐家第一，卓然爲李杜所師。宋履常、去非，傑出於半山、坡、谷之後，極深極巧，妙絶一世，不可及矣。揆之自然，不無少慊焉。今以禮不事雕琢，而不庸腐，庶其近於自然乎？《黍離》之詩曰：「知我者謂我心憂，不知我者謂我何求。」此情之至也，亦詩之至也。予之評，❶以禮盍以是觀之？景和，以禮之字也。

王友山詩序

宋三百年文章，歐、曾、二蘇，各名一世，而荆國王文公爲之最，何也？才識學行俱優也。弟平甫、子元澤，亦卓爾不群。英哲萃於一門，出於一時。噫！難乎其繼矣。文公季弟純甫之遠孫雲起，字霖仲。胸懷坦坦，如青天白日，無掩蔽，無晻曖；言論挺挺，如迅雷烈風，無阿倚，無留藏。其徵於文也亦然。韓子云：「昭晰者無疑，優游者有餘。」霖仲蓋是也。平甫、元澤之後，而復見斯人乎？王氏，其世有人矣哉！彼深險也而辭易直，鄙狹也而辭宏敞，輭媚也而辭勁峭，穢濁也而辭清整。若是而爲文者，表裏不相肖，予不知其可也。

行素翁詩序

予觀湖南行素翁之詩，如鷙鳥之迅擊，如駿馬之疾馳，如丸之流而下峻阪，如潮之退而赴歸墟，略無留

---

❶「評」，原作「詩」，據乾隆本改。

礙阻遏者。凡其目之所經，足之所到，都邑雄麗，道途險艱，遐方異俗，前代遺跡，一一備載於詩。蓋雖嶔崎歷落，奔走勞瘁，境變而才不匱，年老而氣彌壯，抑所謂詩豪也與？噫！翁之詩，今人詩也，而有往昔李、蘇二豪之才氣。此今人所無而翁有之，是以其詩能然。予不識翁，在京識翁之子。翁王氏，名約，嘗仕西南徼外，倅潤州，今老于家云。

曠若谷詩文序

廬陵曠若谷，抱才負氣，自少不肯齷齪浮沉於鄉里。值天下一統，時足跡之東西南北，靡所定也。其才氣鬱發，吐爲辭章，超然有乘風凌雲之趣，視尋行數墨者，❶奚翅據崇隄而俯深壑！人皆驚異其能，往往歸功於其游，以爲得山川之助。雖其自敘，蓋亦云然。然斯論也，自《子長遊一篇贈蓋邦式》者始，後人徒玩其華而未暇究其實也。子長世司典籍，其雄才間氣，天寔與之。使其不遊江淮，不上會稽，不窺九疑，不浮沅湘，不涉汶泗，不經齊魯梁楚，則遂無《史記》乎？況子長二十而游，《史記》之作，乃在中年以後，距其少游之歲月，亦已遠矣。豈其游之所得至久，而忽然鬱發於一旦也哉？然則爲斯論者近於誣，而或然之者幾於愚矣。若谷之才之氣，固其天之所與者厚，其詩其文，雖不借助於山川，自足以度越常流。必如昔人所云，見陰風怒濤而後能奔放浩蕩，見朝雲暮煙而後能姸媚蔚紆，吾不信也。既獲觀其詩文之偉，而又歎世人惑

❶「尋行數墨」，成化本、乾隆本作「卑卑瑣瑣」。

於一部《史記》在天下名山大川之説，因以志其卷端。

吴非吾葦間挐音詩集題辭

昔有一道士示予《風月吟》，予甚好其詩，問曰：「子將爲詩人乎？抑爲道士乎？」彼未有以答。再問曰：「爲道士固有詩矣，爲詩人亦有道乎？」亦未答。又問曰：「詩人而詩者，人也；道士而詩者，天也。子之詩，人乎天乎？」竟未答，予乃不復問。今見三吾山道士《葦間挐音詩》，尤超逸詩家者流。頗怪其攙行奪市，而予之好之也，視昔所見又有加焉。欲以問昔之道士者爲問而不可得，因大瀛海道士往，俾以予言問之，其必有以語我，願聞願聞。

閤漕山陵雲内集序 有跋❶

甘叔懷心契百世之師，楊休文身際萬乘之君，❷此閤漕之人物、閤漕之文章所以卓絶殊尤，而他山莫與齊也。山雲彭氏輯山中高人詩，以繼甘、楊之後，名曰《陵雲内集》。其淵然之光，油然之潤，足以輝映此山

---

❶「有跋」，二小字原脱，據成化本、乾隆本補。

❷「休」，原作「林」，據明初刻本、成化本、乾隆本改。

矣。雖然，此山之重，以葛仙而重也。❶仙距今駸駸一千年，隱處自修於其間者，何啻數十百人，而未聞再有一葛，何也？豈其瑞世者多而遺世者寡歟？吾將問諸山靈。

漕，舊作皂，黑色也。古無此字。按字書草下從「早」，讀如造化之「造」，釋爲斗櫟實。以其可染黑，故俗稱黑色爲「草」。此字既借爲草木之草，恐其相亂，遂去早上之廾而加丿，則不成字矣。後又借爲皂櫪之「皁」，❷《漢書音義》云：「食牛馬器以木作槽。」然則皁櫪字正當木旁，從槽而借用，此同聲字也。又借爲皁隸之「皁」，則因養馬之器而以此稱養馬之人也。「早」字「日」下從「甲」，隸書省「甲」爲「十」，後又屈「十」之尾而爲「七」，則愈不成字矣。韻書言「以水通輸曰漕」，俚俗亦以水流之自高趨下者曰水漕。漕者，水通流之名也。豐城之鄉有地名爲同漕，而此山名爲閤漕，皆是兩山之間中通一水。謂兩山之水合同爲一而通流也，故曰同漕。閤漕者，并合之「合」借用閨閤之「閤」爾。漕字去聲，皁字則上聲之讀如去聲者。少時嘗偕豐城孫素少初、欒安周栖梧朝陽，自皮氏之家至閤漕山，各賦一詩。予詩不能記，但記第三第四句云：「水交流處地橫分，山四圍中天一握。」蓋言山之所以得名與山之形勢也。今書「漕」字，人必以爲擅改山名，不容不著其説。通古通今之士，幸詳究予言，而訂其是否。

❶「而」，原作「師」，據成化本、乾隆本改。
❷「又」，原作「人」，據明初刻本、成化本、乾隆本改。

毉方大成序❶

以一藥治一病者，《本草》也；以數藥治一證者，《毉方》也。《毉方》祖於《本草》，而其合數藥以爲一方也。審其五氣，酌其五味，定其君臣佐使，如樂師調律，如軍師布陣，主對處置，一一得宜。非心通乎大化，智周乎小物，不能也。是蓋出於上古聖神之所爲，而後世名毉以漸增益焉者也。然上古之方，如所謂伊尹《湯液論》不復可見，今之所存，惟《傷寒論》之方最古，而《千金》次之。後賢增益以至于今，多矣。公家之《聖惠》則太繁，私家之《易簡》則太略。上方觀道士陳子靖，賦質清粹，務學精謹，❷用力於毉尤專。類古今諸家之方而去取之，名曰《毉方大成》。所取率皆嘗試有效者，備而不繁，要而不略，實毉方之至善，其可以參贊上古聖神、後世名毉弘濟生民之功行者夫！

古今通變仁壽方序

世之毉方不一，唯有所傳授、得之嘗試者多驗。予最喜嚴氏《濟生方》之藥，不泛不繁，用之輒有功。蓋嚴師於劉，其方乃平日所嘗試而驗者也。淮南張道中，學脈法於朱鍊師永明，朱之師劉君名開，劉之師崔君

---

❶「毉」，成化本、乾隆本作「醫」。以下同此者不再出校。

❷「謹」，成化本、乾隆本作「勤」。

名嘉彦，傷寒一科專學於李。祖李氏意，集諸家所用藥分門類證，名之曰《古今通變仁壽方》。觀其「中風」「傷寒」二部，藥皆精當，視《濟生方》加詳焉。是亦有所傳授，得之嘗試，豈苟然也哉！其所學於崔、劉者，深探本原，别有編纂，又不止藥方而已。

醫說序

盱江名醫黎民壽，嘗著《論輯方》，至今盛行於世。醫學教授嚴壽逸，亦盱江人。用藥去疾，隨試輒效。何盱江獨多工巧之醫與？觀所述《原脈》《原證》《原病》《原治》四篇，亦可見其伎之大概矣。《周官》「疾醫」之職，有云「參之以九藏之動」，蓋言察脈之巧也。又云「兩之以九竅之變」，蓋言辨證之工也。邪氣有所侵犯之謂病，正氣有所虧偏之謂病；外攘以克其邪之謂治，内修以復其正之謂治。精於察脈，精於辨證，以究其病，而或短於治者有焉。脈、證、病俱善，而又善於治，此醫豈易遇也哉！壽逸字仁安。予試其所治，知其於醫也非但既其文而已。盱江之醫有嚴氏，黎氏惡得專美於前乎？

瑞竹堂經驗方序

人有恒言：「看方三年，無病可治；治病三年，無藥可療。」斯言何謂也？謂病之有方不難，而方之有驗爲難也。盱江郡侯歷仕風憲民社，❶愛人一念隨寓而見，❷有仁心，有仁聞，人之被其惠澤者奚翅百千萬。而蒞官餘暇，猶注意於醫藥方書之事，每思究病之所由起，審藥之所宜用。或王公貴人之家，或隱逸高人之手，所授異方，率《和劑》《三因》《易簡》等書之所未載，遇有得必謹藏之，遇有疾必謹試之，屢試屢驗，積久彌富。守盱之日，進一二醫流相與訂正，題曰《瑞竹堂經驗方》。爰鋟諸木，以博其施，一皆愛人之仁所寓也。既仁之以善政，復仁之以善藥，孰有能如侯之仁者哉？噫！世之醫方甚繁，用之輒效者蓋鮮。今之所輯悉已經驗，則非其他方書所可同也。侯名薩德彌實。瑞竹堂者，往時侯插竹爲樊，竹再生根，遂生枝葉，人以爲瑞，而侯以扁其堂云。

地理類要序

昔之學佛者，北宗神秀博綜群書，南宗慧能不識一字。非但佛法然也，葬術亦然。少時嘗觀書市所賣《地理全書》，書盈一車，靡有不備。兵火後，其書不全矣。吾里饒敬德，家蓄地理書甚富，類其要凡三帙，予向所覩咸具焉。加以近年新術、舊所未有者亦載其中，約而足以該其博，美矣哉！雖諸術異同不貫於一，亦在乎擇而用之者何如爾。尚記予壯歲遇一贛葬師，而與之論，彼應曰：「子博文之通儒，吾不識字之愚

❶「仕」，原作「任」，據成化本、乾隆本改。
❷「寓」，原作「處」，據明初刻本、成化本、乾隆本改。

夫。若問吾術，無一字可傳，無一語可說。」予不能答。信夫術家之有神秀，又有慧能也。二術未知其孰優，有能於斯二者而權衡之乎？

葬書注序

新喻劉則章，前賢之後。其上世公是、公非二先生，博極群書，靡所不究。今其苗裔兼通方伎術數，可謂不忝其先矣。世所傳《葬書》，被庸謬之流妄增猥陋之説，❶以亂其真。予嘗爲之删定，擇至精至純者爲《内篇》，其精粗純駁相半者爲《外篇》，❷其粗駁當去而姑存之者爲《雜篇》。縱或觀者鮮，或能知予用意之密。則章獨能承用，將爲註以傳。予謂之曰：「予所删定，去其蘩蕪，子又增其蘩蕪，可乎？註不必有也。」則章笑曰「諾」，乃書以遺焉。

唐仲清先生遺文序

吾郡治《春秋》者，自前進士李宗叔先生殁，惟唐仲清先生爲專紹其學。宋亡科廢，❸猶有及門從學之

---

❶「妄」，成化本、乾隆本作「僞」。

❷「駁」，原作「褋」，據明初刻本、成化本、乾隆本改。

❸「宋」上，成化本、乾隆本有「雖」字。

人。貢舉既行，其徒浸盛。先生賦質剛直，不阿狥、❶不苟且於衆寡所諧，蓋古之所謂狷也，抑亦近伯夷之清乎？卒年八十九。❷生既不遇，死又無後，可哀已乎？壻嚴士清輯其遺文，并其所著講義、經義，將鋟木以傳。其《偶像》等説十數篇，破異教誑惑愚俗之妄，詆時俗迷昧禮教之失，辭確義正，足以扶樹教道。予嘉其識之達，閔其命之窮，而爲之敘云。浚，先生名也。

❶「阿」，原作「瞻」，據成化本、乾隆本改。
❷「卒」，成化本、乾隆本作「得」。

吴文正集卷二十四

元吴澄撰

序

滕國李武愍公家傳後序

上天生不世之主，將建不世之丕績；開不世之丕基，必生命世之才而羽翼之，而爪牙之。有漢高祖，則有何、參、良、平、信、越、布、噲；有漢光武，則有禹、恂、異、弇、彭、復、宫、俊；有唐太宗，則有靖、通、紹、亮、❶敬德、世勣。聖元世祖皇帝平一海内，極天所覆，盡地所載，靡不臣妾。開闢以來，未之有也。一時文武將相，或效智謀，或奮勇力，各展所長，以佐興運。如雲之從龍，風之從虎，共成丕丕不世之勳業，視漢唐諸臣蓋有光焉。

❶ 「亮」，原作「高」，據明初刻本、成化本、乾隆本改。

滕國李武愍公，西夏人。大考以貴戚命邊城，❶天朝兵至，城陷死節。考惟忠甫七齡，❷將殉父死。兵帥奇其幼慧，以獻皇弟，得之甚珍。後作州牧，治淄州。❸子十三人，公次居四。結髮從戎，熟歷行陣，技精氣鋭，所向莫禦。廟算平南，自荆襄始。公長萬夫，率衆在行。築圍絶援，以孤敵勢，由是得樊得襄。勁卒前導，與宋力戰，額中流矢，彌壯彌毅。殪彼驍將，挫彼老將，師遂渡江。洞庭捷而岳陽附，沙市破而江陵下。有旨分三道進軍，一徑趨浙，一收湖廣。公以副帥，偕大帥定江西。師薄洪城，僅一交鋒，不支即降。撫及建昌，瑞及臨江，相繼皆降。移師指吉，吉人偵師所過不殺不擾，嘆曰「此仁義之兵」，開門迎師。贛南安聞之，亦來納款。民按堵不動，不知干戈之臨、運代之革也。臨安順命，宋臣有揭益、衛二王航海者，立於閩中。江西近閩之郡，逋官遺民，聚衆以應。公馳至盱，衆俱敗散。洪起大獄，誅籍巨室。公聞亟歸，平反其辭，全活百數。時廣猶未寧，❹它師往援，公獨鎮洪，遣偏裨蕩清贛境。半年之後，宋之藎臣又自汀出，公以精兵逐之，循贛之鄙，追及吉之鄙，支黨悉平。宋益王終，衛王嗣立，列舟駐廣之厓山。公暨張弘範，並膺蒙古、漢軍都元帥之任，期於必取。至元十六年春，二帥師集。彼敵雖小，堅勁未易摧。相持踰二十日，二

❶「命」，成化本、乾隆本作「保」。
❷「考」，原脱，據成化本、乾隆本補。
❸「治」上，成化本、乾隆本有「監」字。
❹「廣」，原作「席」，據成化本、乾隆本改。

帥舟師合攻，大戰自朝至於日中，宋師踣。相陸秀夫，朝服抱宋主蹈海，後宫及文武官并妻子，❶從死者萬餘人。將張世傑，潰圍奔南恩，後數月，溺水死，宋祚乃訖。公生平戰功，此其最大者。公留洪五年，遷湖廣省，治潭。越二年，治鄂。又二年，扈皇子征交趾。明年抵其國，則已空其國逃去。❷逮夏水漲，師還中途毒矢傷膝，轉戰愈力，擁護皇子脱於險。行七日，次思明州，竟卒。

公之官，肇端淄萊路安撫司郎中，繼授諸軍總管，繼授副萬户，繼兼益都、淄萊兩路軍職，陞副都元帥、同知江西道宣慰司事，遥領福建道正使，尋改使江西。由宣慰使除行中書省參知政事，由都元帥除行中書省左丞，階宣武、明威、宣威將軍，定遠、昭勇大將軍，以鎮國上將軍换資善大夫，贈銀青榮禄大夫、平章政事，謚武愍，加贈推忠靖遠功臣、太保、儀同三司，追封滕國公。公之長子榮禄大夫、江西等處行中書省平章政事世安，長孫翰林直學士、中議大夫屺，澄所識也。因閱公行狀、神道碑，載公之忠武勤勞夥矣。而澄數奉教於中州諸老，竊聞世祖皇帝篤信孟子能一天下之言，習知曹彬前平江南之事，睿謀神斷，專以不殺爲心，故南行將相，必丁寧戒敕。其能欽承上意者固有，而亦豈人人如曹彬乎？惟公天資仁厚，江西之受其賜爲獨優。公之去洪適潭也，老稚嗟惜垂涕，攀留如失慈父然。夫天道好生，而道家忌世將，爲其世將多殺

❶「并」，原作「弁」，據成化本、乾隆本改。

❷「去」，原無，據成化本、乾隆本增。

也。今公之子孫，政事文學，表表顯庸，方興未艾之福如長江大河，源源而來，混混不竭。❶觀天之所報於公，則知公之所施於人其何如哉！❷予於公之盛德身所親見者，樂爲江西之人道之。而凡公之雋功難以徧舉者，碑狀具存，不復一一論述也。公諱恒，而字德卿云。

趙國董正獻公家傳後序

上天命皇元一四海，多生碩才以擬其用，河北史、董二家最著。董氏由龍虎衛上將軍俊始歸國，竭忠力戰而死。越四十餘年，其仲子文炳，❸竟佐丞相伯顔取江南，功第一。其季子文忠，以近臣侍左右，朝夕諷議，有裨君德國體，兵謀民病者甚夥。恭謹讜直，人比之石奮、魏徵。官至資德大夫、僉樞密院事，加贈體仁保德佐運功臣、太師、開府儀同三司、上柱國，追封趙國公，謚正獻。適嗣士珍，資政大夫、御史中丞，贈純誠肅政功臣、太傅，其餘官勳封國並如父，謚清獻。適孫守中，今參知湖廣行中書省政事。謂正獻公行狀、墓誌、神道碑事蹟有缺遺，囑其客修成《家傳》，纂述該悉。夫論撰稱揚其先祖之美，勒在烝彝嘗鼎，以明示後世，此古昔孝子孝孫之心，記禮者嘉之。參政之心，同乎是心也。嗚呼！爲人臣下，克忠於君；爲人子孫，

---

❶「混混」，成化本作「衮衮」，乾隆本作「滚滚」。
❷「施」，原作「勉」，據成化本、乾隆本改。
❸「仲」，原作「門」，據成化本、乾隆本改。

克孝於親。忠孝之行萃董氏一門，其世美之久而彌彰也，有以哉！

崇仁三謝逸事編序

邑西謝氏有諱九成者，字子韶。子貴，贈承議郎。嘗往見臨江謝尚書諤，尚書稱爲宗人，書前賢訓誡之辭貽之。承議六子，長公旦，字清父，一字景周。淳熙壬寅十一月生，嘉定癸酉貢士，明年登科。初授迪功郎，主永新簿班，改通直郎，知通城縣。轉奉議、承議、朝奉三官，直寶章、華文、煥章三閣。外歷制機、郡倅，内歷監察御史、崇政説書，遷太常少卿，丐祠而去。起知贛州，持憲浙東、浙西，終閩漕。淳祐乙巳十月卒，❶年六十四。次洪，字申父，一字景範。❷淳熙丙午二月生，開禧丁卯、嘉定壬午兩預貢，寶慶丙戌免舉登科。初授迪功郎，主江陵簿班，改通直郎，知萬安縣。淳祐丙午十月卒，年六十一。其三琳，字貢父。淳熙戊申六月生，嘉定丙子、己卯兩預貢，庚辰登科。初授迪功郎、南豐簿班，改宣教郎，知郢縣。官奉議、承議、朝奉，職文思、審計，監三省，門密院編修，❸擬右司文字，出知徽州。淳祐丙午奔伯兄喪，至家哀慟成

❶「十月」，原脱，據明初刻本、成化本、乾隆本補。
❷「一」上，原衍「申父」二字，據成化本、乾隆本删。
❸「門」字，疑有誤。

疾，四月卒，年五十九。其四公浩，其五灝，其季公望。常卿之子東之，字若水，仕至儒林郎、❶淮西總領所轄幹官。萬安之子鎔之，字若礪。右司之子清之，字若冰，父澤授將仕郎。總幹之子宗斗、宗禮、宗周。宗禮一子。宗周二子，一爲宗斗嗣。澄之從曾祖夢雋，嘉定庚午貢於鄉。越五年甲戌，隨常卿同試禮部，❷自此有事契。後五十七年咸淳庚午，常卿之孫宗斗與予同貢，欲偕予編纂三謝先生逸事，多方搜索，苦無文獻足徵。又五十七年，❸宗斗之弟宗周以所得一衺示予，❹冠以尚書公所貽前賢訓誡，承議有跋語，常卿亦有跋語。常卿、總幹遺文若干篇，雖僅僅一二，然猶幸存此矣。三先生俱無行狀、墓誌，而三壙記敘述頗詳。繼今儻再裒輯，庶幾世美不墜。嗚呼！三先生伯、仲、叔接踵擢科，伯、叔以清節著聞，仲氏亦號賢令長。同門三傑，焜耀一時，盛哉！萬安、右司不幸無後，而常卿之苗裔能若是，可嘉也夫，亦可嘅也夫！

邢氏孝行序

晋散騎侍郎賀喬妻于氏，養其夫仲兄賀群之子率爲子，乳哺鞠育，同於己生。使喬廣置側媵，後有妾子

❶「儒」，乾隆本作「文」。
❷「常」，原作「長」，據明初刻本、成化本、乾隆本改。下文「常卿之孫」句改正同此。
❸「七」，乾隆本作「九」。
❹「衺」，原作「表」，據成化本、乾隆本改。

曰纂，于亦子之。今觀大同穆氏妻邢氏，子夫兄之子與夫妾之子，恩勤備極，二事適相類。然于氏爲士大夫之妻，通經史，能文章。咸和五年上表於朝，援引古今，辭義蔚然，以此婦人而有賢德，❶固其宜也。邢氏生長民間，非有見聞之益、敎學之功也，而其賢不減於于，可不謂難能者哉！嗚呼！近世士大夫不能正身以御家，縱其妻悍妬無道，無子而不肯子兄弟之子。鉗制其夫，不令有妾；阻隔其妾，不令有子。卒至絶嗣爲不祀之鬼者，吾見多矣。聞邢氏之風，獨不内愧于心乎？夫婦人無非無儀，豈欲善行之聞於人？而君子樂稱邢氏之賢，亦將愧夫世之不賢者也。

項氏守節詩序

從仕郎、法物庫副使黄汝賢妻項氏，年十有六而歸，三十有七而嫠。❷無子，止一女，守節自誓，不復他適。其姻親孔善卿爲予言，予嘉嘆焉。《易》曰：「恒其德，貞婦人，吉。」《象》曰：「婦人貞，吉。從一而終也。」嗚呼！世俗衰漓，❸士大夫或喪其良心，況婦人乎？有七子而猶不安其室者有矣，盛年無子而從一而終，可不謂賢哉！昔衛有共姜，漢有陳孝婦，魏有夏侯令女，前聖存之於經，後賢具之於史。今項氏與三

❶「德」，成化本、乾隆本作「行」。
❷「三」，乾隆本作「二」。
❸「世俗衰漓」，成化本、乾隆本作「世衰俗漓」。

貞婦雖所遭、所處時位不同，其貞正自守，一也。好是懿德之人，安知無詩以美之、書以褒之、示世儀則者乎？予於是紀其事，以俟夫續《列女傳》者考焉。

趙氏慶壽詩序

愛其親者欲其壽，其心無所限極也。上壽百歲，中壽八十，下壽六十。下壽期於中壽，中壽期於上壽，爲人子孫之心皆然。廣平趙慶甫，昔爲轉運司屬官，慶其父八十，鄉貴馬尚書德昌以詩爲倡，中朝碩彦、當代名流莫不有詩，一時榮之。距今三十五六年矣，而慶甫又八十，壽且康强。行御史臺宣使禮，其孫也，壽其大父如昔慶甫之壽其父。自今八十中壽以至於百歲上壽，而禮之所期者猶未已。趙氏世世有子孫之賢，能致愛親之誠；世世有高年之親，得受子孫之奉。夫豈偶然者？非家之積善，何以獲天之厚報如此哉！禮也將裒諸公慶壽詩爲一卷，予爲之序云。禮字仲敬。

贈琴士李天和序天曆己巳

新淦李天和，儒宦之裔。少倜儻任俠，客四方，即襄陽而家焉。游藝之暇，寄迹於絲桐。子嵩壽年十八，已善繼昭文之綸，蚤慧可尚已。天曆二年秋，自襄來淦。于冬之仲，命其子造吾門，貽書評三操之殊，考五絃之合，意若就正於野叟。

夫術業有專攻，天和於琴專業也，叟腐儒耳，頗究心禮樂之名數，而非習於其藝者，烏足與議哉？叟之所知，蓋曰匠師之目雖巧，而不能不資規矩以成方圓；樂師之耳雖聰，而不能不資於六律以正五聲。琴工之調絃也，間二則按九徽，間一則按十徽。宮之於徵，商之於羽，徵之於半商，皆九徽間二而協。角之於半宮，必進半徽焉。商之於徵，角之於羽，徵之於半宮，羽之於半商，皆十徽間一而協。宮之於角，必退一徽焉。按律定聲則然也，若審之以耳而不資於律，譬猶恃目力之巧，不用規矩而能成方員者，叟有所不能也。至於琴操之古不古，此又關繫乎天地之氣運、國家之政化，尤未易以虛言也。樂調之聲，隨天地之氣運而淑慝；天地之氣，隨國家之政化而醇醨。三皇、五帝、三王之盛，如春之發生，夏之長養，秋之成熟。一時民庶，熙熙皡皡於洪鈞坱圠之内，陶然太和，充滿六合。其發於聲樂，而爲咸英莖章、韶夏濩武，盡善盡美，後世蔑以加矣。❶周衰，諸侯放恣。周末戰國紛爭，禮樂久已淪廢。及秦燔滅詩書，禮樂遂泯絶而無餘。漢興，不能汲汲講求以復於古，陵夷極於晉、隋。唐初用祖孝孫樂，直謂樂聲無預治亂，是自安於今而無意於古也。開元成一代之典，豈能恥其所因之陋？禮且苟也，而況於樂乎？宋世講求亦屢，至大觀之大晟樂而定。斯時何時也？國家之政化若何，天地之氣運若何，而可爲此事哉！宜其聽者之輒昏睡而厭聞也。沿襲逮今，不過掇拾唐宋之緒而已。

夫樂有八音，革木不分五聲，姑未論。金、石之聲舂容，匏、竹之聲條暢，惟絲聲不然。大樂之瑟，俗樂之箏，一彈一聲，簡短易歇。古者升歌，四工四瑟，倡一和三，連四爲一，然後可配它樂之一聲。今之琴韻，

❶「矣」，原脱，據乾隆本補。

取聲於托、擘、抹、挑、勾、剔、打、摘，而有吟、猱、綽、注、汎指等類，以衍長其聲。一琴之中，而與古樂四瑟之倡嘆同意，惜其音調雖非教坊俗樂之比，而終未脱鄭衛之窠臼。以今三操，北操稍近質，江操衰世之音也。浙操興於宋氏，十有四傳之際，穠麗切促，俚耳無不喜。然欲諱護，謂非亡國之音，吾恐唐詩人之得以笑倡女也。嗚呼！此關係乎兩間氣運之大數，豈民間私相傳習之所能變移者哉！天和精於其藝，達於其本。試取三操參互損益之，以庶幾乎古。當今君明臣良，超越前代。但所在郡邑，吏貪謬而民愁怨，猶不免虧傷天地之和。此惟政化乎洽，❶由上而風乎下，由近而漸乎遠，貪謬易而循良，愁怨轉而康樂。於此之時，所改之操，乘革乖爲和之休運，其近於古也，不期然而然矣。叟雖期耋，尚幸須臾無死，冀得一聞此音也。天和父子將北遊，京師人物都會，寧無奥學卓識、願贊明君良相之制作者！儻出予言諗焉，其必不以爲野叟之耄言也。嵩壽行，書此爲《贈琴士李天和序》。

送鄉貢進士董方達赴吏部選序

廬陵支邑之遠鄉有董氏一族，自宋初迄宋末，以文儒發身者七八十人。祥符甲寅，淳、滋、淵、湘，一家同父兄弟四人同預貢。次年乙卯，淳登科。明道癸酉，洙暨弟儀、汀子師德、師道，一家父子兄弟五人同預貢。景祐甲戌，皆登科。此其科名之最稠者。登科之儒，累累相續。敦逸官至侍從，德元官至執政，此其官

❶「此惟」，成化本作「此云」，乾隆本作「使」。

位之最隆者。紹興間，臨川分創一支邑，割廬陵支邑之鄉隸焉，由是董氏屬撫，而文風士氣猶如屬吉也。逮宋之季，咸淳庚午，定得、雷先、省翁，一家同父兄弟三人同預貢。次年辛未，定得又登科。越四年甲戌，江西混補試，中太學進士選者諱德，屯田員外郎文肇之十世孫也，科舉之文甚精。宋祚迄，課其孫肆業猶不輟。比及貢舉復，其孫天衢，至治癸亥預江西鄉試貢。次年泰定甲子禮部會試，人期其文百試百中。既而小郤，期者觖望，而識者則曰：「此天將老其才而大其成。」被特恩，長龍興路宗濂書院。處三年，職業修舉，公私交相敬愛，以爲不特可以文學稱，又可以政事稱也。將謁吏部選，士友以序若詩贈行者不一。天衢之大父，殿宋三百年進士之終，今其孫肇皇元萬億年進士之始。董氏儒科之有人，雖運代更易而不替，盛矣哉！天衢來告行，予謂之曰：子之家世如此，子之才藝如此，有光於前，有開於後，將爲皇元董氏文儒之第一祖。予輒因子之族推而上之，原其受氏之久。自黄帝以來，若春秋之時，若漢唐之際，名世者多矣，實與廬陵一族相照耀。而爲古今第一者，江都相也，蓋「正誼不謀利，明道不計功」數語升入孔聖之堂室。三代而下以至於今，諸儒未有能及者也。充子之家學，遡而極之，有得乎此，則文學足以發身，政事足以涖官。既在人之先矣，又將可爲聖門四科之首，非但爲一族儒林之最而已也。天衢之字曰方達云。

贈饒熙序

在宋嘉熙庚子，撫郡貢士以《春秋經》第一充第一人者，饒君鑒也；以《詩經》第一充第六人者，婁君建也。二賢長厚君子，温然粹然，有如玉之德，非輕揚峭拔、但以一日之藝稱輩流者也。晚年並特奏名授官，而婁之子，一登進士科，一預進士貢。饒之子若孫，騤騤繼婁之躅，而宋亡科廢矣。二家胤胄，孝友慈良，忠信謹重，人人而然。目其儀容，耳其論議，往往與時俊克濟世美，不墜家聞者哉！澄五十年前已與婁之子文輔同貢，饒之曾孫熙亦一再及吾門。與二姓交際，雖久近淺深之不同，而知其胤胄之賢則一也。熙在吾家，坐間有風予勸熙仕進者，❶予應之曰：「士之出處各有意。熙之才固可以仕，其進其退在彼，非予所可勸沮也。」澄撫人也，且爲言撫之事。宋之盛時，撫之曾、王二姓最盛。曾再世擢科矣，乃至中書舍人鞏，同産五人皆進士。❷王一世擢科矣，乃至丞相荆國公安石，同産三人皆進士，其一又特賜及第。然二姓之所以盛，蓋不止於科名。中書、丞相之文，如麗天日月，上與漢之賈馬、唐之韓柳等夷。而丞相之志行，吾陸子所謂「潔白之操，寒於冰霜」者，百世一人而已。饒、婁二家，賢祖父之所積累、所醖釀，自宋末至於今，其蓄也久而深，則其發也大而遠。乘皇元文運之隆，饒、婁二姓之盛，詎知其不如曾、王二姓之在宋乎？婁之子孫，已小試者未可以自足；饒之子孫，未一試者不可以自畫也。志行之卓，文章之古，科名之顯，予之所期於二姓者遠且大，而不願其以近利小成自安也。❸因書遺熙，俾自勖焉。

❶「風」，乾隆本作「諷」。
❷「同」，原作「周」，據成化本、乾隆本改。
❸「成」，原作「試」，據成化本、乾隆本改。

贈陳與道序

陳與道資質謹厚，其爲醫也詳審。留洪僅十季，凡臺省達官、廛里編户、朋友舊知、遠邇羈客，召診問藥者紛至，診無不中，藥無不效。廉而無所覬，人重其術而高其行，不惟親之，而且敬之。既而自洪歸鄉，則昔之詳審又加之以精巧，詎非更歷之多、試驗之熟而然與？夫人之求醫，喜世醫，喜老醫，何也？爲其更歷多而試驗熟也。予謂其多其熟，豈係乎世與老哉！世而荒其祖、父之業者有矣，老而昏耄，曾不如少壯之明察也。秦越人少爲舍長，則非老也；遇長桑君傳其禁方，則非世也。彼其術之神，固無俟於歷試驗也。然猶之齊、之晋、之秦，足迹幾半天下，所適之地廣，所治之疾不一，而彌多彌熟，雖神醫，不能不然也。予期與道之學秦越人，則其術不但可名於今而已。尚勉之哉！

贈教諭榮應瑞序

豫章之武寧、分寧，山峭而水清。人生其間者，大率任俠尚氣，雖士亦然，蓋其土風然也。榮應瑞亦分寧士，官崇仁邑校三年，與少者相安，與老者相得，内無町畦，外無圭角。自始至逮官滿如一日，藹然如周旋揖讓於洙泗之鄉，❶視其鄉之土風，無毫髪肖似。予其敢以分寧之士伍之哉！夫生於其鄉而異於其俗，此

---

❶ 「鄉」，明初刻本、成化本、乾隆本作「間」。

世所謂非常人也。況其發言也馴雅而不媚，其處事也雍容而不懦，是又得其土風之善而合乎中庸之道者。夫如是，使之有言責，必不依阿而詭隨；使之有官守，必不罷輭而不勝任。惜乎沈晦於下寮，局促於冷職，而未得以展所蘊。故予於其去也，勉之益加培養，以俟時及。❶及予之未死也，猶將見其有立於世也。

贈史敏中侍親還家序至順庚午

敏中，崇仁縣尹史侯之子也。數十年來風俗大壞，居官者習於貪，無異盜賊，己不以爲恥，人亦不以爲怪。其間頗能自守者，千百不一二焉。侯，真定人。真定有史、董諸大姓，各以材武起家，皆沈毅質樸，無文史之險譎，無儒流之緣飾。其子孫出而仕宦者，往往能廉。侯至崇仁，首示教條，諭民以所應爲、所不應爲。涖政數月，任己所見，悉無所私。因公過予，予問之曰：「侯能始終自守如是乎？此縣無職田，俸不足以自養，如之何？」答曰：「吾於沔陽種田，若無旱澇，可以粗給終歲之食。前任佐邑錢塘，彼俗浮靡，喜以賄賂汙官吏，而吾不染其汙也。身雖在官，而耕者在家不廢歲收，家之所收以供官之所用。」予聞其言，爲之嘉歎。處此三載，一一踐其言如初。噫！人每以居官之所挐攫而肥其家，❷侯獨以居家之所營辦而贍其官，今世所希有也。不惟是也，凡居官有所施與，類皆虛言無實。侯修廟學，自助錢二十萬，侯家隸解送贍用之

❶「時及」，原作「遭逢」，據明初刻本、成化本、乾隆本改。

❷「挐」，成化本、乾隆本作「拏」。以下同此者不再出校。

貲至，實捐二百幣畀修學之司，❶亦所希有之事。今世貪官之子隨父行者，父受賄賂，子又外有所取。或父雖不受，子亦私取於人。敏中潔白自將，不損侯之廉名，可謂賢子哉！官滿侍親還家，求予誨言。予謂人之保初節易，保晚節難。侯今年六十，❷晚節完矣。敏中年方少壯，它日得仕，始終不改其父操，則吏氏世世有廉吏，豈不有光於真定之世族哉！敏中字遜卿云。

贈何仲德序

先漢之初任文吏，宰相往往由吏起。吏貴重，故吏亦自貴重。嚴酷者或有之，而貪濁者鮮有也。其後重者浸浸以賤，逮宋之季極矣。國朝用吏，頗類先漢。至元間，予嘗遊京師，獲接中朝諸公卿。自貴戚世臣、軍功武將外，率皆以吏發身。蓋當時儒者進無它途，惟吏而已。曰官曰吏，靡有輕賤貴重之殊，今之官即昔之吏，今之吏即後之官。官之與吏，情若兄弟，每以字呼，不以勢分相臨也。而其時之吏多修潔。越十數年，吏習丕變，何也？雜以南土舊日之吏故也。夫南土舊吏，人所輕賤，不齒於大夫士者也。國朝之吏，又所貴重，可至於宰相者。以可至於宰相之地，而卑不齒於士大夫之人，其無識無恥，豈能自貴自重其身哉！❸不惟彼

---

❶「司」，乾隆本作「用」。

❷「侯今」，原倒，據成化本、乾隆本乙正。

❸「自重」，二字原脱，據成化本、乾隆本補。

不自貴重也，而向之稍自貴重者，❶亦且相熏相染，同爲無所顧藉之歸。通天下皆然，莫可救藥，可嘆也夫！近年有儒流選而爲吏者，則異是。潯陽何自明仲德，年少工儒。先世登進士科，官至御史中丞。仲德儒官之裔，讀聖賢之書，吏于臨川郡三載，不刻不汙，藹然文儒氣象，視世所謂吏者霄壤。既考滿而遷，當路達官争相羅致，它日能如吾前此所見之名公卿也何難？予惜其去，又喜其升，於是贈之以言，嘉之也，亦勉之也。

贈周南瑞序

天下之姓，雖支分派別，其初實同出乎一本。春陵之周，與廬陵之周，豈有異也。安成周南瑞敬修，扁「濂溪」二字於書室，或者議之。予謂無可議者。然慕濂溪之名，當繼濂溪之實，❷濂溪之實未易繼也。予嘗有志於慕效，❸求之六十餘年，茫然也，而僅識其路徑之所由趨，略窺其門户之所從入。敬修欲爲濂溪後人，亦頗知其門户路徑否乎？爲之難者，言之不敢易，故予不欲遽以所識所窺告。子歸而求之，取《通書》熟讀精思，一旦豁然有悟，他日重來，予一望間，見子有吟風弄月氣象，即席而共語，其必有以起予。予將喟

❶「貴」下，原衍「而且」二字，據成化本、乾隆本删。
❷「繼」，成化本、乾隆本作「既」。
❸「志」，原作「意」，據明初刻本、成化本、乾隆本改。

然嘆曰：「是真可爲濂溪後人已！」夫濂溪有云：「聖人之道，韞之爲德行，行之爲事業。彼以文辭而已者，陋矣。」敬修之文辭，固已卓冠乎鄉儒之上，自濂溪眂之則陋也。盍暫舍其所已學，而勉進其所未學者哉？

贈道士謝敬學序

樂安招仙觀提點曾法師之徒，多才而各有所嗜。其長黄大有，其仲袁天啓，其少謝師程。黄嗜道書佛書，袁嗜儒書，謝嗜醫書。謝造吾門，留止過信次。談及五運六氣，予與言曰：「醫家論六氣流行，丑中至卯中一，卯中至巳中二，巳中至未中三，未中至酉中四，酉中至亥中五，亥中至丑中六，而一歲之氣周。又自大寒節起，爲來歲之始。交承之際，隔越一氣，不相連接。揆之造化，疑若不合。宋時青神揚子建善讀《内經》，謂氣運肇於子中，❶冬至後三十日，在第一氣之前，是爲歲首之初氣。冬至前三十日，在第五氣之後，是爲歲末之終氣。地氣六十日，判而二之，分管初、終。子午之歲，燥金在泉，則子中至丑中初氣三十日屬燥金，下生丑中寒水第一氣，及亥中相火第五氣，竟終氣三十日，又與初氣之燥金同。丑未之歲，寒水在泉，則子中至丑中初氣三十日屬寒水，下生丑中風木第一氣，及亥中燥金第五氣，竟終氣三十日，又與初氣之寒水同。寅申、卯酉、辰戌、巳亥之歲皆然。燥金生寒水，寒水生風木，風木生君火，君火生濕土，濕土生相火，相火生燥金。六十年循環繼續，相生並無間斷。」謝聞吾言，欣然領會。予雖博觀醫書，而未嘗學醫也。謝

❶「氣運」，成化本、乾隆本作「歲氣」。

既從師得醫術，而於醫書又肯參究，其進進不已而爲良醫也，蓋可必矣，因筆吾言以贈焉。謝之字曰敬學云。

贈易原遷袁州掾序

古之爲士者，苟可以仕，則選於里、舉於鄉，而長治其鄉里之民。在公得以行己志，在私得以資禄養，此古之士所以自安於分内而無願外之想也。後世取士之法不一，雖存選舉之名，而實與古不同，何也？所取不于其可用之實能，而於其不可用之虚伎。可以仕者或不得仕，而不可以仕者乃或得仕。時之多失人，士之多失志，往往由是。學者易原，廬陵人也。其父禄仕於撫，因而家焉。原資敏才俊，習進士業，穎出輩流。然一再試藝不利，貧無以養，不得已而受庶人在官之禄。從事於郡四年矣，上莫之或尤，下莫之或怨，職其所職有聲稱。例當遷它郡，於是由撫而袁。其行也，處者咸惜其去而莫可留也。過予告行期，且請所以贈。予無可言，則言「謹身以養，庶人之孝也」勉之哉！異日以藝進而伍於士，子優爲之。遲速則有命，子其居易以俟。

吴文正集卷二十五

元吴澄撰

序

送董中丞赴江浙右丞序

天子一新庶政，御史中丞董公改授江浙行中書省右丞，於是朝野之正人君子咸咨嗟歎息，相與言曰：「人臣之所以委身報國者二：言責也，事任也。事任有大小，不得相侵越，而言責實關天下之重。故公之昌言直氣，心有所不可無不言，往往阨於任事者之非其人，而不得行化且更矣。非公得行其言之時乎？而又以一方之事任出，是不繫乎一身之輕重也。」余謂諸君子之忠慮誠深，抑古人有云：「臣之事君，不擇地而安之，忠之盛也。」公之先世，出總戎行則破敵摧堅，入踐禁闥則格非獻可，所謂不擇事而忠者。公廉正剛明，得於天資，成於家訓。當事任而敢於爲，當言責而敢於言，不墜其家、不負於國者，知忠而已。身之或出或入，庸何知焉？今以大臣出行中書省事，視古牧伯爲尤重。江浙之地，公之先正暨公皆撫臨之，與召伯世掌東方諸侯何以異，其任豈輕且小哉？邇年上下相蒙，遠近相師，政乖民怨，無處不然。况江浙地大人衆，素號難治者乎？凡弊之根株、蠹之孔穴，公蓋瞭然於胸中，剗除剔決，無難也。本之以廉正剛明，輔之以精密詳審，毋偏聽，毋輕信，不期年而政事成。夫子論爲邦，終之以遠佞人，又申之以佞人，殆聖人非設危辭以恐人也。彼佞人者，其言可取也，其才可愛也，而孰知其不可近也哉？江浙東南之都會，人物之淵藪，而公好賢樂善，爲天下最，聽言信行之際，尚其慎諸。會見公政成而來歸，有以解諸君子咨嗟歎息之懷，而余於烟霞泉石間聞之，亦將共爲天下喜也。

送盧廉使還朝爲翰林學士序

往年北行，徵中州文獻，東人往往稱李、徐、閻，衆推能文辭、有風致者，曰姚曰盧。而澄所識，惟閻、盧二公焉。閻踵李、徐爲翰林長，盧公繇集賢出，持憲湖南，由湖南復入爲翰林學士。夫翰林之職，自唐宋至于今，一所以寵異儒臣也。公之文名，天下莫不聞，豈以寵異之數而爲輕重哉！是蓋未足爲公榮也。然而有可以爲天下喜者，何也？國有大政，進儒臣議之，此家法也。公事先皇帝爲親臣三十年，朝夕近日月之光，朝廷事，宫禁事，耳聞目見熟矣。凡宏規遠範、深謀密慮，有人不及知而公獨知之者。事或昔然而今不然，昔不然而今然。苟有議，公援故事以對，言信而有証，聽者樂而行者不疑。其與疏逖之臣執經泥古、師心創說，而於成憲無所稽者，相去萬萬也。《詩》曰：「維今之人，不尚有舊。」謂其明習舊事者也。儒之爲天下貴也，用之而有益于斯世也。若曰「是官也，職優而地散，秩崇而望清。步趨襜如，言論淵如，炳如也，鏘如也，華蟲黼黻，如玉磬琴瑟。于以儀天朝、瑞盛世而已，言及當世事，則曰夫既或治之，又奚庸問？」❶公不如是也，而亦非天下士所望于公也。

别趙子昂序并詩

盈天地之間，一氣耳。人得是氣而有形，有形斯有聲，有聲斯有言。言之精者爲文，文也者，本乎氣也。人與天地之氣，通爲一氣，有升降而文隨之。畫易造書以來，斯文代有，然宋不唐，唐不漢，漢不春秋戰國，春秋戰國不唐虞三代，如老者不可復少。天地之氣固然，必有豪傑之士出于其間，養之異，學之到，足以變化其氣，其文乃不與世而俱。今西漢之文最近古，歷八代浸敝，得唐韓柳氏而古。至五代復敝，得宋歐陽氏而古。嗣歐而興，惟王、曾、二蘇爲卓卓。❷之七子者，於聖賢之道未知其何如，然皆不爲氣所變化者也。宋遷而南，氣日以耗，而科舉又重壞之。中人以下，沉溺不返，上下交際之文，往往沽名釣利而作，文之日以卑陋也無怪。其間有不能自拔者矣，❸則不絲麻，不穀粟，而纚毯是衣，蜆蛤是食，倡優百戲，山海萬怪，畢陳迭見，其歸欲爲一世所好而已。夫七子之爲文也，爲一世之人所不爲，亦一世之人所不好。志乎古，遺乎今，自韓以下皆如是。噫！爲文而欲一世之人好，吾悲其爲文；爲文而使一世之人不好，吾悲其爲人。海

---

❶「間」，乾隆本作「問」。

❷「爲」，成化本、乾隆本作「焉」，則「卓卓」屬下句，亦通。

❸「不」，原脱，據乾隆本補。

内爲一，北觀中州文獻之遺。是行也，識吴興趙君子昂於廣陵。子昂昔以諸王孫負異材，丰度類李太白，資質類張敬夫。心不挫於物，所養者完，其所學又知通經爲本。❶與余論及書樂，識見敻出流俗之表。所養所學如此，必不變化於氣。不變化於氣而文不古者，未之有也。子昂亟稱四明戴君，戴君重廬陵劉君、鄱陽李君。三君之文，余未能悉知，果能一洗時俗之所好，而上追七子，以合六經，亦可謂豪傑之士矣。余之汩没，豈足進於是哉！每與子昂論經，究極歸一，子昂不余棄也。南歸有日，詩以識别：

畸人坐書癖，殊嗜流俗笑。解絃三十秋，已矣鍾期少。近賦遠遊篇，上下四方小。識君維揚驛，玉色天人表。伏梅千載事，疑讞一夕了。詩文正始上，白晝雲龍蹻。❷樂經久淪亡，黍管介毫杪。瑟笙十二譜，苦志諧古調。科斗史籀來，篆隸楷行草。字體成一家，落筆如一掃。草木蟲魚影，自植自飛跳。曲藝天與巧，誰實窺奥窔。肉食肉眼多，按劍横道寶。鶴書徵爲郎，瑚璉愜清廟。班資何足計，萬世日杲杲。蹇駑厲十駕，天下共君操。❸

---

❶「所」，原脱，據成化本、乾隆本補。

❷「龍」，原作「能」，據成化本、乾隆本改。「蹻」，成化本、乾隆本作「矯」。

❸「共君」，原倒，據乾隆本乙正。

送鄧善之提舉江浙儒學詩序并詩

世以儒爲無用久矣，惟譔述編纂之職、講論傳授之事，不得不歸之儒，是所謂無用之用者。噫！❶有用之用難也，而無用之用豈易哉！予觀儒以無用之用用於世，而無媿焉者幾希。則儒之見輕，未必皆輕之者之過也，殆亦由己取之，而於人也何尤？往年初識吳興趙子昂，亹亹説蜀人鄧善之爲畏友。子昂標致自高，平視一世，其所稱許，必有以大愜其心而然。越十有六年，善之與余俱被當路薦爲翰林國史之屬，始克會于京師，益信子昂之與爲不苟。予不及試而去，善之善於其職，再轉爲修撰。其辭章炳炳琅琅，追典誥命制之作，得《頌》《雅》《風》《騷》之遺。見推于同輩，傳誦于人人，知與不知，莫不膾炙其文，金石其行。爲儒者一洗見輕之恥，善之有力焉。雖善之所可重，豈直無用之用而已，而未嘗以有用之用用也。掌文翰垂十年，出領江浙等處儒學事，留於朝者咸惜其去，而善之怡然無不可於意矣。苟未至于達可行之天下，而守一官，効一職，顧何往而不可？而戀内者或以補外爲戚，羡外者或以留中爲苦，二者各有所爲，以圖便其私，而儒者不如是。儒者不如是，況儒而如吾善之，而肯如是乎？夫無所不可者，儒者之心也；惜其不留者，朋友之情也。情發於聲，於是各有聲詩，以「落月滿屋梁猶疑見顔色」爲韻，蓋其情猶子美之於太白云爾。夫李杜文章，才氣格力，相抵相視，如左右手。離別眷眷之情，又豈常人之所可同？宜乎詠歌嗟歎之不能

❶「噫」，原作「隱」，據成化本、乾隆本改。

已也。詩若干首，臨川吴澄爲之序，而繫之以詩。詩曰：

所謂温如玉，如今見此人。形神兩素淡，文行一清淳。禁著聲華重，❶東南教事新。朋知相繼出，吾亦欲垂綸。

送吴真人序

崇文弘道玄德真人，翊贊其師留京餘三十載。❷典司其教，靡所闕遺，禱祠供給，出入禁密，被眷遇至渥。前時推恩，官其父授翰林學士、中順大夫。新天子即位，追崇太廟，達其孝於群臣之家，封贈逮三世，或再世，或一世。於是真人之曾大父母、大父母例追贈，而父進秩榮禄大夫、大司徒，封饒國公；母封饒國夫人。真人將上旨祝釐江南，祗奉恩命以歸，而榮其親。世儒率謂二氏之徒去家離親而外倫紀，固哉言夫！夫竺土之習不可知，道家者流，則守藏吏者也。予觀禮家所記答夫子問禮之辭，纖悉周徧，其後注宫假解傳世演迤，謂外倫紀可乎？真人雖遊方之外，而事親之孝，儒家子有不能及。其事君也恭順，其事師也無違禮，蓋在三如一矣。而又通儒好文，樂道人善，凡所尊所嘉，所容所矜，一一各得其歡心。是以無貴賤，無長少，無遠近，翕然稱之曰賢。所以光其親者，誠如昔人所謂「幸哉有子如此」，豈特人爵之榮榮其親而已哉！

❶「著」，成化本、乾隆本作「暑」，疑爲「署」之誤。

❷「餘」，原作「師」，據明初刻本、成化本、乾隆本改。

真人，予同姓。吴自延陵季子以來，歷漢晋唐宋，代有聞人。以老子法中而有斯人也，予焉得不爲吾宗家喜。其歸而榮親也，予又焉能已於言乎？

送孔教授歸拜廟序

昔朝議大夫孔宗翰敘家譜，閔其宗族之賢俊多所遺。仁矣哉，朝議公之心也！孔氏居江南者，有臨江之族，在宋以三仲顯。有温州之族，蓋自後唐同光年間，諱檜者厭中土之亂避地吴越，家于温之平陽。越十有三世，其孫文定，少時以孔氏胄試補國學弟子員，後授初階官。未及仕，入國朝，爲南康路教授。有文有學有時，才可爲當世用。官滿再調，例當膺民社之寄，詮曹屈之，復俾教授于温。公議咸爲君嗛，予獨以爲不然。吾夫子之教，素其位而行，不以獲乎外者爲輕重。教授官雖卑，職則儒師職也。誠能得英才而教育之，以稱明時興文右儒之意，其功異于他官奚翅百倍！君家于温而淑温之士，誾誾然，彬彬然，浸用丕變，温其不爲小洙泗矣乎？然則斯官何可少也！況今之屈，詎知不爲後之伸哉？雖然，君子無容心焉，泰然安之，以俟命而已矣。予之所期於君者大，與人之所嗛者固不同也。毋以人之所嗛者自沮，而以予之所期者自壯且自勵可也。是行歸拜曲阜墳廟，當以予之言質正於宗家父兄其然乎否。夫朝議公之於宗族也，惻然念已往者之無聞，接乎耳目者，又當何如也？今無朝議公則已，如有，有不爲君惻然者哉！

送監察御史劉世安赴行臺序

天子所與分治其民者，古有百里之國，有七十里之國，有五十里之國，不能五十里者爲附庸。國有卿、大夫、士任其職，有諫諍輔弼匡其過，又有連率、州牧、方伯董正於其上，是以鮮或敢爲慝政以病其民，古制然也。民生斯時者，何其幸哉！後世封建既廢，郡縣之長，是亦五等諸侯，爲天子治民者也。漢之部刺史、唐之觀察使，所謂董正於其上者歟？然其於郡縣也，監臨統治之意多，而不專於舉刺彈擊。若夫專爲督察郡縣而設，則武帝繡衣直指之使、順帝八使之遣是已，而特一時創見之事，員不常置。皇元因前代郡縣之制損益之，郡之大者曰路，其次曰府若州，其下有屬縣，若古附庸。府若州，如古次國、小國。路設總管府，如古大國之爲連率。路總於道，古之州牧也。內有省，外有行省，以總諸道，古之方伯也。此其監臨統治之職也，內有御史臺，外有行臺。臺之屬有監察御史，各道有肅政廉訪使。視刺史、觀察，則其事專；視直指、八使，則其職常。此其舉刺彈擊之任也。各道各路府、若州若縣，廉訪司糾之；內省、外省，監察御史糾之。故監察之權，比各道廉訪爲尤重。夫服七品之服，而自一品以下之官府，莫不畏憚。地無遠近，事無大小，官之得失，民之利病，有聞無不得言，有言無不得行，其權不既重矣乎？權之重若此，其權不大重矣乎？而豈人人當其選哉！濟寧劉世安，剛毅伉直。少勤勞民間，閭閻之情僞苦樂，靡不究悉。長而奮迅，讀書爲儒，教于國子學十年，由助教而博士。在學以禮法綱紀爲先務，諸生嚴憚之，❶凜然肅然。吏僕有欺罔侵盜，發摘懲戒，無以逃其罪。名聲上達，擢爲江南等處行臺監察御史。命下之日，僉謂得人。余自江南來貳國子監，與世安同僚再閱月。一見知其才之有用，而又喜是官之稱其才也。於其行也，不能已於言。夫貪邪害民者之側目於憲府也，猶羽族之於鷹隼、毛群之於猫虎。何如其畏憚也？以彈擊去官，或終身不復得仕者，前後相踵也，而未聞其有所懲而少戢，何也？導之以德不先，而齊之之刑徒密也。夫澄源正本，使人相率爲善者，上也；發姦摘伏，使人不敢爲惡者，下也。而世之議者曰：「御史之職，以發奸摘伏爲事而已耳。而曰澄源正本，何其迂也夫！」世安，儒者也，與予同業也，予是以爲是言也。❷夫孟子之言，時君咸以爲迂；夫子之言，門人猶以爲迂也。以儒者之言言之於儒者之前，人之迂之也固宜，而孰知其有不迂者存乎其間哉！不然，今日罷一官，明日撻一吏，今日平反一獄，明日改正一事，如是而曰吾職已盡，噫！此才御史也，非儒御史也。世安，非徒才者也，才而儒者也。才而儒，儒而才，他日御史之最，其不在吾世安乎？夫行臺所糾三省十道，若路若府、若州若縣，不知其幾，皆御史按行所至也。事之可爲、當爲、得爲者，亦衆矣。得爲即爲之，予將爲江南之民幸。

---

❶「憚」，原脱，據成化本、乾隆本補。

❷「予」，原脱，據成化本、乾隆本補。

送杜教授北歸序

五方之人言語不通，而通之者曰譯曰鞮，曰寄曰象。周之設官也，總名象胥。皇元興自漢北，光宅中土，欲達一方之音於日月所照之地，既有如古之象胥通其言，猶以爲未也。得異人制國字，假形體別音聲，俾四方萬里之人，因目學以濟耳學之所不及。而其制字之法，則與古異。古之字主於形，今之字主於聲。主於形，故字雖繁而聲不備；主於聲，故聲悉備而字不繁。有形者象其形，無形者指其事，以一合一而會其意。三者猶未足，然後以一從一而諧其聲。聲諧，則字之生也曼衍無窮，而不可勝用矣。然亦不足以盡天下之聲也，有其聲而無其字甚夥，此古之主於形者然也。❶以今之字比之古，其多寡不逮十之一。七音分而爲之經，四聲合而爲之緯。經母緯子，經先緯從，字不盈千，而唇、齒、舌、牙、喉所出之音無不該。於是乎無無字之音，無不可書之言，此今之主於聲者然也。國字爲國音之舟車，載而至中州，以及極東極西極南之境，人人可得而通焉，蓋又頡、籀、斯、邈以來文字之一助也。皇風浩浩，無遠弗被，建學立師，以宣其教。内置學士，外提舉官，而路、府、州各設教授與儒學等，敕國字在諸字之右，示所尊也。河北杜唐臣，以國字教授富州。慈良純厚，州之人莫不崇重。官滿而去，相率爲詩文以華其歸。余官于洪，移病就醫至于此，州人以其詩文屬余敘其首。余一見唐臣而知其賢，果如州人之所稱，乃爲之敘耳。

---

❶「之」，原作「者」，據成化本、乾隆本改。

送吕詵赴江西行省掾序

中書省選儒吏四人，往補江西行省掾，范陽吕詵宗道其一也。宗道嘗受學於翰林承旨郭公安道，後爲國子學生，升伴讀，以儒學教授貢。未及受命，而出充憲府之屬。繼丁二親憂，復入充工部之屬。工部事最繁夥，志勤職脩，人服其才。今往江西，詣予言别。其同往有申屠子迪，余已告之以獲乎上之道矣。所以告宗道者，又豈有異于説哉！然獲乎上之道本諸身，持其身之道，儒者自知之，予不贅言也。予方將以老病歸田，得二三俊佐其長，而江西之境内大治，則兩道生齒皆爲幸民，予亦與受其賜。二三俊勉之，無俾兩道之民觖望。

送皮溍赴官序

學者皮溍，嗜唐李祕監書、宋黄太史詩，學之俱各升其堂，嚌其胾。博記覽，工談論，儒群之騏驥也；受父澤貳邑令，潔白持身，惠愛及民，吏治之鳳鸞也。昔也年盛，而今則衰矣；昔也家富，而今則貧矣。然年雖衰而氣不挫，家雖貧而節不改。自邵陽丞考滿以逮于今，將二十餘年，受朝命者再：一爲名州民牧之參，一爲會府征司之長，皆以疾不赴。今又掌流通錢幣之職，官于東南之第一郡。噫！溍，文儒也，而不獲齒館閣之清班；良吏也，而不獲試撫字之善政。乃俾録録任泉布會計之勞，疑若枉其才者。常人處之，寧無怏怏不懌者乎？而溍之赴官也，訢訢而往，綽綽而進，略無一毫怏怏之意留于中，予是以深嘉而重喜之也。

夫乘田委吏，夫子之所屑爲。蓋居上而官人者當擇人，居下而官于人者不當擇官也，顧己之所以堪其事者何如爾。湣之至官也，其竭乃心，踐乃職，使國用民用兩利焉，是亦儒術吏能之一端也。他日得展所志，行所學，亦如是而已。

贈學録陳華瑞序

陳華瑞，儒家之佳子弟，真所謂如芝蘭玉樹者。受行省命，爲洪都教官之參。往就職，過予請曰：「洪，江右會府也，游居輻湊，俊乂林立。某將觀善而進學焉，學之方其若之何？」予曰：今之處庠序者，大率計較斗升銖兩之利。子有恒産，有恒心，惡肯效彼而爲雞鶩之争、狗鼠之盗？不義之得，視如土苴。❶即此一節，固已超越乎輩流。況平日耽玩四書，四書，進學之本要也。知務本要，趨向正矣。雖然，讀四書有法，聊爲子言之。必究竟其理而有實悟，非徒誦習文句而已；必敦謹其行而有實踐，非徒出入口耳而已。朱子嘗謂《大學》有二關：格物者，夢覺之關；誠意者，人獸之關。實悟爲格，實踐爲誠。物既格者，醒夢而爲覺，否則，雖當覺時，亦夢也；意既誠者，轉獸而爲人，否則，雖列人群，亦獸也。號爲讀四書而未離乎夢，未免乎獸者蓋不鮮，可不懼哉！物之格在研精，意之誠在慎獨。苟能是，始可爲真儒。可以範俗，可以垂世，百

---

❶「苴」，原作「草」，據成化本、乾隆本改。

代之師也，豈僅可以掌一郡之教乎？❶予言止此，子其勉諸。

送徐則用北上序

至順二年春，予八十三矣。卧病踰月不出户，有清江徐鎰來訪，强起迎之。語甚久，從容謂予曰：「鎰讀《易》至『觀』卦，觀也者，坤地柔順，卑下之民仰觀九五陽剛中正之君也。然『觀』之初六曰『童觀』，『觀』之六二曰『闚觀』。童者，蓋如嬰孩童穉之觀；闚者，蓋如婦女闚覘之觀。所觀狹小，❷而所見不能以廣大，是何也？初與二在下，遠于九五也。夫至廣大者天也，戴盆而觀之，坐井而觀之，豈能見天之廣大也哉？以下觀上，而遠于天位，何以異于戴盆、坐井而觀天者乎？若『觀』之六四，則切近九五矣，故其繇曰『觀國之光，利用賓于王』。然則觀盛治者，宜近不宜遠也。鎰嘗有四方志，曩一至京師，獲觀山河之高深，土宇之綿亘，都邑之雄大，宫殿之壯麗，與夫中朝鉅公之恢廓嚴重。目識若爲之增明，心量若爲之加寬，此身似不生於江南遐僻之陋也。未及一期，適罹家難，倉忙而歸。距今二十二年，在家已無親可事矣，已有子可應門矣，將畢前志，謀再趨輦轂下，以觀國之光。先生可之乎？」予曰：「子於『觀』卦諸爻遠近之義精且悉，善讀《易》者也。予復何言？子通經術，閑時務，方當强仕，往近天子之光，其可。『觀』之上九曰『觀其生』。觀

❶「僅」，明初刻本、成化本、乾隆本作「但」。

❷「小」，原作「少」，據成化本、乾隆本改。

其生者，自觀其一身也。上九遠處一卦之外，物外人也。他無所觀，唯自觀其身而已。子年鼎盛，宜在近而觀于國；予年衰耄，宜在遠而觀其身。所觀雖有不同，其幸得遭逢聖世，一也。」

贈豫章高晋序

豫章高晋，以儒試吏，而求余言。❶余謝之曰：「子逃吏歸儒，則可問余。今舍儒就吏，當以吏爲師，而奚于余乎問？腐儒本迂闊，而老年逾昏耄。子方備世用，開仕途，不資長於卓犖奇偉之時流，而拾短于迂闊昏耄之野叟，爲計不亦左歟？」禮辭固辭，而請不置，於是爲之言曰：孟子嘗謂矢人之心豈不仁于函人，而擇術不可以不慎。挾矢人之術，則雖有函人之心，不能不變而傷人矣。孟子所言，蓋爲工人而發。工人者，庸俗人也。庸俗人之心，因其術而變。君子則不然，雖殺人而有生道，雖勞人而有逸道，外術惡足以移其内心哉？況今所謂吏，古之府史也。從長貳以施政，官府之所不容無。夫豈皆有矢人傷人之心者？以傷人爲心，殆末世貪殘之吏所爲，古府史不如是。倘使余年少，而爲吏何，但云無害而已。將悉令民無冤，而子子孫孫，受無窮陰德之報于天。今之吏非不能之，特不爲耳。此余迂闊昏耄之言也，然乎不然乎，子其擇焉。

---

❶「余」，原作「儒」，據成化本、乾隆本改。

送宋子章郎中序

今之行中書省，古之分正東郊也。而江浙行省，視諸省爲尤重。土地廣，人民衆，政務繁，而錢穀之數多也。朝廷之所注倚，故其用人也常不輕。昔順德忠敏王答剌罕，自湖廣涖江浙，江浙之民想望其風采。未幾，入相成宗，名著于天下，至今號稱賢相。王之子克嗣先德，又以聖賢之訓益其資質之美，治江浙數年，而江浙大治。比來入覲，天子寵嘉之，進相位。還治所，而爲貳爲參者，亦皆極一時之選。汴梁宋子章，操守猷爲，表表在人耳目。嘗自外而留中，復由中而補外，爲江浙宰屬之長，彼地之民俗政體，固所熟諳。今位冠諸司，❶而一省之政可否是非，必先經君審處而後行。夫以天下人望之所歸萃于一省，其公平廉正，❷上下長屬靡不合志，則其行事又豈有齟齬扞格之患哉？❸江浙一省之治，其爲天下最也宜矣。余爲數道之人幸，是以于子章之行也，不能已於言。

❶「諸」，原作「都」，據成化本、乾隆本改。
❷「其」，原脱，據成化本、乾隆本補。
❸「扞」，原作「扦」，爲版刻誤字，逕改。

送崔兵部序

夫五方之人，言語有不通也，嗜欲有不同也，而其仁義忠孝之心，則一而已，豈以東西南北之地而間哉！何也？人之生於兩間也，地之所以成其質者異，而天之所以成其性者不異也。仁義忠孝，根乎性者也。兵部員外郎崔耐卿，高麗人也。今上潛龍時，官内史府，❶仁宗朝入典京城商征。常數之外，歲贏五十餘萬緡，不私取一毫，而悉歸之公。又恐其數增而後難繼，則或至于厲民也，乞不以爲例。此一事也，而見其義焉，見其仁焉。高麗王羈留于京師，竭智殫力，以匡贊之，而得復位。晨夕惓惓慕父母，送其王歸國，而因過家以覲省。此一事也，而見其忠焉，見其孝焉。中國之與之接者，靡不愛之敬之，如兄弟，如僚友，亦其仁義忠孝之天昭昭然不昧，有以感動夫人也。故余於其東歸也，贈之以言，而勉之以晞賢晞聖之學，俾益擴其仁義之良心，益敦其忠孝之善行，庶幾他日遂爲中國名卿云。

送邵天麟序

天麟去史院而適淮土，中書參政王繼學贈之以言。其綱一：曰慎。其目六：曰懼也，曰平心也，曰擴慮

---

❶「官」，原作「宫」，據成化本、乾隆本改。

也，曰明毋恃也，❶曰聰毋偏也。其爲言也忠矣，予雖欲有言，復何言哉？天麟其繹之。徒悦之而不繹焉，則非予之所望也。

❶ 「毋」，原作「無」，據成化本、乾隆本改。

吴文正集卷二十六

元吴澄撰

序

送李吉夫赴河南行省理問序

仕不出鄉，人之至願也。中世遊宦在數千里外，不能復歸其鄉里者，有焉。歸德李侯吉夫，繇從事大司農府陞中書省掾，擢授工部主事、通政院都事、大都路治中、通政院判官，留京師十有八年，今得河南行省理問以歸。河南省治汴梁，領路十有二、府若州四十有六、縣百八十有三。歸德爲支郡，相去不三百里，可謂仕不出鄉者矣。三代之時，民自選舉賢能以長治其鄉里。選之舉之者必當其人，所以利於我也；長之治之者必盡其心，所以仁其鄉里也。自選舉不本于鄉里，而仕于四方者或不諳其土俗，或視其民如路人，而螟螣之，魚肉之，靡所不至。一旦官滿，掉臂而去耳。烏乎！人心吏治之不古也，比比若是，可嘆也夫！李侯質直無城府，其涖官也廉而才，其處繁劇也泰然不失其常度，而慈祥豈弟，無絲毫傷人害物之意。以是爲政于天下，何施不可，而況于其鄉里尤所用情者乎？理官理刑獄，雖專問大吏而不及小民，然大河以南、大江以北，數道方伯之寄，事之關民休戚者衆矣。得賢者能者爲之屬，從容贊畫，陰有以福澤其民，而鄉里與受其賜，其所補豈少哉！侯之考妣俱受恩贈，考爵縣子，妣封縣太君。侯歸拜墳墓，會宗族，見長老，白叟黄童，歡呼及門，喜吾鄉里之賢能將有以福澤於我也。侯不自以爲榮，而鄉里榮之；侯不自以爲幸，而鄉里幸之。予也與侯同年生，嘉侯之歸其鄉，而愧予之未能也，故于侯之行也以是贈。至大辛亥五月甲午。

贈道士黄平仲遠游序

士之遠游者過予，予輒止之曰：「道脩于家可也。既仕而驅馳王事，則有四方之役。處士而離父母，去妻子，栖栖奔走，將何求哉？」因吾言而不復游者，有焉。高仙觀道士黄平仲，劬書工詩，與之語，見其爲儒流，不見其爲道士也。亦有遠游之志。人以道流爲孤雲野鶴，任其所之，非如四民之有定業，有定居也，則其遠游也惡乎可止？而予之意以爲不然。❶今之道士，自謂老氏之徒。予觀老氏之書，以鄰國相望而不相往來爲美，夫豈亦以遠游爲善哉？倘若遍覽山川，❷周知風俗，則老氏固云不出户知天下，其出彌遠，其知彌少矣。青牛西度，蓋閔周之衰亂而辟世。孔孟之歷諸國，聖賢之不幸也。若夫漆園吏之逍遥游、三閭

---

❶「予」，原作「止」，據成化本、乾隆本改。

❷「若」，成化本、乾隆本作「欲」。

大夫之所謂遠游，此非行地之游也。予儒流，不足以知此，❶它日解后，尚當細論。

送崔德明如京師序

古者教人以德、行、藝三事。教之而成，乃賓興其賢者、能者，俾之長治其民。後世之取人，異是矣。而隋唐以前，猶未有科目也。科目興，而取人不稽其本實，所取者，辭章之虚而已。就使辭章如馬、班、韓、柳，抑不過爲藝之下下，其視古者禮、樂、射、御、書、數之藝，天壤絶也。況其辭章之鄙淺，何嘗夢見馬、班、韓、柳之彷彿乎？唐世兼采人望，雖未免于私，而間或不失一二。糊名考校似爲至公，其弊不可勝既，❷然亦時有俊傑出于其間，何也？世運方盛，則暗中摸索，往往得才偶然爾，天也而非人也。國朝貢舉率因前代，而拳拳欲取經明行脩之士，意若燭其弊而防之者。❸夫經苟明，則知、仁、聖、義、中、和六者之德無一不知；行苟脩，則孝、友、睦、婣、任、恤六者之行無一不能。德無不知，行無不能，六藝縱或有缺，不害其爲本立而末未備。不審今之進士，經果明歟？行果脩歟？抑否也。豫章崔德明，至治癸亥鄉貢，次年試禮部竟失，特恩貳撫郡教官。其在職也，僉曰：「斯人不爲利疚，皎然有清冰白雪之潔。」又曰：「斯人不與物戾，盎然有

❶「知」，乾隆本作「行」。
❷「既」，乾隆本作「計」。
❸「若」，原作「欲」，據明初刻本、成化本、乾隆本改。

瑞日祥風之態。純良粹美，君生于三代之時，❶其不名于六德、六行之中乎？」泰定丁卯，予始識之，而益信所聞于人者之爲信。然則其前之試有司，而一得一失也，皆天也而非人也。斯人不進士，而猶謂科目足以得人也哉？今將謁選吏部，予不能已於言，蓋非徒爲德明悼既往之屈，實爲古今取士之法制而深慨也。此行達京師之日，予之舊友儻覩予文，必有笑予之年逾加而狂論偏見猶不減者夫！

送甘天民之京師序

甘慤天民，豫章之秀士。方其少而處鄉里也，已如龍泉、太阿之在地，沈匿閟藏未見于世，而光芒鬱發，莫可禁遏，往往上衝于天，識者固驗之。及其壯而出四方也，則如離匣之劍，直之無前。與論文藝，則炳炳琅琅；與論政事，則優優綽綽。與論天下山川、人物、習俗，則如鏡鑑燭照，水之建瓴，丸之走坂，無所停滯。凡與游與居，孰不期其爲有用之器？小試夷陵學官。夫三峽綰西蜀之口，中州人士雖鮮到，然疇昔歐陽文忠公、尚書謝昌國俱嘗仕其土。逮今川士之流寓，猶以十百計，未可以僻陋易視也。而天民之客彼，當路之長、同類之朋咸願其久留，而惟恐其代去。其果何以得此于峽之人哉？今兹學官秩滿，又將矯首振翼乎天京。❷予觀士之北上者，大率僥覬其所不可必得，其立心之初已可薄，而或者安然，以爲當然也。天民有識

❶「君」，成化本、乾隆本作「若」。
❷「乎」，成化本、乾隆本作「于」。

有守，獨不其然。予是以再三嘉嘆，而贈之言，而助其氣，而堅其道義，而使不失己也。朝之公卿大夫閲人多矣，亦必心喜而曰：「及今乃見大江以南之異人也夫！」

送道士劉道圓序

予舟行每過湖口，喜其崖壁峻削，巖洞奇怪，倘非神靈所宅、鬼物所馮，自宜爲仙祠真館，❶始可稱其地之險幽。《水經》謂有石鍾山，而東坡蘇子嘗夜半造其下以聽其聲，蓋殊絶之境也。道士劉道圓請于天師，將建碧霞觀，亦其地之形勢有以召之而然。然道圓從全真師學全其真，豈俗間酒肉道士比！夫道之真以治身，而緒餘土苴以應世，果欲擇險幽之地而脩真乎？脩之脩之，所以當全者，一真而已矣，它又奚足爲哉！

送徐則韶赴播州儒學正序

唐人憚播州荒僻，往者多非其欲。我朝疆土之廣，曠古所無，播雖遠在西南一方，人士去來，視猶中州，曾不以爲難。徐九成，宋兵部侍郎之孫、元安慶同知之子，以世家之胄、俊秀之選擢爲播州學正。將行，余謂之曰：「侍郎吾不逮事，同知吾所與游。不逮事者，稔見其文辭；所與游者，深服其德器。今之往也，其以

❶「館」，乾隆本作「觀」。

爾祖之文賁彼習之朴，以爾父之德革彼俗之窳。惟固守家學可矣，地之荒僻何患焉？向余在京時，嘗聞播之連帥來覲，好文而重儒。九成往哉，其必有合也。」

送常寧州判官熊昶之序

豫章熊昶昶之，❶尉崇仁六年，其廉如清濟之水，無一塵之滓，且明且能，且仁且公，士民思之，至于今不忘。聞將赴湖南常寧州判官。近者平陽李有仲方，六年金谿縣尹，其操守，其政事，實與崇仁尉相似。予嘗稱李尹之善，一曰廉，二曰明，三曰仁，四曰能，五曰公。而爲言之曰：世固有廉者矣，其見不明，則爲吏所蔽，雖廉奚補？亦有廉而且明者矣，其心不仁，則自矜其廉明，而深刻嚴酷，略無豈弟慈祥之意。或其心雖仁而短于剸裁，徒有仁心而民不被澤，仁而不能故也。或其才雖能，而意之所向不無少偏，終亦不免于小疵，仁而未公故也。全此五善者，蓋難矣哉！而李尹兼有之，所以卓然爲治邑之最與？予之稱李尹者若是，而熊君亦然。因書此以寄，而贈之行。它日湖南之士民，必知予所言之爲信。

贈王用可序

章貢王用可，能煆煉金石而製丸藥，其售于人也曰仙丹；又能觀察形勢而爲葬師，其號于人也曰仙輩。

---

❶「章」，原作「州」，據明初刻本、成化本、乾隆本改。

夫丸藥，❶特醫家之常劑爾；葬師，亦術家之常流爾。常劑、常流而冒仙之名，得無名之浮于實乎？或有所疑焉，而以問予。予曰：可以起死回生者，丸藥之功也；可以改神工、奪天命者，葬師之法也。兹非其伎之近于仙者哉？借名曰仙，蓋以此。名之浮與否與，未易懸斷也。回生也，奪命也，而果如予之言也，則其謂之仙也奚忝焉！

送蕭九成北上序

章貢蕭君九成，善史學。自羲農以至于唐虞，自唐虞以至于金宋，事之紀載于史者，歷歷如指諸掌。予謂之曰：「善言古者，必有驗于今。君于方册所有之事皆能言之矣，今日之事，有書契以來之所未嘗有者。自古殷周之長，秦隋之强，漢唐之盛，治之所逮，僅僅方三千里。今雖舟車所不至，人跡所不通，凡日月所照，霜露所隊，靡不臣屬。如齊州之九州者九而九，視前代所治，八十一之一爾。自古一統之世，車必同軌，書必同文，行必同倫。今則器用各有宜，不必同軌也；文字各有制，不必同文也；國土各有俗，不必同倫也。車不同軌，書不同文，行不同倫，而一統之大，未有如今日。睢盱萬狀，有目者之所未嘗覩；呭嗢九譯，有耳者之所未嘗聞。財力之饒，兵威之鷙，又非拘儒曲士之所能知。君之史學，苟徒稽諸方册之所紀載，而不證諸耳目之所見聞，得無有闕乎？況君所著述，當路既上送官，盍亦觀諸今之史館，如君之學者有幾？各舉

❶ 「夫丸」，原作「大凡」，據成化本、乾隆本改。

所見，各誦所聞，要必有以互相發。」九成曰：「子之言然。然適百里者，具一宿之舂；適千里者，聚三月之糧。今將爲萬里役，而徒手以往可乎？子將何以資我哉？」予曰：「是謀非吾所能及也。當今尚仁急義、意氣相許者滿天下，君姑挾吾言以往，試就而謀焉，其必有以張君之行也。」

送胡宗時序

李超暨子廷珪再世居歙，以墨名家。「黄金可得，李墨不可得」，其貴重如此。吾鄉胡湛然，自嘉定癸未于信州龍虎山遇異人，❶授墨法。堅青光黑，莫能及之。傳其子士楚，子又傳其孫宗亮、宗時、宗權，三世矣。向時與柯山一二墨工齊等，今柯山不復有墨，胡墨遂爲第一。蓋工，以世工爲善。墨者，文房之寶，非它工比，尤當論其世也。李墨再世，胡墨三世，一家祕妙，人不與知。其獨爲名墨工也宜哉！

送陳景咨序

昔成周設食醫、疾醫、瘍醫等官，而醫師爲之長。然是官惟王朝有之。❷今在朝有太醫院，而普天之下各道各路及府、州、縣，莫不有醫官焉。或以治爲職，或以教爲職。官之所用，一一取給于衆，醫官愈多而醫

---

❶ 「自」，原作「曰」，據成化本、乾隆本改。

❷ 「官」下，成化本、乾隆本有「也」字。

愈困矣。非得仁而廉者居是官，孰能拯斯弊乎？若吾里陳君景咨，心仁而行廉者也，爲醫官于吉水、新喻二州。其在職也，衆醫安之；❶其去職也，衆醫思之。景咨其何以得此于人哉？景咨，醇儒也，儒而通于醫。家世儒門，賢厚稱于鄉黨。惜也其仁心廉行，足以悦于下；而其虚氣實力，不足以結于上。則下雖悦之，而何能使之有以悦其上哉！❷予在朝時，知太醫院諸官皆貴人鉅公，無非仁且廉者。景咨與之合德，誰能以景咨之姓名心行轉而上聞？

贈無隱相士序

無隱相士工相人，以形聲定一生之貴賤、富貧、❸壽夭，以氣色定一時之休咎、福禍、吉凶。是惟不言，言則必中，如鑑之照物，妍醜無所隱。是以人之喜貴、喜富、喜壽與夫期休、期福、期吉而幸其言之或然者，慕而就之；惡賤、惡貧、惡夭與夫慮咎、慮禍、慮凶而恐其言之或驗者，畏而避之。予曰：「子之相術如鄭季咸，❹能使心醉者，列子其人爾。設遇壺丘子，子惡得而相諸？壺丘未嘗有隱也，子將自以爲隱矣。且今

❶「安之其去職也衆醫」，八字原脱，據成化本、乾隆本補。
❷「上」，原作「下」，據成化本、乾隆本改。
❸「貧」，原作「貴」，據成化本、乾隆本改。
❹「如」，原作「與」，據成化本、乾隆本改。

之所遇，今之列子也。後之列子，骨肉俱融于斯時也，又何氣色形聲之可議？然則如之何，請問希夷。」或曰：「希夷之相人，猶無隱之相人也，而奚問爲？」曰：「以耳聽聲，聲無遯情；以目視色，色無遯形。是曰無隱。聽不可聞無聲之載，視不可見無色之界，是曰希夷。」草廬畊者敍。

送袁用和序

納人之死骸于土，以天地之生氣養之，苟得其養，則死者如生。凡其遺體之本乎是骸而生者，自然蕃衍盛大，譬猶培木之根，而其枝葉茂。此郭氏之《葬書》與程子之遺言合。而葬師之泥于曲藝者，鮮或究其原也。蓋其伎有本有末，有正有偏，有真有僞。世之紛紛以伎自號，求售于人而圖利于己者，大率末也、偏也、僞也。幸而其傳之不泯，或識其大，或識其小。而吾用和適然有聞焉，殆千萬人中不一二也。噫！用和其亦慎其所用哉！斯蓋助孝子慈孫之仁其親，而匪徒曰富貴福澤之而已。用和其亦慎其所用哉！

贈醫學吳教授序❶

儒之道無所不通，醫之道一伎爾，而于儒之道爲近。何也？儒之道，仁而已。愛者仁之用，而愛之所先，愛親愛身最大。親者身之本也，不知愛親，則忘其本；身者親之枝也，不知愛身，則傷其枝。愛親愛身，

❶「學」，原作「家」，據成化本、乾隆本改。

而使之壽且康，非醫其孰能？故儒者不可以不知醫也。醫之道賾矣。炎皇博物明理，而有《本草》之經；黄帝爲民立命，而有《靈》《素》之經。今世所傳，雖或不無後來之所附益，要之其原，必出于上古生知之聖。伊尹之先覺，而論湯液，以齊量五氣五味之配合；周公之多藝，而設官職，以參兩九藏九竅之動變。皆因炎黄之明物理、立民命者充之也。醫之道，詎可易視乎？武王之養疾于親也，常欲審其力之所能勝；夫子之慎疾于身也，不敢嘗其心之所未達。知藥之不可苟也。聖人之愛親愛身，何如哉！惟其愛親愛身之至，所以重醫之道與？吴成，學儒道者也。少而孝于親，慕醫道而未及學。中歲身有痼疾，慨思此身爲親之遺體，有疾而不治，則非唯不愛身，是亦不愛親也。師門講求于善醫之人竟能已其疾，由是志于醫。既足以保其親之身，而醫院又官之，自新昌州醫學正敕授餘干州醫學教授。將赴官，過予。予嘉其留意于醫也，爲述炎、黄、武王、伊、周、孔子六聖人仁民濟世、愛親愛身之道，以開廣其志，且俾人人知醫道之重，不可視之爲一伎而忽之也。❶ 成字山則，醇謹篤厚。女弟之子妻之，予是以贈之言焉。

贈胡道士序❷

三代以上，姓氏分爲二，故氏屢易而姓不可易。三代以下，姓氏合爲一，往往以氏爲姓，而無復有姓外

❶「伎」，乾隆本作「技」。以下同此者不再出校。

❷「贈」，成化本、乾隆本作「送」。

之氏。姓固姓也，而氏亦姓也，于是但有不可易之姓而已。自晋室不競，中州之族姓混淆。爰及唐初，每輕以賜姓寵降附之徒；至于唐末，又多以養子繼軍伍之籍。而姓愈不可辨矣。嗚呼！有生之類，或知母而不知父，或知父而不知祖。能知其祖者，唯學士大夫。儻知其祖，則孰不欲世守其姓，以傳之子子孫孫而不易哉！大中祥符觀道士，系本豫章進賢之胡，其父占軍籍，而本姓失。子既讀書，通於義理，念先世神明之冑，而不祖其祖，安乎？圖改籍而貧不自振，力有所不能也。乃寄跡老氏教中，以復其姓。所師所友皆吾儒，身雖不在學士大夫之列，而心則卓有學士大夫之識。不獲編齒于四民，❶而不能不依托于二教者，勢之厄于人、命之厄于天也，其志蓋有可嘉而可悲者焉。道士名原，字子泉，今復其姓爲胡氏。

贈樂順德成序

天之生氣在地中者，隨隴阜之形勢而行止；人之生氣在身中者，隨經絡之血脈而乖和。此自然而然，非有使之者也。世之畸人，能乘地中之生氣，則有藏往之仁；能候身中之生氣，則有知來之智。斯二術者，通于神明矣，豈易能哉？樂順德成，儒家子，遇專師，得真傳，于是工其伎。頗或聞子所能，有求有問者日衆。吾不願子之輕于作、輕於言也，❷然安能閉子之目、緘子之口乎？亦謹之而已矣。因子出遊，書此

❶「民」，原作「方」，據明初刻本、成化本、乾隆本改。

❷「作輕於」，三字原脱，據明初刻本、成化本、乾隆本補。

以戒。

贈葬師賴山泉序

能原其來于百十里之外，而不能乘其止于一二尺之内，此察地理者之通病也。學者鍾生問術于寧都之賴葬師，而得其文，持以示予。予曰：「此真術也。」既而賴師來過，驗之果然。噫！此術傳之者祕，故能之者稀，師固能矣。然真術不行，行術不真，不若五星新法之曼衍而易售也。能者不輕爲人葬，不輕與人言，其毋貴人之利而賤己之藝哉！

送鄧顯宗序

鄧顯宗歷司縣吏將近八十月，謹畏自守，無纖毫過失，未嘗一至上司之庭。兹由樂安縣赴平準庫，經吾里，造吾門。予喜其能自完也，嘉其既往，又勉其方來，欣然領吾言而去。因思曩歲有一二新進士，予規之以廉正，聞吾言殊不樂，其後竟不免于瑕玷。彼爲儒而乃如彼，此爲吏而能如此，可謂難也已。于是書吾言贈之，溥爲今之爲吏者勸，且以愧夫爲儒而不能如之者。

送邵天民赴瑞金教諭序

廬陵邵天民將赴瑞金儒學教諭，過予。予閲廬陵之士多矣，大抵卓犖秀偉則有餘，而謹重淳厚常不足。

以予所聞，二百年來，惟丞相益國文忠公不爲土地風俗所移。今于廬陵士中忽見如天民者，寧不爲之驚異乎？邵族之富，前時甲于一邑，勢燄赫赫不可近。獨天民之家，蕭然一寒士也。挾一藝以濟人利物，爲給其家之衣食，篤志教子爲儒，固已不類其族之人矣。子之學既成，温温然，恂恂然，同黨莫不嗤議其迂闊，則又不類其郡之人焉。而予獨見之驚異者，以其彷彿益國之流風也。夫教諭之職雖卑，然爲一邑士之模範儀刑，豈可以易視！天民庶幾不愧于其職也歟？予自幼拙樸，不能入時俊之群，而亦不能改易以求合，今老矣，天民乃與予之率𣪺同。烏乎！不喜之之深邪？若其異日之所到則有命，不可豫期之以爲諂也。

贈董起潛序

予雖不學醫，而好觀《内經》《難經》《脈經》等書，頗曉人身脈理大概。然自少而老，由南而北，欲訪求一明醫而不可得。其下品率是意病加藥，其高品亦不過對證用藥而已，孰能究脈之精微、察病之原本哉！樂安雲蓋鄉之董，宦家名族，前代以儒科仕者不翅百數，文物之盛，甲于一邑。逮宋亡科廢，舍儒而習醫，有董氏起潛焉。往年初見之，未深知也。近年從孫春抱奇疾，醫莫能療，而更生于起潛之手。因爲予診脈，聽其議論，通達陰陽造化，審别藏府經絡，井井不紊。予驚竦曰：「是間乃有此明醫乎？」慨相遇之晚，而未有病可以試其伎也。至順元年冬過予，謂予明年夏秋之交有重病，其時當來供藥。今年六月，病果作。其病日輕日劇，醫以爲瘧。起潛至，曰：「似瘧非瘧也，以瘧治之則誤矣。」診之，六脈浮緊，右寸口獨浮而短，外證有寒熱，胸膈氣滯。蓋由肺氣内傷，先以五膈寬中散暢導其氣。寒熱未除，脈尚浮緊。此爲客邪在表，用桂枝加附子湯温散表邪。表證既罷，獨兩尺脈弦遲。爲腎藏虚寒，用四柱散加薑桂，以暖其下部。又獨脾脈微弦，用治中湯加附子以理中焦。繼用參香飲、參苓白术散相間飲之，以漸底于平復。自初服藥，每進藥一盂，則病退數分；再服一盂，❶則病又退數分。蓋病勢甚惡，而藥力亦峻。予生平服藥，未有若是其速效速驗者也。史遷《倉公傳》載淳于意自述其爲人治病名狀二十五條，纖悉該備，至今令人想見其醫術之神。起潛于予之病凡四易藥，先後倫紀，毫髪靡忒。今倣《倉公傳》所述，筆而爲序以貽之，非特表起潛之明于醫，亦以自許耄叟之明于知醫也。倘天下之醫人人如起潛，天下之病人人遇起潛，則可以保身，可以盡年，而舉世無枉夭之患。良醫之功，其博濟于民，視良相奚異？《周官》醫師之職，十全爲上，失一、失二、失三爲次，失四爲下。所謂十全者，十病之中，可治則治之，不可治則不治，或治之而生，或不治而死，十病皆中，而不失一也。起潛能于未病而言方來之有病，于已病而言此去之無病，脈之可疵者病雖輕必言其可憂，脈之無虧者病雖劇必言其不害，有言輒中，斯其可爲十全之醫也夫！

贈柳士有序

三峰柳先生，以《尚書義》爲進士師，門弟子擢第、預貢、登上庠者百餘人。子士有世其業，以俊異稱。

---

❶「服」，成化本、乾隆本作「進」。

自進士科廢，家學無所乎用，遂易業習古篆，鋟姓氏名號，徧歷公卿大夫之門。余謂士有之業雖易，而不離文字間，是亦無忝于其先。然此事政未可以小伎目，視昔所業，尤難焉。難有三：識字一也，善書二也，工于用刀三也。刀之技既工矣，若識字，則前代許祭酒、近代鄭國史、戴通守之書，與夫徐騎省、李縣令之碑刻、古鍾鼎之款識，❶俱不可不詳究也。今之善書且識字者，在洪有熊天慵氏，有司馬九皐氏，試往問焉。

送章楫序

昔晋氏在江左，王、謝爲相門，一時風流文雅之懿，動蕩耳目。凡子弟出入前，不問可知其爲王、謝二家，蓋習氣不期然而然，自非他人所能及者。宋丞相杭山章公清謹自守，雖爲宰輔，猶如布衣時。季年屏居山中，樵牧争席，見者不知其爲宰輔也。其從孫楫一貧如此，凄然蕭然，學甚充，詩甚工，而淳如也，介如也，無分毫悲窮悼屈、恥惡衣惡食之意，非杭山公之習氣熏染而成歟？來游洪庠，歲晚言歸。予惜其去也，而贈之言：楫也益充其學，益工其詩，將大底于成，而爲天下士。視昔王、謝風流文雅尚不足爲，其有光于先正，又豈但爲章氏佳子弟而已哉！

❶ 「古」，原作「石」，據成化本、乾隆本改。

送法易子序

富州同造之孫，其習秀而文，其儒喜談葬術，凡地理家前所未有、世所未見之書，❶往往于孫氏見焉。❷子憲獨朴而野。近年有清江皮氏，好客務施，游客輻輳其門，而談葬術者尤見禮。然以其來者之衆也，各效其長，各逞其異，聞者熟，知者翫，能以術而獲用于彼，亦難已。季年營葬地，不它人之信，而一委之子憲，于是子憲之術浸以重。後數年解后于富州，子憲曰：「吾術因族祖、外祖在西廣得馬道人龍髓之文，又善咒符水，愈疾疫，變雨暘，致雷電。地理用天機卦，道法依《參同契》用納甲卦。二術但用卦，故以『法易子』自名。」余曰：「若儒族之人，儒家之子，讀儒書，以儒而飾其術，豈俗師之所敢望哉？」方稱其用卦法《易》之奇，忽有詰余者曰：「子知水路火候之説乎？地仙云『不須卦坐』，天仙云『本無卦爻』，此又何也？」余于是口呿而不能答，徐應之曰：「待余就景純、平叔問之。」

❶「未」，原脱，據成化本、乾隆本補。
❷「見」，原脱，據成化本、乾隆本補。

吴文正集卷二十七

元　吴澄　撰

序

國學生李黼泗州省親序

潁川李黼之父，❶曩者仕于朝，鄘便養，出守泗州。黼偕其兄藻爲國學弟子員，留京師，違定省。越三載，泰定甲子冬，謁告往泗州寧其父母，且奉其祖父母封贈之命以歸，亦可以悦親榮親矣。僉謂黼研經鋭學不倦，其成科名、受官職也可日月幾，親之悦、親之榮將有倍于今者焉，斯其爲孝也歟？噫！此世俗之孝也，若君子之孝則不止是。韓子曰：「事親先其質，後其文，盡其心，不夸于外。」質者，行也。韓子，文士爾，而其識能及此，况不以文士自足者乎？夫子論孝，始事親，終立身。立身之要，慎其行也。可法可傳之謂立。行道于今，揚名于後，使世世贊嘆歆慕，稱爲某人之子，是顯其父母于無窮也，豈止一科名、一官職之榮

❶「潁川」，原作「穎州」，據成化本、乾隆本改。

而已哉！黼之往也，自監學之師以下俱有贈言，同舍二三子請予序其首。噫！黼誠才子也，其研于經也奚所志？其鋭于學也奚所事？予未悉知也。而吾之孫當，劇言其穎出乎輩流，予其可不以遠者、大者期之夫！

送曾叔山序

曾仁叔山將赴萬安教諭，過予。予尚憶壯年與叔山之父吉父君談今古，夜坐輒達旦，凡世間可喜可愕、可笑可悲、可怪可疑之事，靡不徧及。吉父高文雄辯，介特自守，不偶于時，死且二十三年矣。叔山生十歲而孤，能受母訓，學至于有成。以選試授儒官，得禄以養，吉父可謂有子矣。叔山文辭足以動蕩今人之耳目，學識足以探索古人之藴奥，豈小成之器哉！今之仕，人爵之發端也。人爵人也，而由乎天；天爵天也，而由乎己。仕有暇時，學無止法，日進月升，躋于天爵之極品。予之所望于叔山，非但人爵之進升而已。萬安固多才，儻有有志之士，試以予言諗之。

送王元直序

樂安王氏之醫，五世矣。一世再世，予不及識。其三世迪功君端重如山，子爲國學進士。迪功之弟子異甫和煦如春，未嘗見其戚慍之容，予異之。子誠翁，造次必于儒雅。誠翁之子三人，長曰元直。往年遊京師，問藥者踵門，隨試輒效，太醫院官與之相厚善，諸公貴人咸禮敬焉。蓋他所謂醫，或非世業，或非儒流。

非世業，則于術或有不習；非儒流，則于理或有不精。王氏，世醫也，儒醫也，習于術而精于理，其表然出乎俗醫之右也固宜。予嘗謂醫之用藥不越二端：一則扶護真元，一則祛逐客邪而已。護元氣者如養民，逐邪氣者如禦寇。養民純以德，禦寇須以兵。然湯武之仁義，桓文之節制，屈之以不戰，遏之而使遁，豈必逞威猛、多殺伐哉？予觀王氏處方，大率和平調燮是務，至于猛烈攻擊之劑，不得已而用之，疾除即止，不過用也，不輕用也，是以邪氣去而元氣無所傷。彼求快一時之意，不顧異日之害者，惡足以語此哉！因是而推，昔之善醫國者亦然。伊、傅、周、召遠矣，漢之蕭、曹，唐之房、杜，所以能相其君，培植三四百年之基業者，往往由此。商鞅、李斯强秦富秦，亦以蹙秦。醫國之良相，有能如王氏之良醫乎？天下之福也。

送郭以是序

或曰：爲文不可以不讀書，杜詩韓文，蓋無一字無所本。或曰：聲之精爲言，言之精爲文。如噫氣之號，萬竅隨所觸，而喁于有自然之籟，奚以古人已陳之糟魄爲！二説孰近？夫所貴乎讀書者，非必襲其語以爲吾文也。蜂之釀蜜，不採取于花可乎？融液渾成而無滓，人見其爲蜜，而不見其爲花也。世有博記覽者，其發于聲，形于言，乃或窒塞而不通，固滯而不化，觀者厭之，則謂曾不若空疏者之諧協暢達也。噫！是豈書之能累夫文哉！廬陵郭以是，古近體、五七言遠躋盛唐，長短句、駢儷語近軋後宋。漁獵之富，援據之審，空疏無本者頫首不敢仰視，而不窒塞，不固滯，竟日翫之而不厭。廬陵自歐陽公爲百世文章之宗，其後往往多能文章之士。❶以是父，其可與議韓杜者夫？

送張相士序

有皎然乎其中、矐然乎其外者爲誰？月梅相師也。其談論亹亹如山林，衆籟翏翏而遠聞；其記誦琅琅如江漢，順流衮衮而無盡。其禍福奇中，如燭鏡照鑑而龜卜，蓋師之閱人也多矣。刑也而王，奴也而侯，厮役也而將相，師一見能識之。亦有眇小謂宜餓死、夭賤謂宜隱浮屠，而其後乃大不然，皆師之所能辨也。雖然，人之身，天所生也，一受其成形而有定。孟子則曰：「居移氣，養移體。」氣也體也，既因所居所養而移，則夫孰不可移！彼肌膚綽約而若冰者，何人哉？骨肉融釋而隨風者，何人哉？若然者，形質銷鑠，人貌而天虚，非陰陽五行之所能拘，相之應別有法。邂逅其人，試以語我。師，金谿張氏。

送虞叔當北上序❷

文者，士之一技耳，然其高下，與世運相爲盛衰。其能之者，非天之所與不可得，其關係亦重矣哉！東漢至于中唐六百餘年，日以衰敝，韓、柳二氏者出，而文始革。季唐至于中宋二百餘年，又日以衰敝，歐陽、

❶「之」，原脱，據成化本、乾隆本補。
❷「當」，成化本、乾隆本作「常」。

王、曾三氏者出，而文始復。噫！何其難也。同時眉山乃有三蘇氏者萃于一家，噫！何其盛也。三蘇氏以來且二百年矣，眉之别爲陵。陵之虞，先世以文士立武功，致位宰相。數世之後，有孫子及寓江之南，其文清以醇，有子曰集曰槃。一家能文者三，而二子表表乎疇衆之上，❶幾若眉之有三蘇然。噫！又何其盛也。子及再爲大郡教官，倦遊而家居。伯子集，國子助教，遷國子博士。久處京師，其文也人固見之，其名也人固聞之矣。叔子槃，由書院長赴吏部選。其文也或未之見，其名也或未之聞也。子由之文如子瞻，而名可與兄齊者也。昔二蘇之齊名也，歐陽公實獎拔之。今在朝，豈無歐陽公其人與？槃此行也，必受知焉。兄既顯名于前，弟復顯名于今，虞之兄弟之有光于子及，猶蘇之兄弟之無忝于明允也。盛時方行貢舉。貢舉者，所以興斯文也，而文之敝往往由之，何也？文也者，垂之千萬世，與天地日月同其久者也。貢舉之文，則決得失于一夫之目，爲一時苟利禄之計而已，奚暇爲千萬世計哉！❷貢舉莫盛于宋。朱子雖少年登科，而心實陋之，嘗作《學校貢舉私議》，直以舉子所習之經、所業之文爲經之賊、文之妖。今將以尊經右文也，而適以賊之、妖之可乎？斯敝也，惟得如歐陽公者知貢舉，庶其有瘳乎？閑之于未然，拯之于將然，俾不至于爲賊、爲妖而爲朱子所陋，則善矣。儻有今之歐陽公，試問所以閑之、拯之之道。皇慶二年十月甲子。

---

❶「表表」，原作「表」，據成化本、乾隆本補。

❷「奚」，原作「矣」，據明初刻本、成化本、乾隆本改。

王德臣求賻序

喪有賻尚矣。賻，禮也；求賻，非禮也。然則人有宦游數千里之外，親没力不能以歸葬者，如之何？求之，非禮；不求之，非孝。二者之間，必有處焉。河東王君爲縣令江南，迎母就養。其弟德臣亦棄其仕，奉母以行。兄弟朝夕致養唯謹，不幸大故，棺斂如禮。家素貧，而令之守官也廉，載柩寄錢唐佛寺。謀歸其鄉，數千里舟車之費，無所于辦。賻者未之有，爲子者亦弗之求也。哀之者哀籲于仁人義士，敘以述其事，詩以道其情，累累矣。予謂世俗之夫不孝有三，仕而不將母，一不孝；不將母而仕，二不孝；親肉未寒而畀彼炎火，三不孝。此蓋羽毛之族之所不忍爲，而人或爲之，噫，是誠何心哉！縣令之迎養，季氏之不仕，其母之喪也，或以家貧道遠勸之如浮屠氏教，兄弟堅拒其説。之三者，其不賢于世俗之人矣夫！貧而廉如是，賢于人又如是，雖慕義强仁者孰不興哀，況仁人義士哉？雖然，予壹有怪。德臣之出也猶未練，今祥且過矣，禫且及矣，當除喪而不得除，纍纍喪容，栖栖旅食，皇皇無所歸。敘之者有人，詩之者有人，而賻之者誰歟？豈今之世無一仁人義士哉！抑有之而不相值歟？所望者仁人義士，而仁者義者不可見，大事其可不以終乎？于此必有道。語云：「親喪，固所自盡也。」夫苟自盡，自爲謀可也，求夫仁者、義者而未之見，試求夫智者、知禮者而與之謀，其必有以當于人之心。不然，久淹留于此，奚益？皇慶元年壬子四月二十五日，❶書于

❶「壬子」，二字原脱，據明初刻本、成化本、乾隆本補。

王氏别墅。

送翟生序

洛陽翟生嘗爲學官矣。滯留金陵，困于旅泊，不汲汲于名，不役役于利。其去也，懇懇惟予言是需。或謂生迂，生豈迂哉！或謂生奇，余之言與世之名若利均之爲土梗，而何奇之有？雖然，不敢不答生所需也。世之人，遑遑不安者，其祟有二，❶曰名曰利而已。苟是之不務，則何往而不適？然富貴人所欲，生其果不欲人之所欲乎？抑時之未可而姑爲是退縮乎？欲貴欲富之心，生不能無，而亦不必無也。余不病生之欲貴欲富，而病生之所欲者小爾。人人有高爵崇秩、安宅腴田，即而取之，居而治之，是爲莫可加之貴，是爲莫與敵之富，而生欲之乎？如欲之，己自求而自得，不待資諸人也。如得之，視世間區區之名、瑣瑣之利，奚翅土梗之不若哉！生之不汲汲役役于彼是也，而或瞢瞢悠悠于此非也。生其因予之言而惕然以省，躍然以悟，則余爲不徒言。不然，雖有言，猶未言也。洛陽，四方中正之地，古先聖賢所萃也。二百年前，有邵子、程子游處其間，其風猶有可聞者。生試玩繹其遺言，必不瞢瞢悠悠于此矣。余之言止是，生歸求之，有餘師。生名某，字良甫云。

---

❶「祟」，原作「崇」，據文義改。

贈陶人鄭氏序

古者四民各世其業，故工有世工，而子孫以之爲氏者。有虞氏尚陶，其後閼父爲周陶正，周賴其利器用，而閼父之子得封于陳。今東昌鄭氏，以善陶名數百里間，凡民之用器、官之禮器咸資焉，其功豈讓于閼父也！予獨因鄭氏之善陶，而竊有嘆。夫工之爲工，知今而已；士之爲士，知今又知古者也。知今之工不失其業，而知古之士或失其禮，何與？夫古今異宜，用器可以宜于今，而禮器不可以不合于古。禮器而變古，非禮也。簠也，簋也，大尊也，陶器也，而易以金。不惟陶器然，而梓器亦然。山著犧象，壺之爲尊，爵、觚、觶、角，散之爲飲器，梓器也，而皆范金爲之。其原蓋兆于盛宋一二僻儒之口，而其流遂成于季宋亡國姦諛之手。陶梓悉變而爲金，豈非中國將爲金之讖乎？馴至于今垂二百年，而公廟私家之禮器一踵其繆，竟無一人知其非者。且不惟于古不合也，于今亦不宜。赤金之臭，而盛飯盛酒，宜乎？不宜乎？變古失禮而士不知，其有愧于工多矣。鄭氏者誰？守忠其名，野堂其號云。

送方元質學正序

所貴乎學者，以其能變化氣質也。學而不足以變氣質，何以學爲哉？世固有率意而建功立業者矣，亦有肆情而敗國殄民者矣。彼其或剛或柔，或善或惡，任其氣質之何如，而無復矯揉克治以成人。學者則不如是。昏可變而明也，弱可變而强也，貪可變而廉也，忍可變而慈也。學之爲用，大矣哉！凡氣質之不美，皆可變而美，況其生而美者乎？ 氣質之生而美者，甚不易得也。予于交游中，得清江方元質焉。初識之于京師，望其貌已知其爲美，聽其言而信，觀其行而尤信。又稽之于人，或久與之處，或一與之接，莫不嘖嘖稱嘆曰：「善士善士。」其何以得此于人哉？ 非其美之弸中而彪外，其能然乎哉？ 以如是氣質，雖或未學，亦不害其建功立業，而不至于敗國殄民矣。而元質又勤勤勉於學，則其所就，詎可量也耶？ 今爲揚州路儒學正。夫揚州當南北之衝，四方學者所輻輳，人得熏其氣質之美而善良。元質又以其所學淑乎人，則氣質之從而變者亦衆矣。雖然，學之名一也，而其所以學者或不同。蓋亦有表表然號于人曰爲學，而逐逐于欲，役役于利，汩没于卑汙苟賤以終其身，與彼不學者曾不見其少異。是何也？ 所學非吾所謂學也。夫今之學者之學不過二端，讀書與爲文而已矣。讀書所以求作聖人之路逕，而或徒以資口耳；爲文所以述垂世之訓辭，而或徒以眩華采。如是而學，欲以變其氣質，不亦難哉！ 宜其愈學而無益，雖皓首没世，猶夫人也。吾元質之學不然，而予亦不復有言也。中山王京甫客寓揚州，沉浸于周張程朱之書有年矣，年將五十而不求聞達于時。元質往哉，試與之論學。延祐乙卯十有二月己亥序。

送何慶長序

予生也晚，不及覩前修盛德之事，每于末俗而重慨歎焉。宋之季年，士自成童以上，能爲進士程文，稍稍稱雄于時，輒輕揚偃蹇，謂莫己若者十而八九，蓋不待擢科入官而後驕也。偶爾貢于鄉，則其驕已進；偶爾舍于太學，則其驕愈進。夸言盛氣，足以撼動府縣，震耀鄉里。晨夕所思，始終所爲，無非己私人欲之發，豈有一毫救世濟物之意哉！于斯之時而能超乎流俗者，昔在樂安見何君伯玉父其人也。何族之儒，盛于一邑。伯玉之文，高于輩儔，而退然不自以爲能；與貢處學，人所尊慕，而慊然不自以爲異。其心恬如，其行純如，直道而行，臧否不苟，不爲愿人之閹然以媚，而與物爲春。噫！君子人也。其後泯泯，此天道之不可知，善善者惻然爲之悲傷。噫！伯玉父不可見已。從子季新工于醫，從孫慶長世其學，皆以儒流業詞章而兼技藝。季新既以醫行于近，慶長又將以其醫行于遠。其必如伯玉父之立心制行，推之以救世濟物，其效當有過于儒流者，予安得不于其行而深有望于慶長也哉！

送鼇溪書院山長王君北上序

才難之歎，從古以然。夫所謂才者，取喻于木也。可以成室屋，可以成械器，大小長短，隨其所宜，各適于用者，木之才也。聖如周公，賢如孟子，其才不可得見已。生斯世，爲斯人，凡紛至沓來者日接乎前，莫非事也。不有其才，將何以應之哉？昔在聖門，季路之于兵，冉求之于財，公西之擯相，❶端木之應對，皆其才之所優爲。後之士清談雅望，飲食安坐，而一事不理者有矣，識者惡得不興才難之歎哉？予之所以有嘉于行友王君南叔也。君有學有文，典邑校至再至三，具有成績。長書院又三四年矣，廟宇之當修者無不修，課業之當辦者無不辦。上之臨之者雖欲伺察，而無疵之可指；下之觀之者雖欲誑惑，而無間之可乘。賓客

❶「擯」，成化本、乾隆本作「儐」。

交游之過從，待之無不得其當；不偷惰以廢事，不巧免以避事。或厭其煩勞瑣細，而君處之裕如也。其才之小試者如是，惜乎閑散卑微，而不得以擴其用也。陳獻侯之分肉，陶侃公之運甓，他日大用，蓋于小乎覘。然而用人者以歲月，以資品，以私意，以邪逕，用不必才，才不必用，則雖周公、孟子復出，且未知其何如，予亦曷能必王君之遇乎？夫宲、桷、櫨、楔之各施，札、砂、箭、芝之並蓄，惟匠氏、醫師之工且良而後能。王君之才之可用也，有抱宰相之方者，❶其必知予言之爲然。

送南城教諭黄世弼序

臨江黄良孫世弼，爲建昌南城教官。將行，言于予曰：「盱江之爲郡，有李泰伯、曾子固，學行文章，百世師表。某將惟二子者是慕是效，以率其鄉人士，以庶幾于寡過。然疇昔嘗聞先生緒言，教者之所以教，當進于古之聖人，則似非可以如二子自畫。其詳可得而聞乎？」余曰：「今之職教者，苟度歲月以俟敘遷，能思其職、慕效先賢以圖寡過者蓋鮮，況又不肯安于小成而欲進于古之聖人。子之志如是，可尚矣。抑古聖人之教人，初非過爲高遠，而以人所不可知、不可能者强夫人也，因其所固然，革其所不然而已矣。生而愛其親，長而敬其兄，出而行之于朋友，娶而行之于夫婦，仕而行之于君臣，此良知良能之得于天，而人人所同也。以其所稟之氣、所賦之質不能皆清且淳，故于倫理之間，有厚者有薄者，有全者有偏者，有循者有悖者，

❶ 「方」，乾隆本作「識」。

于是而有萬有不同者焉。聖人之教，使人順其倫理，克其氣質，因其同，革其異，所以同其同也。契之教也，順其倫理之同也；夔之教也，克其氣質之異也。世弼之處父子、兄弟、夫婦、朋友也，有可稱，無可議。而討論講貫，修省踐行，又有日長月益之功。所以順其同、克其異者，固已知所以用其力。精之熟之，持之勉之。以此治己，期於必成；以此率人，人其有不從者哉！」

贈一真道人序

予一見一真，即高其人。高之者何？高其所有也。所有者何？一真而已矣。重來谷中，出書一編，皆受言于師者。予不願觀，予不願聞。非不願觀，觀不以目；非不願聞，聞不以耳。言可廢，書可焚，無書無言，而此獨存。何物獨存？一真而已矣。噫！大宗豈于謳所可傳，玄珠豈喫詬所可得哉！是以《道德》之經五千文，不如末章之首二十四字。

送彭澤教諭劉芳遠序

予之齊年友劉君景直，❶年二十入太學，二十有六成進士。授江陵户曹，未及禄而代改。❷有子五人，

---

❶「直」，原脱，據成化本、乾隆本補。

❷「代」，明初刻本作「歷代」，成化本、乾隆本作「歷」。

克世父業。其季子桂字芳遠，❶年雖少，已能試藝，中學官，充彭澤教諭。彭澤移治江濱，非古彭澤也，然靖節徵士之流風猶存。予嘗過其地，徘徊旁皇而不忍去。往仕于彼者，寧不聞其風而興起乎？謹于守身，熟于應務；厚倫理之常，明古今之變；居之不失其正，行之不失其宜；此靖節之所以爲靖節也。其發于詩文也，人徒見其冲澹退遜，而絢麗雄健藏于中，後之辭人盡力學之而不能到。名明字亮，蓋自比于諸葛，真一代之人豪也夫！以士而希賢，儻得其一二焉，則其爲學官必異于常人。他日官滿而遷，歸必有以告予，予亦有以觀子矣。

送陳洪範序

金谿陳洪範，家在石門。由其家而臨川，臨川而崇仁，崇仁而樂安之南走三百餘里，即予之所。止而見焉，問所以來之意，則出一巨衮，有諸君子贈言。予觀之嘆曰：「嗚呼！古人所務者内，所圖者實。今乃務外而圖虚，何也？子之年方壯，質甚美，宜及時而勉學，以成身，以悦親。苟如是，朋友稱之，❷黨里敬之，長老喜之，子弟效之。推其餘，又可以如世俗之人之取爵禄。顧不此之爲而爲今之行，子計左矣。且子之鄉，陸子之鄉也。陸子何如人哉，亦嘗頗聞其遺風乎？夫朱子之教人也，必先之讀書講學；陸子之教人

❶「子」，原作「俎」，據成化本、乾隆本改。
❷「稱」，原作「親」，據成化本、乾隆本改。

也，必使之真知實踐。讀書講學者，固以爲真知實踐之地；真知實踐者，亦必自讀書講學而入。二師之爲教，一也。而二家庸劣之門人，各立標榜，互相詆訾，至于今學者猶惑。嗚呼甚矣！道之無傳，而人之易惑難曉也。爲子之計，當以朱子所訓釋之四書，朝暮晝夜，不懈不輟，玩繹其文，探索其義。文義既通，反求諸我，書之所言，我之所固有，實用其力。明之于心，誠之于身，非但讀誦講說其文辭義理而已。此朱子之所以教，亦陸子之所以教也。然則其要安在？外貌必莊，中心必一。不如是，不可以讀書講學，又豈能真知實踐也哉！子亟歸而求之，舍是予無以贈子矣。它日再來，予將觀子之進與否。」

贈許成可序

往年，吾邦部使者邀至新安程君達原來臨汝書院，爲諸生講說朱子之學。達原父之于人，少所可。時余弱冠，數數及門，見其與許君端朝厚善，且稱其子也才。後廿年，其季成可與余相遇于臨汝，出兩世遺文及諸公往來手帖示余。其言多有補于教，可名世行後。❶所交，盡一時賢士大夫。嗚呼！如斯人者，不可見已哉！成可不墜家聲，措意于詩文，又博覽群書，務究其歸趣，自是明善而誠乎身，夫孰能禦！十數年間，欲求友一人如成可者而未之得，今得之，其能已于言乎！

---

❶「名世行後」，乾隆本作「行後世」。

贈無塵道者序

天，❶太虚中一塵耳。成象于其上者爲星，成形于其間者爲人，塵中之塵也。人之所值有不同，❷塵中塵之塵也。無塵，❸道家者流，以塵中之塵説塵中塵之塵，其神矣夫！知無塵之無塵，則知其神之所以神。未有人也，未有星也，未有天也，此無塵也，此其神也。

贈醫人陳良友序

臨川良醫陳良友，種德三世矣。醫不擇家之富貧，不計貲之有無。一旦，其里之惡少以重役歛之，與語未及酧，則推而内之溝，折兩股。雖斷續益損，竟不復常，至今杖而行，倚而立，不能坐。或謂爲善如此，而獲報如此，施者其怠乎？良友不然，益自誓以濟物爲己任，至感于神明，形于夢寐。日理丹鼎藥裹，孜孜若不及，慊慊若不足。吁，賢哉！于是肅政廉訪使程公作詩以美之，命其客吴某同作，而又爲之序。

❶「天」，原作「夫」，據成化本、乾隆本改。
❷「之」，原脱，據成化本、乾隆本補。
❸「無」上，原衍「今」字，據明初刻本、成化本、乾隆本删。

直躬爲惠不爲貪，股折肱存幸未三。施報稍乖疑有怠，精堅自誓轉無慚。人雖微疾肯坐視，藥試奇功在立談。丹候孰知消息事，相逢一笑問圖南。

送雷友諒序

劍江雷尚書之從弟友諒，今之巧人也，于藝無不能。見器物輒肖而爲之，爲之無不成，成之無不精。充其伎，雖古之垂、古之般，何以尚哉！將遊匡廬，造武當，尋高僧高道，問向上事。或謂之人巧如此，移其巧于外者專諸内，何事不可得？余曰：「子姑舍其巧而趨拙，平日之巧俱忘，若無能者，必至大巧，蓋知不可以得珠也。」友諒聞之憮然。

送陳中吉序

廬陵陳植，延祐四年江西省所貢士也。試禮部罷歸，益厲其志，讀書爲文不休。或告之曰：「子之學，學于古者也。士貴通古而通今，盍亦學于今乎？」於是將遊四方，以歷覽山川，遍識人物。過予，道其行之意。予曰：「男子初生，而蓬矢以射，固以四方爲分内事矣。人謂司馬子長之史、杜子美之詩，皆得之于遊，未必然也。然夫子，大聖人也，適周而問未問之禮，❶自衛而正未正之樂，徵夏、殷之文獻而必之杞、之宋

❶「未問」，成化本、乾隆本作「未聞」。

也，況下于聖人者乎？覽不厭其廣也，識不厭其博也，見聞不厭其多也。不廣不博不多，則不無孤陋之譏，予其敢禁子之遊乎？雖然，既廣矣，既博矣，既多矣，有反諸約之道焉。未廣未博未多而徑約，則不可也。子其行哉，俟他日之廣博而多，當爲子指其所謂約者。于斯時也，不出户而知天下，而何事乎遊！」

吴文正集卷二十八

元吴澄撰

序

贈梁教諭序

南安梁君，爲金谿教諭三年矣。延祐丁巳春，予過自金谿，徵予贈言。噫！予將何以贈子哉？夫今之仕者，由儒官而民官，由民官而清要，雖位極人臣可也。然居官之大要，不過曰廉曰能而已。廉而不能則失職，能而不廉則失己。廉者德也，能者才也，有德有才，誰不稱其美？子之能獲覩一二矣。他日爲民官，歷清要，即是充之無難也。本之以廉，其不爲具美之人乎？當今貴儒而賤吏。貴儒者，非徒貴其能，蓋貴其廉也；賤吏者，豈謂其不能哉？惡其不廉耳。子方且治儒術以應上之求，從上所好，違上所惡，人臣之義也。舍是，予何以贈子哉！

送李教諭赴石城任序

昔宜黄李君夔友，以太學名士釋褐爲贛州教。不及禄，而其子仲謀中教官選，再任得石城教。石城，贛州屬邑也。予少時客宜黄，親見贛州之所以教其子者，又見仲謀之所以學於家者，往往異於常人。蓋自宋末，舉世浸淫於利誘，士學大壞。童年至皓首，一惟罷軟爛熟之程文是誦是習，無復知爲學之當本於經，亦無復知爲士之當謹於行。贛州之教子則不然。仲謀九歲以前，《論語》諸經皆能成誦。年雖幼，德器如老成人，不待父師繩束，循循於禮法之内。逮其父時已如此。父既没，而孝養其母，謹飭其身，益勵於學，以能有所立。今之往石城也，諗於予曰：「新制取士，以經明行修爲首，好尚近古謂宜，一變可以至道。而學校承襲舊弊，不知所以自新之方。」凛凛焉以經未明、行未修爲憂。嗚呼！今之任教事者，❶靡不侈然若有餘，❷而仲謀獨慊若不足，此其賢於人也遠矣哉！予之少也，嘗有志於古人，而荒落久矣，何能有所裨益於今之時俊乎？雖然，不敢不誦所聞。古聖遺經，先儒俱有成説，立異不可，徇同亦不可。虚心以玩其辭，反身以驗其實，博覽而歸諸約，傍通而貫于一。一旦豁然有悟，則所得者，非止古人之糟粕也。人之一身，内有父母兄弟夫婦，外有宗族姻親朋友，近而鄉黨，遠而四方，推吾愛親敬長之良知良能以達乎彼，何莫非吾之所當厚善者？寧厚毋薄，寧過毋不及。夫如是，經豈有不明、行豈有不修者哉？而非有甚高難行之事也，人病不爲耳。今之往石城也，試以斯言與一邑之士詳究而實踐之，殆必有契於疇昔家庭之所聞也，其毋厭予言之卑。延祐丙辰九月之望。

❶ 「今」，原作「令」，據成化本、乾隆本改。以下同此者逕改，不再出校。

❷ 「侈」，原作「哆」，據乾隆本改。

送黄文中赴西澗書院山長序

昔夫子删《詩》、定《書》、敘《禮》、正《樂》、讚《周易》，五經備矣，猶曰「託之空言，不如載諸行事也」，於是乎作《春秋》。漢儒專門明經學者，往往引《春秋》斷國論，其最純者，江都董相也。其言以爲，爲人君，爲人臣，爲人父，爲人子，皆不可以不知《春秋》。然則《春秋》之爲用，大矣哉！友人黄乎文中，家世《春秋》學。而文中玩索遺經，貫穿三傳，二百四十二年之陳迹，歷歷如燭照數計。發言處事，每據經援傳以爲證，使漢世專門之士復出，未知其孰後孰先。又推類以讀《通鑑綱目》之書，一千三百餘年之得失治亂，縱横商略，有若身與其間，此讀經讀傳之餘效也。今長瑞州西澗書院，或謂西澗之難處，非他書院所可同。予謂不然。明《春秋》者，臨大事，決大議，破竹解牛，靡所凝滯，況於居小官、應細故而有難者乎？爲是説者，蓋不知《春秋》之爲用者也，蓋不知文中之爲人者也。於其行也，酌之以酒，而書此爲贈。

贈袁州路府掾張復先序

淦張復先以儒生選擇爲吏，將從事大府，因吾里李弘道蘄予一言之益。夫耕問奴、織問婢，宜也，借視聽於盲聾，則不可。爲吏者自當就吏師而問，顧乃於迂儒而求益焉，不亦左乎？雖然，必有以也，而予何敢默？古之庶人，在官者曰府史，受禄與下士同，待之亦不輕矣。當時人人有士君子之行，其賢其能，固已推舉爲長民治民之官。至若府史之職，亦必鄉里推舉，其獨無士君子之行乎？自俗不古，吏習於貪，習於刻，爲人所畏，不爲人所愛，於是世始賤吏而不知貴。❶今日以儒爲吏，上之人蓋欲革吏之心也。本之以慈，行之以公，不汩没於利。凡事之曲直，無高下其手，無變亂其黑白，文無害而人不冤，詎非古昔盛時之府史乎？苟其不然，雖滿其意於一時，殃於其身，以及其子孫，可指日而待也。吾弘道有才略，有氣義，與之契，則復先之爲人可知已，必不以吾言爲迂。

送傅民善赴衡州路儒學正序

學正，教授之貳，其職甚不輕也。傅民善妙年俊才，清文粹行，選在此職，豈竊禄尸位者所可儗倫也哉？夫天地之氣，鍾聚而聳起者爲山，山之高大者嶽也。衡嶽，南方之巨鎮，郡踞其趾。嶽之靈異，怪物奇寶不足以當，則生偉人。循嶽而南，舂陵昔有周子，實紹聖道不傳之統；而文定胡先生父子兄弟，皆於衡而講道。二百年間，流風未泯。今之衡，安知無有志之士卓然崛興，能躡胡而探周者乎？民善至衡，試求其人而與之語。若衡之士不過應舉覓官以爲學，殆恐未足以盡嶽之秀也，民善其擇焉。延祐五年七月朔。

送唐古德立夫序

古之仕者，將以行其志；後之仕者，將以遂其欲。所志亦所欲也，而有公私、義利之不同。唐古德立

❶「貴」，原作「責」，據成化本、乾隆本改。

夫，故御史中丞覃國公之子，今僉典瑞院事薛超吾昂夫之弟也。從事江西行省，志有所不樂而去。余觀昂夫，亦小試其才於此，去而爲達官於朝。立夫之才，豈出兄下？接踵登朝，蓋可期也。志之得行，固有其時，而不在於汲汲。於其游杭也贈之言，而勉之以居易俟命焉。若夫急於遂其欲，❶則立夫不爲是也。

贈蘭谷曾聖弼序

臨川西鄉查林曾氏唯齋翁，專門治《周官》六典。寶祐乙卯初與貢，咸淳庚午再與貢。其再貢也，予忝同升。越五年甲戌，免舉試禮部，登進士科，授贛之瑞金尉。運代遷革，隱處不仕，二百里間杳乎不相聞也。延祐庚申，上距甲戌四十七年矣，有榮祖其名、聖弼其字者來訪。問之，翁仲子也。善陳卦爻，察形色，推人生支干及七政躔離，決休咎禍福，小數曲藝，不一而足。巧發奇中，幾類東方生之覆射，莫不驚駭其若神，而罔或測識其所以然也。其伯兄季弟，亦皆出遊。兄以儒得仕，弟以陰陽家得仕。各能隨世擇術，以干名利，翁爲有子矣。聖弼將遊梁宋，省視其兄，予特敘其家系大概，俾人知其爲儒官之胄，而非止伎術之流也。平生所識名士大夫，贈之以言者甚衆。聖弼自號蘭谷云。

---

❶「夫」，原作「父」，據成化本、乾隆本改。「其」下，成化本、乾隆本有「所」字。

送醫士蔡可名序

予家夫容山之東南，山之西北爲樂安之境，蔡氏居焉。予之居與蔡之居，雖有兩縣之分，而無二十里之遠，是以聲跡常相聞。蔡之先曰伯珍者，名醫也。傳其子光叔，光叔再傳其孫明德，❶明德又傳其子可名，至于今五世矣。醫之陰德，其施在人，而受報於天。家日進於饒裕，而子孫多學儒。學儒者不復爲醫，守其世傳者可名而已，蓋其心獨專，其業獨不易。以其術濟其鄉隣，修治丹丸，以救卒暴危急之證，❷尤爲有功於人。夫蔡氏前之所施既受報矣，今可名益厚其施，則天將益厚其報。蔡氏之昌，其可量也哉！

贈長沙王秀才序

長沙王秀才，世爲儒家，家有恒産。六七歲讀書，即能爲文，被慈母之教。九歲而母没，父有群妾，❸又有後母。年十五棄家而出遊，年二十歸，娶妻，既娶而復出。詩文雄偉俊邁，震曜人耳目。挾其才氣，不屈下於人，人稍不相知輒奮怒。遊之所得，隨得隨喪，弊衣破帽，走塵垢泥塗中。湖廣、江淮、兩浙無不歷，且

---

❶「叔」，原作「升」，據成化本、乾隆本改。

❷「證」，乾隆本作「症」。

❸「群」，原作「郡」，據成化本、乾隆本改。

將北行中州，抵京師。有奇之者焉，有怪之者焉，或謂毁節以快其欲耳，或謂將釣譽以躋其身也。而其中之然不然，皆未易測。予獨慨長沙多才士，近年有才氣而遊者，予見其二，一顯一晦。然公不能以表於世，私不能以衛其生，可恥也而不足算。屈大夫不得於君，雖遭放逐，猶依依懷戀而不忍離，甚至抆淚哀吟而不能已，所以爲千古詞人之宗，豈徒文之奇哉！歷九州而何必懷此都，賈傅尚得爲知原者乎？臣之於君，子之於親，一也。而人子尤無遠去之理，古聖人之怨慕卓矣。後之王祥、薛包，概可師也。不順乎親，不可爲子。縱使文章蓋世，亦何足以取人之重，而有識者不爲也。予每與來朋談孔孟之道，秀才頗若厭聞。徵予贈言，竊慮言之不相合，而慎於作。酒酣論詩，酷愛後山、簡齋。予躍然曰：「子於二陳，能喜其詩，必喜其人。二陳之爲人何如也？」秀才曰：「吾之遊，匪爲利，匪爲名也。覽天下山川，識天下人物，以恢廓吾之胸，即歸理畎畝，守墳墓，終身與父母、兄弟、妻子處，復何求？」予又矍然曰：「始予謂子有才氣而已，今有識如此，人固不能知子也。真奇士，真奇士，詎可以狂士而視子也哉！」

贈張希德序

樂安縣之南曰雲蓋鄉，昔有雲岫長者居其地。家富而心慈，其於人，不間戚疏新故、良賤賢否，待之一以慈爲主。慈而流於弱，❶或速强悍之侮，而亦不校不怒，終不改易其心之所安。其子希德之慈如其父，温

❶「而流」，原脱，據成化本、乾隆本補。

温然，惴惴然，略不踰越規矩之外。重小兒醫，以其餘力學焉。苟有名術，必訪問師事；苟有奇方，必求索抄録。里中嬰孩之疾，輒饋善藥而愈。修治丸藥之號爲丹者，以防危急。慈矣哉，其用心也！扁鵲因秦人愛小兒，遂作小兒毉。彼蓋爲利爾，此則出於中心之慈，而非有爲也。慈者仁之發，而慈之所施始於幼。《周官》養萬民之政有六，亦自慈幼始。堯之嘉孺子，文王之先幼孤，其心一也。且人之有疾，必以所疾告之毉。嬰孩不能自言，而聽醫者之以意揣摩，設有不審，危殆立至。故醫之於小兒，尤宜究心。能於此而動其惻怛，致其哀矜，于以見其慈也。雖然，慈之施始乎幼，而慈之推則溥及乎衆者也。《大學》言使衆之道，不過推其幼幼之慈而已。凡民皆吾幼也，是以保民當如保赤子。竊怪夫字牧之官，往往視民之休戚漠然若無與於己者，獨何心哉？得召、杜數千人爲慈父慈母，列布郡縣，民瘼庶其有瘳乎？予喜談希德用心之慈，亦將以爲世之字牧者勸也。希德姓張氏。

贈涂雲章序

豐城涂漢雲章，判官熊先生之高第弟子。❶其才與進士周贊府尚之、翰林揭應奉傒斯，伯仲間也。揭陞朝班，周亦成進士，而熊先生之門人人皆擢高科，獨雲章挾其藝試有司，再戰再北，於是不能不觖觖于懷。

❶「第」，原作「弟」，據成化本、乾隆本改。

將繇江浙，道揚徐，走中原，❶造京師，廣其見聞，以紓憤鬱。將行，而與予遇，予釋之曰：「揆子之才，成就非在周、揭之下者。其遲其速，則有天焉，非人所能必也。子其居易以俟，不患無位，患所以立。經明矣，益明其所已明；行脩矣，益脩其所已脩。豈惟可見知於人，其不見知於天乎？見知於天，則子所宜有者如期而至，而天豈靳之哉！」雲章聞予言，欣欣然耳受，陶陶然心醉，若不復知世間有富貴利達事。余熟視曰：「子真奇丈夫。余一言，子輒悟，子真奇丈夫，余未見如斯而久在人下者也。」

送河北孔君嘉父官滿序

今天下之俗，如黄河之水，潰決横流，渾渾而濁，莫能使之清者。風憲一官，號爲天下之所取正，非有歲寒松筠之操，亦不能保其不變移，而他復何責焉？風憲之家，至後嗣，而墮其世美者有矣；風憲之身，至他官，而改其初節者有矣。夫其若是者何哉？無識、無恥、無守也。無識則不知廉介之可尚，無恥則不知貪黷之可羞，無守則爲子孫之計，爲妻妾之奉，爲飲食衣服之不若人，而厭貧羨富，以至苟利忘義也。於斯時也，有能蟬蜕於埃壒泥滓之中，而皭然不緇其皓皓之白者，❷予於河北孔君嘉父見之。嘉父爲諸侯佐屬，位在僚底。剛而不可撓，明而不可欺；公而不容私，潔而不受汙。民有是非曲直未分者，莫不顒顒於君焉注

❶「走」，原脱，據成化本、乾隆本補。
❷「皭」，原作「嚼」，據成化本、乾隆本改。

目。蓋當無所控告之時，苟有可以倚賴之人，則如垂亡待盡之病，❶恃之以爲命脈。甚哉！斯民之可哀也。君雖不激不衒，以咈衆而取名，民之陰受其賜於不顯之地者，殆不知其幾。家素風憲，而世美不墮也；身嘗風憲，而初節不改也。非有識、有恥、有守而能乎？官滿將代，士民咸惜其去。予謂君之所至，人必受惠，日月所照，皆天氓也，而亦何能獨專其惠於吾父母之邦哉！君之代，予不能偵其期；君之行，予不能餞於路。則不可不一言而別。此去官益崇，名益盛，操益堅，惠益廣，予之望也。因山長黄孟安來，書此以寄。

送姜曼卿赴泉州路録事序

泉，七閩之都會也。番貨遠物、異寶奇玩之所淵藪，殊方别域、富商巨賈之所窟宅，號爲天下最。其民往往機巧趨利，能喻於義者鮮矣。而近年爲尤甚，蓋非自初而然也。予嘗原其初矣。唐之時，閩地肥衍豐裕，民豢於其所安，溺於其所樂，莫或以仕宦遊觀上國爲意。常丞相來，爲一道觀察使，勸其民以學。有能讀書作文者，隆禮接之，民因是知勸。歐陽詹遂舉進士，與韓文公齊名。詹，泉之人也。閩人之貴進士，自泉之人始，由是文物浸盛。波流及宋之季，閩之儒風甲於東南，其效顯於數百年之後。常丞相之教，寔開其先也。民俗之美惡，亦何常之有哉？在乎治之教之者何如耳。吾里姜曼卿，廉潔公介，爲漳、汀二路録事

---

❶「垂」，原作「乘」，據成化本、乾隆本改。

近十年。❶一切據理法以行事，而無所屈撓，雖屢挫而持之益堅。今又徙治泉州路，予知其所守終始不渝者。録事之位雖卑，而父母一城之民，其任固不輕也。泉之人有土著，有僑寓，大概没溺於利，而罔或以義理淑其心。儻能以常丞相之化一道者化一郡之民，使之人人知學，雖未能離乎殖貨者，亦不至没溺之深。❷則非但民風丕變而易治，當今進士科取士，不限以疆界，不拘以種類，皆可以得大用。將見泉之民以進士發身如歐陽詹者數十百，進而羽儀乎天朝，❸其視終身没溺於貨利者，相去豈不萬萬哉！曼卿不能以專行，豈無賢太守如常丞相之弘度高識者？其以予説告之。

送李道士雲遊序

混成師以明眼之方遊東西南北，人曰：「天下之盲，遇師而明者多矣，何其幸歟？」余曰「然」。然人能知師治肉眼之盲而已，世有雙眸烱然而觸處障礙者，其盲不在於肉眼也。南華仙云：盲者無以與於文章之觀。豈惟形骸，知亦有之。師嘗見方外至人，得聞至論。此去以此自度，又以度人，使人人具正法眼，放大光明，照破

❶「近」，成化本、乾隆本作「僅」。
❷「至」，原作「知」，據成化本、乾隆本改。
❸「進」，原脱，據成化本、乾隆本補。

群妄，不昬不迷，則師之方，何止去外障、内障於五輪八廓間哉！❶師其行乎，吾將索師於混成之鄉。

贈劉相師序

視其所以，觀其所由，察其所安，夫子相人法也。聽其言也，觀其眸子，與夫見面盎背，施於四體，孟子相人法也。若左氏者，其説愈詳。以執玉高卑、其容俯仰，觀人之死生；以禮義動作、威儀之賢否，❷觀人之禍福。以至語而偷，舉趾而高，行而委蛇，其應也如響，而尤莫顯於叔服之相難穀。竊意後世如唐舉、許負之法，其術皆原於叔服，而聖賢之法罕究焉。蓋聖賢之詳觀於言行威儀之間，而後世之術法觀於容貌眉目之際。使徒觀於容貌眉目而足以盡得斯人之平生，則虎類孔，項類舜，吾何以觀之哉？劉相士善相，所相多奇中。予愛其盛年美才，出語楚楚，而慮或局於唐舉、許負之説之術也，故舉聖賢所以相人者先焉。

送方實翁序

鄱陽方實翁，儒家者流。孝於親而學醫，持脈定未來之災祥，投藥甦已往之沉痼。❸知來，知也；救往，

❶「八」，原作「人」，據乾隆本改。
❷「賢」，原作「能」，據成化本、乾隆本改。
❸「痼」，原作「涸」，據乾隆本改。

仁也。推其知以醫國，其謀也必遠；推其仁以醫民，其效也必速。向年一走京師，得鄉郡教授而歸。今當路再薦舉以進，其必得美官，以試醫國醫民之事。然嘗觀世之儒，平居論國體，談民病，非不亹亹可聽。一旦見於用，略不符其言。何哉？彼所言，虚言也；而翁所能，實也。噫！曾謂儒之虚不如醫之實乎？翁行矣，余期翁之遇急，觀翁之所爲，將表翁之實，以愧夫儒之虚。❶

送胡大中序❷

往年爲廬陵胡大中作字説，勉之以大中之道。或謂余説大高，而責人以所難。夫大中之道，雖若甚難者，然人所同有也。苟人所同有，則人皆可得而至。不以此自勉，自棄也；不以此勉人，不忠也。大中將之東廣爲學官，「教然後知困」，其必日有進矣。欲究大中之道，莫如《易》。子之嚴君以《易》決科，《易》固子之家學也。雖然，《易》之爲《易》，豈止決科而已哉！邵子曰：❸「先天圖者，環中也。吾言終日不離乎是。」子試於乾之誠明、坤之敬義而實用其力，則於大中之道，其庶幾乎！

❶「虚」下，成化本、乾隆本有「者」字。
❷「大」，原作「夫」，據成化本、乾隆本及正文改。
❸「邵」，原作「郡」，據明初刻本、成化本、乾隆本改。

贈黄生序

富城黄志以前知禍福談人命，玉霄滕君書「至誠」二字贈之。至誠之道，可以前知，此上智通神之事，非常人所易能也。或謂滕善謔而輕，幾若侮聖言。❶噫！未必然也。夫至誠雖未易能，亦在夫人致之何如耳。至者，造其極之名；致者，求以造其極之方。至也者，天也；致之也者，人也。致斯至矣，故曰「其次致曲，曲能有誠」。今之談命者，往往如説士之揣摩捭合，以倖其一中。凡此皆不任真術，而妄語以欺人，不誠孰甚焉？黄生朴而厚，其語也不妄。語不妄，誠之始事也。致之致之又致之，誠其有不至者乎？豈特不揣摩捭合以欺人而已哉！

送孔能静序

人言盛德必百世祀，此概論也，若聖人之澤，何止百世而已哉？雖千萬世，猶一日也。吾夫子不得用於當時，而其澤之施於後，由漢至今而益隆。世世襲封爵、主墳廟，世世宰鄉邑、❷司民社。猶未也，特設官

❶「言」下，成化本、乾隆本有「然」字。

❷「鄉」，原作「卿」，據明初刻本、成化本、乾隆本改。

教其子孫，而子孫或農或士，悉復其家。噫！可謂隆也已。❶其遷於江之南者，有三衢派，有清江派，蒙恩與闕里等。今興文署丞，亦以清江之派宦于朝。二子俱教授，而季又將爲奉常之屬。伯子能静當赴常德，余安得不深有感於聖澤之遠乎？雖然，夫子爲萬世儒教之宗，而儒之所以爲儒，貴其能不畔夫子之教也。世所謂儒，或涉獵章句，或綴緝文辭，則已哆口而言，肆筆而書，以矜於時，以號於人，曰儒爾儒爾。夫子之教，固若是乎哉！能静往教，其必有以異於庶姓也。《魯論》具載夫子誨人之語，未易一二數。其至切近者，「入必孝，出必弟」，「言行必忠信篤敬」，「行己必有恥」，「見得必思義」，「所不欲，必勿施於人」，「毋色厲而内荏」，「毋群居不及義而好小惠」。能静律己範人，一出於是，有以丕變世儒學習之陋，人必曰：「是真孔氏子孫矣。」夫如是，不惟不忝於先聖，將見子之名英英而騰，子之仕烝烝而升，偏方初試，其何足以羈羇也夫！

送樂晟遠遊序

吾鄉侍郎樂公，《寰宇記》一書行天下。然不深考，亦未有知其書之精者。侍郎生於唐之後，顯於宋之初，在撫州《登科記》中褎然爲首。諸子諸孫，科名相繼，施及宋末，貢舉者猶不絶。一姓文儒之盛，其吾鄉之表表者與？晟字幼誠，亦其苗裔也。好吟詠，多伎能。往年事今翰林學士程公於閩中，公甚器重之。將

❶「謂」，原作「爲」，據成化本、乾隆本改。

緜江東、淮東、山東、河北以游于四方，男子之志也。經所歷山川風土，了了在目前，❶有以徵先世之書，真可無忝於其祖矣。匪特予嘉之也，出門同人嘉之嘉之又嘉之者，奚翅十百千萬其人哉！

送曾叔誠序

士之貴乎多見多聞也，尚矣。經史傳記諸書，靡所不讀，所以通古也。居則有過從，出則有交游，於郡縣山川靡不偏覽，❷於政教風俗靡不周知，所以通今也。樂安曾叔誠，世爲儒家，不業他技，專以親炙名勝、傳録文字爲務。奔走洪、瑞、臨、吉、撫、建數郡間，以東之所見所聞言之於西，以西之所見所聞言之於東，使人不出户而坐致千里之事，誠足爲見見聞聞之一助，故人皆望其至而喜焉。予於其行而贈以言，亦嘉之也。

贈謝有源序

崇仁三謝：其一曰野航先生，嘉定癸酉鄉貢，明年登第。内官歷監察御史、太常卿，外官歷江西提刑、福建轉運，操行清介。江西憲兼贛守任滿，人有詩云：「琴鶴亦無空載月，旌旗不動只疑香。」❸福建漕時，有

❶ 「前」，明初刻本、成化本、乾隆本無。
❷ 「偏」，原作「偏」，據成化本、乾隆本改。
❸ 「疑」，成化本、乾隆本作「凝」。

故人爲屬縣令，知其不受饋遺，乃獻柏燭百炬。以其情舊物薄，不卻亦不視。踰月啓掩，將取燭照夜，怪其燭之重，用力辨，辨燭心皆黄金。即以運司官印緘封元掩，命縣尉差弓兵送至彼縣，取具交管元物狀回，竟不顯其事。清介而弘厚如此。其二曰萬安令君，嘉定壬午鄉貢。寶慶丁亥，以開禧丁卯初貢之名免舉登第，官至萬安宰。文雅醖藉，治邑多惠政。其三曰徽州使君，嘉定丙子鄉貢，己卯再貢，明年登第，官至徽州守。❶清介亦如伯兄。從子從一甫，晚號玉谿翁，工於詩。翁之子壽文、孫有源，❷挾藝游士大夫之門，所至俱禮貌。有源之於野航，從曾孫也。

---

❶「官」，原脱，據成化本、乾隆本補。

❷「源」，原作「原」，據成化本、乾隆本及正文改。

吴文正集卷二十九

元　吴澄　撰

序

送崔知州序

朝列大夫、知新淦事崔侯文質，予初見之於京師。一見雖未交談，已識其爲才吏。未幾，予移疾還家，而侯適治新淦。予所居，視新淦爲鄰，聞侯之政如神明。人爲予言，其令如疾風之偃草，其威如迅雷之破柱。差役均，而樂歲民得以安生；賑救僅，而兇歲民得以免死。❶既而官滿受代，淦之民士作詩以頌美之者成巨編，侯其何以得此於人哉？吾門之徒夏志道，與侯爲婚姻家，録士民頌美之辭，請予序其卷首。吁！才之難久矣。如侯之才，世不多得也。淦之著姓，曰鄧曰鄒，予之舊交，侯與之極厚。巨室之所慕，一國慕之，此孟子之所以爲政，而侯有焉。夫侯以才吏而有志於儒術，予以腐儒而亦有志於吏事。今侯屢底績，而

❶「兇歲」，原倒乙，據成化本、乾隆本乙正。

予老不能有試。儻予生爲新淦之民，得如鄧如鄒而與交際，以予迂闊之見，濟侯精敏之能，譬猶鹽梅五味之和羹，❶調適衆口，而嘗者靡不悦，而侯赫赫之譽，必倍蓰於今日。惜哉！予之不與侯值也。雖然，憐才而樂道人善者，吾意也。以侯之才，以侯之政，而淦士民之頌美若是，❷安得不樂道之以嘉其既往，而又以勉其方來也哉？侯名顯祖，齊人。其仕之所歷，在内服在外服俱有聲稱。若新淦之政，則予所親聞者也。

送四川行省譯史李巖夫序

予幼聞先達長者云：「仕宦之人，於交代官，有子孫雲仍之好；於同僚官，有兄弟手足之情。」蓋言其恩義之愈久愈深，至親至昵也。隴西李仲淵，襟懷軒豁，意氣慷慨，是非可否，纖芥無閉藏。昨爲集賢直學士，予忝與之爲代；今爲翰林侍讀學士，予又與之爲僚。共處數月，其情好深厚，真有如先達長者之所云者。令子師尹，承家訓，負時才，精於國語，習於國字。口宣耳受，指畫目别，如水之注下，如火之照近，沛然瞭然，略無停滯。雖處之陰山大漠之北，❸與其種人未易優劣也。嘗以其學教授于南甸路，復以其能譯史于

❶「梅」，原作「海」；「羹」，原作「美」，併據成化本、乾隆本改。
❷「美」下，成化本、乾隆本有「者」字。
❸「大」上，原衍「大」字，據乾隆本删。

雲南省。❶ 隨父客京，念母在蜀，曠晨昏之禮，思切切不置。公朝體人子之心，發充四川行省譯史，以便養母，而命其弟留京侍父。去住之間，兩得其宜矣。以予之於其父如兄弟也，告别而後行。予視之如子，然其可無一語以遺之哉？子之往也，恭順以奉慈親於内，忠謹以事官長於外，名聲將日起，禄位亦日進矣。予也老病，無所用於世，賴而父翼衛以苟容於斯。子年少才敏，力强志鋭，其以而父之奮發就事者自勉，而以吾儂之巽愞瘝官者自警可也。夫能爲人子，斯能爲人臣，達官非子其誰乎？師尹之字曰巖夫。

送申屠子迪序

昔御史申屠公清名峻節，偉然有聞於世。子迪，其第四子也。勤學謹行，以增崇其家聲。其未仕也，僑寓淮土，訓授生徒，蕭然如寒士，略無外慕意。其既仕也，從事於憲府，從事於省部，綽綽有美譽。進治簿書，退玩經史，雖公務糾紛，而吟詠不廢。其資其識，兩皆不凡。亹亹議論，累累著述，往往可聽可觀。充其所到，應非小成而止。今往掾江西行省，而徵予贈言。噫！予言，虚言也已。有實學，有實行，奚以人之虚言爲？雖然，予其可以遂默而無言哉？凡仕於下位者，其上有長焉，長之心，不能必其一一與屬同也。爲之屬者如之何？亦惟循理守法而已爾。理法，天下所同也，其孰可以立異者乎？如或未同，則積誠致敬，

❶ 「于」，原作「丁」，據成化本、乾隆本改。

以感悟之可也。感悟之機甚神，感之而應，悟之而通，殆如雲翼之翔順風、川鱗之永清波也。❶夫如是，豈惟兩道士民慶江西一省之有賢屬，而爲之長者且將自慶其屬之得人矣。子迪行矣。

送何友道游萍鄉序

梅窗何先生，四子俱擢進士科。長宜章令，次永州教，次道州判官，次廣昌主簿。其季出爲萍鄉柳氏後。袁柳、撫何二族各以儒官著，而其初實一姬姓。文之昭由魯之展而爲柳，武之穆由晋之韓而爲何，氏不同而姓同。宜章仕萍鄉時，冢嗣友道生，今爲宗子。友道不忘所自，生而爲是行也。棠陰猶存，有先世之遺愛焉，韡然耀於他土者，吾父之季也。禮：爲人後者，不復顧私親，獨於宗子無絶道，何也？欲其宗也。本原一而支派分，卒然合并之際，孝悌之心有不油然動於中者乎？噫！典禮廢而俗之薄也久矣，本本原原，惟學士大夫能然。余將於是而觀其則。

贈李庭玉往岳州序

宋熙寧間，始以經義試進士。其初，體格有張庭堅《書義》，載在《文鑑》。逮宋之季，愈變愈新。浙東之温、江西之吉與撫，其《書義》號爲利取選者，吉則安福，撫則樂安也。而樂安縣北李氏，又爲《書義》之大宗。

---

❶「永」，成化本、乾隆本作「泳」。

李庭玉之曾大父，以上世以《書義》爲進士師，受業者彌數郡。爲己爲人，春科秋薦，指數未易悉也。國朝貢舉未行時，人競延致庭玉之父，以淑子弟。貢舉既復，撫之擢科者二人，並以《書義》中高甲。推其師友淵源所漸，咸曰自李氏。則樂安《書義》之取選，非但利於昔，亦且利於今矣。然宋人不龜手之藥，市方以去者獲封，而蓄方之家猶洴澼絖，❶蓋未嘗用之於水戰也。視故篋而方尚存，❷夫何患？儻用以戰，客烏得而專其功？庭玉勉之哉！抑予聞之，取貴有術，守貴有道。庭玉將往岳州路湘陰州，見黄、張二貴官。養原、國賓之貴，俱得取之之術者，而予又欲其備守之之道焉。長守其貴，諸侯之孝也。是以因庭玉之行而寄予意。

送卞子玉如京師序

淮東卞子玉，家世仕宦，政事得於講聞者熟矣。才識明敏，器量深弘，貫通乎儒書，練習乎吏牘，可不謂之全能乎？其施於政事，固宜如峻坂之流丸、高屋之建瓴，水豈或有所滯礙者哉！而往年於獄訟之間，猶不能無失。蓋以長官之所鞫問，憲官之所審覆，然其已然，而不復立異。卒乃不然，遂與鞫問、審覆之官同罹失之之罰，由寧州判官左遷崇仁征官。日辨官課之外，悉付同僚，一無所計較，惟與賢士友論學論文。而遇事益安詳，益慎密，人皆曰：「子玉素安詳慎密者也，今又愈加意焉，詎非所謂遭一蹶得一便、經一事長一

❶「絖」，原作「洸」，據成化本、乾隆本改。

❷「存」下，成化本、乾隆本有「焉」字。

知乎？」孟子嘗言，人之困心衡慮，在於有過而改之，後必以爲天將降大任於是人而然也。然則子玉之不宜有失，而偶失之者，其殆天欲長其知而玉成之也夫？處崇仁五年，人人愛之重之。既受代，將如京師謁選，莫不賦詩以寫依依不忍别之情。而予方期其此去之必爲良吏也，序以贈其行云。子玉名瑄，父少中大夫、寶慶路總管，大父以上仕宋。

送傅民善赴桃源州教授序

吾里傅師孟民善，近年爲衡州路儒學正，攝治教事，承郡牧意，一新黌宫。考滿且代，士友惜其去。今受朝命，教授桃源州。其操履之潔，職業之修，在衡具有已試之驗。❶一州得賢師儒，可幸已。金陵王雲起霖仲，亦吾臨川人，荆國丞相之裔。昨任湖北澧州教，廉聲能名，洋溢四達。民善至桃源之後，澧州殆不得專美矣。然予之知民善，不在其涖官臨事之時，而知之於其平居之素。知其素者何？察其言行之實也。夫古之學者，概以謹言謹行爲學。❷今人執筆，粗能文辭，則謂儒不過如是，其平居之言行豈暇計哉！肆口所發，類多鄙倍之言；任己所爲，不免疵玷之行。既不自知其非，而人之所共游處者，❸亦恬不以爲怪。

❶「具」，成化本、乾隆本作「俱」，是。
❷「學」，原脱，據成化本、乾隆本補。
❸「共」，原作「以」，據成化本、乾隆本改。

士之不以謹言謹行爲學，非一日也。民善幼侍親側已異常兒，及其長而與予接，察其言行，幾於無可選擇。嘗客武昌，以詩贄鐵峯張氏。一見稱其清苦俊拔，❶甚加奬進。張於人最不輕許，而獨喜民善，何哉？蓋其詩非徒虚文浮辭之尚，謹言行之實有素，而形於文辭者自有異於人也。仕途方此開端，積其平日所素謹之實，益加勉焉，用之於政事，將無施而不宜，何官不優爲也，豈特可爲賢師儒而已哉！

贈九山山人序

池之九華山，巉峻刻峭，巇巇如春笋之亂抽，嚴嚴如酋矛之列植，又如狂風逆吹幡旗之尾，繽繽然向乎天。❷予過其下，爲之怵心駭目，躊躇凝視而不能去。三百年前，有偏方僞臣專其山之名。其人也，工於奪人所有，移人之基業以爲己功，揜人之撰述以爲己能。猶未也，卒之并與其命而不之貸，險矣哉！其有甚於山之險，奚啻十百也。今皇圖坦蕩，萬里如砥，而有中州庶士僑寓江之南，又專此山之名而有諸己。九華先生之迹已陳，而九山山人之號方新也。予益怪之。徐觀其人，肆口議人之命，往往期人以貴富。❸不惟不阨人之命，且欲昌人之命；不惟不奪人所有，且舉天之所有輕以畀諸人而無吝辭。此其心之平廣近厚，

❶「清苦俊拔」，乾隆本作「清新俊逸」。
❷「向」上，成化本、乾隆本有「上」字。
❸「貴」，原作「責」，據成化本、乾隆本改。

豈有毫髮如疇昔先生之險者哉？專山之名一也，而用心有不同。山若有靈，其不轉禍昔之先生者，而福今之山人也耶？予合九華、九山二名而觀，始而疑，俄而釋，於是作《九山山人序》以贈。山人爲誰，陳其氏，良卿其字，汴人也。

贈陳立仁序

永豐陳氏，累世儒科發身，有建寧僉判，有建德察推。有爲信州司户、福州教授者，予及識之。教授之從孫立仁，察推之曾孫、僉判之玄孫也。克守世業，授徒以養親。方技術數，多所諳習，以七政躔離推人休咎甚驗。挾此以游，往往取重於人。予觀立仁之父安分處約，不染時俗狡險之習。世德之積既厚，子孫衆多而能，其後也必隆。❶立仁惟當力善以竢命，一藝之長，聊寓意焉耳，❷寧以此爲事？子以星數推人之命，予以天理卜子之命，知窮之必通也，其毋以蹔焉之不振而怠於爲善哉！

贈西麓李雲祥序

前輩言陳所翁默坐潛思時，疑與神物冥會於混茫之間。或醉餘意到，忽然揮洒，雖在墻壁絹素之上，如

❶「也」，乾隆本作「嗣」。
❷「焉」，原脱，據成化本、乾隆本補。

見能飛躍，❶蓋得龍之真也。湖南李雲祥，居嶽之西麓，今爲吉之安福人。自少好畫龍，每得所翁之畫，凝視終日不瞬，以至忘食。一旦有悟，恍如親得其傳焉。前御史大夫徹里公、集賢大學士李叔固，俱可其藝，而二人俱往矣。雲祥於是去京師而走四方，棲棲未有遇也。人謂福慧難雙全，豈其慧進而福減與？荆公嘗嘆二畫工未遇，其詩曰：「一時二子皆絶藝，裘馬穿羸久覊旅。華堂豈惜萬黄金，苦道今人不如古。」❷予爲雲祥歌此詩而勸之行，安知無不惜萬黄金者哉？安知不有如前人之二貴人者哉？

送邵文度仕廣東憲府序

上饒邵憲祖文度，先世擢儒科者累累。文度以其家傳《易》學中延祐四年鄉貢，次年會試于京師，未能成進士，退歸。既而憲臺嘉其才，俾從事廣東憲府。人謂文度世科之盛、才名之美，屈之仕僻壤、踐卑位，若非其所宜處。而文度裕然無不懌之意，其殆有悟於《易》之變通、能隨所在而安之者。古之君子之未遇也，或乘田，或委吏，或抱關擊柝，或仕於伶官，悉皆安之而不辭。憲屬，清流也。有權有勢，人多貴之榮之，非如乘田委吏之濁、抱關擊柝之賤、仕於伶官者之辱也，則隨其所在而爲其所得爲，固儒者之安於命、安於義。

---

❶「見」，原作「是」，據成化本、乾隆本改。「能」，疑當作「龍」。
❷「苦」，原作「若」，據成化本、乾隆本及《臨川文集》改。

近年憲府之選其屬者，必不産於荆、揚者始與其選，蓋疑荆、❶揚之人輕狡險黠，未易制御，故擯斥不用，而僅得以周旋於嶺海之間。夫人才苟可用，隨地皆可；苟其不可用，則無處而可。豈有不可用於彼而猶可用於此者哉！三道之憲，獨非朝廷之憲乎？二廣之民，獨非朝廷之民乎？而何其待之以輕重厚薄也。雖然，所重所厚之處，其所選所用，果能盡得其人乎？不論其人之何如，而惟論其地之所産，何耶？噫！風憲之職不輕矣。下不能以其上之心爲心，屬不能以其長之心爲心，❷其所以非諸人者，往往不能無諸己。居其上、爲之長者，不欲章其家之醜，則不得不護其子之短，如是復何所忌憚哉！文度之往，其必穎然有以異於輩儔。使人知儒者之所爲，果非常人所可及，亦使用人者，知其不用之人未必皆劣於其所用者也。

贈劉泰觀序

廬陵山水奇秀，其生才也往往俊邁絶群，地産然也。自昔山西多名將，而論者獨取蘇屬國、趙營平二人，何哉？以其不類山西人也。蓋良金美玉，天下所共寶者，不以所産之地論，而亦非地氣所能囿也。廬陵人物甲天下，一二百年來，名位之最隆，福禄之最厚，無如益國文忠公。公未達時，其心度，其行業，何如耶？有此心度，有此行業，則有此名位，有此福禄，如形之有影、種之有穫也。劉泰觀，廬陵俊邁士，才氣超

❶「疑」下，原衍「其」字，據成化本、乾隆本删。
❷「爲心」，二字原脱，據成化本、乾隆本補。

然，而棲棲不遇。予固憐其才，而尤欲大其成也，故以益國之名位福禄期之。先民有言有爲者亦若是，其毋以今之不遇而自沮。

贈襄陽高凌霄鵬翼序

東漢以來，荆楚號多奇才。蓋其地便於用武，智計之士往往出焉。馳騖一世而立功名者，常有人也，斯其可謂人中之豪傑矣乎？曰未也。孟子所謂豪傑，以其雖無文王猶興也。興也者，謂其能自感發，以求文王之道也。文王之道何在？近則在周公，遠則在孔子。周孔遺文之傳于後，有《易》有《書》，有《詩》有《禮》，以及《春秋》，與夫諸弟子之所記，子思、孟子之所述者，至今猶未泯也。能求諸此而得其道，是即師文王也。世無文王，而能師之於二千餘載之下，非豪傑之士而何？豈徒馳騖一世以立功名而已哉！襄陽高凌霄，荆楚才士，偕其友張師善，跋涉數千里之遠而來學。予既啓之以爲學大概矣，今其歸也，又舉孟子之所謂豪傑者以勉。

贈南陽張師善序

南陽張師善，爲學有志，通朱子《詩傳》，能應進士舉矣。不遠數千里，造吾門而學焉。善也，如欲應舉覓官乎？其爲儔類，人人皆可；其爲技藝，人人皆能。何待他適而遠求也？若其志有在，而非應舉覓官之謂，則予嘗聞古聖賢之所以爲學者矣，必明人倫，究物理，必去私欲，存本心，使一身有主而處事曲當，如斯而已矣。師善居游數月，每日所聞不外是。今將還家省親而求言，予又撮其大略以告。善也，尚諦思而力勉之哉！

贈方無咎序

吾里有醫，日有狎習者，率故常視也。一旦遠方備厚禮邀迎，輿馬赫奕臨其門，見者驚駭。又有人抱疾劇甚，族醫縮手無計，病家嘆嘅某邑某醫挾異能，恨不克速致以救危急，聞者亦且悚慕。他日偶至其邑，詢其能，邑人掩口大笑。余嘗舉此二事，與客共評，客曰：「人之情，重所聞，忽所見，從古以然。懷才抱藝者，往往名於遠不名於近。夫子之聖，猶或以東家見輕，而況其他乎？今夫香材之可寶可貴者，雜生嶺南山中。彼之人，日樵斧以供薪爨，孰知爲遠地所寶所貴如此？諺云：『離落之蘇不芳。』豈真不芳哉？以其近而易得也，是以翫視之耳。」余謂客之言是也，而有未盡也。蓋聖門之論，曰聞曰達，各不同焉。聞者，虚名之外著；達者，實得之内充。外著者，或聞於遠而不信於近；内充者，先信於近而後達於遠。鄱陽方無咎，家世儒醫，年少而俊敏，名未遠著也。而同里芳谷徐君，稱之吃吃不容口，又筆之於書，其信於近有如此者。古之選舉也，先自五家之比推之，次而二十五家之廬推之，次而百家之族推之，又次而五百家之黨推之，以及於鄉，以達於國。實之孚於人，由近而遠，豈若虚名之聞於遠而不信於近者比哉？余前所見所聞二人，名勝者也，古之所謂聞也；無咎，實勝者也，古之所謂達也。名勝實盈，而立涸之溝澮也；實勝名盈，而漸進之源泉也。吾未見信於近，而其終不聞於遠者。無咎之選舉，由鄉而達於國也有日矣。若夫遠方嘉羡尊敬而争相羅致，其餘事也，又豈有驚駭竊笑於其側者哉！

贈相士吴景行序

吏部吴公之裔孫景行，儒術、世務俱優。仕不得志，乃隱田里。嘗聞希夷風鑑之學於方外畸人，❶談壽夭福禍，❷期以歲月旬日，毫髪不爽。人畏其神驗，避之不敢即。昔莊子言鄭之季咸如是，世率謂莊寓言耳，今果有如季咸者焉，莊氏豈欺我哉！吏部公學通天人，名徹宸聰，有是聞孫，抑亦光于祖矣。然予欲戒之，勿易其言。夫居今之世而有季咸，是可駭也，惜未有如壺丘子者，試使覩其何如。

贈袁用和赴彭澤求贐序

昔之人，善於其父者必厚其子。夫爲人之子，豈固望報於其父之所善者哉！而人之情自有不能已也。主一袁君，抱才不試。其爲人交也，款款慈祥；其爲人謀也，惻惻周悉。是以不問親踈遠邇，皆心悦之，雖久不渝。其子用和，將赴彭澤教官，告違於父之執友而後往。凡與主一善者，於用和之行也，得無情乎？

---

❶「人」「談」，二字原倒，據乾隆本乙正。

❷「福禍」，成化本、乾隆本倒乙。

贈醫士章伯明序

昔之神醫秦越人，撰《八十一難》，後人分其八十一爲十三篇。予嘗慊其分篇之未當，釐而正之，其篇凡六：一至二十二論脈，二十三至二十九論經絡，三十至四十七論藏府，四十八至六十一論病，六十二至六十八論穴道，六十九至八十一論鍼法。夫秦氏之書，與《内經》《素》《靈》相表裏，而論脈、論經絡居初，豈非醫之道所當先明此者歟？予喜讀醫書，以其書之比他書最古也；喜接醫流，以其伎之比他伎最高也。年十五六時，始與人交際，逮今七十年，自神京輔畿、通都會府，以放乎天下。所聞有名之醫，已往者不可見矣。所見可用之醫，於千百人中僅得二人焉，而皆在吾郡，一曰董某起潛，一曰章晋伯明。二人皆涉獵儒術，精究醫方。去秋，予在家有疾，董治之；今冬，予在城有疾，章治之。試之而有實能，用之而有實效。明脈而明於經絡者，董也；明經絡而明於脈者，章也。初得一董已喜，再得一章益喜。老年遇二巧醫，異事異事。然董雖奇，人未深知之，知之深自予始；章雖奇，人亦未深知之，知之深亦自予始。董之伎，方今盛行於豫章。章之伎，此去盛行於遠邇可必也。蓋伯明於近代中原諸名醫所著述，博覽通貫，非特研習周秦漢晋以前之醫經方論而已。予以耋耄中寒氣，累日不粒食，其所用藥三劑止八服，悉本仲景，如印券勘鑰，不差毫釐，其驗神速。儻病者人人得此醫，則世豈有難愈之疾哉！予之疾既瘳，將由城歸鄉，不能已於言，而書此以贈。

送曾德厚序

平山曾先生，隱居金谿之陶原，詩文自娱，以終其身。子觀頤，亦安貧自守，講授鄉里，薰其德而善者，❶總總也。從子德厚，文學不忝其世，又多伎能。將游四方，以數談人福禍。噫！子之數也，所以濟其道之窮也。然爲人臣，言依於忠；爲人子，言依於孝。俾善者知所勸而成其吉，惡者知所懼以避其凶，則數亦道也。子行矣，必有爇薪煑魚與子飲而論《易》者。

贈用和謝教授序

文固士之末技也，亦有可傳於後而不朽者，❷雖既殁而其言立。立者何？謂其卓然樹立於天地之間而不仆也。閩之將樂，實爲程門高第弟子楊中立先生之鄉，南方講道之祖也。士生其處，漸被餘教，往往與他土異。咸淳貢士謝景雲精於舉業，由《春秋義》改治《詩》，兼治《書》。先輩稱其潛心理學，時造根極，箋、表、記、賦，詩詞、雜著，靡不工緻。年三十二而卒，其學其文，不可得而見矣。其子中，收拾父書於亂離之

---

❶ 「薰」，原作「董」，據成化本、乾隆本改。

❷ 「傳」，原作「得」，據成化本、乾隆本改。

後，❶僅得經義論策二十三篇，讀之令人悦懌，一時儔侣，蓋鮮能及。然此應試之文爾，其可傳遠，則不在是。孝子於父之手澤，哀慕終身，如見其存，斯須不釋去。立身之孝，顯親之本也。子之立身，則父之名立，豈在乎文之傳不傳哉！中字用和，文學爲時所推，寡淺者莫敢仰視，其能有立於世也。景雲其有子矣夫！

送舒慶遠南歸序

往年河間李岳及吾門，以治《周易義》應舉。吾觀其所爲文，曰「可擢科矣」，遣之去。次年果成進士。豫章舒慶遠，侍其親至京師，亦治《周易義》。予試之難題，剖析密微，敷暢明白，得經之旨，合時之格。❷其去而決科也，豈在岳之下哉！明年值可應舉之年，今侍其親南歸。予既以必能成進士期之，又語之曰：「儒之學，不止能決科之文而已。爲利達而學者，滔滔皆是也。它日既遂時俗之所求，儻或過予，又當有以告。子姑去。」

贈墨工艾文焕序

世稱墨爲玄玉，玄居其色，❸玉喻其質也。蓋墨之堅青光黑者佳。黑青合謂之玄，而黑易青難，但黑不

❶「父」，原作「文」，據乾隆本改。
❷「時」，原作「得」，據成化本、乾隆本改。
❸「居」，成化本、乾隆本作「名」。

青，緇爾，非玄也；堅光備謂之玉，而堅易光難，但堅不光，石爾，非玉也。前代墨工未暇論，宋南渡後盛行柯山之墨，在後乃有吾郡之胡焉，❶七八十年競用湛然之墨。近年又有同邑之艾焉，如楚、吴特起，間齊、晋之霸，其取信於衆、見售於時也，豈偶然哉！不有其實，不能也。而艾工猶欲借重於人言，夫人言何足以爲重？苟無其實，雖百口交譽，虚名而已矣。❷文焕之墨既信既售，不資予言也。予舊識之，故書此以贈。

贈朱順甫序

葬師之術盛於南方，郭氏《葬書》者，其術之祖也。蓋必原其脈絡之所從來，審其形勢之所止聚，有水以界之，無風以散之，然後能乘地中之生氣，以養死者之骸骨，❸俾常温煖而不逮朽腐。❹死者之體魄安，則子孫之受其氣以生者不致凋瘁，乃理之自然，而非有心於覬其效之必然也。若曰某地可公可侯，可相可將，則術者倡是説以愚世之人，❺而要重賍焉者也。❻其言豈足信哉！北方之地平曠廣衍，原隰多而山林川澤

❶「有」下，原衍「有」字，據成化本、乾隆本删。
❷「名」，原脱，據成化本、乾隆本補。
❸「骸」，原作「留」，據成化本、乾隆本改。
❹「逮」，成化本、乾隆本作「速」。
❺「術」，原作「述」，據成化本、乾隆本改。
❻「賍」，成化本、乾隆本作「賂」。

遠，其葬又與南方之術異。❶惟通達者能推而用之，適彼此之宜而不執滯。近見北方士大夫仕南方，惑於南師之説，歸用其術以葬其親，往往可笑，曾不如其上世不通於術而用古禮以葬者之爲得也。司馬公及程子之所謂葬師，以方位時日論吉凶，則不過陰陽家尅擇之一伎，於其地理無與也。今朱順甫所傳肥城孫師葬法，❷其果南方之術邪？抑亦北方之術乎？他日儻一會面，叩其底裏，則吾有以知之矣。

❶「之」下，原衍「之」字，據乾隆本删。
❷「師」，原脱，據成化本、乾隆本補。

北京大學《儒藏》編纂與研究中心 編

《儒藏》精華編選刊

吴文正集 (中)

〔元〕吴澄 撰
李軍 校點

北京大學出版社
PEKING UNIVERSITY PRESS

吴文正集卷三十

元吴澄撰

序

送婁志淳太初赴石城縣主簿序

石城主簿婁志淳將赴官。予昔與簿之叔父道輿甫同年貢士，交契猶兄弟，❶視簿猶從子也。於其來別也，惡得無言哉？簿之大父艮堂翁，宋嘉熙庚子以《詩經》貢。越二十九年戊辰，特恩對策，授迪功郎，尉饒之德興。翁之伯子德剛甫，簿之父也。咸淳丁卯以詩賦貢，次年登進士科，授迪功郎，尉袁之萬載。一家二尉，並轉從政郎，一授福州監鎮，一授吉州法曹。值革命，隱不復仕。既而翁暨伯先逝，簿之諸父唯仲、叔、季在。須眉皓白，儀觀甚偉，儼如商山老人畫像。至朔望，❷深衣巍冠，領群子弟序列家庭，❸接見賓友，一

❶「交」，原作「父」，據成化本、乾隆本改。

❷「至」上，原衍「正」字，據成化本、乾隆本删。

❸「群」，原作「郡」，據成化本、乾隆本改。

如司馬文正公《家範》。士大夫之家能存承平時禮法之餘風，婁氏稱鄉邦第一。當路爲皇朝收拾遺逸，道興甫充濂泉、石林兩書院長。志淳亦以湖北廉訪使程公薦，長南嶽書院，部注寧州教，再注南康路教，以至於今，遂分縣寄。夫石城，贛之鄙邑，地偏俗樸。近年隸寧都州，民苦於兩屬，儻親臨之官又不憫恤之，民無所倚矣。簿世儒世宦，恂恂慈祥，熏沐乎聖賢之書，講聞乎仁義之實，蓋非一日。潔身如秋霜之肅，愛人如春陽之煦，民其少瘳乎？予不以居小官爲簿之慊，而以遇好官爲民之幸。有胡廉者，石城士也，簿其詢焉。

送盧陵解辰翁謁吏部選序

盧陵之士，俊偉卓犖之類多，謹重信厚之類少。昔人論漢山西諸將，獨趙營平、蘇屬國似非山西人物。予亦嘗言，益國周丞相雖家盧陵，而泯然俊偉卓犖之迹，韜於謹重信厚之中。故其名位所到，事業所就，超出衆人之上。撫州學正解應辰辰翁，盧陵善士也。棲遲郡邑學官十五六年，其文可稱，其政可稱，而不矜持，不淺露，恂恂乎國公氣象。年踰六十矣，方將謁吏部，入教授選，固不能有鄉衮之名位事業。然予觀其所存所爲，謹而不肆也，重而不輕也，信而不妄也，厚而不薄也。則所勝所致壽考康寧之福，當必有以異於人，況其先世累累以儒策勳而未崇顯。其從子一貢再貢，騰騰青雲之步，予將坐見解氏一門之盛。辰翁，吾子之同僚，而意度與老拙合，臭味相得也。今於其去，不能不怏然書此以别云。

贈番陽柴希堯序

番陽柴獻肅公之諸孫得仁，以希堯爲字。能詩，有句輒動人，又喜讀《論語》，可謂克念厥紹者矣。往年遊諸公間，若程承旨鉅夫、鄧學士善之、石中丞仲璋、郭侍御幹卿，皆獎許之。髮髮二十載，栖栖無所成。竭來臨川，偶與老拙相邂逅。與之語，知其才，而知諸公之獎許之者非過。然猶不免戚戚於不遇，汲汲於速達，予於是忠告焉。夫士孰不欲遇且達也，而其遇不遇、達不達繫乎天，豈人所能爲哉？是以古之君子，不當富貴而富貴，則不處；不當貧賤而貧賤，則不去。素位而行，貧賤亦榮，不義而得富貴，祇辱爾。君子曷嘗惡富貴而不求？知其無可求之理也。既不可求，雖戚戚汲汲其何益？聖人固云：「學也，禄在其中矣。」「在其中」者，不求而自至之辭。吾但修吾之所當修，命一旦而通，富貴之來也孰禦？正不在乎戚戚汲汲以求之也。子其執已讀之《論語》，復之究之，必將豁然有悟，而信老拙之言爲信。不然，伺候於公卿之門，奔走於形勢之途，僥倖於萬一，老死而後止者，此唐李愿之所恥也。愿且恥之，而況不爲愿者乎？故予不敢爲先正之後人願之也。

贈彭有實序

彭鼎有實，三世工小兒科，擅名里中。幼幼矣而求，老老焉受用。師所傳鍛煉修製丸藥十數品，救急扶衰，已疾延年，服之能却老而還童。取信於近，將行於遠，以博其施。予嘉其伎之奇、心之溥也，遂言曰：籛鏗壽踰八百而未老，養生家祖之，謂之彭祖。子孫以彭爲氏，有實豈其苗裔耶？俾幼者長大以至於成人，老者少壯以復於嬰兒，厥功懋哉！由此醫方之丹進於仙方之丹，人得如彭祖之壽，則躋一世於壽域矣。可以上裨聖朝好生之仁，奚啻名里醫而已，雖名國醫可也。「我亦有丹君信否，用時還解壽斯民」，伊川程子云然，聊舉此以爲行券。

贈碧眼相士序

昔聞有青白眼者，重其人則青眼視之，輕其人則白眼視之。善輕重人，莫相士若也。今彭相士以碧眼自號。夫碧眼者，❶青白之合。合者，混而一之也。然則人之可輕可重，將混同而不别異乎？相士曰：「青白相兼而爲碧，碧則有青有白。二眼俱有，人之輕重，豈不瞭然在吾眼中也哉？」予曰：「善。然青者木也，白者金也。木必臣金，金必勝木。是青之分數弱，白之分數强也。木弱金强，吾恐重人之眼常少，輕人之眼常多也，何如？」❷相士笑而不答。

---

❶「眼」，原脱，據成化本、乾隆本補。

❷「如」，原作「知」，據成化本、乾隆本改。

贈紹興路和靖書院吴季淵序

今世之學官，大率借徑以階仕進，孰肯省識其職守之當何如哉？才之所堪，學之所至，皆所不問，唯計日書滿以待遷而已。新安吴希顔季淵，生朱子之鄉。往年受知憲使盧處道，勉之以進學。繼而及吾門，亦嘗告之朱子所以爲學之等級，欣欣然若領會於心也。今將長和靖書院，❶而復請益於予。予豈可以今世之學官待之乎？朱子之學祖於程，程子之學以敬爲本，而講究以明之，踐修以誠之。和靖尹先生，程門高第弟子也。其所傳於師，專以敬爲務，學之得其本者，未聞或之先也。書院以祠尹先生，則爲之長而闡教於其間者，其可不學尹先生之學，而懵懵悠悠虚度歲月也邪？欲學尹先生之敬者如之何？曰「朱子之箴盡之矣」。季淵依朱子之箴而實用其力焉，予之望也。能若是，其於長書院之職守，餘事爾，而予又奚言？

送潘漢章序

浙東俊士潘漢章，違親而游江之東。家在千里之外，曠定省二年餘矣。一旦幡然思歸，朋友留之莫可，此良心之發見不容遏者。人皆嘉其孝，誠能因是心而擴充焉，其孝可勝既耶？夫孝者，非止顧父母之養而

❶ 「靖」，原作「静」，據成化本、乾隆本及標題改。

已。至若擢儒科、登仕版以榮其親，亦世俗之所榮，君子不以爲榮也。然則孝當如之何？曰：生我者，父母也；所以生我者，天地也。天地，吾之大父母乎？吾所受於親以爲身者，全之而一無所傷，是之謂孝子；吾所受於天以爲心者，全之而一無所虧，❶是之謂仁人。孝子者，仁人之基；仁人者，孝子之極。故孝子之事親也如事天，仁人之事天也如事親。斯言也，張子《訂頑》具言之。漢章蓋有所已學，亦有所未學，其尚以是自勉哉！

贈浮屠師了一片雲半間序

浮屠師了一，片雲字，而號半間。噫！老氏以無名、不可名爲道，蓋聞浮屠氏亦然。究意洞徹，閉塞滲漏，是名了一。此法無二，上復何加焉？名已贅矣，而加之字，以倅其名；字猶未也，而加之號，以侣其字。贅不亦甚乎？且夫空所有而不實所無者，其法也。綴以片雲，綴昏翳也；益以半間，益障礙也。妙明瑩淨，不留纖滓，而何有於雲？虚空浩蕩，孰爲宅舍，而何有於間？一也本無，有則非一。幻口幻語，誰實其無。若曰雲曰間，等是有相；正覺正知，盍空其有。爰有居士，爲説偈言：

六塵總銷亡，四大俱變滅。無雲無片雲，無間無半間。珍重一上人，巍巍衆中尊。不減亦不增，了此不二法。

---

❶「所」，各本均無，據文義補。

送廖信中序

舟也不可以梯山，車也不可以航川，此器之各適一用者。人則不然，夫豈拘拘於一而不能相通也哉？故仕不擇何官，官不擇何地，世謂之通儒。近年選部患儒選之壅，凡應得儒學教授者，許注各處巡檢，而其地皆嶺海之鄉、邊鄙之境。夫以章甫縫掖之臯綏，一旦使之驅馳弓馬，以戢姦捕盜爲事，疑若失所宜。然此例一啓，趨之者紛紛，曾不以爲怨苦，何也？夫既不甘於淹滯而幸其變通，則又豈敢辭勞避遠哉！臨江廖珙信中，年少才俊，在選十年不調，黽勉循例，受惠州屬縣巡檢而去。吾固知其才之所優爲也，然不無可閔者焉。士之干禄，將以悦親也。信中親在堂，違之就官，不可也；奉之而蹈危，不可也。其何以處之？東廣大帥府宣慰一道，近例取儒官爲從事。才名之士儻得與於其間，公可以服勤，私可以便養，臣道、子道兩得之矣。大帥多貴人鉅公，必有惻然憐才而羅致幕下者，子其往哉！

送周德衡赴新城教諭序

三代以後，設官立師以善天下，宜自一縣始。縣之有學，學之有師，蓋不輕也。宋之季，以五舉不第人尸之，乃上之人所謂不才無用、憐其老而恩之者。進士不居是官也，顯官不歷是途也。於是其官雖重，而望已輕矣。今世之儒者入仕，❶格例無不階縣學官而升。苟得之，則顯官可以積漸致，故其職浸重。而求爲是者，率多新進之俊流，昏耄不任時用者，自瑟縮而不敢進焉。❷然選者未必皆當其人也。盱周君德衡，名父之子。壯年嗣其同宗兄，掌學事于新城。其平居所得於家庭，固已高出於人人，而又不自是也，勤勤走四方，以增益其所見聞，則其居是官也誠無媿。而或者謂其人可也，其年未可也。余曰不然。昔王通氏二十五而爲人師，唐初諸名臣或以爲河汾之所培育，其功不亦大哉！周君之年，於仲淹有加矣。新城雖下邑，何地不生才也？培育而成之，他日文學彬彬，爲國家用，可以稱明天子詔旨，推其功必曰自周氏。君其行矣哉！

送黎希賢序

瀘溪蕭令君深可，詩人之子，文雅風流，不墜其世。異時客其門，蕭之父子兄弟與宗族賓友，舉酒論文，詩琴壺奕，日不下數十人。其爲樂也，雖卿相不與易也。後數年再至，則深可君出而仕矣。宰廣昌，秩滿再調瀘溪。瀘溪小邑也，士民與蠻獠雜布，户才二千餘，廛居二十之一，而爲士者不一二焉。夫去其平日之

❶「之」，原脱，據成化本、乾隆本補。
❷「瑟」，乾隆本作「退」。

樂，而就其所不堪處，人情所難也。能人不擇官，能官不擇地。尺土一民，❶皆足以行志，而有所不樂，深可君豈爲是哉？一日以書歸，命其里中友黎希賢爲客。希賢甚少而甚度，❷學詩之志甚劭。以盛年有志而得此主也，以異鄉無友而得此客也，吾知其交相樂也。主有樂於心，而仕日以優；客有樂於心，而學日以進。風雷之爲益，水火之爲既濟，物有或同或異，而相發相成者如此，此吾之所以樂爲之道也。彼其客主之樂，無預吾事也，而吾亦樂焉者，此心同也。此心同則此樂同，雖言其事於數月之前，想其人於千里之外，庸詎知其不相感而樂乎？吾亦令君客也，希賢至，其以吾言諗之，必爲之囅然一笑也。

贈數學胡一山序

數學至康節而極，《觀物内篇》六十二，演數學者五十篇。始於一，五乘而十二萬九千六百者，年數也。元、會、運、世三十有四，幹三圓，支一徑，其圍象天。始於四，三乘而一萬七千二十四者，物數也。聲音六呂十有六，幹四唱，支四和，其方法地。康節之數，此二例而已。前乎千歲之日至可致，後乎百世之事會可知，數云乎哉！康節之心，如明鏡止水，不塵不波，凡物無以遯其形，所謂至誠如神者。此心不傳，而數固在。近世術家，以年、月、日、時、幹支起數，推人貧賤、富貴、禍福、壽夭。曰先天，曰後天，曰太極，曰皇極，其名

❶「民」，原作「名」，據明初刻本、成化本、乾隆本改。
❷「甚度」，二字乾隆本無。「度」，疑爲「篤」字之誤。

至不一，而皆出乎二例之外。坐市肆，立標榜，以自衒鬻，必康節康節云。甚哉！醫之多盧、巫步之多禹也。獨範圍一家，不事假托，初蓋取諸圖，次蓋取諸玄。雖其用卦用爻未中理，然視諸家則遠矣。吾里中胡君，手横布豎布，口横説豎説，言之中者十七八。數則同，而所以用其數者又各不同，是必有獨得於心，而吾不與知者。故樂爲之道，而願與世之學數者共屬心焉。

送李雁塔序

韓子稱李虚中以人始生年月所值日辰，推人壽夭、貴賤、利不利，百不失一二。昔聞其語，未見其人也。歲乙亥，今福建閩海道肅政廉訪使程公從其季父官于撫，與余日尚羊郡市間。公與余同歲生，書同歲者四人年、月、日、時，就雁塔李君問。君立爲剖決，無疑思。其一無成而夭，其一有成而虚，其一因人而成也速，其一自立而成也晚。於時君不省余二人爲何若人，余二人亦不以君言爲然也。後驗之，則所謂無成而夭者，不數歲竟死。所謂有成而虚者，時已繇太學成進士，授户曹以歸，未幾革命，不及仕。所謂因人而成速者程公也，❶是歲十二月，公之季父攝守盱，歸附，入覲，賞獻城功，公以從子得宣武將軍、管軍千户，既而入質，以文字被眷知，歷翰林、秘書、集賢，出爲行臺侍御史，由侍御史爲廉訪使。所謂自立而成晚者，余也。

❶「程」，原脱，據成化本、乾隆本補。

自乙亥至今二十餘年，於三人皆驗，❶不驗者余爾。❷雖韓子所稱李虛中之術，其能有以過是哉！或謂君之驗者，盡其術以窺天也；其不驗者，不盡其術以悦人也。夫盡其術以窺天，則泄天；不盡其術以悦人，則欺人。君之名日起，而術之行也日廣，欺人固不可，泄天亦不可。君其無易其言哉！

送黄通判游孔林序

余弱歲聞江西部使者薦人，以黄吾老豐城之政爲五十四縣第一，因是得君姓名，而未識也。後十七八年，始識君於盱，時君爲黄初幼安、永初元亮矣。❸又後八九年，再見君於洪，❹則君年益老，氣益壯，容甚澤，而言議亹亹不衰。方將東游魯，拜孔林闕里墳廟，或謂君將於是求夫子之道。君求之久也，孟子云：「見而知，聞而知。」知不知，不在乎其居也，亦不繫乎此行也。而君此行，豈他游比哉？余故取其意焉。君於昔爲才進士，歷官所至有能聲，人所想望，以爲可爲有爲於斯世者。今以紹定遺老、德祐朝士，年六十有七，猶能跋涉數千里，❺縱觀宋氏百五十餘年欲至而不得至之邦，其可喜也夫，亦可悲也夫！

---

❶「皆驗」，成化本、乾隆本作「無一不驗」。
❷「不」上，成化本、乾隆本有「所」字。
❸「亮」，原作「毫」，據成化本、乾隆本改。
❹「見」，原作「是」，據明初刻本、成化本、乾隆本改。
❺「千」，原作「十」，據成化本、乾隆本改。

贈星禽詹似之序

東七宿象龍，西七宿象虎，南七宿象鳥，北七宿象龜蛇，其來尚矣。其後以十二辰肖十二物，又因其類附益之。鼠、兔、馬、雞之屬各三，牛、虎、龍、蛇、羊、猴、犬、豕之屬各二，十二而又十六，總之爲二十八宿禽。蓋予有所未喻，而日者以之定吉凶，占者以之候晴雨，兵家以之一衆志、測敵情，其法尤神。以至術家用之以推人命，亦往往而驗。雲舟詹似之，得其術於中州，比南方舊法差一宿，余嘗泛舉人生年、月、日、時以叩，隨聲應荅而不竭。凡人之所稟，定於有生之初，所值於有生之後，甚不一也。其氣質意態、禍福影響，言言切中其實，❶百不失一二，何其神哉！然其所論者，人之命也。人之命同乎物，而不皆同乎物也。以人下同於物夫既知之矣，以人上同於天猶有不知者，能不物於物者，其惟天人乎！

贈張嘉符序

聖人言天下國家之經，以重禄爲勸士之道。古之府史，與下士同禄，薄者食五人，厚者至於食九人，禄足以代其耕。當是之時，人人有士君子之行，雖府史亦然。何也？惟其有養，是以能有守也。國朝官吏之

❶「言言」，成化本、乾隆本作「言之」。

禄未嘗不厚，然自中統以來至於今，物價之相懸，奚啻數十倍。物日以重，弊日以輕，❶而制禄如其舊，於是小官下吏或有不能自給者矣。彼不能自給，而欲其不疚於利，難矣哉！其間卓然自守不移者，非其資識之明、漸習之美，不能也。大名張嘉符，以世宦之子試吏。方其從事列郡時，已表表獨異於人。及以廉幹擢爲憲府掾，歷江東、江西二道，八九年如一日，始終無毫髮之玷，人莫不難之。夫其所養之禄與衆人同，而其所守之行與衆人異，則古之所謂重禄而後勸者，亦常流爾。若夫不以常流自居，詎肯以禄之輕重變易其所守哉？嘉符家有嚴君，清謹自持，典司風裁，儼然爲憲府之望。平日家庭漸習，耳聞目見，固已一出於正，而又日讀四書，以充其資識，宜其非常流之所可企及也。吏秩滿且入官矣，以其所守移於官，所至必有廉循之政事，予安得不嘉其已然而期其未然者哉？嘉符諸子亦務學，左右圖書，❷手不釋卷，與今之士同其趨。❸世世子孫清白著名，其在張氏一門乎？

---

❶「弊」，疑當作「幣」。
❷「左右」，原作「右古」，據成化本、乾隆本改。
❸「趨」，明初刻本、成化本、乾隆本作「趣」。以下同此者不再出校。

贈成用大序

成用大於時流靡不交，於時務靡不達，蓋亦有用之士。延祐六年春，自和州來，與予遇于金陵，❶欲學《易》。予告之曰：《易》在我，不在書也。堅子之志，充子之才，斂藏其精神，專一其智慮，先之以小學之明倫敬身，繼之以大學之窮理慎獨。夫如是，可以爲士矣。由是而希賢焉，希聖焉，所謂進德修業，所謂直内方外，勉勉循循而不已，《易》之道，有不具備於我者乎？蓋得之心、踐之於身者，上也；索之辭、驗之於事者，次也；聒聒於口耳，而姑以爲名焉者，下而已。古之學，正其義，不謀其利；明其道，不計其功。苟道義藴積於中，豈有無功不利之道義哉？舜、跖之分，毫釐之間耳。《繫辭》傳三陳九卦，曰履也謙也，復也恒也。子欲學《易》，於此深思之。

贈洪德聲序

人皇命蒼頡制字，開萬世人文之先。至周太史籀一變，秦丞相斯再變，而其事形、聲、意之妙，無變也。隸行篆廢，人文幾泯矣，況又姿媚而楷、簡略而草乎？繇漢以來千年間，篆法靡聞，唐李縣令陽冰、宋徐騎省鉉二人僅僅名世。嗣徐之後，夫豈無人，而超絶者鮮。則古學之不傳，豈不重可嘆哉！金谿洪震德聲有

---

❶「陵」，原作「務」，據成化本、乾隆本改。

志於此，余喜古學之不墜，而又察其筆法之可進進於古也，故書此以勸焉。

贈周尊師序

今上之初元，法師周鶴心從天師至京國。其明年夏，歸故山，朝之文人各贈言以華其歸。有序焉，有詩焉，或美其進見受恩之榮，或蘄其退修成道之高。夫中朝，人物之淵海、詞章之叢藪也，而其所美、所蘄於師者，不出乎二端。若師之意，則或不然。師之意若曰：「上恩雖厚，身外物耳，吾不自知其榮也；❶仙道雖神，分内事爾，吾不自知其高也。」夫以衆多文人之爲説，舉未足以得師之意，則師之遐情遠趨，茫茫未易涯涘也，詎可以淺窺而臆度乎？而予復何説哉！蓋聞古之至人，有冲而無盈也，有隨而無迎也，似敝而常新，似詘而常伸。師其歸矣，晨鍾暮燈。

贈郭榮壽序

或問：「相地、相人，一術乎？」曰：「一術也。」「吾何以知之？」「從《藝文志》。有《宫宅地形書》二十卷，《相人書》二十四卷，並屬形法家。其敘略曰：『大舉九州之勢，以立城郭室舍。』又曰：『形人骨法之度數，以求其聲氣貴賤吉凶。』然則二術，實同出一原也。後之人不能兼該，遂各專其一，而析爲二術爾。」廬陵郭榮

❶「榮」，原作「崇」，據成化本、乾隆本改。

壽，善風鑑又喜談地理，庶乎二術而一之者。夫二術俱謂之形法，何哉？蓋地有形，人亦有形，是欲各於其形而觀其法焉。❶雖然，有形之形，有不形之形，地與人皆然也。形之形，可以目察；不形之形，非目所能察矣。余聞諸異人云。

贈建昌醫學吴學録序

宜黄之宗人有諱霆發者，宋咸淳庚午與予同充鄉貢士。後五十七年，而其孫一鳳爲建昌路醫學録。或譏儒學子而易業於醫，❷予謂醫、儒一道也。儒以仁濟天下之民，醫之伎獨非濟人之仁乎？彼以稱號曰儒，而瘠人以肥己、害人以利己者，不仁甚矣，惡得謂之儒？蓋儒之爲儒，非取其有日誦萬言之博也，非取其文成七步之敏也，以其孝悌於家，敦睦於族，忠信於鄉，所厚者人倫，所行者天理爾。今雖以醫進，而能修孝悌、敦睦、忠信之行，是乃醫其名、儒其實也，而又何譏焉？予於貢士君猶兄弟，視一鳳猶孫也，故贈之以言。

贈曹南壽序

夫成形之至大者，地也；有形而最靈者，人也。地之形，工於目者能相之；人之形，工於手者能像之。

❶「欲」，原作「於」，據成化本、乾隆本改。
❷「學」，成化本作「家」。

曹南壽一身而工二藝，可謂難矣。予謂相地、像人雖以形而取，果但索之於形而已乎？古之相地者，曰察理，曰觀法；今之像人者，曰傳神，曰寫真。理也法也，固不離乎形，而非形之所可盡；神也真也，亦不外乎形，而豈形之所能囿哉？❶曹之二藝各有師授，二師俱劉氏。其像人也，人人曰似，則形中之神，形中之真，余知其得吾里劉師之妙矣。其相地也，予未之見，而形中之理，形中之法，其術尤秘，❷尚當會雩都之劉師，細叩其何如。

送李仲謀北上序

宜黄之士李敬心，有學有文，太學釋褐進士、贛州教授迪功君之子也。生質粹美，方齠年，已儼然如老成人，咸羡李氏之有子。摭曹孟德嘉歎孫氏之子之語，而字之曰仲謀。後以字行，更字敬心。其學足以浸灌，其文足以藻飭，而其才又足以荷大任、勤小物。❸邑校燬，職之者不職其職而去，衆士友推舉典興造事。省勞省費，❹朞年落成，壯麗十倍于昔。既而主教石城、臨川二邑，修補廢缺，振拯頽敝，俱煒燁可稱。遷教

❶「囿」，原作「圃」，據明初刻本、成化本、乾隆本改。
❷「尤」，原作「无」，據成化本、乾隆本改。
❸「物」，原作「動」，據乾隆本改。
❹下「省」字，原作「者」，據成化本、乾隆本改。

建昌州，值連年荒旱，學計悉空。人所不能爲而猶能爲之，於表章前修、啓迪後進，靡須臾怠也。秩滿，剡名而上，謂予曰：「某將如京師，欲徧事諸達人鉅公，事之當何如？」予曰：「豈有他道哉！言必信、行必敬而已矣。」坐間有客詰予曰：「君子之贈人以言也，或因其所劣而裨之，或因其所短而規之，無一毫虚僞之謂信，無一毫慢忽之謂敬。竊觀敬心之言行素謹，言無虚僞，行無慢忽，蓋其所優所長者也。而復援此以告，無乃陳腐庸常而非所以益也乎？」予曰：「告人者，推己之所能而語之也。予之所能僅止此，若厭其陳腐庸常，❶別爲新奇之説，語人而不由其衷，是誣也，予何敢？夫子答子張之問行，不過此二者，其答干禄之問亦然。雖敬心之所素能，愈加勉焉可也，舍此予無以爲贈。」敬心瞿然起立曰：「先生之訓是也。某雖不能如子張之書紳，謹拳拳服膺而弗敢墜。」

❶「陳」，原作「塵」，據成化本、乾隆本改。

吴文正集卷三十一

元吴澄撰

序

贈李溉之序

濟南李溉之，以卓犖之才駸駸嚮大用。一旦辭官而去，將求深山密林以處，泯泯與世不相聞，而韜其聲光，此豈人之情也哉？或曰："君子之仕也，以行其志也。不于其志之行而惟禄之苟，君子恥之。溉之之去，蓋亦若是。"或曰："溉之，儒者也，儒者游乎方之内。有游乎方之外者與之言，始悟人之有生爲甚重。世儒役於物，以疲敝其身而不自知，❶殆不免乎以珠彈雀之蔽。觀彼之所以自爲，不離一身之内，而身之外纖芥不以動于中，恍然如夢之得覺、醉之得醒。而今而後，而知四十四年之非也，是以然爾。"之二説者，其果足以得溉之之心乎？余嘗聞諸先哲，人之所行，朋友皆可效忠，益惟出處聽其自決，非他人所當與。然

❶「敝」，成化本、乾隆本作「蔽」。

則溉之之出處，余不復問已。而或者以爲方外人之重其身，吾儒有不能及，則未敢以爲然。夫儒者之學，何莫非反求諸身？其所以存主，而全天之所畀付，蓋有甚於彼也。彼所存主，乃吾之所常存主者；彼所保愛，亦吾之所常保愛者也。由吾之道，則公且廣，能與天地同體用；由彼之伎，則私且狹，湣湣然獨善一身而已。蓋此足以該彼，彼不能以知此也。惟夫末流之儒，逐外徇名而喪所本，榮華於表，柴栅於裹，彼視吾之出其下，故得易而轔轢之，使吾聞彼之言而驚異焉。余竊意溉之之必不爲彼所惑，而何羨於彼哉？昔人語邵子以物理、義理、性命之學，斯人之品，不在邵子上也。而邵子後來之所造詣，實權輿乎此。以溉之之資器，而與斯人者解后，其不爲駕風鞭霆、蓋世之人豪也與？余既疵或人之説，因誦之以爲吾溉之贈。

送南安路總管趙侯序

自秦罷侯置守，郡守之職視古諸侯爲尤重。何也？諸侯之國，大者不過地方百里。秦之一郡，方百里不知其幾也。漢之郡小於秦，唐之郡小於漢。及至宋以後之郡，又小於唐，然亦大於古者方百里之國。守一郡者，其不猶古者牧伯之任歟？吾故曰視古諸侯爲尤重也。兩漢郡守，若龔若黄，若召若杜，彬彬光耀于史册。由漢以來，循良之政，代不乏人。當時之視郡守甚重，而不易其選也。國朝之選，居此職者有四：武職以軍功選，文吏以年勞選，侍御僕從之使令、煇胞翟閽之供給以恩寵選，其間亦有公卿貴胄、聞望儒臣在選中，則若灤陽趙侯伯昂父其人也。❶ 侯，世家也。好尚奇，記覽博，才思清，識趣卓，治郡屢矣。近年，吾臨川郡士民喜得賢守。未幾，四民之外有以晻曖之事撓之於其上。在上無張忠定、包孝肅之明決早爲辨正，侯喑啞以待三年而去，曾未略展其所施，士民惜之。今自臨川遷南安。❷ 南安，西江之上游，控東廣往來之衝。地雖僻，無異於中州也，侯其可以伸其志矣乎？昔眉山蘇文忠公辭章妙一世，初仕鳳翔，受陳公弼挫抑，蓋不許之以吏事也。其後蘇公守密守徐、守杭守潁，皆有遺愛。則夫父母斯民之寄，豈刀筆俗吏、庸瑣凡儔之所能爲哉！蘇公之文雅風流，吾伯昂已窺其髣髴。南安多蘇公遺迹，試往訪求，而省想其標致，必有悠然契於心者焉。吾將以密、杭、徐、潁之政望於侯也。

送廉訪司經歷莫侯序

職風憲之職而貽風憲之羞者有二：穢汙而不持己，罷輭而不勝任也。幸而無二病，或苛細而不知大體，或嚴刻而不近人情，其失蓋均矣。莫侯京父，皎然冰雪之潔，確然鐵石之堅，是其素行也。今擢海北海南道憲屬之首，將行，而余贈之以言。何言乎？不患其不及，而患其過爾。夫俗之波流非一日之積，未易障而回也。臨吾之上者有長，並吾之列者有僚，處吾之下者有府史，豈能必人人之與我同哉？獨清於衆濁

❶「灤」，原作「欒」，據成化本、乾隆本改。

❷「南」，原脱，據成化本、乾隆本補。

之中，孤雄於群雌之表，固人之所忌也，吾知自重吾身而已。❶彼之自賤其身，可閔而不可嫉也。其毋以我之所能而愧人，其毋以彼之所不能而薄人也哉！矜而不争，群而不黨，此大中至正之道，可以終身由之而無弊。老子之書云：「廉而不劌，方而不割，直而不肆，光而不耀。」斯言也，君子亦有取焉。

送左縣尹序

宋初，割撫州之南城縣置建昌。近郭多石山，巖險矗礪，故其民俗剛毅。士生其間，其行往往峭峻介特，蓋其形勢然也。南城之東南鄙與閩接壤，析爲新城縣。其山獨奇秀明麗，而民俗士習亦肖之。宋三百年，儒科相尚。撫之縣五，建昌之縣四。九縣之中，其八縣之登進士科者豈無長才異能，而僅占第二人以下，惟新城縣有進士第一人。謂人物之無關於山川形勢，不可也。宋亡，儒科廢，後四十年始復。而士以善書服勤於翰林國史院者，歷月九十則出仕，與進士之高等同，恩數渥矣。然南士之得與斯選者，厥惟艱哉！貢舉初行時，予於校文得一士，曰饒抃，新城人。文工行淳，良士也。其明年試禮部報罷，以特恩廁儒學教授選中。予薦之於集賢，充國子助教，而未用也。今承乏詞館，又於史屬得一士，曰左祥，亦新城人。才優守固，良吏也。新受承直郎、廣州路香山縣尹而去，予於是益信新城之山川多産英彦也。夫其才之優也，必能有裨益於民；其守之固也，必能無玷缺於身。祥也往哉，聞東廣之郡縣有以良吏稱者，必子也夫！

❶「知」，原作「之」，據成化本、乾隆本改。

贈楊謹初序

丁亥之秋，余自燕還至金陵，始識蜀楊君求仁翁。翁之孫謹初，與余之子文同年生。生十有三年矣，清揚娟娟可念。夫教子嬰孩，謹其初也。十數年前，凡大夫士庶人之子能言有識之初，導以趨利干禄之術，是自其初壞之，無怪夫人才大靡，以至於淪亡。絶利一源，不在今日乎？謹初來前，吾告汝謹初之目：順而親，恭而長，降心以從勝己之友。毋狠毋傲，色必愉以莊，言必婉以正，事事究其理而身力踐焉。聖門曾子之學不過如是，吾一以是教吾子。今爲汝告，謹初汝其識哉！求仁翁負文武材，數奇不偶，其後也必大。謹初汝其勉哉！

送黄文中遊京師序

士之生斯世也，其必有以用於世也。用也者，其肖於器耶？雖然，是有三：上焉者不器，用可也，不用亦可也；次焉者器也，用則可，不用則廢；下焉者器之未成，未成而用，而用適其事者鮮矣。然則士非用之難，而器之成者難也。夫器，豈一而取之，取其適於用而已。舟車之可以利天下也，帆檣柁楫、輪轄軫蓋其器也；室屋之可以蔽風雨也，棟梁楹榱、宋桷節棁其器也。矛盾、弓劍之爲兵者也，鍾鼓、笙磬之爲樂也，敦牟、巵匜之以食以飲也，皆器也。是數者，體不相同也，用不相通也，其適於用一也。士之成器類乎是。黄乎文中嘗學於予，予知其爲有用器也。不遠數千里游京師，將見見聞聞以益其器。方今聖君賢相在上，其用人也如工師聚衆材，長短大小各有施也。得如子者數百，參錯中外，無一職一守不得其人，不亦斯世之幸歟？余有望矣。夫有用者之得以展其用，而無用者之得以安其不用，吾有望矣。《易》曰「出而有獲」，語成器而動者也。❶其器也成，其動者時，其出有不獲者哉？子其行乎！

贈邵志可序

五藏六府之經，分布手與足，凡十二脈。魚際下寸内九分、尺内七分者，❷手太陰脈經之一脈也。醫者於左右寸關尺，輒名之曰此心脈、此脾脈、此肝脈、此腎脈，非也。手三部皆肺藏脈，而分其部位以候他藏之氣焉耳。其説見於《素問》《脈要精微論》，而其所以然之故，則秦越人《八十一難》之首章發明至矣。是何也？脈者，血之流派，氣使然也。脈居五藏之上，氣所出入之門户也。脈行始肺終肝，而復會於肺，故其經穴名曰氣口，而爲脈之大會。一身之氣，必於是占焉。人受天地之氣以生，智愚、賢否、貴賤、貧富、壽夭，其係乎所受；其清濁、輕重、緩急、大小、長短，悉於脈乎見。是與相形推命之法同，而知之者鮮。上饒邵君志可，得其術於舅家，前知休咎窮達，人咸以爲神。予訊之信。蓋亦於肺之一脈，而并候心、脾、肝、腎之氣，分

---

❶「語」，原脱，據成化本、乾隆本補。

❷「七」，原作「内」，據明初刻本、成化本、乾隆本改。

屬五行，而配以先天卦數、❶後天卦位，其術有理哉！然先天《易》自君家堯夫而大明，其觀物也以聲色氣味。夫古昔神醫之望、聖醫之聞、工醫之問，未嘗以色以聲以味也。今神、聖、工三法不存，獨巧醫切脈候氣一法行於世。而堯夫觀物以色、氣、味者，其學亦無傳，惟聲音之數具載《皇極經世書》，而所以觀之之法莫可知也。或布算以起卦，末矣。堯夫之學，固若是其陋乎？爲堯夫之學者曰：「色有一萬七千二十四，人之目不能盡其覩也；氣有一萬七千二十四，人之鼻不能盡其嗅也；味有一萬七千二十四，❷人之口不能盡其嘗也。唯一萬七千二十四聲，可以字別，故舉聲之一例，而色、氣、味可類推。」予嘗學之而未及竟，志可能因巧醫切脈候氣之法究其一，而以類例通其三，則君家觀物之學有傳矣。神、聖、工、巧云乎哉！

送番陽陳仲江序

番陽陳仲江質美而學劬，行完而文懿，執事爲翰林國史之屬有年矣。予在國子監時，數數同遊處。予既南還，踰年，而仲江亦去其職。延祐二年冬，❸顧予於山中，論學者累日。且易其名曰浣，其意若曰：物之至潔者水也，水之至大者江也。凡有垢，必潔之以水，浣之於江，則潔之尤潔者也。髮曰沐，面曰頮，齒曰

❶「以」，原脱，據成化本、乾隆本補。
❷「十」，原脱，據成化本、乾隆本補。
❸「祐」，原作「佑」，據成化本、乾隆本改。以下同此者逕改，不再出校。

漱，手曰盥，身曰浴，足曰洗，器曰滌，衣曰浣，皆以潔其垢也。人之不能爲賢爲聖者，垢留於心也。吾將如浣衣之垢以浣心之垢，庶乎其可以自新乎？❶予察其意而嘉歎焉，乃言曰：江漢以濯，皜皜乎不可尚。曾子有得於夫子之道者如此，故其傳《大學》也，述湯盤之銘，以喻自新之功。苟志於夫子之道，其不由於自新之學乎？濯去舊見，知之新也；滌除舊習，行之新也。知日以新，行日以新，愈新愈潔，垢盡而誠存。始也有事乎浣，終也無事乎浣，而今之仲江，非昔之仲江也。浣之哉！浣之哉！

送袁用和赴彭澤教諭詩序

劉祖桂芳遠、袁梅瑞用和，皆吾故人子也，相繼爲彭澤教諭。昔芳遠之行也，予既贈之以言，今用和又行，而里中諸友咸爲賦詩，予於是序其端曰：桂之芳也以秋華，梅之和也以夏實。士之重於世，惟其華與實而已矣。彭澤，淵明仕國也。往仕于彼者，其亦想淵明之遺風乎？淵明，千載士也，有華焉，有實焉。其實也事業，不及試；其華也文章，猶有傳。玩其華，可與王風、楚騷相上下；究其實，當與子房、孔明相後先。然其爲詩也沖澹，華而不衒，如絅裹之錦，讀者莫知其藏絢麗之美也；其爲人也隱退，實而不沽，如匣中之劍，論者莫知其負經濟之略也。然則淵明之華之實，知之者鮮矣。「彭澤當此時，沈冥一世豪。空餘詩話

❶ 上「乎」字，原脱，據成化本、乾隆本補。

工，落筆九天上。」知淵明之實之華，莫豫章黄太史若也。予今之爲用和言者，猶昔之爲芳遠言者也，❶亦惟曰師淵明而已。華其華，實其實，立名立功，光國匡時，❷其不以此與？若曰「靖節徵士高人也，何敢企而望」，則非所以尊己也。尚無然哉！尚無然哉！

送林雁山序

孟子將遠行，人餽之則受，曰行必以賮也。獨怪公西使齊之役，非遠行乎？冉子嘗爲有請矣，然請粟而與釜，請益而與庾。與者若有所靳，何也？以子華肥馬輕裘之富，不必資於人也。士君子辭受取予何常，夫固各有當爾。當時魯、鄒、齊、宋間，其行遠不過千里。今教授雁山林君謁選如京師，歷揚、徐、青、兗而冀，涉湖、江、淮、濟而河，非止千里之遠也。家徒四壁，囊無一錢，非有肥馬輕裘之富也。舟車之費，煬舍之給，❸何所從出哉？青谿陳君爲之請於人，持是以往，必有與粟五秉而餽金七十鎰者，君其受之勿辭。

❶「昔」，原作「言」，據成化本、乾隆本改。

❷「匡」，原作「使」，據成化本、乾隆本改。

❸「煬」，各本均作「煬」，據文義改。

送李庭秀序

湖北廉訪使程公，論詩論文，法度甚嚴，於人無所不容，而慎許可。大德六年秋，余過武昌，訪士於公。公曰居於斯者某，游於斯者有番昜李英庭秀。一日解后與語，異之。問其鄉里，曰番昜，固疑其爲李君也，審其姓名果然。翌日造其所寓，語移時，益知君之爲可愛可敬也。君任武昌學正，會朝廷遣官定西廣選，選爲韶州教。今之教官，凡學正及書院長，滿三年自可執左券，取非其才、非其望者十七八。嶺南僻遠，得如斯人掌教事，不當爲君賀、爲韶之士賀？余行卒卒，不獲罄君之底裹，而私喜程公之知人。公喜教官之得人，又喜韶之士有所宗也，是以不能已於言。

贈相士葉秋月序

余不善相人，而善相相人者。秋月葉道人相人多矣，余相相人者亦多矣。每見相人者以人形貌如是如是，則云是可貴，是可富，是可福且壽，其不中是則反是。驗或十一二，而不悉驗。竊意古之善相人者不然，今道人之相人也亦不然。余如是知道人有道眼，❶非肉眼也，其號於人曰秋月也宜哉！

❶「如」，成化本、乾隆本作「於」。

送李文卿序

古之仕者三，後世行可之仕幾於無，而際可之仕亦或鮮矣，大率皆公養之仕也。夫既曰公養，則有親者，凡以爲其親而已於養不便，不仕可也。蓋人之大倫五，父子其首也。孝於父斯可移於君，自非貴戚大臣，身繫社稷安危，膺託孤寄命之重，不得不以公義奪私情。苟守一官一職，去就繇己，而諉曰委身爲國，不顧其私，雖曰不貪榮，吾不信也。余猶記數十年前，仕而少虧於子道，清議不容，不以人類比，數坐是終身淪廢者有焉。而竊怪海宇混同以來，東西南北之相去地理遼絶，❶有違其鄉而仕遠方者，於其親也，或五六年，或七八年，或十餘年而不一省。不惟安否之問、甘旨之供闕，至有畜妻抱子、新美田宅於它所，而其親自營衣食，自給繇役於家，窘窮勞苦而莫之卹。老矣而無歡，或不幸永訣而不相聞，甚者聞而不奔，又甚者匿而不發，飲食衣服、言語政事，揚揚如平時。噫！是豈獨無人心哉！其淪染陷溺之深而然與？其未嘗講聞禮經之訓而然歟？可哀也已。邇來國典許人子以終養終喪，此孝治天下之第一事也。頹風流俗之中，能自拔者誰乎？饒陽李文卿，温温有君子之德。其家七世不分異，其太母逮見玄孫，年九十九而終。其父年踰八十。文卿佐漣、海兩州戎幕，力請解官歸養，期年而後，遂買舟北渡。於是兩州人士及見者聞者，莫不爲詩文以褒美之。夫文卿是舉，人子之所當然，然行之於人所鮮行之時，亦其天資之粹，卓然有以自拔於

❶「北」，原作「比」，據成化本、乾隆本改。「理」，成化本、乾隆本作「里」。

世也。歸侍其親，諸弟、諸子、諸孫林林乎其前，一家自爲師友。即《論語》《孟子》、周公所制之《禮》、戴氏所輯之《記》、漢魏唐宋諸儒之註疏論説、杜氏《通典》、司馬氏《書儀》及《刑統》等書，參稽熟究，見古聖先王禮律所載所議，其與今日國典異世而同符。緣是悉人子事親之道，則立身揚名，將俾天下後世聞風而想慕，不但二三子區區之褒美云爾。

贈王士温序

古者公卿大夫之子，凡未仕必學。學以明義理，仕以行政事。所明者本，所行者用也。本之所培者深，則用之所達者優。予處國子監時，今平章政事王公伯弘之子思恭爲國子學生。予去官七年，道過金陵，而思恭爲行御史臺掾。學于國學者，學義理也；仕於憲臺者，學政事也。朝廷大臣苟欲官其子，即日可躋崇顯，不待議而陞也。平章公固抑其子，俾就勞職，躬細務，此其遠識，豈常流所能及哉！思恭質粹美，行醇謹，無貴游驕惰之態。學之所造，仕之所到，未可量也。然古人十五入大學，四十始仕，所以培其本者久。今人學之日淺，❶仕之日速，❷則學必數倍其功。數倍其功，雖仕，亦不可以廢學也。予在京見平章公，在此見中丞趙公。位既穹，年既耆，而且孳孳焉好學不倦。況子年猶少也，位猶下也，其力於學，當何如也。義

❶「淺」，原脱，據成化本、乾隆本補。
❷「仕之日」，三字原脱，據成化本、乾隆本補。

理非可以淺窺，政事非可以易視，詎可以粗有所知、粗有所能而自足乎？子之在家也日侍平章公，今之在官也日親中丞公，宜必有所視効而興起矣。平章爲國之良臣，思恭爲家之令子，❶人之所屬望也，其將何以塞斯人之望哉！復有請於予焉，予不可以無言也。

贈鄭子才序

古之治經者先小學，唐昌黎韓子亦言爲文宜略識字。蓋不通字義則訓詁失真，用字失當，此治經爲文者之所以尚字學也。自隸書盛行，筆史惟簡便是務，類知有今，無復知有古矣。刀筆工爲人刻姓名印章，獨不可廢倉頡、籀、斯三體之文。然亦依隨舊刻，往往襲舛踵訛，孰能正之哉！建康鄭子才，業此技三世矣，士大夫多與之交，非徒取其刀刻之精也。所作之字，分合向背，擺布得宜；上下偏傍，審究無誤。於用刀也，❷見其藝之工焉；於用筆也，見其識之通焉。藝工而識通，求之治經爲文之儒或未至此，予之進之也，❸豈敢直以工師視之而已哉！

---

❶「之」，原脱，據成化本、乾隆本補。

❷「刀」，原作「力」，據成化本、乾隆本改。

❸「也」，原脱，據成化本、乾隆本補。

贈周文暐序

大德庚子，朝廷用薦者言，授某應奉翰林文字。命既下，明年春，郡太守、學官將勑命詣門畀付，與俱來者，周文暐也。泰定丙寅，予以翰林學士告老家居，文暐再過予，相别二十有六年矣。前之郡太守、學官各已物故，獨予及文暐無恙。文暐昔年未三十，今踰五十矣，困瘁不得志。其少也，嘗從技藝人赴闕，多傳奇方秘術。後試吏不樂，爲醫官又不樂，而受道所一職，非其意也。蓋頗知畏法安分，不汲汲於嗜進貪利，值命奇蹇，是以成之艱。予無勢權貨財足以振之裕之，閔其未通，惟永嘆而已。其去也，書此與之别。

贈羅以芳序

新建教諭袁梅瑞用和，亹亹言羅烈以芳之學之行，訓導于縣學三年，而歸養其親。退然自守，充然自得，無一豪外慕意。諸贈言者亦稱其爲人，而惜其未有以進身。予謂其學其行如今所聞，蓋不待卜筮而知其必遇必達也，豈以無由進身爲患哉？惟以芳益勵其學行，韞玉而待賈，藏器而待時，未有玉美而不沽、器成而不獲者也。

送王東野序

吉永新王氏世執醫伎，而東野始以發身，提領官醫。自州而路，比至京師，因貴近上其名，遂得給事聖宫，洊膺寵錫。徽政院請立廣惠局以濟民病，實自東野倡其議。被恩命受同提舉官，又陞提舉官，一時榮遇，有如此者。其後局廢，東野不復仕。年六十三，將其帑歸故鄉。予觀嗜進之人，舍舊者必圖新，出此者必入彼。有所未饜則顧而之它，奔走伺候，無休息時。鑽刺罅縫，營求百端，以僥倖於萬一，孰肯輕去名利都府而退就田里也哉？今東野未耋老而知止足之分，迴車復路，以修其初服，脱然無所係戀，超超乎有高尚肥遯之風，其賢於人遠矣。東野所受賜賚不貲，悉以買田，贍其鄉之醫學。家藏集驗方，鋟木以傳。夫財者，人之所秘，而皆不私諸己，其用心之廣爲何如。儒流或未之能，而醫流能之，予所以再三嘉歎，而於其歸也書以爲贈。

送樂順序

宜黄樂順，譚蒙，俊士也。及門請學，而曰欲學《易》。夫《易》，昔夫子所以教門弟子，無非日用常行之事，使之謹勑於辭色容貌之間，敦篤於孝弟忠信之行。其於《書》、於《詩》、於《禮》蓋常言之，而言及《易》者鮮。「假我數年，卒以學《易》」，夫子自道也，是時夫子年幾七十矣。夫以生知之大聖，猶必年幾七十而後學《易》，則知《易》之不易學也。子貢之在聖門，聰明穎悟下顔子一等，而超乎七十子之上。凡夫子言所未言，往往能以意測之而得其旨，然且歎「夫子之言性與天道，不可得而聞也」。今也年甫逾於弱冠，而學夫子年幾七十而後學之經，資雖或可以語上，而遽欲聞子貢之所不得聞，何哉？大概古之學者，切己而務實，非以罔世而取名也。姑欲爲其所難，以稱號於人，不幾於僞乎？夫誠而學，學而不得者有矣，未有學之以僞而可得者也。果誠有志於學歟？則有其道：循序漸進，毋躐等，毋陵節，行遠自邇，升高自卑。及其深造而自得，則視世俗之圖小成、徼近利者，相去萬萬矣。雖然，《易》豈終不可學哉？《易》之爲《易》，具於心，備於身，反而求之，在我不在書。邵子於羲卦之畫，極乎天道之微；❶程子於周經之辭，該乎人事之顯。《啓蒙》明邵之已明，《本義》啓程之未啓。占法粗見於《春秋》内外傳，❷《象例》略露於唐李氏所集虞翻等說。若夫窮神知化之奥，夫子發之，朱子釋之，亦既粗且詳焉。總是數家，信其是，訂其非，融會貫通，殊萬同一，本之於身心，證之於天地，非學入聖域與造化同流者，未易至此。嗚呼！此豈可以僞爲也哉！一生欲學之乎？學之必以其道。順之歸，其以予言告蒙也。

❶「天」，原作「大」，據成化本、乾隆本改。
❷「粗」，成化本、乾隆本作「初」。

吴文正集卷三十二

元吴澄撰

序

清江皮氏世譜序

長沙醴陵之皮，分而爲新淦安國之皮，再分而爲清江崇學之皮。有商焉，有農焉，有士焉，有預貢者，有擢科者，以至於有百里之宰，有千里之侯。其於醴陵參政公之宗，亦可謂無忝矣。雖然，范宣子言其虞夏以來保姓受氏之遠，而叔孫穆叔以立德、立功、立言告。夫德之立、功之立、言之立，三者有其一，則光其祖、顯其族莫大乎是，而非徒世宦之謂。南雄總管之子溍示予世譜，❶故以穆叔之告范氏者告皮氏，皮氏勉諸。

❶ 「溍」，原作「潛」，據成化本、乾隆本改。

井岡陳氏族譜序

有起自犁鋤之公相，有降在皂隸之世家，從古以然。❶爲人子孫者，思自立而已矣，族姓之或微或著，何算焉！能自立歟？雖微而浸著；不能自立歟？雖著而浸微。盛衰興替，亦何常之有，惟自立之爲貴。豐城井岡陳思式譜其族，自殿中丞始，而中丞於晋公爲伯兄，其族可謂著矣。余欲其知所警、知所勉也，而爲題其端。苟有省於是，則亢身亢宗，其庶幾乎！

廬陵王氏世譜序

自宗子法廢，而族無統。唐人重氏族，故譜諜家有之，❷唐以後不能。然苟非世貴富、多文儒，族之派系往往湮淪而莫考。廬陵王氏自河東遷江南，至今廿有餘世，名隸選舉者衆矣。中行述世譜以傳，庶幾不忘本者。王氏子孫繼此能自修以振於時，則此譜之傳，將愈久而愈光。

---

❶「以」，成化本、乾隆本作「爲」。

❷「之」，原脱，據成化本、乾隆本補。

詹氏族譜序

樂安多詹姓，而崇仁簿一族文物尤盛；詹族多文儒，而貢士叔厚君學行尤卓。何也？其學同乎理，其行殊乎俗也。嘗倣歐陽氏世譜譜其族，所以孝夫本原、❶仁夫支派者，用意甚厚，斯亦足以見其學行之一端。至於家庭父子之告語，俾敦天秩，隆學殖，貧賤者明義，富貴者好禮，則其言可爲天下後世之丕訓，非但可施之一族而已。噫！叔厚君不可復得。子世忠，以所修族譜示予。予閲視竟，於是爲識其右方，而重有慨焉。

豐城縣孫氏世譜序

同造里之孫，豐城鉅族也。泝唐沿宋五六伯年，❷子孫蕃衍綿延以至於今。代有科名，而官不甚貴；家有恒産，而貲不甚富。人人被服儒術，其間通經通史、工文工詩之人卓爾不群，求之它姓，鮮或可儷。雖遭歷運遷革之餘，一族聚處，彬彬文物，視昔無衰殺也。其里距吾崇仁之境僅隔一嶺，風聲氣習大略相似，而予嘗與其族之耆俊游，故知之爲悉。泰定元年秋，予在京閲其世譜，第一譜吴興以後曠数百年失其系，第二

❶「孝」，成化本、乾隆本作「考」。
❷「泝」，原作「沂」，據成化本改。

譜五世以後亦闕一二世，莫詳所自，姑置勿論。斷自第三譜，南唐倉監行琰爲初祖以來，凡十六世。其六世宋元祐戊辰進士、永豐知縣發，號曰敷山；其七世紹興乙卯進士、江州司理裦，號曰楚山；其八世迪功郎奇，號曰玉隱；皆以能詩聞，亦有雜著，當時稱爲「三孫」。其九世淳熙甲辰特奏名監潭州南嶽廟約之，於乾道癸巳，始倣歐陽氏譜譜其族。❶其十一世紹熙癸丑進士、臨湘知縣伯温，於慶元己未，輯事跡以附其譜之左方。前之譜未及載、後之事跡未及録者，咸淳乙丑，其十二世沅廣之；大元至治辛酉，其十四世隱求又廣之。譜之重修已再而三，事跡之續編亦再而三矣。考據之審，纂述之勤，豈一耳目之力哉！於此不惟見孫族才人之盛，而舊家文獻之足徵，其可無夫子之宋之杞之歎也與？示予譜者，沅之族孫、隱求之族兄用拙也。

鄧氏族譜後序

金谿多著姓，爲撫州五邑之甲，鄧其一也。鄧自初祖至三四世，派别爲六，第六派尤盛。鄉部所貢士、太學弟子員、❷進士科及第出身者不一，仕于邑，仕于郡，爲部使，爲朝官，俱有之。宋懲唐末藩鎮之弊，兵農判爲二。農不知兵，而募無籍之人爲兵，國勢之弱由此。靖康之變，金谿鄧氏與傅氏起民兵翼衛有功，終

❶「氏」，原脱，據成化本、乾隆本補。

❷「員」，原作「貢」，據成化本、乾隆本改。

宋之世不廢，民皆習戰，猶有周唐之遺風。二百年間，鄰寇無敢犯邑，以鄧、傅民兵故也。宋亡矣，而鄧之子孫猶有貴富者，豈特與國咸休而已哉！今通山縣主簿希顔，在宋時咸淳癸酉秋貢以詩賦選中第一名，與予素厚善，因觀其族譜，爲志其末云。

羅山曾氏族譜序

鄫之去邑而氏曾，猶邾之去邑而氏朱也。曾以國滅改氏未及百年，而武城子輿父子以學顯于魯。歷秦、漢、晋、隋、唐又千有餘年，而南豐子固兄弟以文顯于宋。子輿師孔而友顔氏，子固祖韓而禰歐陽，其聲實殆將與天地日月相終始。曾氏之有此，它族之所無也。予於曾氏之傳系，嘗獲觀南豐、松江二族所敘記，而知武城之後在漢爲都鄉侯，都鄉之後王莽時避地豫章。豫章境内南城之甘山有曾，崇仁之鹹溪亦有曾，蓋皆都鄉苗裔也。甘山之族，一留居水口，一徙居藤山，一徙居南豐者於子固爲四世祖。計其伯仲季之離居，當在唐末五代間。而鹹溪之族有遷于吉之松江者，卒葬金龜。惟其葬之地楊曾所卜，則其自鹹溪而遷松江者，亦在唐末五代間。松江之六世有居羅山者，其八世有居流坑者。予家距鹹溪十里，知之爲詳。其族雖不大熾盛，然比它族，人丁最蕃衍，年代最久遠，自盛唐時已然。松江之自鹹溪而分，❶藤山、南豐之自甘山而分，先後蓋同其時。甘山、鹹溪爲二宗原，藤山、松江乃其支派。而或疑鹹溪之曾出自藤山者，無乃

❶「自」，原作「有」，據成化本、乾隆本改。

考之未詳歟？夫藤山分自甘山之時，鹹溪已有分適松江者矣。焉有數百年前之宗原，反出於數百年後之支派也哉？大凡族系，惟據譜諜，信以傳信，疑以傳疑。苟以意料而臆説，則必至抵牾。曾，聖賢之後也。羅山之派派自松江，而居近鹹溪，至于今尚存，詩書禮義之風，將有復興之漸。予觀其族譜，識而歸諸曾氏。

廬陵婁氏家譜序

婁姓之顯，在漢莫顯於建信侯，在唐莫顯於譙郡公。宋之季，四明之婁亦有一二著名者。今廬陵歸仙之譜，本譙郡第七子之系，在宋擢科者幾十，與貢者幾三十，然未有卓然名世者也。婁天章以其父止善所脩家譜，徵序語。予謂族之顯晦，不專繫乎富貴貧賤也。苟位極乎公卿，財雄乎鄉里，一時固號顯族矣。數代之後而消歇，則昔之赫赫以顯者，能保其不昧昧以晦耶？然則何以使之常顯而不晦？曰魯叔孫穆子所云是已，在乎德立、功立、言立也。夫立也者，表表在天地間，久而不僨不躓也。世之譜其族者不知其幾，至今人稱歐譜、蘇譜者，何與？以永叔、明允之言立故也。是豈以富貴而顯哉？功之立，則漢建信、唐譙郡其人也。繼今婁氏之子孫，能如先世之立功，斯亦漢唐之婁也。況或能立德，則又有過於二人者乎？婁氏子孫勉之。它人之序奚足恃，所以久存其譜者，蓋不在是也。

睢陽王氏家譜引

王氏最蕃衍於天下，考之姓氏書，其所自出不一，大率皆古王者後。典午南遷，爲江左右族。系亦有二：曰臨沂之王，曰太原之王。今睢陽之王，不知出自何系。杭州推官家譜，曾大父、大父無名諱，而墓爲河流所齧，其譜當以諱用娶時氏、韋氏、葬忠義村鳳凰岡者爲第一世。用生珪、生贇、生昕，爲第二世。昕初從事浙東宣慰司，授將仕佐郎，主丹徒縣簿，擢充江浙省掾，調省檢校，轉承事郎、晋陵縣尹，又轉承務郎、杭州推官。推官能吏，治有聲績，宜足以昌其子孫。夫它族之譜，蓋以存既往，譜之者何？恐久而失次，不可稽故。而睢陽之譜，蓋以俟方來，譜之者何？俾三世至于百世，續續而書也。漢于公高其門，曰：「吾爲吏多陰德，子孫必興。」王氏之有譜，意亦若此與？永嘉林君記之，而予復有言，是爲《睢陽王氏家譜引》。

青雲吴氏族譜序

初，建昌之吴主崇仁簿，壻于青雲鄉之張，而家焉。其地曰蕭家巷，後改稱石橋，浸以蕃衍。宋淳熙丁酉、庚子、癸卯，如山、如陵，禮翼相繼與鄉貢。嘉熙戊戌，方叔入太學，淳祐乙巳遂爲釋褐進士，族之文聲大振。邑南之滄原、臨川之彭澤，皆其分派也，亦可謂盛矣。時運既更，凡舊族鮮不陵替，獨此族之人治儒業，有恒産，視昔未替。非其先世之所積者厚、所遺者遠而然歟？以示予者，❶其十九世孫任，字景尹，故爲識其端云。

---

❶ 「示」，原作「視」，據成化本改。

横岡熊氏族譜後序

族可不譜乎？上無以志本原之所自，中無以志枝條之所分，下無以志流派之所繫，不譜不可也。熊氏，鉅族也。在上古則三皇之最盛，在中古則五伯之最彊，所從來遠矣。天下諸郡之熊未論，姑以豫章一郡之熊言之。其族之別，奚翅數十族，而昭穆莫相通也。何也？同姓而不同譜，無可考也。苟親族之譜不傳，則數世之後，其枝條流派亦將如旁族之不可考。此熊氏原翁所以汲汲於譜横岡之族與？❶自敍其譜幾千言，文辭博贍，如廣藪深澤，群奇衆怪，層見疊出。觀其文之浩瀚滂沛，不可羈束，因以占其族之蕃衍昌大未可涯涘云。

豐城徐氏族譜序

豐城富城鄉之徐，自宋末資政公以宿學碩望在朝，鄉里遂稱爲名族。公既殁，而宋祚終。今雖時異事殊，然族之人猶有好習儒、恥作非者，其可期於復盛也與？資政族曾孫宗禮之子本，以其族譜示予，爲識其左而還之。

---

❶「岡」，原作「江」，據成化本、乾隆本改。

珠溪余氏族譜序

華蓋山之東麓，有脩谷曰珠溪，余氏一族居之，靡它姓間雜，且三百年矣。其初一人之身，蕃衍至二三百户、❶六七百口，雖無甚富之家，亦無甚貧之人。皆有土田，或自食其力，以給父母妻子之養。尚質實，不尚浮虚，所謂「山深民俗淳、縣遠官事少」者。逮予之外舅玉甫始爲儒，應宋末進士舉。玉甫之族孫璲嗣爲儒，應今日進士舉。璲慎行循理，庶幾乎學有根柢。譜其族自祖傳，四世、五世二幹分五支，十世而五支之分凡三十有一，亦族之盛大永久者哉！或有去故里居于它所，尋究裒集，紀録罔遺。惇本厚倫之道也，予是以嘉之而序焉。

東川陳氏族譜序

家之有隆有替，猶國也。天朝得南土以來，微賤崛起、赫赫稱雄者比肩接踵。舊家之能如昔者固間有之，而亦寡矣。樂安東川之陳，自宋代號爲著姓，❷既富且文。入國朝五十年，而族之隆視昔未替，它族鮮或能及也。非其先世之所積者厚、所遺者遠而然與？庭芝，敦謹士，多子多孫，而皆肯學。萃族中之不隊

---

❶「户」，成化本、乾隆本作「竈」。
❷「自」「代」，乾隆本無。

其世者，重修族譜，以示後人。所期於一族之子子孫孫，❶殆未易涯涘也。庭芝名文秀云。

桐木韓氏族譜序

宋東都百六十餘年間，氏族之大，莫盛於韓、吕二家。而韓氏二族，尤莫盛於桐木韓家。桐木之韓，❷繇參政忠獻公億始盛。❸其盛也，非但名位功業而已，皆知以禮義學問爲事。少師維兄弟常親二程，南渡後丞相絳五世孫元吉最厚朱、吕。其寓洪者，予識國材梓，炌、炣，其二子也，是爲忠獻第四子職方繹之後。國芳桂之子炳正，是爲忠獻第六子丞相縝之後。❹曰垚、曰珪，則忠獻第二子舍人綜之後，於梓爲諸孫行。春秋之晋，大國也。國猶競，而世家貴族已或降在皁隸。自金人取中原，皇元一四海，更二大變，而韓氏至于今有子孫。宋之祚已終，韓之澤未泯。炳正以其族譜示予，卷首南澗公一序，足徵之文獻也。因有感於家國隆替興亡之故，而志其左，以寄悲慨云。

---

❶「於」，原脱，據成化本、乾隆本補。

❷「木之」，二字原脱，據乾隆本補。

❸「獻」，各本均作「憲」，據下文及《宋史》卷三百十五《韓億傳》改。

❹「縝」，原作「績」，據明初刻本、成化本、乾隆本及《宋史》卷三百十五《韓億傳》改。

宜黄譚氏族譜序

宜黄譚氏之族，宋末號爲盛大，家富而有貴焉。其在國朝，受朝命亦五六。然盛大者一二支而已，衰微者固多也，甚則絶。族有舊譜，而不該徧。今之新譜，上所逮知者推爲第一世之祖，下所逮見者載至十五世之孫，廩廩然懼久而失其緒、紊其次也。其心蓋厚，其慮蓋遠矣哉！修譜者誰？十世孫觀也。❶

竇氏世譜序

燕山竇諫議一椿五桂，自宋興之初逮宋亡之後，傳至于今餘三百年。乃有住世間而出世間者，尚友箕子、管幼安於千載之上，是豈但與它族之賢子孫相等倫而已哉！斯人爲誰？諫議公之十三世孫，名神清字神清者也。

龔氏族譜序❷

樂安諸鄉之族，其久且蕃者，龔坊之龔其一也。蓋出宋初，至於今十六傳。中更寇禍，室廬燬而譜牒

❶ 文末乾隆本有小字：「廩廩，出《漢書》，即懔字。」

❷ 「龔」上，乾隆本有「樂安」二字。

逸。一德字汝明者始追修之，克昌字士龍者又補完之。任字希尹者及士龍俱敘其端，❶唯恐前之遠而迷其原、後之多而紊其派也，立心厚矣。在先雖未有甚貴甚富之家，而亦鮮有不才不肖之人。敦尚詩書，持循禮法，各務本實，以殖其生，依稀淳古之風焉。張子曰：「子孫賢，族將大。」然則龔族之渟涵而未大發洩也，其將有俟。張子之言，豈誣也哉！

宜黄吴氏族譜序

吴爲宜黄、崇仁大姓也舊矣。而宜黄之吴，自朝散大夫公以五舉特奏名佐邑，奉直大夫公以一舉正奏名參制置司議，遂以貴顯，又其一初也。奉直之子，有世禄而官至儒林者，有世禄而官至通直者，有鄉貢而恩科如其祖者。其孫一與貢，一登科。而其曾孫一，又有以武爵仕者。其玄孫，一人貢於宋末，❷一人仕於國初，爲永春主簿。予與主簿君交遊如親兄弟，惜其不得年以卒。卒之二十四年，❸其從子京玉以其伯父所修族譜示予，覽之慨然。噫！吴自朝散以來，至於今殆將十世。而六世之間，正科者二，特科者二，貢者凡五，仕者凡七，富而賢者振振如也，其族可謂盛也已。覘國之興者，以其人才之衆；驗家之興者，以其子

❶「敘」，乾隆本作「序」。
❷「末」，原脱，據成化本、乾隆本補。
❸「卒」，原脱，據成化本、乾隆本補。

孫之賢。吴氏之興，其未替也夫！予悲主簿君之不可復見，故爲書此而還其譜，且以傒於其族之子孫云。❶

龍雲李氏族譜序

嬴秦以前，國國有本系；李唐以前，家家有譜牒。宋以後微矣，賢士大夫往往自譜其族，如歐陽氏，如老蘇氏，其章章可稱者也。予所見諸族之譜不一，或志在追遠，或志在合異，不免涉於傳疑。今觀永豐龍雲李氏之譜，譜其所可知而已，遠不必追也，異不必合也，確乎其爲傳信之書，可以爲脩家譜者之法矣。譜自諱德昌字天德者始。譜之者，其八世孫慧孫字景能。以示余者，其九世孫濟老字濟可。嘉其譜之善而識其端者，臨川吴澄也。

宜黄曹氏族譜序

凡世之望族，莫不以仕宦科名而顯。宜黄未置縣以前，有曹姓膺郡檄監黄田鎮。鎮既陞縣，留而不去，家于縣西之十五里，今其地名曹坊。監鎮爲曹初祖。其三世，當宋熙寧間，以特恩官太常奉禮郎者。其五世，有以邊賞由承節郎遷保議郎者；又有一家父子三人，俱以捍寇功補承節郎者。至六世，靖康丙午鄉貢、

❶ 「傒」，乾隆本作「俟」。

終攸縣丞者，奉禮之曾孫將也。至七世，崇寧乙酉鄉貢、次年丙戌登科者，保義之孫時脩。第八世，嘉定丙子鄉貢者，保義之曾孫萬也。逮九世尤盛，開禧丁卯鄉貢、嘉定戊辰登科者，工部員外郎錫也。繼此鄉貢者，次貢庚午，金旁罩也；次舉癸酉，其弟鎰也；❶又次舉丙子，而金旁罩與其從弟鑑、❷族父萬聯貢焉。嘉熙戊戌入學者，鐙也。金旁罩再鄉貢，嘉定癸未又入學。十世而其子衎端平甲午鄉貢、嘉禧乙未登科，仕至衡陽縣令。應升亦與族父鐙同年入學，應旂以寶祐戊午轉運司貢。名金同是年鄉貢，林咸淳癸酉鄉貢，而宋之儒科止矣。曹族登科者三，入學者三，貢于鄉、貢于運司、貢于國學者十三四，特科而官、蔭授而官、子貴而官者，累累有在，宋季所以號宦族、儒族而望於其邑者也。宋祚已訖，其子孫能保守家産、傳習儒業者猶有人。其十一世直翁，❸名金之子也，嘗因其族譜類輯一世至十世之年壽卒葬及仕不仕，頗周悉。其十三世理，衎之曾孫也，又以其舊譜求予序。予嘉其克紹先世之美，❹將期後世之昌也，不自隕隊，可稱曹氏之賢子孫，乃爲序其譜云。

---

❶「鎰」，乾隆本作「鑑」。
❷「鑑」，乾隆本作「鎰」。
❸「直」，成化本、乾隆本作「真」。
❹「紹」，原作「世」，據乾隆本改。

巴塘黄氏族譜序

樂安一縣，四鄉之富家大姓非一。予幼年稔聞衆口夸談宗支之蕃衍、文物之光華、聲譽之烜赫者，巴塘之黄爲盛。相去雖不甚遠，而足迹未嘗一造。間在它處邂逅其族之士流，不滿十數。老年便道經由，行人指示諸黄興隆之地，徒有蒿萊瓦礫，闃寂慘愴，爲之傷心。然不獨諸黄之居爲然也。及今乃見其族譜，頗究黄族舊日聲譽之所以然。它族有唐五代以來五六百年之家，或三四百年之家，而黄於宋祥符七年甲寅始，自華容僑寓于此，蓋止父子兩人。第二代葬其第一代考妣之二喪于巴塘。第三代兄弟凡四，其仲生康定庚辰，距來時二十七年矣。兄弟悉巴塘所生也。其初力穡務本，一再傳後，家産漸饒。叔氏無曾玄，惟伯、仲、季胤胄衆多，仲爲最，伯次之，季微不及。逮宋既南渡，浸浸雄大，子孫日趨於文。祥符甲寅，越百九十一年爲嘉泰甲子，肇端預鄉貢。寶慶乙酉至咸淳甲戌，五十年間，而貢于鄉郡者九，貢于漕司者二，升于太學者亦二。正科仕爲縣宰、官承議者一，特科仕爲縣倅、官從事者一，太學舍選廷對、❶仕于京國、官修職者亦一。此黄族極盛之時也。今稍衰替，而猶有人不隊世資，不廢儒業。淳熙末，名筠者譜其族系。紹定庚寅，寇燬譜亡。寶祐中，名栝者重修，名崇實者將鋟木，不果。景定中，名楷者因栝所脩而增續之，名三傑者作

❶「廷」，原作「庭」，據成化本、乾隆本改。

序。皇元至大戊申，名紹復者潤色舊譜，鋟之以傳，并刻初三代所葬地圖。名栝之孫復亨，❶又備其所未備。請予序之。予觀黄族之盛雖不如昔，而其苗裔汲汲欲傳其譜於久遠，❷黄氏其將復振乎？昔之作序者字用之，老儒飽學，予七十年前所識。今之請序者字見可，俊秀能文，近年數數過從焉。

吕城劉氏族譜序

樂安忠義鄉吕城之劉，雲蓋鄉雙龍之分派也。族人雖不甚蕃衍，而吾所及見，心術皆良善，倫紀皆篤厚，習尚皆文雅，無它族輕浮澆薄、詭譎麤鄙之俗。昔有東甫娶吾祖姑，季平、季德，祖姑之二子也。季説與予同歲生，老而愈款密。其餘之尊卑長幼，亦多舊識。祐甫治進士《尚書義》馳聲，子季行儒業儒行俱修，❸不忝其先。拳拳用意於族譜之一事，既成，有檄檄其族，有序序其譜。韓子云：「仁義之人，其言藹如也。」讀其檄與序，信矣夫！而予所以嘉其族之良善、篤厚、文雅者，豈溢美哉！季仁之子祖衡、季説之子潤之，持季行所述示予，故爲識其卷端，而歸諸劉氏。

❶「名」，原作「九」，據成化本、乾隆本改。
❷「久遠」，原倒，據成化本、乾隆本乙正。
❸下「儒」字，原脱，據成化本、乾隆本補。

金谿吴氏族譜序

嘗見番昜吴氏世譜，推而上之，以達于番君。又推而上之，以達于延陵季子。續續相承，罔有間斷。蓋悉心勤意，參合諸郡諸族之譜而成。自喜其備，予獨疑焉。夫吴以國氏，儻非其後以改姓、以冒姓、以異姓爲後亂其族，則天下之吴無一不出於泰伯、仲雍，不待世系可考而始可信也。司馬氏作《史記》時，諸國譜諜具存，然《燕世家》召公九世至惠侯，已缺其傳次名謚。彼有國之君也，漢初去古未遠，尚有不可考者，況國滅宗散、❶子孫降爲士庶人，而由周至今寥寥將二千載，果何所稽憑，何所証驗，而一一皆欲譜其世、得其名哉？昔南豐曾氏《自敍》，遡漢都鄉侯，上接子輿、子晳，歐陽公不以爲是，豈非欲其傳信也乎？今觀金谿譜，以宋初諱詞者爲初祖，❷傳至于今十有四代。如荆國王丞相世家，❸譜所不載、族分派而失其次者，不追補而强合，譜其所可知，不譜其所不可知，最爲得其實。其族貲産盛，文儒盛，宋之季以科名顯者相踵。而宋亡矣，詩書禮義之習，逮今猶前日，其盛未替也。予嘉其譜之善，故識其端，以爲駕虚翼僞、自欺自誣者之戒云。

❶「宗」，成化本、乾隆本作「族」。
❷「詞」，成化本、乾隆本作「嗣」。
❸「世」，成化本、乾隆本作「毋」。

雲蓋鄉董氏族譜序

唐改臨川郡爲撫州，疆域之廣亞於洪、吉、贛，而文物聲明甲於大江以南之西。宋三百年間，一家一族儒宦之盛，樂、曾、王、蔡、晏五姓爲首稱。爵位之崇，王、曾、晏最，樂、蔡次之；科名之稠，曾、蔡、晏最，王、樂次之。樂安雲蓋鄉之董，計其科名，多於曾、蔡與晏；校其爵位，亦在樂、蔡之上。而論者不以擬于撫之五姓，何也？蓋宋南渡以前董極盛之時，猶隸于吉。紹興中年，撫增置樂安一縣，始割吉之雲蓋鄉隸撫，由是董氏乃爲撫之屬民。今董之隸撫也久矣，則尚論撫之世族，其可遺董氏乎？董之裔有慶，重修族譜甚悉。其弟天泰持以示予，予于是而益詳董氏之盛。每貢舉之年，預薦名或七或六，或五或四，自祥符八年乙卯至咸淳七年辛未，擢進士科近三十人，武舉、特奏、世賞，異路而仕者不與。通撫之六族而論，仕宦之衆莫之與倫，至于今從事辭章者不匱。雖然，昔晋范匄，具陳其家族歷千數百年之久，而魯叔孫豹以爲保姓受氏、世祀之不絶，不若立德、立功、立言之不朽。六族之儒科仕宦則均，而惟南豐曾氏、荆國王氏可以當言之立。繼此，董氏之子孫儻能立德、立功、立言，❶則其不朽之實，將與孔門之顔閔、❷周室之太召、有商之伊傅、唐虞之皋契並。其德立，其功立，下視曾、王二氏之言立且不足貴，而超越五族，蓋有在科名爵位之外

❶「立德立功」，原作「立功立德」；「立言」，原脱，併據成化本、乾隆本乙正、增補。

❷「閔」，成化本、乾隆本作「曾」。

者。董氏之子孫其懋哉！

中山趙氏家譜序

人之爲人也，有大經焉，有大本焉。其當然者與生俱生，其固然者不與死俱亡也。而能不虧天地之畀付者，幾何人哉！中山趙德齊，自敘家譜，以《述祖》四言詩及《思親》五言詩聯係于後。哀死事生，篤近追遠，藹然良知良能之發見，惻愴懇至，字字由衷，與身不行其事而口姑爲是辭者，迥絶不侔也。嗚呼！德齊於倫紀之大經若是，真篤行君子哉！雖然，二五之運參差雜糅，氣質所賦不一概也。肫肫切寔者，或不能不晻曖乎其大；廓廓高明者，或不能不忽易乎其小。自聖人以下，鮮有不偏。予始遇德齊，敬其端慤而已。浸浸親密而與之語，乃知其洞徹大本，如披雲霧而覩日月也。蓋涉歷二氏，約而歸之吾聖人，既升切實之堂，又入高明之室。斯世也，而有斯人也耶？❶纍然山澤之癯，被褐懷玉，世莫之知，抑亦以知我者希爲貴歟？昔臧武仲言：「有明德而不當世，其後必有達者。」弗父何宜有宋而不有，故其後有正考父之賢、孔父之聖也。夫以神明之胄於今爲庶，而希賢希聖，猶有其人，則所謂明德不當世而其後有達者，詎不信矣乎？德齊名由儕，❷秦康惠王之苗裔云。

❶「耶」，原作「即」，據明初刻本改。
❷「儕」，原作「齊」，據成化本、乾隆本及傅習等《皇元風雅後集》卷九改。

吴文正集卷三十三

元吴澄撰

序

送彦文贊府序

彦文之先，西北人也。往年父倅臨川郡，而彦文生。比長，能屬文。皇朝貢舉取士，以其藝試于有司。至治癸亥與貢，泰定甲子賜進士出身，授華亭縣丞。將赴官，蘄言於予。彦文少年擢儒科，移其才施於政，必穎然異乎衆。顧予耋耄昏瞶，雖有言，亦何能有所裨益哉！竊觀吏選入仕之人，循資格，歷歲月，戛戛乎其難。而儒科之變化甚速，人所歆羡以爲榮。我仁宗皇帝之貴儒抑吏也，蓋以吏多貪殘，而儒流知有仁義故也。仁者之臨民，惻然有慈愛之心；義者之律己，凜然有高潔之行。或不能然，如當道之豺狼，傷人害物以自肥，而無盈饜；如倚門之妖冶，目挑心招以求利，而無媿恥。夫如是，則饞獸爾，賤娼爾。吏之稍自重者猶有所不爲，而儒流乃爲之，寧不爲彼所笑，而亦何以報答明時崇隆優奬之意乎？夫人其面而獸其心，官其身而倡其行，不惟君子所不齒，抑亦衆人所同惡也。彦文知仁知義之儒，斷斷不爲是。有不能如彦文者，儻以吾言曉之，庶其疾之有瘳乎？

送趙宜中序

汴人趙宜中，先世任征商之職，而家于歙。其父學《易》，爲通儒，仕不擇官，官不擇地。序庠之清淡，州縣之塵勞，靡不涉歷。處之裕如，有不怨遺逸、不閔阨窮之量。宜中受教家庭，以《易義》試進士科。泰定甲子春賜出身，丞廣陵郡之如臯。晨旅人，❶夕品官，變化甚速，非若其父之備嘗艱勤矣，蓋《易》之功也。雖然，《易》非梯利禄之具也。今幸以《易》而獲仕，凡律身，凡字民，一一於《易》之道無違焉，其殆庶幾乎！豫之時孰不迷溺於豫，獨六二以中正自守，而上下之交無諂瀆，此持身之得其道者也。在上而能益下謂之益，上九以剛居上，不能益其下，故民莫之與，而傷之者至，此臨民之失其道者也。《易》之道不可勝窮也，姑舉其二以爲之兆。子之仕，宜必有以異於人，使人人皆曰仕果不可以不知學，學果不可以不知《易》，如是而後可。不然，豈特招儒科之尤，抑亦詒家學之羞。宜中字心道云。❷

❶「晨」，原作「辰」，據成化本、乾隆本改。
❷「心道」，成化本、乾隆本倒乙。

送葛州判南歸序

豫章葛君貴純甫，潤玉其名。其爲人也潤如玉，其爲文也潤如玉，可謂實稱其名者矣。授教臨川郡六年，終始如一日。學校之政，一皆公心直道，粟布之出納，毫髮不以自汙。詞章囿韓、歐法度中，非率意肆筆而書之紙者。官滿造吏部，授南豐州判官。予時在詞館，心欲得如是之人，而時之所尚不論實能，必也工鑽刺、善伺候，而後可僥倖於萬一，以遂所求。而君豈肯爲是哉？不惟足不一躡權勢之門，雖如予之最相知，僅僅一再見。見則談問學，談古今，一語不及利達。部注甫定，則翩翩南還。噫！如斯人者，吾見亦鮮矣。君之家世以儒顯，其大父貢于鄉者再，其伯父貢于鄉者三，其父繇再貢登進士科，官承直郎、兩浙運管，其婦翁王水監亦名宦。❶其淵源漸漬，所以陶其德器、暢其辭技者，❷固與白屋新進之士迥不相侔。然昔吾夫子已起鮀朝之嘆，而況今乎？君亹亹清言，而恂恂不爲佞。短小不踰中人，又不能以軀幹雄偉駭衆視。苟取人以言貌，何從而遽知君也耶？予嚮之居鄉也，以鄉之得此師儒爲幸；今之居官也，以官之不得此僚佐爲愧。故於君之去也，不能無介然于懷焉。

---

❶「婦」，原作「父」，據成化本、乾隆本改。

❷「技」，原作「枝」，據乾隆本改。

送曾巽初序

世家胄子仕于朝，博記覽尤諳於典故，能文章尤工於制誥者，吾於今見翰林侍講學士袁伯長、應奉翰林文字曾巽初二人焉。巽初，前代監察御史、追封武城伯之季子，近時翰林直學士益初之介弟也。處翰苑垂十年，方將循序而升，一旦浩然有歸志。余以老病，竊禄爲慚，❶聞巽初之歸，欣然願與之偕。巽初儒中之傑，而樂與方外高人遊。終夜静坐，世慮澹然，碌碌嗜進、戀戀人爵者，庸詎測其高情遠志爲何如哉！昔錢澹成學士未達時，陳希夷嘉其有神仙之風骨，麻衣道人以爲急流勇退人也。其後，澹成繇翰林學士、知制誥躋政，遂盛年解機政，❷果如麻衣所云。然則急流勇退者雖未至於神仙，其亦神仙之流亞歟？巽初歸矣，其俟我於武城之塾。

送畢宗遠序

昔漢之取士，每以先聖之術、當世之務並言。蓋不通世務者，不能以有所爲；不明聖術者，不能以有所守。二者有一之不具，不可也，故必兼能而後謂之有爲、有守之士。今之用人，於儒學、吏事不偏廢，亦以是

---

❶「禄」，原脱，據乾隆本補。

❷「遂」，原作「序」，據成化本、乾隆本改。

歟？汴梁畢光祖僑寓湓江，其父出仕，命之居守于家。秩秩然無不理也，截截然無不齊也，一一順承其父之志而無違。德化縣學素無廩給，禮殿將圮，官職往往以不可支吾而去。郡縣推擇其才，俾攝學事。曾幾何時，能勸率鄉之士類一新孔廟，宏壯鉅麗，爲諸學甲。甓甃圬鏝，廟貌器物，纖悉完整，若不勞力然。以其治於家者，覘其他日之移於官；以其試於小者，覘其他日之驗於大。❶於是而信其才之能有爲矣。❷剛直而不苟徇，寡特而不妄交，日問學於予，與之言聖賢之道，悠然有會，欣然有得，而非耳聽面從者所可倫。於是又信其志之能有守也。憲府辟爲屬吏，可謂用之適其宜矣乎？雖然，吾猶有虞於子。才之優，而優者不可恃也；志之介，而介者不可滿也。恃則常哆然若有餘，滿則常慊然若不足。哆然則所爲有時而大過，慊然則所守有時而不及。❸彼未知學者，未可與議此。子既知學矣，而知之非艱也，其尚惕然思所以自警自勵哉！

贈清江晏然序

吾座主清江黎先生之孫婿，氏晏名然，所同字也。任播州儒學正滿，如京師謁選，過予而行。然之婦翁

---

❶「驗」，原脱，據成化本、乾隆本補。
❷「信」下，原衍「之」字，據成化本、乾隆本删。
❸「慊」上，原衍「不」字，據成化本、乾隆本删。

與吾子年相若，然與吾孫年相若，予視之猶孫也。於其行，既無財以贐之，可無言以贈之乎？然之才藝，自足爲今世用，前應奉翰林文字范梈德機所授之徒，❶故翰林學士元明善復初所造之士也。德機清苦自持，家徒四壁，其淑人也甚不苟；復初英邁自恃，眼空四海，其進人也甚不易。而然之學也，得不苟於教者爲之師；然之仕也，得不易於合者爲之主。是豈可與常流例視哉！今然之行也，將求人之所貴而已。夫人之所貴，在國有定法，在身有定分，無巧智術可以助然之求，無奇計謀可以速然之得。予雖贈言，何能分豪有益於然哉？而不能已於言者，以寓吾之情焉爾。抑予之所聞貴有二：有人之所貴，有天之良貴。求之有道、得之有命者，此人之所貴也；求之在我、得之可必者，此天之良貴也。然也既得人之所貴，而以長者遇予，❷予當以天之良貴告。斯貴也，然固有之。然之然，聖人亦然。故曰先得我心之所同者，斯貴也。不考格於吏部，不受恩於宰相，自初品至極品，皆可自致，而不資藉於人。然今其往哉！斯事姑竢他日。

送李晉仲序

金陵李桓晉仲，爲上饒縣教諭。至治癸亥與進士貢，泰定甲子春試禮部小卻。聖恩隆厚，以龍飛初榜特加優異，受餘干州教授去。晉仲，金陵著姓也。其遠祖襄國公慶曆六年登科，其大父通直君淳祐十年登

---

❶「梈」，原作「惇」，據成化本改。

❷「以長者遇」，成化本、乾隆本作「歸其再過」。

科。晉仲狷介之行、精深之文，人謂掇世科如拾地芥，易易爾。今雖未成進士，然亦解褐衣、服命服矣。知之者猶以爲屈，而晉仲凝然不以動於中。彼得志則驕倨盈溢，旁若無人，不得志則隕穫沮喪，幾欲無生，真所謂斗筲已夫！蓋士之所尚者器識，予以器識觀人，而知晉仲之可大受也。喜之之至，是以不能已於言。

送李見翁巡檢序并詩

往年儒學官之至吏部者，員多缺少，當路通其變，凡應注教授之人，俾借注警邏之職。吾鄉李見翁，以將家子讀儒家書，而又工象胥譯鞮之學。會公朝差官定兩廣選，由象州蒙古字學正，授柳州柳城東泉鎮巡檢。將赴官，詣余别。竊惟文武之伎能、番漢之語音、軍民之政事，見翁靡不諳練，予復何説？獨惟儒生習氣素慕柳柳州之文，每誦《羅池碑》，意柳子猶生也。儻有公事上府，其往訊前刺史之靈：昔之春猿秋鶴精爽，今何如也。它日官滿來歸，尚以告我。詩曰：

武事家聲久，❶文儒國語精。初官嚴警邏，美譽聽匉訇。南海鯨蜺静，東泉牛犢耕。儻因公事出，一酹柳先生。

❶「事」，成化本、乾隆本作「士」。

李季度詩序

李季度，吾之異姓兄。博覽彊記，負豪氣。❶數奇不偶，家貧身賤，發於聲音，往往泄不平之鳴。才贍思敏，所作詩甚富，存者無幾。孫宏祖嘗持《月航舊藁》至，予序其卷端，令歸收拾墜遺。今再示一裒，曰《近藁》，殊未能得數十之一也。不幸沉泯其人，又并沉泯其言乎？惜哉！季度儒流，傍及方伎，涉獵長生之説，精專救死之術。予昔養親，每借助焉。予親既逝，後三年而季度亦殁，大德庚子也。噫！三十年矣，見其詩，惡乎不思其人？

送臨汝書院山長黄孟安序

臨川郡城西南門之外有臨汝書院，規制崇敞。宋淳祐間，常平茶鹽使者所建也。予昔遊處其中，有宿儒揭領於上，有時彦曳裾于下。肩相摩，踵相接，而談道義、論文章者彬彬也。晝之來集者如市，夜之留止者如家。皇治聿新，黌舍仍舊，予于府城之跡，❷浸浸踈矣。臨汝爲弱年遊處之地，便道經行，間嘗一至，則

❶「負」，原作「真」，據成化本、乾隆本改。

❷「府城」，原倒，據成化本、乾隆本乙正。

霤外之蓬藋如翳，楹内之塵坌如積。不聞人聲，而聞簷雀之啾啾；❶不見人影，而見穴鼠之纍纍。其墻壁室屋東傾西頹，上漏下濕，爲之悒然憮然而已。❷又其後也，舊存之樓閣踰六十年，而一夕燬於火；新豎之棟宇費萬餘株，而一旦摧於風。不特人禍，亦若有天罰焉。無他，長之非其人也。敝極必復，蓋理勢之循環。數年以來，聞見頓異。廪有餘粟矣，帑有餘幣矣，齋廬有弦誦之人矣。傾頹漏濕者修且完，火燬風摧者亦復巋然跂翼翬飛矣。何以前如彼而今如此也？得人焉爾。人爲誰？山長廬陵黄鎮孟安也。❸一書院之弛張隆替關係其人，信乎用世之不可以無人也。孟安，部郎官之曾孫。部以儒科儀範鄉里，至今人誦其遺文。孟安不墜其家學，不泯其家聲，畀以黨庠遂序之事，恢恢乎辦之有餘，而未足以展其才也。至治二年冬，❹考滿受代，將謁吏部選，有數千里之役。予無財以贐，其可無言以贈乎？孟安氣貌温然粹然，館閣器也。家學誠善矣，益思所以懋其學；家聲誠美矣，益思所以宏其聲。未有學優而仕左、聲大而響微者，他時館閣之望，固亦今時庠序之餘也。官怠於宦成，❺尚其毋怠於宦成之後哉！

❶「而聞」，二字原脱，據成化本、乾隆本補。
❷「憮」，成化本、乾隆本作「憮」。
❸「鎮」，原作「鎮」，據成化本、乾隆本改。
❹「二」，成化本、乾隆本作「三」。
❺「宦」，原作「官」，據成化本、乾隆本改。下句改正同此。

送江州路景星書院山長吕以能序

士大夫以家事視官事，則何事不可爲？然自人心不古，苟非利於其身、私於其子孫者，往往不肯爲。肯爲之者，亦不敢爲。其不肯者，志之偷也；其不敢者，氣之餒也。於是乎習以成風，凡莅官之處視猶傳舍，俟滿而代，則脱屣而去，誰復以家事視之而爲永遠計哉！脩水吕以能，名家也。累任學官，所在以才能顯。生徒之養靡不周也，黌舍之修靡不完也，一切當爲之事靡不舉也。前之教南康縣學也，有稻田一區，約數十畝，❶爲豪家所有者八十餘年，以白于上司而復其土。後之長景星書院也，有魚湖八所，通數百頃，爲豪家所有者四十餘年，又以白于上司而復其土。夫「贍學之産，諸人毋得争占」，綸音昭昭，布在天下，疇敢不欽？閣而不行，罪莫大焉。學官豈不知之，一發其事，則公府有對辯之勞，私家有仇敵之怨，是以畏憚退避而不肯爲，且不敢爲爾。非以利於其身，非以私於其子孫，而曠日持久，悉心殫慮，不憚其勞，不避其怨，卒使强者、狡者力無所措，謀無所施，辭窮理屈而服，學院養士之産得還其舊。非視官事如家事，其孰能然？以能篤意文學，尤工古詩。事上接下，各得其懽。任盱江學録時，甚爲寓公程承旨所禮，每推許其文墨議論，可謂才士也已。長景星，將受代，諸儒有詩章美其政。予適留溢浦，❷獨標前後二事以序于卷端，

❶ 此文成化本、乾隆本不載，「十」，原作「石」，據文義改。

❷ 「溢」，原作「盆」，據文義改。

以爲世之居官辦事者勸。嗚呼！移是心以辦他事，於事何所不濟；推是事以居他官，於官何所不宜。吕爲許國中國之後，自北而南，❶綿綿延延，以至于今。遺澤不泯，聞人不匱，以能猶未然也。海也月也，果且有消長盈虧乎哉？蘇子不云：「子亦知夫水與月乎？」知海之無消長，月之無盈虧，則人命未嘗有榮悴休咎也。斯不惑矣，而世蓋未有能知之者也。

贈王相士序

中州王生年少而多能，既能醫，又能相，寓荆門之當陽。謂京師衆大之區，人物之淵藪，於是挾二技而來遊，將博其所施、廣其所覽也。夫二技者，能其一已難，而兼其二尤難。竊嘗聞古之神醫，望人顔色以見其病，不待問證切脈而後知，斯殆與相人同一法。扁鵲得長桑君之傳，洞見人之肺肝，則不但能察外色之顯，并與内藏之隱而一目瞭然矣。其目亦神矣哉！以此目而相人，雖咸負又何加焉？然則醫與相，二術固可通爲一也。又嘗聞相人之術，相形不如論心，形顯而易見，心隱而難知故也。生於所相之人，每言某賢某否，某正某邪，是隱而難見之心且能燭之，則夫顯而易見之形，其孰爲貴，孰爲富，又何難辨之有？故予喜生之能相心，愈於世之徒能相形者也。然生之至此也，熏炙名利之都府，所相皆達人顯官，其貴其富各已前定，予不復問。他日寬閑之野，寂寞之濱，有耕釣之夫，果爲賢，果爲正，而可伊可吕者，儻識其人，予之所

❶「自」，原作「目」，據文義改。

願聞也。生以德元名，朝佐其字云。❶

贈篆刻謝仁父序

古之天下書同文，書之用大矣。而右武者云「書止記姓名」，不其小歟？然自篆廢隸興，晉唐以來楷書相尚，而古書法泯如也。近代圖書之表識、竿牘之緘題，古書法乃猶以記姓名而存一二。謝復陽仁父，儒家子，工篆刻。予每視其纍纍之章而喜，豈真爲其筆法、刀法之工哉？蓋庶幾其存古，而將與好古考文之君子徵焉。

贈竹隱醫士序

昔扁鵲秦越人得長桑君之術，以醫行天下。遍歷諸國，往往各隨國俗所尚，變易其名，以售其術，或爲帶下醫，或爲小兒醫。吁！秦氏誠多能，然巧於售其術也亦甚哉！故一望桓侯而識其有疾，可謂見病於未然者矣。桓侯之不信也，反疑其好利而以不病者爲病，竟至於死。夫孰不以桓侯爲愚？噫，豈惟桓侯哉！世之安其危、利其菑、護疾而忌醫者，總總而是也。醫能治之而弗使，此洛陽年少之所爲痛哭流涕也，豈獨桓侯於扁鵲爲然哉！然則爲越人計者宜何如？曰深藏而不市，必俟夫人之求，不得已而後應。自貴

❶「云」，原脱，據成化本、乾隆本補。

自重於己，庶乎其見信見用於人也。或曰：「子爲醫者計則可，獨不爲病者計乎？且無乃楊氏爲我之學，而非仁人扶危救急之心乎？」曰：「然。救急扶危，仁人有是心也。危且急者不我信、不我用也，則奈之何哉？必夫人之見信見用也，而後救急扶危之心得以遂。善售其術者無他，亦唯自貴自重而已矣。」吾是以於竹隱醫士之行，懇懇爲是言也。竹隱，隱於醫者也。一旦群然以詩從臾之行四方，是欲顯其術也。吾之意，唯恐其術之不隱，愈隱則愈貴，愈貴則愈重，愈重則愈信，愈信則愈用，愈用則雖以隱自名，而其名豈終於隱哉！歸覲蕭令君，試以吾之言問焉。

送謝見山序

人有一憤激感發而前後若二人者，故曰「士别三日，當刮目相待」。謝峴見山以地理術遊臨川、清江諸郡，所至避席。樂安夏氏，尤尊信之。既而夏從他師，窺破秘妙，禮謝頗不如昔，謝慊然自愧竟去。未幾再來，則其術頓進，較夏所得靡毫髮殊，而又加密焉。夏乃大敬服，其師亦大敬服，啃啃語余。余初未遽信，驗之果然，於是益大敬服。夫江西之有是術也，蓋自唐末通禁省秘文者避亂而南，❶授之贛人，流布浸廣。然其術往往秘而不傳，傳者非其真也。剽其似，冒其號，叩人門户而自售者，奚啻百千萬人。見山之術已盛行於時，能不自足，深入雩都，禮碩師而師焉，遂得其真，一蹴而可接楊、曾二氏之傳。吁，異哉！余觀今世所

❶「省」，原作「有」，據乾隆本改。

謂儒，能舍己從人而至其所未至者寡矣。儒家不能，而術家能之，可不謂百千萬人中不一有者乎？雖然，余竊有慮。己之能不多有，人之知者亦不多有，百千萬人而不一知也，今而再過昔所經從之家，彼視其外猶昔也，孰知其中乃大不然，而其目非復昔時之目哉！屠龍技成，而無所用其巧，古所嘆也。雖然，世無智人福人則已，有則必識必遇。見山其行，將有竦然驚駭，以爲天仙降于人間。之人也，聰明絶人者也，天將昌其家者也。

贈鄧自然序并詩

天地間六氣，少陰君火之暄和不爲病，陽明燥金之清肅雖能爲病，而其病亦微，非如厥陰木之風、太陽水之寒、太陰土之濕、少陽相火之暑中人傷人之甚也。然寒、暑、濕之中傷也，或專一氣，或合他氣，其名證亦不繁雜，故治寒、治濕、治暑者，曰寒曰濕曰暑而已。獨風之一病，不止曰風，而曰諸風。蓋風善偏善散，不一名，不一證，必曰諸而後足以該之。寒、濕、暑之病，則不曰諸也。今世醫流，大率治四氣中傷寒爲先務，若風之多名多證，或不能一一徧治也。於是風有專科焉，有秘傳焉，論者遂視風疾與勞、氣、腫三疾同，謂非專科秘傳之醫不可也。嘗見病風者，醫不能治，又不遇專科秘傳之人，或久而不痊，或危而不救。悲夫！青雲鄉祈真觀道士鄧自然，專科醫風，其秘傳有自，能愈數十年不愈之疾，吾覩聞其神驗數四矣。有此奇術，而知之者猶鮮，自然亦珍重而不衒鬻。因嘆古之爲國，每患無賢，及至有賢，不知不用，何以異於此哉！醫能治病而不使，賈太傅之所以痛恨也與？乃作詩贈自然曰：

治風徧了諸風狀，論病推爲百病先。林下散人它想淡，橐中秘訣此科專。屠龍不費家金學，扁鵲親逢禁藥傳。多少世間醫國手，實高名晦亦堪憐。

送陳景和序

人而無恒，不可以作巫醫。里中陳景和，自祖父以來有恒産，值數多奇，喪其土田。雖無恒産，而有恒心自若也。以其力從事於醫，資質敦厚端謹，與人言惟恐傷其意，所行惟恐有愧於天，恂恂善士也。如是而爲醫，庶乎其有恒者矣。夫醫者，伎也，而景和有士行。躬士之行，執醫之伎，是豈專方伎者所可等倫哉？❶ 余聞醫者必有陰德，況有恒之醫乎？有陰德者之受報於天也，如種之必有獲，然則景和豈終困哉！

❶「者」，原作「家」，據成化本、乾隆本改。

吴文正集卷三十四

元吴澄撰

序

送何太虛北游序

士可以游乎？不出户而知天下，何以游爲哉！士可以不游乎？男子生而射六矢，示有志乎上下四方也，而何可以不游也！夫子上智也，適周而問禮，在齊而聞《韶》，自衛復歸於魯，而後《雅》《頌》各得其所也。夫子而不周、不齊、不衛也，則猶有未問之禮、未聞之《韶》、未得所之《雅》《頌》也。上智且然，而况其下者乎？士何可以不游也！然則彼謂不出户而能知者，非歟？曰：彼老氏意也。老氏之學，治身心而外天下國家者也。人之一身一心，天地萬物咸備。❶彼謂吾求之一身一心有餘也，而無事乎他求也，是固老氏之學也。而吾聖人之學不如是。聖人生而知也，然其所知者，降衷秉彝之善而已。若夫山川風土，民情

❶「咸」，原作「或」，據成化本、乾隆本改。

世故，名物度數，前言往行，非博其聞見於外，雖上智亦何能悉知也，故寡聞寡見，不免孤陋之譏。取友者，一鄉未足而之一國，一國未足而之天下，尤以天下爲未足，而尚友古之人焉，陶淵明所以欲尋聖賢遺跡於中都也。然則士何可以不游也！而後之游者，或異乎是。方其出而游於上國也，奔趨乎爵禄之府，伺候乎權勢之門，摇尾而乞憐，脅肩而取媚，以僥倖於寸進。及其既得之而游於四方也，豈有意於行吾志哉？豈有意於稱吾職哉？苟可以敚攘其人、❶盈厭吾欲，囊橐既充，則揚揚而去爾。是故昔之游者爲道，後之游者爲利。游則同，而所以游者不同。余於何弟太虚之游，惡得無言乎哉？太虚以穎敏之資，刻苦之學，善書工詩，綴文研經，修於己不求知於人，三十餘年矣。口未嘗談爵禄，目未嘗覩權勢，一旦而忽有萬里之游，此人之所怪，而余知其心也。士之能操筆僅記姓名，則曰吾能書；屬辭稍協聲韻，則曰吾能詩；言語布置粗如往時所謂舉子業，則曰吾能文。闔門稱雄，矜己自大，醯甕之雞，坎井之蛙，蓋不知甕外之天、井外之海爲何如。挾其所以能，自謂足以終吾身、没吾世而無憾。夫如是，又焉用游？太虚肯如是哉！書必鍾王，詩必韋陶，文不韓柳班馬不止也。且方窺闖聖人之經，如天如海而莫可涯，詎敢以平日所見所聞自多乎？此太虚今日之所以游也。是行也，交從日以廣，歷涉日以明，識日長而志日超，跡聖人之跡而心其心，必知士之爲士，殆不止於研經綴文、工詩善書也。聞見將愈多而愈寡，愈有餘而愈不足，則天地萬物之皆備於我者，真可以不出户而知。是知也，非老氏之知也。如是而游，光前絶後之游矣，余將於是乎觀。澄所逮事之祖

---

❶「敚」，原作「寇」，據明初刻本、成化本改。乾隆本作「奪」，義亦通。

母，太虚之從祖姑也，故謂余爲兄、❶余謂之爲弟云。

送廉充赴浙西照磨序

皇慶元年春正月，國子司業吴澄以疾去官，就醫於江南。三月，敕國子學生廉充授江南浙西道肅政廉訪司照磨兼承發架閣。命下，給驛騎趣就道。夏四月，充至江南，過家省親。余留金陵，適相值，喜充之學而仕也。充表愿中昭，眈書如理絲射侯，必循縷尋緒，端括審的。試之事，雖勞倮不辭；使之言，善達彼此情。未嘗不底於成，未嘗不稱人意，號才辯者俱讓其能，未之或先也。余以是知充之有用，❷仕其可。充，勳閥家也。不以勳閥進，而以學業選。異哉！憲官之屬，此其底，職優事簡莫是官若，培德植藝莫是官若。學矣而仕，仕矣而學，烝烝日罔已，他日勝巨任，實由此基之。將光於前勳，俾廉氏休聞逾大逾遠，其不在充乎？不然，非余之所幾於充也。

送趙仲然赴循州長樂縣主簿序

新安趙仲然，生朱子之鄉，讀朱子之書，而尤專意於《易》。夫《易》，未易明也。皇羲始畫一奇二耦，二

---

❶ 「爲」，原脱，據成化本、乾隆本補。

❷ 「以」，原作「已」，據成化本、乾隆本改。

而八，八而八八，其圖大不盈尺，而天地萬物悉具其中。學不至知天者，未之或知。以之而筮，則其用之一端也。文王、周公本諸其畫，繫之以辭，雖爲占筮設，事則民用，言則聖藴，是以如天如海，莫可窺測。夫子《十翼》以來，明之者幾何人哉？漢魏至唐，註釋非一。李鼎祚集三十餘家，其大概可覩已。宋代諸儒，漢唐所未有。皇羲之畫，邵子明之矣，文王、周公之《易》，則亦各明其所明。明理至程子而極，明占自朱子而始。項氏平甫宗程而明辭，蓋得其六七。朱子發祖虞而明象，十僅得其一二也。朱子非不知象之當明，《本義》惟《大壯》説象，❶他卦則否，豈非以其不易言而不言歟？蔡，翼朱者也；徐，翼蔡者也。師之所闕，亦復闕之。近年談象者紛紛，愈博愈詳，而終不免於疵也。然則《易》豈易明哉？予之愚陋，有志於斯者數十餘年，然默識而不敢一出口。蓋在我則未易言，於人則未易與言也。若仲然者，庶幾可與言《易》矣。去年初識於金陵，以有行役，而不暇於言；今年再遇於金陵，又有行役，而不暇於言。不知何時可以竟其言乎？仲然昔爲師儒，今趨惡地爲小官，或疑其下喬而入幽。予謂不然。《易》之書言若卑淺，而實至高至深；《易》之道雖曰高深，而不離乎日用常行之間。地無美惡，官無大小，道固無乎不在。至官之日，時其飲食，適其寢處，使邪氣不能沴。❷勿以荒遠而鄙夷，其民撫之如赤子，治之一如中州内郡。心無愧於天地，事可

❶「本」上，乾隆本有「然」字。

❷「沴」，原作「滲」，據明初刻本、成化本、乾隆本改。

質於鬼神，《易》之道蓋如是。憲使鄭公非它使比，❶視其所行，必有得焉。異日北歸過予，予先觀所以能合乎《易》之道者，然後相與共論《易》之書。

送陸教授序

自漢以來，郡有文學，而以教授名官自近代始。蓋授可能也，教不易能也。呻其佔畢，習其句讀，授而已，教不與焉。夫教也者，此行而彼效之之謂也。虞廷五品之教，曰六德六行；孔門之四教，曰文行忠信。文者，豈佔畢句讀之謂！我國朝設官，循唐宋之舊，路、府、州俱有教授。余至中朝，觀彼所謂教授者，聚生徒數十人，日從事於佔畢句讀。雖未能知其教何如，而授之職則不曠矣。江以南或不能然。凡授之事，往往於教授之下別立一職以掌。授且如此，教其可知也。問教授所職何事，則曰：「吾有政。」問其政安在，則曰：「稽錢穀也，繕治黌舍也。」夫是二者，貨殖家一奴、營造家一胥所可辦也，而教授之職固若是乎？噫！總總而是也，可嘆已。浙西陸君經爲教授，孰朴詳謹。其始至也，士之譁者或侮或慢，或笑或嘲，而君弗與較。越一年，翕然定；越三年，靡然化。深者革心，淺者革面，似若不令而從、不言而信，非能以身教者歟？若是而教，其可也。彼授者，其末爾。陸君於財計一毫不私，而人服其廉；於房舍一日必葺，而人服其才。

❶「使」，原作「吏」，據乾隆本改。

兹其所以不令而從、不言而信也。越六年，代者至。人士愛之敬之如父兄，❶而惜其去，華其贈送之言，盛其祖餞之禮。而君之所以得此於人也，夫豈偶然之故！近年縣教授而司民社者，率以貪敗、以庸不任事棄。君不但善教也，而又有政。屢攝州事，沈審簡重，吏不敢易視。充其廉，充其才，使之從政也，何有教授云乎哉！

送皮昭德序

聖門之可使從政者，賜之達、求之藝、由之果也。清江皮溍昭德，承父澤出仕，例當赴省部給使以試其能。其行也，西江數郡之士相率爲詩文以贈之，而請益於予。予謂三子之達、之藝、之果雖未易能，而子於國典俱諳曉，亦云達也已；於世務俱練歷，亦云藝也已；於談鋒事機俱敏決，亦云果也已。概以異代取人之制，❷如所謂言辭之辯正，如所謂楷法之遒美，如所謂文理之優長，靡不綽綽有餘。以子之能試於今，宜無施而不可。余既嘉子之才，又嘗進子於聖門學者之列，達而守之若愚，藝而處之若無，果而發之以徐。夫如是，不矜己以急人之知，而人自知己，❸必曰是真可使從政者也。而子之登膴仕者，有日矣。

---

❶「兄」，成化本、乾隆本作「母」。

❷「制」，原作「志」，據成化本、乾隆本改。

❸「己」，乾隆本作「之」。

送程鼎實序

凡冬大雪，來歲必大熟。松脂入地，久而爲伏苓，爲虎魄，是何故也？❶陽氣閉藏而不發泄，則地力厚而生物也茂。木之滋液於葉者未易遂，則灌注本根，凝爲靈藥異草，理固宜也。世之賢人君子可以大用，而不獲盡其有餘，不竭之澤流衍於後，往往如此。月巖先生程公明戴氏《禮》，貢于鄉，選於上庠，褎然爲多士先。志行清峻嚴恪，不苟合，不輕進，而温然四海爲春之意，行乎萬仞磔卓之間。嗚呼！使公而展所藴，名公卿也，而被其澤者幾千萬人。然而嶔崎歷落，年餘五十乃擢乙科，官至經府元僚而止。歷數肇始，以康寧壽考終。烏乎！乾坤龍戰之會鮮或不傷，三百年雨露膏潤之物煒然春榮，❷一旦槁然秋後之園林，蓋天運然。而柳子所謂咸宜、韓子所譏薄功而厚賞，豈其非耶？公歸田山中，而家日以肥。子孫蕃碩而且賢，公殁之後悉爲當路所禮，起家以仕，此非公之所留者乎？予，公之門人也，識公二子矣。世孫鼎實教授海陵，官滿，而人士稱頌之不渝。不墜其家學，不忝其世德，此非公之所留者乎？嗚呼！天之生賢人君子也，以爲民也。公抱賢人君子之器，百不及試一二。今二子、諸孫俱有位，方日進而日升，一命以上可賜於民，小大多寡，分數不同耳。公不獲大用於昔者，子若孫以之試於今焉。此賢人君子之胄所以繼先志，而天所以

---

❶「故」，原作「物」，據乾隆本改。

❷「煒」，原避諱作「蔚」，據明初刻本、成化本、乾隆本改。以下同此者逕改，不再出校。

生賢人君子之心也。其毋曰位不足以行，其毋曰時不可以行。夫今昔殊時，而今之民猶昔之民也，夫豈遂忘之哉！斯言也，昔嘗聞於公，而非迂也。鼎實歸，尚以斯言諗於父兄。

贈番陽吴岫雲序

自隸興於秦而篆廢於漢，其初不過圖簡便以適己而已。漢隸之流爲晋隸，則又專務姿媚以悦人，姸巧千狀，見者無不愛。學者竭其精力以模擬之，而患不似也。夫字者，所以傳經載道，述史記事，治百官，察萬民，貫通三才，其爲用大矣。縮之以簡便，華之以姿媚，偏旁點畫浸浸失真，弗省弗顧，惟以悦目爲姝，何其小用之哉！漢晋而後，若唐若宋，聲明文物之盛各三百年，頗有肯尋斯籀之緒、上追科斗鳥跡之遺者，視漢晋爲優。然亦間見爾，不易得也。就二代而論，唐之能者超於宋，宋之能者多於唐，餘風猶未泯。番陽吴正道，承家世文獻，工篆書。不惟筆法之工，并究字體之原，以所訂偏旁一帙示予。予每慨古藝之不絶如綫，而忽值斯人焉，如之何而不喜之之深耶！

送羅養正北游序

廬陵印岡之羅，自澗谷翁以有學有文有聲於時，其族詵詵多聞人。往年於金陵識恭有甫，得其雜著數十條，言當世事一一精實可采，時與侍御史程公共觀而稱嘆。然而竟韜晦不用，以至於今。養正能學其家學，出爲伯父後。其貌若甚愿，其言若甚訒，退然山澤之癯，而孰察其衷？謹審縝栗，毅於進爲，殊不類迂疎之儒，蓋羅氏之才子。將游京師，興文署丞孔君，其姻戚也。昔韓子送董邵南游河北，以謂子之不遇，雖慕義强仁者以愛惜焉。今養正之未遇，與邵南惡有異也？京師豪俊之林，豈無惻然而仁、挺然而義、卒然邂逅而相歡如故者乎？矧又姻戚牽聯援引於其側哉！養正之行也，余知其必有合矣。

贈尹國壽序

秦丞相斯燔滅聖經，負罪萬世，而能損益倉、史二家文字爲篆書，至今與日月相昺煥，是固不可以罪掩其功也。斯誅之後，工其書以名世者誰歟？七八百年僅見唐李陽冰，又二百年僅見宋初徐鉉而已。宋人能者多於唐，而表表者不一二。噫，何其孤也哉！蓋亦有其故矣。秦人苟簡煩碎，峻迫以爲治，壹惟刀筆吏是任，至以衡石程其書。厭篆書繁難，省徑爲隸，以便官府。人惟便之趨，則孰問背時所向，❶而甘心繁難者哉？篆學之孤，殆其勢之所必至。噫！篆之興繇於秦，而篆之廢實亦繇於秦。推所從來，任吏之過也。上饒愚溪尹國壽，儒宦名家。值世代遷革，世宦不可復敘，圖試吏以庇其身，然屢試而屢格。既不獲所圖，遂專意篆學。游士大夫之門，得其片文隻字者如寶。儻使試吏，日勞形於案牘，隨群隨隊，役役焉習奴隸書之不暇，雖欲研精心畫，尚友古人於千載之上，其可得乎？然則國壽之不用於時，未爲不幸也。夫篆書之派，自秦任吏始，而國壽篆學之工，乃以其不爲吏之故，二者之互消長如此。夫是學也，久則神，神則

❶「問」，乾隆本作「背」。

天。如其未也，亦將齊名於冰、鉉，而所以光其先世。人不濆其家聲者，與爲刀筆吏於一時，其得喪榮辱，豈不相去萬萬哉！

贈人之金陵序❶

金陵，東南之都會，而秦之前靡聞。龍盤虎踞之奇，漢末忠武侯實顯其秘。時英雄各營窟穴，是蓋悠然有觸於心。孫氏以來，遂成僞霸之居。中州衣冠道盡，司馬氏揭區區文物寄之一隅，自是聲名與中州等。故士之游其地者，往往徘徊踟躕，顧瞻欷歔而不能已。其所由來，非一日也。今四海一家，金陵僻在江之濆，豪華之迹息，狡黠之念絶，而詩人墨客之悲慨模寫亦且竭矣。❷地以時而輕重，今金陵豈昔金陵比哉！而何汲汲爲斯游也？問之，曰：「士有志天下，不有得於昔，必有得於今。夫昔人興廢之由誠無預吾事，若今人休戚之故，獨非吾所當動心者乎？當今置中書省分治江之南凡三，又設御史府於金陵以糾之。東南百萬生靈之休戚，不係於斯乎？吾將往觀焉。」予應曰：「然。子之志如是，行可矣。余數游金陵，中州大夫官於彼、家於彼者，類多才且異。子往而觀其人，察其行事，稽其用心，歸以語余，其必有以起予也。子之志如是，行可矣。」

❶「人」，原脱，據乾隆本補。
❷「模」，原作「填」，據成化本、乾隆本改。

送鄧性可序

男有分，女有歸，不必爲己，此大道爲公之世也。噫！不可復見已。男女得以及時，詩人美之，蓋被二南之化而然。大道既隱，二南之化豈常然哉？自士無恒產，❶雖事育或有所不贍，而況於嫁娶乎？世有睦婣任恤，仁於其類者，往往稱爲卓異之行。嫁者與錢五十緡，娶者與錢三十緡，范文正公睦其宗族者如此。有能推公此意，婣於姻親，任於朋友，恤於鄉里，一如其睦於宗族者焉，則及時之幸，是亦二南之時也，詩人之美，奚得以專於昔！鄧性可家徒四壁，二女皆已笄而字，昏期邇只。問其所以將者，闕如也。其宗族果有文正其人乎？無也，姻親、朋友、鄉里之間，則未必無矣。余亦忝朋友之一，贈之以財，力不足，而與之者薄，於是乎又益之以言。

爲趙法曹求賻序

楊林趙法曹，蕭然一貧。女喪未葬，余方爲之哀籲於仁人，而又倏有妻喪，何其厄哉！噫！古傳記所載賻人死喪事非一，不復徧舉。余游北方，見有喪者，一家號慟，百務俱廢。爨不舉火，隣里爲粥爲飯，以飲

❶「恒」，成化本、乾隆本作「常」。

食喪家之人，併及遠地來弔之客。初死，各將衣衾來襚，❶遂斂；既斂，各持錢財來賻，遂葬。故雖甚貧之家，遭死喪之禍，無營辦應接之窘，無倥偬缺乏之虞。死者易得以全其禮，❷生者亦得以專其哀，此中州之孅俗也。❸當今風化自北而南，法曹其告親戚知舊、比閭族黨間，❹將見人人動心垂情，如文正、忠宣父子，而吾鄉之俗，❺即中州之美。於畢二喪也，何難之有？

贈一飛相士序有詩

予少有狂疾，志欲學飛，凡可以飛之術每究心焉。或諗予曰：「兩間能飛之物唯羽族，飛之最高而奈久者，莫鷹隼、鴻雁若也。然鷹隼貪食肉，鴻雁貪食粟，苟所貪之食不飽，則其飛之力不能以不倦。人之飛異於是。人孰無骨肉血髓，孰不資外物以養？能不人於人而與雲霞風飇齊飛，必其專乎内、遺乎外。所資以益吾之身者，悉不以溷吾之口、滓吾之腹，俾吾之骨肉血髓銷鑠變化，始如未生之嬰兒，終如太虛之無有，而

❶「將」，成化本、乾隆本作「持」。
❷「禮」，成化本、乾隆本作「終」。
❸「孅」，原作「微」，據乾隆本改。
❹「親戚」，二字原脱，據明初刻本、成化本、乾隆本補。
❺「吾」，原作「異」，據成化本、乾隆本改。

後倏忽往來，飛行於上下四方而無留礙。」予信其説之然，而不能然者，不能離吾父子兄弟、徒友朋侶也，❶是以舍其説而守吾之故吾。❷噫！其老矣，無復有是志矣。而夜寐猶或夢飛，則少年之宿染舊習，其根刊除未盡也。今年七十有六，適在京師，有自號一飛之人相解后，不覺欣欣然悦之，因自笑曰：「吾之病根，豈但於夢境而有未刊除者哉？」其人善談，所識窮達與其未來休咎，如燭照鏡鑑。乃爲之喟然嘆曰：「飛者善目，子以能飛而善相乎？騷客有言：『黄鵠一舉兮見山川之紆曲，再舉兮覩天地之員方。』謂其飛愈高而目之視愈遠也。大鵬逍遥九萬里之上，下視人寰，不啻甕盎之間百千蚊蚋須臾起滅。其區區之窮達休咎，又奚足云！昔聞華山隱者、麻衣道者之流，翩翩飛游乎世外，雖不相人，而超然神智，靡不先知也。若猶與世内食粟食肉輩混處塵埃中，則如紛紛之蜂蝶、款款之蜻蜓，雖飛也，而相去地行之物不能以寸，詎能納八表於一瞬也邪？子之飛也如之何？」相者對曰：「人寓形於走類。我人類也，走於地而已。常人之走，或終歲不出門户，或終世不入城府，而我於燕、楚、齊、秦，走千萬里如咫尺。以走之百當飛之一，亦走類中之飛者爾。而必取飛之飛爲喻，公言得無過與？」予謝曰：「予怵於子之名。子今自吐情實，予言誠過。聊贈詩一章，以釋前之過言。」❸

---

❶「徒友朋侶」，成化本、乾隆本作「徒侶朋友」。

❷下「吾」字，成化本、乾隆本無。

❸「言」下，原衍「云」字，據明初刻本、成化本、乾隆本删。

自言逐日走，漫訝刺天飛。無處不留跡，有塵常滿衣。空中懸五眼，方外破三機。識徧六六善，相人誰敢非。

送程平父序

上饒月巖程公往年官吾郡，諸生中特異目予。今湖北憲使，郢人，公同宗也。時亦游吾郡，與予相友善。未幾時革而身遁，無從問公安否何如。獨憲使出爲時用，既久，廼聞公以壽考終。而子若孫能自樹立，以昌其家，於是而信盛德之有後。越數年，會公之子於廣陵學舍。又十餘年，於廣陵見公之族孫衡。衡英爽而粹温，❶學古近詩五七言，如雄風舞雪，令人卓□不給，❷亦異哉！程之族柢於廣陵，❸楨於新安，❹而條於江南江北，自六朝以來稱著氏，其爲才子也固宜。衡方爲當路所愛，試學官，浸浸向用，日長而人不知，再以家世名世可也，詩一伎爾。予視月巖公猶師。公不可見已，❺得見其族之有人，惡乎而不喜？惡乎而能已於言哉！

❶「衡」，原脱，據成化本補。「英爽而粹温」，乾隆本作「衡賦質温粹」。
❷「卓□不給」，乾隆本作「賞識不盡」。
❸「柢」，原作「祇」，據成化本改。
❹「楨」，原作「禎」，據成化本、乾隆本改。
❺「公」，乾隆本作「今」。

贈鬻書人楊良甫序

古之書在方册，其編袠繁且重，不能人人有也。經師率口傳，❶而學者以耳受，有終身止通一經者焉。噫！可謂難也已。然其得之也艱，故其學之也精，往往能以所學名其家。歷代方册以來，得書非如古之難，而亦不無傳録之勤也。鋟板肇於五季，筆功簡省，而又免於字畫之訛，不謂之有功於書者乎？宋三百年間，鋟板成市，板本布滿乎天下，而中秘所儲，莫不家藏而人有。不惟是也，凡世所未嘗有，與所不必有，亦且日新月益。❷書彌多而彌易，學者生於今之時，何其幸也！無漢以前耳受之艱，無唐以前手抄之勤，讀書者事半而功倍，宜矣。而或不然，何哉？挾其可以檢尋考証之易，❸遂簡於耽玩思繹之實，未必非書之多，而易得者誤之。噫！是豈鋟者之罪哉？讀者之過也。❹汴人氏楊字良甫，業鋟賢聖之書，市徧致其所無，以資學者。余嘉其功，而慮讀者之或因是而不自勉也。蓋欲人人善讀書而得於心，則楊氏之功爲不虚。

❶「經」，原作「京」，據乾隆本改。
❷「益」，原作「光」，據成化本、乾隆本改。
❸「之」下，原衍「且」字，據乾隆本删。
❹「讀」下，成化本、乾隆本有「書」字。

送葉鈞仲游孔林序

盱江陳子實以書抵予曰：「廣信葉鈞仲，湖海士静德祝君之鄉人，而所加禮者。將有曲阜之役，願有以張之。」噫！予忝與祝君爲代，未及期而君疾不起。夫交代之好，猶兄弟也。生不及識，死不及哭，悲如之何！簡書促赴官急，予悲未忘，而未忍行也。祝君不可復識矣，得識君之所愛敬者，其敢不用情乎哉！鈞仲工詩而多藝能，挾此以遊，誰不愛且敬。抑曲阜聖師之林廟，雖逢盛代褒崇，而不免於寂寞荒落也。升於其堂，豈復得聞金石絲竹之音；觀於其鄉，豈復得見浴沂風雩之樂。孔氏子孫，大率類農夫野人。有所謂儒，見聞染習，亦不過南北陋儒俗謬之學。問其先世所以得爲萬世之師之由，茫然不省其故。子之至彼也，能無悵然望缺、弛然興盡、卑陬而歸乎？❶子如欲觀聖人，則宗廟之美、百官之富，蓋具在方寸之内，一俯仰間可遊也，又焉用遠適爲？雖然，遊之必以其道。去揚地之輕揚，就魯人之質魯，此出門第一程也。吾語子遊也，他日再瞻眉睫，瞿然起而賀曰：「幸哉！我子已得遊聖人之門。」

❶「卑」，原作「甲」，據乾隆本改。

送范文孺痔醫序并詩

痔之爲疾最下，而痔之爲醫最上，何也？其方秘，其術奇，而能者鮮也。豫章范文孺之於醫，❶外父家之業也七世。其父壻其門，傳其業。古人稱三世之醫，今文孺自外氏傳其父，父又傳之子，凡九世矣。父子爲人已疾，奚啻數伯人！去年療吾友，其疾甚，三月愈；今年療吾兒，其疾輕，一月愈。皆先攻之以毒藥，去惡肉；然後養之以善藥，長新肉。如士之治己，去其惡疾而養其良心；如農夫之治田，去其惡草而長其良苗；如吏之治國，去其惡類而養其良民。其事殊，其理一也。凡有血氣之屬，疾雖小，不可有於身，況痔之久爲漏，漏不已則殺。人工於已此疾者，得不爲上醫也哉？余愛之重之，言之不足，而詠之以歌。其辭曰：

蒙莊超世外，有患不到身。寓言貶秦醫，託以譏時人。遑知血肉軀，微苦尤嚬呻。安得希文者，普救疾疢民。

❶「章」，原作「草」，據成化本、乾隆本改。

吴文正集卷三十五

元吴澄撰

記

瑞鶴記

神皇聖帝之於天也，合一而無間。後乎天而我不違天，先乎天而天不違我。凡智足以知天、仁足以事天者，其出入往來，其游行宴息，未嘗不與天俱也。見其日監之在兹，豈徒曰高高在上而已哉！古聖人以其知天之智、事天之仁寓之於祀禮，升中於名山，饗帝於吉土，其道深遠矣。是以甘露降，醴泉出，朱草生，四靈假，諸瑞畢應，非偶然而然也，誠之感也。如是，故謂之體信以達順。自祀禮不如古，而人主敬天之誠無所寓，則專意於禱祠之官焉。祠之儀文各殊，而敬天之誠一也。今皇帝元年之春，左丞相傳旨，命玄教大宗師吴全節，❶於崇真萬壽宫如其教以蒇事而虔告於天。有報也，有祈也。告天之辭，上自署名，省臺近待

❶「宗師」，乾隆本作「真人」。下文同。

之臣肅恭就列，罔敢懈怠。宗師静虚凝神，對越無二。朔南玄教之士，服其服，職其職，供給於齋宫者千人。步趨進退，璆鏘以鳴；讚詠倡嘆，疏緩以節。穆穆以愉夫上皇者，靡所不用其極。將事之時，有鶴自東南而來者三，俯臨祠壇，飛繞久之，乃翱翔而去。成事之旦，有鶴自青冥而下者二，復臨祠壇，飛鳴久之，乃鶱翥而上。預祠之臣，目覩心異，僉欲刻文以彰瑞應。既而其事上聞，有旨命詞臣撰録。欽惟天子之尊，膺天眷，踐天位，心與天通。若稽諸古，一變之樂能致羽物，九成之韶能來儀鳳，况吾聖天子敬天之誠乎？誠心之感，何所不至。鶴者，羽物之族，儀鳳之倫。其致其來，固其宜爾。且聞先朝祠事，亦嘗臻此。誠感誠應，今昔同符。宗師嚴持教法，群工恪奉上意，有以協一人之誠、召靈物之瑞，其美不可以不書。庸敢誦言聖天子敬天之心，推原古聖人知天、事天之道，而爲之記。有見於是心、❶有得於斯道者，鏡之哉！泰定甲子歲季夏之月望日記。

都運尚書高昌侯祠堂記

侯之有祠，何也？從民欲也。侯，高昌人，合剌普華其號也。至元間，受廣東都轉運鹽使，兼領諸蕃市舶。時盜賊蠭午，鹽法梗滯。侯初共招討使答失蠻捕戮，再同都元帥課兒伯海牙扞禦，❷遂殄二寇。未幾，

---

❶「心」，原脱，據成化本、乾隆本補。
❷「帥」，原作「師」，據成化本、乾隆本改。

命將出師，取海島小夷。以侯有智有勇，屬護餉道。侯至東莞、博羅二界中，值劇賊横截石灣。❶侯語其下曰：「軍餉重事，畏難退避，是不忠也。」身先士卒，且戰且行，矢竭馬傷，徒步格鬭，踣數十人。衆寡不敵，爲賊所執。賊欲生之，侯罵曰：「吾方岳重臣，豈從汝蠻賊！」遂遇害，至元甲申二月十九日也，年三十有九。後三十五年，公朝念侯忠節，追贈通議大夫、户部尚書、上輕車都尉、高昌郡侯。侯之子二，長偰文質，嘗以江西行省斷事官監臨抽分舶貨至廣，今以通議大夫同知廣西兩江道宣慰使司副都元帥。侯之孫六。延祐乙卯、戊午、至治辛酉、泰定甲子、丁卯、至順庚午六科，六孫相繼擢進士。其第三孫偰哲篤最先登科，歷陜西、江南二行臺監察御史，今以中順大夫僉海北廣東道肅政廉訪司事。廉明寬慈，是非有公論，循良知勸，姦惡斂迹。廣之人士咸謂僉憲祖至孫三世惠於南海，前時有功德者皆有祠是邦，矧都運其節表表，可無專祠？相率告諸當道，而請於僉憲。僉憲以爲，吾祖死兹土，諸孫幸獲從故老咨詢，敢以祠事煩邦人邪？衆請不已，乃捐己俸，市材木瓦甓，僦濂泉學宫隙地一區，其廣六尋有四尺，其袤七常八尺而羸，❷自創祠堂三間於周元公祠之右。翼之以兩廡，面之以三門，又豎衡門于外。癸酉立春日始構，踰月告成。買田若干畝，供春秋時祭。契券出納，俾之濂泉學司憲掾。前鄉貢進士易景升，述邦人士之意，求文以記。

予竊聞禮書云：聖王之制祭祀，以死勤事則祀之。侯之捐軀徇國，非以死勤事者歟？其得祀宜也。

---

❶「灣」，原作「彎」，據成化本、乾隆本改。

❷「羸」，原作「嬴」，據成化本、乾隆本改。以下同此者逕改，不再出校。

而祀典出於聖王之制，則貴乎有上之命，非下之人私自爲之者也。蓋禮樂征伐當自天子出，祀死節之臣，大禮也，不自天子出，可乎？後世固有民爲官立祠者，以其惠澤在民，没而民不忍忘也。此禮律之所無有，上之人聊徇其情，❶而不禁遏之爾。爲人子孫之孝其親，自有常祀於家，豈必别立非常之祀於官而後爲孝哉？夫祀之非常者，可舉亦可廢也。可舉亦可廢，則非祀典之正。典者，常也；祀典，祀之有常者也。狄梁公，名臣也。刺魏州，而民立祠祀之。既而其子貪虐，民毁其祠。夫其初之立祀也，未足增梁公之重；而其後之毁之也，爲梁公之辱莫甚焉。然則孰若其初無祀之爲愈哉？大抵群庶之情，惟權勢是趨。當其有權勢也，諂之媚之，何所不至。一旦無權勢，則不然矣。古之君子之圖事也，不苟徇於目前，而遠慮於永久。僉憲辭邦人士之請，是也。辭之不可，而從民所欲。然一爲之自己，而一毫不勞費於民，其殆庶幾乎兩得其當。而予之所期於僉憲者，不止是。欽惟仁宗皇帝視儒爲寶，特開貢舉之途，網羅天下英俊。自設科以來逮至順初元，凡六試士，而僉憲一門兄弟每科中選，未嘗間歇。科名之盛，天下無與比。雖唐宋極文之際，❷世儒世科之美，及此者亦希。冥福之報忠臣也，厚矣；殊渥之萃一家也，榮矣。將何以當天貺而答國恩哉？况進士所業，在《論語》《大學》《中庸》《孟子》，是皆往聖先賢傳道之書。書之奥旨，豈徒擢高科、取美仕而已，蓋欲其義理明於心，德行修於身，政事治於官，功業昭於時。無少瑕疵，有大成立，卓卓焉天下第

❶ 「徇」，成化本、乾隆本作「循」。
❷ 「文」，乾隆本作「隆」。

一流，使其名聲洋溢乎四海，稱譽焜燿乎百代。於今於後，人人歆羡頌説高昌侯忠節之家之有此孫，❶則所以光於其祖者，惡計祠之有無也！若夫庸庸碌碌，無以踰於中人，甚或貽咲貽譏於有識而不知愧，近年之以儒科在仕路者，大率然也。僉憲之家世如此，人品如此，予固望其偉然異於衆，詎肯如是夫！

江西廉訪司經歷司廳壁記

風憲之官，關係人心世道不小也。國朝設官之初，各道有提刑按察司，後乃更名爲肅政廉訪。其意若曰爲治一於刑，待天下亦薄矣，是以不曰刑而曰政。政者，正人之不正也。政以道之於其先，導之而不從，則刑以齊之於其後，而豈專尚夫刑也哉？濟寧田君賓，爲肅政廉訪司屬官之長，參貳得清江范君梈。志合德同，皆能以苦淡自持，❷清白自勵。於時憲官凛凛有風裁，而其屬又如此，於是江西之憲職大振。予在山中，久聞其風。至治三年春，被召過洪，以所見徵所聞，尤信。❸田君涖政之署書「正己」二字爲扁，予見之，益加嘆焉。夫肅政者，固以正夫人也。正人之具，有法有制，有禁有令。能執政者，其察或至於見淵魚，其刻或至於窮穴鼠。發擿以爲神，彈擊以爲威，非不甚可畏也。然止姦而姦不止，戢貪而貪不戢，將欲正人而

❶ 下「之」字，原作「知」，據成化本、乾隆本改。

❷「苦淡」，乾隆本作「淡泊」。

❸「尤」，原作「猶」，據成化本、乾隆本改。

人愈不可正，何也？欲正人而不知正人之有其本也。❶正人之本安在？正己是已。先哲嘗言：正己以格物，爲御史之方。格云者，爲之楷式也。己爲楷式，以正夫人，孰敢有不正者乎？近而正一司所總之府吏，❷遠而正一道所部之郡縣，一皆本諸己也。表直則影直，源清則流清，其效蓋不期然而然。彼無諸己而欲以求諸人，有諸己而欲以非諸人者，曾何足以語此哉！若田君，可謂知政之本矣。予故爲志其壁，以諗夫繼今之居是官者焉。

寧都州判官彭從事平寇記❸

縣有尉，職捕盜，舊矣。州之判官，職如尉，國朝制也。延祐二年六月，贛寧都州寇作，判官彭君以運糧留總管府，同知州事趙某攝其職，從州長出禦寇。七月惟己酉朏，越五日癸丑，趙與寇遇，死焉。州無鎮守軍，官設捕盜之卒不滿百，時平豢安，武備無一有。聞警，亟白之府，出私錢市弓箭，疾馳而還，繕修壁壘。越四日丙辰，寇逼城下，關外民居悉燬。君畫計謀，懸賞彀弓機砲，躬事矢石，率民兵出城與之角，殺寇五六十，收衆而入。會總管府長官至，萬户府官亦領軍至，決寇圍入州城，慰安人心。州之長貳與君及大家，分

❶「之」，原作「知」，據成化本、乾隆本改。
❷「吏」，原作「史」，據乾隆本改。
❸「事」，原作「仕」，據成化本、乾隆本改。

城四面而守。厥七日壬戌，寇退。越七日戊辰，官軍與寇戰於延福里。君率先衝陣，發六矢，俱殪，獲馬二匹。寇設伏，官軍失利而潰，寇復進圍城。君竭力守禦，寢食爲廢。徧告危急於上司，糾集兩鄉民兵七千人。八月戊寅旁死魄，暨巡檢官率民兵屯州城七里外。越翼日己卯，寇萬餘人自城下來戰。君不避鋒鋭而前，群衆齊力薄寇，殺死甚衆。令卒登高麾旗，招城中之兵出，内外夾攻，寇不能支，奔散渡溪。水漲不可渡，溺死過半，寇大衄遁去。州城再受圍，凡十有二日乃解。越四日壬午，行省平章政事李公出董師，臺憲官咸集，有指揮使，有副元帥，有江浙省平章，皆受朝命來，督視贛州。路長官及萬户六人總六郡兵，擣寇巢穴。君爲鄉導，首攻拔一砦。官軍繼進，大蹂，殲其醜類無遺育，渠魁就擒，始班師，州人以寧。於是州之士民相率造彭君之庭，勞且賀曰：「君侯勞矣哉！寇之圍城經再，初守城經七日，君侯之功一；再守城經十有二日，君侯之功二；寇之交鋒者三，出城殺寇小勝，君侯之功三；射寇獲馬小勝，君侯之功四；大戰大勝，遂解城圍，君侯之功五；引軍深入，遂淨寇塵，君侯之功六。保一城之民得免爲魚肉，君侯之德也；救諸鄉之人不化爲鬼物，君侯之德也。敢賀！矧君侯駐兵之地曰仙亭背，俗傳昔有飛仙爲此而昇舉，蓋吉地也。戰之日，寇既死於兵，又死於水，若有冥助然。士民願勒石其處，以紀君侯之功，以無忘君侯之德。」君蹙然曰：「噫！僕佐州無狀，牧馭乖方，弗能先事弭變。爲民父母，而使赤子弄兵，延及於良民，遭殺戮、遭俘虜、遭脅從者不知其幾。以至攻犯州城，震撼隣境，徹聞天京。中外文武重臣下臨遐陬，動數路之兵，然後蕩除。居者疲於供億，征者斃於鋒鏑，寇之所汙，軍之所歷，罥罣躪藉而不得以天年終者，往往無辜之人也。思之痛心，言之哽咽，可弔也，而何賀焉？其敢自以爲功乎？」士民曰：「君侯有功而不居，謙矣。抑此寇一日未殄，則州人受一日之禍，死生所繫，而非小小利害也。君侯之德，其敢忘乎哉？」於是余之友前敍浦縣尹蕭君士資，具書述士民之意，來徵余文。余謂彭君之不居功也，其言仁；士民之不忘德也，其言義。上皆能仁，則何至於致寇；下皆知義，則何至於爲寇。繼自今，官吏士民，人人爲仁義之人，則寧都爲善地、爲樂土矣，余亦樂書其美以勸。彭君名淑，字仲儀，濟南歷城人。年少而識高，慈敏而廉平，爲州人所稱云。

廉吏前金谿縣尹李侯生祠記

予閑居思天下之治法，以爲禹稷伊尹之志，苟得一縣，亦可小試。何也？縣之於民最近，令之福惠所及最速，莫是官若也。而舉世瞀瞀，孰知其任之爲不輕，專務己肥，遑恤民瘠。壅閼吾君之德，使不得下達，愁怨之氣瀰漫兩間，以至上干陰陽之和者，十而八九也。聚群羊而牧之以一狼，恣其啖食，何辜斯民，而至斯極？於斯之時，倏有人焉，慰愜其蘇息之望，則民之愛之也，烏得不如子之愛其父母哉？若金谿縣尹李侯是已。尚論邑政之最，必曰五事備。予謂簡訟、均役，二事爾；户增、土闢、盜息，三者其效也。貪官喜民訟之繁，則其需賄之路廣。架虚誣告，欣然聽納，蔓延歲久而不決。受誣之人甚則殞身破家，事冀求直，而枉者先有所輸，則直者無復得伸。役户議差之際，鬻賣殆遍，惟無力請賕者不脱免。即此二端，欲民之聊生，可乎？侯則不然。訟者造庭，面詰其故，稍涉僞妄，往往辭窮。或以理感喻之而止。所當辨解，責之鄉都，縱或逮問，不遺一卒。比及至官，片言判其是非，罔有留滯。雖理屈抵罪，靡不心服。上司命之鞠訊，亦若是。户役一以資産高下爲等第，來歲之役定於歲杪。數户俱差，則考驗其力以多寡其日，分如衡之平，無所𥙷昂。由是民不可爲欺，而訟自簡；吏不可爲姦，而役遂均。訟簡役均，縣之大綱舉矣，此外皆其目也。事倘便民，諸利畢興；倘不便民，纖害必除。有關係於倫紀風教者，尤切切。富既獲安，貧亦樂業，❶百里之內，一和如春。隣邑竦慕，恨不得爲金谿之民。侯宰邑凡四，初宰華容，繼宰臨湘，二邑各處三年如一日。後宰高安，郡以私而撓縣政，侯蒞官甫七日，遄棄去。金谿之治，視華容、臨湘無異。

侯之所以過人者非他，其善有五，而廉爲本。廉一也，明二也，仁三也，能四也，公五也。世固有廉者矣，其見不明，則爲吏所蔽，雖廉何補？亦有廉而且明者矣，其心不仁，則自謂無取於民，不眩於事，而深刻嚴酷，又縱其下漁獵躪轢，略無惻怛之意。或其心雖仁而短於剸裁，徒有仁心而民不被澤，仁而不能故也。或其才雖能，而意之所向不無少偏，終亦不免於小疵，能而未公故也。全此五善者，難矣哉！而侯獨兼有之，所以卓然爲當今治邑之最歟？侯資質美而益之以學，公餘手不釋四書，喪祭一遵朱氏《家禮》。燕坐之際，扁曰「絜矩」。❷民之所好好之，民之所惡惡之，踐行絜矩之實者也，匪但揭名扁之虛而已。在金谿六年，其去也，士民思其德，傳以紀之者數千言，詩以頌之者數千首，又立生祠於學宫。去已四年，而復來請予記，將欲壽其祠於永遠。予觀《漢・循吏傳》六人，始文翁，終召父，蜀郡、南陽世世祠之。今侯得此於民，與漢之循吏異世同符。予素知侯名，樂道其善。侯名有，字仲方，平陽人。善譽著聞，擢典風憲，浸浸向顯用。

❶「貧」，原作「民」，據成化本、乾隆本改。
❷「絜」，原作「潔」，據乾隆本改。

或曰：侯嘗書廉勤公慎恕五字於壁。今稱其廉明仁能公，何哉？曰：彼之五字，侯之所以自勵也；此之五善，予之所以美侯也。恕即絜矩之謂，乃其所以仁、所以公者。曰仁曰公，恕在其中矣。曰明曰能，侯執謙而不以自居。其於五善，孜孜勉力而不怠者，勤也；翼翼小心而不恃者，慎也。侯之自勵，予之稱侯，其究一也。抑侯之善五，而予特表之曰廉吏，蓋摭五善之本而云。請予記者，前縣尉曾文樞曁金谿之士彭瑀。❶

臨川縣尉司職田記

制禄者，馭臣之柄也；重禄者，勸士之經也。夫君之馭其臣，而必重其禄，何也？厚之也，欲其有以贍於家，則可以無所營於私，而得以專其治於官也。三代以下，禄之等差隆殺雖不一，❷而俾居官之人足以自養，則其意同也。國朝之制，凡官於内服者，月有俸幣，而又有廪粟焉；官於外服者，月有俸幣，而又有職田焉。職田之制，通行乎天下。而亦或無公田可給，有所偏頗，不能均一，上之人莫之知也。縣之置尉舊矣，官雖小，而職則要。近年廉恥道喪，貪濁成風，官資清顯而不能廉者有矣，況在庶僚之位者乎？田禄豐盈而不能廉者有矣，況無職田之養者乎？臨川，撫之附郭縣也，而尉司無職田。齊人張雩從事風憲，初授將仕佐郎，來尉臨川，獨潔於群汙之中，而其才又與其志稱。明不可欺，毅不可犯，盜賊息於境，胥徒閑於庭。

---

❶「前」下，原衍「之」字，據明初刻本、成化本、乾隆本删。
❷「隆」，原作「降」，據乾隆本改。

郡縣之獄訟紛糾，費爬梳、遷延未結絶者，上官率命之訊鞫。剖疑無所停滯，擊强無所畏避，審決一一得其當，廉能之聲遠播。己雖能守，深慮繼其後者之不能然，乃以臨川尉司無公田之故聞於上。撫州路嘗增設治中一員，後不復設，而其所占職田在官。行中書省於内給一頃爲臨川縣尉職田，從張尉所請也。歲收之米以斗計，可三百五十有奇。郡府易原、鄉士饒宗道，嘉邑尉自守之廉而心公慮遠如是，請記其事，❶以貽永久，而田之條段載諸碑陰焉。予謂士之廉如女之貞，固己分當然之事。雖凍餓迫之，刀刃臨之，寧死而不改節，豈顧禄之厚薄哉！而禄欲其重，則君之厚於其臣也。君厚其臣，而臣不自勸以報其君者，非人類也。居今之世，而見張尉其人，蓋千百不一二，予烏乎而不喜談樂道之乎？世亦間有號爲廉者，廉於始而或不廉於終，廉於此而或不廉於彼，廉於位卑之時而或不廉於位高之後，廉於得寡之處而或不廉於得多之地。蹔焉僞廉，以釣名焉耳。噫！嗜利無恥而真貪者，剽掠之寇也；若釣名無實而僞廉者，穿窬之盜也。相去逌不能以寸。張尉字志道，益都沂州費縣人。其籍儒家也，諳吏文，習國語。己能廉而願人之皆爲廉，可嘉已，予烏乎而不喜談樂道之乎？

❶「事」，原作「中」，據成化本、乾隆本改。

撫州路達魯花赤禱雨記

至順三年，六月不雨，至於七月，水田乾拆，稻苗委瘁。❶ 早熟之稻僅收，已損其半，民情惶惶，所在禱雨俱未應驗。撫州路元侯塔不歹，❷蒙古人也。自總管劉侯致仕而去，郡事叢於一身。憂民之憂，日不遑食，夜不遑寢。六月二十一日以後，日領官屬哀籲上下神祇，彌旬彌月，食素宿外，内訟自責，誓不得雨不止。迨及七月下旬，旱勢逾劇。侯曰：「吾祈澤於道觀僧寺，心慮殫矣。崇仁華蓋、相山，其山高峻，興雲致雨，夙稱靈應，曷往祈焉？」乃於二十四日午離郡，行百餘里，三更至崇仁縣。分遣崇仁令崔顯詣相山，躬詣華蓋山。四更而起，行百餘里，憩山之陰，距山巔四十里而宿。二十六日癸巳晨興，及山麓，草屩步行而陟，午至山上，達誠於山靈。忽雷聲震動，午後下山，旋得雨。二十七日二更，還次崇仁縣，又得雨。二十八日乙未子初刻離崇仁縣，午至白虎窰，距郡城三十里，大雨。至龔家渡，距郡城十五里，再雨。未時還至玄妙觀，陰靄四合，又雨。其夜一更後，密雲布空，風雷電交作，雨大降。二十九日五更，雨大降亦如之，經一時之久。三十日辰時，雨復降。侯之誠感，山之靈應，如響之荅，可謂神速已。侯曰：「雨雖應祈，恐遠近旱

❶「稻」，原作「搯」，據成化本、乾隆本改。
❷「塔不歹」，原作「答不花」，據明初刻本、成化本、乾隆本改。

甚，有未霑足，❶吾其申請於社稷。」命郡士檢尋天旱祈社稷壇禮。八月二日己亥昧爽前，率僚佐祭於社稷壇。儒生贊相，一遵禮典。侯拜跪進退，心敬容肅，終事不忒。祭畢，四日、五日、六日之夜皆雨。或滂沛，或淋漓，漸而不驟，膏潤浹洽，而雨意未已也。七日之昏大雨，達於八日之旦，竟日綿綿而不斷絶。三日以往爲霖，其此之謂歟？郡之父老咸曰：「此郡四五十年以來，未見有郡侯如此憂民、如此敬神者，亦未見有祈雨得如此靈應者。我民咸願紀其實，以無忘侯之德。」澄之子京竊禄郡庠，每日奔走，從侯之後。予就養於子，亦留郡城，親見郡侯憂民之仁、敬神之誠、禱雨之應。因父老之言，順郡民之願，而敘其事如右。噫！旱暵，天數也；祈禱，人事也。以人事回天數，豈易哉！諸侯得祭社稷及境内山川，古之禮也。旱而求雨，則祈於其所得祭之神。侯不憚勤勞，觸冒炎暑，躬造名山，且爲百姓請命於侯社。既協於禮，又盡其誠。自登山之日以至於七月晦，一雨二雨三雨四雨，五雨六雨七雨八雨。自祭社之日以至於今，亦復一雨二雨三雨，四雨五雨六雨，而遂竟日以雨。涸澮通流，枯澤滿溢，千里之旱頓蘇。前己巳歲大旱，庚午歲大饑，民之莩死，奚翅數百千人。今兹之旱弗救，將復如前矣。侯竭其力，以活數百千之民命。其心也誠之篤，故神之應之也速；其德也仁之諶，故民之感之也深。予素居田野，稼穡是寶，與斯民同感侯之德者也。

---

❶「有」，成化本、乾隆本作「猶」。

晋錫堂記見楚國程文憲公雪樓先生五世孫行在吏部郎中南雲家藏墨蹟

大德八年十一月，廣平公除翰林學士。九年五月，命下促行。行有日，乃八月甲申。治子舍於中和堂之西偏，將俾中子、少子行昏禮於其間。晨鳩工，未逾時，再命下。使及門，命云仍翰林學士議中書事。馳驛赴闕，正、從馬四疋。於是郡邑之長屬、閭里之耄倪、遠近内外之友親咸集，舉手賀曰：「公之位朝著、被寵光，其素也。今以儒臣預政，前所未有，是不爲公一家賀，爲天下賀。」越十日，新堂成。於是侈上之賜，以爲斯堂榮，而名之曰「晋錫」。吴澄曰：晋卦正體之象二，上離下坤，坤順之臣進而近離明之君也。互體之象二，中坎中艮，少二男蕃育於君臣際會之時也。公方繕營私室，爲其子承家嗣親計，而天恩適以是日至，夫豈偶然之故哉？蓋天之祐忠賢，非止於其身，❶於其子孫綿綿延延百世未艾者，其符如此。公之晋，與齊桓之觀否、魏畢萬之屯比，實同其吉，請以齊魏之占贊公之名，可乎？堂之前曰「朝暉閣」，離之大明初出也；後曰「衍慶樓」，坤之厚德無量也。合之亦爲晋。公曰：「子其善頌者與？」書以爲記。是月廿五日，將仕郎、江西等處儒學提舉司副提舉臨川吴澄記。

---

❶「止」，原作「立」，據成化本、乾隆本改。

吴文正集卷三十六

元吴澄撰

記

建昌路廟學記

唐以來立廟設像以祀先聖，於禮未之有稽，而所以致其嚴敬則隆矣。建昌郡廟學因地之勢，其位東向，有燕居殿在西北隅，此他郡所無者。廟廡之左、書閣之後，皆學地也，民儭而營居焉。廡左之居編户鱗次，近逼廟墺，喧穢不静。閣後之居面北背南，構宅一區，横截其間，廟與燕居離隔爲二，别啓一門向西，不共前廟之門而出。今天子御極之初，念民生休戚繫於郡縣，守令精選其人，擢江淛行中書省郎中薩德彌實爲建昌郡侯。治政既優，教事尤虔。暇日戾學宫，目覩心惟，將更而新之。教授方君壽條具所宜，凡學地、民屋悉令撤去改造，以地歸之學，俾廟學前後通達無礙，繚以宫牆。相其他不中禮度者，循序完整。前守趙侯所積學計歲會有羨，可如侯之志，邦伯荅失帖木兒、屬之長宋貞僉議允諧。從祀繪像於壁，歲久則漫，易以木刻。神像百有五，左右各八室以奉。廟之前庭迫窄，春秋朔望行禮，不足以容。外門之東舊爲教官之署，❶乃撤其屋，遷戟門於外，距廟之前霤一引五尋，視其舊加四常有二尺。戟門之外鑿泮池如半月，跨以石梁，池外如舊。建欞星門，門外甃街道爲通衢，南北兩端樹命教門各一，加封勉勵詔旨礱石重鐫，❷二碑亭對峙於泮池之側。燕居湫隘不稱，官有廢屋，如殿之制，廣三常有二尺，深三尋有六尺六寸，徙置閣後所撤民居之地，以爲燕居殿，與前廟相直，東向，頗與古之前廟後寢類。❸築壇三，城廣仞，崇三尺有五寸，象闕里之杏壇。先賢祠翼其右，太守祠翼其左。增祭器，備樂器，補書板，葺齋舍，作庾廩。教官舊署既撤，學之西南有尹、周民居，❹半屬學地，以其屋來售。適舒嗣隆代宋貞爲郡屬之長，志合謀同，贊助其決，遂酬其直，得尹之居以居教官，周之居以居正録。氣象軒豁，足以表師儒之尊。其北隙地，爲聽事之所二，一以待衆官之公聚，❺一以待教官之公坐。自泰定元年肇始，至四年迄于成。門廡殿堂，燕居祠宇，以及庖廩與教官貳長之廨舍，周圍内外，南北之廣二引五常，東西之深六引四常有六尺，從衡端直，❻規模恢廓。圬鏝炳焕，道路平衍，煒然壯觀，士民驚嘆，以爲昔所未有。非郡侯心量之宏、志力之堅，何以臻是！今邦

---

❶「爲」，成化本、乾隆本作「有」。

❷「石」，原作「右」，據成化本、乾隆本改。

❸「古」，原作「右」，據成化本、乾隆本改。

❹「民」，原作「氏」，據成化本、乾隆本改。

❺「官」，成化本、乾隆本作「君」。

❻「直」，原作「有」，據成化本、乾隆本改。

伯怯烈、❶貳守劉珪、府判伯顏察兒、郡屬張賡、劉秉忠克協克一，前教授倡議之，後郭建中嗣教職，承侯之令惟謹，正録石良貴、岳天祐也；蒙古字學教授楊太不花董斯役，郡吏李方平、王進、周植也。役既畢，鄉貢進士、盱江書院山長聶公升述郡士之意，❷請紀其績。雖侯累任風憲，廉能聲實著於遠邇，今爲民父母，有治有教，其美可書也。雖然，敞學宫以育人才者，官之事；進學業以應時需者，士之事。盱之士繼今群居共游，❸豈曰涉獵記誦、衒飾辭章以釣名媒利而已。必真明經，而心之所得能得聖賢之心；必真修行，而身之所行能行聖賢之道。庶幾上不負聖天子取之用之之仁，下不負賢郡侯勉之勵之之義哉！❹

潮州路重修廟學記

二廣，南服之極南也；三陽，又東廣之極東也。古先聲教之暨於其地也，蓋不與中國同。然天之生斯民也，民之秉是性也，豈以地之遠近偏正而有異哉！❺或謂潮人始未知學，自韓文公爲刺史，而後士皆篤於文行。夫韓未至潮以前，固已有趙德其人，惡得謂之未知學乎？國朝承宋文盛之餘，潮之士學，非唐元

❶「今」，原作「會」，據成化本、乾隆本改。
❷「升」，原作「并」，據成化本、乾隆本改。
❸「盱」，原作「時」；「士」，原作「事」；「群」，原作「郡」，併據成化本、乾隆本改。
❹「賢郡」，原倒，據成化本、乾隆本乙正。
❺「偏」，原作「徧」，據乾隆本改。

和時比矣。至元戊寅，郡庠燬於兵，憲官牧官繼繼修復，而未克完也。丁侯聚之典郡也，講堂齋舍初構；張侯處恭之按部也，廟殿門廡略具。潮人以爲卑小，弗稱王祀先聖之儀，悉願更造。以民則蔡氏，獻石柱二十；❶以官則判官小雲赤海牙，助緡錢一千。❷既有其資，議遷孔廟於學之右。明年，僉憲任侯仲琮躬率諸官捐俸，❸面命郡士輸材，於是大成之殿不日而成，巍然其隆也，廓然其敞也。又明年，郡牧王侯元恭華之以黝堊之飾，翼之以左右之廡。民居叢雜，喧聒逼迫，曉喻而徙之。地域混并，繚以宫墻，尊嚴閟侐，昔所未有。又私出錢五百緡，塑兩廡從祀像。明倫堂竦立孔廟之左，於是潮之廟學，歷五十餘年而始大備。董營繕者，學正劉貢珍、教授李復也。

至順三年春，有事先聖，❹虔告成績。邦人士咸喜，乃來請文以記。臨川吴澄曰：《王制》以泮宫爲諸侯之學。魯侯修泮宫，頌於《詩》而不書於《春秋》。何也？蓋《春秋》常事不書，非常乃書。修學，常事爾。然則潮學之記，其效詩人頌美之辭歟？抑傚《春秋》紀事之筆歟？澄謂他郡之修學，常事也；潮郡之修學，則非常也。何也？潮之東廣，❺諸郡之最，中人以下，往往喜仕於其處。亦有素號勝流，一旦入境，如飲廣

❶「二」，成化本、乾隆本作「三」。
❷「一」，原作「百」，據明初刻本、成化本、乾隆本改。
❸「琮」，成化本、乾隆本作「琛」。
❹「先」，原作「大」，據成化本、乾隆本改。
❺「之」，乾隆本作「爲」。

界之泉然，靡不毁節敗名，安於浴汙泥、坐穢溷而不悟。❶豈直司牧者，忘其所以牧；雖或司憲者，亦失其所謂憲。如是徇物而喪己、滅理而窮欲之夫，又焉知崇士學、迪民彝之當務？今而司憲有若任侯焉，司牧有若王侯焉，其篤意於廟學也，❷事之非常者也，可不特書乎？前之張憲、丁牧及郡判官，事俱可書也。然《春秋》所書之非常者，書其異於古以示懲；今余所書之非常者，書其異於衆以示勸也。嗚呼！世之凡庸，誰不受變於流俗？惟其豪傑不然。豈仕潮之官而無一豪傑乎？澄嘗考古驗今，密窺天下之故，而知在上之教固能導率其下，以革易其所習；在下之俗亦能感動其上，以轉移其所爲。虞、芮二君爭田，一覩周民之讓畔讓路，赧然自愧而息爭。潮之士果能明經，果能修行，其治心，其治身，瑩然清澈如秋水之無滓，❸皎然潔白如冬雪之不塵，雖隱處未仕，人人望而敬。潮之官倘見如此之士，雖有繆戾，亦必頗有慚怍；雖未幡然改悔，亦必少戢其縱恣。繼今以往，余於二三千里之外，聞潮郡之仕廉循接踵，則可驗潮士之學足以轉移其上，而非止如今也。潮之士，其勉哉！

❶「溷」，成化本、乾隆本作「圊」。
❷「意」，乾隆本作「志」。
❸「澈」，原作「徹」，據明初刻本、成化本改。

南安路儒學大成樂記

天子所與分治其民者，侯牧也。封建爲郡縣，而郡太守實當古侯牧之任。❶其治民也，有政焉，有教焉。政以導之，使不爲惡；教以化之，而使爲善也。教民必自士學始。後世教民之道雖不能純如古，而牧民之守必崇士學，則由漢以至於今未之有改也。崇士學之目不一，而尊立教之人爲之綱。古之建學者，必釋奠於先聖先師，而春秋入學亦皆釋奠，示不忘本也。吾夫子爲萬世儒教之宗，歷代尊事，隨時而舉。至唐開元，而服衮冕之服，❷正南面之位，祀以王禮，遂爲定制。凡釋奠者，必大合樂，因古釋奠之名損益其禮，以祀夫子。祀必用樂者，倣古也。唐、宋、金之禮，蓋相襲而無甚異。國朝既得天下，郡縣儒學悉如舊。世祖皇帝於京師首善之地，肇創國子監學，春秋釋奠，以前代之樂行事，列郡遵而行之。南安居江西之上游，❸中大夫東平張侯昉來守，怵然以夫子廟樂未備爲惕，乃議興樂。命教官制樂器於廬陵，命學職取磬石於真陽，簨簴鐘磬、琴瑟管簫、笙塤柷敔之屬，靡不工且良。延致能其事者爲之師，而教習焉。樂器之至也，躬出郊而迎；樂事之肄也，時入學而視。必恭必虔，罔或懈惰。其敦禮樂也，所以尊聖師；其尊聖師也，所

❶「當」，原脱，據明初刻本、成化本、乾隆本補。
❷「衮」，原作「兖」，據成化本、乾隆本改。
❸「江」，原作「以」，據成化本、乾隆本改。

以勵士學。其勵士學也，所以成善教，而爲善政之本，斯其無負於牧民之寄也已。侯之初下車也，知往年虚增之賦爲民害，即日上聞，祈除免，以蘇民力。閔民之心如此，其施於政可知也。雖然，政者侯之所能自爲也，❶教則非侯之所可自爲者。侯於教之綱知所先矣，教之目也如之何？今之士學，無不讀書爲文也。考其持身，未必皆能介然而義也；逮其臨民，未必皆能惻然而仁也。士者，❷民之儀也，而於仁義之道或不能無虧，則何望其能表率鄉里，薰其民而化之爲善也哉！侯於士類中擇其知孔聖之道者，講求其意，條陳其目，以教今之士，俾不廢乎其所已學，而兼進乎其所未學。一一如吾夫子之所以教，於經則明，於行則脩，可以厚倫，可以美俗，士風丕變，民風亦丕變。將見南安之境人人相敬讓、相慈愛，藹然爲仁義之民，而無復有辨争竊盜之訟至官府。則侯之治郡，又奚翅如漢文翁之治蜀、唐韓子之治潮而已哉？吾里陳幼實，掌南安屬縣之教。承侯之命，徵予文，以記樂之成也，故予得以盡其言。教官，廬陵馬某也。

❶「能」，原脱，據成化本、乾隆本補。
❷「士者」，二字原脱，據成化本、乾隆本補。

臨川縣學記

自唐末衰亂迄於五代，❶文治中否。宋興，數十年間，漸復承平之制。臨川，撫之附郭邑也。❷咸平庚子，邑令陳從易始建學。學在郡城東南隅，據青雲第一峯之右。地勢亢爽，人蹟稀踈，喧囂之聲、華靡之觀不接耳目，於學者游處講誦爲宜。歲久屋敝。後百餘年，當隆興甲申，邑丞郎餘慶重修之。嘉定庚午，朱子之門人黄文肅公榦寔宰斯邑，建詠仁堂於明倫堂北。既而趙令崇尹新明倫堂、文會堂及兩序齋舍四，東曰尚志、親仁，西曰務本、好禮。嘉興庚子，李令義山復新大成殿及兩廡、戟門，作亭青雲峯之巔，以暢閒適眺望之趣。❸淳祐己酉，趙令必瑛又市民地拓其境，作外門，而學宫完美矣。國朝因前代尚文之治，汲汲以勉勵作養爲務。由至元、元貞、大德、至大詔旨丁寧，有隆無替。皇慶、延祐貢舉既行，則雖中人以下皆知所勸，文治可謂盛矣。而臨川之學逮今又將百年，未有重修者也。成都馬壽長來爲令，❹周視學宫，意有弗稱，亟令學官葺理。教諭鄧文奉命唯謹，倡率邑士，❺不憚勞費。材木之朽腐者易，瓦甓之缺壞者增，墻壁

❶「代」，成化本、乾隆本作「季」。
❷「附」，原作「負」，據乾隆本改。
❸「閒」，原作「闤」，據乾隆本改。
❹「壽長」，成化本、《江西通志》卷一百二十七作「壽祖」，乾隆本作「祖壽」。
❺「倡」，成化本、乾隆本作「躬」。

之破者補之，楹柱之欹者正之，蓋覆比密，杇鏝輝炳。學計不損一毫，而王祀之宫、群居之室焕然一新。既落其成，衆士咸喜。以學宫舊無碑刻，懼事迹久遠湮没，欲備始終傳永遠，而屬記於澂。❶余竊謂文儒之尚，此聖世之厚恩；廟學之修，此賢令之善政。雖然，有治有教，今日文治浸盛，而文教猶有當明者焉。前令黄文肅公以朱子之學教臨川之士，流風未泯。朱子之學宗程而祖孔，孔子之道皦如日月，人心所同得也。究其禮，踐其事，以吾心之所同得，契聖人之所先得，知必真知，行必實行，豈徒剽掠四書五經之緒言以趨時干進而已哉！臨川之士繼自今，勇猛奮發，洗濯刮磨，以革舊習，以涉聖涯。一旦丕變，士習之新與學宫而俱新，雖俾臨川以爲洙泗可也。夫如是，其可無負於聖世長育之仁矣夫！❷其可無戾於賢令承宣之義矣夫！

宜黄縣學記

宜黄，撫之支邑。宋皇祐元年，邑令李詳始建學，南豐先生曾文定公爲之記。學近社壇，遺址今不可考。後徙城隍廟北，紹興初燬。鄧令庾改築於縣治之北，葉令上達又改築於北門石下，而以舊學爲尉治。鄧令昌朝病其近水墊隘，乃徙今所。紹定庚寅，鄰寇犯邑，官舍民居燬者過半，而學獨存。淳祐初，趙令希

---

❶ 「澂」，原作「徵」，據成化本改，乾隆本作「澄」。

❷ 「其」，原脱，據成化本、乾隆本補。

點、黎簿璹更造大成殿、御書閣，陳尉寀祠邑之先達於左右廡。寶祐間，❶楊令允恭復新兩廡四齋，至元丙子再燬。越二年，教諭成都胡端宜即其基營構。❷大德乙巳，居民失火，又燬。廉訪分司郝侯鑑巡按適至，召諸生議重建，以命邑長愛忽都魯。時學官去職，邑士李仲謀董其役。取材於官山，士之有力者捐貲以助。未幾，廟殿成，講堂成，兩廡從祀之室各五，齋舍四，各三間，中門五間，外門六楹，立先聖像。至大辛亥，教諭南豐陳敏子增陶瓦密覆，門廡立四先師、❸從祀十子像，又繪兩廡七十二子諸儒像，祀邑先達樂公以下十二人。

先是，前進士鄒次陳書來徵記，至是教諭復以請，將刻南豐先生舊記於石，以與新記並。嗚呼！學校庠序之設，自三代至於今，凡有社有民者，率莫之敢後，誠以國命繫於人才、人才繫於士學也。夫士之爲學，豈待官之建學哉！然而官必建學以居夫士，俾爲學者於是乎學焉，厚之也。上之厚之者如此，士之自厚者當何如耶？故居學而不爲學，自薄也；爲學而不知所以學，自誤也。所以學如之何？如南豐先生之記之所云是已。嗚呼！三代而下，正學湮没，❹士各以其質之所近、意之所便爲學。學其所學，非三代之士所

❶「寶」，原作「實」，據成化本、乾隆本改。
❷「基」上，乾隆本有「舊」字。
❸「先師」，乾隆本作「配與」。
❹「没」，成化本、乾隆本作「廢」。

學者也。若南豐先生之記，在孟學不傳之後，程學未顯之前，而其言精詳切實，體用兼該，有漢唐諸儒所不得而聞者。宜黄雖小邑，自昔多良士。繼自今，士之爲學，人人能如南豐先生之記之所云，則合乎程，接乎孟，以上達乎孔氏，不待他求也。於心有得也，於身有守也，於時有用也，斯無愧於居是學矣。不然，不學者業荒行毁，其爲學者，又不過誇記覽、衒文辭，以釣名聲、干利禄而已，是豈上之人所期於邑之士者哉！

樂安重修縣學後記

皇慶元年，樂安陳仕貴以前學録攝教邑學。承邑令劉汝弼命，與諸儒協心重建夫子廟殿，余爲之記其成。然講堂、齋舍、左右廡、内外門，未及一一修也。延祐三年，豫章鄧鎔爲教官，時邑長倒剌沙提調學事，議修之。四年冬，邑令黄棟孫至。長倡其議，令成其謀，而教官不憚勞瘁，❶以躬其役。有富家捐至元楮一百貫，專修講堂，諸儒率皆有助。由内暨外，靡不用工。若左右四齋，若東從祀室，傾者支，闕者補，楹欂宗桷之朽者易。❷若西從祀室，敝壞已極，不可支補，則撤其舊。而構架中門當廟殿之前，外門在東南之隅，黄令悉命新造，宏敞其制。靈星門亦新豎立，崇廣踰於舊。賢牧有祠，以示有功於學者必報。又創公廨三間於外門之側，庖廩位置各得其所。凡上而陶瓦之覆，下而瓴甓之甃，内而鏝飾之麗，外而墻堵之周，咸焕

❶「瘁」，原脱，據成化本、乾隆本補。
❷「桷」，原作「桶」，據成化本、乾隆本改。

然而一新。采繪兩廡諸賢像，❶銅鑄爵尊、罍洗、簠簋等器。於是欒安之學既完且美，復請余作後記。余謂官之修學，職分所當，而能加意勤力若是，蓋可尚已。至於士之爲學，其當加意勤力，甚於官之修學可也。苟官修其室屋，而士不修其行業，則游居於學將何爲哉？宋末儒科之盛，欒安甲於諸邑。皇元肇興貢舉，而欒安得士又在他邑先。❷雖曰士所以學不止乎是，然乘其氣數之新，勉勉勿怠，異時學術大明，端自今日學舍一新始。俾見者聞者莫不嘉歎敬慕，不其偉歟？此亦一邑治官、教官之所願望也。

武城書院記

武城書院，吉永豐曾氏之所建也。其名武城何？本曾氏之所自出也。按《史記·仲尼弟子傳》，曾參，南武城人。其苗裔有自魯國徙江南者，故南豐之曾追述世系，以爲曾子之後。而永豐之曾亦然。蓋武城之曾盛於魯，越千數百年，而南豐之曾始盛。南豐之曾盛於宋，又百數十年，❸而永豐之曾繼盛，兄弟俱仕翰苑。其父前進士、宋之監察御史、元之儒學提舉也，因子貴，追封武城郡伯。於是設書院，祠先聖先師以及其考，以處宗黨來學之人。翰林之長移文集賢院，轉而上聞，朝議可之，俾推曾氏子孫之儒而賢者掌其教。

---

❶「采」，原作「繒」，據成化本、乾隆本改。
❷「在」，原脱，據成化本、乾隆本補。
❸「百」，原脱，據成化本、乾隆本補。

予自京師歸，而曾氏請爲記其書院興創之由。予觀前代書院，皆非無故而虚設者。至若近年，諸處所增不可勝數，襲取其名而已，有之靡所益，無之靡所損。曾氏自謂先師之胄，而爲請於朝者，且以上傳道統、下繼祖風期之。其待之至厚，責之至重矣，豈可復如他處書院之有名無實也哉！然則武城之教宜何如？學曾子之學可也。曾子之學，大概切己務内，無一毫爲人徇外之私。必孝弟，必忠信，行必無玷，言必無僞，使近而宗族，遠而鄉邦，萬口一辭，稱之曰君子，而後可以庶幾焉。不然，有一疵疢，人將譏笑，❶而徒以涉獵故實、衒飾詞華爲學，恐非所以繼祖風也，況於道統之傳而敢輕議哉！澂也氏雖非曾，而所願學者在此，用敢爲武城後世之子孫勉。武城伯，名晞顔。翰林直學士名德裕者，其仲子也；應奉翰林文字名巽申者，其季子也。

廣州路香山縣新遷夫子廟記

廣爲百粤之地，三代政化之所不及。漢晋而唐，俗漸漸易，至宋彌文。香山縣最後置，其初東筦縣之香山鎮也。紹興壬申，始陞爲縣，距宋亡百二十年耳，而士風亦然能與他邑相頡頏。國朝崇文，仍前代之舊，教之所暨，無遠弗届，而教事之隆替，亦擊乎治官之能否焉。盱江左祥職於翰林之國史院十五年，泰定乙丑，勑授承直郎、廣州路香山縣尹。其在院也，傳言而言達，辦事而事集，余覘其才之能官也久矣。及既赴

❶「譏」，原作「議」，據成化本、乾隆本改。

官，余亦歸田。然江廣相去三千里餘，聲迹了不相聞。越四年戊辰，調潮州路經歷，以書來言曰：「祥以非才濫膺民寄，思治之本在乎教也。涖官之初，首謁先聖廟。廟直縣治之西，卑濕隘陋，於嚴祀弗稱。謀之同僚，擬更諸爽塏。再至學，俾教官召集郡儒議，咸曰：『縣東有文廟舊基，後枕崇崗，前瞻筆峰，土質燥剛，山勢拱抱。宋末遷於今所，遷之後士風頹衰，❶今復舊所爲宜。』乃與同僚往視其地，果如衆言。有前直學楊仲玉起而言曰：『倘或遷廟，與前教諭高玄生願獻棟梁柱礎。』已而郡士各備大小材木以供用，節縮養士餘貲市瓦甓等。泰定丙寅孟秋興役，次年春先構大成殿，崇三尋有六尺，廣倍其崇，深視其廣殺四之一，仲秋落成。次構儀門九檁九間，其崇常有二尺，廣十有三尋，深三尋有一尺，季冬落成。惟明倫堂、東西廡未完。祥既去，亦儲木石，屬同僚嗣成之。」至順辛未夏，❷左尹來過曰：「祥官潮陽香山縣之舊僚及其教官與邑士，營造明倫堂、東西廡已畢。其堂十一檁，中五堂室，❸崇常有二尺，廣七尋有七尺，深三尋有一尺。夾室左右各二，其崇殺於堂三尺，其深如堂，其廣五常有一尺。天曆己巳冬構，次年春成。東西廡七檁，各十一室，其崇視堂之夾室，深亦如之，南北之修七常有一尋。至順庚午冬構，今年夏成。祥在潮陽已歷一載之上，謁告二親來歸。竊惟仕於嶺海間至再，幸免瘝曠，而香山小邑，獲遷廟學於吉地，始謀雖出於祥，而終成其事，

❶ 「頹」，成化本、乾隆本作「頓」。

❷ 「夏」，原脱，據成化本、乾隆本補。

❸ 「室」，原作「堂」，據成化本、乾隆本改。

實賴邑僚、邑士之力：邑之長那海、邑之貳張仲谷、教諭陳介、湯思義、黎某；邑士之輸材竭心者，楊仲玉、高玄生、陳志、袁珏也。敢蘄先生紀其始末，垂示永久，以無忘僚友、士友成終之勤。」

予謂左尹有三善：今之居官者唯私於己何恤於民，而尹無私於己有志於民，其善一也。或優於政不暇於教，而尹既優於政又及於教，其善二也。官之政教去官則已，而尹雖已去官猶不忘在官未竟之事，視官事若家事焉，其善三也。嘗稽郡志，宋紹聖間，廣守章楶以郡學在中城西，近市喧雜，諸生百五十一人合辭請擇地而徙，遂參陰陽家之説，遷學於牙城東南隅。左尹之遷縣學也，由西而東，與二百年前章守之遷郡學時異事同。昔章守自作《遷學記》，期廣俗丕變如齊魯。今左尹之屬記於予也，所望於香山之士者，其亦如章守之心乎？然則廟學既遷而新矣，士習之遷而新者，宜如之何？曰貢詔頒行，具有謨訓，爲士者亦惟明經修行焉。廓智破愚，❶趨義舍利，存理去欲，長善消惡，此明經之效也；能孝能弟，能慈能睦，能忠能信，能恥能讓，此行修之實也。經不明，行不修，而徒綴緝程試之文，眯眩主司之目，以攫科名、苟官禄而已，則豈惟近負聖朝之恩，遠負聖師之教，抑寧不有負於邑宰新廟學以新士習之意哉！

樂安重修縣學記

宋紹興乙巳，割撫、吉、崇仁之四鄉置樂安縣。置縣之六年，令魏彦材始建學。建學之七年，清江謝尚

---

❶「智」，原作「志」，據明初刻本、成化本改。

書謂時爲攝尉，令王植委之考，進諸儒不滿一百。❶蓋創縣未久，教猶未洽也。其後十倍於初，迨宋季年，升國學、貢禮部、登進士科者甲諸邑。雖其所尚未離乎文藝，然以後創之邑百年間士學彬彬如此，亦可謂盛也矣。縣學之建百二十有二年，而地歸於大元。壤土遐僻，干戈搶攘，人士逃生救死不贍，遑及絃誦俎豆事哉！足跡之布於學者無幾，宫墻之内鞠爲茂草，固其所也。既而兵難稍紓，軍官王佑周視廟學，惻然興懷。不謀於邑僚，不資於士民，躬役卒伍，取没官廢屋之材，構講堂一新之。越數年，堂復敝。邑士陳仕貴率其弟進，❷市民屋五間，輦任以至，徹其舊再新之。又新中門三間，葺廟殿并兩廡。從祀有室，肄業有齋，繚以三門，庖廩具完。令王英、簿董進、❸教官前大學進士董德暨諸儒力也。皇慶初元，廟之前宇將壓，令劉汝弼議更造，築基崇於舊二尺。教官闕具，❹以陳仕貴攝事。資取於其家，材取於其山，先爲之倡，而學之士及邑之好事者皆捐費以助，❺仕貴之弟善司其出納，令於公事暇督視不倦。八月鳩工，九月豎楹，明年秋告成。奉聖師、從祀神像復於新廟，行上丁釋奠禮。士咸集，僉言曰：「當今文教懋明於上，士氣未大振於下。而吾樂安，自甲申、辛卯、甲午至於壬子，廟學棟宇四新矣。官不敢以不切而弛、未遑而慢，士不敢以有費而

---

❶「一」，原作「二」，據成化本、乾隆本及《江西通志》卷一百二十七引吴澄此文改。
❷「仕」，原作「士」，據成化本、乾隆本及下文改。
❸「簿」，原作「薄」，據成化本、乾隆本改。
❹「具」，成化本、乾隆本作「員」。
❺「好事者」，乾隆本作「人」。「皆」，原脱，據成化本、乾隆本補。

辭、有勞而憚。昔夫子之作《春秋》，凡興造之事，新延廄，書；新作南門，書；新作雉門及兩觀，書。僖公修泮宫，詩人頌之而《春秋》不書，何也？《春秋》，刑書也，常事不書，失禮、失宜乃書。❶書之者，貶之也，所以示懲也。《詩》之有《頌》，頌其美也，得禮、得宜而頌。頌之者，褒之也，所以示勸也。廟學之新也，事之得禮、得宜孰大焉？既未能効史克之頌，而遂使泯泯無傳，焉以勸後？❷殆於不可。」於是請記興造歲月於石，以傳方來。予稽樂安建學之始，攝尉謝公首爲之記，其所期於樂安之士者甚厚。期之以臨川之王，期之以南豐之曾，期之以廬陵之歐陽、清江豫章之劉若黄，而猶未已也。將藉之以問津，以詣聖門，以歸於仁義道德，不欲令人有愧於古。士之自期，其可不如公之所期者乎？嗚呼！聲利紛争，身外事也。道德仁義，性所固有，求則得之，不待資借於人。振拔而追前輩之高步，謝記已云，予何言哉！本其末而末其本，高其卑而卑其高，非所以答官府修學之意，非所以副朝廷用儒之實也。

❶「宜」，原作「儀」，據成化本、乾隆本改。
❷「焉」，成化本、乾隆本作「無」。

吴文正集卷三十七

元吴澄 撰

記

嶽麓書院重修記

天下四大書院，二在北，二在南。在北者嵩陽、睢陽也，在南者嶽麓、白鹿洞也。其初聚徒受業，不仰於公養。❶然嵩陽、睢陽、白鹿洞皆民間所爲，惟嶽麓，乃宋開寶之季潭守朱洞所建。其議倡自彭城劉鰲，而潭守成之也。時則陸川主簿孫邁爲之記，紹興燬於兵。乾道之初，郡守建安劉珙重建，時則有廣漢張子敬夫爲之記，德祐再燬於兵。大元至元二十三年，學正郡人劉必大重建，時則有奉訓大夫朱勃爲之記。逮延祐甲寅，垂三十年矣。巢陵劉安仁來爲郡别駕，董儒學事。覩其敝圮，慨然整治。木之朽者易，壁之漫者圬，上瓦下甓，更撤而新。前禮殿，傍四齋，左諸賢祠，右百泉軒，後講堂。堂之後閣曰尊經，閣之後亭曰極

❶「仰」下，成化本、乾隆本有「給」字。

高明，悉如其舊。門廡庖館，宫墻四周，靡不修完。善化主簿潘必大敦其役，朱某、張厚相繼爲長，具始末，請紀歲月。

余謂書院之肇創重興，與夫今之增飾，前後四劉氏道同志合，豈苟然哉？開寶之肇創也，蓋惟五代亂離之餘，學政不修，❶而湖南遐遠之郡，儒風未振，故俾學者於是焉而讀書。乾道之重興也，蓋惟州縣庠序之教沈迷俗學，而科舉利誘之習蠱惑士心，故俾學者於是焉而講道。是其所願望於來學之人雖淺深之不侔，然皆不爲無意也，考於二記可見已。嗚呼！孟子以來，聖學無傳，曠千數百年之久。衡嶽之靈鍾爲異人，而有周子生於湖廣之道州，亞孔並顔，而接曾子、子思、孟子不傳之緒。其原既開，其流遂衍。又百餘年，而有廣漢張子家於潭、新安朱子官於潭。當張子無恙時，朱子自閩來潭，留止兩月，相與講論，闡明千古之秘。驟遊嶽麓，同躋嶽頂而後去。自此之後，嶽麓之爲書院，非前之嶽麓矣，地以人而重也。然則至元之復建也，豈不以先正經始之功不可以廢而莫之舉也乎？豈不以真儒過化之響不可絶而莫之續也乎？别駕君之拳拳加意者，亦豈徒掠美名而爲是哉！其所願望於諸生，蓋甚深也。且張子之記，嘗言當時郡侯所願望矣，欲成就人才以傳道濟民也，而其要曰仁。嗚呼！仁之道大，先聖之所罕言。輕言之，則學者或以自高自廣而卒無得。《論語》一書，大率示學者求仁之方，而未嘗直指仁之全體。蓋仁體之大如天之無窮，

❶「政」，原作「正」，據成化本、乾隆本改。

而其用之行即事，❶而無所不在。邇之事親事長，微而一言一動，皆是也。飲食居處一不謹焉，非仁也；步趨唯諾一不謹焉，非仁也；温凊定省一不謹焉，非仁也；應接酧酢一不謹焉，非仁也。凡此至近至小，甚易不難，而明敏俊偉之士往往忽視，以爲不足爲，而仁不可幾矣。嗚呼！仁，人心也，失此則無以爲人。曾是熟於記誦，工於辭章，優於進取，而足以爲人乎？學於書院者，其尚審問於人，慎思於己，明辨而篤行之哉！

瑞州路正德書院記

瑞州路正德書院，蒙山銀場提舉侯君孛蘭奚所創建也。夫荆楊貢金，從古以然。《周官》丱人掌其地，❷守之以禁，而取之以時。蓋猶秘其寶於地，藏其富於民，而不盡括其利於官也。蒙山跨瑞、袁、臨江三郡之境，固爲寶藏，唐以前未之聞。宋之中世，山近之民頗私其利，而置場設官，自國朝始。職其職者，旦旦惟利之是圖，既無治民之責，誰復有教民之意哉？當衮衮興利之場，而切切興學之務，其人識慮蓋遠矣。然創建之初，功未完而侯君去，至於今二十餘年。田租薄少，不足以贍給，室屋日就敝壞。延祐二年夏，提舉陳君以忠至，祇謁先聖，顧瞻憮然。即日修葺，殿堂門廡，焕然一新，塗徑堦除，甃砌端好，聖師像位，龕帳

❶「行即事而」，原作「見於事」，據明初刻本、成化本、乾隆本改。
❷「丱」，原作「丱」，據《周禮注疏》（中華書局一九八〇年《十三經注疏》本）卷十六《丱人》改。

案座，靡不整嚴。置田增租，歲入可二百斛，比舊多十之七八。其費一皆己出，無所資於人。延請師儒，招集徒衆，誦習其間。公退之暇，躬自勸督。佐其經畫者，前龍興路學録鄒民則也。

予嘗歎天下之事，❶誘於其名、眩於其實者總總而是，若此書院之設，豈徒徇其名而已，固將責其實也。蒙山僻在萬山之隈，❷近於寶貨則其民貪，遠於都邑則其俗陋，身不游於庠序，則耳目不濡染乎禮義，殆如孟子所謂飽煖逸居而無教者矣。故夫居之以群居之地，教之以善教之人，俾學者於是而學其當學之事，此陳君所以繼侯君之志也。而諸人所以副陳君之心者何如哉？是有在於學者，而尤有繫於教者焉。❸今之所以教、所以學，其最下不過追隨時好以苟利禄，其稍上不過采擷華藻以工辭章，又稍上不過記覽群書以資博洽，其最上亦不過剽掠先儒緒論以談義理。之四者，皆虚也，而非實也。古者二十五家之里，門有塾，塾有師，不特爲士者學，民之朝夕出入，必受教而後退。是以風俗厚，倫紀明，人人親其親、長其長，族姻鄉黨相交相助相扶持，❹藹然仁讓忠敬。自家庭達於道路，雖閭巷之民，莫不有士君子之行。當時之教，必有異乎今者。今之教於書院者誠能如古，舊習丕變，而蒙山之民新矣。不然，教之數十年，猶夫人也。書院之名

❶「之事」，二字原脱，據成化本、乾隆本補。
❷「隈」，原作「偎」，據明初刻本、成化本、乾隆本改。
❸「尤」，原作「猶」，據明初刻本、成化本、乾隆本改。
❹下「相」字，原脱，據成化本、乾隆本補。

曰正德，而於正民德之實安在？陳君之所期果如是乎？陳君，瑞之高安人。寬易倜儻，重義輕財。嘗治銀於興國，所獲贏餘悉以施與。客遊天京，爲貴近所喜，受中旨來涖是官。先是，官課不辨民力重困，❶又取木炭於瑞州龍興，不勝其擾。爲言於當路，凡場所輸殺四之一，官自買炭，擾不及於二郡。律己公廉，而辦課優敏，公私便之。觀其所職於己者若是其實，則其所期於人者從可知也。

明經書院記

六經之道，如麗天之日月，亘古今常明者也。夫明者在經，而明之者在人。❷聖學榛塞，❸俗學沉迷，人之能明之者，鮮矣。漢明經專門，其傳授也，章句、訓詁而已；唐明經專科，其對問也，文字、記誦而已。宋初學究，即唐明經也。後罷學究，而進士改習經義。名非不嘉，要亦不過言辭之尚。逮其體格之變，至宋之季年而敝極，識者慊之。新安胡氏之先，唐末有以明經舉者。十四世孫淀，建塾於始祖讀書之所，❹日從其父暨諸父講學其間。既而病其湫隘也，乃與弟澄、族父炳文，議改築西山之麓。爲屋數百楹，右先聖燕居之

---

❶「官」，原脱，據成化本、乾隆本補。
❷「者」，原脱，據成化本、乾隆本補。
❸「學」，成化本、乾隆本作「途」。
❹「所」，原作「析」，據成化本、乾隆本改。

殿，左諸生會講之堂，又其左齋廬四，又其前二塾，扁曰「明誠」「敬義」。山巔構亭，據高望遠。經始於至大庚戌，落成於皇慶壬子。畀之土田，輸其歲入，以養師弟子。淀所畀以頃計者三，❶澄所畀以畝計者五十。知州黄侯惟中命炳文掌教事，彰既往之美，貽方來之謀。請於上，而以「明經書院」名。踰年貢舉制下，取士務明經學，與所名若合符契。介其鄉人樂安主簿汪震祖來言，俾記其始末。

余謂明經之名一也，而其別有三：心與經融，身與經合，古之聖人如在於今，此真儒之明經也。❷句分字析，辭達理精，後之學者得稽於古，此經師之明經也。簾窺壁聽，涉獵剽掠，以澤言語，以釣聲利而止，❸此時流之明經也。漢唐未暇論，三代而下，經學之盛莫如宋。其言裨於經可傳於後者，❹奚翅數十家。泰山之孫、安定之胡，其尤也。所守所行，不失儒行之常，固其天質之異，抑其學術之正。於經可謂明已，而未離乎經師也。必共城邵子，必春陵周子，必關西張子，必河南二程子，而後爲真儒之明經。蓋其所明，匪經之言，經之道也。嗣邵周張程者，新安朱子也。《易》《詩》、四書之説，千載以來之所未有。其書衍溢乎天下，況新安其故鄉，❺遺風餘響猶有存而未泯者乎？然則胡氏振振之子孫，新安彬彬之俊秀，與夫四方來

---

❶「頃」，原作「須」，據成化本、乾隆本改。

❷「明」，原作「名」，據成化本、乾隆本改。

❸「止」，明初刻本作「可」，成化本、乾隆本作「已」。

❹「言」，成化本、乾隆本作「有」。

❺「故」，原脱，據成化本、乾隆本補。

游來觀之士，覩書院「明誠」「敬義」之扁，若何而明，若何而誠，若何而敬，若何而義，於心身必有用力之實，而於經也，豈口吟手披、尋行數墨而可以明之哉？ 噫！ 未易明也。 忽之以爲易，不可也；憚之以爲難，亦不可也。 志於斯者，其思之，其勉之。 思而通焉，勉而至焉，真儒明經之學，復見於朱子之鄉，不其偉歟？❶不然，知不實知，能不實能，漫漫焉曰明經明經，❷高則昔之經師，卑則今之時流而已。 志於斯者，思之哉，勉之哉！ 淀受初命主龍泉簿，炳文前長信州路道一書院。 明經府君諱昌翼，所居曰考川，在婺源之北三十里。

潮州路韓山書院記

孟子而後，儒之知道蓋鮮矣。 西漢諸儒，文頗近古，賈太傅、司馬太史，卓然者也。 徐考其言論識趣，大率非鞅、儀、秦之緒餘，於道竟何如哉！ 降自東漢，不惟道喪，而文亦弊。 歷唐中世，昌黎韓子出，追蹤西漢之文，以合於三代。 而《原道》之作，直以堯舜禹湯、文武周孔之道傳至孟軻而止，是又爲文而有見於道也，豈三代以下文人之所能及哉！ 嘗因諫佛骨事謫潮州刺史，其後潮人立廟以祠。 宋元祐間，廟徙州城之南七里。 逮淳祐初，又於廟所設城南書莊，俾學者居焉游焉。 皇元奄有此土，屋室灰燼於兵。 至元甲申，韓山

---

❶「偉」，原作「傳」，據成化本、乾隆本改。

❷下「明經」，二字原脱，據成化本、乾隆本補。

書院重興，即廟之舊址爲先聖燕居，先師兖、郕、沂、鄒四國公侍，而韓子之專祠附。唐時先聖配祀獨一顔子，宋儒推孟子之傳由子思、由曾子，上接孔氏，其言本諸韓子《送王塤序》，於是配孔者四。祠韓而繼一聖四師之統也，❶固宜。然書院僅復，規模隘陋，營繕多闕。前守擬更造，不果。至順辛未夏，總管王侯至，偕其長滅里沙、其貳哈里鑾協謀，命山長陳文子計其費，乃撤舊構新。韓祠、燕居位置相直，寬袤齊等。後有深池，廣十丈許，畚土實之，建講堂其上，扁曰「原道」。兩廡闢齋館諸生，❷日食之供有庖，歲租之入有廩。教官之寢處，祭器之貯藏，一一備具。宏敞壯偉，倍加於前。五月經始，九月落成。海陽縣長忻都，實董其役。越明年，山長將潮士之意來請記。予謂書院之肇基也，以韓子之能有見於道也；❸書院之增修也，以王侯之能有志於教也。潮之士其如之何？必也學韓子之學，業精行完，進進而賢，則奚翅貢於王庭，如韓牒所期而已；由是學四先師之學，道明德立，駸駸而聖，則奚翅篤於文行，如蘇碑所褒而已。不然，學於書院，昔猶夫人，❹今猶夫人，欲與趙德並且不可，是爲深有負於君師之作養，又何望其高睨聖賢之蘊奥乎？陳文子曰：「潮城之東，隔水有山，文公平日憩息之地，手植木尚存。潮人稱其木爲韓木，山爲韓山，後取城東

❶「統」，原作「師」，據成化本、乾隆本改。
❷「諸」，原脱，據成化本、乾隆本補。
❸「子」，原脱，據成化本、乾隆本補。
❹「猶」，原作「人」，據成化本、乾隆本改。

韓山以號城南之書院云。」王侯名元恭，蠡人也。

丹陽書院養士田記

黃池鎮有書院，舊矣。自宋景定甲子貢士劉君肇建，郡守朱公以聞於朝，錫「丹陽書院」名額，撥僧寺没官之田二頃給其食。厥後僧復取之，而書院遂無以養士。至大戊申，憲使盧公議割天門書院之有餘以補不足。令既出，會公去，不果如令。人匠提舉陳侯分司黃池，暇日與群士游，習知書院始末，慨然興懷，移檄儒司。儒司上之省，❶省下之郡，郡太守主之力，竟如憲府初議，俾天門書院歸田於丹陽，以畝計凡四百。侯猶以爲未足以贍，乃勸士之有田者數十家，暨官之好義者一二人，各出力以助。或十畝，或五畝，有八畝、七畝者，有四畝、三畝、二畝者。積少而多，所得之田，以畝計凡二百。噫！丹陽書院之創垂五十年，而教養之闕餘三十年。今一旦有田六百畝，盧公開其始，陳侯成其終。盧公勉勵學校固其職也，陳侯典治絲設色之工而用心儒教，有出於職分之外者。尸祝越樽俎而治庖，可乎？《唐風》之詩曰：「職思其居。」又曰：「職思其外。」夫居者，其分也；外者，其餘也。《唐風》，思之遠者也。於職既盡其分，而兼及其餘，所思可謂遠也已，陳侯有焉。侯所勸率，隸匠籍者五之一，隸儒籍者十之八，此豈以氣勢利害動而使之從哉？能得其心説而樂助，蓋有以也。非才之優、識之定，其孰能感人如是？田之疆畔名數久則湮，群士請勒諸石，而陳

❶「儒司」，二字原脱，據成化本、乾隆本補。

侯之功尤不可泯。《春秋》常事不書，侯此舉非常也，宜得書。若夫士既有以養，必知所以學，是不待余言也。侯名童，單州人。

都昌縣學先賢祠記

秦漢而下，孔道之傳不續。歷千數百年，乃得宋河南程子，遠承孟氏之緒。而道國元公周子實開端於其先，徽國文公朱子又集成於其後。❶二子當熙寧、淳熙間，俱守南康郡。南康，偏壘也，傳道二大賢嘗過化焉。都昌，南康屬縣也。疇昔仁風之所披拂，教雨之所沾濡，❷流芳遺潤，百世猶未泯。社而稷之，尸而祝之也，固宜。考江丞相《修學碑》，周、朱二子有專祠在縣學，邇年廢而莫舉，詎非掌教靡人，❸不以爲意歟？天曆己巳，教諭萬鈞用至，惕然大慊，白主簿黄將仕孚，❹轉達縣丞何進義某、❺縣尹李承務某，僉議諧協，遂營明倫堂之西翼室，設二子位，❻扁曰「先賢祠」，允謂知教之本者。鄉賢舊亦無祠，若朱門四友西坡

❶「朱子」，二字原脱，據成化本、乾隆本補。
❷「所」，原脱，據成化本、乾隆本補。
❸「靡」，成化本、乾隆本作「非」。
❹「仕」，原作「士」，據成化本、乾隆本改。
❺「某」字，原作「其」，據成化本、乾隆本改。
❻「位」，原脱，據明初刻本、成化本、乾隆本補。

黄氏、梅坡彭氏、厚齋馮氏、昌谷曹氏，萃祠于明倫堂之東翼室；强齋彭氏、深居馮氏暨古心江丞相配，扁曰「鄉賢祠」。表章尊奉之餘，靡不竦慕興起，其於人心世教，豈小補哉！況聖時崇義理之學，二子皆從祀孔廟，學者倘不惟二子是師，循習卑陋，猥同時輩，徼近利，迷遠志，則負公朝、愧先師矣。師二子宜何如也？定而無一物留於心，應而無一事乖於理；思必通微，動必審幾；博文以明善，約禮以誠身；敬主諸中，義制諸外。其庶乎教官，其勗率邑士，精熟朱子所釋諸經諸傳、周子所著一圖一書，反求之己，而真識實踐可也。抑自古逮今，有教必有政。區區邑校，於教幸知所務。聞明倫堂北豪民侵疆，久弗克正，職典往往誘於其餌而不顧。今教諭踵前官之所已行，具牘於縣簿，贊丞尹，督府史，究竟根株，上事於郡，卒能歸六十年已失之地於黌宫。教外之政，此其一爾。主簿乎少從余學，請爲作先賢祠記。而余因及一縣治官、教官之可書者，并書之以勸方來。

臨汝書院重修尊經閣記

宋淳祐戊申，馮侯去疾提舉江南西路常平茶鹽事。至官之日，以其先師徽國文公朱先生嘗除是官而不及赴，乃於撫州城外之西南營高爽地，創臨汝書院，專祠文公，爲學者講道之所。明年己酉書院成，位置分畫率倣太學，故其屋室規制，非他書院比。左个之左豎危樓，❶貯諸經及群書於其間，扁曰「尊經閣」。大元

❶「个」，乾隆本作「廡」。

延祐乙卯，樓燬於火，官命重建。越六年，庚申四月，廬陵黄鎮來長書院，始克構架。又三年，至治壬戌九月，工畢事完，輪奂復舊。同知總管府事、❶亞中大夫馬合睦提調其役，相之者前經歷趙諧，繼之者今經歷張允明也。❷是年春，予往金陵過撫，山長以樓成請記。予有行，未暇作。其冬還自金陵，而總管、大中大夫杜侯至，與巡按官廉訪副使董侯登斯閣。周回瞻視，且嘉山長之勤，又一新外門，齋舍廊廡暨池亭，靡不修葺。而以書來促記，命山長躬詣吾門以請。噫！漢賈生有云：「俗吏所務，在於刀筆筐篋。」侯下車坐未暖席，而惓惓焉以儒教所當務爲急，其賢於俗吏遠矣哉！書院之創，逮今七十餘年矣，未嘗刻石記其興造始末，非闕歟？今侯急人所緩，而補昔人之所闕，余何敢以固陋辭。夫尊經云者，豈徒曰庋群書於高閣以爲尊也哉？❸尊之一言何所本？始曾子嘗言「尊所聞」，子思嘗言「尊德性」。尊者，恭敬奉侍，不敢褻慢之謂。經之所言，皆吾德性内事，學者所聞，聞此而已。❹所聞於經之言，如覃懷許公所謂「信之如神明、敬之如父母」，而後謂之尊。讀其言而不踐其言，是侮聖人之言也，謂之尊經可乎？昔日馮侯名此閣，今日杜侯之重揭斯扁也，其所期望於學者爲何如？余少時一再就書院肄業，不常處也。退而私淑於經，一句一字

❶「事」，原脱，據成化本、乾隆本補。
❷「今」，原作「金」，據成化本、乾隆本改。
❸「庋」，原作「度」，據成化本、乾隆本改。
❹「此」，原脱，據成化本、乾隆本補。

不敢輕忽。資凡力小，用志亦甚苦。然老矣而無聞，僅能通訓詁文義之粃糠，於道味如也，其有負於馮侯之意多矣。繼自今，學於書院者，其可不深以余爲戒，而惕然驚懼，動息語默必知所尊，以求無負於杜侯之意哉！杜侯名毓，賢而有文，常爲勉勵學校之官，故其加意於儒教若此云。

湖口縣靖節先生祠堂記

晋靖節陶先生，家潯陽之柴桑，嘗爲彭澤令。後析彭澤創湖口縣，湖口亦彭澤也，故其境内往往有靖節遺迹。孫侯文震宰湖口，因行其鄉。至三學寺，民間相傳以爲靖節讀書之地，旁有望月臺，舊基猶存。乃出私錢屋於臺基之上，且就縣學東偏建祠堂三間，以祀先生。湖口小邑，凋弊特甚，扼江湖之會，當驛置之衝。侯興補滯廢，應接往來，精神光昭，意氣閒暇，處難若易，任勞若逸，固其才略之優。而又追慕先賢，尊崇表章，以勵末俗，是豈俗吏所能爲者？❶值余舟過湖口，而請記其事。竊惟靖節先生，高志遠識，超越古今，而設施不少概見。其令彭澤也，不過一時牧伯辟舉扳授，俾得公田之利以自養，如古人不得已而爲録者爾，❷非受天子命而仕也。曾幾何時，不肯屈於督郵而去。充此志節，異時詎肯忍恥於二姓哉？觀《述酒》《荆軻》等作，殆欲爲漢相孔明之事而無其資。責子有詩，與子有疏，志趣之同，苦樂之安，一家父子夫婦又

---

❶「能」，原脱，據成化本、乾隆本補。
❷「録」，乾隆本作「禄」。

如此。夫人道三綱爲首，先生一身而三綱舉，無愧焉。忘言於真意，委運於大化，則幾於同道矣。誰謂漢魏以降，而有斯人者乎？噫！先生未易知也，後人於言語文字間窺覘其髣髴而已。❶然先生非有名位顯於時，非有功業著於後，而千載之下使人眷眷不忘，其何以得此於人哉？予於孫侯之爲，惡乎而不喜談樂道之也。侯燕人，所至有廉能聲。

滹南王先生祠堂記

滹南王先生，藁城人。金朝登進士科，至今人誦其經義以爲法式。❷博學卓識，見之所到，不苟同於衆，遺言緒論之流傳，足以警發後進。藁城王、董、趙三氏，勳閥世家，平居尊禮，父兄子弟，師其言而薰其德，久遠而愈不忘。故三氏偕里中儒生，協心建祠於縣學講堂之右，以致報事之誠。國子助教董士廉請爲作記。余聞古者詩書禮樂之教，雖至曲藝，各有所師。歲時入學，必釋奠釋菜焉，示敬道也。況先生之文行學識垂世不朽，❸真古之所謂鄉先生殁而可祭於社者，其有祠也固宜，亦可見藁城風俗之厚矣，非先生之教

❶「言」，原脱，據成化本、乾隆本補。
❷「人」，原脱，據成化本、乾隆本補。
❸「文」，原脱，據成化本、乾隆本補。

有以漸漬其心而然乎？先生諱若虛，❶字從之，立朝侃侃有正氣，仕至翰林直學士。金亡後十年遊泰山，及山之半，坐大石凝然而逝，時年七十。❷

❶ 「虚」，原脱，據成化本、乾隆本補。
❷ 「十」下，成化本、乾隆本有小字：「此下有闕文。」

吴文正集卷三十八

元吴澄撰

記

建康路三皇廟記

自天開地闢而萬物生，人與飛走草木、翾狘莽蒼混爲一區。不有大聖者作，君之師之，其何以得生其生，而自異於羽毛鱗介之倫哉？鴻荒以來，載籍莫考。蓋不知幾千萬年，而有伏羲氏、神農氏、黄帝氏，❶仰觀俯察，畫卦造《易》，寔開人文民用之先。醫藥方伎肇端發源，又在十三卦備物之外。❷三聖人之有功德於人也，其猶天地歟？夫有功德者必有報，能定九州而祀以爲社，能殖百穀而祀以爲稷，況三聖人與天地同其大者乎？古者旅上帝之禮，以五人帝配。所謂木德、火德、土德之君者，此三聖人也。祀之以配天，

❶「黄」，原作「皇」，據乾隆本改。
❷「卦」，原作「封」，據成化本、乾隆本改。

其尊不亦重乎？古禮缺廢，唐開元間，三皇與五帝俱列廟祀。皇元新制：路、府、州、縣醫學立三皇廟，視儒學孔子廟等。可謂不忘三聖人之功德也已。建康，大會府也，江南諸道行御史臺在焉。而三皇廟庳陋弗修，將及傾圮。臺臣目之，謂弗稱明時崇古重本之意，以監察御史言，命有司修理。惟廟學地隘，弗堪展拓，於城中西北隅得官地十有餘畝，宋時公館舊址也。度之以度，衡之廣八常有二尺，從之深三十有七尋有半。❶諭有司曰：「廟遷新基，宜得新構，舊木石其一切勿用。」乃市材鳩工，卜日興役。既而御史公榮禄大夫伯顔自京師至，御史中丞資德趙公簡、治書侍御史奉政公帖木歌，帥其屬暨諸監察、諸從事，各捐俸錢以助，於是郡邑官吏以及醫家以及士民，莫不捐俸捐資。建康所轄一司二州三縣，悉來輸力。延祐五年之冬肇創，而六年之秋且完。正殿中峙，前中門，後講堂，以間計各七。中門之左右有塾，以間計各四。外門之楹六，東西兩廡各七間，東西齋舍各九間。若庖若廩若便門，亦各五間。崇峻宏敞，規制偉然，爲江南諸郡之甲。又得官地若干頃，俾收其歲入，以充廟學春秋祭祀經費。蓋非臺察注意之專、郡邑奉令之虔，莫克臻于兹也。世謂風憲之官惟監臨督察是務，❷夫孰知天地生民之所本、古今治道之所始，而有此遠大之思者哉？竊嘗論之，聖君賢相之心，欲民得生其生而已。遂民之生者陟之，是以有字牧之寄；賊民之生者黜

❶ 上「有」字，成化本、乾隆本無。

❷ 「是」，原作「其」，據成化本、乾隆本改。

之，❶是以有糾治之職。勸農桑，通商賈，俾之衣食餘饒，財貨阜通；勵學校，明教化，俾之由於禮義，免於刑戮。凡爲斯民計者，皆愛之而欲其生也。疾病癘疫，慮其無醫藥也，則惠民有局。猶以爲未也，醫有學，學有官，俾醫流之習業一如儒流。幸其達脈病證治之因，審温涼寒熱之用，而不誤人以致枉夭。仁矣哉，是心也！推究斯民生生之初，而思三聖人之大功大德，爲兩間開物之祖。聖君定其制於上，賢臣承其意於下，殫其崇極以報本者，一以爲民也。若曰壯麗其棟宇，設飾其像貌，以竦人之觀瞻焉爾，則何足以知聖君賢臣之用心與？是役者，其名各書于碑陰。是年歲在己未，七月十有一日甲子記。

撫州路重修三皇廟記❷

自李唐以來至於今，天下徧立孔子廟于學，以表儒道之所宗。國朝繼金、宋而興，郡縣各設醫學，與儒學並，乃立三皇廟于醫學，以昭醫道之所祖。夫天生億兆人，而人類之中有聖人者，卓冠乎衆，天命之以司億兆人之命。一元混闢，幾百千年而有包犧氏、❸神農氏、黄帝氏，是爲三皇。纂其緒者，少昊氏也，顓頊氏

❶「賊」，乾隆本作「敗」。
❷「路」，原脱，據成化本、乾隆本補。
❸「包」，成化本、乾隆本作「庖」。

也，高辛氏也；❶而堯舜焉，而禹湯焉，而文武焉。此十有二聖，南面爲君者也。北面爲臣，則有周公焉。此十有三聖，達而在上者也。窮而在下，則有孔子焉。此十有四聖，或以其道而爲天下之主，或以其道而爲天子之宰，或以其道而爲萬世帝王之師。德天德，心天心，而生天民之命者，位不同而道一也。體其道之全，俾世享安靖和平之福，而民得以生其生者，儒道也；用其道之偏，俾世免札瘥枉夭之禍，❷而民可以生其生者，醫道也。曰儒曰醫，其道聖人之道，有偏全之異；而其生斯民之生，固無彼此之分也。國朝之設醫學，均齊以儒學者，豈苟然哉？以其同囿乎十有四聖之一道也。三皇於十有四聖爲最初，孔子於十有四聖爲最後。儒學之祀其最後者，尊其集群聖之成也；醫學之祀其最初者，尊其開群聖之先也。《易傳》敘三皇之制作，起自畫卦，訖于書契。民之食飽而衣煖，生養而死藏，利興而害除，與夫禮樂刑政、紀綱法度，凡以生斯民之生而《易》所未言者，何往非三聖人開先之功？聖人天錫之上智，曲藝無不通也。試即《易》卦三百八十四畫觀之，何所不包，何所不備。《本草》之辨藥性，《内經》之究醫理，今世所傳，雖不無託附，❸而大率必尊歸於聖人。以此見三皇之有功於人之生，如天之大，蕩蕩乎莫能名也，恢恢乎莫能外也，奚翅醫之所祖

❶「氏」，原作「是」，據成化本、乾隆本改。
❷「札」，原作「扎」，據成化本、乾隆本改。
❸「雖」下，成化本、乾隆本有「或」字。

而已哉！醫學祖之，尊其所尊，蔑以加者矣。撫稱江右名邦，儒學雄於他郡，而醫學之建亦已數十餘年。❶至順二年秋，僉憲聶侯巡歷至撫。謁三皇廟，相老屋弗稱報祀，民牧劉侯承意重修，戎帥章侯一力協贊，適官有所廢所積之材，可以爲資。二侯首捐已俸，近而僚屬，遠而士庶，謀從志合者，欣然共給興役。每日當政之暇，❷郡牧躬自督視。木之朽蠹者革，瓦之缺壞者益，❸隆隆其棟，翹翹其宇，蓋覆之密，塗墐之周，雨凌風震而無虞。廟殿中峙，後聳一堂，前敞三門，殿傍達兩廡之翼室。二廡由門而北，遶殿東西各七間，齋舍左右各五間，外門之號櫺星者其楹六。既完既美，煒然光華。從祀配神之肖像十，昔無，今增壇席于東序，西序新構易服之館。一費不取於民，一勞不及於民。秋季肇工，❹冬孟底績。郡從事南豐李士宏寔董營繕，事畢，勒石紀重修之歲月。二侯述憲官之意，徵予文。聶憲、劉牧，予所未識。竊聞聶侯之行部也，肅肅然正己律人，恂恂然明倫化俗，韜襲威稜，慎審弹擊，而姦貪懔懔，警畏斂戢，可謂才部使已。又聞劉侯之治郡也，拳拳然鑑古得失，諄諄然詢今利病，皎潔如秋，慈祥如春，而禁令必伸，獄訟無滯，可謂良郡守已。章侯，余故舊也，門胄而尚文雅，軍職而諳民務，其謀人也忠，其與人也和。前後憲官之暫臨，郡官之淹處，乍

❶「醫」，原脱，據明初刻本、成化本、乾隆本補。
❷「當政」，成化本、乾隆本作「公署」。
❸「壞」，原作「標」，據成化本、乾隆本改。
❹「工」，原作「土」，據成化本、乾隆本改。

見久交，靡不隆禮貌、孚心腹焉。三賢吉德，參會斯役也，爲臣而欽聖代之所崇重，居今而思太古之所惠澤，❶涖官而知民命之所關係。一舉而三善具，予之所以樂書其事也。聶侯名延世，懷孟人，奉政大夫、僉江西湖東道肅政廉訪司事。劉侯名承祖，東平人，亞中大夫、撫州路總管兼管内勸農事。章侯名伯顔，汝寧人，明威將軍、鎮守撫州萬户府萬户。醫學三皇廟，在郡城東隅之慶延坊。

宜黄縣三皇廟記

醫有學，學有廟，廟以祀三皇，肇自皇元，前所未有也。夫上古聖人，繼天心，立民命，開物創法，以爲天下利，至于今賴之者，莫如三皇也。然歷代以來，未聞立廟以祠。❷唐天寶間制立三皇廟，與五帝廟同置，命有司以時祭享。蓋曰祠古聖云爾，非如今日醫學之專廟特祭也。當今路、府、州、縣，儒學有孔子廟，皆因其舊。醫學立三皇廟，與儒學孔子廟等，則新制也。宜黄縣儒學重修孔子廟，甲於諸邑，而醫學三皇之廟無其所，每歲春秋，設主于廢社之屋以行禮。延祐元年，資陽史君薦爲宰，政治明敏，民用丕誠，乃及神祀。以三皇祠宇未備，慨然曰：「是豈所以尊古聖、欽上制哉！」於是愨意興造。闢廢社之壇以爲基，❸伐官山之木

❶「所」，原脱，據成化本、乾隆本補。

❷「祠」，成化本、乾隆本作「祀」。

❸「社」，原脱，據成化本、乾隆本補。

以爲材，人樂助其費，身樂親其勞。三年二月，禮殿成。又一月，左右廡、内外門成，不數月而功畢。繚以周垣，四圍新甃，❶具完具美。設伏羲氏、神農氏、黄帝氏三聖人像，❷配享從祀名數位次，悉如朝儀。❸書來，請記其事。嗚呼！吾聞諸韓子云：「古之無聖人，人之類滅久矣。」爲之醫藥以濟其夭死，其一事也。❹三聖人之功在萬世，如天地之覆載、日月之照臨，奚翅醫藥一事哉！然神仙醫藥之伎，往往根極先天之卦圖，而《本草》之明品、《内經》之答問，雖或有後人之所依託增飾者，然至今爲醫家方論之祖。亦以聖人之無所不知，無所不能，故其聰明睿智之緒餘，猶足以周於小物如此。皇元崇尚之制，類非議禮聚訟之流所得聞，而天下守土之臣欽承帝制，無敢不虔。若史君之爲，可謂能官也已。抑君非獨於醫學爲然，儒學西偏，局於地隘，莫可展拓。君爲節縮冗費，市學外隙地於邑之大家，而廣其居。又累石作址，❺構書樓三間於明倫堂之後，扁曰「仰高」，書《儒行篇》於壁，以勵來學。史君之仕也，所至有能聲。宜黄之政，此其可稱可觀者焉。

---

❶「四圍新」，成化本、乾隆本作「圬鏝甓」。

❷「黄」，原作「皇」，據成化本、乾隆本改。

❸「儀」，原作「議」，據成化本、乾隆本改。

❹「一事」，乾隆本倒乙。

❺「址」，成化本、乾隆本作「趾」。

江州城隍廟後殿記

城隍，郡縣之土神也。土神之祭有社，又有城隍，何也？社兼祭五土，而城隍專祭城隍也。夫祀典莫重於天地，❶然天尊而地親，尊者惟一人得祀，親者人人得祭也。故有天下者祭地於北郊，又祭之於社，有國者祭於社而已。大夫及士、庶人，所居之里置社，其祭土神以報地一也，而地有廣狹之不同。王社、大社，天下之土神也；侯社、國社，一國之土神也。里社者，一里之土神。國立社，而家立中霤。中霤者，一家之土神也。蜡以祭四方百物，雖隄水之防、瀦水之庸，咸得與祭。古人於報地之禮，周且悉也如是。地之險，山川丘陵。而建邦設都，必依險以爲固。❷或因山與丘陵以爲城，平地則累土築城，以擬山之險。或因川以爲隍，燥地則掘土浚隍，以擬川之險。曰城曰隍，其名肇於古史之造字，其用著於《周易》之繫爻，所由來遠矣。而禮經國典，無祭城隍之文。儒者謂社祭山林、川澤、丘陵、墳衍、原隰，則城隍固在其中。然予竊有疑焉。防與水庸，尚於祭社之外有專祭，城隍以扞寇敵，以保人民，其功豈出於防與水庸之下，而獨不專報其功乎？今郡縣各有城隍祠，所謂禮雖先王未之有，可以義起者，其若此類也夫？夫土神當祭於壇墠，❸

---

❶「祀」，成化本、乾隆本作「祭」。

❷「固」，原作「因」，據成化本、乾隆本改。

❸「墠」，原作「墟」，據成化本、乾隆本改。

而城隍祭於廟。予嘗求其義矣。蓋祭必有配，社以句龍氏，而爵尊、德尊、齒尊之人往往殁而得祭於里社，❶俗稱土神是也。里人或爲之立廟，城隍之有廟，殆亦以棲配食者之靈。試以祀天之禮，喻祭地之禮。祭社神於壇而配以人，猶南郊之祀天也。祭城隍神於其配食之廟，則猶明堂之祀帝云爾。

江州地扼荆揚之交，面崇巒，❷背大瀆，其城其隍，山川自然之險，形勢之雄，他郡莫與倫也。城隍配食之人，相傳以爲漢丞相潁陰侯灌嬰。郡志言高帝六年，侯築湓口城，即今江州地，則侯之配城隍也宜。或謂他郡城隍亦皆侯配食，豈以侯嘗定豫章諸郡而然歟？舊江州城隍廟在郡治東北，❸民之祈禱不便。宋宣和壬寅，郡守遷于今所。歲久屋弊，淳祐乙酉，沿江制置使以其屬帥郡民修完之。外門豎景福樓，巍然臨乎通衢。有錢氏者，先世河北人，名安道。紹興初，江淮招討使張浚命之世掌城隍祠。其來孫大通，攻陰陽方伎，涉三教緒言，熟諳人情世務，❹士大夫喜與游。❺病廟地窄隘，弗可以恢廓，勤力經營，市廟後民地數畝，❻興造寢殿。材鉅工良，視前構有加，修廣穹隆，與外樓稱。翼以兩廡，規制偉甚。家無銖兩斗斛之儲，

❶「殁」，原脱，據明初刻本、成化本、乾隆本補。

❷「巒」，原作「蠻」，據成化本、乾隆本改。

❸「治」，原作「東」，據成化本、乾隆本改。

❹「諳」，原作「諸」，據成化本、乾隆本改。

❺「喜」，原作「善」，據成化本、乾隆本改。

❻「民」，原脱，據明初刻本、成化本、乾隆本補。

好善樂施者相與捐資，以就其志。非其誠足以感于神、才足以動乎人，何以能壯麗其神之居以至于此哉？皇慶壬子創始，延祐己未落成。值予過江州，大通請紀歲月。予嘉其爲人，遂不辭，而敘古今祀典之大概，以俟後之議禮者考焉。

崇仁縣社稷壇記

天子之命諸侯也，畀之以社稷、人民，而使之主其祭、掌其治。秦罷侯建郡縣，郡有守，縣有令，猶古之侯也，故守令膺民人社稷之寄。崇仁，撫之壯縣，土樂而俗醇，民社之官多善於其職。❶舊社稷壇在縣之東南，往年有人獻議，謂建國之神位右，社稷儻不如禮者，宜變置。前縣尹王侯承郡檄，遷于縣西之巴陵坊。小溪環其前，❷大川遶其後，羅山、杯山遠聳其右，普安禪寺近映其左。❸面平疇數百頃，廣衍如棊局，巴山一峯崒嵂雲表。❹以其地之吉，故神享而人安。壇壝門垣，歲久圮弊，今縣令史侯憮然興懷，而完美之。己捐俸以倡，人助資以繼。東社西稷，北風師、雨師。其壇四，築甃如式。壇側之階，階下之塗，大門一達，旁

❶「其」，原脱，據成化本、乾隆本補。
❷「環」，原作「拱」，據成化本、乾隆本改。
❸「寺」，成化本、乾隆本作「林」。
❹「崒」，原作「嵂」，據成化本、乾隆本改。

垣四周，修禮具齊，塗艧增麗。掄材召匠，撤舊營新，乃斷乃度，乃繩乃斵。作齋廬三間於坎方，爲行禮之位；作次舍三間於艮隅，爲易服之所。日計其役，竹木斧鋸之工凡七百有四十，瓦甓圬鏝之工凡一百有五十，他役稱是。所用諸物，悉以時直布於民。齋廬之崇，上棟常有三尺，下宇尋有五尺，其深倍宇之崇，其廣倍棟之崇而殺。泰定四年八月經始，❶致和元年七月告成。輪奐有光，觀者咸喜，士民請紀歲月。❷夫社稷、人民，皆縣令所主掌也，職其職，則有先後焉。孟子曰：「民爲貴，社稷次之。」《春秋傳》亦曰：「先成民，而後致力於神。」侯一清如水，而與物爲春，民視之爲父母。既知所先矣，又能嚴祀社稷，一新其堂構。愛民敬神，允爲兩得，而廉其本也。世之廉吏或暫或僞，侯之廉出於真心，而始終不渝，豈但一邑之所無，蓋舉世之所希也。因士民之請，而特爲之書。侯真定史氏，景讓其名。

迎恩橋記

迎恩橋在宜黄北門外，邑人鄧應元獨力所成也。天下之至險莫如水。❸一水中隔，則兩岸之人不得相往來。古聖人作舟以濟不通，水大且深必以舟，亂流而濟。非甚大之水者，聯舟亘岸，謂之浮橋，《詩》言「造

---

❶「八」，成化本、乾隆本作「九」。

❷「士」，原作「土」，據成化本、乾隆本改。

❸「至」，原作「險」，據成化本、乾隆本改。

舟爲梁」是也。非甚深之水者，竪木爲柱，而架梁其上，不必浮舟于水也。木柱有朽壞時，後人易之以石墩。浮橋不如木柱之安，木梁不如石墩之固，而斲石之費，比之竪木，奚啻百倍。宜黄縣二水，合流于東北。一水自南遶東趨北者，源遠而流稍大；一水自西遶北趨東者，源近而流差小。舊日橋於東，岸闊而橋長，又趨郡之途稍紆，橋號「百丈」，圮易修難。宋末橋於北，溪狹而費省，又趨郡之途差捷，橋名「豐樂」，人甚便之，東之長橋遂廢。然溪狹岸高，水不散漫，春漲流急，橋柱亦不堪水勢。國朝縣主簿以橋梁專職，疲於屢葺。泰定甲子，主簿謀建石橋。官欲辨而帑無可支，民可資而衆不易集，僅立二墩，石多脆裂，功弗克竟。天曆庚午，邑宰何槐孫勸民出力竞前功，❶而鄧應元慨然以一家力獨當之。命良工伐堅石，❷結新墩二，移舊石護兩岸。墩之縱廣七尺，横袤常有四尺，其崇五分其袤之三。巨木委積，疊加于墩，實土甃甓，屋以覆之，凡十六楹。梁之修，十其墩之崇。役始于仲夏，畢於仲冬，計費至元準緡錢萬二千有奇。將告成，而何尹以憂去。楊尹景行繼至，爲更「豐樂」之名曰「迎恩」。自書其扁，以示嘉奬。衆覩石梁牢强堅耐，卓偉壯觀，讙頌罔已，來請文以記。鄧氏昔居南鄉之極境，父興家好義，予嘗客其門。應元，季子也，甫及齠齓。比長，偕叔氏宅于邑，家業豐盛日進，稱一邑之甲。循理畏法，未嘗干溷官府，不侈於用，不吝於施，❸今年踰六十矣。

❶「民」，原作「名」，據明初刻本、成化本、乾隆本改。

❷「伐」，乾隆本作「取」。

❸「於」，原脱，據成化本、乾隆本補。

若此義事，心所樂爲，利于民甚大而可久。公則賢宰一邑之政，私則善事一家之惠，俱可書也。

奉新縣惠政橋記

新吴，豫章郡之屬邑也。有水横貫於邑之中，曰馮水。馮水之源出百丈山，行百有餘里及邑之西，其流分爲二。經流在北，遶邑治之南而東。支流在南，徑南市之北至邑之東，而與經流合。❶二流各有橋梁以渡，水勢漂悍，橋不能支，屢修屢壞。南橋之袤踰二百尺，而北橋之袤殆七十尋，❷故其壞尤數數，其修尤難。宋初，邑大家胡氏，架木爲梁。太平興國中，胡之家有國子監簿仲堯嗣新之，其弟秘書省校書仲容，❸請於楊文公億爲之記，名其橋曰「安固」。于後改作浮梁，而易其名曰「安濟」。淳祐間，浮梁敝，晋城鄉羅鑑暨奉新鄉王珣，率諸大家合力結石爲墩。至元末，石墩亦敝。邑之令佐用民力豎木爲柱，置板于上，而易其名曰「行教」。財力、夫力，一皆取於民。九皐王德全，珣之玄孫也。輕財重義，克蹈祖武。視役户歲遭督責之苦，役夫時被鞭箠之虐，惻然興憐，遂以修橋爲己任。大德戊戌，捐資造新橋五十餘丈，❹不籍勢於官，不

---

❶「而」，原作「西」，據成化本、乾隆本改。

❷「十」，原脱，據明初刻本、成化本、乾隆本補。

❸「其」，原脱，據成化本、乾隆本補。

❹「捐」，原作「損」，據成化本、乾隆本改。

假力於衆。明年春，爲水所壞，則造二舟以濟，至冬復完其橋。自後輒壞輒修，不以其事諉官府。買晋城鄉杉林數百畝，長養其材，爲久遠計。歲乙巳，相視水勢平緩之處，於橋之上流二十步，兩崖疊石，重構新橋，廣袤一仍其舊。其將終也，遺命囑其子文炳兄弟勿墮前勞，以田租六百石及晋城杉林，專備修橋之用。延祐甲寅，橋又壞。文炳兄弟又造二舟以濟，至冬又成新橋。其南橋舊名「惠政」，大德以後，修理一出王氏之力。至是南流漸微，乃用七千餘力運土石實築埠道，壅水北流。南橋既廢，得以萃其工力於一橋，而移彼「惠政」之扁，易此「行教」之名。邑人咸喜，求予文記其事。

予謂古以除治橋梁爲官政，而今亦然。但官無可用之財，而惟民是資，則惠未及民，而厲先及之矣。❶王氏以一家獨任其功，俾官不勞心而得惠政之名，民不勞力而蒙惠政之實，賢已。且人之好助修橋梁者固有之，然能同於衆，鮮能成於獨也；能爲於暫，鮮能歷於久也。竊聞大德以逮于今，橋之壞而復修者五。每一興役，用木不翅千株，用工不翅千人，而用財計楮幣萬。其間水所摧殘，或比年一修，或半年一修，其費又在此之外。方將世世繼述而無倦，嗚呼！其孰能有此肯心者哉？德全字義甫，生平好施，賙恤鄉鄰之事不一，賑饑賤糶，該受賞典，則以老辭。將官其子，則仲子文炳、叔子文謨俱讓，而以俾其季子文傑。仁讓之德如此，王氏之昌，其未替乎！昔邑之胡氏種德，而二子並膺朝職，子若孫登進士科者八九。王氏之種德如胡氏，天將不以報胡氏者而報之乎？王氏孫其益思所以善繼述哉！

❶「之」，原作「後」，據成化本、乾隆本改。

龍泉濟川橋記

泰定五年正月，龍泉縣新石橋成。邑之人請記始末，曰：「龍泉左右二江，❶俱發源於柳衡，演迤百餘里而會爲一。横界邑市而中分之，架木爲橋，以通南北。燥濕迭更，木易朽腐，支傾補敝，勞費罔已。宋末有大家施田，歲輸所入，以備修完，橋賴是不圮。宋亡，其家毁，田宅屬官，而橋無賴焉。今官府每以橋梁爲急務，大率令里長驅編氓迫促而成之。成之苟而壞亦速，壞而復修，修而復壞。橋壞則舟濟，春夏暴漲，舟弗敢前；秋冬淺澁，舟復難動。待渡者遲遲，病涉者纍纍，公私兩阻，末之如何？❷項司丞振宗資富好義，惻然興懷。至元辛卯，斬木鳩工而橋之，遠邇大悦。然三歲輒一易，易者數矣。司丞謂與其如此，孰若攻石爲之，使永久堅固，歷數百年而長存乎？訪求良工未獲，而司丞逝，事遂中止。其子承事郎同知永昌府事時俊，❸追念先世，得瀏陽工人，甲子初元，乃興其役。及今將五年，而工畢，費緡錢約十二萬五千。石墩凡六，墩之相距三常有奇，其崇二尋，羨尋之半，其修四尋，其厚一尋，羨亦如之。墩之上疊木七重，木之上布板，其廣如墩之厚。板之上構屋，以間計三十七，袤四十二尋有四尺。兩崖升降之道至岸尋又七尺。屋之

❶「二」，原作「一」，據成化本、乾隆本改。
❷「之如」，成化本、乾隆本倒乙。
❸「承」，原作「丞」，據乾隆本改。

南北端爲門，其中爲神祠。自是人無待渡病涉之憂，橋無數壞數易之患。南北往來，如在家居，如履平地，不復知有一水之隔。莫不嘉歎而歸德，儻無文以記，恐後人昧興造之由，❶此非邑人之私喜也，敢請。」予素善時俊，知其能世父之美。父嘗新邑校，則拓其所已爲；❷父欲作石橋，則成其所未爲。有繼志之學，有濟衆之仁。所費不貲，不以爲意，自忘其富，超然塵外趣，皆非人之所易能也。因邑人之請，特書其美，以勸方來。

❶「造」，成化本、乾隆本作「創」。
❷「其」，原作「之」，據成化本、乾隆本改。

吴文正集卷三十九

元吴澄撰

記

後山記

清江黄正道之父尚幹君，居市而愛山，扁「蒼山」二字，晨夕其下，悠然若有見者。蓋與夫蒼蒼者，冥會於中，❶而人莫知其意之所存，獨正道知之，可謂善承意矣。後正道復扁其肄習之所曰「後山」，或議之曰：「世有藏山之固者，不免爲南華仙所笑。子之先君子於山已癖，子又欲世世專此山乎？」正道曰：「吾聞移山之夫，智人笑其愚。彼謂『吾之子孫無盡，而山不加益，❷何不可移之有？』吾味其言，安知笑者之非愚，而移者之非智夫？彼之山有形，而移之也有事乎力，❸猶且期之子子孫孫而必其可。吾之山無形，而一毫

❶「冥」，原作「宜」，據成化本、乾隆本改。
❷「益」，原作「蓋」，據成化本、乾隆本改。
❸「移」，原作「形」，據成化本、乾隆本改。

無事乎力，子子孫孫之世守之也，夫何難而不可哉？況人子之於親也，思其平生志意之所嗜、所樂而不敢忘。吾視吾扁，而見山焉；❶吾視吾山，而見親焉。此人子之心也，而又何譏？」議者語塞。余適過而聞之，❷聞而嘉之。子曰：「仁者樂山。」夫尚幹君非古所謂仁人與？《詩》云：❸「高山仰止。」子曰：「《詩》之好仁如此。」夫正道，非今所謂孝子與？於是正道肅容以謝，而請識其語于壁。

絜矩堂記

人之心無不同也，目同視，耳同聽，口同嗜。尊榮逸樂，福利富壽，所同好也；卑辱勞苦，禍害貧夭，所同惡也。古之君子，其所欲不敢以專於己，其所不欲不敢以施於人者，無它，以人心之與己同也。《易》之《同人》曰：「唯君子爲能通天下之志。」夫以天下之大，千萬人之心至不一也，而吾之一心與之相通，何也？同其所同而已。父而同子之心則慈，子而同父之心則孝。兄而同其弟，弟而同其兄，則友且恭。同而視宗族，宗族猶己也；同而視姻戚，姻戚猶己也；同而視朋友、鄉里，朋友、鄉里猶己也。然父子、兄弟，至親也，世之人或不能同者矣，況它人乎？此君子之所以貴乎絜矩也。夫矩，從而絜之，長短同也；衡而絜之，廣

---

❶「而」，成化本、乾隆本作「如」。下文「見親」句同。

❷「過」，原作「遇」，據成化本、乾隆本改。

❸「詩」，原作「故」，據成化本、乾隆本改。

狹同也。清江聶君守愚，名其堂曰「絜矩」。余嘗至其家，父子、兄弟雝雝如也。於族無不睦，於戚無不姻也；於友無不任，於里無不恤也。不謂之實稱其名者與？雖然，絜矩，《大學》終事也，其始必有事焉。乾、離之合爲《同人》。用離則明而不蔽，是以能知彼之同乎此；體乾則公而不私，是以能推此以同乎彼。學用離者，格物致知；學體乾者，誠意正心。是學也，古之大學，而非今之俗學也。君淳厚謹飭人也，父子、兄弟俱有文而樂學，余是以云然。

必葺齋記

昔人於其齋居之室，或謂之齋宫，或謂之齋廬。齋也者，固所以名其室也。後人去其所謂宫、所謂廬，而專謂之齋，於是又汎取美名以名其所謂齋者。名愈衍而義愈非，然其意猶古者銘户銘牖之意也，是以君子亦無訾焉。汴人張君仲默官淮南，僦一室，扁之曰「必葺齋」。官既滿而去，或仕或止，遷徙不一，隨所寓而謂之齋，「必葺」之名亦因而不易也。或訝之，君曰：「吾所謂齋，豈有所謂宫、所謂廬者邪？上覆下甃，不資於陶；巨楹小桷，❶不資於匠。塗墍不以土，鍵錮不以金也。吾所以葺，又豈人之所得而知哉？」余聞而嘉之曰：「君之意勤矣。今有一室於此，每日必葺，斯已爲勤，而君之葺則未易也。終食而違，終食必葺

❶「桷」，原作「桶」，據成化本、乾隆本改。

矣；須臾而離，須臾不葺矣。人孰不欲葺是齋也，❶求其善葺者，千人萬人不一見也，十世百世不一人也。君其懋哉！塵則拂之，穢則坌之，隙則墐之，漏則禆之。其甚也，蠹者剔之，朽者易之，缺者完之，傾者支之。非徒爲是崇廣之容、丹堊之飾以觀於外，❷而欲人之稱其美也，葺豈易能哉！雖然，必有其道。室有人居，則雖久常新；一日無主，則毁敗立至。君之齋，所以能克勤勤於必葺者，❸或以主之者出入之不常與？❹往來之靡定與？苟定矣，苟常矣，不必葺而未常不葺也。始之以必葺，終之以不必葺，上下四方，一吾齋也。春秋冬夏四時之行以至於後，天地而無終始，皆吾不必葺而未嘗不葺之時也。夫如是，真足爲必葺齋之主矣。然則君如之何？」曰：「葺之哉！葺之哉！」

立本堂記

蓋嘗觀高山巨林之木乎？其直榦亭特而上遂者干層霄，其横枝蟠偃而旁走者隱千駟，其密葉美蔭童童如車蓋、渠渠如廈屋者，可以蔽虧日月，不以春夏雨露而增榮，不以秋冬霜雪而損瘁。何以能如是哉？

❶「欲」，原脱，據明初刻本、成化本、乾隆本補。
❷「丹」，原作「毋」，據成化本、乾隆本改。
❸「能克」，成化本、乾隆本作「未免」。
❹「常」，原作「當」，據明初刻本、成化本、乾隆本改。

其本深且固也。彼浮沙淺土，水之所齧，風之所摇，其本懸寄孤露，且顛且撥。❶本既不立，求其枝葉之盛如高山巨林所生，不可得已。人本乎親，身與兄弟，其枝也；子子孫孫，枝而葉者也。厚於本者枝葉繁，薄於本者枝葉單，理則固然。河北稾城董氏，自龍虎衛上將軍起隴畝，乘風雲，致官勳，開世業，子孫日碩大蕃衍。❷忠獻公兄弟内文外武，出將入相，赫赫爲一時名臣。❸三傳至今御史中丞公，尊卑長幼，官居家居數十人。人知董氏之盛，其本有在矣。龍虎公夙喪其父，事母盡孝，喪極哀，祭盡敬。一門三族，雍睦如萬石君家。子孫恪守之，至于今不替，此其立本者也。天之昌董氏，豈徒然哉！《論語》次「孝弟爲本」章於開卷之首，其言曰：「本立而道生。」董氏三世父子兄弟，忠於君，惠於民，和於鄉，遠近交游，内外親戚，無所不用其厚，概自孝於其親始。公昔爲侍衛指揮使，居忠獻公喪，故參政商公書神道碑，因書「立本」二字名董氏之堂。其後公更作新堂，昭揭所扁，示子孫以無忘。公之子孫朝夕斯堂，目斯扁也，盍亦悠然而思？思吾祖宗以來爵之所以隆、禄之所以充，門閥之所以穹、族派之所以豐，世世蒙其餘休遺澤而無窮，繄孰爲之本也？夫如是，祖宗家法詎敢須臾而忘哉！譬之木然，龍虎種植之，忠獻封培之，今公保護之，公之子孫又從而灌漑滋溢焉。其本愈深愈固，而林葉愈茂愈久，繇今三世至于十世、百世，猶一日也。本之立者如是

❶ 上「且」字，原作「頂」，據成化本、乾隆本改。
❷ 「碩」，原作「顯」，據明初刻本、成化本、乾隆本改。
❸ 「一」，原脱，據明初刻本、成化本、乾隆本補。

夫！余未獲登公之堂，而樂爲之道，將以爲世之厚於本者勸，非但俾公之子孫不忘而已也。❶

崇仁縣招隱堂記

世有探萬化之原、妙一氣之用、超物表而遊方外者，是名仙人道士。而其初也，皆必深藏僻處，非食惡衣，屏人事、絶世累而後能。道家所謂宫觀，既或喧褻而不可以居，於是好事者往往别爲道堂、道院以待其人，而助其道之成，用意遠矣。然主領非其人，維持無其法，久而不廢者蓋希。崇仁水北有招隱堂，肇自宋南渡前。紹興間，邑之大家趙氏好仙道，而樂於飯其徒。頂包膚衲、手瓢足屩而至者，歲千百人。重修斯堂，以奉純陽真人之祠，居之者莫可詳矣。後有吴君集虚洒埽繕治，❷有加無隳。吴已逝而難其繼，未幾，劉君天瑞寔來。劉，廬陵人，得祕方專醫目疾，能使翳障如失，瞽矇復見日月。❸術既神，心又仁，求藥者踵門如市。自給充然有餘貲，乃議興造。正殿旁房，内廡外門，雲堂齋厨，悉撤而新。度其徒李及徒孫凡二人，爲道士。命李往拜凌雲觀道士鄧爲師，而其孫又以李爲師。買田五十畝以遺契劵，畀凌雲掌之，俾節量其出入。蓋不私諸己，惟欲其徒世守，以傳之無窮。分晝畢，因邑人陳德仁徵余文記其事，將鑱諸石以示

---

❶「之」，原脱，據成化本、乾隆本補。
❷「洒」，成化本、乾隆本作「汛」。
❸「日月」，原作「冒」，據成化本、乾隆本改。

後。余，孔氏徒也，於仙人道士事胡能究其微？竊意世之好之、崇之者，未必人人而知也；其徒之學之、❶修之者，亦未必人人而能也。而昔之創斯堂，今之守斯堂，務維持之以至於久，是則可尚也。顧余方出山而賓上國，仙人道士有招之歸隱者乎？噫！招隱一也，淮南小山招隱者以出，太冲、士衡招出者以隱。余其一出而遂隱於斯也，尚能反小山之意，嗣左、陸之章，爲招隱賦之。

遠清堂記

「香遠益清」，子周子所以説蓮也。周子擬蓮於君子，而狀其德曰「不染不妖」，曰「不蔓不枝」，曰「中通外直」。香也者，其君子之德、流風美韻之達於人者與？一鄉一國，薰之而善良，❷天下聞之而興起焉。猶未也，且有所謂流芳百世、賸馥丐後人者，遠而益清蓋如此。河北馬仲温僑寓儀真，其居面城。城之北、居之南，大池方廣百步，與城内外溝水通，舟可往來其間。池中蓮萬本，盛夏花開葉茂時絢錯如錦，南薰徐至，香氣彌天。作堂闞池以翕受之，名之曰「遠清」。夫蓮有君子之德，中通外直，本也；不枝不蔓、不妖不染，餘也；香遠益清，餘之餘也。昔之人託物以自況，❸後之人因物而尚友，有其本，斯有其餘矣。中之通也，外

❶ 下「之」字，原脱，據成化本、乾隆本補。

❷「而」，原脱，據明初刻本、成化本、乾隆本補。

❸「物」，原脱，據成化本、乾隆本補。

之直也，蓮之德，此其本。周子之學，此其要也。然則將何稽？曰稽諸周子之書。周子之書謂何？曰靜虚而明通，動直而公溥也。此聖學也，而未易言也。程公伯温命二子受學周子，而竟得其傳。今仲温純謹長厚，教其伯仲二子，亦將畀之學聖學，其志可嘉已。❶果能師周子於異代而有得，本者立於己，餘者聞於人，則遠而益清，可以同乎君子之蓮。而世俗所稱謝庭之蘭、燕山之桂，其香又何足羨哉！

可山記

學士盧公書「可山」二字遺醫士王君迪，客持以示余。❷有同觀者問曰：「可山何如？」余未應。或曰：「山鎮屹不移，君迪之重厚似之，故曰可山。」或曰：「君迪家江南，環所居山嶆崒明秀，皆可人，故曰可山。」余曰：「子所言者，可山之名也。夫盧公之進君迪也，果以其名乎？抑以其實乎？余所知者，可山之實也，試爲子言之。今年夏，余自京師還至廣陵，初識君迪。至儀真，見所設藥肆。稽其皃，誠有所謂鎮屹重厚者；❸訊其鄉，誠有所謂嶆崒明秀者。雖然，外也，其中所有不在是。君迪遷江北垂二十年，以醫走公卿大夫間，下及閭巷士庶人之家。不計遠邇，不憚往復，不避凍暍，有求必赴。窶者困者，售善藥已其疾，不責

❶ 「可」，原作「已」，據成化本、乾隆本改。
❷ 「示」，各本均作「視」，據文義改。
❸ 「屹」，原作「矻」，據乾隆本及上文「山鎮屹不移」句改。

其報，此其心之仁也。淮境多寓人，五方風土殊，氣質殊，法不可一概施。君迪審實虚，權重輕，按古方，酌今宜，不盩豪髪，用輒應手愈，此其藝之精也。自黄帝、岐伯、扁鵲、仲景、叔和、士安諸先覺之書，與夫南北久新所述方論，❶一一究詳，持脈别二十四狀，參之以外候，某臟腑，某經絡，有偏有邪，如燭照鏡鑑然，此其學、其識之到也。凡君迪所有，余所知其實蓋如此，而名不與焉。予欲名之乎？謂其可以山可也，謂其山之可亦可也。莊生云：惡乎可？可於可。山與？非山與？有山與？無山與？何所不可哉！」言未既，客大喜，抵掌而笑曰：「善。知可山莫如斯言。請筆之，將以諗手于君迪。」

復庵記

與物相刃相靡，終身役役而不知所歸，此漆園達士之所嗤也。李君謙甫仕於天下一統之初，相諸侯，相方伯，職修事治，清謹慈惠之聞孚於人。當路將階而升之，年甫五十，遽老于儀真，因宦游所歷而家焉。城西南十五里結草爲庵，名之曰「復」。每歲春夏秋，居宿其間，視耕耘斂穫事。勤則書，倦則枕，暇則賓友共壺觴，❷徜徉花卉竹樹之側，望江中航檣往來，上下梭織交錯，絡繹不絶。江外群峰，森聳蒼翠，陰晴朝夕，變化萬狀，而嶷立不改。田夫野叟争席，欣欣然與之相忘，蓋有晋淵明之風。噫！昔之人未嘗不欲仕，仕

---

❶「論」，原脱，據明初刻本、成化本、乾隆本補。

❷「共」，乾隆本作「具」。

而或止，何也？《語》云：「可以仕則仕。」彼往而不復者，不計其可。震蕩風波之航，銜觝豺豹之叢，驚悖喘汗而行不休，考其終，竟何成哉？而其甚也，父子兄弟潛然悽然，相視而歎，追憶東門之犬、華亭之鶴。當是時，雖欲復，可得耶？余惡乎而不善吾李君之善復也！淵明少日爲州祭酒參鎮軍事，❶既而令邑，皤然賦歸，以行迷未遠自幸。時亦艾而未耆也，由世俗觀之，似太早計，而孰知士之高見遠識，固未易爲常人道也。舉世滔滔汩汩，❷熙熙壤壤，而見斯人，其在《周易》，不謂之獨復、不遠復者乎？噫！古今人所值、所志，不皆一一同，若吾李君之復，則於古人殆幾矣。君，河北安平人也。或曰：「去官不復其土而僑寄他鄉，復其未邪？」是不然。復也者，于其義，不于其地。迷於聲利權勢之途而能復者，古今有幾？惟隨所在而安者，庶乎其能也。必於懷居，與迷而不復等爾，而君豈爲是哉？余嘗與友人元復初評所知曰：「安分而無忮乎心，而無愧子之婦翁與？」應曰「然」。翁謂君也。

滁州重修孔子廟記

滁州學正劉默言：「滁學在城東偏，滁水經其南。宋季年，安撫金之才修州城，修官廨，修諸神祠，亦新孔子廟。其時滁邇邊界，日有儆備。於多事之際興百役，不數月俱告成，率苟簡取具。距今才四十年餘，已

❶ 「事」，原作「軍」，據乾隆本改。

❷ 「泊泊」，成化本、乾隆本作「汩汩」。

敗壞不可支。奉訓大夫徐侯守是州，潔己愛人。爲政期年，民懷其惠，士服其善。視廟屋不脩，禮器不中度，與同列議更之。一日謁廟畢，慨然曰：『滁州古名郡，前守多名賢，以文教治民。治民之本，蓋自吾夫子出。天朝崇道興學，以照化原。今廟貌如是，凡我政人與爾學子安乎？』聞者感奮，輸貲效力以先。市良材，命良工，撤其舊而改作，侯親勸率之。經始於癸卯之夏，落成於甲辰之秋。廟四阿，崇六仞有二尺，南北五筵，東西四筵有奇。❶兩廡崇三仞有五寸，東十有七楹，其修十筵，西亦如之。門之崇如廡，深常有四尺，廣五尋有一尺。東、中、西凡六扉，列二十有四戟。東塾之室三，西塾之室三，外三門之楹六。祭器以梓以陶，古制也。大尊、山尊、著尊、明參之爲壺尊，犧與壺鈞象倍犧之數。爵二十有九，俎五十有四，籩豆以十計，盙簋以三計皆八，罍、洗各二，篚七。爵有坫籩，尊有冪，罍及酌尊有勺，諸用物稱是。❷此默所職掌，而得免於瘝曠，繄侯之賜。請記其事，俾後有考，期有嗣而修之者也。」

澄觀今之莅政者，非昏墨以遂私圖，則苟渝以逭公責，❸夫孰知治之當務？其知者，不過精謹獄訟簿書間以爲能，夫孰知治之有本哉？徐侯治政可稱，而知士學爲重，知聖道爲尊，知天朝敦教勵俗之意，不可不承宣也，可謂知治之本矣。侯之民、滁之士，其亦知學之本乎？記誦以矜其贍，辭章以衒其豔，末也。必

❶「四」，成化本、乾隆本作「五」。
❷「物」，原脱，據成化本、乾隆本補。
❸「渝」，成化本、乾隆本作「偷」。

也處内處外而有孝慈恭遜、廉恥忠信之行，明於人倫日用之著，通於天道物理之微，審於公私善利之幾，存其仁義禮智之心，檢其氣血筋骸之身。❶其静也中，其動也和，周於家國天下之務，無施而不當，退則有志有守，進則有猷有爲，庶乎其可也。若夫日講聖師之書而不真知、不實踐，於是數者無一焉，則亦剽竊訓詁、涉獵文義而已爾，與彼記誦詞章之末何以異，❷而豈侯之所望於滁之士哉？侯名君慶，許人，世有令聞。默，衛人，習四書朱氏之説，其傳有自，非以記誦詞章爲學者也。滁，下州，不設教授官，而以學正行教授事。❸

麓泉記

麓者，山之足；泉者，水之原。盱之山自西來，包山以爲城。城内有井，甘冽而寒，名曰西麓泉。醫士余明可家其側，翰林學士程公爲書「麓泉」二字扁其藥室。吾聞醫家以水喻人身之脈穴，所注之海爲合，所流之川爲經，竇者爲俞，溢者爲榮，而初出之泉爲井。《易》於井，乃不以其泉之初出者，而以其汲而上達者，

❶「骸」，原作「體」，據明初刻本、成化本、乾隆本改。
❷「與」，原脱，據成化本、乾隆本補。
❸「授」，原脱，據明初刻本、成化本、乾隆本補。

故取木上有水之象。坎不言水而言泉，惟蒙爲然。蒙，❶坎水在艮山之下，其象曰「山下出泉」。麓泉者，其蒙之象乎？明可初工小兒醫，其後徧通諸科。❷人之童蒙，猶山麓初出之泉，混混乎欲盈而未盈也，涓涓乎欲流而未流也。汩之則清者渾，閼之則通者塞。養之導之，有其方而後可。君子觀之，以果行育德。育德者，養之之方與？果行者，導之之方與？坎之中，蒙之泉也。繇《易》者遂以坎中爻爲治蒙之主，❸何哉？中以上則過，中以下則不及。彼童稚之質，精神未完，血氣未定，易虛而易實，易熱而易寒。治之稍過、稍不及，俱失其宜。善乎周子説蒙之義曰：「慎哉！惟時中。」此論學也，而可以喻醫。醫之道，祖三皇。三皇，三《易》之所從始也。醫家《素問》《難經》，往往與《易》冥契。明可之醫無不精，而童蒙未能言其病，治之爲尤難。吾將進之於《易》，詳於蒙而略於井者，欲其於蒙之醫也致謹焉。明可名澄孫，❹今爲建昌路醫學正。

❶「蒙」，原脱，據成化本、乾隆本補。
❷「徧」，原作「偏」，據明初刻本、成化本、乾隆本改。
❸「繇」，乾隆本作「繫」。
❹「澄」，成化本、乾隆本作「登」。

怡怡堂記

父之慈，子之孝，兄弟之雝睦，温然融爲一家之春，是蓋天地生生之德、兩間太和之氣貫徹於人心，而流行不能自已者。人孰無是心哉？而世之兄弟有不相能者，何邪？夫其初，一人之身也。生而各有形骸，則已有分矣。肌體日長，血氣日盛，而私日隔，混然無間之心，日汨日忘。及乎異姓之婦日昵，同門之産日蕃，各妻其妻，各子其子，各私飲食衣服之給，各私田宅寶貨之遺。於是乎勝心萌焉，争心乘焉，忌心汨焉，妬心滋焉。漠然相視如路人，狠然相怨如寇讎，鬩于牆，訟于官，傷風敗倫，靡所不極。豈復知其爲一人之身哉？世教衰，民行殄，可哀也已。大學進士胡君景賢甫，兄弟友愛甚篤。弟没無嗣，以其子後之。廬陵城中有五世百五十年之居，名堂曰「怡怡」。其意若曰：昔者吾兄弟相好如此也，今雖欲復如昔而不可得。自今以往，吾之子子孫孫兄弟具在，思吾今日不可復得之悲，則其所以怡怡者當如何也。或謂怡怡之教，夫子特以藥子路之偏。是不然。夫兄弟固有嚴敬相處之時，固有諫誨相成之事，而雝睦友愛之意，未嘗不流行於其間，是則所謂怡怡者也。故凡兄弟，患不怡怡爾，豈患怡怡而過也哉？《常棣》之六章曰：「儐爾籩豆，飲酒之飫。兄弟既具，和樂且孺。」其七章曰：「妻子好合，如鼓瑟琴。兄弟既翕，和樂且耽。」周公寫怡怡之情，懇惻諄切。胡氏子孫欲無忝於先訓，其尚三復周公之詩。

松巖記

江西上游之地饒材，吉據其會，匪直山林之木然也。木之材，松上上，而産於巖者尤堅勁。崔國良，吉材士，以松巖自命，非以上上之材自擬與？然吾鄉工師掄材，柏最貴，杉次之，桐、梓亦貴，櫧若樟又其次，而松不與。以其不得與也，於是乎松之所在，❶工師弗迹。而凡風霆所折，樵牧所摧，僵死於山，委棄於途，漂没於水，腐爛於泥沙，曾莫有顧者。爨者斧之而爲薪，冶者燎之而爲炭，以上上之材充下下之用，而松豈自知其然哉？古書往往稱松柏，不以柏先松也，而杉之號不顯。今也不先者先，不顯者顯，而先者、顯者退然不齒於中材之列，幾與樗櫟散木同，何其厄也！吾嘗游中州矣，宫室、棺槨皆以松，而松之材不易得，松之貴也如是。而江以南目爲下材，以蚍蜉所喜攻也。然則松之賤於江南也，材之罪與？處非其地爾。轉而致之北，則尺寸靡不中用。松也，爲棟爲梁爲禪，傍被丹漆黝堊，燁然爲世所貴。柏也杉也，❷惡得而掩其美哉？雖然，吾見斤鋸日相尋而不已，雖欲壽其雨露冰霜之身於巖下，❸可得邪！今而僻處江之南，以不中用見斥，欣欣焉，童童焉，春煦熙陽，夏肅清風，秋映明月，冬傲急雪，貫四時而不改其青青。行者得而

---

❶「乎」，原作「牙」，據成化本、乾隆本改。

❷「柏」，原作「松」，據成化本、乾隆本改。

❸「下」，原作「不」，據成化本、乾隆本改。

休，立者得而倚，坐者卧者可以蔭，而游者觀者可以玩也。此非松之最可貴者乎？而何以用爲？國良登進士第，未及仕而爲庶。今老矣，黽勉就禄於學，此松之未離乎巖也。噫！國良其以楚材適晋，而處柏杉之上乎？抑老於江南，❶而爲崖巖千歲之壽松乎？❷請擇於斯。

❶「抑」，原脱，據成化本、乾隆本補。
❷「崖」，原作「崔」，據成化本、乾隆本改。

吴文正集卷四十

元吴澄撰

記

尊德性道問學齋記

天之所以生人，人之所以爲人，以此德性也。然自孟氏以來，聖傳不嗣，士學靡宗，誰復知有此哉！漢唐千餘年間，儒者各矜所長，奮迅馳騖，而不自知其缺。董、韓二子，依稀數語近之，而原本竟昧昧也，則亦漢唐之儒而已矣。宋初如胡、如孫，首明聖經，以立師教，一時號爲有體有用之學。卓行異材之士，多出其門，不爲無補於人心世道。然稽其所極，度越董、韓者無幾。是何也？於所謂德性，未嘗知所以用其力也。逮夫周、程、張、邵興，始能上通孟氏而爲一。程氏四傳而至朱，文義之精密，句談而字議，又孟氏以來所未有者。而其學徒，往往滯於此而溺其心。夫既以世儒記誦詞章爲俗學矣，而其爲學亦未離乎言語文字之末，甚至專守一藝而不復旁通它書，掇拾腐説而不能自遣一辭，反俾記誦之徒嗤其陋，詞章之徒議其拙，❶此則嘉定以後朱門末學之弊，而未有能救之者也。夫所貴乎聖人之學，以能全天之所以與我者爾。天之與我，德性是也，是爲仁義禮智之根株，是爲形質血氣之主宰。舍此而他求，所學果何學哉？假而行如司馬文正公，才如諸葛忠武侯，亦不免爲習不著、行不察，亦不過爲資器之超於人，而謂有得於聖學，則未也。況止於訓詁之精、講説之密，如北溪之陳、雙峯之饒，則與彼記誦詞章之俗學，相去何能以寸哉！漢唐之儒無責焉，聖學大明於宋代，而踵其後者如此，可歎已。清江皮公字其子湝曰昭德，❷其師名其讀書之齋曰學。湝從吾游，請以「尊德性道問學」更其扁，蓋合父師所命而一之。❸噫！而父所命，天所命也，學者學此而已。抑子之學，詞章則云至矣，記誦則云富矣。雖然，德性無預也，姑置是。澄也鑽研於文義，毫分縷析，每猶以陳爲未精、饒爲未密也。墮此科臼之中垂四十年，而始覺其非。因子之請，惕然於歲月之已逝。今之語子，其敢以昔之自誤者而誤子也哉？自今以往，一日之内子而亥，一月之内朔而晦，一歲之内春而冬，常見吾德性之昭昭，如天之運轉，如日月之往來，不使有須臾之間斷，❹則於尊之之道殆庶幾乎！於此有未能，則問於人、學於己，而必欲其至。若其用力之方，非言之可喻，亦味於《中庸》首章、《訂頑》終篇

❶「議」，成化本、乾隆本作「譏」。

❷「湝」，原作「潛」，成化本、乾隆本脱此字，據卷三十四《送皮昭德序》「清江皮湝昭德」句改。下句「湝從吾游」改正同此。

❸「蓋」，原作「名」，據明初刻本改。

❹「間斷」，原倒，據明初刻本、成化本、乾隆本乙正。

而自悟可也。夫如是，齊於賢，❶躋於聖，如種之有穫，可必其然也，願與子偕之。若夫爲是標榜，務以新美其名，而不務允蹈其實，是乃近代假託欺誑之儒，所以誤天下、誤國家而自誤其身，使異己之人得以藉口而斥之爲僞學者，❷其弊又浮於末學之外，❸而子不爲是也。

儼齋記

修己治人之道，一言而撮其要，曰敬而已。儼者，敬之形於外者也。自昔聖賢教人爲學，莫不由此而入門。孟子而後，吾夫子之道不得其傳。漢唐名卿鉅儒，或資質之暗合，或言議之偶中，而能的然知學之有要者，其誰乎？宋河南二程子，續孔孟不傳之學於千載，提一言以開後覺。新安朱子究竟發揮，❹而其學益以顯，時則伊洛之學獨明於南土。近年覃懷許公，讀朱子之書而有得，復恢河南之緒，然後伊洛之學盛行於中州。從之遊者，立身臨政，❺往往異於人。人見其異也，不問可知其出於許公之門。上而宰輔，次而庶官，下而秀士，比比有焉。崇仁令田侯若思，曹人。平居私淑，概嘗有聞許公之説，名齋以「儼」，豈徒因己之

---

❶「賢」，原作「聖」，據成化本、乾隆本改。
❷「斥」，原作「謂」，據明初刻本、成化本、乾隆本改。
❸「末」，原作「朱」，據乾隆本改。
❹「朱」，原作「夫」，據成化本、乾隆本改。
❺「政」，原作「陣」，據成化本、乾隆本改。

名而生是義哉！古曲禮三千餘條，逸於秦火，漢儒掇拾其遺，冠於《禮記》首篇之首，凡十二字。首言敬，次言儼，何也？學之道無它，主於中者，敬是也；敬之道無它，形於外者，儼是也。外肅則内安，貌莊則心一，儼所以爲敬之第一義也。夫子而孟子，孟子而程子，程子而朱子。而許公之所得於朱子者，其學不在於斯與？侯於許公之學有聞矣，其亦有見於斯與？侯前長長樂，❶著能聲。今宰崇仁，至官以來，寢食未嘗適私室，遇休沐一歸視，又出公廨。究心民事，夙夜不倦，勇於必爲，事無留滯。歲饑天旱，若己或致，賑恤祈禳，汲汲恐後。不憚彊圉，御吏如束。數十年間，所稱賢令，其勤其健，其堅其果，其嚴其整，未有如侯者也。夫是六者，敬之實也，而侯兼有之。六者，其目也；儼者，其綱也。侯之仕，侯之學，俱進進而未已。益大其所用，益充其所聞，所就其可量也哉！脩己以安百姓，由此其選也。澄不及識許公，然頗注意於朱子之學。它日侯爲澄誦所聞，其必有不期同而同者。儼之本體極其微，儼之功用極其大，尚將極談於儼齋之下。

忍默堂記

一忿或至於亡身，一言或至於喪邦。其小者或以招禍，或以敗事。矯其失者，所以有取乎忍與默也。豫章黄幼德，愿慤士。取山谷老人養生四印之二，名其堂曰「忍默」，將以自警，且以戒其子，用意不其嚴

❶ 上「長」字，成化本、乾隆本作「宰」。

乎？抑聞古之君子，休休而容，恂恂而謹。容則自平其忿，謹則自訒其言。❶奚事於忍、奚事於默哉？當忍而忍，當斷而斷，惟其可；當默而默，當語而語，惟其時。又豈專於忍、專於默耶？前之所云，仁之所能；後之所云，義之所爲。仁者寬洪而静重，義者裁制而精審。夫如是，忍默之名可廢也。或者因字取象而加刃於心，❷託物取形而三緘其口，以示警戒則善矣，然皆矯枉過直之意，非大中至正之道也。幼德姑置太史之詩，而留意聖賢之書。居仁由義，而有實得，其必欣然領會予之説。請爲筆之，以志堂壁。

有原堂記

「半畝方塘一鏡開，天光雲影共徘徊。問渠那得清如許，❸爲有源頭活水來。」朱子詩也，朱元明摘詩中「有原」二字名其堂。夫水有原則活，活則清；無原則死，死則汙。理之在人心，猶水之在地中，晝夜生生而不竭，是之謂有原。心理之發見，猶原泉之初出，毋滑壞，毋閼絶，將混混乎其來，常活而常清矣。彼汙地之聚，❹無原泉之生，雖或一勺之多，死水耳。臭腐之區，泥塗之窟，黄濁渟滀，枯涸立至，胡可以鏡？而又烏

---

❶「訒」，原作「認」，據成化本、乾隆本改。
❷「刃」，原作「忍」，據明初刻本、成化本、乾隆本改。
❸「許」，原作「水」，據成化本、乾隆本改。
❹「地」，成化本、乾隆本作「池」。

取天光雲影於其間哉？審乎是，君子於此心之理，其可以滑壞閼絶於其原乎？「果行育德」，在《易》取山下出泉之象。育之果之，不滑不閼之謂也。孟子曰：仁義禮智四端擴而充之，若泉之始達。孟子之學傳於朱子，元明氏朱而派其派，❶則亦學朱而原其原可也。朱子之學，類非俗儒之所講聞。思之思之重思之，思而得，得而學，學而成焉。朱氏世有人矣，豈但稱斯堂之名而已哉！

拙閑堂記

人之情，莫不恥拙而慕巧，喜閑而惡勞。是知閑之勝於勞，而不知拙之勝於巧也。巧於利者營營於貨殖，巧於名者汲汲於權要，巧於藝，巧於謀，凡號爲巧者，役役焉勞其神、瘁其躬。自旦及暮，自春徂夏，❷自少至老，雖欲求斯須頃刻之閑而不可得。無它，巧累之也。拙則不如是矣。然人之生斯世也，具耳目鼻口而爲人，有心思智慮而接物。苟事事一於拙，能不前疐而後跋乎？而豈人之情也哉！故夫世所謂拙者，往往非真拙也。或以拙用其巧，或以拙藏其巧。如是而拙，巧之尤者也。清江皮季章，南雄總管公之從子，公愛之甚。公之赫赫昌盛也，依乘附託、干利干名者，填門排户而進，不間親疎遠邇，紛紛幾若狂然。季章於斯時，澹然屏處一十五里之外，非歲時問起居不一至。巧於求者，皆議其拙。而季章俯仰一室，笑傲夷

❶「朱」，原脱，據成化本、乾隆本補。

❷「夏」，成化本、乾隆本作「冬」。

猶，方以得閑自喜，名其燕坐之所曰「拙閑」。予評季章，謂閑則然，謂拙則非。然則其用巧以拙、藏巧於拙者乎？亦非也。莊生云「巧者勞」。周子賦「拙」，偶其語而曰「拙者逸」。夫莊言固多激過，周子亦因世之尚巧而矯其辭，未暇約之中也。君子安分無求乃其常事，豈必曰拙哉！予故曰「季章非拙也，安分無求者也。尚巧者以爲拙，因人之名我，而取以自命也」。季章曰：「子善知我。」書之爲《拙閑堂記》。

中和堂記

中和者，子思子傳道之書所云也。儒家者流，目辨其文，曰中和中和云耳；口誦其音，曰中和中和云耳。雖善於訓詁者，亦不過曰性之無所偏倚，情之無所乖戾云耳。實能體是、達是者，何人哉？持正崇玄通妙法師，道家者流，而以之名堂。其子思所謂乎？抑别有所謂乎？師曰：「儒家精藴，非敢與聞也。吾《道德經》言守中，言知和。子思子言致中和，亦在夫人知之、守之、致之何如耳。儒家、道家，所言何間焉？」予曰：「師，道家者流，而言若是懿哉！吾儒云致中者心之正，致和者氣之順。噫！此體信達順之道也，未易言，未易言。蓋聞道家之指，芸芸而復歸於靜中之地與？綿綿而不勤於周和之天與？❶致虚而極、致柔而嬰也，致中致和之功與？予，儒家者流，而言若是，師謂何如也？」師笑曰：「吾弗知，吾弗知，志之可。」師嘗任龍興吉州路道録，今就閑而老矣，世務悉畀其徒孫王汝能。王恬淡樸素，與世之道流異，足

❶「周」，原作「用」，據成化本改。

以稱師之托。徒之長幼十餘人，亦俱有立有守，將必有超然領會於斯堂者，志之所以俟也。師朱氏，名時中，字時可。其居曰清都之觀。

臨江路脩學記

官之於人也，不戾於其才；人之於官也，不戾於其職。此盛治之世，而人不能以皆然也。糾察之官必明如水鏡也，而罷軟昏庸者有之；字牧之官必慈如父母也，而貪饕殘虐者往往而是。至於儒之設官，此古之所謂以道得民者，豈偶然哉？❶必曰立師道以善一世，固難其人，儻能爲其所能爲以不墮其職，斯亦可矣。大德十年冬，予董江西廣東儒學。稽教官之能振職者，莫不以臨江爲首稱。明年，予移疾還家，道經臨江。見其學宮之飭，學徒之聚，學計之饒，學務之舉，心甚異之。有頃，諸生合辭進曰：「臨江學計，常時三四月已匱用不足，則事事弛，前教授所不能拯。真定劉君德原以學正行教授事，乃能若是。蓋學正，貳教官者也。長所爲貳或不欲，貳所欲長或不然，此事之所由廢。今以貳兼長，無牽制之患，故能專心一力，有所規畫。殿楹之朽蠹者易以良材，殿壁之敗壞者甃以堅甓。前霤敞重檐五間，俾行禮典樂者遇雨無沾服之憂。兩廡從祀，繪像一新。禮器若尊爵，若罍洗，若簠簋，悉範以銅。樂器若琴瑟，若笙鏞，若柷敔，並準太常舊制肇造。購得英石，作懸磬十六。執事之人，各製祭服。講堂書樓，府庫庖廩，靡不脩治。生徒有肄習

❶「偶」，成化本、乾隆本作「苟」。

之齋，教官有燕適之所。其於學計，徵其逋負而所入豐，節其浮冗而所出約。比及三年，沛然足用。會所餘以上送至元鈔爲貫四千有奇。學有田，在新淦之鄙，與僧舍鄰，冒占强奪垂二十年。官職往問，貪者中其餌，怯者駭其横，卒莫之誰何。今兹力陳于當路，僧計窮，納賂以請，❶卻弗受，竟歸其侵，得米百四十餘斛。」予聞而益嘉之。噫！官不問崇卑，維廉維能，何事不辦？君之仕，此其發端耳，可不謂才之無戾於其職者與？循是而充之，何官不可爲也？抑自昔，臨江人才於江西爲盛。集賢劉公之經學，視古無前；尚書謝公之古文，追配歐陽文忠公、王文公、曾中書、李直講而無愧。然未聞其繼也。今在學之士，有宫以居，有粒以食，藏息其間者，亦求所以躋二公而上合古之聖賢否乎？内之學何學，外之文何文，群居所言者何言，日用所事者何事，若止如今所觀而已，則二公未可及也，而況於過之乎？處則爲名儒，仕則爲名宦，必有其本，其思之哉！其勉之哉！於是諸生請記其語，遂書以遺焉。

逸老堂記

日月之行，四時之運，無須臾而息，是以常新而不老。天地之所以如此者，何也？運行雖不息，而無容心也。人生其間而克肖之，則亦天地已。然人不能無血氣知思之累，能自勝者，幾何人哉！受役於一身之

---

❶「賂」，成化本、乾隆本作「賄」。

血氣，而心之知思，與事物相爲無涯。計較欣戚得喪之私，❶供給耳目口鼻之欲，靡有盈厭。名者汲汲於榮升，利者孳孳於饒益。士農工賈，各獻其伎，馳騖一世，孰肯甘於逸者！逮其年運而日就衰耗也，筋力志慮種種不能如少壯時，於是求息而逸焉。蓋迫於不得不然，而豈其所安哉？吾家士英不爾也。少有意乎進取，治《尚書》號時俊，磨厲不少息。❷年甫壯而此事廢，❸乃纖悉乎計然、白圭之策，試輒效，爲輒成，而家以肥。未六十，舉一家之務畀其子，築新堂爲宴休之所，翰林學士程公書「逸老」二字扁其額，視世俗之營營不自足者，有間矣。雖然，士英讀孔氏語，豈可以其賢於世俗之人而遽已乎？夫未嘗逸而未嘗不逸，不以少壯老而異者，上也。不能不勞於少壯而能逸於老者，次也。終身役役以至於疲薾，漏盡鐘鳴而行不止者，斯爲下矣。下焉者有所不爲，次焉者既曰能之，上焉者如之何也？憤忘食，樂忘憂，不知老之將至。夫子其天地與？無必，無固，無我，其逸也如此。士英吴氏，升名。其居在樂安縣南之六十里。

南樓記

古之大夫、元士有家，有家者何謂也？邑有食采之田以奉宗廟，子孫雖不世爵，而猶世禄。承家之宗

❶「私」「供」，二字原倒，據成化本、乾隆本乙正。
❷「息」，成化本、乾隆本作「怠」。
❸「壯」，原作「北」，據成化本、乾隆本改。

子，世世守其宗廟所在，而支子不得與焉。宗子出在他國而不復，然後命其兄弟若族人主之，此古者大夫、士之家所以與國咸休而無時或替也。後世大夫、士，則無家矣。故雖田連阡陌，皆其私自植立者，❶可得而分異，可得而僨貿。既非君賜之禄，其勢自不能永久。以大夫、士之貴猶爾，而況巨姓甲族之富者乎？興替之無常，遷徙之靡定，於是祖宗堂構之舊，子孫或不能以長有其有，豈不深可憫哉！國子伴讀番陽李亨，言其先大父文學嘗築南樓，❷教子讀書其中，因號爲南樓翁。翁殁，居室分爲三，而樓屬之長。迫於世變，長避地去，而樓入於族人。其父時泉居士，翁季子也，亦徙他處。慨斯樓之不存，思已往而如割，新一樓於居室之南，族祖父宗正寺丞爲書其扁，仍曰「南樓」，以示不忘親也。予聞之而嘆且嘉焉。嘆者，嘆後世之族姓不能如古之大夫、士；嘉者，嘉居士君得人子之道也。夫人子之於親，何所不至哉？見書册思手澤，見食器思口澤，思其平日之所樂，思其平日之所嗜，❸思其居處之所在，思其志意之所存。所謂南樓者，非其親居處所在、志意所存者乎？見之如見親，然當何如其思也夫？有後弗棄基，父之所望於子者人人同。事有不能以如人意，既末如之何矣，以父之心爲心，人子終身之慕也。不以本支之異而有間，詎忍以異居之支子自諉，而恝然不一動念乎？若居士君，可謂能子矣。抑人子之身，受之於父母，斯須頃刻不敢不謹其

---

❶「私自」，原倒乙，據成化本、乾隆本乙正。

❷「父」，原作「夫」，據成化本、乾隆本改。

❸「嗜」下，原衍「慾」字，據成化本、乾隆本删。

身者，不忘其親之故也。李氏世以儒宦有聞，❶居士君父子，果能躋此身以上達聖賢之域，俾人皆稱曰某之子、某之孫，如此是爲全其所受於親之身。其所關係，又有重於一樓者。亨其勉諸，❷而歸以告父兄，尚有以副予之言哉！亨曰：「唯唯，敬受教。先生其書之，願以揭於樓之壁間。」予遂不辭，而書以遺焉。

約齋記

召公封於燕，燕之有邵舊矣。康節邵子，徙衛徙洛，偉然爲百代人豪。予每尚友其人，樂聞其風雅，❸推尋其姓所本，❹今猶有人以否，蓋尊之之至、慕之之深而不能自已者。來京師，康里衍中爲予言薊州邵權平衡之賢。質愿而守堅，志篤而學粹，安分好脩，凡枉己殉人、趨時競利之意，❺一毫不萌生於中。薊東門之外、翁同山之下，構一室，命之曰「約齋」。讀書其間，泊如也。予聞而嘉嘆焉。噫！世之爲學者比比，知務約者，幾何人哉？工詞章，衒記覽，書五車，牘三千，説稽古，數萬言，於以鬬靡而夸多，此俗儒之俗學，固無足道。幸而窺聖人門墻矣，格物窮理以致知，識前言往行以畜德，而終身汗漫，如遊騎之無所歸，亦豈善

❶「以」，原作「之」，據成化本、乾隆本改。
❷「諸」，原作「請」，據成化本、乾隆本改。
❸「雅」，成化本、乾隆本無。
❹「姓」上，成化本、乾隆本有「族」字。
❺「趨」，原作「超」，據乾隆本改。

學者哉！聖門高第弟子如子貢，初年未免此病，況其下者乎？然則知約者卓矣。邵子自言，其學於里，學於鄉，學於國，學於古今，學於天地，盡里人鄉人國人、古今天地之情，以去己之滓。夫天地、古今、鄉國之情不易盡也，而其要歸，則以去己之滓而已。約者蓋如是。孟子云：「博學詳説，將以反約。」守之約者，曾子也；約以禮者，顔子也。邵子之學原於孟子，孟子同乎曾子、顔子，曾子、顔子，得之夫子者也。「吾道一以貫之」，約之極至歟？平衡知此，學之進於邵子，而上達於孟、曾、顔也孰禦？衍中曰：「吾將還薊，子其筆是義以遺平衡，而識諸其齋壁，可乎？」予曰：「未也。學不約不可，徑約亦不可。不約，非聖賢務本之學也；徑約，則其流或入於異端。不可不慎也。他日覯平衡，當相與索言之。」

融齋記

予嘗聞至人之言，❶曰「天地之氣，西融而北結」；❷又曰「結而爲山，融而爲川」。曲陽李惠父，家北岳恒山之下，而以「融」名齋，何也？國子學生張庸，李出也，曰：「吾舅之於家也，家之人怡怡；於鄉也，鄉之人熙熙。其在官也，雖勉勉孳孳，而逶逶迤迤；其閒居也，好書以益志，好善以濟世，不貪不妬，不競不忤。蓋將與物而爲春。斯吾舅之所以爲融者乎？」予曰：「今夫學者資於師，質於友，習於己，語於人，未嘗不曰

❶「予」，乾隆本作「澄」。
❷「西」，成化本、乾隆本作「南」。

吾欲希賢希聖。及省其私，則喜怒愛惡之頗，名利嗜慾之炎，柴於中者若或結之。有人於此，混混與衆處而能若是，異哉！」庸曰：「先生不輕可而可吾舅，請筆之以示勸。」予曰：「融之義大矣，未易名言也，試言之。涣涣乎若冰之泮也，習習乎若風之散也，盎盎乎若日之映也，此融之天也。惠父之天，同乎聖聖賢賢者也。天與！天與！列子之骨肉俱融者，未足多也；張子之理妙春融者，其庶幾乎？庸也，爲我以是復而舅。」

時齋記

春夏秋冬，時之運也；温涼寒暑，時之化也；陰晴風雨，時之迭至而不齊者也。在天之時若是，而在人者如之何哉？夫先天而天弗違，後天而奉天時，德與天合者然也。若夫君子而時中曰時，措之宜曰時，❶當其可之謂時，是則人之所能爲者。康里子淵卜築於國子監之西，而名其齋居之室曰「時」。大矣哉，時之義乎！昔先文貞公爲國名臣，從賢師，知聖學，其行於身，施於家，發於事業，固已得中得宜，而當其可矣。子淵淳正明敏，益之以平日家庭之所聞，衆人紛紛競進，❷而退然閒處，若無意斯世者。然苟所當辭，雖近而怯就；苟所當受，雖遠而勇去。所謂中、所謂宜、所謂可，蓋亦無忝於其先公，此所以名其齋室之意也。雖然，時之爲時，莫備於《易》，先儒謂之隨時變易以從道。夫子傳六十四彖，獨於十二卦發其凡，而贊其時

❶「時」，各本均脱，據文義補。

❷「進」，原作「競」，據成化本、乾隆本改。

與時義、時用之大。一卦一時，則六十四時不同也；一爻一時，則三百八十四時不同也。始於乾之乾，終於未濟之既濟，則四千九十六時各有所值。❶引而伸，觸類而長，時之百千萬變無窮，而吾之所以時其時者，一而已。子淵好讀《易》，予是以云云。子淵又善晋人書，書以誌諸其壁。

❶「各有所」，原作「不同也」，據成化本、乾隆本改。

吴文正集卷四十一

元吴澄撰

記

儒林義塾記

廬陵郡之南百八十里，其縣曰萬安。萬安縣之西二十里，其地曰鄧林。山水明秀，人煙叢聚，一名儒林。唐以來文物之盛，他境鮮儷。宋三百年，擢科與貢之士，不可勝數。舊家極盛而中微，❶有劉氏自郡城徙居於此，而代興焉，訾甲一鄉。其翁好善樂施，五子俱務學。仲子桂平喟然慨嘆，謂「昔也此地儒風彬彬，而今也或至惰棄其業。非有他也，無所於學，無以教之而然耳」。乃設塾延師，凡黨里子弟童蒙以上，悉許來學。既而病其湫隘，一新營構。中創先聖燕居之室，二廡翼其左右，前爲中門，門之前爲外門，後爲講堂，堂之後爐亭。有齊舍以館諸生，有庖厨以供飲食。施田若干畝，歲收所入，以贍其用。扁曰「儒林義塾」。

❶「極盛」，明初刻本、成化本、乾隆本倒乙。

不遠數百里造吾門，請記其事，將欲垂之永久，俾不墮壞。其立心遠矣哉！余考前代義塾之設，睢陽爲首稱。學舍四五百間，好義之家所自爲，而不屬於官府，其後遂最天下四大書院之號。五季衰亂之餘，上無教，下無學，而士之讀誦傳習猶幸不廢者，其功爲多。今日所在書院，鱗比櫛密。然教之之師官實置之，而未嘗甚精於選擇，任滿則去矣；養之之費官雖總之，而不能盡塞其罅漏，用匱則止矣。是以學於其間者，往往有名無實，其成功之藐也固宜。劉氏義塾既不受官府之拘牽，則其睢陽之初一也。其養之之費有繼，而教之之師亦惡可不慎也歟？不然，學徒鏘鏘，書聲琅琅，非不可視可聽也，要其效之所成，高者僅可應舉徼利達，卑者不過識字記姓名而已，又奚足云哉！❶教者學者如之何，其必遵朱子之明訓，拳拳佩服，弗至弗措，必洞徹於心，必允蹈於身，行必可以化民美俗，才必可以經邦濟時，而非但呻畢摛辭之謂。夫如是，命世大儒由此而出，庶其不負建塾者之心乎！

安福州安田里塾壁記

世有甚易至之事，而人或怠於至；亦有甚難期之事，而人每必於期。吉之安福上田李氏，儒家也。宋南渡後，有淳熙布衣獻《中興頌》見知艮齋尚書者，有慶元貢士著《史評》二十、《懷古詞》八見知益國丞相者，淳祐又有鄉貢者焉，咸淳又有漕貢而國朝至元間掌教於縣者焉。先後四世，皆治儒術以干人爵，而卒未愜

❶「奚」，原作「徯」，據乾隆本改。

所期也。五傳至辛翁，至元縣教之子、淳祐鄉貢之孫、評史者之曾孫、頌中興者之玄孫也。安福城西五里外，創里塾，構禮殿，奉先聖先師。設講堂，立齋舍，門廡庖廩悉具。方將請公額，割私田，以教以養，意蓋有所爲。事未及竟，而身遽終。子剛猶稚，越數年漸長，亦克畀田百畝，供里塾春秋釋菜之費，示不改父道也。天曆二年春，剛之外傅姚貢士霄鳳暨友周南瑞，過余言其事。余謂父之創塾而有所爲者已矣，子之畀田而無所爲者可嘉也。雖然，剛之先世期得人爵之貴，而竟未之得，不可必得故也。世有可以必得而其貴優於人爵者，❶剛亦願爲之乎？夫人爵之貴，小夫賤隸之所貴爾，而大人君子不以爲貴。天爵之貴，大人君子之所貴也，雖千百世之下猶以爲貴。况於求人爵之術，必效人作虚辭，雖不可謂難，而或有不能。脩天爵之方，唯反己用實功，雖不可謂易，而人皆可能也。人皆可能者何也，己所自有，不待假借也。仁義禮智，人人有之，不爲則已，爲則人人能之。有所慈愛而擴之，則仁也；有所羞惡而擴之，則義也；有所敬讓、有所辨别而擴之，則禮也、智也。婉順父母謂之孝，雍睦兄弟謂之弟，盡心爲人謂之忠，推己待人謂之恕。仁也義也禮也智也，❷孝也弟也忠也恕也，豈人所不能哉？其有不能，非不能也，不爲也。爲之而能，能之而熟，熟之而極，則雖堯舜之道，亦不過孝弟而已；雖夫子之道，亦不過忠恕而已。人而能孝能弟，能忠能恕，則人可堯可舜可夫子也。夫如是，名滿天下，法垂後世，雖無人爵之貴，而莫之能及。其視小夫賤隸一時之所

❶「優」，乾隆本作「過」。

❷「義也禮也」，原作「禮也義也」，據明初刻本、成化本、乾隆本改。

榮，生與鳥獸同群、死與草木俱腐者，豈不相去萬萬哉！ 至順元年冬，南瑞重來，爲剛請教，於是書吾言以遺，俾以揭諸家居之坐右，刻諸里塾之壁間，而自勵自警焉。 凡與剛遊處者，其亦數提吾言，❶以勵之警之可也。 嗚呼！ 人爵之貴不可期，雖九品之卑，亦戛戛乎其難；天爵之貴必可至，雖一品之尊，亦循循然而易。 世之人往往不爲其所易而可至者，乃爲其所難而不可期者，非惑歟？

朋習書塾記

禮義之根於人心者，我固有之，蓋有不待讀聖賢之書而後知也。 曹州楚丘朱仲敏，淳厚謹實，非從事言語文字以爲學，而能設立書塾，延禮儒士，以淑其鄉里之子弟，意欲使同歸於善。 此其根心之禮義，由中出而非由外鑠也。 教於其間，學於其間，❷將何以副其意哉！ 其必自孝、友、睦、婣、任、恤之六行始。 六行完足，而檢制其情，涵養其性，明諸心以擴所知，誠諸身以篤所行。 夫如是，庶其無負於朱君建塾之意矣。 不然，記誦以爲學，❸詞章以爲華，則世務趨末之學，而非君子務本之學也。 夫朱君之建塾也，由其根心之禮義而發。 教者學者，乃不由其根心之禮義而教而學，可乎？ 塾名朋習，謂群居之朋相與學習於斯也。 習云

❶「其」，原脱，據明初刻本、成化本、乾隆本補。

❷「間」，明初刻本、成化本、乾隆本作「教者」。

❸「學」，明初刻本、成化本、乾隆本作「博」。

者，雖已知已能，猶且熟之復之而弗措，其禮義必能明諸心，誠諸身，而後爲有得也。前進士張士良爲余道其事，余嘉之，故爲言此，俾誌於壁，以爲書塾之規。

蒨岡義塾記❶

古者盛時，❷萬二千五百家之鄉有鄉學，鄉大夫主之，頒教法於州黨族閭，俾教其民。二千五百家之州，則州長屬民讀法，以時習鄉射于學而尚功。五百家之黨，則黨正屬民讀法，以時習鄉飲酒于學而尚齒。❸雖二十五家之閭，巷口亦有塾，❹閭内致仕之老朝夕坐其中，民之出入者必受教，此所以教成俗善，而人人有士君子之行也。後世雖休明之朝，亦唯郡縣有學。居之遠於城郭者，子弟無從而至焉。舊豫章郡之豐城縣有揭氏，家於長寧鄉之蒨岡下。族以儒鳴，曰商霖，曰飛雄，曰三京，於宋紹興、淳熙、紹定登進士科。曰先覺，曰著，亦以累舉奏名得仕。際國朝而仕者，養直，儒學教授；傒斯，翰林應奉；正孫，鹽司丞；時益，縣主簿。司丞君在官，命長子悳就蒨岡舊基建義塾，聚教其族人，少子懋相成之。中建巍樓一，前建小樓

❶「蒨」，原作「舊」，據明初刻本、成化本改。文中「蒨岡」改正同此。
❷「者」，成化本、乾隆本作「昔」。
❸「于」，原脱，據乾隆本補。
❹「口」，乾隆本作「中」。

二。中以奉先聖，❶旁以處學徒。主簿君割右畔之地益其廣，而構燕居之堂及廡與門，❷以底於完美。畀田五百畝，❸給其食。建塾之意，殆與古之里塾無異。悳詣余求文記之，將以示後，期於永久，而慮其墮廢也。余謂古之里塾有教無養，今揭氏義塾，有以養之矣，而其所以教之者，未知其何如也。蓋古之學教人明人倫，今之學，其教不過習無用於世之文辭，以釣有利於己之爵禄而已。使義塾之教亦若是，雖有塾奚益？其必以擇師爲先乎？其師也不必記覽之多也，不必言語之工也，擇其有實行、孝於親、弟於長、敦於宗族、篤於外姻、信於朋友、仁於鄉里、行己有廉恥、待人能忠恕者，以淑一家一族之子弟。取朱子《小學》一書，熟讀實踐，薰蒸涵泳，久自變化，將見一家一族，無一人不明於父子兄弟夫婦之倫。推而及於宗姻朋友鄉里之間，雍雍一和，充滿融盎，貴者必獲稱當代之名賢，富者必獲保奕世之永業。雖不求名求利，而其名其利孰大於此！余觀丞簿伯仲，籍父世資而不分析，已與薄俗迥殊，若悳若懋，❹克嗣前猷，人倫之厚，出於天，稟之時。天之昌揭氏，於斯可卜也。繼今又以古之教教其家、教其族，則人之所昌有以合天之所昌，揭氏之悠遠隆盛，詎可量也哉！

❶「聖」，原作「師」，據明初刻本、成化本、乾隆本改。
❷「堂」，乾隆本作「室」。
❸「田」，原作「地」，據明初刻本、成化本、乾隆本改。
❹「悳」，原作「德」，據乾隆本及上文「命長子悳」等句改。

成岡書屋記

成岡書屋者，里人李幼常季從之居也。李族繇吏部侍郎公始顯，家在白沙，族之支派，析處丘方。幼常於侍郎爲來孫行，去丘方徙成岡，與侍郎之舊宅相望。梅僊一峯卓立於前，大溪横遶如帶，後枕巒阜，宛延委蛇，羅列擁護，卜築盡挹其秀。人勸之仕，應曰：「生逢盛際，齒於太平一民幸矣。外有希覬，非安分也。」居既完美，或進扁額，因作稱號，辭曰：「吾聞冠則重其名而副之以字，未聞復輕其字而易之以號者。斯殆末世流俗之爲乎？即吾所居之地，扁吾所居之室，❶曰成岡書屋可也。」余與李同鄉里，❷夙敬丘方遠仲之賢。幼常善承善繼，不改父道，儲書淑後，將俾躡侍郎之遺踪，其志端可嘉已。今之時流，濁者榮構一資，以求别異於民伍；清者標榜二字，以求矜高於士類。而幼常皆所不願，其識之超越於衆，何如哉！《爾雅》云：「山再成曰英，一成曰坯。」邢疏謂「成猶重累之義」。成岡之山，蓋山之重累而崇峻者也。自今以往，李氏子孫之居成岡者，積一家之生業，積一身之學業，悉如山之重累而崇峻，其可無忝「成岡書屋」之扁也夫！

❶ 「室」，明初刻本、成化本、乾隆本作「屋」。
❷ 「李」，原作「季」，據乾隆本及上文「里人李幼常」句改。

重修李氏山房書院記

「高山仰止，景行行止」，夫子讀是詩而曰：「《詩》之好仁如此。」「民之秉彝，好是懿德」，夫子讀是詩而曰：「爲此詩者，其知道乎？」「民之秉彝也，故好是懿德。」夫孩提之童，初生已知愛其親，藹然天地生物之心，與生俱生，而非有使之者也。心有此仁，則必好之。如山之高，目所必仰；如路之大，足所必行也。然仁之爲德，人人所同，吾有是仁，彼亦有是仁也。好吾固有於心之仁，豈不好彼同有是仁之人乎？秉彝者，固有是仁之性也；懿德者，同有是仁之人也。有是常性者，未有不好懿德之人，心同是仁故也。❶南康李文定先生，少學科舉之學。未弱冠時，朱子來守南康，心竊慕之。既成進士，遂往受業終身。截然禮義之閑，澮然利達之境，蓋學而有得於師者。視其所師，若高山之崇崇，景行之坦坦，嚮仰履行，弗忘弗懈，俛焉日孜孜也，詎非夫子所謂好仁者哉！所居之縣曰建昌，前有兵部尚書，同邑同氏，清名姱節望於一鄉。藏書廬山五老峯之僧舍，號李氏山房。中更亂離，書與山房俱燬。寶慶丙戌，言於邑令曹豳，仍李氏山房舊號，創書院於縣西，以祠尚書。述其學問出處大概，而爲之記。文定推好仁之心，而好人之懿德蓋若是。或曰：「尚書人品固高，未嘗得聞聖學也。文定師朱子而慕尚書，何居？」曰：己之好仁，必學聖人以充其全體。人之懿德，苟其生質之美、制行之卓，有合於仁之一德，斯可好矣。孟子願學孔子，而亟稱夷惠。夷惠雖不

---

❶「同」下，乾隆本有「有」字。

能如夫子之大全，而使頑者廉，懦者立，鄙者寬，薄者敦，亦足以裨世教。文定之拳拳於尚書之懿德也，其猶孟子之稱夷惠也歟？文定既没，與尚書合祠。皇元新政，建昌陞縣爲州，山房始得專官，❶後以州之學正兼掌。泰定初，學正李仲謀欲新書院，而牽制於有司。會進士高若鳳以州判官總儒學事，志同謀協，乃克重修。新祠堂，新講堂，又徙燕居之堂，焕然有加於舊。仲謀爲賦以紀其略，而徵記於予。予弗及詳其工役之歲月、室屋之規制，而獨發明文定好仁好德之心，以爲來者勸。繼今以往，人人知好德，則官於斯者必能葺，而俾二李之祠永不廢墜。人人知好仁，則學於斯者，必能階文定之堂，❷闚朱子之室，以無愧於燕居所祀之先聖先師。而尚書公之懿德，亦水木本原之分支分派也。尚書名常，字公擇。文定名燔，字敬子，人稱弘齋先生云。

十賢祠堂記

河洛之間，四方之中也，天地之所合，陰陽之所和，固宜爲聖賢之所宅。周成王時，營建東都，以會諸侯。周公大聖，畢公大賢，俱以父師之重尹其民。平王東遷，遂爲王國。吾夫子亦嘗一至，而不久留也。由漢及唐，名士大夫之居洛者不一，而皆未若宋中世之盛。蓋吾夫子得堯舜禹湯、文武周公之道，而不得天子

❶「得」，明初刻本、成化本、乾隆本作「亦」。
❷「階」，乾隆本作「陞」。

大臣之位，道不行於天下，而私授其徒，然惟顔子、曾子二人得其傳。再傳而子思，三傳而孟子。❶孟子殁，而傳者無其人，夫子之道泯矣。歷千數百年之久，河南二程子出，❷而孟子之傳乃續。同時邵子，衛人也；司馬公，陜人也；皆遷洛中。張子，秦人也，亦以邵、程之在洛而時造焉。五賢之聚於洛，周、畢以來之所未有也。洛人張順中，多其鄉之有五賢，又思程子之學其原肇於營道之周，而其流衍於婺源之朱、廣漢之張、東萊之吕，至覃懷許文正公，尊信四書、小學書以教，而國朝士大夫始知有朱子之學。帝制以十賢從祀孔子廟，後學躍然有所興起。順中白其父，市地於洛城宣仁門之北，構祠屋祠十賢，以致嚴事之誠。其次以邵、周、司馬、張、程、朱、張、吕、許爲序，蓋以齒之長少、時之先後定也。來京師，求文以記。予謂順中，庶士也，有志尊慕聖賢之學，可嘉也。夫果能遵許文正之教，而上達於司馬，以行天下之達道；循朱張吕之言，而上達於程張周邵，以立天下之大本。此實學也，他日有光河洛，其不在斯乎！若徒立祠以祠之，❸則亦虚文而已。道者，人人所同有；聖賢者，人人所可學。❹其爲人也，亦惟實用其力爾。順中勖哉！❺

---

❶「三」，原作「再」，據明初刻本、成化本、乾隆本改。
❷「子」，原脱，據明初刻本、成化本、乾隆本補。
❸「若」，原作「君」，據明初刻本、成化本、乾隆本改。
❹「所可」，原作「之所」，據明初刻本、成化本、乾隆本改。
❺「勖」，原作「勉」，據明初刻本、成化本、乾隆本改。

寧都州學孫氏五賢祠堂記

贛寧都孫介夫諱立節，❶當宋熙寧行新法之時，不肯爲條例司官。又以桂州節度判官鞫宜州獄，抗經制司，活十二人於死，蘇文忠公稱其剛而仁，作《剛説》詒其子，遂有名於世。後百餘年，寧都縣令即其居延春谷立祠，❷并其二子祠焉，廬陵楊伯子作記。推所本始，并祠其祖潯州史君。夫因一人之善，而上及其祖，下及其子，昔人之用心可謂厚也已。立祠之後又將百年，寧都縣陞州，孫氏祠於州學之右廡。延春谷之支派，有同知東川路總管府事壽甫，諱登龍。少年爲鄉貢士，行懿文醇，學者推服；重義輕利，惠澤及物。天祐其家，諸子彬彬然仕進而多文雅。既殁，州之士僉謀請以祔孫氏四賢之祠，❸州長可之。轉聞大府，新構於州學構堂之西，祠孫氏五賢與鄉之先賢齒。復以公檄徵予文，記其事於石。噫！好德者人之秉彝，古今一也，是以君子善善之心長而寧過乎厚。於達尊之善，樂道而不忘，鄉之美俗也；於衆論之公，樂從而不

❶「寧」，原作「州」，據明初刻本、成化本、乾隆本改。
❷「其」，明初刻本、成化本、乾隆本作「所」。
❸「祔」，原作「柎」，據成化本改，乾隆本作「附」。

拒，官之美政也。苟有一善，生而敬慕之，殁而表顯之，其所以示勸者，何如也！澄之友蕭令深可言曰：❶「東川君仁於親，仁於兄，仁於井里。富於財而不盈，富於學而不矜，謙謙循循，有長者風。處也人薰其慈良，出也掌教古宜，攝事屬邑，辨僞鈔獄，昭雪無辜凡數十人。與桂州君時異事同，❷先後濟美，祔祠爲允。」❸澄曰：崇善以敦薄，此衆論之公，非一家之私也。雖然，論撰先世之善，勒之彝器，以明著於後，若稽古訓，蓋亦以此見孝子之心也。❹故曰有善而弗知，知之弗傳，人子所恥也。孫祠之祀，不猶孔鼎之銘乎？斯舉也，一以美官政，一以美鄉俗，一以美孫氏之代有聞人，又以美聞人之家有孝子。一舉而四美具，其可記也夫！雖然，子之厚其親，必自厚其身。蹈大方，躋大成，俾鄉國天下咸稱曰「善哉！有子如此」。德立功立，揚親之名於不朽，由乎内無待乎外，又豈但以祠堂之立爲尊隆、記石之立爲悠久而已哉！

❶「深可」，原作「深有」，據明初刻本、成化本、乾隆本改。查卷三十《送黎希賢序》有云「瀘溪蕭令君深可」，卷七十六《故縣尹蕭君墓志銘》有云「諱士資，字深可」；另《雪樓集》卷二十七有《送蕭深可尹溆浦就呈分司郭西埜僉事》一詩，則「深可」是。

❷「州」，原脱，據明初刻本、成化本、乾隆本補。

❸「祔」，原作「柎」，據明初刻本、成化本、乾隆本改。

❹「此」，原脱，據明初刻本、成化本、乾隆本補。

黎氏賢良祠記

寧都州之著姓，黎爲盛。蓋自唐末迄宋季以逮於今，甚盛也久矣。志遠有齒有德，好禮而尚文。修其族譜，鋟木以傳。其十世祖之從父兄弟曰十一賢良，字漢儒，諱仲吉。祖球，後梁時爲虔州刺史、百勝軍節度觀察使。仲吉端重該博，士林稱之。結廬金精南，挾策稱弟子禮者常百數。淳化中，郡將陳殿院薦於朝，條陳當世務數千言，名人皆願與之游。尋舉進士丙科。天禧中扣閽言事，丁謂惡其不附己，亟授洪州文學。丁罷相，有旨召對，辭以疾，授袁州户曹。一日，謁太守求解職，還梅川，稱方外高人。論著數十萬言。❶年八十一，以壽終。此《章貢志》所載。治平四年擢乙科曰珣，官至右文殿修撰，贈少師，乃賢良四世孫也。寧都學院雖從祀賢良於鄉賢之首，於家則未有祠祀。至治壬戌秋，志遠鳩工度材，相地涓吉，於州之東北隅即三江之會，遂立祠祠之。厚之道也夫！孝子慈孫之心，孰不欲追揚先世之美？儻譜系不可知，而或如崇韜之自詭爲汾陽後，則是誣其祖也。志遠既明譜系，派别支分，有秩然不紊之義；復舉祠祀，情親意篤，有悠然不忘之仁。於義於仁，其兩得之者夫！

❶「論」，原作「倫」，據明初刻本、成化本、乾隆本改。

吴文正集卷四十二

元吴澄撰

記

樂閒堂記

夫心所快悦之謂樂，身得暇逸之謂閒。而世之人但以不居位、❶不任事爲閒者，其義未該徧也。金臺耿文叔蘊倫能，負清望，或筦朝政，或持邦憲，聲實俱著聞於時。蓋經濟之器，宜用不宜舍、宜行不宜藏者也。而其家闢地數畝，植菊百本，疑若有愛於花之隱。又以「樂閒」名其室，孰不謂公雖在官而不忘在野之樂也。視彼繫戀於權勢而不肯脱、没溺於利禄而不知足者，萬萬遼絶矣。予獨以爲，閒之義非專指隱退而言。何也？閒也者，安安不勞力也，綽綽有餘裕也。隱退固閒，仕進亦閒也。處繁劇而優優簡易，應紛糾

❶ 「居」，原作「在」，據明初刻本、成化本、乾隆本改。

而秩秩修理，非閒乎？邵子云「雖忙意自閒」，斯之謂也。❶細務滿前，二十之罰皆親覽；大敵壓境，百萬之衆未易當。而孔明之寧静致遠，安石之和靖鎮物，曷嘗頃刻之不閒也耶？驅馳危難之中，一如南陽躬耕之閒也；處分兵甲之際，一如東山高卧之閒也。無時而不閒，則無時而不樂，豈必隱退不仕然後爲閒而可樂哉！仕可也，止可也。仕、止不同，而閒一也，此昔之君子所以終其身而樂與？公自江西憲長參知行省政事，其僚屬請予爲公記樂閒堂，予故推在昔君子之意，以盡閒之義，而不敢執世俗一偏之見以擬度於公也。

觀復堂記

復之名一也，而實二焉。有動初之復，「復其見天地之心」是已；有静極之復，「萬物並作，吾以觀其復」是已。清江聶文偁，❷以「觀復」名其堂，其亦有志於静極之復乎？夫草木不斂其液，則不能以敷榮；昆虫不蟄其身，則不能以振奮。此人之所以貴於復，而復之所以貴於静也。寂者感之君，翕者闢之根。冬之藏，一歲之復也；夜之息，一日之復也；喜怒哀樂之未發，須臾之復也。觀物觀我，蓋於是乎觀。文偁資質粹美，器識深潛，嗜善以宗之，懋學以封之，其可以語是者哉！然吾聖人之道，有所謂誠之復；彼仙子之術，有所謂命之復。皆非可以言言。不可以言言，則如之何？以心心之可也。自求而自復，勿忘而勿助長，其

---

❶ 「斯」，原作「此」，據明初刻本、成化本、乾隆本改。

❷ 「偁」，乾隆本作「稱」。下文「文偁」句同此。

必有豁然而悟之時矣。吾將有俟。

存與堂記

公侯之子孫思保其國，卿大夫之子孫思保其家，何也？國之境土受之先公，家之地邑受之先子。受先公、先子之所與而不能存，不可言孝，爲人子孫所以拳拳保守而弗敢失也。豈惟古之公侯卿大夫爲然，今之士庶人而不能存先世所與之田宅，豈得謂之孝哉？南豐州判官葛君，世居豫章新建之石江。其父與山翁，景定壬戌進士，有子六人。宋曆既終，隱晦不仕。壯麗其居以佚老，又爲諸子各創宅一區。南豐君，其仲子也，壻於外郡，五載始復。不欲以土木之役勞其親，自築室於舊居之東偏，而以父所構讓其一昆四弟。大德甲辰父卒，而南豐君留燕。諸昆弟鬩墻鬭室，君聞訃馳歸，爲平其忿。至大戊申，君仕郡庠三年。辛亥以後，待次私居六年，有以調胹，其同氣尚黽勉聚處。延祐丁巳，君教授臨川郡，六年而後得代。六年之間，其昆弟悉以所受先廬售之强鄰。君歸自臨川，惻然以傷，慨然以誓，曰：「吾親辛勤有此屋，一旦屬之他人，異日何以見先人於地下！」不欲争訟傷黨里之和，計直倍償，取之於豪奪之手，幸完舊物。嘉之者名其堂曰「存與」，謂其能存與山翁之所與也。君於南豐貽書請記曰：「願求訓戒之語，寘之堂壁，俾葛氏子孫往者有所懲，來者有所勸，朝夕思念前人植立之艱，庶幾世世能存其所與。非唯葛氏之幸，亦厚倫美化之事也。」予謂君能存前人所與既亡之餘，可謂孝也已。雖然，親之所與，蓋不止是。屋廬，身外物也，猶必保守。身者，父母之遺，視外物尤重，保守又當何如？身之體，不可有毁傷；身之行，不可有虧玷。此曾子所以戰戰兢兢、樂正子所以一舉足一出言而不敢忘也。存吾親之所與，孰有大於是者！君能博記覽，工詞章，亦既有光於前，儻學曾子、樂正子之學而益加謹者，充其所到，所存者，天所與我之廣居，又非汾曲之廬、善和里之宅所可比。予故并言之，以爲存與堂中之賢子賢孫勖。

脩齊堂記

聖門之教先學《詩》，學詩先《周南》《召南》。何也？脩身齊家爲本也。故曰：「人不爲《周南》《召南》，其猶正墻面而立。」墻面者，雖至近而蔽塞不見，窒碍不行也。夫於身至近者，家也。家有夫婦焉，家有父子焉，家有兄弟焉。人之大倫五，而家有其三。必先有以厚夫婦之倫，而後父能慈，子能孝，兄能友，弟能恭，此學《周南》、❶《召南》之功也。今世人人讀《大學》之書，脩身齊家，具列八條目之中，益信《周南》《召南》之學切實而不容緩。夫學《周南》《召南》者，豈謂誦其辭乎？豈謂習其聲乎？徒誦其辭，徒習其聲，於家奚補？當思夫家内有《關雎》《鵲巢》之德，因何而能致，蓋亦反求諸身焉爾矣。身不行道，不行於妻子，身之不脩，家可齊乎哉？太和康斯濟，家世積善，一新構架，以「脩齊」名其堂，命子宗武詣予請記。❷予觀吉郡之俗，大抵恃氣好勝，唯斯濟之家，恂恂然如孔子之處鄉黨，有犯無校，無争有讓，固已超出乎輩流。又以爲

❶「南」，原脱，據乾隆本補。

❷「宗武」，原倒，據成化本、乾隆本乙正。

家本於身，而揭「脩齊」二字於堂扁，晨夕瞻省而慕效。❶噫！可尚已。雖然，齊家之本在脩身，而脩身之本果安在？曰有二：明善一也，誠善二也。明善者何？讀書以開其智識，而不昧於理也；誠善者何？慎獨以正其操履，而不愧於天也。智識無所昧，操履無所愧，則男女之判謹，内外之限嚴，室家之儀肅而睦，仁意融盎，和氣浹洽。凡如此之家，未有爲父而不慈者也，未有爲子而不孝者也，未有爲兄爲弟而不友不恭者也。身之行，無一虧損之謂脩；家之政，無一參差之謂齊。斯濟一身一家，尊古聖賢，親良師友，其可進於是與？予故爲之言，以授宗武，而俾歸白其大人，是爲康氏脩齊堂之記云。

柏堂記

青雲鄉劉紹可妻熊氏，儒家女。其先世嘗登進士科，仕至牧守。其叔父亦登進士科，仕於州縣。熊氏歸劉，年二十五而嫠，有子甫盈二歲。❷嫠居四十餘年，年六十九矣。子克致養，新構一堂，❸以奉晨昏。豫章揭曼碩名之曰「柏」，詩而頌焉。昔衛共姜夫死不嫁，而自作《柏舟》之詩道其志。今劉母志同共姜，而人作「柏堂」之詩美其節。柏舟云者，豈真用柏爲舟材乎？柏堂云者，豈真有柏在堂庭乎？起興以柏，立名

❶「慕效」，原倒，據明初刻本、成化本、乾隆本乙正。

❷「盈」，成化本、乾隆本無。

❸「一」，原作「此」，據成化本、乾隆本改。

以柏，借柏喻婦德爾。夫衆木葱蘢蓊鬱於春夏，及秋冬，則柯瘁葉脱。唯柏也，歷風霜冰雪之嚴凝，而青青如昨。從古聖賢，論柏之德，以其歲寒後凋也，以其四時不改也。婦德之貞侶之。❶人之倫有五，其二曰二紀，其三曰三綱，君爲臣綱，父爲子綱，夫爲妻綱也。爲之綱者，爲之天也。臣所天者君，子所天者父，妻所天者夫也。天一而已，世無二天；父亦一而已，人無二父。子之天其父，天屬也，自不容二。臣之於君，妻之於夫，雖由人合，而匪天屬，❷其人合之天可一不可二，則亦猶天屬之天有一而無二也。噫！君之於臣，勢分尊卑，甚遼絶也。天其所天，誰不謂然？夫之於妻，匹配等齊，非有相遼絶之勢分，而天其所天視臣之天其君無異。斯義遠矣哉！稽諸禮經，女未嫁以前天其父，既嫁以後天其夫。天其夫，則移所天而不復天其父，故降父服，而專以服父之服服其夫，明所天之不二也。斯意遠矣哉！此予所以有嘉於柏堂之名柏也。噫！道喪俗壞，昂昂丈夫，於其甚遼絶之天能不二而一者，或不多見，況幽幽婦女，於其不相遼絶之天，乃能一而不二若此，蓋賦質良而彝，❸性之懿德弗殄隕。此予所以有慨於柏堂之名柏也。❹熊氏之子觀，事母孝，績文而種學。有是母，其有是子也宜。

---

❶「侶」，原作「侶」，據成化本改，乾隆本作「似」。

❷「匪」，原作「非」；「屬」，原作「合」，併據明初刻本、成化本、乾隆本改。

❸「良」，原脱，據明初刻本、成化本、乾隆本補。

❹「也」，原脱，據明初刻本、成化本、乾隆本補。

大中堂記

人之氣體，隨所居所養而移。居焉者，固所以養之也。古人之於其居也，若楹若户若牖，或爲之銘，豈非欲使訓戒之辭常近於目，而以養成其德也歟？後世無是已。近時士大夫之居，或以嘉名而爲之扁，或以善文而爲之記。雖古之所未嘗有，而予亦有取者，以其合於銘楹、銘户、銘牖之意也。樂安南鄉士劉楚蘭，思有所養，以移其氣。其齋居之室名之曰「明明」，而徵予記之；其燕居之室名之曰「大中」，而又徵予記之。予歎曰：大哉，劉氏之名其居乎！明明者，《大學》要旨也；大中者，《中庸》要旨也。夫程子續孔道之傳，獨能於《戴記》中擇出《大學》《中庸》二篇，爲聖學之門庭宅奥。今劉氏於二篇首各擇取其要旨以名室名堂焉，是願學程子者也，❶其志豈不可尚矣哉！雖然，明明者，入德之始事，猶可言也；大中者，成德之極功，未易言也。中，一也，而有二：有大本之中，有達道之中。子思子曰：「喜怒哀樂之未發謂之中。中也者，天下之大本也。」此以心之不偏不倚爲中也。周子曰：「中者，和也，中節也，天下之達道也。」此以事之無過無不及爲中也。不偏不倚之爲大本者，體也；無過無不及之爲達道者，用也。體用皆曰大中，何也？其體無不該，其用無不貫，是以均謂之大也。前哲立言，每先體而後用；後學用功，宜先用而後體。《論語》所載，聖人教人，多在日用常行之間。曾子之學力到功深，其於用處悉已周徧，夫子乃告之曰「吾道一以貫之」，蓋至

❶「學」，成化本、乾隆本作「晞」。

此方指示以其體之一也。爲《中庸》大中之學，亦當自日用常行始。凡所應接，必求至當，無毫釐之過，無毫釐之不及。積累日久，無一事非中。由是進進，❶雖目所不睹之時亦戒謹，雖耳所不聞之時亦恐懼，則不偏不倚之中亦以爲無過無不及之本者，存存而不失矣。若其用功之初，亦惟博於文以明經、慎於獨以克己而已。先得達道之中，馴馴而得大本之中，後學豈易言哉！雖然，予不可不略言之也。安適其居而動息有養，所養純熟而所學與俱，氣之移也，將不期然而然，是爲造詣程子堂室之端倪。楚蘭其細味予言，而實用其力可也。不然，名扁之嘉，徒爲美觀；記文之善，徒爲虚言。則非予之所望於居斯堂者。

九思堂記

予自中歲，聞御史申屠君之名，敬慕而願識，而卒未及見也。至治三年，予在京師，識其子駉。他日謒予曰：「先人家東平，晚愛高郵山水，營别墅焉。嘗謂君子有九思，爲立身之本，❷每以是誨子孫。駉上有三兄，下有三弟，追維先志，名所居之堂曰九思，而集賢大學士郭公爲篆其扁。敢徵一語發揮其旨，朝夕觀省而有所警悟，庶其寡過而無忝所生矣乎？」予曰唯唯。子之先君子，所以淑其身而期其子孫者，遠矣哉！予之淺陋，不足以既其實也。雖然，不可不略陳其概。謹按《論語》所記，思之目有九。前之六思，存心治身

❶「進進」，原作「進退」，據明初刻本、成化本、乾隆本改。
❷「立」，原脱，據明初刻本、成化本、乾隆本補。

之要也；後之三思，明理克己之務也。何也？目之視，耳之聽，見面之色，舉動之貌，出口之言，應接之事，皆屬於身者。視而思，聽而思，色貌言事，莫不有思。思者，心之官也。身之職統於心之官，内有所主，而外從其令。故以視則明，以聽則聰，色與貌則温而恭，言與事則忠而敬。此顔子之視聽言動悉由乎禮，孟子之「先立乎其大者而小者不能奪也」。六者之思，其聖學之根基與？學者所當學而未易也，毋亦先以三者之思爲務哉！蓋欲之易誘者利爲甚，見得而思，必不舍義而汙己也；情之難制者怒爲甚，❶當忿而思，必不趨難而害己也。疑而未通，必問於人。彼不思而恥下問者，寧終身而不知。疑而思問，則理無不明；思難思義，則己無不克。理無不明，己無不克，則操心而心存，檢身而身治。聰明、温恭、忠敬，固無所不能也。思之功大矣！程子曰：「九思各專其一。」謝子曰：「無時不自省察也。」子命予發揮九思之旨，予竊誦程、謝之説以復。抑子之先君子磊落軒昂，卓然自奮，有古烈丈夫之風。❷子求諸家法有餘師，而又稽聖訓立堂名，以無改於父之道。若兄若弟聚處斯堂，夫苟因九思之名詣九思之實，隨所在而思，無須臾而忽忘怠惰也，則卑可以賢，高可以聖，且將煒燁烜赫，有光於先德，其爲無忝也蔑以加，奚啻寡過而已！若夫動静語默間於九者，不一一致思以允蹈其實，而徒悦其名，子之先君子所期於子之兄弟者，殆不然也。御史諱致遠，字大

❶「甚」，原作「其」，據明初刻本、成化本、乾隆本改。

❷「丈」，原作「大」，據明初刻本、成化本、乾隆本改。

用。除南臺都事、江東僉憲、翰林待制，俱不赴，後以淮西僉憲而終。子七，一曰騏，❶二驥，三驪，四駉，五驊，六騮，七駱。有已仕者，有未仕者。年月日記。

拙逸齋廬記

宜黄之士樂壽，言其邑令李侯之賢，可爲今之循良吏。初年從事於一郡一道一省，以至仕而宰三邑，俱有聲稱。其於人也，惻惻閔恤，肫肫惠愛，救活其死，蕃育其生，全性命於天地間者不知幾千人。宜黄之政，不皦皦，不察察，子民如慈父母。讀聖賢之書，喜程朱之説，嚅嚌有味，不止涉其藩隅而已。嘗摘周子《拙賦》中「拙逸」二字以名齋廬。及來宜黄，新葺茅屋三間，仍揭舊扁。雖於先生未獲識，意欲得一語以發「拙逸」二字之藴，何如？予曰：「君子由乎道義，大公而不私，至正而不偏，無拙亦無巧也。自世俗視之，則以君子之循理謹守、安分無求者爲拙，而以小人之肆欲妄爲、僥倖有得者爲巧爾。周子因人謂己拙而賦之以自實，猶陳司敗譏夫子之黨而夫子受之以爲過也。若周子所行大中至正之理，又惡可以巧拙名也哉？且君子廉於取名，嗇於取利，❷似若拙矣。要其終，則有福無禍，有安無危，❸未嘗拙也。小人巧圖爵禄，巧貪

❶「曰」，原作「伯」，據成化本、乾隆本改。

❷「嗇」，原作「拙」，據明初刻本、成化本、乾隆本改。

❸「有」，原作「安」，據明初刻本、成化本、乾隆本改。

貨賂，似若巧矣。計其後，則人禍立見，天刑徐及，巧固如是乎？夫心逸日休，心勞日拙，古有是言也。拙者心逸，逸則日休；巧者心勞，勞則日拙。誰謂日休者爲拙，日拙者爲巧哉？侯其甘拙之名，享逸之實，逸則真逸矣，拙則非真拙也。」❶壽曰：「某也請以先生之言達於侯。」侯名復，字守道。系出女真氏，今爲真定人。尹漢川，尹綏寧，尹宜都，而遷宜黃尹。年月日記。

卷舒堂記

昔人字畫之傳於世者不少，❷而顔魯公之字至今爲天下寶，❸豈獨以其字畫之勁而已，志節如其字也。廬陵文信公之志節，蓋有大於魯公，則其字之可寶爲何如哉！「卷舒堂」三字，公往時爲其鄉人劉氏静隱翁作也。❹翁之二子構書塾，揭名扁，俾家之子弟及里之子弟，卷舒簡編于其間。❺一翁二季，後先濟美，好尚之超於流俗遠矣。夫卷而舒、舒而卷、卷而復舒者，以書之不可不熟讀也。讀之將何求？必有以也。而世之讀者，不過以資口耳之記誦，不過以助辭章之葩豔，鸚舌翠羽，悦聽視焉耳矣。察其爲人，稽其行事，胸蟠

---

❶「則」，原脱，據明初刻本、成化本補。
❷「字」，原作「心」，據乾隆本改。
❸「寶」上，成化本、乾隆本有「之」字。
❹「翁」，原作「公」，據明初刻本、成化本、乾隆本改。
❺「于」，原脱，據明初刻本、成化本、乾隆本補。

萬卷之儒，或不如目不識一丁之夫，何哉？讀而不知其所以讀也。且書之所載，果何言與？理也，義也。理義也者，吾心所固有，聖賢先得之而寓之於書者也。善讀而有得，則書之所言皆吾之所有，不待外求也。不然，買其櫝而還其珠，雖手不停披，口不絶吟，一日百千卷舒，書自書，我自我，讀之終身，猶夫人也，而何益焉？不惟無益也，甚其過者有矣。長其驕，長其傲，長其妄誕，長其險譎，靡不由書之爲祟。❶彼之胸中無一字者，或不至是也。❷噫！是豈書之禍人哉？人之禍吾書爾。予不識劉之二季，而吾友劉光澤稱其静慤温雅，稱其明練爽豁，則其質固可以學聖賢矣。以其可學聖賢之質楷式其子弟，而進之於書，其必能有得於書之理義而不虛讀也。信公之爲人臣，真有得於書者也。得其所得而推之以爲父爲子，推之以爲夫爲婦，以至爲兄弟爲朋友，莫不皆然，是之謂善讀書。因覽光澤之記，而附予説，以告夫卷舒堂之卷舒者云。

年月日記。

致樂堂記

致樂者何？聖門教人子以事親之道也。樂者，樂其親之心，非止愉其耳目、❸適其口腹、安其身體而

---

❶「祟」，原作「崇」，據明初刻本、成化本、乾隆本改。

❷「至」，原作「如」，據明初刻本、成化本、乾隆本改。

❸「愉」，原作「悦」，據明初刻本、成化本、乾隆本改。

已。致者，欲其至極而常若未至也。能盡是道者，難矣哉！銅陵胡侯伯恭家于宣，❶善事母，前憲使盧公處道扁其堂曰「致樂」，❷而爲之記，❸所期於侯甚渥也。夫田蠶衣食之供，旨甘滫瀡之具，亭榭園池之勝，水竹卉木之佳，竽瑟歌舞之娱，❹罍斝俎豆之歡，以是樂其親，侯之家自有餘，而侯之所致不在是。自昔賢母，孟母爲冠。孟母之賢，聞至於今，以其子之爲大賢也。親之心，孰不願其子之賢？有子而賢，樂莫大焉。居鄉黨，稱善類；仕州縣，稱循吏；位朝廷，稱良臣。子能如此，賢子也。樂親之心，豈有加於此者乎？侯爲善類有素矣，其爲循吏，今於崇仁之政見之。他日之爲良臣，不卜筮而可知也。侯所致以樂其親之心，而盧公所謂譽顯宦成者，蓋以是夫！侯名愿，歷仕每著廉能聲。尹崇仁將再朞，百姓恩之如父母，一日不公署，則倀倀如有失也。予因其在官之仁於民，信其在家之仁於親，而識於《致樂堂記》之左，以明盧公所期於侯之意云。年月日書。

---

❶「侯」，原脱，據明初刻本、成化本、乾隆本補。
❷「盧」，原作「廬」，據明初刻本、成化本改。
❸「爲」，原作「於」，據成化本、乾隆本改。
❹「歌」，明初刻本、成化本、乾隆本作「謳」。

極高明樓記

臨川東鄉饒君仲博父，昔有讀書之堂，鄉先生金谿曾縣令名之曰「極高明」，其後盱江程學士爲書三大字。饒君之子宗魯克紹先志，延祐甲寅，新一樓於堂之東，以貯父書，移堂之扁於樓。東有竹，西有松，春晴夏風，秋月冬雪，皆相宜也。北則重崗複崦，起伏繚繞；南則林影湖光，葱蘢蕩漾。龍角、柏峯諸山嶕崪，蒼翠如畫。徵予文記之，而曰：「樓之作，非爲景物役。晨夕藏脩，息游其間，仰瞻名扁，儼然如父師在前。蘄聞一言，以自朂也。」予謂世之名其室屋者，姑爲是名爾，豈必踐其實哉！而欲因樓之名以求極高明之實乎？吁，未易言也。高明者，天也，惟聖人可以配天。極之云者，俾學者窮之而至其境也。然則何以能極之乎？吁，未易言也。竊嘗聞鄱陽饒氏「中庸」之説，蓋以「尊德性道問學」一語爲之綱。而道問學之目有八，八之中四言知，四言行。極高明者，八之一也。是爲致知之極功，盡心之能事。至之有其漸，求之有其方。譬之斯樓，登樓而觀，與在下而觀者固殊矣，以是爲高明，則未也。極之極之又極之，至於無可復上而後謂之高，❶至於無所不見而後謂之明也。其必心識充周，而無一毫障蔽之隔；其必物理昭徹，❷而無纖芥渣滓之留。如身居九萬里之上，俯視九萬里之下，四通八達，一覽無遺。學者欲求至乎是，豈易能哉！子

---

❶ 「上」，原作「止」，據明初刻本、成化本、乾隆本改。

❷ 「徹」，成化本、乾隆本作「然」。

思子於極高明之前，有所謂盡精微也；於極高明之後，有所謂温故知新也。是四者，皆言知，目雖四，而實則一也。欲極高明者如之何？亦曰盡精微而已，未有不盡精微而能極高明者也。欲盡精微者如之何？亦曰温故知新而已，未有不温故知新而能盡精微者也。温而知焉，知而盡焉，此極之之方也。何也？盡心必自知性始，❶致知必自格物始。由其方，而高明可馴至也。夫樓之扁曰「高明」，而予之言則卑近。如樓之扁，其至也難；如予之言，其入也易。宗魯字心道，篤志勤學，故予不敢默，❷而誦所聞以爲記。其毋厭予言之卑近也哉！

❶「心」，原作「性」，據明初刻本、成化本、乾隆本改。
❷「默」，原作「隱」，據明初刻本、成化本、乾隆本改。

吴文正集卷四十三

元吴澄撰

記

善樂堂記

「爲善最樂」，漢東平憲王劉蒼之言也。「善樂」云者，皇元治書侍御史高唐王懋德之名其堂也。夫善者，天之道也，人之德也。天之道，孰爲善？元亨利貞流行四時，而謂之命者也；人之德，孰爲善？仁義禮智備具一心，而謂之性者也。是善也，天所賦於人，人所受於天也。天之賦於人者，公而不私；人之受於天也，同而不異。雖或氣質之不齊，而其善則一也，不必皆自誠而明之聖也，不必皆自明而誠之賢也。天所生之民無不有是，則人所秉之彝，無不好是德也。人之善也，猶水之下，人之樂於爲善，猶水之樂於就下也。無他，順其自然而已矣。劉蒼生居帝子之貴，長食封國之富，身之所奉與韋布異，而心之所得與聖賢同，所以超然悟爲善之樂也。高唐在漢東平國之北境，有王氏者世積善，懋德其賢子孫也，資近道而心慕學。曩在金陵，嘗從予游。歷仕中外，持憲河南，因得歸省。葺先廬，又增新構，追美若祖若父之心，而其堂曰「善樂」，翰林學士承旨郭貫爲篆其扁。貽予書曰：「懋德之曾大父謹愿謙和，❶有犯不校，宗族黨閭稱爲佛子。❷年八十六而終，遠邇嗟傷。大父克肖，不幸無年。吾父諱祐，雖嘗事吏牘，而處心長厚，治政廉平，多有惠愛，恩贈中順大夫、禮部侍郎。懋德承藉緒業，際遇明時，❸皆先世積善所致。揭二字於堂顔，蓋示子孫以無忘先德爾。先生一言識之，則吾祖、吾父身雖已死，而心常不死也。庇肅其遺胤，❹不亦多乎？」澄初識懋德時，仕猶未顯也，固已期其必顯，且意其必有所自。於今觀之，尤信。❺噫！末俗澆漓，往往以奮迅青冥之上爲己之能，誰復尋究水木之本原者！今也近享先世善慶之報，而遠推先世善樂之施，非賢祖父，何以有是賢子孫哉！雖然，王氏先世之以爲善爲樂也，獨善獨樂而已。其後人浸浸升庸，將溥己之獨善獨樂，以及於人而兼善同樂焉。此孝之大也，德之盛也，其尚益懋其所已懋者哉！

具慶堂記

延祐元年秋，江西行省試士，余校文貢闈。郎中楊士允、都事石國器，亟稱東昌周珪之美。問其詳，

---

❶「父」，原作「夫」，據成化本、乾隆本改。
❷「宗族」，成化本、乾隆本作「族姻」。
❸「明」，原作「此」，據明初刻本、成化本、乾隆本改。
❹「肅其遺胤」，原作「壽其遺裔」，據明初刻本、成化本、乾隆本改。
❺「尤」，原作「猶」，據成化本、乾隆本改。

曰：「其爲人也蚤試吏，其試吏也在吴郡，得廉能之譽，遂陞於憲府，繼陞於察院，歷外臺内臺。其入官也，一命江西憲屬，再命廣東憲屬。其既官而復補吏也，掾行臺、❶行省。其既吏而復授官也，長一路府僚。初仕江西時，迎養父母，家於洪。其後承臺檄吏南臺，則以二親年高不願就，而仕洪省以便養。又其後，被朝命官肇慶，亦以二親年高不願去，而寧棄官以終養。」余向嘗聽人評江西憲屬，❷已知周君名，及聞二君言，益嘉之。校文畢，余將歸，周君具書請曰：「珪少蒙二親之教，置身風憲、從事臺省三十餘年，❸幸無瑕玷，以忝所生。去年二親年俱八十，會内外賓友奉親歡，有翰林侍讀貫學士適至洪，爲書『具慶堂』三字扁所居。願賜一言，俾獲聞事親之道，以毋貽此堂羞。」余曰：父母俱存，是可慶也；年壽俱高，尤可慶也。人子事高年之親，愛日之誠，致樂之禮孜孜惟恐不及，此天性之固然。名利，身外物也，受之不爲榮，辭之不爲辱。世之貪戀名位而不顧父母之養者，蓋有其人。君能知所輕重，而不以外物易天性之愛，其過人也遠哉！天地之德曰生，人得天地之心曰仁。仁之所先，愛親爲大。移之愛上則爲忠，推之愛下則爲惠。子道脩於家，其出而仕於國也，詎肯慢上而殘下乎？予固願表君棄官終養之美，以勸後來，以勵薄俗，以示人子事父母之範，以愧鄙夫貪名位之心，庶其有裨風教之萬一。雖然，余聞之孟子：「事親若曾子可也。」夫曾子之事親至

❶「掾」，各本均作「椽」，據文義改。以下同此者逕改，不再出校。
❷「向」，明初刻本、成化本、乾隆本作「嚮」。
❸「三」，成化本、乾隆本作「二」。

矣，而僅曰可，❶於以見子道之難盡也。君其益勉之。他日立身揚名以顯其親，❷又有進於此者。君其益勉之。

謙光堂記

河南楊友直，善書工詩，其文蔚如也。積久從事於風憲，其才藝之優，權勢之重，人所敬慕希望，以爲不可及。而自視慊然，若無有也。❸金陵有寓屋在秦淮之南，占地甚幽，車馬之塵、廛市之囂不可得而干。往年仕於憲臺，留京師，翰林承旨趙子昂爲之篆「謙光」二字，以名其寓屋之室，咸謂斯名蓋稱其實。至治壬戌，予客金陵，而友直爲行臺掾。予觀子昂所篆，因言《易》六十四卦，惟謙之占辭最美；夫子傳《彖》，亦惟謙之贊辭最盛。内三爻俱吉，外三爻俱利。卦辭則云「亨且有終」。他卦之占，未有若是其全美者也。天之所益，地之所流，人之所好，鬼神之所福，悉萃於能謙者之身。他卦之贊，未有若是其極盛者也。謙之爲謙，卑己尊人而已。然己素卑而自卑之，其卑乃所固有，謂之卑己，未也；人素尊而我尊之，其尊亦所固有，謂之尊人，未也。謙者，地中有山之象也。内藴高高之山，夫豈處於人下者哉？而肯卑屈乎坤地之下。外際

❶「僅」，原作「猶」，據明初刻本、成化本、乾隆本改。

❷「其」，原脱，據明初刻本、成化本、乾隆本補。

❸「無有」，原倒，據明初刻本、成化本、乾隆本乙正。

卑卑之地，夫豈出於己上者哉？而使高壓乎艮山之上。己不卑也，而能卑焉；人不尊也，而能尊焉。此其所以爲真謙，❶而有宣著顯融之光輝耀於時也歟？友直謝曰：「今日獲聞《易》之奥義，某不敢當也。」於是筆予之言，以爲《謙光堂記》。

拂雲堂記

凡植物之生生長長也，萌於出地寸尺之卑，而倏焉參天常引之高者，唯竹最速而易。人之進位進德，期於速成，往往借竹自喻。❷樂安桐岡黄氏，族多業儒，前後收儒效不一。與可，族中之表表者也。環所居種竹，左建書塾，扁之曰「拂雲」。吾觀杜子美詩，言拂雲者二，其一謂木，其一謂竹。夫木之自初生而至於拂雲也，期之者以歲計；竹之自初生而至於拂雲也，期之者以月計。長之速而成之易，孰有過於竹者。晨夕習業之處而扁此名，其期儒效之速成與？黄族之儒，或薦名於鄉，或奏名於朝。今以素習之業仍已試之效，數月間爾，不類竹之數月而成拂雲之高者哉？雖然，此庸人俗子之所高也，❸大人君子之所高不在

❶「真」，原作「有」，據成化本、乾隆本改。
❷「自」，原作「以」，據明初刻本、成化本、乾隆本改。
❸「高」，原作「尚」，據明初刻本、成化本、乾隆本改。

是，❶何也？位之進而高，未若德之進而高也。求諸黄族，於漢得叔度焉。爵非可貴也，齒非可尊也，而人人目之爲顔子。世有位極公相而史策不載、泯没朽腐者，何可勝數。叔度以匹夫庶士而列傳著名，炳如日星，百世青雲之上，非但一時拂雲之高而已。叔度蓋以風氣之所薰陶，資質之所稟賦，而挺然特異猶如此，況又充之以學，而優於叔度也耶？予願與可之身及子若孫，位進而德亦進，其高將如天之不可及，流傳百世，寧不增拂雲堂之光乎？❷

一樂堂記

金谿朱元善，父母年未六十，兄弟凡七，孝友雍睦，頗聞於人。樓於所居之東，扁之曰「一樂堂」。予過其家，而請記焉。予觀孟子之言，君子之所樂者三，一由乎己，一屬乎人，一繫乎天。惟繫乎天者最不易得，故居三樂之首。❸幸而得是於天矣，然能有是樂者蓋鮮也。何也？有父母而不知所以孝，有兄弟而不知所以友，則亦孰知俱存無故之爲可樂哉？吾元善蓋不如是。父仕於京，思念不置；母養於家，晨夕不違。

❶「在是」，原倒，據成化本、乾隆本乙正。
❷「堂」，原脱，據明初刻本、成化本、乾隆本補。
❸「三」，原作「所」，據明初刻本、成化本、乾隆本改。

兄弟之異出者，一視均愛。殆庶乎知有此樂者，❶則斯堂之扁，非徒借其名而已也。夫人之孝友本乎天性，充之而至聖賢，❷不異也。或有生質之偶合者，❸或有好名而强爲者。其偶合者，雖行而不著；其强爲者，至久而必渝。惟能充之以學，則天性之愛，全復其初。事父母如古之曾、閔，處兄弟如古之夷、齊。夫如是，始可言君子之一樂矣。元善，其勉學以復其性之全也哉！

百泉軒記

昔孟子之言道也，曰「若泉始達」，曰「源泉混混」。❹泉乎泉乎，何取於泉也？泉者，水之初出也。《易》八卦之中坎爲水，六十四卦之中有坎者十五。水之在天爲雲爲雨，而在地則爲泉。故坎十五卦，象水者十一，象雲者二，象雨者一。獨下坎上艮之蒙，水出山下，其象爲泉，而以擬果行育德之君子。嶽麓之泉，山下之泉也。嶽麓書院在潭城之南、湘水之西、衡山之北，固爲山水絶佳之處。書院之右，有泉不一，如雪如冰，❺如練如鶴。自西而來，趨而北，折而東，環遶而南，注爲清池。四時澄澄，無毫髮滓；萬古涓涓，無須

---

❶「者」，原作「也」，據明初刻本、成化本、乾隆本改。
❷「充」上，原衍「而」字，據明初刻本、成化本、乾隆本删。
❸「之」，原脱，據明初刻本、成化本、乾隆本補。
❹「源」，原作「原」，據明初刻本、成化本、乾隆本改。
❺「冰」，明初刻本、成化本、乾隆本作「汞」。

臾息。屋於其間，名「百泉軒」，❶又爲書院絶佳之境。朱子元晦、張子敬夫，聚處同游於嶽麓也。晝而燕坐，夜而棲宿，必於是也。❷二先生之酷愛是泉也，❸蓋非止於玩物適情而已。「逝者如斯夫，不舍晝夜」，惟知道者能言之。嗚呼！是豈凡儒俗士之所得聞哉！中經兵火，軒與書院俱燬。至元丁亥，始復舊觀。上距乾道丁亥二先生游處之時，百二十一年矣。延祐甲寅，潭郡治中巢陵劉侯又重脩之。❹侯與余相好也，余亦知侯之爲人，故其脩是軒也，余爲之記。侯名安仁，字德夫。余爲誰，臨川吴澄也。

閒靖齋記

閒閒者，智之大也；擾擾者，愚之甚也。智斯閒，閒斯靖矣。閒也者，豈偷惰自逸之謂哉？昔之人，大敵壓境，通國惴慄，而圍棋别墅，泰然如常。人或獻言，則云處分已定，卒以康屯而濟難。噫！此何人也？之人也，非付之無可奈何者，其智周於事，而擾擾者不留於心也。之人也，非寡淺所能測也，故知之者稱其和靖長算，不知者目爲矯情鎮物而已。里中陳昇可，承藉世資，歲時伏臘祭祀，賓客之奉，不待縮而贏。使

❶「名」，原作「爲」，據明初刻本、成化本、乾隆本改。

❷「於」，原作「如」，據明初刻本、成化本、乾隆本改。

❸「是泉」，原倒，據明初刻本、成化本、乾隆本乙正。

❹「又」下，原衍「乃」字，據明初刻本、成化本、乾隆本删。

愚者易地而居，則且狼貪，❶且蠶食，且左右望，營營如蠅，稷稷如蟻，寤寐以思，日月以覬，規規焉自豐自肥，詎肯有頃刻自寧之時、毫髮自足之意哉！而昇可恬如也，泊如也，乃日與孔氏之徒夷猶乎巷内，又時與老氏者流澹蕩乎方外。然家事靡不治也，人事靡不應也。其治也優優，其應也綽綽。無憂勞之跡，而亦無廢弛之萌；無匆遽之懷，而亦無忽忘之病。吾友虞子及，爲名宴休之堂曰「閒靖」。予懼夫人之以偷安自逸爲閒，而與所名不相似也。夫自逸者，百務所由以隳，群蠹所由以滋也。❷務隳蠹滋，在《易》爲蠱。蠱則事多，雖欲靖，❸可得耶？❹靖之爲言安也、謀也。隨處能安，隨事能謀，惟優優而治、綽綽而應者能之。優優而治，綽綽而應，非智，其孰能若是？洪水之平，勤莫如禹，孟子以爲行其所無事。無事者何？因其自然也。是以身雖勤而心閒，故曰智之大也。智者之閒，閒者之靖，爲國爲天下有餘也，而況於家乎？彼擾擾自爲多事，曾何足以窺其藩？弊弊焉以終日，役役焉以終身，愚亦甚矣。噫！

❶「且」，原作「其」，據成化本、乾隆本改。
❷「所」上，原衍「之」字；「由以」，原倒乙，併據明初刻本、成化本、乾隆本删、乙正。
❸「靖」，原作「静」，據明初刻本、成化本、乾隆本改。
❹「可得耶」，原作「得乎」，據明初刻本、成化本、乾隆本改。

雪香亭記

洛陽名園名花之盛，自唐以來，常爲天下最。❶宋既南渡，逮於金亡，洊罹兵禍，殆不能如舊也。然地氣得其中正，民俗習於承平，故雖僅定小康之時，士大夫往往亦修治亭臺，以爲游觀之適。楊獻卿，河南舊族。居後有園，植梅其間，築臺構亭。曩時郡守東平嚴侯，爲書其扁曰「雪香」。雪，梅之色也；香，梅之氣也。「祇言花是雪，不悟有香來」，前之詠梅者云爾；「遥知不是雪，爲有暗香來」，後之詠梅者云爾。語略轉而意愈超。詩人固嘗以白雪香詠梨花，而梨花不敢當也，則悉舉而歸之於梅。蓋梨花能如雪之白，不能與雪同時而白也。深冬凝沍，衆木枯槁，兩間之生意索如。而梅也傲極陰於方隆，回微陽於最先，魁百卉而得春，冠三友而獨葩。色之白，氣之清，士之素節特異，芳譽遠聞者似之。嚴侯之以此名亭也，豈非欲楊氏世世爲清白吏乎？獻卿官大都，官外省，無汙玷而有聲稱。子益，試仕于風憲也亦然。其可無愧於侯之所以名亭者哉！夫洛陽之園，自昔相夸，以富貴艷麗之花爲甲也。今不取於富貴艷麗，而取於清寒孤潔，❷嗜好與衆殊絶矣。獻卿諱庭實，終南陽府判官。其子請記此亭者，章父之美，❸堅己之操也。予亦樂爲之記

---

❶「常」，原作「嘗」，據明初刻本、成化本、乾隆本改。

❷「潔」，原作「節」，據明初刻本、成化本、乾隆本改。

❸「章」，原作「彰」，據明初刻本、成化本、乾隆本改。

者，洛陽之人競愛牡丹，而楊氏之亭獨因梅而名，於以見其爲清白之家云。

致存亭記

故同知東川路總管府事孫侯，篤行而能文，家富而身貴。年七十一而終，翰林承旨姚端夫既銘其墓，集賢待制馮子振又表其墓，而予爲撰墓隧之碑。其子大府監左藏庫提點毅臣，奉柩葬於陂陽鄉君封里奎塘之原。立屋於墓近，以諸人所撰碑志等文刻石寘於其間，而扁曰「致存之亭」。❶蓋曰人子致愛於親，隨其所在，如見親之存云爾，非但祭祀之時爲然也。古者大夫士皆有廟，以祭其先人。近世人臣之家，非有旨不得立廟，祠於家者止曰祠堂。或屋於墓所而名亦祠堂，非也。蓋墓有展省，❷而無祭祀。亭者，停也，展省之時憩息於此。名之曰亭爲宜，而亦以寓孝子事亡如存之意。侯之子追慕不忘，苟可以顯其親者，無所不至，可謂致愛已矣。祭祀則如見親之存於家，展省則如見親之存於墓。亭扁之揭，豈徒虛名而已哉！

恭安齋廬記

恭者禮之端，禮者恭之理。其在於天，爲亨之道、火之神，而人受之以生者也。恭未易能也，故人之爲

---

❶「扁」下，原衍「之」字，據明初刻本、成化本、乾隆本删。

❷「省」，原作「親」，據明初刻本、成化本、乾隆本改。

恭者必勞，勞則非安也。安然爲之而不勞者，恭之善也。彭城彭克温威卿曩客廣陵，與學佛之徒游，而爲號其齋居之廬曰「恭安」。恭安者，吾聖人之盛德。彼佛者乃能言之，是闖吾之門墻而可與俱者也。彭君今從事於江右憲府，問予以恭安之説。予可易於言乎？昔之人，蓋有象恭者矣，象恭者其恭也僞；亦有足恭者矣，足恭者其恭也浮。二者皆非也。堯之允恭，恭之出乎誠者也；文王之懿恭，恭之合乎中者也。此大聖人之所謂恭也。堯傳之文王，文王傳之孔子也。吾夫子之恭，文王之恭也，堯之恭也。動容周旋中禮，盛德之至恭而安者也。學者雖未易希，而不可以自畫也，亦在乎行之、習之而已。必莊恪，必詳謹；勿慢侮，勿傲惰；行之久，習之熟。既久且熟，將不期然而然，則恭安漸可希矣。吾夫子，大聖人之資，備陰陽之德。其恭之盎然而温者，如春之和；其恭之儼然而威者，如秋之肅。和之中有肅焉，故曰温而厲；肅之中有和焉，故曰威而不猛。夫其陰陽之德兼備而不偏，其恭也何往而不安？彭君以温爲名，以威爲字。其名其字、其齋居之號，有志於希聖也，予惡得不樂爲之言而勸其進哉！

明明齋室記

樂安士劉楚蘭，❶名其齋居之室曰「明明」，而求言於予。予語之曰：❷人之所得於天者五：水之神曰

---

❶「蘭」，原作「南」，據乾隆本及下文改。

❷「之」，原脱，據明初刻本、成化本、乾隆本補。

智,火之神曰禮,木之神曰仁,金之神曰義,土之神曰信。智之爲始者,天一生水也。人性之智,象水之明。水之所以明者,内無所留藏,外無所振蕩故爾。人之有智,凡内體不塵穢,外用不錯謬,亦以其能虚能静也。儻不先以敬爲務,使内有主而心常虚,外不撓而心常静,則如水之有泥留藏於其内,有風振蕩於其外,汙濁波流,無毫髮淨瑩之處,無須臾安定之時。❶縱令讀書應事,格物窮理,聞見雖多,而心識愈窒,何明之有?程子曰:明得盡,滓查便渾化。邵子曰:能盡里人、鄉人、國人、古今之情,而已之滓十去一二,❷十去三四,十去五六,十去七八九矣。既盡天地之情,而已之滓無可得而去焉。二先生之實用功、實收效者如此,是之謂明明。明明者,明其本然固有之明也。明之之法如之何?曰尊德性道問學而已。楚蘭有志於斯乎?其詳玩深味於予之言哉!

凝道山房記

永平鄭侯鵬南嚴重清謹,爲時名流,而不以所能自足也。謂仕必資於學,學必志於道。別業在滕州,築

❶「定」,原作「足」,據明初刻本、成化本、乾隆本改。
❷「十」,原作「可」,據明初刻本、成化本、乾隆本改。

山房爲游居之所，取子思之言而扁之曰「凝道」。❶不遠二千里，❷走書徵言於予。夫世之成室屋者，往往有記。記者，紀其棟宇之規制、營構之歲月而已，稍能文辭者可命也，而奚以予言爲？侯之意，寧不以予嘗講聞於儒先之緒論，❸而欲俾言其所謂凝道者乎？嗚呼！道之不易言也。言之易者，未必真有見也。非真有見而言，是妄言也，而予何敢？夫子曰：「爲之難言之，得無訒乎？」雖然，侯之意不可以不答也，詎容已於言哉？請言其似。道之在天地間，猶水之在大海；道之中有人，猶水之中有器。浸灌此器者，水也；納受此水者，器也。水中之器或沉或浮，而器中之水或入或出，器與水未合一也。水在器中凝而爲冰，則器與水永不相離，❹而水爲器所有矣。人之於道，猶是也。有以凝之，則道在我；無以凝之，則道自道、我自我，道豈我之有哉？人之生也，或智或愚，或賢或不肖，均具此性，則均受此道，不於賢智而豐，不於愚不肖而嗇。愚不肖之不賢智若者，何也？能凝不能凝之異爾。嗚呼！子思子言道所以有貴於能凝者，❺凝之之方，尊德性而道問學也。德性者，我得此道以爲性，尊之如父母，尊之如神明，則存而不失，養而不害矣。❻

---

❶「思」下，成化本、乾隆本有「子」字。

❷「千」下，原衍「餘」字，據明初刻本、成化本、乾隆本删。

❸「講」，原作「藉」，據明初刻本、成化本、乾隆本改。

❹「永」，原作「求」，據明初刻本、成化本、乾隆本改。

❺「所」，原作「也」，據明初刻本、成化本、乾隆本改。

❻「矣」，原脱，據明初刻本、成化本、乾隆本補。

然又有進脩之方焉。蓋此德性之内無所不備，而理之固然不可不知也，事之當然不可不行也。欲知所固然，欲行所當然，舍問學奚可？德性一，而問學之目八，子思子言之詳也，不待予言也。廣大精微，高明中庸，故也新也，厚也禮也，皆德性之固然當然者。盡之極之，温之知之，[1]致之道之，敦之崇之，問學以脩吾所行也。[2]尊德性一乎敬，而道問學兼夫知與行。一者立其本，兼者互相發也。問學之力到功深，則德性之體全用博，道之所以凝也夫。雖然，此非可以虚言言，亦在夫實爲之而已矣。斯道也，人人可得而有也，況如侯之卓卓者哉！其凝之也，其凝之也，[3]予將驗侯之所爲。侯名雲翼，今爲江南行御史臺都事。

心樂堂記

廬陵士吴用奎彦章來過，謂予曰：吾家世居永新之煙岡。南土既屬天朝，而先廬燬，避地徙安福之吉村。吾父維甲父好賓客，四方來者，無問識不識，皆於我乎館穀。用奎之兄弟四，所居不足以容。延祐庚申秋，與弟璧彦和築一室於舊居之南，以奉親。吾父取程子詩中二字，扁之曰「心樂」。前小池横廣可數丈許，

[1] 「温」，原作「問」，據明初刻本、成化本、乾隆本改。
[2] 「所」，原脱，據明初刻本、成化本、乾隆本補。
[3] 「其凝之也」，四字原脱，據明初刻本、成化本、乾隆本補。

種蓮其間，名小西湖。遠對三峯，崒然蒼翠。予喟然歎曰：子之嚴君所期於子者厚矣。夫樂者，人之情也。孰無所樂哉？禽語禽樂也，魚遊魚樂也。物且然，而況人乎？然人各有樂，樂一也，所樂不同焉。賈有賈之樂，工有工之樂，農有農之樂，而士之樂尤不一。樂文章者，歐陽文忠之樂也；樂事業者，范文正公之樂也。其載於《魯論》，則有夫子之樂，有顏子之樂。夫子之樂，雖身處極困之中，而其樂亦在也；顏子之樂，雖人所不堪之憂，而其樂不改也。三千之徒，❶鮮或知是。曾晳浴沂風雩之樂，近之而未全也。歷千數百年，而程子受學於周子，❷乃令尋孔、顏之樂，所樂者何事？程子有悟，於是吟風弄月以歸。自周程二子之外，樂此樂者其誰與？今子之居是堂也，父子之樂，兄弟之樂，人所莫能及。文章之樂期於歐，事業之樂期於范，樂之至矣。斯樂也，其果孔顏周程之樂乎？程子所樂，❸足以兼子之樂；子所樂，未足以盡程子之樂也。其毋以今之所樂自足，而曰程子之心樂，蓋不過如是而已。子歸，試以予言質諸嚴君。彥章曰：「唯。請以斯言識於壁。」乃書以遺之。

❶「徒」下，原衍「也」字，據明初刻本、成化本、乾隆本删。
❷「學」，原作「師」，據明初刻本、成化本、乾隆本改。
❸「所」，原作「之」，據明初刻本、成化本、乾隆本改。

樂安縣鰲溪書院記❶

樂安縣治之南，水際巨石似鰲，故其溪名曰鰲溪。❷書院，邑人夏友蘭所建也。書院之名何始乎？肇於唐，盛於宋。書院之實何爲乎？蓋有二焉。古昔盛時，王國侯國達於鄉黨閭巷，俱有學校庠序門塾以施其教。❸井田封建既廢，後世惟京師郡邑有學，猶古者王國侯國之學也。鄉黨閭巷之間，校序庠塾之制泯然無聞。雖郡邑之學，❹亦有廢而不立之時，學者無所於學。❺於斯時也，私設黌宫，❻廣集學徒，以補學校之缺。如李渤之於白鹿，曹誠之於睢陽是也。上之人以其有裨於風化，𢇁賜額敕，以風勵天下，與河南嵩陽、湖南嶽麓號爲四大書院，而衡之石鼓亦賜額。❼此先宋已前之書院也。宋至中葉，文治浸盛，學校大修，遠郡僻邑莫不建學。士既各有群居肄業之所，似不賴乎私家之書院矣。宋南遷，而書院日多，何也？

---

❶ 此篇底本無，據乾隆本收録，校以清同治十三年《樂安縣志》卷四，下稱《縣志》。

❷「其溪名曰」，《縣志》作「名其溪」。

❸「學校庠序門塾」，《縣志》作「校序庠塾」，似是。

❹「雖」，原作「維」，據《縣志》改。

❺「於」，《縣志》作「就」。

❻「宫」，《縣志》作「舍」。

❼「號爲四大書院而衡之石鼓亦賜額」，原作「之號」，據《縣志》改。

蓋自春陵之周、共城之邵、關西之張、河南之程數大儒相繼特起，得孔聖不傳之道於千五百年之後。有志之士獲聞其説，始知記誦詞章之爲末學，科舉程課之壞人心，❶而郡邑之間設科養士，所習不出乎此。於是新安之朱、廣漢之張、東萊之吕、臨川之陸暨夫志同道合之人，講求爲己有用之學，則又自立書院，以表異於當時郡邑之學專習科舉之業者。此後宋以後之書院也。大元混一區宇，凡郡邑之學、各處書院皆因其舊，有隆無替，而新創書院溢於舊額之外，比比而有。此其用意所在，與前代或同或異，固不得而悉知也。❷若夫鰲溪書院之建，則澄嘗與聞其議。其見於公移者曰：「儒者之學，必先孝弟忠信、禮義廉恥。收斂此心，窮格此理，近而人倫日用之常，遠而天地造化之運，必使秩然有當，洞然無疑，行之於身，得之於心。施之於事，無所不宜；用之於世，無所不能。其求端用力之方，在研究四書六經，初非記覽無益之書以誇博洽、雕琢無用之文以炫華藻而已。否則，迷悖本原，汩没末流，於己無得，於時無用。邪見謬行，不以爲非，躁進苟求，良可慨嘆！　議建書院一所，延請名師，❸招致士友，❹相與傳習，庶幾由己及人，悉明孔子之道。」故其於先宋、後宋人所創書院之意，蓋兼而有之。書院在樂安縣東門之外。先聖燕居有堂有庭，有門有廡。外門

❶「程課」，《縣志》作「利禄」。
❷「知」，原作「之」，據《縣志》改。
❸「名」，《縣志》作「明」。
❹「士」，《縣志》作「益」。

之楹六，先賢有祠。後講堂，前大門，翼有兩廡。❶養士之田以畝計者五百，歲入之米以斗計者二千有奇。其基構，其田糧，皆夏氏之貲。經始於大德四年，越十有一年而内省畀額，越一年而外省始置官。❷皇慶元年，聖天子錫命寵嘉之。友蘭先被特旨，得貳州政。赴府一月而歸，❸以疾終。子志學承父志，欽奉綸音，勒之堅珉，以對揚萬億年。而澄爲記其創建之意，如前所云。繼今來學之士，亦思王命之表章、❹公朝之扶植、友蘭之所以悉心竭力於此者，豈有他哉？期與同志共學聖人而已。燕閒應接之際，❺惕然自省吾之所主所行，❻果公歟？果理歟？由是而存心致知，反身力踐，聖人之道可馴致矣。果私歟？果欲歟？聖門之罪人也，雖居遊於書院，奚益？嗚呼，可不懼哉！可不勉哉！皇慶二年十月癸未。

❶「有」，《縣志》作「以」。
❷「置」，《縣志》作「設」。
❸「府」，《縣志》作「官」。
❹「王」，《縣志》作「上」。
❺「燕閒」，《縣志》作「閒居」。
❻「所行」，二字原脱，據《縣志》補。

吴文正集卷四十四

元吴澄撰

記

心遠亭記

人有混迹世俗之中而超超乎埃壒之表者，亦有遁迹幽閒之境而役役乎聲利之途者，是何也？心與迹異也。均是人也，或迹近而心遠，或迹遠而心近。居屠肆而芥視三旌者，何人也？迹非遠也，心則遠也；身江海而神馳魏闕者，何人也？迹非不遠也，心不遠也。君子之觀人也，惡可于其迹不于其心哉？夫以芳草而雜艾蕭，以獨清而汩泥滓，自迹而觀，雖楚三閭大夫之潔，安能高飛遠舉不在人間邪？《遠遊》之作，乃與世外飛仙者俱，而翱翔寥廓之上，其心之遠何如也。君子之觀人也，詎可于其迹不于其心哉？晉陶徵士，猶楚屈大夫也。徵士少時作鎮軍參軍而經曲阿，爲建威參軍而經錢溪，因長史秦川而欲遊目於中都，曷嘗遺世絶俗而忘天下也？❶義熙歸來之賦，蓋有不得已焉。結人境之廬，而能絶車馬之喧，何哉？喧寂在心，不繫乎迹也，故曰「心遠地自偏」。東籬之西，南山之北，悠然真意，誰其知之？嗚呼！遠矣。國學生成克敬家碭山之安陽，斯亦不離乎人境者。作亭而名之曰「心遠」，陶子意矣。❷夫陶子，卓行之賢也。生日與胄子講聞乎聖學，豈止希賢而已。雖然，陶子《時運》暮春之詩，慨想清沂詠歸之樂，孰謂陶子不知聖學哉？生其有志於陶乎？勉之。

順堂記

魏郡李壽卿之子郁暨弟顯，率群弟以事親，左右無違，京兆蕭維斗以「順堂」名其居。王伯益謂予曰：「某與郁生同鄉，長同學，純篤人也。劬書而惇禮，一家愉惋雍睦。名堂者，蓋取《中庸》『父母其順矣乎』之義。子能繹一語以詒之乎？」予既禮辭，爲之喟然嘆曰：上古神皇肇開人文，始畫乾坤，以象天地之德，曰健曰順而已矣。五常百行，一由是出。至哉！順之義也。達乎物我，達乎内外，達乎遠近，達乎上下。一毫無所咈逆，謂之順。就一家而言，妻子順，兄弟順，父母之所以順也。一順之著，宗族稱之，鄉黨稱之，❸

❶「嘗」，原作「常」，據明初刻本、成化本、乾隆本改。
❷「意」，明初刻本、成化本作「噫」。
❸「鄉黨」，明初刻本、成化本、乾隆本作「黨里」。

難已。今也時之碩彦華其名，鄉之執友許其實，予安得不爲之嘆，而嘉李氏之有子也。雖然，順一也，行之有五致焉：致其愛，致其敬，致其樂，致其勤，致其慤。能是五致，於順其幾矣。抑猶未也，子之順乎親，未若親之順乎子也；親之順乎子，未若子之順乎道也。子順乎道，心與道一；親喻於道，心與親一。順之至也。劬書與？惇禮與？予之言庶有合哉！

可堂記

鄱陽徐君治《易》，祖程宗項，而旁通邵子《經世》之書。夫意言象數，全《易》也。於邵焉得其數，於程焉、項焉得其言。《易》之道，思過半矣。然君之學無所不窺，才無所不宜，宏偉倜儻，年耆而氣壯，志在當世，未獲一施。屈其能長書院，文事大興，上名于天官。又有以君《易説》進者，薦以不次。君至京師，視紛紛干進之徒十之九與勢利朋，索還其書，藏之篋笥，而不復以聞。常調調寧越郡教授，浩然而歸，謂予曰：「吾名吾燕居之室曰可堂。」問其故，曰：「可仕則仕，可止則止，吾師孔子也。」噫！君真不虛讀《易》者矣。可者，《易》之用也。雖然，可有三：有道之可，有時之可，有身之可。身可時不可，不可；時可道不可，不可。可者何？可於道而已。若時若身，徇乎道者也。而行是三可者，又有三可焉：有聖人之可，有賢人之可，有士之可。聖人者，如氣序之寒熱温涼，如物品之生長收藏，萬變不常，而莫知其然。人見其可，實無可也；人見其不可，實無不可也。是之謂聖人之可。賢人者，可其所可，不可其所不可，是之謂賢人之可。❶士也者，審其可而可之，辨其不可而不可之。不可而可，士豈爲士哉？❷是之謂士之可。君之或仕或止，而惟其可，其爲士乎？爲賢乎？爲聖乎？一概諸《易》而已矣。夫《易》六十四卦，非止爲六十四事用也；三百八十四爻，非止爲三百八十四人用也。變而通之一斯萬，殊而本之萬斯一。士用之而爲士，賢人用之而爲賢，聖人用之而爲聖。識之所造，力之所到，深淺不同，而其道一也。然則君之仕，予不能必其可；君之止，予亦不能必其可。而君之用《易》，予所能必也。士而賢，賢而聖，均之爲用《易》，則均之爲可也。君所謂可，蓋如是乎？君曰：「然。子所言，吾所志也。請以子之言，誌諸吾之堂。」之祥，❸君之名；麒甫，其字也。

思存堂記

和靖書院山長吴希顔曰：「吾之大父，葬曾大父於靖安里之存山。築室墓傍，環植萬竹，扁其楣，翰林承旨趙子昂爲書『萬竹寓隱』四字。吾父殁，復葬山麓，今爲歲時展省薦享之所，而名之曰『思存』。敢求文以記，庶其不泯。」予曰：懿哉！子之名斯堂也。夫孝子慈孫之於親，墓以藏其體魄，廟以栖其神魂，隨所

---

❶「之謂」，原倒，據明初刻本、乾隆本乙正。

❷下「士」字，明初刻本、成化本、乾隆本作「是」。

❸「祥」，原作「隅」，據明初刻本改。

在而思，如見親之存焉。故曰「事亡如存」，又曰「致愛則存」。而予又謂孝子慕其親者，無一時而不思，亦無一時而不存，豈特於省墓享廟之時而思也哉！一舉足不敢忘親，道而不徑，舟而不游，忿言不出，惡言不反，無往而非思親之存也。蓋致敬不忘者，事親之孝；慎行恐辱者，立身之孝。有事親之孝，無立身之孝，❶雖孝，猶未也。予嘉子之名堂，而廣子之孝心，乃筆之以爲記。

垚岡堂記

陳德可之父宅于臨川，山之陽阿有其先廬，既完且美矣。而以棟宇之構迫近於山，每歲春夏霖雨，山水衝射，疑不可久處。乃相居宅之左，渡溪而南不半里間，得廣衍之地而改築。其地曰垚岡，平疇中特起高阜，溪水界其後，山無所復之。其勢之止，其氣之聚，固宜有乘其旺者，而德可定居焉。仍以昔之名地者名其堂，而請記於予。予謂地之名舊矣，而堂之名則新也。其語蓋出鄉俗之所呼，其名又非圖志之所載，而予何可以妄言之也哉？請不置，則姑即其名而稽諸字書。土高曰垚，山脊曰岡。夫自廣衍之土騰躍而上，聳拔而爲岡，斯可以遠絶埃塵，頫視培塿矣。然予觀詩人所詠，周《雅》、魯《頌》，皆以如岡爲期望之辭，何也？岡之聳拔特起，不有似於創造之隆者乎？岡之常永不虧，不有似於保守之堅者乎？《雅》之所謂「單厚多益」，《頌》之所謂「黄髮台背」，大率期其禄之有常、年之有永也。德可嚅嚌乎詩書之味，馳騁乎古今之跡，何

❶「無」，原作「有」，據明初刻本改。

理弗瑩，何事弗鑑也？常守其家之富，永保其身之壽，有合乎詩人之所期，則垚岡之實，吾得享而有之，豈但襲取垚岡之名也耶？垚岡者，積土之高以成山之高也。享有垚岡之實，而常守其富、永保其壽者如之何？亦曰不自高而已矣。予又擬諸《易》象，三土之垚象坤，山脊之岡象艮。坤上艮下，其卦爲謙。謙也者，慊然自卑而不自足也。夫苟慊然自卑而不自足，則惴然戒慎之心生焉，惕然省察之道行焉。凡一毫有違於禮法而能害于家者，不敢犯也；一毫有動於氣血而能損于身者，不敢肆也。何敢哆然自恃其家之豐大、身之壯盛而謂莫吾若哉！一謙而衆理無不該，百事無不善。人所好也，鬼神所福也。尊而光、卑而不可踰者，其唯垚岡乎！

弘齋記

士之貴乎弘者，何也？天地之所以爲天地、吾之所以爲心也。苟不能充其心體之大以與天地同，是於心體之全有未盡也。心體之全有未盡，則吾心所具之理，其未能知、未能行者衆矣。夫與天地之同其大者，心體之本然也。心之量，所以貴乎弘也與？心量之不弘者，❶知行未百十之一二，而已哆然自足，盈溢矜傲，謂人莫若己也。此無他，其心隘陋，不足以藏貯故耳。惟其弘也，是以愈多而視之若寡，愈有而視之若無。蓋心量寬洪，而其容受無限極也。集賢侍講學士中山王結儀伯，讀聖賢之書，以聖賢自期，名其齋居之

---

❶ 「量之」，成化本、乾隆本倒乙。

所曰「弘」。按曾子之言，弘與毅，不偏舉也。毅如乾之健，弘如坤之廣；毅以進其德，弘以居其業。不毅則功力間斷，而不能日新；不弘則容量狹小，❶而不能富有。二者缺一不可也。昔南康李文定先生燔字敬子，登科之後，年三十五始受學于朱子。朱子告以曾子弘毅之説，於是文定歸而取「弘」之一字名齋室。朱子兼言其二，而李氏專取其一，何哉？文定自揆其平日所學，頗近於毅而或歉於弘，故取其所歉以自勵，若古人佩韋佩弦之義，所以矯其偏也。然則儀伯弘齋之扁，其亦猶文定名弘齋之意乎？前修之已事可發，固不待於予言也。王氏之名齋與李氏不殊，庸敢援其事證，以誌于弘齋之屋壁。

種德堂後記

古稱皐陶邁種德，而後世或借種德二字以嘉善人。夫古之種德者，種之於民；後之種德者，種之於家。種之於民者，天下蒙其惠澤；種之於家者，子孫受其福報。鉅野李氏之家，素積德。其先諱成，教子孫力穡勑書，周姻戚之貧乏，而代其徭役。其嗣名珪、名璧，俱克承先志。親殁數年，而兄弟同居同財無間言，重義輕利，一如其父。於是鄉之儒特書「種德」字而扁其堂，蓋以其再世種德，如嘉穀之既種，則其苗之芃芃、禾之離離可計日而待也。李氏資用饒裕，而成之孫、珪之子曰好義，治進士術，漸可媒仕。其富其貴，將兼有焉。所謂種德於家、而子孫受其福報，非邪？且種者必有穫，理固然也。雖然，種之後、穫之前，豈無所事

❶「小」，原作「少」，據明初刻本、成化本、乾隆本改。

哉？既種，不可以不耨也。耨之當如何？亦務學而已矣。故曰義以種，學以耨。爲義而不講學，猶種而弗耨也。學之當如何？亦崇德而已。故曰尊德性而道問學。學外乎德，非君子之學也。若祖若父之德，雖自天質而出；若子若孫之德，必自學力而充也。質之美者種於昔，學之篤者耨於今，其穫也，寧不十倍其入乎？不然，芸而滅裂，實亦滅裂，種之之種非不嘉也，而耨之之功有弗至耳。「勉哉，芸其業！」韓子之言也。好義從予學，故誦斯言以勸。

自得齋記

盛昭克明因孟子深造自得之説，而以「自得」名書室。克明之務學也有年矣，今觀所扁之名，其志不亦甚大，其義不亦甚奥矣乎？予考之經史傳記，自之義有三：有所由之自，自誠、自明之類是也；有所獨之自，自省、自訟之類是也；有自然之自，自化、自正之類是也。孟子之言自得，亦謂自然有得云爾。何也？天下之理，非可以急迫而求也；天下之事，非可以苟且而趨也。用功用力之久，待其自然有得而後可。先儒嘗愛杜元凱之言，意其有所傳授。其言曰：「優而柔之，使自求之；厭而飫之，使自趨之。若江海之浸，膏澤之潤，涣然冰釋，怡然理順，然後爲得也。」斯言殆有合於孟子自得之旨歟？優柔而求者，不以速而荒，使之不知不覺而遂所求；厭飫而趨者，不以餒而倦，使之不知不覺而達所趨。若江海膏澤之浸潤者，漸而不驟也。逮至膠舟而遇初冰之釋，解牛而遇衆理之順，則膠者涣然而流動，解者怡然而悦懌，無所用其功力矣，此之謂自得。然自得者，言其效驗而未嘗言其功力也。非不言其功力也，未易言也，故但曰以道而已。

以道者，循其路逕以漸而進也。君子固欲深造也，豈能一蹴而遽造於深也哉？其必進之以漸，而待之以久。❶夫思之思之又思之，以致其知，以俟一旦豁然而貫通；勉之勉之又勉之，以篤其行，以俟一旦脱然而純熟。斯時也，自得之時也。克明其收自得之効驗歟？盍亦先於用功用力之地而加思勉焉？

養正堂記

京尹耶律氏名其别墅之堂曰「養正」，前參江浙行省政事時，翰林承旨趙子昂爲書其扁，今於京師徵予記之。余惟「養正」二字，肇自聖人傳《易》之辭。誦習進脩之士，有終其身莫能究察履蹈者。尹以公侯之貴，乃能虔揭斯名，朝夕瞻翫，其志趣之超於人也卓哉！余未獲步斯堂，目斯扁，繪築構之規模，稽完成之歲月，於是演暢堂扁之義，而爲之記。蓋聞邪者，正之反也；偏者，正之偶也。事違於理之謂邪，心倚於物之謂偏。故夫正之爲言，有以事言者，有以心言者。所行無邪，事之正也；所存無偏，心之正也。正之名一也，而正之實有此二端焉。所養之正，其事歟？抑心歟？曰事之無邪，爲之而已，不待養也。心之無偏，苟非養之於素、養之於漸，則豈能遽至哉！養正云者，養其心也。凝然在中，不近四旁，是爲心之正。喜怒憂懼一有所偏，非正也。未正之前，不失其養；既養之後，斯得其正矣。正之所貴乎養者，何也？若地之養禾然，不可無雨露之滋也，不可無穮蔉之勤也；若山之養材然，不可有斧斤之伐也，不可有牛羊之牧也。

❶「待」，乾隆本作「持」。

方其静而無思也，主敬以直其内；及其動而有爲也，不可不養之於外也。養之於外如之何？亦在乎所行之事一皆無邪焉爾。蓋必行無邪之事，而後可以養無偏之心也。外之無邪與内之無偏雖不相同，然不相悖而實相資也。凡不可以質諸天、不可以語諸人者，邪而不正之事也。於邪而不正之事不肯爲，此養心之道也。養之之久，則查滓淨盡，本體渾全，正而不偏之心又豈俟他求哉！堂之扁斯名也，固將既其實也。余言其可虚乎？庸敢述聖功之實以諗，而繫之以箴。其辭曰：

心之正體，明鏡止水。未發而中，焉有所倚。下聖一等，或不能然。用而善養，體則罔偏。以義勝利，以理制欲。外行必果，内德斯育。滓澄水淨，塵掃鏡空。不南不北，不西不東。蒙養聖功，❶繇此臻極。尚其勗哉，安處仁宅。

香遠亭記

鄱陽陳廣居，家有園池之勝。池中種蓮，池上構亭，扁其亭曰「香遠」，而請予記之。予謂周子以蓮比君子，其狀蓮之德，曰「中通」，曰「外直」，德之備於己者也；曰「出淤泥而不染」，曰「濯清漣而不妖」，德之不變於人者也。其香之遠，猶君子之譽望遠聞，蓋德之徵驗焉。夫德必先有其本實，而後有其徵驗。欲譽望之聞如蓮香之遠者，必其有君子之德也。君子之德如之何？靜不蔽於物，而此心常明也，蓮之中通似之；動

❶「功」，原作「切」，據明初刻本、成化本、乾隆本改。

不違於理，而凡事悉正也，蓮之外直似之。雖與汙世合，而不爲所汙；雖與流俗同，而不爲所流也。蓮之不染不妖似之。德如是，譽望其有不遠聞者乎？且蓮香之遠也，聞於尋丈而已。德之香，則始乎一鄉，達乎一國，遠而可法於天下，又遠而可傳於後世，奚啻如蓮香之遠也哉！廣居今爲蒙古字學教授，方當習譯鞮之語，而乃慕香遠之蓮。倘因周子所愛而其有慕，❶而思焉，而學焉，而悟焉，而得焉，將見無處不香，無時不香。香之遠，無更遠於此者，於蓮乎何有？

仁壽堂記

金陵之人世積仁厚者，王氏爲首稱。王子淵深源之家，有堂名「仁壽」。予昔與其弟子清寅叔游，今與其弟子霖起巖游。見其季父仁甫之善行，又聞其先翁國濟父之遺事，於是而知王氏世積仁厚之實。李桓仲蒙，介士也。謂予：「深源之先翁諱君久，素號長者。其先汴人，宋南渡，徙霅川，再徙金陵。勤儉殖生，以致饒裕，周人之急，雖重費不吝。至元間，郡既降，兵猶散掠郊外。有秦氏者舊曾識面，爲兵所執，求資靡應，將就戮。秦紿云有白金寄姻戚家，願偕往以索。兵捽秦徑抵翁所，秦遶屋叫呼：『急活我，急活我！』聲甚哀。翁惻然興憐，出迎軍校，坐，啗以酒肉。衆咸喜，言及索金，指秦喻之曰：『彼貧人，安有寄物？即非吾姻戚也。汝所需幾何，當代輸以易其命。』衆感動，許諾畀白金若干，秦獲免死。又有許氏者嘗客于門，妻

❶「其」，原作「能」，據明初刻本、成化本改，乾隆本作「真」。

子被俘，翁遣人賫金帛遍地尋訪，竟贖之以還。許之家已毁，資以牛六十蹄角令歸治田。許得復業，後成富家。秦、許之子孫至今不敢忘德，而外人鮮知之者。其生平陰德多類此，某生晚，不能悉也。」予聞仲蒙言，嘆曰：「世有若人乎？以是翁爲兄，宜其有仁甫之弟也；以仁甫爲弟，宜其有若是之兄也。仁壽名堂不忝矣。」一日，深源請曰：「子淵爲人子，弗克揚父之美，常悒悒于懷。先生幸知之，敢請紀此遺事于仁壽堂之壁，俾後之人世世鑑觀之。如之何？」予曰：「可也。仁之施不一，而壽之報有三：年齒耄耋，一身之壽也；世業久長，一家之壽也；子孫蕃延，一族之壽也。深源意度坦易，才識明敏，不墜先德。年垂六十，顔若童孺，資用源源而流通，生兒衮衮而賢才，所謂一身之壽、一家之壽、一族之壽。人蘄享其一而不可得者，且將備其三而不爲難，天之報王氏方殷也。雖然，天之於人也，如土之於木，栽者培之；人之於天也，如器之於水，虚者受之。深源既知所以光其先，益思所以淑其後，化所居之里爲仁里，拓所至之域爲壽域，皆此一堂之仁壽爲之基。勉之哉！」深源曰：「敬聞命矣。」乃書以遺焉。

密齋記

憲府鄭萬里名其齋居曰「密」，前翰林之屬歐陽南陽，因教授傅民善而講求「密」之意。予曰：有其名必有其義，究其義宜識其字。識字者，古之所謂小學也，予幼嘗學之矣。今以小學家所學而告于學大學之人，其尚無忿。字由密而生，宀之下諧必聲者，室之静也；山之上諧宓聲者，山之用也。宓、密二字通用，故周密之密作宓，而静宓之宓亦借用。洗心退藏於宓者，静密也。幾事不宓則害成者，周密也。静密者，心不膠擾之謂；周密者，事不疏漏之謂。二者固宅心之要法、處事之大方，而行之不保其無弊。静密之弊，寂滅而絶物；周密之弊，詭秘而自私。密而或若是，不可也。惟《中庸》言密察、《聘義》言縝密，其義與周密之義同。以密察之密而析理，則分辨精微，已精而彌精；以縝密之密而治身，則脩省詳悉，已謹而彌謹。精而彌精，《詩》之「如切如磋」也；謹而彌謹，《詩》之「如琢如磨」也。此則密之所以爲密，而大學之所以爲學者。名齋之君子，倘亦有志於斯乎？

觀復樓記

物之生始於根，人之生本於父。夫物春而發榮，夏而長茂，秋而成遂，皆生意之流行也。至於冬，則伏藏固密而歸其根，是之謂復。而來歲之發榮、長茂、成遂，皆於此乎基。人之本乎父，亦猶是也。自幼而壯，自衰而老，學行足乎己，事業加乎人，德至於爲聖爲賢，位至於爲公爲卿。凡所能爲者，皆吾之一身。而吾之一身，即父之身也。故曰身也者，親之枝也。然則親也者身之本，其猶嘉植之根與？是以君子之於親也，事生而致其樂，送終而致其謹，追遠而致其嚴者，報本反始，不忘其所由生也。高安陳以忠孝行，疇昔孝於其親，親殁而猶有終身之慕。今爲蒙山銀場提舉，創樓於公廨之側。面池背市，峙乎其右者大蒙之山，聳乎其左者鍾秀之峯也。翼以圓明丈室，退食之餘宴坐其中，悠然而遐思，以不忘其親。樓經始於延祐乙卯之冬，落成於今兹丙辰之春，而扁之曰「觀復」。

尚古堂記

人之所尚，有萬不同。尚名者進取百途，以蕲於升；尚利者計度百端，以蕲於豐。其他小術末伎，足以溺心蕩志者，皆能使人尚之終身而不厭。嵇康之達也而鍛，劉毅之雄也而博，則其下者，又奚足怪？夫其所尚之不同，由其識之不同也。識之卑者，所尚亦卑。宜春黄元瑜，循循謹厚，處家處鄉，未嘗矯激以求異於人，而其尚自有與人不同者。若名若利，若小術若末伎，凡世人所好，一切不之尚。作堂於所居之偏，聚群書及法帖名畫充牣其中，而扁其堂曰「尚古」。予聞而嘉嘆焉。蓋人之所尚者今，而元瑜之所尚者古。彼尚今者喜其快己，喜其衒俗，而笑尚古者之澹且迂。夫孰知澹中之至味、迂中之至樂哉？孟子言：「讀其書，誦其詩，論其世，尚友古之人。」斯堂之名，於孟子之言有合也，其識不亦高乎？元瑜之所尚，固已高於人，而予又爲之次其品。法帖名畫，古矣而未爲古也，古者莫如書；書之有集有子有史，古矣而未甚古也，甚古者莫如經。《春秋》，古魯史，非司馬遷、班固以來之紀也；《儀禮》，古周制，非叔孫通、曹褒以來之儀也；《風》《雅》《頌》，古樂歌，非蘇李、張平子以來之五七言也。《書經》爲上古之書，《易經》爲三古之易，古莫古於此，孰有出其上者？黄氏之子若弟，沈浸乎是，含咀乎是，因古經之辭，學古人之道，得古人之心，則居今之世，而與今之人異，此尚古以淑其子弟之效也。其與尚今以誤其子弟，俾日趨而日下者相去之遠，奚啻九地之視九天也哉！元瑜名璧，爲榷茶都轉運司屬官。在江州爲予言其作堂之意，而予筆之以爲記云。

吴文正集卷四十五

元吴澄撰

記

慶原别墅記

新淦龔翊舜咨貽書云：「去家三十里許，介新淦、樂安之間有名山隆中，形勢迴復。山麓有湫，四時不涸。心樂其地，營别墅焉，將逸吾老于斯。他日幸得全其天年，而歸于斯也。榜其屋曰『慶原』，敢蘄一言以療吾癖。」予素聞舜咨喜佳山水，今「慶原」之扁，寧不謂人傑因于地靈，而期演子孫無窮之慶乎？閲書竟，與龔之客鄒志宏可道言曰：「前儒或詆《葬書》本骸得氣、遺體受蔭之説，蓋未之思也。程子，知道者，以爲地之美則其神靈安而子孫盛，若培擁其根而枝葉茂。此言與《葬書》之説何異？夫以慶之原于地爲非者，非也；以慶之原于地爲然者，亦非也。得地于今，延慶于後，是慶不自天而可以人力致也。然則慶果有原乎？抑無原乎？吾夫子言之矣：『積善之家，必有餘慶。』善者，慶之原也。何也？地之吉，可遇不可求也。其遇不遇，由善之積不積爾。嘗見富貴之家禮葬師，擇吉兆，自謂子孫可保數百年富貴，然不旋踵而遂陵替。祖父之用意福其子孫者，乃所以禍其子孫也。此無他，善之不積，天其肯以吉地福之乎？凡興盛之家，其始曷嘗有意于求地哉？而天自界之，非人之私意所能求而得者也。」鄒可道曰：「舜咨弱冠失父，卓然自樹，能亢其宗。萬變紛紜，而生業愈拓。苟有一善，輒稱父訓。家之寶器，必識父之名號于底。母宋氏早喪，結廬墓側，展省如孺子慕。劉令君將孫文其碑，辭極悲愴。初，叔父與其父同甘苦，立門户。父既終，尊奉叔父如父。叔父亡，又恭順其兄。兄亡，又扶植其孤。慨世降俗薄，族人不收疏遠之屬，就高祖葬處構追遠亭，歲時率族羅拜，譜一族之昭穆。劉提學岳申爲敘其意。派出樂安龔坊，程承旨鉅夫書『淦龔坊』三字表其閭，不忘所本也。長子衛夭，❶幼子衢任石城縣教官，生三孫，命第三孫爲長子後。其于倫紀之篤，有如此者。招致名師，接待四方賓友。來者既衆，居不足以容，則改闢增創園池亭館，諸賢皆有詩文。花木游觀之美，非專以奉己也。暇日領客焚香，啜茗觀畫，共賞清勝，花晨月夕，觴詠相驩。其于交契之厚，有如此者。嘗授天全招討使經歷，不赴。一造京師，謁中朝諸公，不干進而去，識者高之。比其南還，多有贈言。其器識之不怵于外慕，有如此者。讀書通古今，爲詩句律穩妥，集名《桃原漁唱》。竿牘往來，辭翰俱優，而猶以記未博、語未文自慊。其志趣之不厭于内脩，有如此者。」予謂可道：「所揚舜咨之善，予所欲聞也，今復舉善之一言指爲慶之原者。蓋善也者，仁義禮智之根于心也。舜咨嘗以心一倅其字。心之一，則其固有之善具存，而處己應物一一純乎天理之公，略無纖毫利己之私。若其倫紀之篤，交契之厚，器識志趣之不

❶ 「夭」，原作「天」，據明初刻本、成化本、乾隆本改。

群，固皆善中之一端也。夫如是，則心合乎天，而天之福龔氏者，如水之汩汩滔滔而來也。斯其爲慶之原也歟？地之吉，不待求而自遇。其慶也，非原于地之吉，原于心之善也。」可道曰：「大哉言矣，其可愜舜咨之所蘄也夫！請書以遺。」于是繫之以詩，詩曰：

猗歟舜咨，挺拔之資。有光其先，超越等夷。廣交好賢，劬書工詩。表表已偉，謙謙益卑。靡靡俗學，夸博尚辭。予諗舜咨，學不在兹。本心至善，天命之性。孳孳爲善，古有大聖。雞鳴而起，未與物應。爲善伊何，曰惟主敬。曷其謂敬，心一不二。吾聞舜咨，以此自勵。一者無適，一者無欲。惟心之一，萬善具足。涵養擴充，達泉決川。淨盡己私，上合于天。惟心之一，惟心之善。其原深遠，其流迤衍。其流迤衍，施及孫子。孰爲慶原，❶心一是已。

十章，章四句。

相泉記

吾鄉吏部侍郎李公，家在巴山之陰。山下有源泉，自南而北，可十里許，達于宅西。乃自西而東，遶宅之南，合于大溪，而復北流。侍郎之從子陽春令濤工于詩，扁吟屋曰「蒙泉」，以其泉自山下出也。陽春之孫允思追念祖先，扁所居曰「相泉」。蓋鄉人敬漢尚書欒叔元，山巔祠之爲仙，山麓祠之爲神。叔元諱巴，嘗爲

---

❶「爲」，乾隆本作「謂」。

沛國相。避神之諱，故謂巴山曰相山，而巴山下之泉謂之相泉焉。昔陽春以卦名名泉者，疑取「果行育德」之象。今其孫以山名名泉者，不忘繼志述事之孝也。夫「不舍晝夜，盈科而後進」，孟子稱泉之德行如此，固陽春之所願果育者也。允思持己温謙，應務通洽，所繼所述，無忝于祖。吾將見其如泉源之有常，吾將見其如泉流之有漸。斯泉也，蒙卦所象也，亞聖所稱也。孫之所名，即祖之所名也。其源混混，其流涓涓，世世不竭，是爲李氏之相泉乎？允思字汝德云。

墨莊後記

莊之爲字，草下諧壯聲，蓋草之盛也。假借而他用，容貌之致飾曰莊，路途之交會曰莊，與夫田業之所在曰莊，皆有盛之意焉。農之業在田，士之業在書。士之書，猶農之田。田謂之莊，則書謂之墨莊可也。然農之治莊，其用一，以養其生而已。士之治莊，其用亦一。自世降俗陋，而其用力或不同。用之以明義理而爲聖賢者，上也；用之以資博洽而爲詞章者，次也；用之以媒利禄而取富貴者，下也。莊一也，而用有三，志之高卑各異爾。古先聖王之率其民，以義種仁穫者，無不由夫四術之教，書之用甚大也。後人謂經訓乃文章之菑畬，抑末矣。況以青紫之拾，推本于明經；車馬之蒙，❶歸功于稽古。何爲小用其書如此哉！宋初三司磨勘劉公夫婦，目其家所藏書爲墨莊，而勗其子以學殖。逮一傳再傳，果以篤志勤學成名，登進士科累

❶「蒙」，成化本、乾隆本作「賜」。

累，特餘事。磨勘之孫集賢學士公是先生敞、中書舍人公非先生攽，學貫古今，名塞宇宙而芳百世，遂稱江西儒宗。所以用其墨莊者，固已占上等之次、次等之上。而二先生之族曾孫清之，與新安朱子契，猶恐人疑其治莊之志出于下等也，乃請朱子發揮其先代之所望于子孫者，蓋在上而不在下。卓哉，斯志乎！中書之冑一派居撫之金谿，其八世孫自得、自弘持朱子《墨莊記》來示，蘄予增益其語，予遲遲數月而不敢僭。其請不置，于是書此于朱記之左。夫士之立志在我，人莫能奪也。疇昔墨莊之子孫，每從知道之大儒游，繼今讀書，斷斷乎不志于下。遡公是、公非二先生之學，以上達于周公、孔子，吾于劉氏之莊何幸，及觀其道畎之春畊、仁穀之秋熟也邪？

西園記

園池之勝，非有補于治道也，而君子之觀治或以驗焉，豈不然哉！臨川山水清遠，不以險固爲恃。田疇之力完厚，歲之出者敏博，其風俗尚文雅。昔多大儒先生以爲之儀則，而又涵煦國家德澤之盛者數十年。居是郡者，宜必有名勝之士治亭榭，樹花竹，以極視聽之娛者焉。然而予數過之，未聞有園池之可名者也。將昔人之風流漸泯，莫或繼之？將孤迥自處者以山川之奇爲已足，厭薄于役心事耳目耶？❶將敏爲生者

❶「厭薄于役心事」，乾隆本作「而不役役於心思」。

徇勢利，❶而不暇爲此也？❷以江左之名郡，而又當國家太平極盛之世，幾復有寡陋之嘆者，何也？延祐戊午，余復過焉，客始以棠溪饒睿翁西園爲言者。于是知其締構之壯麗，樹藝之瑰異，賓客之盛，游覽之樂，而又得園之主人能以文學世其家。嗟夫！余固疑其有是而予未之聞耳。夫力足以爲西園者，非止一棠溪也。而饒氏獨以西園名者，存乎其人也。棠溪之爲棠溪，非一日矣。而西園之勝獨見名于今日，則遭時升平故也。不然，其孰能有此而樂之也哉？予將求訪于西園之下，上以歌詠聖朝安富之盛，而下爲棠溪極其盛以賦焉，則俟予重過可也。

小隱源後記

撫州金谿縣東二十里，朱氏族望于其鄉。昔有倜儻不羈之士，前乎崇寧大觀之時，挾弓劍，策駿馬，走大梁之墟，意將頡頏取世資。竟不偶，則歸治園池亭館，植奇花異木，名之曰小隱源，日與賓客飲食宴樂，而以仙翁自號。身既死，子孫不能保，其族人所有垂二百年。其族之賢子孫得之，新園池亭館如舊，仍其名不改也。有客過之，言曰：「夫所謂隱者，道不行，身不用，潛伏而不見也，非求顯不顯之謂。所謂仙者，鍊氣銷質，不寒不飢，離群絶俗，高騫遠騰，逍遥乎山巖海島之中，縹緲乎烟霞雲霧之表，人不得以見其彷彿，聞

❶「者」，原脱，據乾隆本補。
❷「而」下，乾隆本有「亦」字。

其依稀。其視人間一切所有，同于查滓糞壤、汙穢臭腐之物，棄之若遺，而惡得有如朱翁所有者哉？今子復能有翁之所有，而不改其名也，何居？」主者曰：「小隱，吾家舊物也。物如舊，名亦如舊，奚以改爲？且昔吾仙翁樂于此，吾將于此延師儒，講義理，聚宗族鄉黨子弟來學，養而教之，其樂又有大于昔。吾于仙翁之小隱，名雖因，實則革矣。」客曰：「偉哉！子之是舉也。因先代名德之厚也，不私耳目之樂于己，而公理義之樂于人，識之殊也。雖然，子之志安在？或謂五代竇禹鈞嘗爲是舉，多所造就，一家五子俱顯于宋初，此爲可慕。若子之志如是，則陋矣。五代之季，干戈紛紜，絃誦息絶。竇氏于斯時，篤義方之教而及乎人，亦爲可尚。當時所教者何人，所學者何事，一家所成，不過如儀、儼輩，奚足多慕邪？今文軌大同，自京師至郡邑，詩書理義之教，洋洋盈耳。子興私塾以助明時，大有裨益而後可，何也？所教所學，必有異乎今之所教所學者也。」主者曰：「可得聞與？」客曰：「乾、淳、紹、慶間，大儒學徒徧東南，今其書行天下，人人誦説。然其所教所學，往往非世儒之所與知與能。子之是舉，將以助于時也，將以光于宗也。充此志也，所造所就，果有如洙泗之門顔、曾、閔、冉其人乎？上也；果有如伊洛之門謝、尹、游、楊其人乎？次也。不然，昔之源，既徒爲是詭激假託之名；今之塾，又秖爲是鹵莽滅裂之實。後視今猶今視昔也，其何能有以光于宗，而亦何能有以助于時也哉！以斯源也，爲斯塾也，教者何以教，學者何以學，非可以鹵莽，非可以滅裂。此朱氏也，彼朱氏也，安得起雲谷、遯翁于九原而問諸？」主者曰：「客之言是也。」小隱翁曰子平，今主者元善。元善之弟受益來游，爲予道其顛末，遂記之。

景雲樓記

初，毛侯總戎柄，長萬夫，居松滋二十餘年。其弟自廣平奉二親就養官所，侯之悦其親者無不備至。有游處之地，有寢息之室，又建一樓，以極登臨眺望之樂。二親既以壽終，禮葬畢，侯驅馳王事于外，弟留佐戎幕，守墳墓。越數年樓敝，敞而大之，以書問名于伯氏。侯泫然曰：「吾尚忍名斯樓也邪？斯樓也，吾親疇昔之所登臨眺望者也。吾嘗觀唐史，狄梁公登太行，顧瞻白雲孤飛，而曰『吾親舍其下』，悵望久之而去。古人懷親追遠之心，無一時而或替。今吾親已殁，而樓復新，吾尚忍名斯樓也耶？無已，則取梁公顧瞻白雲之意，而名之曰景雲，志不忘吾親也。」時侯年踰六十，而有孝子終身之慕，侯于是過人遠矣。臨川吴澄曰：漢諸葛孔明自比管樂，人莫之許，惟知孔明者信其然。孔明卒無忝于二子，而又有光焉。侯之竊效梁公亦猶是。梁公，唐社稷臣，其忠之盛，皆孝之推也。侯歷官臨事，悉心竭力，固已得移孝爲忠之概。俾當大任，決大疑，其不爲梁公矣乎？然則侯之自期，豈止名一樓而已哉！侯名淵，字巨源。弟名湇，字巨濟。樓之未名景雲也，曰先月樓。

山間明月樓記

龔舜咨居于新淦之遠郊，志氣卓越。嘗游京師，將有命自天，而登仕版矣。一旦幡然而去，别予于禁林，曰：「吾欲歸玩栖碧山中之月。」予甚高之，贈之以詩，末句有云：「浩歌歸去渾無事，栖碧山前月上東。」

舜咨既歸，而余亦歸。過客來言舜咨有樓，扁曰「山間明月」。予味其樓之名，益高之。夫萬古常峙者，山也；萬古常明者，月也。眉山蘇子，指山間明月爲用不竭之無盡藏，是矣。又謂「月之盈虚如彼，其卒莫消長」，則不無疑焉。月固無消長也，而豈有盈虚也哉？古今人率謂月盈虧，蓋以人目之所覩者言，而非月之體然也。月之體如彈丸，其遡日者常明，常明則常盈而無虧之時。當其望也，日在月之下，而月之明向下，是以下之人見其體之盈。及其弦也，日在月之側，自下而觀者，僅得見其明之半，于是以弦之月爲半虧。及其晦也，日在月之上，而月之明亦向上，自下而觀者，悉不見其明之全，于是以晦之月爲全虧。倘能飛步太虚，旁觀于側，則弦之月如望；乘凌倒景，俯視于上，則晦之月亦如望。月之體常盈，而人之目有所不見。以目所不見而遂以爲月體之虧，可乎？知在天有常盈之月，則知人之曰盈曰虧，皆就所見而言爾，曾何損于月哉！登樓玩月，其亦有悟于斯乎？若夫春之花月，夏之竹月，秋之桂月，冬之梅月，影淡香清，興致無極，足以快賞心，足以供樂事，如蘇子之所謂用不竭，此衆人之玩月者而已。客喜予言，書以詒舜咨。襲之主與客試共登斯樓，對酒浩歌，而以予之所言問諸月。

蛾眉亭重修記

姑熟之水西入大江，其汭有山突起，曰采石，横遏其衝。江之勢撞激齧射，浩蕩而不可禦；山之骨峻削刻露，巉絶而不可攀。其下有磯曰牛渚，晋温常侍嶠然犀燭怪之所也。其上有亭曰蛾眉，宋元祐張守環之所創也。俯眺淮甸，平睨天門，一水中通，三山旁翼，修曲如蛾眉狀，亭之所以名也。據險而臨深，凭高而望遠，水天一色，景物千態，四時朝暮，變化不同，雖巧繪莫能殫也。頻江奇觀，未能或之雙者。元祐至今餘二百年，亭嗣葺蓋亦屢矣。延祐五年秋，予舟過之，又得寓目，而慨亭之將敝也。明年夏，留金陵，姑孰郡侯命其客持書抵予曰：「采石鎮距郡三十里，自昔號爲重地。多事之際，英雄豪傑鷹揚虎鬬；承平之世，韻人勝士醉吟醒賞。流風概可想見。蒙恩守此土，幸與千里之民相安。境内凡有前代遺跡，不可坐視其廢壞。蛾眉亭三間，榱之朽者易矣，瓦之闕者補矣，壁之圮者今以甓矣。塗之以堊，繚之以楯。肇謀于歲初，訖功于春杪。一時聞者，樂趨其事。中朝達官，大書其扁。亭與名額，焕然一新。重修歲月不可以無述，敢徵一言。」惟侯嘗仕江西行省，綽有令譽。其牧郡也，廉正如江西時，聲實孚于上下，郡事治而心思靡所不周。一亭之微，可以觀政。他日郡民思之，觸目皆遺愛也，豈特四方來游來觀之人啨啨嘆美而已哉！烏乎！近年氣習日異，仕而無媿恥者十八九也。旦夕蠒絲其民，苟獲盈厭則翩翩而高翔，官府猶傳舍爾。事之當爲者有不暇爲，况可以不爲者而肯爲之乎？如侯之爲，其識慮遠矣。然侯之聲，不待今而著也；侯之實，又豈以久而渝哉！侯名鐵柱，亞中大夫、太平路總管、翰林學士承旨司徒公之子也。是歲五月丙辰記。

道山記

崇仁山在縣之西北，一名羅山，巍然高大，爲一邑之鎮。縣郭之南阜，横如几案，與羅山正對。前無障蔽，極目遠眺，盡見縣北峰巒之秀。山下之水北流而東，至南門外瀦爲大池，渟涵如鏡，是謂南湖。湖山二境前，❶樂安縣尹李氏所有。尹之子弘道新構，面湖臂山，地據南郭之勝。山有神館，以祠既往之仙靈，以俟方來之仙隱，而名之曰道山。道山之主人諗于客曰：「嘗聞海中蓬萊諸山，飛仙所宅，人跡不得而到。漢以來，圖書祕府，清嚴幽邃，衆所尊慕，視山如道家蓬萊山，故祕府有道山之稱。彼擬其似，此期其真。山之名同，而所以名者異也。」客曰：「幸哉！茲山之得斯名也乎？道也者，大而天地莫能載，小而人之日用莫能遺，未易以言語繪畫也。唐韓子略言其用于《原道》之篇，蓋自堯舜禹湯、文武周公傳之孔子，以至于鄒孟氏。周之衰也，世喪道失。柱下守藏史著書五千言，論道其旨，以清静無爲爲本。孟子既没，孔道失傳。人但見老子所言超乎末俗，因是專以老氏爲道家。學孔之徒名曰儒家者流，而不得與于道之名。韓子作《原道》雖極其辯，而卒莫能奪。比及宋代，孔道大明于下，非漢唐所可等倫。然老氏專道之名，猶如昔也。戰國之際，燕、齊之間目蓬萊三島曰三神山，後世遂易神山之名爲道山焉。道云道云，神仙云乎哉？清静云乎哉？山之主人家世皆出仕，同乎孔氏用世之道，異乎老子之清静無爲也。況道家之流，一降而爲神仙，再降而爲法術，爲符籙，爲科教，愈降愈卑，遠于老氏矣，是烏可以名道也？今也治民能言游之愛，治材能冉有之藝，無一非孔道之用，何羨乎圖書祕府之擬于蓬萊者哉！《語》曰：『仁者樂山。』又曰：『義重如山。』有樂山之仁，而人蒙其惠；有如山之義，而事合其宜。則道山之道，韓子所謂合仁與義而言者也。彼老氏去仁與義而言之，道又奚足云！」于是道山主人囅然而笑曰：「客之言是也，深契我心之所同然。請筆之以

❶「二境前」，原作「之北爲」，據明初刻本、成化本、乾隆本改。

爲《道山記》。」

静虛精舍記

心學之妙，自周子、程子發其祕，學者始有所悟，以致其存存之功。周子云「無欲故静」，程子云「有主則虛」，此二言者，萬世心學之綱要也。不爲外物所動之謂静，不爲外物所實之謂虛。静者其本，虛者其效也。江州柳從龍雲卿，家闤闠之中，厭喧囂之聒，擇幽曠之地，爲藏息之廬。晨省之暇，燕休其間，飽玩聖賢之書，而扁曰「静虛」，將俾外物不能波其止水之停，窒其靈府之空也。卓然斯志！雲卿年長矣而學于予，予故爲之陳其概。周子言静，而程子言敬。敬者，心主于一而無所適也。夫苟主于一而無所適，則未接物之前寂然不動，非静乎？既接物之後應而不藏，非虛乎？静虛二言，敬之一字足以該之。學静虛者，亦曰敬以存其心而已。所存之心，何心哉？仁義禮智之心也，非如異教之枯木死灰者。仁義禮智，四者統于一。一者，仁也。仁者，天地生生之心也。而人得之以爲心，故愛人利物之心滿腔皆是，而傷人害物之心一毫無之。由父母兄弟，而宗族婣戚、朋友鄉里，欲人人各得其所，温然如九州四海而爲春。視人之所願成全之，視人之所患救護之，❶蓋同生天地之間，皆吾之同氣同體也。或傷害于彼而便益于我，且不爲也，況無便益于我而傷害于彼者，其肯爲哉？周子所謂「窗前之草與己之意思一同」，程子所謂「静後見天地萬物自然皆

❶ 上「之」字，原脱，據乾隆本補。

有春意」者，即此也。能存此心，則妄念不起，惡事不留。此心廓然豁然，與天地同其静虚，聖學之極也。然豈易至哉！期學而至之，惟當主敬以存吾心之仁。此其大概也，其悉則有周子、程子之書在。雲卿躍然翻然，于此實用其力，再見之日，其必有以異于今。

吴文正集卷四十六

元吴澄撰

記

梅峯祠記

撫崇仁之境環南、西、北百里間，山之聳起而高大者五，俱有仙靈神異之跡寄託其上。最南一山曰華蓋，由華蓋而西北一山曰夫蓉，夫蓉之北支迤而西曰杯山，杯山之東北曰羅山；夫蓉之東支迤而東曰巴山，巴山之東北爲梅峯。梅峯者，世傳以爲因漢梅子真而得名。子真昔爲南昌尉，而此地在漢隸南昌。或子真所嘗經行棲息，或後人祠之於此而以名其山，蓋不可詳已。子真諱福，九江壽春人。少明《尚書》《春秋》。成帝時，外戚王鳳擅權，京兆尹王章以忠直忤鳳，下獄死，人莫敢言，王氏愈熾。五侯僭侈，新都受封，宗室劉向極諫，成帝歎息悲傷其意，而不能用。永始間，子真上書，引吕、霍、上官三危社稷爲鑑，乞抑損外戚之勢。其遠識深慮，逆知王氏之必不利於漢。以遐方小吏越職言事，可謂忠君愛國之至者矣。其後賊莽勢成，遂棄妻子，變名而遯。有人見之於會稽，竟莫知其所終，或傳以爲仙云。蓋賢人哲士沉困下位，不忍坐視移國之禍，而力不能救，則潔身全命，逍遥物外。高風凛然，猶將使百世之下聞而興起，省想其遺跡所在，❶敬仰而祠祀之，此好德之良心不可泯没者也。人以仙祀子真，宋代封靈虚妙應真人，既合祠於巴山，又專祠於梅峯。故吏部侍郎李公劉，家梅峯之陰，暨弟博古捐貲，築室買田，備諸器物，度胡守真爲道士，奉其祠。其子修、從子濤，又度羅日新爲道士以嗣胡，期於永久不替。而中更寇燬，守者失次，有乘間而據有之者。侍郎之曾孫允思言之于官，始克復舊。乃度鄒嗣昌爲道士以嗣羅，求余文記其顛末。余謂子真忠清而仁，箕子、伯夷之流亞，固不以祠不祠爲輕重。而梅峯峻拔特立，氣之鍾聚而秀美者。山之靈異，配子真之名節，亘古亘今，同其永久也宜。李氏子孫善繼先志，能得道流之勤謹者世守此山，其事皆可書也，是爲記。

相山四仙祠記

凡山之巍然高峙者，其氣盛。其氣盛，則其神靈。大而五嶽，次而五鎮，下而一郡一邑，苟有挺拔聳起之山，爲一方之望，往往靈異，而禱祈者趨焉。古禮，惟諸侯得祭境内名山。今庶人以上，俱有禱祈。然其所祠不主於山之神，而假托於人以爲靈。若山之所托必曰仙，其所謂仙，非必御風乘雲、飛行太空之中，❷

---

❶「省」，乾隆本作「者」，則歸屬上句，亦通。

❷「行太空」，原作「騰天宇」，據明初刻本、成化本、乾隆本改。

或其功行術法有可濟人利物，則祠之矣。撫州之西南，其縣曰崇仁。崇仁之南六十里，其山曰相山。所祠之人，曰梅曰欒，曰鄧曰葉，謂之四仙。考之史傳，梅尉南昌，欒守豫章，山在所治境内。鄧、葉皆唐開元、天寶間道士、方伎之流也。山初名巴，唐時號臨川山，而俗稱不改其舊。巴乃欒仙名也，僉曰宜避。而欒嘗爲沛相，故易名相山云。山巔有祠屋，其地高寒，雷風之迅烈，雲霧之濕潤，冰雪之凝沍，木石不能堪，易於朽腐摧裂。屋雖頻修，而不久復敝。住山道士黄守正積聚材木，❶未及營造而去。泰定丙寅六月，黄本初來貳其職，增益所儲之材。七月己未，構新屋十有八楹。從之深四尋，❷衡之廣如其深而羨一尺。適上清孫慶衍被旨長是山，遂底完美。本初來言曰：「仙祠一新，黄師實肇其始，孫師實成其終，本初獲效微勤相其役。❸願刻石記歲月，以爲後之葺治者勸。」予觀宋咸淳之季，郡守黄侯震爲道士羅端英作《仙祠記》，嘆典祠之人攘取微利是思。今山之提點、提舉不私其利，不私其名，公其心爲永久計，是可書已。況此山迥絶人境，超出物表，有地之靈，宜有人之傑。居山者倘虚吾之心，不使有一毫埃壒塵滓之留，❹六合内扶輿清淑，唯所收拾，以實吾之腹。逍遥遠近，堅固久視，且將與四仙合靈兹山，亦道家分内事也。因及之，以爲今之

---

❶「積」，原作「集」，據明初刻本、成化本、乾隆本改。
❷「四」，原作「曰」，據明初刻本、成化本、乾隆本改。
❸「役」，原作「投」，據明初刻本、成化本、乾隆本改。
❹「使」，原作「便」，據明初刻本、成化本、乾隆本改。

奉祠者勉。

玉華峯仙祠記

吾家之南有山名華蓋，祠浮丘、王、郭三仙。遠邇禱祈，奔趨如市，竟歲彌月無休息。時撫、吉兩郡之境，山之秀特者必設分祠，往往以華爲號。清江郡東南之三十里，玉華一峯聳立拔起，水旱疾疫，有求輒應。里俗相傳，亦曰王、郭二仙所憩，則與華蓋所祠同此仙也。然華蓋有屋以祠，而玉華之祠無屋。山近郭氏，敬神好善，父子再世，擬搆仙殿而未果。及孫汝賢、汝敬，繼承先志，乃聚木石，乃興工役。泰定乙丑九月丙辰墾闢基址，十月乙未豎架楹楝。山形險絶，俯睨巖壑，跂翼翬飛，冠冕其巔，不勞人力，若或陰相。俾陳道人掌其洒掃，吾友人皮滑、范桲爲之請記。予家華蓋山之下數世矣，禱祈之盛目見耳聞，而莫能究仙蹟之實。竊嘗思之，自古名山有功於民者受報，而唯諸侯得祭境内之山。今下逮士庶，既皆可祭古諸侯之所祭，❶祠其人不祠其山，庶猶未至於瀆乎？❷蓋山氣之鬱發，衆心之歸向，必有所寄寓，故其靈託諸超離氛埃、翺翔寥廓之仙，始能與山之孤峭峻削者稱。唐詩人謂山有仙則靈，予則以爲仙因山而靈也。玉華之峯予雖未至，而嘗至者言，葛仙之岫、令威之壇拱其左，雷公之壁、瑞雲之巘揖其右。扆其後者聖嶺、爛柯，卓

❶ 下「祭」字，原脱，據乾隆本補。

❷ 「瀆」，原作「黷」，據明初刻本、成化本、乾隆本改。

其前者凌雲一峯。暨三十六峯也，奇花幽草，嘉生之祥，不類凡品。其尤足以駭人觀視、❶起人敬信者，旦暮之圓光、静夜之天燈也。夫其靈異之跡，大率與吾鄉華蓋同。而郭氏兄弟，近亦有出而從事於時者，克成其父之志，孝也。予又重皮、范之請，是以記之云爾。

塗山庵記

塗山庵者，撫宜黄涂君允瑞墓所之廬也。涂之得姓本自塗山，❷故生時以之爲號，而其墓所仍以之名庵焉。宜黄之涂由豫章徙，彬彬文獻之盛，百有餘年矣。允瑞名立可，以宋咸淳丁卯六月庚子生。其先三世鄉貢進士，曾大考驥子，紹定辛卯貢；大考良佐，嘉熙庚子貢；考登寶祐乙卯貢，而開慶己未入太學。涂姓固爲一邑之望，允瑞尤爲一時之傑。蓋詩書芳潤克紹於昔，而才識經綸足稱於今者也。其孝友恭讓也，然規矩繩墨，從容禮法之内，然英游豪彦契如膠漆，莫或病其臞；其俊邁倜儻也，精神意氣，瀟洒塵埃之表，然醇儒莊士親密如弟兄，❸罔或議其縱。東西南北往來大夫士，以成交獲識爲榮。築亭江臯，俯臨遐眺，因其浦帆寺鍾影響之彷彿，而扁曰「小瀟湘」，三字其趣遠矣哉！一兄一弟早逝，撫其孤，教育冠昏之，與己子無

❶「視」，原作「聽」，據明初刻本、成化本、乾隆本改。
❷「塗」，原作「涂」，據明初刻本、成化本、乾隆本改。
❸「醇」，原作「純」，據明初刻本、成化本、乾隆本改。

異。子塤、子均、子坦俱務學，其二人尚幼。天曆己巳七月乙亥卒，十月丁酉葬邑南仙桂鄉之上池，邇先塋也。嘗自營構於其側，題曰「於斯」。其子復名曰「塗山」者，蓋於斯如見其父也。予每過宜黄，允瑞禮予若其父師。及其卒也，遠近莫不嘆憶，❶以爲不復有斯人，而予亦云然。其將葬也，友人侯恭述之以狀；其既葬也，宜春夏鎮誌之而銘。坦傳二兄之意求庵記，乃爲寫予之所以嘉於允瑞者如右，而所已述、已誌者不再書。

豫章甘氏祠堂後記

爵之爲公侯伯子男，官之爲卿大夫士，皆有廟以奉其先，古制然也。自封建罷，郡縣置，人臣之有國者，鮮矣。馴至叔末，雖處卿大夫之位，或以官爲家而終身客寄於外，豈復有國有家而有廟以㥠其報本追遠之心乎？秦漢而下，惟宋儒知道。河南程子始修《禮略》，謂家必有廟，廟必有主。而新安朱子損益司馬氏《書儀》，撰《家祭禮》，以家廟非有賜不得立，乃名之曰祠堂。古者，庶人薦而不祭，士無田亦然，蓋度其力之有不足故爾。遵朱子《家禮》而行，亦惟薦禮而已，視古祭禮則爲簡。然古之卿大夫士祭不設主，庶士之廟一，適士之廟二，卿大夫亦止一昭一穆，與太祖而三。今也下達於庶人，通享四代，又有神主。斯二者，與古諸侯無異，其禮不爲不隆。既簡且便，而流俗猶莫之行也。豫章甘君景文，獨拳拳於報本追遠，推其族之統

❶「莫」，明初刻本作「靡」。

系，以記其家之祠堂。建昌州學正曾仁復述其意，俾予一言。予謂奉先之禮，孝子慈孫之所當自盡者，奚以人之言爲哉？雖然，禮久廢之餘，而君之好禮甚，非其質之得於天者厚而然與？非其識之超於人者遠而然與？君，豫章奉新人。先世自丹陽徙，其族蕃而久。以儒吏出仕，持身謹恪，懼辱先也。初從事憲府，繼爲郡牧之屬云。

雪崖書堂記

臨江貢士黄先生鉞，宋淳祐壬子、寶祐乙卯、戊午、咸淳丁卯四貢於鄉。議論慷慨，才猷卓犖，無曲士齷齪之態。今袁州路儒學正良孫，其子也。曩從予游，家有閣，扁曰「同予」，❶擬予經過，則館於其中。歲久敝壞，學正在袁時，冢子振祖新之。又於閣後創書堂，將以祠其祖，其父歸而嘉其意。今年五月訪予山間，請爲之記。越數月，振祖復來温請。予嘆曰：「孝子慈孫之厚於其親也如此哉！」貢士君四舉無成，子若孫堂而祠之者，欲其名之永存也。然名之存不存，不繫祠堂之有與無、記文之傳與否也。蓋聞顯其親者，在於立其身而已。身能自立則身之名揚，而親之名與之俱顯。所以立身者學也，而非如今世之士所謂學。今世之學，不過應舉覓官，幸而得焉，志願畢矣。必欲永存其名，殆未可也。立身揚名之學，竊嘗聞之先儒，而未之能。振祖資質粹美，可進於是。倘欲聞之乎？他日當爲言之。雪崖者，貢士君所自號也。

---

❶「予」，成化本、乾隆本無。

臨川饒氏先祠記

饒氏先祠者，臨川唐坑之饒施田於武林寺，將以久存其展墓之禮也。古之大夫士，家有廟而墓無祭，近代非有賜不得立廟。先儒定家祭禮，遂易家廟之名爲祠堂，而墓祭之禮亦從俗。然既祭於墓，而又立祠於僧舍，不知於禮爲何如。禮未之聞，而孝子慈孫之心不能不然者，其意可悲也。何也？古者居不離其鄉，各姓皆族葬。墓之地域，有墓大夫之官，時巡其塋限，而無相侵。且設官寺於中，以守其墓，護宅兆，禁樵牧，不專諉其家之子孫也。時世非古，人家守墳墓之子孫，或游宦，或遷徙，不能不去其鄉矣。縱使不去，而家業或不如前，則歲時展墓之禮，豈無廢墜之時哉！深思遠慮者，謂人家之盛終不敵僧寺之久，於是託之僧寺，以冀其永存，其意不亦可悲矣乎？予昔在金陵，同一達官遊鍾山寺，見荆國王丞相父子三世畫像，香燈之供甚侈，達官憮然興嘆焉。蓋以二百餘年之久，荆國子孫衰微散處，而僧寺之祠獨不泯絶，此孝子慈孫愛親之意所以不能不然者與？臨川唐坑之饒，爲著姓也舊矣。居士君元衍諱從木從區，卒葬里之葉方。叔暘諱隧者，其子也。中神童科，又中嘉熙庚子鄉貢第一，晚以特恩授迪功郎，主石城縣學。卒，葬里之武林。武林寺距墓不遠，施田入寺，以祠居士君、石城君二世。其孫文甫諱成功，祔葬居士君之兆。其曾孫睿翁諱璿，祔葬石城君之兆。其玄孫熙又增施田，并祠高、曾、祖、考四世。饒自石城君以來，種學績文，篤行好義。至於熙，益進益修，有隆無替，表表在鄉閭間，可謂世濟其美之家已。初施田者，熙之大母黄氏；增施田者，熙也。❶寺僧曰慧顔，曰妙碧。熙請作先祠記，殆又欲託之文以永其祠。予嘉其愛親之篤也，思深而慮遠，❷故不以古禮所未嘗有而没其美云。

靈傑祠堂記

有蜀西草木之秀，是以産蘇氏父子之才名；有江東山水之奇，是以毓孫氏兄弟之雄略。其見於經，則甫、申之生者，崧高之嶽也。人傑之係乎地靈，尚矣。爰自後世，葬術行，而人家之盛必歸功於葬地之美。其説曰本骸得氣，遺體受蔭，某事某應。牽合繁碎，甚於漢儒《洪範傳》之所云。致遠君子或厭其説之泥，而莫之信。然譬之於木，本根得所託者枝葉茂，雖程子蓋亦云然，則其説未可少也。夫古人富貴福澤，往往推其苗裔所出，故世有本系，族有譜牒，其興必有所由。後世或徒步而取卿相，白屋而擬封君，無可推原，不歸功於本根所託之地，則無其説矣。撫金谿之世族視他邑爲盛，與宋祚相爲始終奚啻数十。至於國朝，而邑有王氏代興焉。望於鄉黨，禮於官府，資甲一邑，而名齊二三百年之舊家。非地之靈，而能若是哉！葬於遶城者，君傑也。其子謙亨、謙道構堂墓側，爲歲時展墓奉祠之所，扁曰「靈傑」，而謁記於予。❸予謂地之

---

❶ 「熙」下，原衍「與」字，據乾隆本及上下文删。

❷ 「思深而慮遠」，原作「深思而遠慮」，據明初刻本、成化本、乾隆本改。

❸ 「謁」，乾隆本作「請」。

靈已往而已然，人之傑方來而未艾。蓋人之特立，如木之特起者曰傑。王氏子孫駸駸向文學，充其所到，如蘇如孫，如甫如申，分内事爾。衍於後，所以增光於前；修於人，所以增重於地。❶ 玆傑之方來而未艾者乎？余將有俟。

❶「所」，各本皆無，據上下文補。

吴文正集卷四十七

元吴澄撰

記

御香賫江陵路玄妙觀記

皇慶二年，總攝道教所掌書記唐洞雲，欽奉帝制，授誠明中正玄静法師、江陵路玄妙觀住持提點，兼紫府真應宫住持，後又兼領本路諸宫觀事。教所嘉其能，留之弗遣，遥領其職而已。延祐六年冬，被旨賫香，詣武當山及江陵玄妙觀祝禧。將行，會國恤，不果。至治元年冬，被旨如前，又被中旨，兼詣紫府真應宫、武昌武當宫、廬山太平宫。二年春，馳驛至武當山，次至玄妙觀，建大齋醮，以殫報上之誠。宿德馮提點主齋醮事，提舉胡道隆、副觀胡道安、都監任惟杞暨遠邇徒衆，莫不肅恭就列。宣、廉二司軍民諸官咸集，對揚于齋壇。俛伏稽首，如侍清光之側，同與齋宴，以侈恩榮。一時歡聲和氣，充塞上下。續往真應、武當、太平三宫，一一蕆事畢，乃復于教所。江陵道流僉言：「宋大中祥符肇創天慶觀，視諸宫觀特爲崇重。我世祖皇帝至元間改錫『玄妙』名額，其崇重如昔。而江陵玄妙之承天寵也，未有若斯今之盛。粤惟吴大宗師際遇熙朝，❶嗣闡玄教；將旨使臣不辱使命，用顯皇猷。宜有所紀述，以昭示永久。」予適召至京師，來請譔文。竊謂道教之源遠矣，專掌禱祠，蓋自近代而然。我朝列聖降香祝禧，益加虔敬。禱祠之臣，奔走供給，惟恐弗逮。拳拳報上，實與《天保》之詩同意。予于其君臣之義有取焉，故聊敘梗概，而俾刻于石。

南山仁壽觀記

開府張公際遇世祖皇帝，待詔闕庭，晨夕密勿，歷事五朝，寵眷如一。秩號崇進，而彌不自高；錫賚稠數，❷而彌不自泰。天子視之如腹心，宰臣視之如賓友。近依日月，而退然類山林之隱逸，接微賤不異顯貴。在朝垂五十載，上下之交，人人心服其德厚。以冲虛不盈爲裏，以慈儉不先爲表，妙契玄元之教，生質固然，非學而後知、利而後行者也。至大辛酉，年七十四，翛然懸解。嗣教子孫奉委蜕還故山，今聖上敕有司禮葬。泰定丙寅，嗣教宗師特進上卿吴全節，❸將旨祠信州、建康、臨江三名山。既竣事，乃以十有二月甲申藏公冠劍于貴谿縣南山之月嶠。陰雨連旬，是旦忽霽，風和日暖，明麗如春。信、饒二郡及所屬諸縣軍民官，奉敕護督唯謹，官僚、士庶、僧道會葬，不翅萬人。生榮死哀，可謂甚盛也已。其地北距龍虎山十有五

❶ 「宗師」，乾隆本作「真人」。
❷ 「賚」，原作「類」，據明初刻本、乾隆本改。
❸ 「宗師」，乾隆本作「真人」。

里，兩山旁峙，一水中通，僅一徑可入。行至其中，劃然開豁，平疇廣衍，四山環拱，如列屏幃。月嶠西北，創仁靖觀，殿名「混成」，堂名「玄範」。開府公之祠，以「輔成」二字扁，其南軒曰「悠然」。總爲屋若干楹，庫廩庖湢，器物具備。命其徒世守，供香燈，省塋兆，有土田給其食。山之東又營别館，繚以外門，榜曰「南山道域」，落成于是年治葬之先。董其役者，李奕芳也。凡特進之所以報事其師，悉如孝子之于父。開府公欲有所爲而未及爲者，一一繼承，靡或廢墮。予嘗論人心之天，唯親所親者能尊所尊。特進昔也于父致其孝，今也于師致其隆，親親尊尊，同一心也。或乃以爲道家者流，游方外，出人間，人綱人紀有不屑屑爲，是説者豈知道者哉！特進雖以玄元之道立教，而其親親也，本乎恩以盡其義；其尊尊也，本乎義以盡其恩。蓋與周公、孔子之道符，予所深嘉也，是以因其徒之索觀記而特爲之書。

金華玉山觀記

欒安鄉之櫟步，澄先塋在焉。塋面金華山之陰，山之陽有道觀，名玉山。舊觀在東華山之下，久廢。宋建炎間，閤山道士謝居義❶創道院于金華山麓之金石原。謝之徒冲隱大師杜行正，工詩善奕，清江謝尚書諤攝欒安尉時甚禮貌之，廣拓道院，遷于山麓之左。或謂道院不屬官，終不可久，乃爲請玉山廢額。而杜之徒詹季立言于官，以爲東華山山下舊基形勢迫隘，地僻人稀，難以建觀，遂以舊額施之于金華山麓之道院，

❶「閤」，原作「闔」，據明初刻本、成化本、乾隆本改。

今觀是也。詹之徒李拱辰，自出力首營殿宇，而好施者爲造門廡，自此道院陞爲觀。嘉泰甲子，構經藏。嘉定己卯，鄉士鄔克誠爲之記。後四十年景定庚申，李之徒丁寅賓始刻記文于石。觀舊無恒産，丁三傳至謝若玉，于國朝至元丙子以後買田數百畝，以食徒衆。豎樓一所，以禮天神，觀浸興盛。至治辛酉，游泳祥裝塑諸像，益美觀瞻。觀之道士保真明素冲静法師鄒嗣昌，分處崇仁梅仙峰，受天師命提舉華蓋山崇仙觀。數過予，請玉山觀記，予未暇作。泰定丁卯，予省先塋至玉山，與鄒之祖師陳文亨、鄒之徒孫康仁壽接。察其地，觀其人，而覘其觀之興盛未艾也。金華山一峰崔嵬特起，氣脈至觀而盡，水繞其前，山環其外。汎觀諸處道流，有悠悠廢務者，有汲汲營私者，有悻悻好事者，有蕩蕩踰閑者。是數者倘有其一，不免于敗道而招愆。而玉山一無有也，予是以知其興盛之未艾也。杜師之字曰正甫，詹曰孳齋，李曰筠窗，丁曰蒼檜，謝曰石屋，游曰滄州，陳曰山居，鄒曰梅窗，康曰虚碧。嗣康者姜興渭，再傳則鄒性善也。而清溪、南華二觀，亦皆玉山道士分處，故稱玉山爲祖山云。

瑞泉山清溪觀記

撫州西南二百里外，其山之高者華蓋，上有浮丘三仙祠。華蓋而西北曰芙蓉，芙蓉之東一支爲巴山，西一支自上阜嶺而爲杯山。杯山之下，溪水分而二，不一里復合而一。二溪之間有道觀，以「清溪」名。無碑記可考，莫知其興創之由。俗傳以爲華蓋三仙祠之分也，且謂嘗有異人甘其水味，號之曰「瑞泉」。後人立觀，因曰「瑞泉山清溪觀」。小鐘一，宋咸平辛丑歲道士徐玄德所鑄。大鐘一，宋宣和壬寅歲道士蕭延宰及其徒鄧處謙、陳處正所鑄。傳系中絶。宋南渡後，臨江閃山道士詹季立來主玉山觀。而其徒一人李拱辰者，留居玉山；一人鄒指南者，往居清溪。鄒之徒黄，黄之徒陳，陳後七傳至今，觀復保真大師李泳沂。李之徒康紹莊，❶于延祐丙辰創一殿甚偉，不百日而歸德流民止宿于觀，遺火焚燬，左右前後新舊屋廬靡孑遺者。越三年戊午，李師自出己資建法堂。次年己未，康師再建寢堂等屋，俱丙向，道寮、厨庫咸備。泰定丙寅，康之徒黄文静，勸率好事有力之家，建金闕寥陽寶殿及三門，俱庚向。裝塑神像，圬墁甓甃，具完具美。康師、黄師奉李師之命來請記。予向聞清溪罹人火之厄，共爲惋惻。迨今不十年間，營繕克底周悉，非其心之公、力之堅、才之優，何以能若是！嗚呼！卷懷世間有用之才，寄跡方外無爲之教，而有未見者，安能使人不慨然思其人哉！❷幸而獲見其人，又安得不深喜樂道而奬與其能乎？是以爲之記而不辭。

樂安縣招仙觀記

撫之支邑，樂安最後創。縣雖小，北郭有僧寺曰鬱林，南郭有道觀曰招仙，其地幽雅可隱處。招仙舊基，在今縣境之東五里外。及其創縣，❸乃遷今所，是名鉛田招仙觀。紹興以來，道士杜、譚、李、曾、詹、陳、

---

❶「紹」，成化本、乾隆本作「紀」。
❷「使人不」，成化本、乾隆本作「不使人」。
❸「其」，乾隆本作「既」。

董、許相繼主祈禳事。許當宋之季，新其棟宇，于時市叟有歸生業于觀而託以終身者。❶ 未幾國朝得南土，遐僻之陬，兵寇躪躒，觀亦凋敝。許雖受靈遠大師掌其教，而未遑營造也。太和誠一仁静法師曾德貴，始竭己所儲，合人所施，構殿堂、兩廡。太虚冲妙高遠法師黄有大，協志同力，不怠不啬，肇建藏室，諸善士各致助。❷ 而軍官夏鎮撫夫婦崇信尤篤者，❸畀田以豐其食，捐資以益其居，度人以永其傳。❹ 而觀之興盛，倍于昔矣。曾法師祖妣，❺澄祖姑也，爲内外兄弟，偕徒孫謝師程過余，請作觀記。樂安縣内舊額之觀有南真焉，縣外新額之觀有石泉焉，招仙實爲之總，而其徒分處之。三觀道衆十八九人，一派之流演也。觀占勝地，而子子孫孫皆能觀之興盛而未艾也，❻宜哉！

---

❶「時」，乾隆本作「是」；「市」上，乾隆本有「邑人」二字；「有」下，乾隆本有「愿」字。
❷「諸」，原脱，據乾隆本補。
❸「而軍官」至「尤篤者」十三字，乾隆本作「而軍總把夏公雄與其内子劉寵信尤篤」。
❹「永」，乾隆本作「廣」。
❺「祖」，原脱，據乾隆本補。
❻「而子子」至「宜哉」十七字，乾隆本作：「而觀之士，自黄有大而下，若陳日升、陳臧用、袁天啓、謝師程，皆有立有守而又有文者也。其餘冠服峩峩，先後相輝映者未艾，觀之隆也宜哉！氏□夏氏位置有祠，而□氏之祠獨居觀西偏，蓋有常住，自□氏始也。其後文季之子旻，復增捨附郭之田，以把記者三百，故□氏父子得傳祠饗之。」

崇仁縣仙遊昭清觀記

仙而曰遊，何也？以仙之能飛行乎六合之間也。遊者，飛行之謂。❶陰質銷盡，陽精渾成，倏往忽來，無所滯礙，咫尺八極，瞬息萬里。漆園真人所云逍遥遊，楚國騷人所云遠遊，郭景純之稱爲遊仙，佛氏書之目爲十行仙，槪以仙之飛行者爲遊也。夫仙遊之翺翔空虚也，或值天際孤峰、海中絶島而栖止。故凡世間山之崇峻而特起、人之隔遠而稀到者，往往以擬仙遊栖止之地而建祠宫。崇仁縣百里之内，山之高出群山者四，曰羅，曰巴，曰芙蓉，曰華蓋，皆于山巔祠仙靈。而華蓋之祠，人之信嚮虔奉尤衆。山形之近似者，輒爲行祠。縣東五里有山，雖不崇峻，然南望華蓋諸山，崒嵂奇聳，上接寥廓，眼界所極，昭昭太清，無纖塵微滓。予每一至其處，泠泠然，超超然，有御風乘雲意。則此山雖在人境，實同仙居，名仙遊宜哉！前代有昭清道觀，占地五畝。環觀之山，畝二十有奇；贍觀之田，畝三十有五。觀無碑刻可考，不知創始之由。傳聞觀基山田，俱邑人吴氏所施。開山道士，汴梁周覺之也。中間重修，建炎丁未秋貢士吴沔爲記，而碑斷缺不可讀。國朝有此土以來，居之人既死，居之室亦壞。至元中，玉清觀道士姚時升起廢，畀其徒居之，買田二十五畝益其食。大德乙巳，北里謝録出力葺仙殿。❷逮泰定乙丑，居者非其人，觀復敝。東里陳祥協從姚

---

❶「飛」，原作「非」，據明初刻本、成化本、乾隆本改。

❷「録」，明初刻本、成化本、乾隆本作「錄」。

時升之謀，與祥符觀道士黄守正公舉道士余希聖掌觀事。陳施財新三門，黄施財新道寮，余又自新庖厨等屋。施粟、施田、施山者累累有人，❶别載碑陰，于是觀再興盛。希聖，宜黄縣南華蓋山招福觀道士也。❷遍歷羅浮、天台、武當、東嶽等處，亦嘗一造京師。澹淨持身，通變諧俗，兹山可藉以永久，而仙遊之勝迹，庶其如仙道之無墮毁時也。陳祥、陳毅及上方觀道士彭南起，求予文記始末。予因言仙遊之遊，以俟夫有志仙道者印證焉。

撫州玄都觀藏室記

玄都觀者，前道教都提點張師次房之所肇創。觀之藏室，則其徒孫黄仁玄之所新作也。師本臨川梅仙觀道士，至元間從天師北覲，留侍闕庭數載，宣授崇道護法弘妙法師、江西道教都提點，住持浮雲山聖壽萬年宫、撫州梅仙玄都觀以歸。凡得近日月、沾雨露而復還山間林下者，寵渥焜煌，位望殊特，人人夸之以爲榮。師乃不然，曰：「皇澤誠優，非吾徒所宜蒙，非吾教所宜有也。」二教設官，一如有司。每日公署涖政施刑，師曰：「吾教清静無爲，奚至是哉？彼有司所治，地大民衆，非政不整，非刑不齊。今吾所治，皆吾同類。何事當訊，何罪當懲，而以勢分臨之，而以囚撻待之乎？」其時主教天師簡易不擾，所在宫觀晏然寧處，

❶「人」，原脱，據成化本、乾隆本補。

❷「蓋」，原脱，據成化本、乾隆本補。

師之言已若是。既而習漸變，道流不勝困苦，夫然後知師之遠識先見、仁心厚德不可及也。道官出入，騶從甚都，前訶後殿，行人辟易，視部刺史、❶郡太守無辨。唯師不改其素，間不騎乘。或以勿太自卑爲諷，師曰：「吾豈乏馬？然故舊滿眼，不下馬則人議其傲，數下馬則己受其勞。孰若緩步徐趨，遇所識則肅揖而過，于身甚便，于心甚安也。」玄都觀初在郡城南隅，後徙今所。按：唐時舊觀，其中止有玄元一像。逮宋中葉，裝塑天神，增益名號，矯誣褻慢，莫之或正。玄都觀獨循唐舊制。即此一事，師之定是非、審取舍，高出千萬人之上。師既厭世，其徒周秉和將營藏殿于玄元正殿之左，蓋以玄元嘗爲周藏室史故也。市材未畢，而周亦逝。仁已克承其志，至治辛酉始構，次年壬戌底成。崇深宏偉，聳動觀瞻。中藏聖賢經傳、歷代史記，與夫諸子百家之書，靡不存貯。仁已請記。予謂佛寺有藏，藏諸品經。佛經蔓衍繁複，而貴其多，非藏莫可藏也。老氏以約爲記，以不博爲知，而貴其少。《道德》二篇，五千文爾。雖《南華》之汪洋，亦不過六萬餘言。非若佛説之蔓衍繁複，而何以藏爲？故道觀之有藏，追倣玄元所守藏書之室，而非擬釋教之經藏也。雖然，玄元之務約不務博也。❷及至答孔子之問禮，纖悉細微，詳盡曲當。則其上智之知兼該普偏，❸

❶「部」，原作「都」，據明初刻本、成化本、乾隆本改。
❷「之」，原脱，據明初刻本、成化本、乾隆本補。
❸「偏」，原作「偏」，據成化本、乾隆本改。

豈寡陋以爲約者哉！張師道行純美，默契玄元慈儉讓下之實。❶其徒世世相傳，不忝祖教，亦匪紛紛道流所可例觀。是以備述張師之善，而爲玄都藏室之記云。張師字紹隱，號松谷道人。❷一初者，仁己之字也。造吾門時，與徒孫毛允執俱。

仙原觀記

仙原觀者，乃宜黄縣仙原鄒氏之所創建也。鄒儒俗，世居縣市之西隅。宋治平丁未進士諱極，官至度支郎中、提點江南西路刑獄，殁葬縣南之小麓。墓近有赤松，僧寺掌其汎掃，❸至今二百餘年，得所託。度支公生湖北轉運永年，轉運又數世，而生石城縣丞子宜。縣丞兩與鄉貢，晚以五舉推恩就禄。伯子次傳，叔子次陳，咸淳癸酉聯貢于鄉。甲戌，次陳登進士科，未授官而宋祚訖，徙家剌桑。貢士君次傳三子，其一友直，仕國朝，任韶州路儒學教授，從事廣東憲府；其二衆，武岡路儒學教授。俱先貢士君而卒，無子。其季明善，承父命嗣伯兄。衆子其甥。明善娶同縣欒氏，相夫畢伯兄伯嫂若父若母之喪，無闕禮，頗務生殖。夫年四十，得疾革，顧謂妻曰：「以弟後兄，于禮不安。且吾亦未有子。」乃求族兄之子壽珍繼伯兄之後，而已

---

❶「實」，原作「寶」，據成化本、乾隆本改。

❷「松」，成化本、乾隆本作「雲」。

❸「汎」，明初刻本、成化本作「汎」，乾隆本作「洒」。

歸奉貢士君之祀，鞠叔父次陳之孫蕢蔞爲己子。遂以疾終。樂氏遵夫遺言，一無所違。夫卒之明年，泰定丁卯二月，葬待賢鄉之蕭家原，營雙穴，以俟同藏。請于道教所得「仙原觀」額建道觀，直墓宅之右。前有殿，後有堂，像設鐘鼓如儀，左廡右廡、外門内庖悉具。堂之後祠屋一間，以祀其舅姑與夫。施水田計畝七十有五，并畀陸地、山林，以資守觀者之食用。予孫女壻譚觀來乞文，將俾貽諸永久。嗚呼！予與縣丞君、貢士君父子兄弟交游，見其一門之内敦睦慈良，宜無人非鬼責，而世珍無傳，可爲惻愴。度支公之墓幸託于佛寺，貢士君父子之祠仍託于道觀。匪禮之經，而中事之權，其可也。樂氏名德順，孝敬舅姑，貞順于夫。年未四十而嫠，存其夫家之祀于既絶，思深慮遠。不以盛隆衰替二其心，從一而終，有古令女節婦之風，❶書之可厲薄俗云。

上方觀記

上方觀在崇仁縣之青雲鄉。崇仁，撫之壯縣也。縣之西北，聳然特起而高大者，曰羅山。羅山之陽，宋初時侍郎樂公父子兄弟接踵擢科，故名其鄉曰青雲。其後羅文恭公與丞相趙忠定公同時秉政，安宋社稷，山之靈異，鍾爲偉人。其蜿蜒磅礴、鬱積不盡者，往往爲仙佛之徒。近年以來道觀之最盛者，上方也。俗傳晉代嘗有飛仙往來其地，因以立觀。三徙而宅旗峰之側，今觀是已。中間道流傳系泯絶，道士陳逢吉派出

❶「令」，原作「今」，據明初刻本、成化本、乾隆本改。

東京壽聖觀，苦行清文，受知邑令范清敏公。嘉定季年，來主觀事，觀之重興自此始。數傳之後至吴惟一，樸素直諒，爲衆所嚮。田園歲入增三之二，駸駸日趨于盛。繼而陳次摶、陳復宗，志宏才優，同心協濟，用克樹立，世緒彌昌。廣其所居，益其所食，不啻數倍于昔。煒然以光，巋然以隆，聲實與巨室富户等。縣大夫以下，莫不敬禮焉。復宗嘗奉其師次摶命來索觀記，而予未暇作也。會有集賢之命，以予行之有期，督之逾亟。予謂家國之興替，係乎其子孫臣下之能不能。雖游乎方之外者，與人家國一也。上方之盛，基于吴而成于二陳，非其才之與志合，而能若是乎？視彼寄身清淨教中，而營營自豐，靳靳自私，不以一毫公于其徒，利于其後者，其用心之廣狹爲何如哉！予既有嘉于昔吴與今陳，而人之尊之也，各以號稱。吴曰竹隱，次摶曰林居，復宗曰衵山。衵山長于文恭公之族，其初以羅氏。若其構架之廣凡若干楹，壤土之益凡若干頃，不能悉記也。年月日記。

吴文正集卷四十八

元吴澄撰

記

紫霄觀記

至治元年十月甲子，紫霄觀道士張惟善來言：「紫霄觀在南豐之西南八十里，巖洞之勝，世之稀有。而遠於通都要途，故搜奇探幽之士鮮或至者。惟遁身絶俗之人，保神煉氣，棲息其間。而亦昧昧，鮮有聞也。其入山之逕，石巖削立，中鑿石磴百餘級，至梯雲洞。洞之上右，一逕入華陽洞。正路逶迤而升，又石磴七十餘級，而後至觀門。立正殿，以禮天神。屋三分之二居巖下，其前宇飄雨所及，乃覆以瓦。正殿之左爲屋，以禮玄武神；右爲屋，以處道流。其前爲法堂，又前爲藏室，藏室與觀門相直。正殿之後，石竇中有蜕骨，色如金，長八尺許。又上小巖，中有仙床。又上一巖，形如甕盎，名曰經洞。觀之左有掛冠石、赤松巖，及蛟湖、金坑之屬。觀之右有丹井，四時不竭。由丹井入中巖，有張丹霞讀書山房。中巖而上至山頂爲上巖，有浮丘祠。祠下有小巖，曰妙仙洞。踞高望遠，❶軍峰卓然，諸山聳秀，盱水如帶，縈紆横陳。軍峰之下，水流小澗，遶觀之前，如線通於山石之間。五七里内凡九曲，出雙蓮橋，合于大溪。觀之後，方峰如屏。觀之前一山名香爐峰，前後左右，小巖洞不可勝數。觀肇自唐開元，名妙仙觀，五代時頹廢。宋大中祥符，道士王士良重興之，治平初改今名額。淳熙間，道士吴源清知書能詩，錫號善遠大師，賜紫。一新殿堂，今百餘年。惟善忝主此山，大德丁未，善士施財修葺其舊，惟善已紀其歲月于石。延祐丁巳，又以善士施財創建經藏。正月興役，九月畢工，十有一月開藏運動。施者王子茂、陳哲、諶檝暨遠近諸善士。王應祥承父之志，竟所未竟。惟善昔年遊江右江左，自兩淮、荆襄，至武當而還。今老於山中矣，蘄一言以傳久遠，可乎？」予聞其言，泠然有御風之想，欲飛至其所一觀幽奇，而不可得。惟善通儒家、道家書，朴素而不俚，逍遥而不詭，❷方外畸人也。以此地宜有此人，非此人不足以宅此幽奇也。予既以未獲至爲欠，則筆其所誦授之，以達予意於山靈，尚期他日往遊而賦詠焉。

西陽宫記

文章之傳世，雖聖賢之餘事，然其盛衰絶續之際，實關繫乎天地之氣運。周秦以前，尚矣。先漢賈、馬

---

❶「踞」，成化本、乾隆本作「據」。

❷「詭」，原作「危」，據明初刻本、成化本、乾隆本改。

二子以來八百餘年，而後唐有韓子；唐韓子以來二百餘年，而後宋有歐陽子。天之生斯人也，固不數也，是以百世之下萬口一辭，稱爲文章之宗工。尊其文則敬其人，尊其人則敬其親。苟敬其親也，則其敬無乎不在，而況其墳墓所在乎？此予所以不能已於西陽宫之記也。西陽宫者何？歐陽子之親之墳墓所託也。昔韓子三歲而孤，先世墳墓在河陽，時或往省。歐陽子四歲而孤，二親俱葬吉永豐之瀧岡，終身不能一至。蓋其考崇公，官於綿而生子，官於泰而遽終。妣越國太夫人鄭氏，以其子依叔父隨州推官。越一年，崇公歸葬于吉，葬後還隨。歐陽子年二十預隨州貢，年二十四登進士科，歷仕多在江北。❶及留中朝，年四十六而太夫人喪，次年歸附崇公之兆，葬後還潁。崇公之葬距越國之葬踰四十年，越國之葬距文忠之薨，又二十六年。六十年間，欲如韓子之一省墳墓而不可得，其墳墓之託，幸有西陽宫焉。宫在永豐沙溪鎮之南，舊名西陽觀，莫詳何代肇創。宋至和乙未，道士彭世昌起廢，掘地得鐘，識云「貞觀三年己丑西陽觀鐘」。崇公諱觀，聲異而字同，乃請于朝，改觀爲宫。宫之後有祠堂，合祠崇公父子。《阡表》《世次》二碑，豎于一亭中間。祠堂敝，里人陳氏新之，淳熙丙午，誠齋楊先生爲之記。其後堂復敝，❷陳氏子孫重葺，咸淳丙寅，巽齋歐陽先生爲之記。莆陽方侯崧卿守吉，出錢十萬，命邑尉陳元勳修築瀧岡阡之門與墻，紹熙辛亥，艮齋謝先生記

❶「仕」，原作「事」，據明初刻本改。
❷「後堂」，原倒，據明初刻本乙正。

其事，尤爲該備。❶ 獨西陽無片文可稽。祠堂初記丙午，至今一百四十四年矣；祠堂續記丙寅，至今亦且六十四年矣。而宫之道士鞠文質，始遣其徒蕭民瞻，來請記建宫本末。民瞻之言曰：宫面山枕溪，拱抱明秀。❷ 金華、桃源翼其左，龍圖、鳳岡峙其右。地之廣袤，六畝而縮。禮神安耋，室屋俱完。宋南渡後，道士賜紫者四：劉師禹、陳宗益、彭宗彦、曾若拙也。田之歲入，米以斗計三百而羸，則宫之可藉以永久，宜也。而予竊有慨焉。常聞諸禮，士去國，止之者曰「奈何去墳墓也？」子路去魯，顔子俾之哭墓而後行。然則古人未嘗不以不得守其墳墓爲戚也。而唐宋二大文人栖栖無所於歸，末年就京、就潁，而家悉不得歸近墳墓，豈其心之所樂哉？今瀧岡之阡，歲時展省如其子孫者，西陽宫道士也。據禮之常，揆義之正，雖若可慊，倘非歐陽子之文上配韓子，如麗天之星斗光于下土，與天無極，人之尊仰推之以愛敬其親者，亦將與天而無極，則亦何以能使其親之得此於人哉？夫能使其親之得此於人也，其不謂之孝子哉！夫得謂之孝子也，而但謂歐陽子爲文人，可乎哉？噫！此予所以不能已於西陽宫之記也。

❶「爲」，原脱，據明初刻本補。
❷「拱」，原作「栱」，據成化本、乾隆本改。

仙巖元禧觀記

信之山水固奇秀，而龍虎山都其最。❶山之西十餘里，厓石嵌嵁，下瞰溪津，洞穴百數，有名者二十四，號爲仙巖。地勢險絶，人跡不到，陽顯陰幽，若或宅于其間，龍虎勝境，寄身老子法者宫之。逮及國朝，盛極甲天下。一本三十六支，冠褐千餘。其崇隆豐厚，位望儕於親臣，資用儗於封君，前代所未嘗有，蓋其地氣之鬱積發達而然。❷開府大宗師以龍虎道士際遇世祖皇帝，❸依日月光，歷事五朝，眷渥如一。嗣其統於神奇者若而人，演其派於故山者若而人，分設宫觀布列朔南郡縣者，不可勝計。至若仙巖之卓詭殊特，自應乘其旺氣。而開府之徒孫張師嗣房，始建觀于巖之陰，面玉屏、鉢盂、天馬諸山，名元禧觀。師恢廓慷慨，剛直自立，人有過輒面折，人有急周之無吝情。好讀書，能吟詩，每謂「富貴浮雲，死生夜旦爾。倘不聞道，如未出世」。擇地營搆，俾其徒安内養、忘外想，蘄守清虚謙讓之教，前傳後續，永不失墜也。嘗從開府入覲仁宗皇帝，制授體道通玄淵静法師，主潭州路岳麓宫，乃以元禧觀事屬其徒何斯可。致和元年，制授斯可明素通

❶「都」，乾隆本作「居」。
❷「鬱積」，原倒，據明初刻本乙正。
❸「宗師」，乾隆本作「真人」。

玄隆道法師，主仙巖元禧觀。何之諸孫薛玄義具建觀始末，薛之諸孫曾吾省詣予求文，❶載諸石。義曰：「元禧觀，延祐三年丙辰肇建，六月己未落成。殿名宗元，鐘樓鼓樓翼于左右。堂名玄範，東西二廂曰楚樵、曰愛梅；東西二館曰清真、曰寶玄。外設聽事之所，其二廡，曰興仁，曰集義，中門扁曰漁樵真隱。一池前泓，曰環翠池。一澗横遶，橋以便往來，❷曰通德橋。觀之後有閑機洞，有芳潤圃，有玉泉井。茂林修竹，名花異果，羅簇葱蒨。買田若干畝，以飯衆。經畫四五年，而功大集。泰定三年丙寅，張師化去。何師克紹先志，凡營搆未備者，一一修完。觀之陽諸巖嶃峭，或唅呀而中空，或瑰瑋而外見。川流中貫，風帆上下，探僻搜怪者時時而至。昔陸文安公偕文學士七十八人游覽，留其名氏。今元禧之建，可無記乎？願得一言，與文安之記並刻，以誌後觀。」予夙聞仙巖之名，而足不一履，未由模寫其態狀之彷彿。因嘅龍虎上清關係地勢，然亦有天焉，亦有人焉。天運將昌其教，而教門之繼繼承承，莫非人才之傑。人才之傑有以當地氣之靈，地氣之靈有以符天運之昌。天地與人，三者合一，龍虎上清之極盛于今也，豈偶然哉！仙巖之元禧，則傑才之衍、靈氣之波、昌運之瀦也。

❶「薛」上，乾隆本有「與」字；「省」下，乾隆本有「等」字。

❷「往來」，明初刻本倒乙。

青溪道院記❶

希夷處士名允，字從道，氏老子之氏。年未六十，鬚髯皓然，貌老子之貌。不求身顯，不與時競，隨俗浮沉，隱遯於市，行老子之行也。察其心，若混兮其無物；觀其跡，若沖兮其不盈。又將道老子之道者焉。其先河北曲陽人也，少負豪氣，常登恒山瞻海，曰：「意欲挾北嶽而跨東溟、❷騰九霄而隘六合也。」其後涉大江而南遊，望龍蟠之阜，瞰虎踞之城，喟然嘆曰：「此偏方也，形勢乃有類京洛者乎？」遂留居而不去。尤愛青溪之渟涵瑩徹，❸買地數畝，搆室四楹。❹前俯青溪，而中以祠老子，扁曰「青溪道院」。泰定乙丑冬，予過金陵，謁予文記之。予謂今之處士，殆非昔之處士也。不然，何以有是祠？「玄之又玄」，必有悠然默契者矣。方將和其光，方將襲其明，❺方將如良賈之深藏不示人，以可見天下不出户而徧、天道不窺牖而知。乾坤一萍也，人間外世奚啻塵垢糠粃，曾是足以滓吾哉！且處士也，老子也，二歟？一歟？其氏同也，其貌似也，其行可幾及也，何獨於道而猶難之！老子固言其道之易知易行，而嘆人之莫知莫行也。小則私一己而

---

❶「青」，原作「清」，據明初刻本改。文中「青溪」，據明初刻本、成化本改。
❷「北」，原作「百」，據明初刻本、成化本、乾隆本改。
❸「渟」，原作「浮」，據明初刻本改。
❹「四」，原作「數」，據明初刻本改。
❺「明」，原作「名」，據明初刻本、成化本、乾隆本改。

葆真，大則公一世而還淳，❶存乎其人而已。如志之，果在於斯道乎？予有《道德經註》二卷，可以實藏室之藏，而亦焉用予之文爲？

大瀛海道院記

外際乎天，❷内包乎地，三旁無垠而下無底者，大瀛海也。非沖融混冥，智周寥廓，能納六合於方寸，未易與語此。而有客授予以大瀛海之圖，爲之瞿然以驚，謂客曰：「此惡可圖也！而孰爲爲之哉？」展而視之，則荒厓斥澤之間，浮沙淺水之上，一勺之沮洳，一撮之墝瘠。夫豈沖和清淵、明秀靈異之所鍾？❸乃或堂而構焉，以爲栖霞餐露之館，而冒之以是名也。又爲之喟然以吁。授圖者曰：「達人奚索之之深耶？❹鄞之東南百里達于海，❺舟行八十里曰象山，有縣。縣之東二十里曰爵溪，潮汐齧衝，賈舶絡繹，東望日本，

❶「淳」，原作「浮」，據明初刻本、成化本、乾隆本改。
❷「際」，原作「察」，據明初刻本、成化本、乾隆本改。
❸「靈異」，二字原脱，據明初刻本補。
❹「耶」，原作「也」，據明初刻本、成化本、乾隆本改。
❺「百」，原作「北」，據明初刻本、成化本、乾隆本改。

南走天台。世傳神仙安期生所來往也，❶故其民至于今好仙道，❷其鄉曰游仙。至元癸未，鄉之人王翁棄妻子，改名一真，結屋其隈，延接方外之友。❸前代善書之人嘗有『大瀛海』三字，購而得之，因以爲扁。大德丁未，天台崇道觀道士吕虚夷爲縣令，禱雨有應。王翁一見，而莫逆也，遂與共處。王逝而吕嗣，主教者命之世守。方將資衆力大其居，又欲資一言久其名也，爲是手圖以來。蟻之於垤也，蝸之於殻也，涔蹄之於廣居大囿也，亦各適其適也。而達人奚索之之深耶？」予於是進道士，與語曰：「子生長海瀕，請爲子竟瀛海之説。《禹貢》敘事，至訖于四海而止。訖者，地之盡處也。海之環旋，東西南北相通也。而西海、北海人所不見，何也？西北地高，或踞高窺下，則見極深之壑，如井沉沉然，蓋海云。東南地卑，海水旁溢，不啻萬有餘里。中國之地廣輪方三千里耳，而東連海岸，以勾股稽之，水之所浸，倍於中國之地二十而羡。其間洲島國土不可勝窮，若三神山者，蓋不知其幾也，奚獨蓬萊、方丈、瀛洲也哉！載籍之所不記，人跡之所不及。而惟長年度世之流，形質銷鑠，神氣澂凝，逍遥飛步乎太空之中者，得而至焉。人也雖非彝教庸行，而胚間氣秉絶識，超越凡庶萬萬也。企而慕之者人人而然，能幾彷彿者誰與？名不混世，實不離世，稷稷營營，卒與蠕耎肖翹之類俱爲塵泥。其亦可哀也夫！今子出乎四民之外，不與遊方之内者爲徒，詎可但以大其居、

---

❶「所來往」，原作「之往來」，據明初刻本改。

❷「民」，原作「名」，據明初刻本、成化本、乾隆本改。

❸「友」，原作「交」，據明初刻本、成化本、乾隆本改。

久其名之爲務哉？必有事焉可也。他日朝燕暮越，瞬息八極，泠然御風，過三神山之頂，臨觀舊鄉而一笑，下覷人間，自稱爲道人，非子也耶？」道士改容曰：「謹聞命，敬聞命。」於是乎書以遺之。

仙城本心樓記

龍虎山形勢之奇秀莫可與儷，自宜爲神君仙子之所棲止。其後岡名象山，金谿陸先生亦嘗搆室而講道焉，至今使人尊慕而不忘。上清道士劉立中致和，生長儒家，寄迹老氏法，好尚迥與衆異。得地於龍虎山之仙城，築宫以祠老子。若仙巖，若臺山，若琵琶，左右前後，森列環合，一覽在目。而象山直其東，乃相西偏作樓三間以面之。樓藏書數百卷，扁之曰「本心」。焚香讀書其間，儼然如瞻文安在前也。致和來京師語其事，且請記。予嘆曰：致和之見，固及此乎？夫人之生也，以天地之氣凝聚而有形，以天地之理付畀而有性。心也者，形之主宰、性之郛郭也。此一心也，自堯舜禹湯、文武周公傳之，以至于孔子，其道同。道之爲道，具於心，豈有外心而求道者哉！而孔子教人，未嘗直言心體。蓋日用事物，莫非此心之用。於其用處各當其理，而心之體在是矣。「操舍存亡，惟心之謂」，孔子之言也。其言不見於《論語》之所記，而得之於孟子之所傳。❶則知孔子教人，非不言心也。一時學者未可與言，而言之有所未及爾。❷孟子傳孔子之道，而

---

❶「所」，原脱，據明初刻本補。

❷「之」，原脱，據成化本、乾隆本補。

患學者之失其本心也，於是始明指本心以教人。其言曰：「仁，人心也。放其心而不知求，哀哉！」又曰：「學問之道無他，求其放心而已矣。」又曰：「耳目之官，不思而蔽於物，心之官則思。先立乎其大者，而其小者不能奪也。」嗚呼，至矣！此陸子之學所從出也。夫孟子言心而謂之本心者，以心爲萬理之所根，猶草木之有本，而苗莖枝葉皆由是以生也。今人談陸之學，往往曰以本心爲學，而問其所以，則莫能知陸子之所以爲學者何如。是「本心」二字徒習聞其名，而未究竟其實也。夫陸子之學，非可以言傳也，況可以名扁求哉？❶然此心也，人人所同有，反求諸身，即此而是。以心而學，非特陸子爲然，堯舜禹湯、文武周孔、顏曾思孟，以逮邵周張程諸子，蓋莫不然。故獨指陸子之學爲本心之學者，非知聖人之道者也。聖人之道，應接酬酢，千變萬化，無一而非本心之發見。於此而見天理之當然，是之謂不失其本心。非專離去事物，寂然不動，以固守其心而已也。致和朝於斯，夕於斯，身在一樓之中，心在一身之中。一日豁然有悟，超然有得，此心即陸子之心也，此道即聖人之道也。夫如是，則龍虎山之奇秀，又豈但以老子之宮而名天下！

紫極清隱山房記

夫心不溷濁之謂清，迹不章顯之謂隱。古之清静無爲、隱約無名者，予於周室守藏史老聃氏見之。粤稽聃書，「淵兮湛兮，清之極也。小而隱於柱下，大而隱於西徼」，隱者孰能及之哉！漢初，尊其教，目爲道

---

❶「扁求」，原作「求之」，據明初刻本、成化本、乾隆本改。

家言。張留侯、曹相國拾其緒餘，猶足以佐漢，以之治一身，寧不綽綽乎？後之道流，寄身老氏法中。豫章諸宫觀，紫極獨擅江山之勝。其道流之派分而七，一派自玉隆管轄孫師元明始，孫傳章、傳孫、傳魏，而至余師永和，嘗名其堂曰清隱。余傳胡、傳汪、傳劉，而至余師天熙。其於清隱之余，在家爲同宗之從子，出家爲繼祖之玄孫，號稱玄谷道人。宅通都闤闠之地，静坐塊處，不願與事接，不願與物競，將虚其心以期於清，晦其迹以期於隱。其徒傳以誠善應世緣，遠近士大夫無不與之親厚優優於應者。其師之所以得安，安於定也。至治辛酉，余命傅創樓，而扁曰「太古」，意甚深遠。至順辛未，傅又命其徒蕭自穎，於堂之前築丹室，奉其師。繚以中門，而榜曰「清隱山房」。予觀前余師首標清隱之名，而後余師遂蹈清隱之實，傅又善事其師，俾無或撓其心、滯其迹者。虚之又虚，進進而無爲；晦之又晦，駸駸而無名。玄谷師之能全其高也，可待矣。予每客豫章，必造紫極，獲識孫師安定。泰定乙丑，還自禁林，泊舟宫門之外，而留信宿。與余、傅二師聚談，嘉其師弟子之不相沿而互相成也。後八年至順壬申，傅師過予，敘其清隱山房顛末。於是喟然嘆曰：❶予讀《易》，窺聖人洗心齊戒者，其清也；遯世潛藏者，其隱也。然聖人之心常清，而迹之隱顯隨時，不必於隱也。老氏與夫子同生周季，專守無爲無名之道，固亦吾夫子之所尊。至今能立其教，與夫子並，允謂博大真人哉！囿於其教、味於其道者殆鮮。道流之宫而睹清隱之名，已可驚喜，况又有睎清隱之實如玄谷者焉，惡乎而不敬異之也？昔嘗爲詩太古樓矣，故今復爲記清隱山房云。傅者，梅巖師也。

❶「喟」，原作「悄」，據明初刻本、成化本、乾隆本改。

崇賢館記

龍虎山之北十里許有白雲嶺，嶺峻而徑巇，凡之龍虎者，必由斯徑也。貴賤老少，緩步以陟，❶無不氣促而力憊。上清外史薛玄卿，静中觀動，而閔其勞也。乃於嶺之東構二亭，嶺之西構一館，俾得憩息焉。又買田若干畝，收其歲入，供湯茗之資，以待過客，而沃其喉吻之焦。其心亦仁矣哉！或曰：「玄卿學老氏，老氏貴玄玄之道，而賤煦煦之仁。今之爲是煦煦也，得無以其所賤待人乎？」或曰：「勞瘁于斯者，少賤有所不獲免。老者可以休，貴者可以逸，而胡爲乎來哉？其必有所牽也。終身役役，薾然以疲，可大哀已。而彼不自哀也，是豈可以言而諭！使之駐足斯館，游目斯亭，覽群峯之奇勝，納六合之廣大，當勞瘁之餘而悠然遐想，恍然頓悟，將外境俱忘，内慮冰銷，知閑閑静退之高，而攘攘飛奔之癡也。是蓋善以玄玄之道覺斯人者，而豈徒以煦煦以爲仁乎哉！」或又曰：「玄卿之於老氏，寄迹焉爾，其心則儒也。儒之心，寒者思喧之，暍者思清之。雖見一牛之喘，聞孤獸之號，猶且惻然動不忍之心，而況於人乎？救餓必發廩，利涉必成梁，固也。廩未發而粥以食餓，梁未成而輿以濟人，亦時措之宜而賢乎已，詎可謂之小惠而不爲也耶？」是三者之説各不同，予歷舉以問玄卿，玄卿笑而不言。於是筆之爲《崇賢館記》。

---

❶「陟」，原作「涉」，據明初刻本、成化本、乾隆本改。

吴文正集卷四十九

元吴澄撰

記

宜黄縣杜熉興祖禪寺重脩記

宜黄，小邑也。寺之以禪名者八數，杜熉其一也。寺後枕崇岡，前瀕大溪。北之山曰筆峯，南之山曰南搭，東之山曰重華，西之山曰西華，他山不能悉紀也。恒産不滿二百畝，水毀其四之一。貲力微薄，而寺僧世守之，逮于今不替。雖曰地氣之鍾聚、人心之信嚮有以致，然亦主之者能維持保葺而然也。寺無碑記，莫考本初。改律爲禪，自雅師始。雅師而新師，十四傳矣。至元丁亥，新之徒行元主其寺。節縮所出，積儹所入，又得諸大家樂施，若佛殿，若法堂，若樓閣，若厨庫，東廡西廡，中門外門，或後或先，以漸脩建。月增歲益，完美偉然，有隆盛之勢。裝飾像設，瞻者竦敬。蓋自至元壬辰，訖延祐甲寅，二十三年之所經營也。元之徒四人，曰宗敏，曰宗祐，曰宗愷，曰宗義。延祐丁巳，宗義嗣其師爲寺主。泰定丙寅，鑄洪鍾，暨巍樓，聲聞振揚，規制寵峻，鏝艧甓甃，倍加雄麗於昔，亦皆衆力之助成也。義之徒五人，曰自亨，曰自泰，曰自智，曰自惠，曰自璋。致和戊辰春，主僧來言：「先師艱難興創於前，宗義刻厲繼承於後。懼事迹久而湮泯，將勒石以垂不朽，丐文文之，且於碑陰并存施財爲鍾與樓者之姓名。」予嘉其意之公廣悠久也，不辭其請，而爲文以畀。宗義秉戒虔，應務熟，僧俗咸欽重焉。烏乎！世之公卿大夫士，所以謀國家而詒子孫，有能長計遠慮若此者乎？

淨居院記

崇仁一縣六鄉，而崇仁鄉之地最廣。鄉之南鄙不二十里間，僧之院有九。貲力則長興院爲甲，徒衆則淨居院爲盛。其初，同鄉陂頭袁氏施田一百八十畝，共一區，田之兩旁山林園野皆與焉。宋紹定庚寅，院遭虔寇殘燬。既燬而脩，久而後完。景定甲子，僧覺應建法堂及東廡。咸淳丙寅，僧覺昇建佛殿及西廡，前所建法堂鏝以采，甃以甓，而猶未周備也。皇元大德甲辰，僧道正重脩佛殿、兩廡，增益陶瓦，鱗比縷密，加以鏝甃。越三載，造新庖。延祐乙卯，造中門、外門，回環四圍繚以墻屋。次年鑄大鐘，又次年新覆法堂，又次年題助於樂善好施之人以造鍾樓，望之巋然，即之偉然，而院始周備矣。予適家食，道正求文記之。嗚呼！晉唐以來，佛法與儒、老二家並而爲三教。三教兼崇、無所偏重者，皇元之德也。前此僧自置司徵取，無藝力不能支，往往僧逃而院廢。皇上御極，嘉惠僧徒，罷去專官。四海之内咸仰聖恩，大小寺院浸以興隆。淨居在深山之中，非若大禪刹日費浩瀚，然數年以前幾不能以自立。今而得以安居暇食，香燈鐘鼓晨夕供養，優游自樂。有此室廬，非賴吾皇天涵地育之賜，其何以臻此哉！僧道正，豐城徐氏。其師曰永順，其祖師曰覺應。道正之下，其徒殆將十人。九院長興、修祈、華嚴、芙蓉各有僧，義興、石繩、龍泉、龍興，皆淨居之徒分處。

海雲精舍記

不廬而居、不耕而食者，浮屠氏也，其初蓋不以奉身之物累其心爾。後世尊重其教，優異其徒，而宏敞其居，豐饒其食，則至貴至富之奉，亦或蔑以加焉。其初豈若是哉！不惟處者然也，而行者亦有奉。或行千萬里之遠，或歷千萬日之久，不問舍而有歸依止宿之適，不齎糧而無羈旅窮乏之虞。❶夸之者曰：❷「此佛教之所以爲盛、佛徒之所以爲能也。」臨川海雲精舍，當一郡闤闠之衝，而爲僧人接待之所。僧之游行至是，饑者得以飼，勞者得以息。無不容納，如大海之於百川；任其去住，如浮雲之於太空。供給日仰於人，而未嘗不足。主之者誰與？僧文焕實肇其事。焕過姓，郡城人也，爲僧於金谿之静思院。至元甲申，游閩游浙，謁蒙山和尚而有契。久之還鄉，結茅白水渡，離郡而孤栖。家有二兄，嘉其厲行。大德戊戌，仲兄良弼首讓己宅爲今精舍，伯兄仁亦割己田助其日費。既有以居，既有以食，乃精專自寫四大部經，由是感孚賢

❶「齎」，原作「齊」，據明初刻本改。
❷「夸」，原作「奢」，據明初刻本改。

善，競捨財粟。皇慶壬子，❶始大營繕。寶藏法輪、金仙正殿，巍然壯觀，輪奂一新，綱條具舉。延祐乙卯，煥年四十有一，端坐入滅。二兄念煥開基勤篤，思得其繼，僉言静思院僧文恢，煥之同派，戒律素嚴，善譽久著，必能成煥之志，於是合辭以請。恢來嗣業，一遵成規，有崇無墮。庖厨府庫、僧堂旁舍，備所未備。上瓦下甓，蓋甃完整，丹漆雘塗，煒煜美觀，純金裝飾梵相五身。又市隣屋，撤而擴之，則出富室吴仁甫之力。捐俸起立華嚴寶閣，❷上塑觀音及善財五十三參像，裝嚴圓滿。又市近地，闢而拓之，則承郡牧閭閭公之意。諸方僧衆，二教勝流，來往過從，殆無虚日。轉藏徼福，繩繩不絶；施財施田，月益歲增。鐘魚震揚，香積芬飶，幾若十方大禪刹之風。恢之成，終可無負於煥之創始也已。郡牧徵予文，爲記精舍始末。予惟二師先後相資，其善心公溥，其願力堅固，有可書者，遂不辭。抑嘗聞釋氏經教言：「飯善人福最深重。」而謂飯善人不如飯五戒，飯五戒不如飯四果，况諸菩薩佛又在其上。每日飯于精舍之人，莫能知飯者之人品高下等爲何如，則飯之者福德深淺重輕固亦莫可知也。師之意若曰：「佛心慈悲，佛門廣大，來者飯之而已，不問彼之人品也，又奚暇計此之福德哉？」文煥師號稱懶牛，文恢師號稱了如云。

❶「壬」，原作「士」，據明初刻本改。
❷「捐」，原作「損」，據明初刻本改。

泰元院記

泰元院者，崇仁雲峯院僧恒可之所肇創，院在宜黄崇賢鄉之笁南磜。其初山谷深阻，草樹蒙翳，狐狸豺狼之所窟宅，夔魈盜賊之所藏匿。延祐己未春，恒可翦除荆榛，墾闢基址，於其西偏東偏，構供佛栖僧之屋各一。泰定甲子，始建佛殿於中。旁有樓閣，前爲三門，繚以廊廡，額曰「泰元院」。廣其田以食衆，度其徒以繼緒。請予記其肇創之由，以貽永久。恒可，福之侯官縣人，而於撫之崇仁爲僧。嘗從講主演説經論，後遂披法衣，坐講席。欽奉國恩，受袈裟之賜至再，受大師之號亦至再。初號圓悟，繼號弘教淨明。此俗僧之所令以爲尊、所羡以爲榮者，而恒可不然。方且幽尋人跡不到之地，以營梵宫，不私其所有，而與衆共，殊無一毫貪癡留滯於胸臆。予以爲當於佛法中求之，而非可與世之族僧例例視也。故於其請記也不復辭，文以畀之，俾歸刻于石。

雲峯院重脩記

崇仁縣之鄉凡六，❶而崇仁一鄉地最廣，山最多。鄉之雲峯院距縣八十里，在重岡複嶺間。東南有馬祖巖，西有山曰龍湏，有峯曰疊石。院蓋肇於唐，前時廢興，無碑記可考，至宋末將圮。國朝初，僧法旻首建

❶「六」，原作「大」，據明初刻本改。

鐘樓，❶德杲、德鑑新佛殿及佛像，恒可、恒敬新法堂及供器，又立外門。繼而恒惠修三門，❷造廊廡，德郴、德義備其未備，以底于完美。僧寮派别，而各寮俱肯悉心協力，用能使營構周足，設飾輝煌。壯梵王之居、聳衆目之觀有如此者，由其心公力勤故也。僧來謁記。予聞洪之分寧亦有雲峯院，昔南豐曾氏作記。❸薄其土俗，而稱院僧道常斥散有餘，淡泊無累，獨與彼土之敝俗異。今吾崇仁民俗素厚，非如分寧，而雲峯僧衆皆閩人、饒人，心無所私，力無所靳，與吾鄉之善俗同。予安得不嘉之嘉之重嘉之，❹而樂爲之記乎？

元真院長明燈記

噫！佛氏之教，四大俱幻，萬緣俱空，以天地父母生成之身爲大累，況身外物耶？爲佛氏之徒，崇佛氏之教，夫孰敢云非是而不之貴？然而着貪癡者營營自私，汲汲多積，視外物重於身，愈有而愈不足。倘俾公其所有，雖毫毛之微，如丘山之重，靳靳然難之，或乃甚於市井殖貨、闤闠畜帑利者之爲。噫！是誠何心哉！佛教固若是乎？古豐城之會昌鄉有元真院，廢也久矣。而淨居衆僧惠空興之，其徒惟敘敦土木之

---

❶「首」，原作「道」，據明初刻本改。

❷「三」，原作「一二」，據明初刻本改。

❸「豐」，原脱，據明初刻本補。

❹第二個「嘉之」，原脱，據明初刻本補。

事。功半而空入滅，敘竭力成之。殿堂樓閣，門廡館庖，舍僧之室，供佛之器，咸具靡闕。捨己所有之田，悉歸于公，以飯徒衆。其用心也，公矣。又作長明燈三炬，一供佛，一供普庵師，一供后土祇。别施己財買田，歲入以斗計者三百。詒之後人，專給燈費，期於永久，續續如初。其爲謀也，遠哉！心之公，謀之遠，於佛之教其庶幾，於佛之徒其亦可尚也已。雖然，燈之長明果何謂？所以象佛之性常明也。朝朝暮暮，歲歲時時，常明不滅。彼燈如是，吾性亦然。融大圓光普照世間，黑闇冥迷，刹刹塵塵，同囿淨惠正覺之内。是又佛祖禪宗所傳之燈，歷千萬刼而長明者。諸有等是虚妄，畢竟銷亡，惟此一燈，真實自如。吾今説是燈已，見在未來一切僧衆，皆當歡喜踴躍，信受奉行。

五峯庵記

自佛氏之教行乎中土，其始也，福田利益之説足以誘庸愚；其久也，明心見性之説足以悦賢智。是以智愚賢不肖，莫不翕然信奉而尊事之。由晉、隋、唐、宋以逮于今，可謂盛矣。百年之前，袁州慈化寺僧號普庵師，得正覺法，了悟自性，作慈閔念，濟度衆生。住世之時固已起人之尊慕，入滅之後，威靈氣燄震燿遠近，信奉之者跨越江淮，奔走祠下，一歲不知幾千萬億人。僻在荒服，亦且航海梯山而効布施，圖刻像貌，家家而然。凡有天灾人禍，必叩普庵普庵云。僧道興者，瑞州高安諶氏之子。幼年辭家，捨身臨江寶慶院。苦行勤力，遍遊諸方。道路橋梁種種方便事，不憚勞瘁，獨力修完。歲在乙亥，歷撫州宜黄。于時疫癘熾，憑普庵師威神，發願救治。是年六月，行宜黄南鄙之仙符坪。左黄山，右華蓋，五峯森聳乎其前；照鏡石，仙人塔，隱暎乎其後。水口無路可通，沿流而下，有九龍淵。幽閴寥迥，亢爽顯敞，拱衛旁羅，襟抱環匝，於佛境界爲宜。遂結草爲庵，名曰五峯。地屬袁氏，即日喜捨，庵之四畔林阜原陸，悉以歸焉。墾闢荒蕪，自給衣食，每有祈禳，應答如響，趨之者如市。至元壬午，有樂貢士祈禳獲安，施杉木一千株，構佛殿及藏殿，運轉法輪。大德庚子，於東建觀音閣。至大己酉時，西建華嚴閣。門廡庖厨，一一周徧。又設普庵道場，曰玉泉庵，命其徒覺了主之。又造僧寮一所，曰桂溪庵，命其友江生主之。夫道興赤手而來，於萬山之間人迹不到之處，誅茅菅，剪荆棘，驅狐狸豺狼，而立佛祠。乙亥至癸丑垂四十年，鼓舞群動，赫赫如小慈化。雖曰福利之誘人，然非堅志長才足以辦事，亦安能成就若此？故嘗謂世之士大夫學孔氏之教者，食君上之禄，膺民社之寄，使人人能如佛氏之徒，何事不可辦？而素餐尸位，怠其事者比比，可嘆已。吾安得不於道興之所爲而嘉其志其才之不易及哉！興之爲僧也，續吉州三學派。禮臺山禪寺僧大顯爲師，興傳之德通，通傳之惠深，是以五峯開山以來相傳之次。

小臺院記

小臺院在撫樂安天授鄉杯山之灣，唐僧肇建而宋僧德聰、神寶、自滿、智清、守寧、紹端、嗣海、了印、道洪、道源、道溟，經咸淳辛未，院廢。大元至元甲申，洪豐城静安寺僧法成來起廢，院再興。成而智敬，敬而得寧，寧而惠昌，亦且四傳矣。考之舊碑，宋元祐間，自滿主院事，時里人陳若谷兄弟肯有所施，象設一新。滿之徒智清，請記於游主簿極。紹熙間，僧了印宏敞其居。開禧、嘉定，里人鄭安國父子續有所施，營構大備。印之徒道源請記於劉居士迂，院之再興也。大德庚子，里人黄一元、殷正吉造佛殿。至大庚戌，塑一佛二菩薩於法堂者，亦一元所施也。延祐甲寅，僧惠昌自出己橐，諸善士暨黄助之，起鐘樓，脩殿宇，并完三門、兩廡、諸寮及羅漢像十八。泰定丁卯，作大佛像七，福海上覆，香案前横，金飾花果，羅列璀璨，甓甃内外鏝頀輝煌者，又一元所施。一元翁年八十矣，過予求文以記，將欲佛像僧廬之永久不敝壞也。俾衆目觀瞻，想佛氣燄，駭佛神靈，而勉於爲善，懾於爲惡。翁之用意，厚矣哉！嗚呼！自佛法之行乎中國也，鼓舞一切智愚翕然信從之。然智者之根有利鈍，愚者之疾有微劇，信從則一，而所以信從之實，奚啻百千萬！品之不齊，約其大較，則有四。上焉者超於無，徑造頓悟，諸緣悉空，智根之利也。次焉者猶未免滯於有，或由教入，或由律入，或由禪入，而以漸至，智根之鈍也。下焉者徼其福，謂佛真能貴我富我、壽我康我，愚疾之微也。❶其最下者直不過怖其禍爾，必有所感觸，必有所嚴憚，境變心移，庶或可幾其畏威寡罪，愚疾之劇也。然則佛教之夸靡烜赫于其居處像設者，殆劇疾者之藥歟？游之記曰：「闡教敬言俗。」劉之記兼存普攝，蓋亦如予所云。予以黄翁昌師之發念積既可嘉尚，故爲申前碑之説而記焉。

雲峯院經藏記

藏者何？藏經之所也。昔釋迦牟尼佛以世外法爲天人師，凡一言之出，聞者莫不恭敬作禮，圍繞讚

---

❶「疾之」，各本均倒，據上下文義乙正。

嘆。何也？以其言誠可尊重故也。匪特其徒爲然，後千餘載傳入中土，中土之人尊之重之亦如其國。譯以華言，名之曰經，不敢輕慢也；措諸塔廟，貯之以藏，不敢褻瀆故也。藏之所在，經之所在，其尊其重，如佛在是。無智愚，無貴無賤，人人想慕其功德，❶烜赫其威神焉。雲峯院經藏者，僧自新及其徒妙鑑之所建也。院占宜黄縣南之上游，距縣六十里。宋初，有里人樂黄琮譔記，亦莫詳其肇創之年代。無城市之喧囂，有山林之幽寂，事佛者居之爲稱。自新父母家里之樂氏，侍郎史之族胤也。❷離俗爲僧，謹朴淳厚，不畔佛之戒律。自至元己丑主院事，三十年餘，艱勤備嘗，以克植立。至治壬戌，授其徒妙鑑，抄題衆力，於癸亥歲建經藏一所。將底周完，而鑑先逝。新再主院，畢其前功。金飾二龍於兩楹，爲護衛甚偉。其徒孫曰道隆，曰福廣，曰慈珏，咸知輔翼其長。珏徧告善士，得所施助，購四大部經，滿足一藏。新來求文記之，❸以示永久。予謂經藏所藏之經，悟解之者超最上乘，其次上乘，其次中乘，又其次下乘，其下持戒脩福，亦可成就種種福果。藏制之圓象天，擬法輪之運轉無息也。院僧之所崇奉，善士之所信嚮，豈徒爲是美觀而已哉？新能率其徒爲永久計，以不墜其教，可嘉也夫！

❶ 下「人」字，原脱，據明初刻本補。
❷ 「胤」，原避諱作「裔」，據明初刻本改。
❸ 「求」，原脱，據明初刻本補。

吴文正集卷五十

元吴澄撰

碑

崇文閣碑

國朝以神武定天下。我世祖皇帝以武之不可偏尚也，廣延四方耆碩之彦，與共謀議，遂能裨贊皇猷，脩舉百度，文治浸浸興焉。中統間，命儒臣教胄子。至元間，備監學官。成宗皇帝光紹祖烈，相臣哈喇哈孫欽承上意，作孔子廟於京師。御史臺言胄子之教寄寓官舍，隘陋非宜，奏請孔廟之西營建國子監學，以御史府所貯公帑充其費。逮至仁宗皇帝，文治日隆，僉謂監學櫝藏經書，宜得重屋以庋。有旨復令臺臣辦集其事，乃於監學之北構架書閣。閣四阿，檐三重，度以工師之引，其崇四常有一尺，南北之深六尋有奇，東西之廣倍差其深。延祐四年夏經始，六年冬績成。❶材木瓦甓諸物之直，工役飲食之費，一皆出御

❶「績」，原作「積」，據成化本、乾隆本改。

史府。雄偉壯麗，燁然增監學之輝。名其閣曰崇文。英宗皇帝講行典禮，賁飾太平，文治極盛矣。臺臣請勒石崇文閣下，用紀告成之歲月。制命詞臣撰文，臣澄次當執筆。❶今上皇帝丕纂聖緒，動遵世祖成憲，於崇儒重道惓惓也。泰定元年春，誕降俞音，國子監立碑如臺臣所奏，臣澄謹録所撰之文以進。

臣聞若古有訓：戡定禍亂曰武，經緯天地曰文。武之與文，各適所用。然戡定禍亂，用於一時而已；經緯天地，則亘古亘今不可無也。何也？日月星辰，天之文也；山川草木，地之文也。人文與天地相爲經緯，則亦與天地相爲長久，而可一日無也哉！我世祖忽忽用武，日不暇給；而汲汲崇文，惟恐或後。此其高識深慮度越百王，宏規遠範垂示萬世，以爲聖子神孫法程，夫豈常人所能測知！蓋創業之初，非武無以彌亂；守成之後，非文無以致治。武猶毒藥之治病，病除即止；文猶五穀之養生，無時可棄也。有文治之君，必有文治之臣。文治之臣，苟非教習之有其素，彼亦惘然，孰知文之所以爲文者？故建學以興文教、暢文風，涵育其人，將與人主共治也。斯文也，小而脩身齊家，大而治國平天下。言動之儀，倫紀之敘，事物理義之則，禮樂刑政之具，凡粲然相接、焕然可述，皆文也。古聖賢用世之文載在方册，不考古人之所以用世，不知今日之所以爲世用者也。然則聖朝之崇文，豈虚爲是名也哉？閣之所庋，❷古聖賢之文也。立之師，

❶「澄」，原作「澂」，據乾隆本改。下文兩「臣澂」句改正同此。

❷「閣」，原作「門」，據成化本、乾隆本改。

使之以是而教；設弟子員，使之以是而學。教之而成，學之而能，則游居監學者，濟濟然，彬彬然，人人閑於言動之儀，登於倫紀之敘，❶博通乎事物理義之則，詳究乎禮樂刑政之具。他日輔翊吾君，躋一世文治於堯舜、三代之盛，由此而選也。夫如是，其可謂不負聖天子崇文之明命休德已。若夫不能潛心方册，真有得於古聖賢之所謂文，而涉獵乎淺末，炫燿乎葩華，曾是以爲文乎？上之所崇、下之所以爲世用者，蓋不在是。臣澄再拜稽首而獻頌曰：

皇元肇興，於赫厥聲。天戈所指，如雷如霆。聖聖繼承，六合混一。威命遠加，丕冒出日。神謀英略，敷遺後人。征誅以義，持守以仁。既成武功，大闡文治。❷尊道隆儒，勸學講藝。京師首善，教胄設官。孔廟巍巍，四方來觀。執法之臣，職務糾慝。爰矢嘉謨，弼我文德。于廟之西，黌舍翬飛。于黌之北，傑閣雲齊。其閣伊何，有經有史。傳采旁羅，有集有子。昔在中古，郁郁乎文。式克至今，用宏兹賁。詵詵多士，被服聖術。鳳翥鸞翔，虎炳豹蔚。維身之章，維國之光。匡扶盛化，上躋虞唐。民物阜蕃，禮樂明備。允顯崇文，昌運萬世。

❶「登」，乾隆本作「察」。
❷「闡」，成化本、乾隆本作「展」。

通州文廟重脩碑

皇元有天下，文教自京師達郡縣，雖遐陬僻壤，莫不建學設官，以闡教事。通州近在畿甸，素闕廩給，❶學官每至輒去。不惟教事廢弛，而孔廟亦且不葺，將就傾圮。永平楊齊賢，繇豐潤縣教諭來爲通州學正，思振厥職。擇民間子弟可教者，得三十家，籍之入學，課之誦書，白之官府，而復其身。州之參李侯，與州之長協心主張于上。於是其人咸願出力，以脩廟學。孔廟正殿，東西兩廡，爰及外門，上瓦下甓，杇鏝四周，奂然一新。至治二年七月役興，八月績成。講堂敝壞，上雨旁風，蓋覆而塗墍之。前後窗牖，中外甃砌，悉備其所未備。其南則敞門塾一間，其北則續檐宇三間，以益堂之深，學者遂有藏息之所。廟之南豎穹碑，刻加封詔書示永久。積年之頹靡一旦而完整，雖曰學官之勤，微州官扶樹之功，胡能致是哉！古之牧民者，常以教民孝悌忠信爲急務。通州之官，能用意於廟學不敢後，庶幾不愧古良牧之政矣。齊賢詣國史院請書其事，予固樂稱其美，以爲後來治官、教官之勸。州長名速朗吉大，其官承直；李侯名也先，其官承事。在州多惠政，通民便之。初，榆河之西有閒田，欽依至元三十一年詔旨，撥隸州學。後運官奪取造廬舍，而私其僦利。齊賢遡于官，户部、禮部暨監察御史直其説，以畀州學如初。今齊賢又以餘暇率所轄三河縣之民，脩其縣之廟學，概可書也。

❶「闕」，原作「闡」，據明初刻本、成化本、乾隆本改。

大都東嶽仁聖宫碑

天子祭天下名山，嶽爲衆山之宗，岱又諸嶽之宗也。東嶽泰山之有祠，宜矣。而古今祠祭，禮各不同。嶽者，地祇也，❶祭之以壇壝而弗廟。五嶽四瀆立廟自拓拔氏始，當時惟總立一廟於桑乾水之陰，逮唐乃各立一廟於五嶽之麓。若東嶽泰山之廟徧天下，則肇於宋氏之中葉。古者，祭五嶽之禮視三公。蓋天者帝也，地者后也，諸神諸祇皆帝后之臣也。天之日月，地之嶽瀆，臣之最貴者。三公爲臣之極品，故祭之禮與公齊等。祭之秩次如公，而非以公爵爵之也。唐先天、開元間，謂漢以來王亦爵也，位公之右，於是封嶽祇而爵之曰王。宋大中祥符間，致隆嶽祠，猶以王爵爲未崇極，於是尊嶽祇而號之曰帝。意在乎尊之而已，禮之可不可有不暇計。吁，咈哉！若神僭竊同天地，所以起大賢之嘅也。既廟之，又爵之；既爵之，又像之。地祇而肖像若人焉，至于今莫之或改也。

我世祖皇帝平一海内，制作之事未遑，尚仍前代之舊。東嶽舊號天齊，仁聖復加新號曰大生。郡縣並如金、宋時，有廟以祭東嶽。大都新築，規模宏遠，❷祖社朝市，廟學宫署，無一不備，獨東嶽廟未建。玄教

❶「祇」，原作「祗」，據明初刻本、成化本改。下文多處改正同此。

❷「宏」，原作「宋」，據明初刻本、成化本、乾隆本改。

大宗師張開府留孫職掌禱祠，❶晨夕親密。欽承上意，買地城東，擬建東嶽廟。事既徹聞，仁宗命政府庀役。開府辭曰：「臣願以私錢爲之。倘費國財，勞民力，非臣之所以効報也。」上益加賞，遂勑有司護持，毋得沮撓。方將涓吉鳩工，而開府遽厭世。嗣宗師吴特進全節深念師志未畢，❷竭心經營，不惜勞費。於壬戌春成大殿，成大門。於癸亥春成四子殿，成東西廡，諸神像各如其序。魯國大長公主捐資構後寢，勑賜廟額曰「仁聖宫」。特進以書來請記。予觀先開府之報上恩，今特進之繼師志，忠敬出於一誠，其美可書也。而余因及古今祠祭循習之由，以俟議禮者之討論。方今襲累朝積德之餘，際百年興禮之會，明聖在上，仁賢布列，必將追復二帝三王之懿，盡革魏、唐、金、宋之駁。其於東嶽也，禮以地祇而不人其像，尊比三公而不帝其號，兆之如四望而不屋其祠，庪縣於其方嶽而不徧祠于郡縣。夫如是，雖玄聖復生，必無曾謂泰山不如林放之嘆。乘太平之基，新一代之典，昭示萬世之法程，斯其時矣。何幸吾身，親見之哉！《爾雅》：❸「祭山曰庪縣。」庪，九委切，謂瘞牲幣；縣音玄，謂掛儀物。

❶「宗師」，乾隆本作「真人」。下文同。

❷「未」，原作「永」，據明初刻本、成化本、乾隆本改。

❸「爾雅」至文末，二十二小字原脱，據明初刻本、成化本、乾隆本補。

南安路帝師殿碑

宣政院臣奏請起立巴思八帝師寺殿，王音曰「俞」，各省各路臣欽承唯謹。❶中順大夫、南安路總管府達魯花赤臣常山言：「先太傅開府儀同三司冀國忠武公、先臣右侍儀使資德大夫中書右丞，歷事先朝，世篤忠貞。臣被命守土，爲臣之禮敢有弗虔！」於是躬董其事，得吉地於郡之東。購良材，集良工，棟宇崇峻，規模宏敞，大稱明時尊尚其人之意。❷遣其屬縣儒學臣陳幼實走臨川，俾前集賢直學士、奉議大夫臣吴澄文其碑。守臣所欽者，上旨也，雖老病退閑之小臣，何敢以固陋辭？

欽惟世祖皇帝混一區夏，創建法度，遠近大小文武之才，各適其用。帝師，佛教之統也，翊贊皇猷爲有力焉。爰自古昔，聖神君臨萬邦，因時制作，各有不同。鴻荒之世，民淳事簡，結繩而治之。至於黄帝，始命其臣蒼頡肇造書契，乃有文字以紀官政，以糾民慝。更數千年，❸而周之臣籀頗損益之，名爲大篆。又數百年，而秦之臣斯再損益之，名爲小篆。且命程邈作隸書，以便官府行移。遵而用之，逮今千有餘歲矣。其字本祖蒼頡，而略變其體。然觀漢臣許慎《説文》，所載字以萬計，而不足以括天下之聲，有聲而無字者甚多

❶「謹」，原作「謨」，據成化本、乾隆本改。
❷「其」，原作「有」，據成化本、乾隆本改。
❸「千」，原作「十」，據明初刻本、成化本、乾隆本改。

也。皇元國音與中土異，則尤非舊字之所可該。帝師具大智慧，而多技能，爲皇朝制新字。字僅千餘，凡人之言語，苟有其音者，無不有其字。蓋舊字或象其形，或指其事，或會其意，或諧其聲，大率以形爲主，人以手傳而目視者也。新字合平、上、去、入四聲之韻，分脣、齒、舌、牙、喉七音之母，一皆以聲爲主，人以口授而耳聽者也。聲音之學出自佛界，耳聞妙悟，多由於音，而中土之人未知之也。❶宇文周之時有龜兹人來至，傳其西域七音之學於中土。有曰娑陀力，有曰雞識，有曰沙識，有曰沙侯加濫，有曰沙臘，有曰般贍，有曰俟利箑。其别有七，於樂爲宫、商、角、徵、羽、變宫、變徵之七調，於字爲喉、牙、舌、齒、脣、半齒、半舌之七音。此佛氏遺教聲學大原，而帝師悟此，以開皇朝一代同文之治者也。聖度如天，❷無所不容；聖鑑如日，無所不照。所以徇近臣之請，而致隆致厚，以示報也。先是，南安守臣教養蒙古字生徒，一新其學舍，❸可謂知所重矣。及是帝師殿成，中大夫總管臣張昉、同知總管府事臣某、判官臣饒某，暨經歷、知事、提控、照磨臣梁某、臣安某、臣饒某，若長若正，若貳若參，莫不同寅協恭，以竭尊君敬上之誠，❹而於是役也唯恐或後。猗歟欽哉！臣澄既爲書其事，而復繫之以詩，詩曰：

---

❶「而中土」至「西域七音」，二十六字原脱，據明初刻本、成化本、乾隆本補。「知之」，成化本、乾隆本倒乙。
❷「天」，原作「大」，據成化本、乾隆本改。
❸「一」，原脱，據明初刻本、成化本、乾隆本補。
❹「誠」，原作「仁」，據明初刻本改。

兩間初屯，狉狉榛榛。蒼圖黄書，載基人文。醨醇散朴，變逮秦邈。世異文同，未或有作。於昭皇元，一統九垠。輓今追古，六典四墳。天賚西師，躡籀轉斯。妙悟佛音，國字滋滋。帝臣有心，帝有俞音。隆師重本，咸用丕欽。新字翼翼，遺像有赫。報祀惟崇，永永無斁。

撫州路帝師殿碑

欽惟世祖皇帝朝，八思八帝師肇造蒙古字，爲皇元書同文之始。仁宗皇帝命天下各省各路起立帝師寺，以示褒崇。今上嗣服，再頒特旨，聖心眷注，俾加隆於文廟。不與其餘，不急造作，同恩綸誕敷，雷震風動。越在外服，臣欽承唯謹。宣武將軍、撫州路達魯花赤臣閭閭躬董是役，卜地於寶應寺之左，廣壽寺之右。高明爽塏，宏敞衍迤，❶從度之，其深六十尋有奇；衡度之，❷其廣五分其深之二。中創正殿，崇二常有半，廣視崇加尋有五尺，深視廣殺尋有七尺。後建法堂，崇視常九尺，廣視崇加尋有二尺五寸，深視廣殺尋有二尺五寸。前立三門，崇二常有四尺，廣視崇加一尺，深視廣殺尋有二尺。堂之左右翼，爲屋各五間，其深廣與堂稱。門之左右有便門，有二塾，爲屋各十有四間，其深廣與門稱。兩廡周于殿之東西，前際門之左右塾，後際堂之左右翼，爲屋各十有三間。左廡、右廡之中有東堂，有西堂，各三間，環拱正殿，上合天象，如

❶「衍」，原作「行」，據成化本、乾隆本改。
❷「之」，原作「行」，據成化本、乾隆本改。

紫微、太微之有垣。三門之外設櫺星門，❶其楹六。楹之暨于地者，通計二百有五十。屋據高原，❷俯臨闤闠，望之巍然，彪炳雄偉，足以稱皇朝尊奉帝師之意。工役重大，而民不病其勞，官不病其費。蓋唯郡臣虔恭勤恪，剸裁運調有其才，是以不期歲告成，極崇侈壯麗之觀，可傳示于永久。猗歟盛哉！

竊謂自有書契以來，爲一代之文而通行乎天下者，逮及皇元凡四矣。黄帝之時，倉頡始制字。行之數千年，周太史籀頗損益之。行之數百年，秦丞相斯復損益之。秦又制爲隸字，以便官府。倉頡古文、史籀大篆、李斯小篆暨程邈隸書，❸字體雖小不同，大抵皆因形而造字。蒙古字之大異前代者，以聲不以形也，故字甚簡約，而脣、齒、舌、牙、喉之聲一無所遺。倘非帝師具正覺智，悟大梵音，從衡妙用，無施不可，天實賚之，以備皇朝之制作，其孰能爲之哉！宜其今日受崇極之報也。聖上遠繼世祖之志，近述仁考之事，以致奉先之孝。天下臣子咸用丕欽，以盡奉上之敬。繼自今，德教所被，一皆以孝心、敬心爲之本，而聲學、字學爲之用，❹使太平之治光輝烜赫于千萬世，由此其基也。遠方小臣爲記其成，非但嘉郡臣有成之績，蓋以贊皇治無疆之休也。

---

❶「設」，原脱，據明初刻本、成化本、乾隆本補。
❷「原」，原作「厚」，據明初刻本、成化本、乾隆本改。
❸「暨」，原脱，據明初刻本補。
❹「爲」，原脱，據明初刻本補。

華蓋山雷壇碑

風雨雲雷，均之爲有功于民也。祀典有風雨而無雲雷，然屈原《九歌》有雲中君，則楚俗固祀雲神矣。今黄冠師禱祈必禮雷神，禮雖先王未之有，而可以義起者，此類也夫！吾家之南三十里，有山岑然而高，曰華蓋。能興雲，能致雨，常多迅雷烈風。山峯卓立，下臨懸厓，厓石空洞如頤。天將雨，雲氣一縷如爐烟直上，俄而雷聲殷殷，由空洞中出，以升於天，此予之所親見。而雷震之威，俗傳其神異，可駭可怖，不可勝計。山祀仙靈，❶祈禱不絶，❷徼福之人往往不吝財施。祠仙有屋，祀雷無壇。❸吾里鄭子春，命工琢石，累壇三成，爲禮雷神之所。考之古禮，祀日，祀月，祀星，曰王宫，曰夜明，曰幽禜，❹皆壇也。風師、雨師，亦於壇而祀。以義起之，雷爲天神，其有壇也宜。邑二令李粲嘉之而記其事，鄭之友陳种復爲予言其嚴敬天神之誠。❺予之嘉之猶二令也，於是爲作迎享送神之辭，❻俾有禱有祈者歌以祀焉。辭曰：

---

❶「祀」，原作「祠」，據明初刻本改。
❷「祈禱」，原倒，據明初刻本乙正。
❸「祀」，原作「祠」，據明初刻本改。
❹「禜」，原作「宗」，據明初刻本、成化本、乾隆本改。
❺「復」，原脱，據明初刻本補。
❻「於」，原作「爲」，據明初刻本改。

起巖穴兮行蒼冥，騰騰以上兮遠邇聞聲。神之來兮雨八紘，砉然大震兮天下驚。蘇困蟄兮發屯萌，翼元化兮生萬生。雲收兮日晶，神功若無兮藏閟其鳴，山共長天兮萬古青青。

崇仁縣孔子廟碑

夫學校之設，三代至于今數千年矣。❶所以明人倫而善風俗，所以育人材而裨正教，其關繫豈小哉！而學之尊先聖也，自漢以來，未有一定之制，亦未有通祀之典。唐開元間，定孔子爲先聖，廟而衮冕南面，每歲春秋祀焉。由是廟學之禮益備，凡有學者必有廟，示有尊也。❷撫崇仁，江右壯邑。縣學據一邑之中，近横清漣，遠矗蒼翠，山水之秀鮮儷。前五十年遭兵火而毁，後買民間舊屋，起立爲殿爲堂，苟簡取具而已。泰定三年冬，真定史侯景讓來作尹。視孔廟湫陋，將謀更造，邑丞祝彬相與協贊。四年春，召匠以計。未幾丞去，尹獨尸其事。既得良材，乃於九月壬子興役，十二月己亥豎楹，悉徹其舊，易以新構。用竹木瓦甓暨石若干，斧之工千三百，鋸之工百五十。度以工師之度，其崇三尋有二尺，其廣五尋，其深三尋有六尺。五年三月告成。巍巍赫赫，大稱聖朝崇儒重道、憲官勉厲之意。侯其有見於風俗之機、政教之本也與？其崇

❶「于」，原作「今」，據明初刻本、成化本、乾隆本改。
❷「有」，原作「其」，據明初刻本改。

仁學産之入，❶歲用且或不給，而克臻是者，侯之用心公而用人當也。邑人陳祥慷慨有幹略，前時倡議修縣治之譙樓，輿論偉之。及是知邑宰之用心於廟學也，率先乎衆，而出金濟急；代任其勞，而市財鳩匠。又與教官榮應瑞勸在學職員各捐己俸，在邑在鄉好義之家咸樂致助。蓋率衆而肯先之，❷則有義者孰不願輸其財；代勞而肯任之，則有職者孰不競効其力。此費之所以辦、事之所以集也。雖然，侯之所以新孔廟，豈徒然乎？將以聳動觀瞻，振起偷惰，俾居游於學之士，❸於是警發。而厚於倫，可以端群下之表儀；而優於才，可以待公上之選舉焉耳。❹況崇仁近世之先達，德行則有若尚書何公，事業則有若僉書羅公，博洽則有若侍郎李公，奥學則有四吴，清節則有二謝，❺皆後來之所當晞慕者。進而有聞乎孔道，則又有光於前。夫如是，庶幾不負邑宰作興期望之心。邑之士，其可不自勉哉！

江西等處行中書省照磨李侯平反疑獄之碑

李侯名楫，字濟川，番陽人。自袁州路經歷，遷新淦州判官。大德壬寅至官，丁未得代。明敏公勤，精

---

❶「其」，原作「夫」，據明初刻本改。
❷「肯」，原作「人」，據成化本、乾隆本改。
❸「俾」，原脱，據明初刻本補。
❹「待」，原作「侍」，據明初刻本、成化本、乾隆本改。
❺「有」，原脱，據乾隆本補。

於吏事。佐州六年，令行政舉，聲譽著聞，當路每委用焉。朝廷命使者巡行天下，彰别淑慝。臨江官吏俱受譴責，至新淦，侯迎謁應對得宜，使者嘉之。分遣詣安福、永新，糾出吏贓鈔以貫計凡六千二百有五十。❶時暮六年之間，平反鄰州鄰縣疑獄者四。其一，新喻民求姦弗獲，殺死婦人，七歲女在旁，并殺之以滅口。時暮夜無証左，囚不肯伏，❷輒番陽牽連無辜七十餘人，三年不決。侯設法鞫問，精辨器仗衣服詰囚，囚駭然無辭，遂伏辜。釋所罣罥，歡聲如雷。其二，奉新庖人治庖於豪民之家不返，其兄偵伺，不得蹤跡，與穀千斗，囑其兄俾勿訟。其兄受券，聞於官，豪民結連華狡數人，❸指言其兄已得其弟溺死之屍於某水中，焚之以歸。吏受賕，曲是其説，鍛鍊其兄，以爲誣告。校實獄，❹將議罪。侯視豪民自書與穀之券，曰：「豈有無慊於中而私賄人者！」究問，乃庖人通豪民家之婢，❺豪民之子見而殺之，投其屍於水。遂脱庖人之兄所荷校，以校豪民之子，干繫三十有八人悉免，一邑稱快。其三，靖安有獄，或謂甲姦乙妻勒死乙，❻或謂乙與丙

❶「糾」，原脱，據明初刻本補。
❷「伏」下，明初刻本有「服」字。
❸「狡」，原作「校」，據明初刻本、乾隆本改。
❹「校」，乾隆本作「枷」。下文同。
❺「民」，原脱，據成化本、乾隆本補。
❻「或」，原脱，據乾隆本補。

交争乙折丙齒，懼罪而自經於丙之門。檢官以死者項後痕不交匝，遂定爲勒死。侯取他文卷參照，❶有自經死而痕不交匝者。又以《洗冤録》所載「自縊者屍下地三尺有炭」，依其法驗之，於所縊柘樹下掘地二尺五寸，果有炭塊數十，遂定爲縊死。其四，奉新甲告乙盗葬山地，官吏監改。職役人黨甲，不待乙至，掘其父棺。乙與甲鬩至丙之門，而甲之僕丁鬭毆死，官謂乙盗葬。謂盗葬縱或侵越，謂盗葬則非也。官吏職役擅發乙父之棺，以致交鬩而遂毆死，亦偶中傷，而非故殺。前二事失出，後二事失入，累年掩昧，至侯始得明，允非真見定力不能也。侯母夫人年近八十，侯出問事歸，有所平反，夫人輒喜。年與夫人相若者，侯客之，升堂把酒爲壽。善畫者作《家慶圖》，賦詩夸揚，以娱其親。侯於橋梁道路加意修治，州郭外有嶽祠傾圮，侯曰：「嶽於祀典最重。」捐己費葺之。其他興滯補弊率類此。僉廉訪司事李公嘉侯，薦之曰：「廉潔詳明，宜寘風憲。」今授江西等處行中書省照磨，朝廷所以旌能也。淦人摭侯平反事實爲傳，又將勒諸石，余乃因其傳次敘其辭，而繫之以詩曰：

粤若古者，欽恤惟刑。於昭皇元，惻惻哀矜。奏讞審詳，有慎無輕。貪人庸夫，弗念弗承。彼詘孰信，彼曖孰明。韙哉李侯，善治流聲。有獄未直，汝往司平。靡微弗章，靡隱弗徵。姦狡膽落，展如神靈。家有慈親，天錫遐齡。陰德之報，其昌其榮。勗哉李侯，徯汝澄清。

❶「照」，原作「考」，據明初刻本改。

天寶宫碑

泰定二年春，予以養疾寓天寶宫之别館。其宫之道士李天瑞、任進福、王進瑞、崔進貴合辭言曰：「吾教之興，自金人得中土時有劉祖師，避俗出家，絶去嗜慾，屏棄酒肉。勤力耕種，自給衣食，耐艱難辛苦，朴儉慈閔，志在利物。戒行嚴潔，一時翕然宗之。繼劉而陳，陳而張，張而毛，毛而酈，酈始居天寶宫。際遇國朝，名吾教曰『真大道』，自爲一支，不屬在前道教所掌。酈之後有孫，有李，有岳，而吾之師嗣焉。吾師張氏，乾州奉天縣人，儒宦著族。大父德開爲軍官，掌千夫。父永興襲其職，母吕氏。師長身古貌，瞻耳美須，肅然埃壒之表，望之知其有仙風道氣。自幼惡殺，不啖肉味。年十六，從天寶宫李師爲道流，錫名清志。然獲歸養父母，年十八辭家，入太白山。越一年往覲李師，復還省親。久之，辭親入終南山。大父年老，招之出山，乃家居侍養。年二十六，創長安明道觀。又適鳳翔扶風縣，立天寶宫。及李師死，師事岳師，畀以扶風道教之職。年三十三，爲永昌王祈福于五嶽四瀆。名山大川既徧，復來關中，修理前所創宫觀。居太白山龍虎洞三載，妖魅障厄亟至，一皆不懾。聞大母喪歸，服喪如禮。會陝西行省官有疾，治之而愈，有所贈遺，皆卻不受，彼乃爲辦葬資。服闋，至京師，岳師試以勞事，喜曰：『是子所矣。』又遣之出，曰：『他年再來。』吾師暨徒二人，入東海大珠宇山，結茅而居。山舊多虎穴，虎避他處，頗爲人害。吾師曰：『吾奪其所，可去之。』於是游山東諸州，爲人除疾，應驗之速，若或相之云。

已而岳師死，❶吾師還喪之。喪畢潛遁，踰大慶渡至河東，居臨汾五紀居雲庵。地大震，城邑鄉村屋廬悉摧，❷壓死者不可勝計。獨師與其徒所居中裂爲二，得免於患。師徧尋木石間，❸聽呻吟聲，救活甚衆。復歸華山舊隱，而天寶宫二趙一鄭攝掌教事，五年之間相繼殞滅。鄭臨終，語其徒曰：『天降凶災，死亡荐臻，得非於教條有違逆與？❹吾聞張清志躬受岳師囑咐，蓋仁人也。可奉之掌教，庶有豸乎？』❺於是宫之徒衆尋訪吾師，得之於華山巖谷。既至，衆皆悦服。師諭徒衆曰：『吾教以慈儉無爲爲寶。今聽獄訟、設刑威，若有司然，吾教果如是乎？繼今以始，凡桎梏鞭笞之具盡廢之。』衆曰『諾』。自是衆安害息，五年宿弊一旦悉除。❻詣奉聖州鄽師所建太玄宫及縉山香水園，值車駕臨幸，嘗移文集賢院，欲解職而去，弗可。歸鄉展省墳墓，因至河南盧時山。仁廟俞集賢之請加恩進號，英廟命住華岳太白山祝釐。今天子即位，有旨促還。師曰：『山澤之癯，於國不能寸補，何敢乘馹騎乎？』步行而前，圉人牽馹騎以從。吾師之孝其親也，大父母、父母之存，膳必親視，藥必親嘗，出入必告，應對必謹，清温定省，靡或有闕。母嘗病疽殆甚，口吮其

---

❶「而」，原脱，據明初刻本、乾隆本補。
❷「悉」，原作「俱」，據明初刻本改。
❸「尋」，明初刻本作「巡」。
❹「於」，原脱，據明初刻本補。
❺「豸」，原作「在」，據明初刻本改。
❻「悉」，原作「息」，據明初刻本改。

膿去毒，遂得蘇瘥。又患滿氣疾，❶幾不救，師禱神進藥，不寢食四旬，忽吐涎塊如瓜，漸底平復。居喪致哀，❷於儒家喪制不悖。師之敬其師也，塵賤之役人不屑爲者，皆不厭倦，澣衣執爨，汲井剪廁，一無所辭。師之持其身也，衣布衲，携銅鑵，自爲粥以食，終夜危坐，未嘗解衣甘寢。❸不衣絲纊及氊罽皮毛之屬，❹至於乳酪酥蜜，❺亦未嘗嚌也。師之濟於人也，少能力耕，其鄉土厚泉深，艱於得水。盛夏時，每日於農務之餘，汲水貯石槽中，使盈而不竭，以待鄉里放牧牛羊及禽鳥之渴者來飲之。❻宗戚之家親死子壯，葬娶愆期，則傾橐爲之葬娶。饑饉之歲，見不能自存之人，輒賑恤，令不至餒死。❼行禱嶽瀆山川時，自賚錢三十緡隨行，以濟所在惸獨無告者。鈞州趙家河民居近山麓，莫可鑿井，遠取河水以飲。師爲相土脈，俾井其處，果得甘泉，人甚便之。新豐戲河地在高原，亦以無井爲苦。或告以師前在趙家河得水之事，衆詣師

---

❶「滿」，明初刻本、成化本、乾隆本作「𣺍」。
❷「致」，原作「至」，據明初刻本改。
❸「甘」，原作「其」，據明初刻本改。
❹「不」，原脱，據明初刻本補。
❺「酪酥」，原倒，據明初刻本乙正；「蜜」，原作「密」，據明初刻本、成化本、乾隆本改。
❻「鳥」，原脱，據明初刻本補。
❼「至」，明初刻本、成化本作「能」。

請，❶師曰：『前特偶然耳，其可再乎？』請不已，竟爲掘二井。師之達於命也，汴有狂民，以逆取敗，其所罥與師同姓，❷誤執師以往。治獄者鞫問師，師凝然不動，無一辭辨解。拘繫年餘，省臺官徐察其誣，特與釋免。吾師謙冲損抑，掌教將二十年，教風日盛。於天寶宫完舊營新，❸祝聖之殿，誦經之堂，禮師之祠，安衆之寮，以至庖庾庫廐，❹各有攸宜。日食數千指，而吾師澹乎無欲，仙翁神君亦將讓德。欲立一石以紀天寶宫重興之由，敢以爲世之能文章者請。」

予曰：子之教自託於老氏，其源蓋深遠矣。其流之别，教各不同，予未暇細論。供惟我朝列聖之於二教，其恩至厚，其禮至隆，前古未之有也。而子之師皎然獨清於衆濁之中，口絶葷羶之味，身絶污穢之行，可謂特立不群者矣。若夫客塵不入，而内心常虚；主珍不出，而腹常實。神氣合一，如夫妻母子之相戀而不離，長生久視，以閲生生滅滅之衆。此則老氏之末流所謂神仙之伎也。予學孔氏，不足以知此。然或罔克究竟，而欺世盗名者蓋亦不無，若子之師崇尚質素，❺泊然自守，庶乎可與遊方之外者哉！

❶「詣師請」，原作「請師」，據明初刻本改。
❷「罥」，原脱，據明初刻本、成化本、乾隆本補。
❸「宫完舊」至篇末，四百九十九字原闕，據明初刻本、成化本、乾隆本補。補文以明初刻本爲底本，校以另二本。
❹「庫」，成化本、乾隆本作「廩」。
❺「崇尚」，原作「索白」，據成化本、乾隆本改。

先是，翰林院承制行詞授師演教大宗師、凝神冲妙玄應真人，統轄諸路真大道道教事。遡而上之，以逮其祖師九傳矣，累朝俱賜真人之號。曰崇玄廣化真人者，其八傳艾德文也；曰頤真體道真人者，其七傳李德和也；曰通玄真人者，其六傳孫德福也；曰太玄真人者，其五傳酈希成也；曰體玄妙行真人者，其四傳毛希崇也；曰冲虚静照真人者，其三傳張信真也；曰大通演教真人者，其再傳陳師正也；初號無憂普濟真人，加號無憂普濟玄明洞微真君者，其祖師劉德仁。今與予接而自言其教者，❶李、任、王、崔。李，宣授冲和常善大師；任，宣授明真頤正大師；王，授常善體真明道大師；崔，授圓明普潤大師。

撫州玄妙觀碑

撫之玄妙觀，地占一郡之勝。老柏三株，俗傳晋代所植。稽諸舊刻，在隋爲開元觀，在唐爲天寶觀。一銅鍾甚古，鐫「永泰二年鑄」。宋祥符初崇尚瑞應，以飾太平，諸郡創天慶觀，而撫於天寶觀基建置。皇元混一天下，天慶久更號玄妙。道教設官，蠶食狼籍於其中，觀遂敝壞。仁宗御極，二教之官罷，其徒始得舒氣以息。而如玄妙之敝壞者，未易復也。冲妙凝和全德法師全昌祖賦資毅，奉教恪，意度廣，才具優，其所涖宫觀，無不浸浸隆盛。公議咸曰：「欲玄妙再興，非斯人莫可。」若官若民，不謀同辭。郡移檄道教所保舉，教所命之提點玄妙觀，且改十方爲中乙，俾專力補敝救壞。領事以來，晨力不急。首營居室三間於後，以安

❶「其」，原作「自」，據成化本改。

起處；次營爨室三間於側，以便食飲；又營東偏西向之屋六間，以會衆栖衆。正殿之東豎東閣，東南之隅豎鍾樓。三門中豁，❶三夾旁附。正殿之西豎西閣，與東閣對峙。東廡、西廡以間計凡一十。前後左右，既周且備，乃作正殿。掄材於遠郊，❷礲石於隣郡，爲柱爲礎，必良必堅，四阿巍巍，四宇翼翼。阿之所幬，方五尋有半；宇之所環，其室十有二。規制朴偉，視昔相倍蓰。正殿之北，❸居屋之南，造法堂及東西房，負楣之楹六。❹惟西偏東向之屋八間仍其舊，餘皆一新。像設壇位，輝赫整肅。自丁巳之冬，至己巳之夏，十餘年之所經畫，而玄妙之精神氣象，奚翅復其舊而已哉！非意度之廣、才具之優，能若是乎？會其費，當緡錢一十二萬。

昌祖，臨川彭塘人，禮師受業於仙蓋山之龍堂觀。善繼善述，輪其居，充拓其産，有光於其先矣往往。遶山觀振拯於頽敗之餘，❺内外構架具足，捐所買私田百五十畝贍公厨。❻其所進益，一如罷堂焉。永崇觀廢，舊額猶存，重爲啓立，度人嗣守。其所完美，又如遶山焉。以至白雲開山，而樂畀觀近之土；相山兼職，

❶ 文首至「鍾樓三」，二百八十一字原闕，據明初刻本補。
❷ 「材」，原作「才」，據明初刻本改。
❸ 「北」，各本作「比」，據文義改。
❹ 「楣」，原作「柱」，據明初刻本改。
❺ 「拯」，原作「極」，據明初刻本改。
❻ 「捐」，原作「捨」，據明初刻本改。

而大築仙祠之宫。最後再興玄妙，優爲之也。蓋長於理財而不私聽有，凡諸觀營造，悉用其私積，一毫無所取於公帑。玄妙之役，城中諸善士施助約萬緡，此外無所資於他人也。嗚呼！群動總總，終身孳孳，利身肥家是圖，貪其入，吝其出，重外物尤重於一己。達者固癡之，而況棄家遺身遊方之外，非有仰俯之事畜，非有胤胄之縻繫，❶而貨殖闢地，靳靳自私，靡異流俗之編氓，則其癡殆有甚焉。若全師昌祖之達，❷千有不一二也。世之士大夫學孔氏，以治國平天下自許，授之以事，鮮或能辦，私其一身一家者比比而然，孰能於己無私，❸於事有成如全師者乎？師以其法嗣萬得一、連學禮，分掌玄妙觀務，來請記營造始末，❹予因是而嘆士大夫之有不如師，❺亦賤士苴而貴其真□□□□□稱遶山道人云。

興聖五公寺碑

五公寺在今清江鎮。鎮，古淦陽縣也。舊傳梁僧寶公、朗公、唐公、化公、約公飛錫所駐，故建寺而因以名焉。寺初涉江，後值岸圮，遂徙東。已廢而重興者，宋紹興年間僧師善也；既毁而重構者，宋嘉定年間僧

❶「胤」，原避諱作「世」，據明初刻本改。
❷「師」，原作「跡」，據明初刻本改。
❸「孰」，原作「熟」，據明初刻本改。
❹「始末」，底本及明初刻本原作「如果」，後者明顯有描畫痕跡，《全元文》十五册三七四頁作「始末」，據改。
❺「而」，原脱，據明初刻本補。

明悟暨覺慧也。歲久復敝。大元大德庚子，僧自宏謀新之，弗果。皇慶壬子，僧祖震白其師志澄，命其徒寶印敦役更造。而好事之家二黎氏曰鎔曰楝、二黄氏曰遵曰莘、二周氏曰寅孫曰仕奇、楊氏三登、陳氏以忠諸人，咸施財助力。於是供佛之殿，縣鐘之樓，旁兩廡，前三門，講法有堂，貯物有比，❶公庖私寢，内外一新，崇廣之度，視昔加羨。延祐庚申告成。寺有藏經，中使歲至，集僧繙閲，特賜「興聖」二字冠寺額，且錫師號及金紫之服，旌印之勤。寧具修寺始末，諗于史氏曰：「昔寺之重建也，紹興時則有楊補之所譔疏、然禪師所譔記猶存，嘉定後則有寺僧淨師嶽麓退居，❷與鄉貴向、范、李、王諸公游，留詠未泯。今延祐營繕，功倍于前，不有鉅筆雄辭文諸堅石，永作寶鎮，❸其何以示方來？唐宋文人不吝分餘光以照叢林，庸敢布其衷？」予觀都上國，梵宫造天，金碧焜煌，小有壞墜官爲完。嘗言王公大人主之於上，其烜赫固宜。若夫遐陬幽寺，非有提挈維持之援，而寺之僧世世克承，以興廢補敝爲事，雖運代有遷革，而佛靈無休歇。其心也公，其謀也遠，是豈等一切有爲於夢幻泡影者所能哉！予固不得以學佛之徒少之也。持印之役者，僧道安、僧義壽，予并嘉之，而又以精嚴僧律、❹紹述師志爲來者勸。

❶「貯」，原作「財」，據明初刻本改。
❷「嶽」，原作「獄」，據明初刻本改。
❸「寶」，原作「實」，據明初刻本改。
❹「又」，原作「人」，據明初刻本改。

長興院碑

「天下名山僧占多」，世有是言也。崇仁一鄉之居數十，長興院距縣最遠，而形勢最佳。山勢自北而來，形如城垣環遶，周四方三隅，唯東南隅爲出入門户。院之初起不知自何代，唐時已有之。院基背北面南，負山之正脈，乘其王氣。後徙右畔之西南，舊基蕪廢，院亦浸不如昔。有僧祖瑩善吟詩，游士大夫間，持身甚清苦，而莫克復其舊。數傳至僧如昌，新構于舊址之上，而院日以隆盛。創法堂，創佛殿，創正門，廊廡樓閣、府庫庖厨、僧廬賓館，及左右前後之室屋，靡所不具。至元癸巳肇役，逮延祐丁巳二十餘年，乃底完美。一出己力，而不資人之助。吁，難矣哉！營造既備，而請文以記。予固喜其形勢之勝，又嘉其興復之勤，於是樂爲之記而不辭。蓋長興之中否而復泰也，以得其地、以得其人焉爾。竊嘗怪二氏之徒，豐其儲積而沾沾自肥，甚若編氓之欲以遺其子孫然。工於營造，則廣受布施，以崇侈其居而利其贏餘者，❶或不能免也。今昌師有所儲積，而於己無所私；有所營造，而於人無所求。夫其不求也，貪之疾除矣；其不私也，癡之疾瘳矣。應接盎然如春，而好醫術，以寓其慈閔普濟之仁，則嗔之疾又無有也。爲佛之徒，而去此三疾，豈不可貴乎？院之抵吾家不滿三十里，予之識昌師不啻三十年。無私於己也，無求於人也，有功於院也，皆可書也。

❶ 上「其」字，底本及明初刻本作「甚」，據上下文義改。

吴文正集卷五十一

元吴澄撰

全闕

吴文正集卷五十二

元吴澄撰

全闕

吴文正集卷五十三

元吴澄撰

銘

潛齋銘

衛郡李君宗伯名其讀書之齋曰潛。❶嗚呼！君其果于潛也夫！夫六經莫奥于《易》，四書莫奥于《中庸》。君讀其書矣。潛也者，周公所以始夫三百八十四爻，子思所以終夫三十三章者也，其義不淵且溥矣乎？德之未成歟？藏而不行，潛也；德之已成歟？晦而不顯，亦潛也。及其進修之極而不容隱也，充積之久而不可掩也，則有不終于潛者焉。何也？藏也者不急于時，而不必其不遂行也；晦也者不衒于人，而不必其不遂顯也。隱者身之用，揜者名之彰，君之自賦亦云。然則君之潛，❷名是也，情非也。雖然，君子

❶「郡」，原脱，據成化本、乾隆本補。

❷「則」，原作「是」，據明初刻本、成化本、乾隆本改。

亦何惡于不果潛也？人之彙，不一概也，隨其所至而有所就。身之用也，名之彰也，人情所同好也，而何惡于不果潛也？君曰：「子之言然也。吾以潛名吾齋，而子欲從吾情違吾名，吾寧從吾名違吾情也。」予曰：「君之情不必違也，君之名固可從也。予將從君潛之名，君能從予潛之實乎？君所謂潛，藏而遂行，晦而遂顯，始于潛，不終于潛者也。予所謂潛，主而不賓，家而不旅，始而潛，終而潛，不可一時而不潛者也。是潛也，非《易》之潛，非《中庸》之潛。潛者孰謂？謂潛心也。是潛也，《法言》嘗言之，未必能盡之。《敬齋箴》嘗言之，匪徒言之也，曰靡他，曰弗貳，潛之實也。《易》之『退藏于密』也，《中庸》之『不可須臾離』也。潛而至是，其至矣。請以箴敬齋者名潛齋，可乎？」君曰：「可哉！」于是爲之銘，銘曰：

冥蟄幽鱗，❶蟄冬躍春。今而膏屯，後也厲雲。文錦弢聚，❷表黯衷炯。初而避景，卒也脱穎。寂寂而張，寐寐而光。❸理也固然，義也何傷。爰有大物，善潛罔逸。害防維離，害宅維密。水貯于壺，火宿于爐。維水弗泄，維火弗滅。嗚呼潛只！維敬斯潛。守護禁訶，夙夜具嚴。

❶「冥」，原作「宜」，據明初刻本、成化本、乾隆本改。
❷「弢」，原作「宏」，據明初刻本、成化本、乾隆本改。
❸「寐寐」，明初刻本、成化本、乾隆本作「昧昧」。

崘山銘

盱東有山，挺拔嶙峋。山中有人，蔚秀清淳。❶崘山維季，旭山維昆。各已專壑，誰復争墩。山以人重，名當永存。伊人曰山，伊山曰崘。亦名之寄，奚實之論。彼蛇彼螟，夫豈其倫。❷

訥齋銘

君子之訥，不盡其有餘；小人之訥，將言而囁嚅。得善敏于行，近仁者歟？是爲君子儒，非小人儒。

忍恕堂銘

百字可以睦九世，一言可以行終身。中人之行，聊以寡怨；君子之道，將以同仁。苟内所宿藏，❸涣兮冰雪之銷；則外所周被，盎然天地之春。是知有事于恕者，忍不必有；無事于忍者，恕不容無。斯其可與論元氏名堂之意乎？

---

❶「淳」，原作「純」，據明初刻本、成化本、乾隆本改。
❷「其」，原作「不」，據明初刻本、成化本、乾隆本改。
❸「所」，原作「有」，據明初刻本、成化本、乾隆本改。

中倪庵銘爲陳又新作

渾渾沌沌，非合非分。窅若無朕，秩然有倫。問地何所，問天何時。于起處起，此中之倪。

省齋銘爲文士昌作

了了惺惺，❶而無不知；瞿瞿惕惕，而有不爲。謂盈難持，謂高易危。醉夢昏昏，彼何人斯。

虚室記後銘爲危功遠作

室則有居，曷其爲虚；虚則無質，何者爲室。既無有室，曰虚奚謂；室豈其名，虚豈其字。弗可以字，而烏乎記；弗可以名，而烏乎銘。古古今今，信信宿宿。了無一有，萬有具足。

梅泉亭銘并序

木之先花者梅也，水之初出者泉也。以其先花于冬，而不同乎桃李之春也；以其初出于地，而未渾乎泥滓之塵也。故梅之于木也爲獨清，泉之于水也爲最清，而他木、他水莫得而擬倫焉。廣平毛巨源，往年總

❶「惺惺」，原作「省省」，據明初刻本、成化本、乾隆本改。

戎荆州，構亭别墅，有獨清之梅，有最清之泉。主是亭者，逍遥容與，日參乎雙清之間。山南憲副馮壽卿過而喜之，名亭曰「梅泉」。夫梅之清，豈有資于泉；泉之清，豈有資于梅。而二物者偶相值乎亭之側，亭中之人，又與亭側之二物交相值焉。皆得天地之至清，其氣類之相求，蓋有不期然而然者。然非二者之清景，不足以稱斯亭之清；非斯人之清操，不足以合二物之清。非壽卿之清致，亦不足以發巨源之清也。巨源有政事，有文學，持憲節，綰郡符，所至有名聲。予聞之舊矣，今始識之，乃因其亭之名而爲之銘：

幽然一枝，曂玉晴雪；泓然一規，明鏡皎月。作亭者誰，配此孤潔。資而羹之，衆口調適；流而行之，群品膏澤。梅乎泉乎，于以比德。

勉庵銘并序

勉生于不足，不勉生于足。不足則勉，勉則進；足則不勉，不勉則止。昔之聖賢兢兢業業，孜孜汲汲，不自足故也。世之自以爲有餘者反是。莘縣楊氏代有聞人，行省郎中楊士允，學足以禔身，❶才足以周務。仕登要路矣，而慊慊不自足也，其進而未止，詎可量也哉！臨川吴澄，爲作《勉庵銘》：

❶「禔」，原作「堤」，據明初刻本、成化本、乾隆本改。

硜硜鄙夫，哆然有餘。柴栅厥衷，❶胮肛爾軀。❷怙恃孤雄，氣淩萬夫。矜持小黠，術籠衆狙。視今之人，曾莫我如。欲其勉也，不亦難乎。謙謙自牧，歆然不足。深藏若虚，上德若谷。海納百川，如秕一粟；山崇九仞，如簣初覆。視古之人，思蹈往躅。儻其未逮，何敢不勗。温温楊君，允藝允文。維學是種，維業是耘。維事克敏，維職克勤。弗辭勞瘁，弗憚糾紛。光于世美，懋乃官勳。勉哉無斁，尚永有聞。

王景瑞墨銘

磨研彌堅，❸點染彌瞻。彌堅玄玄，彌瞻豔豔。

静齋銘爲學子王章作

群動飛奔，擾擾紛紛。鷄鳴度關，馬跡轍環。智人内觀，淨室蒲團。九淵鯢桓，龜息龍蟠。

---

❶「栅」，原作「枏」，據乾隆本改。
❷「胮」，原作「胮」，據明初刻本、乾隆本改。
❸「彌」，原作「靡」，據明初刻本、成化本、乾隆本改。

自如軒銘

自自自，寂無事；如如如，綽有餘。惟委順，靡固必。由由然，坐一室。陳福叟，自如軒。銘者誰，吴澄言。❶

真止軒銘并序

老莊氏及學佛之徒言真，三代以前儒家之書無言真者，周子、程子、朱子始言之。《書》《易》《大學》皆言止，而二氏之學亦言止。淮西黄仲亨，儒也，而以「真止」二字銘軒。其取儒家所言乎？抑老、莊、佛所言乎？余嘗聞之矣，真者實也，曰誠是也。止者，物各得所、不相侵越之謂。于是銘其軒，銘曰：

惟皇斯極，❷有實無僞。一物一則，各至其至。主敬閑邪，内誠斯存。明究萬微，派别枝分。如是而忠，如是而孝。天秩天敘，不紊不撓。粤若二氏，亦云悟真。静定爲止，以息外因。視聖賢心，❸似罔差殊。鑑雖空洞，衡靡錙銖。世遠言湮，此學幾絶。弗知弗蹈，騰駕虚説。儒讀儒書，真止何如。銘示正

❶「言」，原作「文」，據成化本、乾隆本改。
❷「極」，明初刻本、成化本、乾隆本作「畀」。
❸「賢」，原作「聖」，據成化本、乾隆本改。

途，展也匪誣。

寶敬齋銘

吾聞老氏有三寶，提舉薛玄卿學老氏道，而三寶之外有一寶焉，曰敬。夫修己以敬，吾聖門之教也。然自孟子之後失其傳，至程子乃復得之，遂以「敬」之一字爲聖傳心印。程子初年受學于周子，周子之學主静，有如老氏守静篤之意。而程子易之以敬，蓋敬則能主静矣。玄卿之所寶者敬，雖同乎孔氏，而亦老氏歸根復命之静與？銘曰：

惟周學聖，云主乎静；惟程學周，則主乎敬。惟敬故静，惟静故定。定故不遷，心得其正。定而無適，虛明若鏡。應而無二，公平若稱。湛然澄瑩，不將不迎。斯敬之功，存我恒性。卓哉玄卿，學有印證。所寶非他，上帝正令。

遜齋銘

兵部員外郎崔君字耐卿，名其齋居之室曰遜。銘曰：

粵稽商訓，惟曰遜志；聿觀周誥，亦曰遜事。遜之爲言，其意曷謂。謂當卑順，❶謂宜退避。卑順伊

❶ 「卑」，原作「早」，據成化本、乾隆本改。

何，順理順義；退避伊何，避權避勢。理義謙謙，致福之原；權勢炎炎，召禍之門。謙若水流，❶永久滋液；炎如火熾，奄忽滅熄。心常卑下，不欲尊己；身常退後，不敢先彼。自下者尊，自後者先。一遜之餘，百嘉萃焉。有扁有銘，朝夕警惕。神所扶持，俾爾多益。

游壽翁墨銘

凡木之類，松之壽爲最。其液降而下者爲琥珀，壽可千歲；其氣升而上者爲墨，壽可萬世。惟爾不朽，此所以久；惟此可久，爾所以壽。壽以此乎，壽以爾乎。此壽爾壽，兩相無窮；爾壽此壽，一將無同。莫明初終，問之墨工。墨工爲誰，游卿壽翁。

履齋銘

中有實地，下澤上天。初行其素，終視其旋。毋輕于夬，虎尾在前。大道不徑，履之坦然。余既爲之銘，又爲之説曰：履言虎尾者三。釋之者云：「乾有虎象，兑躡其後。履虎尾也。」然虎尾一也，卦之象履之而亨，四之象履之而吉，三則咥人而凶，何也？一陰不中不正，而當群陽也，履者慎諸！

❶「若」，原作「君」，據成化本、乾隆本改。

詹見翁墨銘

以磨則磷，以涅則緇。一時之施，其昭不緇。其久不磷，萬世之信。孰全孰虧，往問詹尹。

和樂堂銘

兄弟二人，初實一身。末俗薄惡，各視其橐。郭氏善門，相好克敦。異株同根，罔有間言。內無私貯，外無私與。或出或處，奚我奚汝。既翕既具，且湛且孺。子孫繼武，瞻此堂宇。

塵外亭銘❶

身在塵內，塵在身外。身之所在，塵之所在。身不出塵，塵內有身；塵不入身，身內無塵。我身非身，則如太虛。彼塵自塵，❷而奚乎外。作亭何人，❸黃氏體元。銘者誰與，伯清父吳。

❶「塵」，原作「鹿」，據明初刻本、成化本、乾隆本改。
❷「自」，原作「身」，據明初刻本、成化本、乾隆本改。
❸「人」，原作「年」，據明初刻本、成化本、乾隆本改。

明極閣銘

佛性如天，佛慧若日。彼哉蒙翳，黑暗抹漆。雲霧劃開，❶大明東出。蕩蕩晴空，普照纖悉。講僧惟覺，有明極閣。銘之者誰，吴澄所作。❷

清寧齋銘

純氣晃朗，炯然瑩淨。元形漭廣，頹然安定。斯宙斯宇，斯游斯處。所戴所履，所用所體。惟虚之極，惟静之篤。心既虚白，命根静復。湛兮獨尊，此不塵昏；寂兮長存，彼自飛奔。西慶之孫，南華之昆。廓廓屯屯，我乾我坤。齋居清寧，薛氏玄卿。誰其爲銘，臨川吴澄。

山鍾琴銘

八音悉諧于律，然律之于鍾名者四，他音不與焉。律豈特爲金之一音設乎？曰：非然也。金者，八音之長也。長尸其名，屬從之矣。金音之鍾可以名八音之律，豈不可以名絲音之琴哉！此琴之所以名山鍾

❶「開」，原作「天」，據明初刻本、成化本、乾隆本改。

❷「吴澄」，成化本、乾隆本作「畸人」。

也與？琴自饒而昇，號爲衆琴之甲，前後銘者不一。臨川吴澄復嗣銘之。銘曰：

橫理庚庚，流響泠泠。日暖風輕，月明露清。吾志所貞，觸指成聲。如山鍾靈，氣應自鳴。主姓四更，今既昔程。賓一其名，壽百千齡。

黄雲仙墨銘

前湛然，後雲仙。得一研，可千年。

觀瀾亭銘

滔滔江河，浩浩湖海。水天混茫，風力撼擺。雷轟電擊，冰湧雪洒。睛摇目眩，神悸心駭。乾坤一亭，今古萬態。傍觀静觀，大慨永慨。初而漣淪，倏爾澎湃。奔騰哮吼，變現奇怪。

省吾齋銘

吾之爲吾，凝氣成軀。前有深阱，亦有坦途。惟吾所擇，任吾所趨。兢兢惕惕，慎乃馳驅。❶私邪險艱，省之鉏之；公正平易，省之劬之。己如不疚，内省而悏；彼或不賢，自省而慴。耳聞雷震，吾省斯懼；目

❶「馳驅」，原倒，據明初刻本、成化本、乾隆本乙正。

覯機張，吾省斯度。曾省者三，臯省則屢。夕省及朝，晨省至暮。晝之所行，夜可告神；❶夜之所思，晝可語人。俯仰無愧，心安體舒。省焉若是，吾知免夫。

率性銘

錢原道字率性，爲之説者，奚翅數十。又索余言。余謂率者，循其自然之謂，非人之所以用功也。有志性學者宜如何？其用功有二：曰知性，曰養性。知之精，養之熟，則率而行之，庶其少虧缺歟？爲作《率性銘》：

仁義禮智，性同一初。隨其氣質，而有萬殊。惟性所稟，湛然粹然。率其所性，無一不全。苟非聖人，其率各偏。或相伍什，或相百千。在物尤賤，窒塞蔽蒙。間有含靈，一罅僅通。物不能人，人則可聖。蓋由乎學，以復其性。復性之學，其功有二。知性其先，養性其次。若何而知，格物窮理；若何而養，慎行克己。知則知天，養以事天。孟子之云，子思所傳。天之自然，率而循焉；人之當然，知而養焉。有實造詣，非虚語言。因孟遡思，勉旃勉旃。

---

❶「神」，原作「晨」，據明初刻本、成化本、乾隆本改。

墨銘與袁自心

袁自心墨最晚出，前山後溪幾若一。其堅如石黑如漆，光燄透紙又宜筆。得此玄圭鎮石室，我爲銘之著其實。

又

儒而墨，有此黑。體剛堅，耐磨研。用濡染，發光燄。文印千年，東魯所傳。

丹　銘❶

匪丹之丹，又玄之玄。小則已疾，大則延年。其功在醫，其道通仙。鼎鑪造化，傳自先天。

落月古鏡銘

清池月霽，青萍點綴。月中微雲，如月生翳。葆光混塵，用晦以涖。風刮萍開，瑩淨無滓。全體圓明，普照一世。寶匣韞藏，堯舜之智。

❶「丹」，原作「舟」，據明初刻本、成化本、乾隆本改。文中改正同此。

緝熙銘

客示「實得實見，緝熙頓悟」八字，予曰：「悟未易頓也，見豈易實哉！況于實得乎？」

夜光璧一團，夜明珠一顆。奉持常在手，永永不失墮。

耆樂堂銘❶

弗耗吾神，弗戕吾真。耆匪以天，其耆也人。匪醲而鮮，匪管而絃。樂弗以人，其樂也天。時定時省，百歲永永；歲穫歲耘，四時訢訢。侗然遊嬉，如漢畝翁；泯然識知，如堯衢童。我思逸民，❷今代皇風。耆樂常春，誰之與同。

---

❶「耆」，原作「着」，據明初刻本、成化本、乾隆本改。
❷「我思」，原作「田心」，據乾隆本改。

丹　銘❶

細藥成丸，❷嘉名曰丹。能生已死，❸可温沍寒。却老還少，扶危即安。煉冶維謹，功行其完。

杏壇銘遺陳應元

洙泗之上，太和融盎。累土功崇，❹嘉植天降。元造無聲，花開實成。丹腮豔豔，蠟彈盈盈。暇日從游，春風歸詠。頫仰静觀，盡心至命。兩間生意，萬古在今。覩物思人，如侍緇林。

新城縣觀音寺鐘銘

歲玄猴，❺月九會。日丹鼠，煽爐韝。巧冶鑄，❻隧景帶。金之剛，永不壞。聲遠聞，醒衆聵。耳悟入，

❶「丹」，原作「舟」，據明初刻本、成化本、乾隆本改。
❷「丸」，原作「九」，據明初刻本、成化本、乾隆本改。
❸「能」，原作「銘」，據明初刻本、成化本、乾隆本改。
❹「土」，各本皆作「士」，據上下文義改。以下同此者不再出校。
❺「猴」，原作「侯」，據明初刻本、成化本、乾隆本改。
❻「冶」，原作「治」，據明初刻本、成化本、乾隆本改。

得佛解。❶觀音寺，新鍾成。一吾山，吴澄銘。❷

菊庭王時可墨銘

黄金盈庭，玄玉韞匵。無價之珍，有待而價。

崇厚堂銘

猗嗟邃古，巢木穴土。既基既構，層級峻宇。有修其楹，上干杳冥；有累其臺，下絶塧塵。達士苟完，近臨遠觀。仰戴巍巍，俯蹈安安。不棟而隆，不廬而穹；不蕢而覆，不版而築。所崇惟德，其智湜湜；所厚維倫，其仁肫肫。

存齋後銘有跋❸

存存何事，吾有吾天。孟後千年，斯秘失傳。誰其嗣之，宋代儒先。臧塾揭名，希古聖賢；柴筆摛辭，

❶「解」，原作「鮮」，據明初刻本、成化本、乾隆本改。

❷「澄」，成化本、乾隆本作「子」。

❸「有跋」，二小字原脱，據明初刻本、成化本、乾隆本補。

耀今簡編。聞孫克世，守護彌虔。玉韞于山，珠潛于淵。爲之難甚，言若易然。前修邁美，來者勉旃。

南軒書院山長臧廷鳳朝瑞之先大父，扁其書塾曰「存」，柴獻肅公銘之。臨川吴澄復觀遺墨，申之以三章，章六句，繫于左方云。

明德銘

此心此德，如鏡如水。物來畢照，明徹底裏。云胡或昏，塵集風起；云胡復明，塵去風止。静無撓心，動則察理。明斯昭昭，大用全體。

誠善銘

此性此善，我固有之。是曰天真，而匪僞僞。❶云胡未誠，或間以私。人所未覩，謂彼不知。神也與俱，豈其可欺。誠斯慥慥，莫顯乎微。

❶ 下「僞」字，成化本、乾隆本作「爲」。

吴文正集卷五十四

元吴澄撰

題跋

題程侍御遠齋記後

集賢學士程公十年于朝，日近清光，而親舍廼數千里。今以行臺侍御史得旨南還，庶幾便養，而回望闕庭，又二千里外。日以近者，人子之樂；日以遠者，人臣之憂。此遠齋所爲作也。夫忠臣孝子之眷眷于君親者，壹以朝夕左右爲樂，然亦難乎兩全矣。子之愛親，不可解于心；臣之事君，無所逃于天地間。惟其所在，而致其道，豈以遠近間哉？余既從公觀光上國，又將從公而南。與公同其樂而不同其憂者，思有以紓公之憂焉，❶爲是言也。或曰：「近多懼，遠多譽。人所樂而公憂之，何也？」之言也，讀《易》而未知《易》之所以《易》，何足以知公之心！

❶ 「公」，原作「光」，據明初刻本、成化本、乾隆本改。

題李赤傳後

宗元之傳李赤，善矣。王韋之門，非大廁溷歟？過者掩鼻，而宗元出入陽陽，則固視猶鈞天清都也。奇衺之與齒少，❶自好者羞之，而將倚之以興堯舜之道，非以廁鬼爲殊麗而妻之者邪？其友之號而捄者蓋有矣，而宗元不悟，竟以殛死，死且不悟。《易》曰「迷復凶」，于赤尚何罪哉！

題朱文公武夷棹歌遺墨

朱子早年肆其餘力于詩章字畫，甚雄偉不凡，而晚乃若不暇爲。《武夷棹歌》，年五十有五時作。吾詹叔厚父得遺墨，寶藏之。夫詩章字畫妙一世，固人所共愛，而朱子片言隻字流落人間，而人之愛之也，又豈直爲詞翰之工而已哉！萬世之後，有知其解者是旦暮遇之，而余于其詩與字也夫何言？

題術士彭時觀贈言後

相地、相人，二術一術也，並隸形法家。占算以推吉凶，則蓍龜五行之支與流裔耳。漢儒序數術爲六種，而彭生涉其三。吁，何其多能哉！彼儒而不通天地人者，何如耶？

---

❶ 「衺」，原作「衺」，據明初刻本、成化本、乾隆本改。

跋樊教諭六峯

六峯，臨邛山名，邑校先生樊君墳墓所依也。君去蜀四十年，墳墓在萬里外，❶遂以「六峯」扁之寓屋，❷以示不忘孝子慈孫之心也。吾求所以藏吾親體魄者猶未獲，而君悠然六峯之思，烏乎！吾目中亦安得見如六峯者哉？

跋吴適可先世誥曆

吴守正適可持其先世誥曆示余，曰：「某之高祖紹興登科，初授迪功，尉臨桂，再授從事，令通城，官至正郎典郡而終。曾祖受澤爲總領所屬官。祖貢禮部，始由臨川遷樂安。父業進士，教生徒。至某益貧困，而懼世緒之殞。家藏臨桂誥身僅存，至兵寇流離之際，身與之俱，罔敢失也。一日至豐城櫪畈，有宗人名演字慶長，就某行囊中索迪功誥一視，因言往年有以從事誥并印曆質錢于先大父者。惻然久之，曰：『固君家物歟？』取曆歸于某。某再拜受，與初誥並藏之惟謹。」烏乎！適可賢矣，慶長又賢也。雖然，爲人子孫于

❶「外」，原作「而」，據明初刻本、成化本、乾隆本改。
❷「扁」，原作「偏」，據明初刻本、成化本、乾隆本改。

先世遺物，何莫非所當保愛，❶此身亦其所遺也，而視他物爲尤重。適可棲棲旅泊，衣食無所于給，卒不易業，猶以文墨議論奔走士友間。不諂不屈，不爲一毫非僻，以辱其身、忝其先，則適可之所以賢于人，蓋在此而不在彼也。

跋胡剛簡公奏藁

宋三百年，權姦之誤國、亡國者五。初亡以蔡，後亡以賈，開禧之敗，去亡無幾。紹興、寶慶，雖未有亡國之禍，然挾敵勢、貪天功，誣上行私，使不得盡爲臣、爲子、爲弟之道，則二凶之惡殆浮于三凶。當是時，以小臣而敢于言國家之大事、以扶天地之常經者，廬陵二胡公也。忠簡忠憤激烈，驚悚一世。剛簡援引故實，敷陳倫理，明白懇切，不爲危辭，❷又不牴牾時宰，❸而貽書以感動之。忠簡之言似賈誼，❹剛簡之言似陸贄。二公知愛君而不敢愛其身，一也。夫人臣之告君，冀其悟爾，豈欲觸其怒哉！夫子之請討陳恒也，所以告其君大夫嚴正而不迫如此。後之忠君徇國者，其尚有味于吾言。

---

❶「愛」，原作「受」，據明初刻本、成化本、乾隆本改。
❷「不爲」，原作「而不」，據明初刻本、成化本、乾隆本改。
❸「牾」，原作「悟」，據乾隆本改。
❹「賈」，原作「簡」，據明初刻本、成化本、乾隆本改。

題樊教諭齋名六峯

教諭樊君墳墓，在臨邛六峯之下。去蜀來南，寓臨川，乃以六峯名其齋居之室。蓋以故鄉不可歸，識墳墓常在目，其意豈不悲哉！君昔以辟亂出，時也故鄉淪落于異國，終其身無復有首丘之望。豈料天下爲一家也，今則東西南北，舟車無所不通。君歸故鄉，易易耳，而未之能者，貧故也。觀君之所以名齋，雖夢寐曷嘗不在先人丘隴之側？然轉徙艱難，年踰六十，無五畝之宅、百畝之田以養其生，栖栖邑學掾，苟升合之禄，以畜其妻子且不給，詎能裹糧徒步萬里而一省其松楸哉？❶此其所以益重無涯之悲也。世之仕者，或生中州絶漠，足涉大江之南。❷養生之具取諸寄，種種便利，則依依留戀，市肥田美宅，老子長孫于荆楚，視其所自生之處如棄敝屣。生者是利，死者何知焉？人生天地間，孰無所本始哉？墳墓之思一也，或欲歸而不能，或能歸而不欲。其心之厚薄，何如也！

---

❶「裹」，原作「裹」，據明初刻本、成化本、乾隆本改。

❷「之」，原脱，據明初刻本、成化本、乾隆本補。

跋黄則陽藏鄔樸齋石壁詩❶

黄則陽出示爲其大父所賦《石壁詩》，求題跋于人，❷是欲揚先世之美于無窮也。孝子慈孫之用心，遠矣。去之千載而其言立，是爲有以稱君之心也夫！

題余震伯撰父行述後

予觀分寧余震伯撰其父貢士君行述凡二十條，且以四方之能言者繫其後。仁人孝子之心哉！夫以貢士君之德，宜有立而潛于時，今而猶可以不朽，子之言立也。雖然，若是而已乎？蓋將進乎是。立如之何？以身不以言也。身立，則名揚而親顯矣。震伯之所以厚于其親者，庸有既耶？

跋吴瑞叔藏舅氏墨帖

吴瑞叔父祖以上占籍臨川，而母家在豫章，其舅前進士魏君書山谷與外甥洪駒父帖遺之。世謂山谷詩人耳，此帖所言，曰本以孝友忠信，曰養以敦厚醇粹，曰立身行道以事親，曰寡慾寡言以進德，曰思不如舜

❶「鄔」，原作「烏」；「壁」，原作「璧」，併據明初刻本、成化本、乾隆本改。
❷「求」，原作「永」，據明初刻本改。

禹、顏淵，曰一日克己天下歸仁。充是言也，詩人乎哉！惜駒父所到，卒未有以副其舅之所期也。❶魏君謂「瑞叔因是有省，他日豈止駒父而已」，此意厚甚。瑞叔勉之，毋俾後之議者如今之議駒父焉。則非徒舅家之光，抑亦吾宗家之幸也。瑞叔勉之。

題郭友仁佩觿集

書契代結繩以來，歷幾千年，而有郭氏《佩觿》，蓋許慎之忠臣、徐鍇之益友。書契代結繩以來，有郭氏《佩鐫》，豈其家之傳器耶？然前之觿有其名，無其器，而猶有所解也；後之觿有其名，無其器，而亦無所解焉。不惟無所解也，人之解其所以解者，方且累數萬言而未已。何哉？吁！有所解而解人，❷將以一智智衆愚；無所解而解于人，乃以一智愚衆智。二郭之《佩觿》孰優？曰後出者巧。

跋蕭寺丞書梅山扁銘後

先漢梅子真尉南昌，後漢欒叔元守九江，聲迹所暨，人至于今祠之爲仙。有山焉，曰巴山，或謂以叔元之名名之也；有山焉，曰梅山，其亦以子真之氏氏之歟？梅山有聶氏居其下，清江蕭寺丞山則，爲書二大

❶「卒」，原作「三」，據明初刻本、成化本、乾隆本改。

❷下「解」字下，乾隆本有「於」字。

字以貽聶洪父。洪父卒，授其從子詠夫，寺丞公又爲作銘。詠夫卒，乃還畀洪父之孫方春。洪父，耆儒也；詠夫，詩人也。方春年少而才俊，寶藏前代鉅公之字與文，于兹三世矣。雖然，字以人重，文以人重，地亦以人而重也。字之重，文之重，重在彼；地之重，重在此。方春其思所以重其地者哉！吾故舉子真以告，❶庶幾聞其風而興起焉。

跋誠齋楊先生學箴

「昔人忘言處，可到不可會。還須心眼親，未許一理蓋。詞章特其餘，君已得其最。當知鄒魯傳，有在文字外。」此南軒先生贈誠齋先生詩也。觀誠齋爲陳氏作《學箴》，其言如此，則其忠于告人也，尤厚于爲己。賢矣哉！屏山曾君，陳之自出，得墨蹟于舅家，以遺其子。其子志順篤于學，夫苟因鄉先賢之訓而有發焉，雖遠紹先聖之緒以無墜其世可也，是豈在言語文字間哉！他日當驗之于一唯之時。

書秋山歲藁後

壬寅四月既望，于龍溪康氏梅花吟院，觀秋山翁戊戌、己亥、庚子、辛丑、壬寅歲藁畢。翁云：「鳴吾天籟，發吾天趣。若局局于體格、屑屑于字句以争新奇，則晚唐詩也，非吾詩也。」知翁此言，乃可觀翁之詩。

❶「吾故」，原倒，據明初刻本、成化本、乾隆本乙正。

昔衛武公年九十五而作《抑戒》，編詩者附之《大雅》。翁今七十八矣，至武公之年，猶及見其《大雅》之作。

題羅縣尉遺事後

羅君士迪，辭華足以擢高科，才具足以仕邊郡。夫文士之于同業也，每忌之而輕心生焉；武帥之于異己也，[1]每惡之而慢心生焉。能使所同者心服而不敢輕，所異者心敬而不敢慢，非果有以過于人，[2]其何能致是？惜哉！時命之不偶，而死于盜。葬不備禮，墓石未樹。其子臨抱此戚不可解于心，切切然圖其不朽，孝矣夫！予未及識之而詒吾書，頗及當世，蓋亦有辭有才者，士迪爲不亡矣。[3]臨也尚思所以成行立名而顯其親也哉！[4]士迪諱惠孺，吉州永豐人。戊辰進士及第，任武昌節度推官、夔湖鎮撫司、湖北制置司幹辦公事，所事參政高公達也。乙亥棄官歸，隱居十年，死之時，五十有餘。[5]

[1]「于異」，原倒，據明初刻本、成化本、乾隆本乙正。

[2]「過」，原作「見」，據明初刻本、成化本、乾隆本改。

[3]「亡」，原作「忘」，據成化本、乾隆本改。

[4]「而」，原作「其」，據明初刻本、成化本、乾隆本改。

[5]「餘」，成化本、乾隆本作「五」。

題彭澤尉廨後讀書巖亭記碑陰❶

人子不能行三年之喪，久矣。俗頽禮廢之餘，廣平和裕仲寬獨行之。❷孝聞朝廷，旌其門而授以官。歷三任，爲江州彭澤尉。尉廨後怪石數十，其間有巖，舊傳宋時縣尉石振興宗教三子讀書其下，豫章黄太史爲書「讀書巖」三字。境固奇勝，因山谷字益重，名士大夫多遊焉。石刻姓名具存，率漫滅不可識。後二百餘年，仲寬寔來，❸芟剔蕪穢，拂拭苔蘚。巖前甃地廣輪二丈許，可列坐。作六角亭于外，賦詩以落其成，翰林侍讀學士王公德淵記之。大德六年，余如京師。九月朔，舟過彭澤，宿水驛，初識仲寬，遂至尉廨。觀所謂巖亭，盤桓而不忍去。夫今之居官者，務在刀筆筐篋而已。仲寬昔爲人子，而孝于親；❹今爲人父，而知教子讀書之爲美。想慕前修，表顯遺迹，❺以示不朽，蓋有本者。如是其可以爲良臣，可以爲廉吏，可以爲字牧之賢父母也，宜哉！

---

❶「陰」，成化本、乾隆本作「後」。
❷「和裕仲寬獨行」，六字原闕，據明初刻本、成化本、乾隆本補。
❸「寔」，原作「宴」，據明初刻本、成化本、乾隆本改。
❹「孝」，原作「親」，據明初刻本、成化本、乾隆本改。
❺「顯」下，原衍「爲」字，據成化本、乾隆本删。

題孔居曾侍圖

古者跪坐席地，夫子如今僧人坐，曾子如今俗人坐，各踞高榻，固古然歟？雖然，此跡爾，觀者得其心可也。相對儼若非一貫，曰唯授受時耶？

題張仲默夢元遺山授詩法圖

張君未覺乃夢，既夢乃覺，恨我不識遺山翁耳。

題董氏家傳世譜後

槀城董氏《家傳》，元明善撰。《世譜》，虞集撰。傳詳核，譜簡明。吴澄曰：董氏，世將也而昌，有以哉！孝友于家，忠于國，仁于民。始也啓之，後也報之，天也，抑有人焉！語云：「成難登天，覆易燎毛。」子子孫孫如萬石君世祀，宜矣。

題高縣丞去官詩卷

高文琬官于吾撫者再，久聞其廉且賢。由撫而丞南城，南城之民去思如此，則余所聞猶信。

題香遠亭記後

騷人以香草比君子，獨芙蓉荷一品華葉並取，非他品可齊。❶ 至春陵翁命君子，❷遂專美焉，《騷》所列衆芳，悉不得與。夫蘭蕙茝若、薜葯蘺蘼、荃菊桂椒、胡繩揭車、❸杜衡留夷，可以纕，可以幃，可以服，媚俱有香也。微風徐動，達于數十里外而益清，❹諸品有之乎？曰無。然則香固可愛，香之遠者尤可愛。君子孰不有德，而出類者難也。鄒傻千五百歲，而後春陵翁生。憲僉趙侯，君子人也。名亭以尚友，豈志乎近者所能哉？持憲事能洗冤澤物，蓋公之餘用云。

玄玄贅藁跋

《玄玄贅藁》，吴君信中詩也。平山翁引曰：「復所以遡贅而返玄。」且曰：「一非贅，❺玄而又玄，斯贅。」吁！玄又玄，玄祖實云，是可贅乎？夫玄而玄，雖贅，不贅也。不然，雖不贅，贅也。芸芸並作，必觀其復。

---

❶「齊」，原作「題」，據明初刻本、成化本、乾隆本改。
❷「命」下，原衍「名」字，據明初刻本、成化本、乾隆本删。
❸「揭」，原作「棍」，據明初刻本、成化本、乾隆本改。
❹「十」，原作「千」，據明初刻本、成化本、乾隆本改。
❺「贅」，原作「贄」，據明初刻本、成化本、乾隆本改。

君于祖教熟之，而猶以藁授余，❶謂余「試出其贅以入于玄」。余謝：❷「非玄聖，奚敢？」君師吾里空山翁。平山翁，翁友也。師友固自成一家言。二翁俱往矣，弗獲與語，以大契于玄同。玄玄豈贅邪？復可也。復有二：斂衆妙而一玄，玄祖《道經》所云也；散一玄而衆妙，玄聖《易》傳所云也。二而一者也。君跡玄祖而心玄聖，其不達是哉！

題西齋倡和後

宗弟此民教授待選留京師，張野夫修撰賓而師之。野夫家世文儒，詩詞清麗，固風塵表物。暇日主賓吟詠，多至累百。蓋其意氣相似，才力相當，雲翮川鱗不足以喻其適，❸是以無倡而不和也。余在京師時，察其交道，與苟合强同者遼絶。賓之忠直，主之愛敬，始終如一而不渝。此民得官南還，依依而不忍别。追録主賓倡和之什，猶存五十餘篇。野夫爲之引，惻然興風俗日衰、師友道缺之嘆。嗚呼遠矣！古之吟詠，所以厚倫而美化，言辭聲音云乎哉！凡今之交，有如二君者乎？余將進之《宵雅》，《伐木》不廢，《谷風》可無作也。

❶「余」，原作「命」，據明初刻本、成化本、乾隆本改。
❷「余」，原作「玄」，據明初刻本、成化本、乾隆本改。
❸「其」，原作「甚」，據明初刻本、成化本、乾隆本改。

題茅亭詩後

關中白君君舉工詩，余未獲覩其全，有人爲余誦一二。巧妙穠麗，錯諸吴楚歌謡中幾莫可辨，蓋無復有古秦人之風。風俗與化移易，詎不信然！然君舉嘗仕中朝，❶以直道不容，退居頻山之南、渭水之北。結茅爲亭，朝夕其間，若將終身焉。及再出，而勞郡縣之職，則又能廉能勤，能强立，❷能堅忍，能不憚驅馳，略無絲毫驕惰罷軟意，真秦之人哉！非是人，孰可居是亭者？嗚呼！余讀《國風》至秦，每一章必三復，或至流涕，其慕秦也。秦，故周也。畢原原上翁不作夢久矣。何當從君茅亭，入紫芝深谷，問園、黄、綺、角。❸精爽今何如耶？

題曾母墓銘後

故朝請大夫、❹監察御史東軒曾公之季子巽申，與予之子衮同年生。生十有七年，已教諭樂安縣學。

---

❶「仕」，原作「似」，據成化本、乾隆本改。
❷「立」，原作「力」，據明初刻本、成化本、乾隆本改。
❸「角」，原作「用」，據明初刻本、成化本、乾隆本改。
❹「請」，原作「諸」，據明初刻本、成化本、乾隆本改。

予見其少有老器，驚異歎羨。其後每見，則學與年俱進，如春山之木。當路嘉其文行，屢薦之，浸浸向用矣。前應奉翰林文字陳郡閻宏，爲其母丁氏撰誌銘。予讀之，又知是子之才且賢也，由母訓而然。嘻！孟子亞聖，以有母故；人稱孟母至于今，以有子故。巽申若希孟子，是使其母爲孟母也。孝孰大焉？勗哉！

同知英德州熊侯墓誌後跋

英德熊侯，沈毅重厚。其施于時者，八年教育之德；其垂于世者，六傳編纂之功。若東廣一道，❶若英德一州，俱未獲展布，而以憂以疾去。昔也！❷豈天固靳之而留以遺後歟？內翰修史盧公之敘事，約而周，蔚而覈，無飾美，無蔓辭，可謂不愧幽明矣。埴衰絰走數千里而得此，庶其恔于心乎？埴真孝子哉！❸

九皋聲跋

鶴鳴于九皋，其聲上聞于天，然猶未離乎人間也。倘與飛仙相頡頏于九霄，而其聲遠聞于天下。❹九

❶「東廣」，原倒，據明初刻本、成化本、乾隆本乙正。
❷「昔」，各本均同，《全元文》十四册第四七一頁據文義逕改爲「惜」，可從。
❸「埴」，原作「填」，據明初刻本、成化本、乾隆本改。
❹「遠」，原脱，據明初刻本、成化本、乾隆本補。

霄之聲，又有超于九皋之聲者。廉翁詩挾仙氣，非人間所得留，願洗耳以聽其一鳴。

沔陽尹氏家世跋

自昔荆楚多奇才劍客，其氣勁，其才可用，異于江以南之俗。沔陽尹氏避地南遷，初寓豫章之吴城鎮，繼而居臨川城中。居士君年老愛仙佛，言不肯阿隨。其子仲富善談辯，優幹略，有排難解紛之長。浮湛州縣從事，幾三十年。同時自京襄南來者或至顯官，俱其親故也，而尹氏獨安其分，無攀援嗜進之想。噫！兹其所以爲荆楚之人與？仲富字伯壽，其子孫日蕃衍云。

題徐雲韶雙喜

翾翾蠉蠉，或申或卷。惟蟲能天，任其自然，而無所憂也。既無所憂，何者非喜？

題卧龍圖

謂其卧與？則已見矣；謂其見矣，則非龍也。雖然，能大能小，能有能無，蓋不可測，而可畫乎？❶所

❶「畫」，原作「盡」，據明初刻本、成化本、乾隆本改。

翁可作，❶吾將問諸。

跋熊君佐詩❷

豫章熊君佐嗜好雅淡，能自蜕于一切世味之中，是以詩似其人。若「草木生天香」，若「花盡春容瘦」，不事雕琢，而近自然。「細評今古難爲别」，則余亦不能窺其何如也。

跋聱齋集

清江楊氏，名其讀書之齋曰聱，猶元次山自稱聱叟云爾。其詩詞甚清淳，其爲逃禪翁之諸孫、文學君之令子，真可謂不隤其家聲。以名齋之名名集，表斯集爲斯人所作也，非有意義。而人人因其名以序其文，曰聱曰不聱，曰聱而不聱，曰不聱而聱；或曰聱于俗，或曰聱于命。累十百言，反覆繚繞，而聱之一字不舍置。噫！是豈所以評詩詞也哉？然則作者本爲明順之辭，而序者未免頗僻之見，❸聱者其誰乎？

❶「所」，原作「斯」，據明初刻本、成化本、乾隆本改。

❷此篇與卷十七《熊君佐詩序》一文重。

❸「者」，原作「之」，據明初刻本、成化本、乾隆本改。

皮昭德北遊雜詠跋

秦蜀詩，非秦蜀以前詩；夔峽詩，非夔峽以前詩。昔之詩人則然。清江皮昭德，少學詩得老杜句法，前作固多佳。大德十年秋如京，明年夏南還，❶有《北遊雜詠》一編，視前作逾超。蓋詩境詩物變，眼識心識變，詩與之俱變也宜。非素用意于詩者，何能因外而有得于内若此哉？計其一往一來，半載間爾。往而過吕梁洪也，曰「豈知極深畜巇險，莫倚波面如鏡平」；還而過徐州洪也，曰「洪中平無濤，不見湍石激」。觀乎此，不但詩進，而學亦進矣。❷

---

❶「夏」，原作「憂」，據成化本、乾隆本改。

❷ 此篇後，明初刻本、成化本、乾隆本有文題《題趙天放桃源卷後》，有目無文。

吴文正集卷五十五

元吴澄撰

題跋

題厲直之行卷

以孝爲行，以温柔篤厚爲詩，則遠之事君，授之政而使於四方，何施而不可哉！

題吴節婦傳後❶

余每愛東平李公之文，事覈而辭達，不藉難識之字、難讀之句爲艱深，蓋庶乎可進於古之作者。其序晉城王氏節孝始末，旨矣。人知吴爲節婦、寧爲孝子者，公之文也。嗚呼！好德之心人人所同，苟可以厚人倫、裨世教，君子尤拳拳焉。善善所以示勸，惡惡所以示戒。施之於政，託之於言，其功一也。王氏一門之

❶ 標題，乾隆本作「題王氏節孝傳後」。

令德如此，爲政者未能旌表以厲當時，則立言者爲之紀述以厲後世，曷可以已乎？抑聞令德之家有餘慶。起宗，節者之孫，孝者之子，尚思樹立以光其先德哉！

題廬陵公楊邳徐沛鄆保樓桑涿鹿八詩

三閭大夫既放逐，知宗國之必爲秦所有，感觸憤悶而有聲，盡其辭而後死，讀者至今悲焉。然其時，郢尚無恙也。若廬陵公北行之作，於古今廢興存亡之際，痛慨如割，殆與「麥秀」「松栢」之歌齊其哀。此時此情爲何如，又豈三閭可同日語哉！德庸得此卷於燕之館伴者，讀之欲不作蒯生癡書狀，其能乎？

題瓶城軒後記

余有守瓶防城法，即孟子養氣持志之學。夫子之欲無言與無意，則其究也。他日坐瓶城軒中，相視默會此解。

題劉中丞事蹟後

故御史中丞劉公，剛正聞天下，鬼神所畏也。自古邪正不相容如水火，彼兇邪稔惡，自知不爲正人所喜。公未深嫉彼，彼已深忌公，意誣搆擠陷公，以至於死。或謂公之死傷勇，嗚呼！此鄙夫貪生惜死、不顧羞恥者之言也。以耳目重臣無罪而被逮問，浮雲蔽日如此，豈善類可望生全之時耶？使公不死，忍恥以對獄吏，奚翅理色辭命之辱！假而得生，亦臧獲婢妾苟免者所爲耳。若公臨絶之音，豈不毅然大丈夫哉！人孰不惡死，不曰所惡有甚於死乎？公之所以寧死而不辱也。公死之明年余至金陵，所聞與今霍侯所記合。公嘗持憲江西，有遺愛，其後識公於吏部尚書出使時。讀此卷，抆淚而書其左。

書胡氏隱几堂

胡璉器之築一室，隱几於其中。噫！子知南郭子綦之喪我乎？不知誰是我，復以何爲几。彼無可隱，此無庸隱。我之外有几，爲隱之之具；几之外有室，爲隱之之所。我我相形，將不勝其多我矣，是豈今之隱几者哉？無我焉用几，無几焉用室。然則如之何？曰室之用在無有。謂余不信，請質子綦。

跋晦庵先生禮書

僞學之禁嚴甚，而拳拳禮書弗置。彼李斯之師，固曰「禮者，僞也」。

跋魚圖

荷枯水冷，萬意俱秋。而圉圉洋洋，從容自得如此。知此樂者，其誰乎？

跋黄寺簿與媒氏帖黄帖附

吾儕我輩娶婦，則但願能承宗事，敬禮其上，而慈撫其下。家道既昌，莫大之利。不然，雖堆金積玉，百兩盈門，何有於我哉！嫁女則但願往之。

此帖僅存半紙，吾里寺簿黄先生之門子將成婚禮時以與媒氏程子建。其言娶婦嫁女，豈特一家一時事，端可爲天下後世家範。所言内外上下，尤足見先生家道之懿。黄氏子孫多賢，而家方昌，豈偶然哉！

題楊開先講義後

爲文辭敷演經意，誦之於稠人廣坐之中，而使之聽，謂之講義。蓋自宋末始盛，前無有也。余未暇論其有益與否，而不能不於其辭有慨焉。夫子嘗云：「辭達而已矣。」夫以精深之義理，而託之於辭以暢之，雖甚善於言，難必其不粗淺也，況遣辭而不足以達昔人精深之意。則昔之昭昭者於今而昏昏，❶奚可哉！余讀建安楊開先講篇，明白諄複，無滯辭，無昧意。説經不得已而用此法若是者，余其可無慨也夫！

❶「者」，原脱，據明初刻本、成化本補。

題詹慶瑞詩後

詹慶瑞以「環中」名其詩。夫莊子、邵子所謂環中者，苟真有會焉，真有得焉，則詩可無也。慶瑞蓋不溺於俗學，余故爲之言。

跋石鼓歌後

凡古器物，古有之而後不復見者比比，古未之見而後忽有焉者，往往可疑。六一公謂石鼓可疑有三。❶余嘗至燕都孔廟南，草莽間手撫遺迹，踟躕久之。今又見此刻文，裝褙甚整，附昌黎、東坡二詩于後。余於是而深敬宗茂之好古也。宗茂多蓄古人墨蹟名畫，而家無銖兩貲，處之裕如。吁！是豈可爲俗子道哉！

題謝德和詩後

盱江謝德和以儒試吏，剛廉明敏，持憲者固寵嘉之。其詩如利刃健斧，所向直前，不識盤根錯節，磊磊落落，無絲毫伈伈俔俔意。❷觀此，又可以知其政云。

❶ 「有」，原作「者」，據明初刻本改。
❷ 「俔俔」，原作「俔視」，據明初刻本、成化本、乾隆本改。

題歐陽世譜後

文忠公撰歐陽氏世譜，載在文集，行於天下，如揭日月，人所共見。公之子孫留潁，而二百年後，永豐之裔以此石本示余。余何人，余何人，敢贊一辭哉？噫！歐陽受氏以來，歷周、秦、漢、晋、隋、唐，至公譜之，始大顯。復有如公者出，當有續譜行世，歐陽氏子孫勉之。授余譜者，惟梅山人吉翁也。

題撫州陳教授東山卷

上饒陳君隱居東山之下，既出而仕矣，廣平李文郁書「東山」二大字以贈之。❶官必挾以自隨，是其志未嘗一日不在東山也。夫伊尹之於莘，吕望之於渭，諸葛之於南陽，苟不遇湯、文王、劉玄德，則終其身而已。偶逢其時，行其道，而豈有心於仕哉？陳君兩食學官之禄，而閑散樸野之趣，翛然猶如東山時。其仕也，蓋非世之徇物忘己者比。處則負重望，出則致大用，謝安石之東山如此，文郁之贈有以哉！文郁僉江東憲事五年，代者不至，自免去，耕牧大江之北。其交也不苟，觀其所與，可知其人而不待以他事徵也。

---

❶「郁」，原作「都」，據明初刻本、成化本、乾隆本改。

跋牧樵子花卉

人與走飛草木之屬，貌像姿態萬之又萬，莫可勝窮，而無一同者，畫史乃能以筆擬之。清江牧樵子寄予卉實四小幅，遠視真以爲宰物所生也。充齋皮公稱其傳神之筆如化工，且得相人之妙，若鄭圃君子見之，當亦心醉。夫生物之巧自己出，而别其所生貴賤、壽夭、賢不肖何如，易易事爾。然予嘗命畫者畫予，輒閣筆；命相者相予，輒緘口。或强作終不似，强言終不應。何也？物之生曲盡其巧，獨予之醜惡無物可比。蓋大巧所外，則畫者之手、相者之目無所施其法也宜。抑又安知予疇昔所遇，未有如牧樵其人者乎？何時於清江之上，聽牛背之笛，和谷口之歌，以予言示之。❶

題牧樵子花木

宋代經學，公是先生爲天下第一。南渡後作古文，艮齋先生爲天下第一。下至曲藝微巧，如逃禪翁之梅亦然。更數十年，牧樵子花木，當與逃禪翁梅同價，何清江才人之多歟？

❶「言」，原脱，據成化本、乾隆本補。

跋牧樵子鶺鴒

往年冬在京師，日以此充旅食之羞。今得此十數把玩於手，活動如生。其悦吾目，有甚於悦吾口者。

跋黄祖德廬山行卷

左湖右江，界截地脈，其氣盤鬱，無所復之，聳拔突起，而成至高至大之山，此廬阜所以爲江右第一。其峯嶺泉石之奇，晨夕陰晴之變，❶日光月華，雲情雨態，煙霏霧靄，譎怪萬狀，固宜爲仙聖所巢，梵釋所都，神靈之奥宅，鬼物之幽棲，而供高人勝士之遊者也。余嘗東沿彭蠡，西遡大江，舟過其下，思一造其間，以極超絶偉特之觀。荏苒二十餘年，此志竟未遂也。而浮山黄祖德一旦先之，行卷紀遊覽次第及唱酬題詠數十篇。蓋有此遐趣，有此妙筆，然後能追白、蘇之迹於既往，悠然心與境遇，目與心遇，累累至前，而誰與領會？誰與發揮？古今遊者不一，而能若是遊者，幾何人哉！附記所見塵間遺蹟，所聞方外異談，一一皆可喜可愕之事。余雖不獲從祖德後，已若在此山中矣。雖然，非足履身歷，終與親見親聞者迥隔。余將必遂初志，先至先知者能爲之道乎？祖德曰「諾」。敬題卷左，以訂後遊之約。

---

❶「夕」，原作「日」，據成化本、乾隆本改。

題四清堂散人家乘後

大德九年六月八日癸未，居士易君伯壽甫卒。余既哭而退，越三月，其門人醫學教諭鄧焱爲其孤濤來言：「濤將以十有一月十有七日己未，葬父於長安鄉福祚里之墓背。父平生大概有自述家乘在，先世名諱，辱先生代書之，卒葬月日，不可不補記也。濤斬焉衰絰中，不能踵門，敢因内兄焱以請。」余惟邑之耆舊，獨居士君暨制參李進野翁俱生嘉定辛巳，衣冠儀狀，如商山老人。閒暇過從，自樂所樂，蓋雖在世而實遺世。制參卒之年，余留京，不及哭，今及哭居士焉。❶嗚呼！耆舊盡矣。居士德稱其齒，八十有五，無疾而逝，允好德考終命者。

跋汪如松詩

汪如松詩喜淡，而於花獨愛梅。此趣高甚，養吾李君所摘五聯已得之。集内哭碧梧、哭文山、哭疊山、訪李養吾四題，能效老杜八哀體作四哀四篇，又當照耀千古。

---

❶「及」，原脱，據明初刻本、成化本、乾隆本補。

題沛公踞洗圖

古今率謂高帝嫚，誠有之。觀其師子房，將韓信，相蕭何，亦嘗嫚乎？無也。然則此畫，得其嫚士之一短耳。其知人之長，誰其畫之？

跋欒氏族譜

撫州《登科記》，宋初自欒氏始。少保公十八世孫淵，咸淳末與余同薦名于禮部。嗚呼！古人以與國咸休爲期，今時代已革，而欒氏子孫福澤猶未艾。所謂盛德必百世祀，詎不信然！

題金谿吴節婦黄氏訓子詩後

金谿新田前貢士吴君叔可甫第三子泰發之婦黄氏，年二十七而其夫遠賈溺死。黄氏守共姜之誓，長其二子一女，俾有室有家。年且五十矣，作《教子詩》三十韻，以勗其子暨從子。辭義蔚然，不忝曹大家。節操、文學兼有，難已。其從孫綬録以示予，予嘉嘆焉。予仲子袞之婦，亦生於至元壬午，及至大己酉余子喪，時有孫男一、孫女二，少者才二歲，今各嫁娶畢。此婦與黄氏婦德頗同，但不能文爾。

跋曾翰改名説

乙卯進士李路、戊午進士李岳往年從予遊，病其名之不雅馴，予爲更今名。更名後，二人各登進士科。或以爲所更之名吉，予曰不然。士之遇於何年也，蓋前定。名之當爲何名也，亦然。定皆天也。觀豫章熊先生夢中爲其門人曾仲巽更名曰翰，其事甚神，斯殆未來之先兆形見於夢者爾。仲巽用所更之名應舉，庚申初試未驗，癸亥再試卒驗。熊於夢中更仲巽之名，予於覺時更二李之名，夢猶覺也，覺亦夢也。其名之前定久矣，非熊與予之所能更也，借人之口以發天之機也。仲巽名在泰定甲子進士第三人，既與熊之所夢所説符矣，他日悉如熊之所期，固仲巽分内事也。熊以仲巽與貢之年五月逝，惜哉！不及見其夢其説之驗云。進士唱名竟，吴某識。

跋王令有人耕緑野無犬吠花村圖

金谿令王侯才卿，慈祥和粹，十年乃得代，邑之士奉此圖以贈别。「有人耕緑野，無犬吠花村」，何謂也？謂田野闢，盜賊息，于以見侯之德云爾。侯繇金谿宰龍泉四年，惠愛如金谿。繇龍泉宰崇仁，不數月罹無妄之禍而去。❶何崇仁之民，獨不得如金谿之民哉？

❶「罹」，原作「羅」，據明初刻本、成化本、乾隆本改。

題郝令德政碑後

大德六年秋，予過金陵，人稱御史之才，必以盧龍郝公子明爲最。聞于天朝，特陞五品，僉江西憲事。按治所及，姦貪悉無所容。二十年來，攬轡澄清之人，鮮或有是。十年冬，予至豫章，初識公。公前令樂壽時，廉明敏惠，靡政不舉，民愛之如父母。既去，而有去思之碑。前代御史之官，多自親民而選，匪獨國朝爲然。蓋以其諳下情，❶周庶務，謹密詳審，而非徒擊搏苛察之爲能，是以賢邑令即才御史也。公於前之撫字也，可愛如彼；於後之司臬也，可畏如此。夫威奸貪所以慈吾民，其心一而已矣。誰謂今之可畏，非昔之可愛者哉？

跋曾氏墨蹟

吾鄉文物之盛，無踰曾氏一門者。南豐兄弟之後，有梃齋、景建焉。梃齋之聞孫廣賢，袖示先世墨蹟，讀竟，爲之暢然。噫！樂其所樂，憂其所憂，安得復見斯人也哉！

---

❶「情」，原作「清」，據明初刻本、成化本、乾隆本改。

題斗酒集

古豐城有寶劍焉，沈鬱地中，其氣上衝于天，光怪四達，至發泄變化乃已。地之靈鍾而爲人，人之未用世，猶劍之未出土也，故近年往往多能詩之人。人人負斗酒百篇之氣，亦其沉鬱於下而光怪之不能自掩者。方將百篇，百篇而復百篇，然則何時而已耶？❶其必遇有識者取去，進之國相，❷則此光怪陸離於華蟲黼黻之間，其不鏗戛而和璜琚珩瑀之音乎？

跋吴昭德詩

萬松吴昭德奔走宦途，萬里如咫尺，歷落未遇。夫必於進入者，文辭婉軟，嫵媚巧佞，如脂如韋；困於時命者，志氣雕喪，沮抑摧折，如枯如萎。而昭德不然。其堅心勁氣，飽經風霜冰雪，而顔色自如，真有似於松也，故其詩象之。仿古作序記，趨時爲駢儷，亦皆可觀。不以其身之未昌，而其言與之俱，余以是而知其中之有所得。❸未見其言之昌如此，而身有不昌者也。昭德名德昭，番昜人，蓋番君之苗裔云。

❶「而」，原脱，據明初刻本、成化本、乾隆本補。
❷「國相」，原倒，據明初刻本、成化本、乾隆本乙正。
❸「有所」，原倒，據明初刻本、成化本、乾隆本乙正。

題李縉翁雜藁後❶

往年余見李縉翁詩，而未見其文也。今見之而驚，驚而喜，喜而懼。何喜？喜若人之有斯作也。何懼？懼時人之莫之好也。噫！唐宋六百年間，雄才善學之士山積，能者七人而已，不其難乎！近年人人奮筆不讓，又若甚易，❷何哉？然其最不過步驟葉氏，孰有肯闖七家門户者？余安得不爲縉翁喜。而大音未必諧於里耳，則亦不敢知也。余竊有問：「子於何處得之？」答曰：「喜讀大蘇文。」夫如是，宜其然也。雖然，勿矜其實，勿恃其光，益溉其根，益加其膏，如斯而已矣。

題峽猿圖

遷客羇人偶經是處，忽聞哀啼一聲，不覺心碎淚下，殊無今兹展卷把玩之樂。境一也，而哀樂異，何哉？真幻異也。雖然，何者非幻？

❶「後」，原脱，據明初刻本、成化本、乾隆本補。
❷「又」，原作「文」，據明初刻本、成化本、乾隆本改。

題李皆春疏頭後

廬陵李皆春，❶少喜讀坡文，其文甚似之，而未有知之者。世無歐陽公則已，若有，終必知之。坡初出蜀時家貧無貲，老泉公自作書請于當路。竟賴其力，以達京師，而成其名。今皆春之北行也，貧尤甚，老且孤矣，豈復有能爲請於當路者？當路乃能代爲之請於好義之家，此又坡所未嘗有也。是行必有遇矣，其達於京師而成名也，可數日以俟。余願諸君子有以速其行也。

十公遺墨跋

周、趙、楊、朱、吕、陳、崔，十公十四帖，楊子真、羅子行家所藏，今廬陵王氏得之。嗚呼！宋季名流，斯其極矣，寶之者豈以其翰墨哉！若人之器業，若人之學術，若人之風節，不可得見，❷而見此焉，爲之三復而歔欷。

❶「皆」，原作「家」，據明初刻本、成化本、乾隆本改。
❷「見」，原脱，據明初刻本、成化本、乾隆本補。

題野航謝公遺墨後

玉溪謝從一父，以其族父野航公《元日詞》一首、《除日詩》四首示予。墨蹟宛然，得見前輩之流風餘韻。更革亂離之際，人間何物能有，而此紙獲存，異哉！從一父之子携以客清江鎮，寄於逆旅主人而他之。大德丁未冬，鎮大火，延燒數千家，主人所有靡孑遺，❶獨於烈焰中全此以還。畀火後往索而得之，疑若有守護者然。昔顔魯公字所在，必有雷神。公之清節勁氣，視顔無愧，則有神物司其字也亦宜。余之諸大父，從公一門兄弟游。嘉定甲戌，族曾大父與公同試禮部；咸淳庚午，予又與公之孫同預鄉貢。而從一父折行輩與余爲文字交，於謝氏可謂世好矣。故於公之片文隻字，❷悽然感愴，❸如見先世遺言云。

跋誠齋楊先生易傳草藁

誠齋楊先生《易解》，板本行天下久矣。王若周得其草藁，有序及泰、否二卦。凡先生親筆改定之處，比初藁爲審。獨初名《外傳》，而後去「外」字。余謂當從其初。蓋《易》之道，廣大悉備，無所不包。程子被之

❶「有靡」，原倒，據明初刻本、成化本、乾隆本乙正。

❷「於」，原作「與」，據乾隆本改。

❸「愴」，原作「憶」，據明初刻本、成化本、乾隆本改。

於人事，所謂一天下之動者。由王輔嗣、胡翼之、王介甫，至此極矣。朱子直謂可與三古聖人並而爲四，非過許也。楊先生又因程子而發之以精妙之文，間有與程不同者，亦足以補其不足。然皆推行《易》道之用，而經之本旨，未必如是。人以《國語》爲《春秋》外傳，非正釋經，而實相發明。今先生於《易》亦然，故名曰《外傳》宜。

吴文正集卷五十六

元吴澄撰

題跋

題劉愛山詩

至後八日，天寒閉扃。有客及門，啓扃出迎。髯翁姓劉，世居廬陵。愛山其字，濟翁其名。諸公貴人，禮爲上賓。以其能醫，以其能詩。醫有還童却老之方，詩有去文就質之章。余愛其方，而不敢嘗；余翫其章，❶而不敢忘。誦者琅琅，聽者蹡蹡。雖窮冬沍陰，而春風滿堂。昔歐公於詩，尊韓抑杜，❷嘗云：「『老夫清晨梳白頭，玄都道士來相訪』，韓必不肯道。」或應之曰：「『昔在四門館，晨有僧來謁』，非此類也耶？」歐遂語塞。然則杜爲詩家冠冕，固亦以如此詩而鳴於盛唐。況其集中如「黄四娘家花滿蹊」，如「南市津頭有

❶「翫」，原作「愛」，據明初刻本改，成化本、乾隆本作「玩」。

❷「抑」，原作「柳」，據明初刻本、成化本、乾隆本改。

船賣」，此類非一。蓋杜詩兼備衆體，而學之者各得其一長。翁詩不專學杜，而與此體合。聲情自然，不事雕鐫。衆之所同，其籟以人；翁之所獨，其籟以天。

題孝感詩卷後

於乎，孝豈易能哉！聖門之以孝名者，曾子也。其門人嘗問夫子：「可以爲孝乎？」而曾子以「參安能爲孝」答。曾子之父，亦聖門高弟，樂道亞於顔子。曾子之事親極其孝矣，而孟子僅以爲可，豈謂曾子之孝爲有餘哉？蓋子之身所能爲者，皆其所當爲也。是以曾子終身戰兢，惟恐或貽父母羞辱。逮及啓手足之際，然後自喜其可免，於此見孝行之難也。晋王祥以至孝之子遇至不慈之繼母，每虐使祥，俾求所不可致之物。隆寒冰凍，而欲生魚。祥惟命之從，將去衣剖冰，而偶獲雙鯉，以塞其母之虐。鄉里甚憐閔之，幸其得解，以爲有天助，故推言其孝感至。若州守吴侯之賢，暨其子少府可初之賢，吾所知識。一家孝慈，和氣藹如，胡可援祥奉不慈之母爲比？圖買魚供親饌而巨鯉出，適然而然爾。交遊之友附會王祥故事，驚異夸美，❶稱其孝行之能動天，形諸歌詠，累累諛辭。益友固應如是夫？澄與州侯父子素厚，不敢然也。願少府思孝道之難盡，愈勉其所當勉，而以曾子自期焉。

---

❶「夸」，原作「奢」，據成化本、乾隆本改。

題鄧立中所得贈言後

吾郡鄧清曠以詩名，其子立中爲臨汝書院諸生。已而試吏，不相聞廿年餘，忽解后于豫章，將赴龍泉典史。出其所得贈言一通示余，其間蓋多隱居肥遯之士。余讀之，曰：異哉！夫巧於仕進者，其求知也，必於有權、有勢、有位之人。今立中不彼之求，而此之好，觀其所與言，類皆理義之談、規誨之語。立中既樂聞之，又珍重之，如護至寶然。於是而知立中之識，其度越輩流遠矣。夫自儒而吏者，一措意乎刀筆筐篋之間，心術變移，與疇昔殆若二人。今立中不以儒之言爲迂，不以儒之行爲拘，方切切求益，而將以之律己治人焉。於是而知立中之識，其度越輩流遠矣。古昔設官治民，司其案牘文書者，曰府曰史，繇周以來未之有改也。國朝又於府史之上設官以總之，典史，則一縣府史之總也。百里之内，凡民事之逆復、官賦之出入無不掌，其所繫亦不輕矣。立中之爲人如此，則龍泉之爲邑也，其庶幾乎！余既喜彼邑之得人，不貽彼民懟；又喜吾郡之有人，不貽吾徒羞。又喜詩人之有子，足以爲清曠翁之光，故爲題其後。

題須溪劉太博贈彭真觀爲兩書院復田序後

彭真觀復鄉校久失之田，耕之至今，士賴以養其功。茂矣，此知真觀之小者也。真觀自耕寸田，旦暮不輟，苗而秀，秀而實。觀其自養，不爲養他人口體而已，是豈人之所得而知哉！治己之田，將無暇於芸人之田。不然，何以爲真觀？

跋唐國芳詩

觀子之貌，今人也。觀子之詩，乃如與數百年前唐人相對如夢。偉哉！識趣進，學力進，子詩可仙。

跋文信公封事

信國丞相開慶封事，比忠簡胡公紹興封事尤懇惻周盡。胡初以罪謫，卒以壽終。惟公不幸，值國運之去，他日一節，難於忠襄。以一身而備二忠之事，偉哉！王若周以公手藁示予，讀之泫然。

跋楊補之四清圖

尚書月湖何公之弟之子竹居君好尚清雅，得楊補之梅蘭竹石手卷一，於從公游宦時徧求鑑賞。紹興癸丑，錫山尤公等七人題字于左，而此庵羅公有書；嘉定庚午，吳興沈公等十人題字於左，而梅亭李公有跋。何、羅、李，吾鄉三先達。二次一十六人同觀，皆一時鉅公，至今見其姓字莫不竦慕。夫補之墨戲有名，不待他人鑑賞而後重。竹居君猶拳拳借重於人，惟恐不及，蓋貴游習氣如此。君後以此轉授子婿袁主一，兩家寶藏之且百年餘。主一又每持以示人，意度一如其婦翁，所謂冰清玉潤者歟？

書何此堂詩後❶

此堂何先生壯年擢甲科，而有學有文，一時莫不竦慕。尚記戊辰歲私塾課試，先生選余一論爲第一，所以獎借期待者甚厚。惜居遠鄙，弗克朝夕左右請益，先生亦復去家而之官。初任永教，再命江東運司之屬而卒。子始三歲，扶櫬及家。而時事異，家亦毀焉。於是平生著述，漫無一存。子伯大既長，惻然痛父書之不可見。此片紙乃永教時勸進永士之詩，得之如獲拱璧然。❷噫！此孝子之至情也。伯大質美行粹，而力於學，必將卓然有立，以光其先。余也願與伯大共勉之，以不負先生疇昔獎借期待之意云。

題百魚朝一鯉圖

此圖侍郎李公得之於成都，故以八印印其左。一大服百小，公乃病其未化，何也？夫大猶未離其類，化則出乎類矣。苟至於化，能大能小，能有能無，尚何以一服百之足言！

---

❶ 「此」，成化本、乾隆本作「北」。正文同。

❷ 「璧」，原作「壁」，據明初刻本、成化本、乾隆本改。

題侍郎李公畫像

生世何用早，我已後此公。然朝夕升其堂，如見其容焉，固不待拜遺像而後致予之恭也。

題柳山長墓誌後

通守之子能業進士，與丞相游如兄弟。然時既革而家自如，志不挫，身不辱，壽且考終，有子克紹，其可謂吉德之人歟？前年識其子元善，今得丞相之弟所作誌銘，爲識其末。

題陶庵邵庵記後

往年嘗於吾廬之側治一室，寘文成張司徒、靖節陶徵士、希夷陳先生、康節邵先生畫像其中，晨夕瞻敬。後以寇擾弗靖，遷徙不常而廢。吾友國子助教虞伯生，取靖節、康節二賢之氏名其庵，與予意豈異也夫！二賢所志所學，有未易窺測者。於其言語文字之遺，時或瞥見彷彿焉，至今尚論其人，不過見所能見而已。身之所寓，心之所會，要不可一概齊。而其所以同者，一也。子欲合陶、❶邵而爲一，蓋有世內無涯之悲，而亦有世外無邊之樂。悲與？非有爲而悲也；樂與？非有意而樂也。一皆出乎其天。予又欲并悲樂而兩

❶「子」，明初刻本、成化本、乾隆本作「予」。

忘之，則庵亦可無也。❶夜根其静，晝握其動。首擊而尾應，風起而水涌。有能從吾伯生控浮游以上征者乎？❷

紹陵賜楊文仲詩後跋

咸淳間，將作監楊公文仲兩侍經幄，所得賜詩如右。不十年而曆改，「一元肇始，太原壹正」八字，皆詩中語，幾若讖語。異哉！喪亂流離中，公之子燚翁罔敢失墜。戊辰己巳，至今踰四十年，奎畫如新，公之孫紹祖出以見示。嗚呼！宋三百年禮儒臣，尚經訓，前代莫及，雖季世家法猶未替。天命之與人文，固藐然不相關歟？

題進賢縣學增租碑陰❸

士大夫治官如治家，則何事不可辦？官府學校之間，大率視如傳舍。苟且以俟代去，孰有視如家事者哉？進賢學産隱没虧折，前後學官安視而不經意。教諭萬君始搜括究竟，悉革其弊，學計頓增。然萬君能

---

❶「則」，原作「陶」，據明初刻本、成化本、乾隆本改。

❷「伯」，原作「惜」，據明初刻本、成化本、乾隆本改。

❸「陰」，原作「引」，據明初刻本、成化本、乾隆本改。

復其舊而已，非有所增也。什一中正之賦，通古今可行，至今官之取於民者不過此。惟豪民私占田，取其什之五以上，甚矣其不仁也。而近世公田因之，亦十五以上。耕者不堪，逃亡荒廢者過半。於是官抑配於富户，以取贏焉。學産與公田一也，其賦雖不能如什一之輕，幸未至如豪民之取。而姦民或增租入以餌職掌之人，而求奪佃。予提舉儒學時，凡若是者必沮遏。夫萬君有功於進賢之學，而予慮規利者不知大體，緣是以增租爲能，則是厲民以自養也，其可乎？故題其碑之陰，一以示勸，一以示戒云。萬君有理財之長，視官如家。爲洪郡學録，值洪學弊極，予欲移其施於一邑者試之於一郡，而同列不悦之，遂不果。

題彭學正圖書講義後

彭方升早擢科第，晚爲學官。咸池浴日之初，在京師，版授太常博士。居之數月，棄官而歸。來臨川，示予《〈太極圖〉〈通書〉講義》一編。善爲文辭，以發明朱子註義，敷暢條達，亦多有警於學者。語焉而詳，既有之矣；擇焉而精，更加之意焉。他日所得，又不止如今所觀。❶

題吴德昭世家譜

世家譜何爲而作也？使爲人子孫者知所本始也。吴自太伯居勾吴，爲一初開國之祖；季子邑延陵，

---

❶ 「今」，原作「余」，據明初刻本、成化本、乾隆本改。

爲百世受氏之宗。源同流分，曼衍乎天下。番昜宗人以番君譜示予，觀之油然有尊祖敬宗之心。吾夫子稱太伯之至德，太史公稱季子之仁心慕義，俱以其讓也。讓者，禮之端。予願與德昭共勗，以無忝於先德。

題戰國策校本

《戰國策》字多脱誤，予嘗欲合諸家本校之而未及。後見鮑本，喜之，然其篇題註義頗有乖謬。廬陵羅以通悉心考訂，定其篇章，補其脱，正其誤，釋其大意，譜諸國之年冠其首，凡鮑氏之失十去八九。讀此書者，得此庶乎可爲善本矣。以通於經亦有見，非止精專此書而已。

題貢仲章文藁後

理到氣昌，意精辭達，如星燦雲爛，如風行水流，文之上也。初不待倔强其言，蹇澀其句，怪僻其字，隱晦其義，而後工且奇。噫！兹事微矣。名於宋者五而已，亦惟難哉！仲章江南之英，與吾善之、伯長俱掌撰述於朝，各能以文自見。蔚乎其交蔭，炳乎其争輝，予有望焉。予來京，仲章將有上京之役，示予新作數十。温然粹然，得典雅之體，視求工好奇而卒不工不奇者，相去萬萬也。讀之竟，喜之深，書此而歸其衮。夫上有所規，下有所逮，正有所本，旁有所參，韓柳氏自陳其所得甚悉。暇日善之、伯長切磋究之，又必有以起予也。

跋李氏家集

番昜李周卿，嘗聞詩法於南康三馮，又嘗見莆田劉濳夫，故其詩多可傳。其從孫南甫裒聚得數十篇，而以周卿之兄、之父、之大父、之曾大父凡生平吟詠可追録者冠其顛，其從祖、祖父及其二從祖兄所作亦附載。四世八人，詩百餘首，標曰《李氏家集》，汲汲然欲存先世之美，惟恐或泯没廢墜也。予於是而歎南甫之孝愛遠矣哉！周卿諱敏膚，其曾大父日新諱楙，大父信夫諱孚，先父君誠諱嘉績，兄宋卿諱敏求。南甫名元，宋卿嫡孫也。至大己酉，予貳國子監。南甫之弟亨充國子伴讀，出其《家集》示予。❶李氏累累以儒科顯，宋咸淳間有提舉江南西路常平茶鹽事諱雷奮，盛德君子也，予嘗辱知焉。八人之中，其一恩補初階官，其六俱由進士貢，特奏名者一，正奏名者一，至于今遺教未替。亨也不遠數千里宦學京師，他日歸，兄弟自相儆勵，尚知所以光其先世，又有當求諸内而無事乎外者，謹勿怠。

題蘇德常誠齋

廬陵楊文節公，學行文章爲一代儒宗，號誠齋先生，孝廟親灑「誠齋」二大字以賜。其註《易》也，與伊川

❶「示」，原作「視」，據成化本、乾隆本改。

程子並行，世稱蘇楊詩法。其古文儷語，與丞相周文忠公相頡頏，二家各成巨袠，曰《廬陵二友文集》。❶晦庵朱子於人多所譏評，少所推許，而於文節公揚其美，贊其詩章，書翰倡和往來，敬禮而兄事之。❷尊之可謂至矣，惟獨不滿其名齋之義。南北相去，不知其幾千里也。後百餘年，元氏蘇德常又復以誠名齋，而采亭楊君爲書其扁。夫古今人同不同未可知，而號則同矣。德常能儒能吏，主縣簿，判録事司，居官廉能。未六十而勇退，則亦有可稱者焉。夫朱子不以文節之號爲可，而予不以德常之號爲不可。豈與朱子異見哉？朱子之意，以爲誠者天道，非聖人不能當。是則固然，然誠者實之謂也。全體之實，誠也；一行之實，一言之實，亦誠也。不誠無物，蓋無一物而非誠，猶水之在地中，蓋無一處而無水。必曰大海而後爲水，可乎？況人之取一字以名齋者，非必以己之有餘而爲此夸示也，大率以己之不足而致其勉慕焉耳。誠者聖之事，人人可以希聖。勉慕乎此，以名其齋，亦何不可之有？

題常道士易學圖

眉山則堂家公，如箕子歸周而不仕周。其外孫臨邛常君，不肯爲農爲賈、爲胥爲吏以賤辱其身，而寄跡于老氏清静之教。公遂爲言老氏所以同於吾聖人之《易》者，而并及陳、邵、周子之學。所望於其外孫者，不

---

❶「友」，原作「交」，據明初刻本改。

❷「兄」，原作「凡」，據明初刻本、成化本、乾隆本改。

其遠乎？常君籍記外祖之訓，罔敢墜遺，述一圖以廣義，❶文八卦之説，可謂不羞其先世、不忝其外氏者矣。邵子曰：「老子得《易》之體。」又曰：「孟子得《易》之用。」進退存亡，不失其正，家公有焉；消息盈虛，與時偕行，常君有焉。祖孫之所得於《易》者如是，邵、周授受之次，則頗與予所聞異。予所據者，邵子文所記：陳授穆，穆授李，李、穆親受於陳，❷而非轉受於种也。种亦得陳學之一支，傳於南方，劉牧承其緒。或以周子與牧同出此一支者，非也。周子之學，乃其自得，而無所師授。至謂穆傳之周，尤非也。朱子發《進易傳表》，蓋踵訛而失其實。何也？周在南，穆在北，足跡不相及也，何繇相授受哉！雖然，不足深辯也。予願常君忘言而用《易》，忘象以體《易》。言可忘也，象可忘也，之瑣瑣者，又奚足云！

題朱巨觀道宫薄媚曲後

「李杜文章在，光燄萬丈長」，惟子瞻贊太白真、介甫贊子美像能得其似。蓋蘇學李，王學杜，知其詩，是以知其人也。金儒朱瀾巨觀効黎園十曲贊杜，有爲予言朱之爲人及出處者，予讀之，悲其志云。

---

❶「述」，原作「述」，據明初刻本、成化本、乾隆本改。

❷「李」下，原衍「授」字；「受」，原作「授」，并據乾隆本删、改。

題羊舌氏家傳後

禮：不忘其本，君子謂之仁。何也？以其心之厚也。凡物知母而不知父，衆民知父而不知祖。人之本乎祖也，非心之厚者，其孰能推本而不忘？羊舌受氏垂二千年，武義將軍繇東平徙固安，恐墜其氏，諄諄然命其孫。孫禧承大父志，南走山陽，訪求宗人，旁考譜牒，以明所本。既不獲，則姑述所知，託諸能者著《家傳》以傳信，用心不亦厚乎？禧字吉甫，號木訥翁。❶夫貌木言訥，質之近仁者也。即此一事，近仁可知矣，又奚待稽其貌與言也哉？司業尚文蔚亟稱其賢，故予爲識傳左。

跋趙運使録中州詩

唐人詩，無一句一字不切題者，宋詩蓋不能然。夫詩或言志，或寫情，或感時，或即事，固各有當，而詠物尤難於精工。運使趙侯，以近世《中州集》録出七言八句三十七篇，畀王子寧，俾初學不至失於支離，由此可入唐詩門户矣。

---

❶「木」，原作「本」，據明初刻本、成化本、乾隆本改。

題陳德仁通書解

聖門諸弟子，聰明卓識者，顔子爲最，子貢亞之。然以夫子之言性與天道爲不可聞，何也？聖人教人，隨其資質所可到，未嘗躐等陵節而語，此其所以不可聞也。晚年贊《易》，始發性與天道之秘，卒皆當時弟子之所未得聞者。濂溪周子生於千載之下，❶不由師授，默契道妙，本夫子贊《易》之旨作《太極圖》《通書》，蓋幾於生知，而可比聖門顔子矣。新安朱子，訓解周子之書亦既該備。里中陳德仁篤志於學，道經釋典，俱頗蒐獵。又取《通書》敷暢其言，俾讀者易曉，良可嘉已。予嘉其志之不凡，而期其識之詣極也，故書此以勉焉。

題蔡人傑詩後

人未易知也。蔡人傑清俊好修，余喜其標格，而未知其詩。今始見之。五言若古體、若近體，七言若八句、若絶句，殆無一不中度。恃才任氣、狂呼亂嗷者，豈知其字字句句不苟哉！蓋自後山、簡齋二陳法中來，而無摹擬蹈襲之迹。學詩而若是，庶乎其可矣。彼皓首苦吟，或不能通其解。余言非過，知詩者試觀之。

---

❶ 「生」，原作「至」，據明初刻本、成化本、乾隆本改。

題宏齋包公巽齋歐陽公遺墨後

玉谿翁嘗登盱江宏齋先生、廬陵巽齋先生之門。予於二先生，皆聞其風而不及識。今見翁所藏六詩一書，如見其人焉。得包之卓偉，則於道可以進取；得歐陽之醇厚，則於非道有所不爲。觀者因是踴躍奮迅，以睎前修可也，豈可但珍其遺墨而已哉！

吴文正集卷五十七

元吴澄撰

題跋

題致堂胡公奏藁後

致堂胡公此書，忠直敢言似賈傅，至今讀之流涕。清江曾忠節公娶胡公孫女，封新平郡夫人，藏此書藁。藁有塗抹改竄字，易世後弗能有。曾之曾孫以授長樂張圻，得其判而闕其前。❶其前幅，予及見之於豫章蔣鈞之家。二家各寶其所寶。嗚呼！安得好事者合而一之乎？此書建炎己酉歲上，第三己酉歲人觀于第四己酉歲之前二年。人爲誰？❷臨川吴澄也。

❶「判」，成化本、乾隆本作「半」。

❷「爲誰」，原作「謂」，據明初刻本、成化本、乾隆本改。

題長豐鎮廟學誌後

以廟貌祀先聖先師，禮歟？前世未之聞也；民間立廟設像如郡縣，禮歟？近世未之聞也。古莫長豐鎮張儀父，知綱常所繫，歸功于聖人，廟焉像焉，以示報本。郡守縣令嘉其心，春秋仲月上丁日，分僚屬詣其廟行釋奠禮。繇是一方之民知所勸，俗爲之移。其於世教不無助也，是以談者尚之。嗚呼！古者飲食必祭，先代始爲，飲食之人不忘本也。每歲八蜡，雖百物之微，無不報，仁之至、義之盡也。有家者祭户竈門行中霤，有國者祭社稷及境内山川，有天下者祭百神。至尊至重者，皇天后土也。夫孰非報本也哉！然而各有分限，何也？曰禮。然夫子之功如天地，豈直四方百物、一飲一食之所可比？王仲淹有云：「太極合德，神道並行。」「吾於夫子受罔極之恩。」然則人人當知所報也，而報之有其道。張氏之心誠厚矣，而郡守、縣令之嘉之也亦宜。雖然，予之所期進乎是，因報本之心而求其所謂道者，考文以益其質，循名以得其實，於事之已然、理之當然洞究而無違。知道之在是，而報本之心將日加厚焉而不能自已，其真見卓識有協于禮，❶蓋不待於予言也。

---

❶「禮」，原作「理」，據明初刻本、成化本、乾隆本改。

題晉周平西改勵圖

剛惡之害人類，蛟虎；柔惡之毒人類，蛇虺。改過遷善之勇，唯剛者能之。周處少年之惡，剛惡也，是以一悔悟間，爲善如此其力。千載之下觀其圖，尚慨想其風烈。人亦何憚而不爲善哉？世之柔惡者，藏戈矛於談笑中，而終身不知悔悟，又周處之罪人也。

李宗明詩跋

予在鄉，與豐城諸詩人游。憲使陳公遠矣，若揭養直，若趙用信，若蔡巘，胡璉、揭傒斯，鐵中之錚錚者。來京師，又見李宗明詩，胡、蔡、趙、揭伯仲間也。豈非猶有龍泉、太阿之餘靈鍾而爲人、發而爲詩與？何其詩之超超如此哉！宗明今爲參政公客，晨夕見聞，必有出于詩之外，予將問焉。

馮竇二子善事敘後跋

北平馮、竇二家之子償金辭金，其事與《童蒙訓》所載包孝肅公尹京時事正同。二家非有所稽而慕倣于所行，偶與之合，蓋良心之天，自然而然，時異而心則一也。然包公之民有此善行，不知其姓名爲誰。馮氏、竇氏因僉憲潘澤民上其事于臺，故至于今有知之者。翰林張仲勉與之同鄉，知之尤悉，往往喜爲人道。而吾祭酒先生劉熙載又爲敘述，以傳于世。三君子之用意厚矣。夫彼之一善，何暇計名爲之哉？而君子能俾其事不至泯没，流布廣遠，萬一貪鄙有聞，緣此愧悟，寧不可以興廉讓之風乎？是則豈惟二氏子之善，抑亦三君子之功也。

跋盧陵公書後

盧陵公魁多士，歷二十年位不至通顯，蓋其時非媚柄臣者，不可以得志也。國將危亡，猶爲江西安撫，招集烏合之衆入衛。不見容于内，又以江廣宣撫出。未及行，而國事去矣。大兵臨逼，邀宰相詣軍前。陳相遁，吴相泣，不知所措。衆推公爲右相，往軍前祈請，至則拘留。夜逸趨閩，間關險阻，卒以就俘。求死不獲，在拘囚中，乃有鄉人爲求誌墓者，此其答書也。嗚呼悕矣！

題陸傳甫墓誌後

文安先生兄弟六人。其伯兄從政君之孫傳甫，粹行遠識，不殞家聞。號燕居之室曰頤庵。葬時，江西運管黄侯爲撰誌銘，事覈辭達，足章厥美。後復改葬，季子士槱自記碑陰，痛惻懇至，允克孝慕。於是知陸之世有人也。士槱字景薦，介特寡合，博記工文。

題河南世系後

大程先生仕金陵，宋淳熙間祀于學，既而有專祠，既而有書院。猶以爲未也，乃立五世孫奉祠事。再期而殤，又以名幼學者承五世孫後。先生爲往聖繼絶學，而諸君子爲先生繼絶世，亦云厚矣。嗚呼！曾是足以報罔極之恩哉！二百年來，家藏程子之書，人誦程子之言，❶口説沸溢，咸謂洛學盛行。❷嗚呼！果有一人能明斯道者乎？然則世之已絶而後續也，❸若可幸；道之已續而又絶也，寧不重可嘆矣夫！

題澶淵孟氏族譜後

昔周公大聖，著大勳勞于天下。元子侯於魯，歷八世十四君至桓公。桓公之庶長子爲卿，傳家曰仲孫氏，一曰孟孫。其别曰孟，戰國時有亞聖大賢居鄒，漢、唐代生聞人，皆以儒學文藝顯。聖賢之流澤，遠矣哉！臨川之孟，其先自澶淵伏道村，❹徙開封長垣縣。開封之初祖，端拱間明經及第，卒贈太子中舍。一傳而贊善，再傳而侍禁，三傳而特進公，南渡四傳而中太公，始居臨川。臨川之系且八九世矣。自端拱訖德祐垂三百年，仕宦不絶，與宋相始終。而族親雍睦，家庭禮法，藹然聖賢遺風。臨川故家文獻之盛，未有出孟氏右者。中太公之六世孫濬川，寄示其父登仕君所敘族譜，予三復焉。噫！古者公、侯、伯、子、男有國，

❶「人」，原作「又」，據明初刻本、成化本、乾隆本改。
❷「咸」，原作「或」，據明初刻本、成化本、乾隆本改。
❸「後」，原作「復」，據明初刻本、成化本、乾隆本改。
❹「淵」，明初刻本、成化本、乾隆本作「州」。

國統于君。卿大夫有家，家統于宗。後世無建國之封，無立家之仕，❶宗法廢而族無統，是以族之蕃衍者往往散漫不可考。今孟氏子孫雖當更運之後，猶能自振拔，以不隕墜。修其譜牒，明其世次，繩繩不紊，以有俟于方來，用意遠矣。其可謂無忝于聖賢之後者夫！

題咸淳戊辰御賜進士詩後

咸淳辛未歲，予與朱光甫先生同試省闈。試畢同途而歸，今四十三年矣。其子希一，以戊辰特奏名時所得御賜詩墨刻示予，觀之泫然。

題文公贈朱光父二大字後

朱光父先生工律賦，爲舉子師，尤精於校文。少年貢于鄉，五舉推恩得官，又兩與轉運司貢。咸淳壬申，主吉州太和學事。縣學春試，時文公天祥、張公槐應皆家居。春試取中，第一名賦出自文氏，第二名賦出自張氏。人莫不驚駭曰：「暗中摸索而得二掄魁之文，異哉！」其年秋試，文氏子弟賓客投賦卷六十，考校畢，無一中選。文公閲卷，見先生批抹，❷大敬服，謂遭黜落宜當，遂書「古香」二大字寄贈云。先生名桂

---

❶「仕」，原作「任」，據明初刻本、成化本、乾隆本改。

❷「批」，原作「披」，據明初刻本、成化本、乾隆本改。

發，古香者，其書室之扁也。官至江州德化丞。子希一，醇儒，不墜其家學。

題朱望詩後

父黨朱贊府之孫、友人朱希一之子曰望，年未三十而能詩。不陳不腐，美矣哉！吁，望來前！❶吾語汝：陳腐，詩之病；强學俊逸語，亦詩之病。望也審諸。

跋梅亭李侍郎二絶句

《記》曰：「親親故尊祖，尊祖故敬宗，敬宗故收族。」宗子法廢，而族人無所統，收族之道難矣哉！故吏部侍郎梅亭李公爲崇仁達官。其族伯父巨川，少嘗從公之王父藏修翁學，長而出贅樂安石陂之鄒，同宗幾不相聞。公自成都運使奉祠家居，而巨川之子春卿來謁，公頗憶幼侍王父時知有巨川名字。春卿出巨川手抄藏修翁與其兄縣尉外舅周府君倡和詩一編，公覽之愴然，款留繾綣。其去也，賦二絶句贈別。春卿自敘于左方，珍襲以貽子孫。公不以貴而遺其族，春卿不以遠而忘其宗，蓋兩得之。公之從子濤，孫畣、畿、畯，❷曾孫

❶「來前」，原倒，據明初刻本、成化本、乾隆本乙正。

❷「畯」，原作「曁」，據明初刻本、成化本、乾隆本改。

稹，❶玄孫元昇各有和篇，而春卿之孫善述，曾孫文從、文應、文定，玄孫仁、壽、溥，守護遺墨唯謹。中更亂離，屢失復得。前既鑱諸石矣，❷今又并刻所和之詩，厚之至也，亦以見李氏子孫之多賢也夫！

題先月老人自誌碑陰

達士之自爲誌者有之，而諶君道夫之爲是也，似太蚤計。然予觀世人誌墓，或太豐而涉虚，或太損而失實，孰能如自敘者之覈乎？君胸次明瑩，無留滯，故其形于文辭者亦然。懇懇焉恐子孫以多財益過，勗之以力學，勗之以好脩，❸勗之以孝友，其貽謀垂訓遠矣。❹君之子孫，宜何如哉？

題安湖書院始末後

漢循吏化潢池弄兵之赤子，賣刀劍，買牛犢，史傳以爲美談。吾樂安何侯初登進士科，尉廬陵，已著吏能。署臨江録曹，仕彌進，學彌優。及辛興國，❺建安湖書院于邑之衣錦鄉。敦以詩禮，能化一鄉素不可化

❶「稹」，下《題鶴山魏公所撰二李墓誌後》一文作「稹」。
❷「鑱」，原作「鐫」，據明初刻本、成化本、乾隆本改。
❸「脩」，原作「賢」，據明初刻本、成化本、乾隆本改。
❹「垂」，原脱，據明初刻本、成化本、乾隆本補。
❺「及宰興」，原作「反宰其」，據明初刻本、成化本、乾隆本改。

之民，訖今不復弄兵。雖漢之循吏，何以尚兹！於乎！士君子有志斯世，大而宰天下，小而宰一邑，皆可以行志，顧其人何如耳。斯、高用而盜賊遍山東，林甫、國忠用而盜賊遍河北，卒以亡秦而亂唐。一郡縣之小，用得其人則如此；以天下之大，用不得其人則如彼。人才之有關于斯世，豈小哉！天下不難治也，安得如侯者千百布滿郡縣哉！❶侯諱時，字了翁，後輩尊稱爲見山先生。采季，侯之同年進士，安撫江南西。辟侯主管機宜文字，❷朝命提舉江南西常平茶鹽事，❸不及上。未幾，銜石填海之志不遂，匿姓名曰堅白道人，市藥民間。數年後還家，以壽終。

題讀書説後

人之異于物者，以其心能全天所與我之理也。所貴乎讀書者，欲其因古聖賢之言，以明此理、存此心也。此心之不存，此理之不明，而口聖賢之言，其與街談巷議、塗歌里謡等之爲無益。與己了不相干，宜其愈讀之而愈不知味也。故善讀者如啖蔗，不善讀者如嚼蠟。讀書者，當知書之所以爲書，知之必好，好之必樂。既樂，則書在我。苟至此，雖不讀可也。

---

❶「百布滿」，原作「古布澤」，據明初刻本、成化本、乾隆本改。
❷「辟侯主管機」，原作「郡侯主管嚴」，據明初刻本、成化本、乾隆本改。
❸「命」，原作「今」，據明初刻本、成化本、乾隆本改。

跋竹居詩卷

尚書月湖何公盛德尊爵，爲吾鄉之望人；其從子仲躬父清致雅懷，爲其家之賢胄。所居多竹，因號竹居。當時名士竹溪李君爲之賦詩，竹林陳運使、野航謝常卿又嗣爲之賦。尚書公集中禽府詩，❶亦所以狀竹居也。李、聶二侍郎皆屬和尚書公之韻，諸賢辭翰，前後輝炳，百有餘年矣。竹居君之曾孫潤襲藏之，以至于今。時運遷革，而故家之流風猶存，見者固爲之驚喜，又以嘉竹居君之有後云。

題實堂記後

曩歲，聞人稱江西行省省掾王瑄君寶之美，❷不知其爲何官也。延祐三年冬，盱江饒抃士悅來，言其邑宰之廉。問爲誰，曰王君寶也，于是始信曩歲所聞之不虛。士悅曰：「君寶處新城五年矣，終始如一日。」予于是益嘉嘆焉。近年廉恥道喪，仕者往往爲利而仕。殆如市門之倡、穿窬之盜，失其身犯法所禁，爲人之所不爲，苟可以得利，不顧也。故不能自守者，十之九。間有不取者，僞也。僞于初任者，至再任而變；僞于

---

❶「禽府」，原作「有」，據明初刻本改。

❷「瑄」，原作「暄」，據明初刻本、成化本、乾隆本改。

一二年者，至三四年而變。君實省掾時如此，邑宰時又如此；初年時如此，❶五年時亦如此。則其廉之實，非僞也審矣。君實惠于民，能于事，多可稱，而予獨深喜其廉。廉爲本也，苟無其本，雖有他善，不足稱也已。君實以實名其堂，有爲之記、爲之説者。予聞士悦之言，因著其廉之實，而附書于左方。

題李伯時九歌圖後并歌詩一篇

《九歌》者何？楚巫之歌也。巫以歌舞事神，手舞而口歌之。《九歌》之目，天神五，人鬼二，地示一，俱非楚國所當祀，而况民間乎？物魅一，又非人類所與接也。然則楚巫事之而有歌，何耶？古荆蠻之地，中國政化之所不及，先王禮教之所不行，其俗好鬼而多淫祀，所由來遠矣。三閭大夫不獲乎上，去國而南，覩淫祀之非禮，聆巫歌之不辭，憤悶中托以抒情，擬作九篇。既有以易其荒淫媟嫚之言，又借以寄吾忠愛繾綣之意。後世文人之擬琴操、擬樂府肇於此。琴操、樂府，古有其名，亦有其辭。而其辭鄙淺，初蓋出于賤工野人之口，君子不道也。韓退之作十琴操，李太白諸人作樂府諸篇，皆承襲舊名，撰造新語，猶屈原之《九歌》也。太一，天神也。按《天官書》，中宫有太一星，非此之謂。《禮記》云：「禮本于太一。」《莊子》云：「主

❶「時」，原脱，據明初刻本、成化本、乾隆本補。

之以太一。」❶太一者，天地之始也。主宰之帝，故曰上皇。祠在楚東，故曰東皇，猶秦祠白帝于西畤也。❷司命，亦天神也。《周禮》所祀有司中、司命，註以爲星，非也。司命者，萬物之母也。有大有少，在《周禮》一爲司中，一爲司命。中者，民受中以生之中；命者，陰陽五行化生萬物之命也。東君，日神也。《禮》云：「春朝朝日。」又云：「王宮祭日，祀于東方。」故曰東君。雲中君，❸雲神也。《周禮》祀風師、雨師，而不言祀雲。雲師，雨之屬也，固宜有祀。或謂楚有雲、夢二澤，雲澤謂之雲中，夢澤謂之夢中。雲中君，雲澤之神也。考之歌辭，曰「日月齊光」，曰「龍駕帝服」，曰「猋遠舉」，曰「橫四海」，乃天雲，非雲澤也。湘君、湘夫人之稱，《黃陵廟碑》《楚辭辯證》備矣。太一尊神，歌辭獨簡質而莊重。擇日辰，盛服飾，潔器物，備音樂，以致其尊奉。臣之修其忠善以事君，猶是也。司命雲日，言神既來而遄去，以況君始親己，而後疏之。于皇英欲一見而不可得，以況己欲見君納忠，而卒不答也。河伯與巫既別，而波迎魚媵，近于古者三有禮焉之遺風，而楚之于原不如是，故《集註》有云：「原豈至是而始嘆君恩之薄乎？」八篇並以神況君。山鬼，物魅耳，不可以況君也，故原特變上八篇之例，不作巫語，而作鬼語。言鬼欲親人，而不親之，以況己欲親君，而君不親己也。」夫此歌假設之辭，與戲劇何異？而唯恐引喻失當，有乖尊卑之禮，敬之至也。《九歌》之後有二篇：

❶「主」，原作「王」，據明初刻本、成化本、乾隆本改。
❷「時」，原作「疇」，據明初刻本、成化本、乾隆本改。
❸「君」，原作「非」，據明初刻本、成化本、乾隆本改。

《國殤》者，爲國死難之殤；《禮魂》者，以禮善終之魂。年十九以下死曰殤，不終其天年而死亦曰殤。春蘭秋菊，終古無絶，四時祖考之常祭也。前之九歌，原托以伸己意。後之二篇，❶無所記意，❷且爲巫者禮之辭而已。蓋與前九篇不同時，後人從其類而附焉。此畫李伯時所作。伯時畫妙一世，而或傳此畫若有神助然，蓋其尤得意者。予在洪都，郡守毛侯出示。予既爲作解題，而復隱括九篇歌辭成詩一篇。與歌之意雖微不同，而明原之心，其趨一也。嗚呼！千載而下，能有契于原之心者，尚有味于予之言哉！

李家畫手入神品，楚賢流風清凛凛。誰遺巫陽叫帝閽，爲招江上歸來魂。音紛紛，音紛紛，柱高辰遠聰不聞。扶桑初暾海横雲，二妃淚灑重華墳。司命播物泥在鈞，洪纖厚薄無齊勻。公無渡，公無渡，衝風起，螭黿怒，夜猿啾啾天欲雨。天欲雨，迷歸路，歲晏山中采蘭杜。靈修顧，顧復去，莫怨瑶臺神女妬。坎坎鼓，進芳醑，恥作蠻巫小腰舞。千年往事今如新，摩挲舊畫空愴神。騰身輕舉一回首，楚天萬里江湖春。

題楊氏志雅堂記後❸

人之所志，有雅有俗。志之雅俗不同，亦猶雅言之于方言、雅樂之于燕樂也。貴游所事，非聲色之娱，

❶「篇」，原作「章」，據明初刻本、成化本、乾隆本改。
❷「記」，乾隆本作「託」。
❸「志」，原作「忠」，據明初刻本、成化本、乾隆本改。

則珍奇之玩。❶而漢河間獻王獨好書，史稱其大雅不群，有以也。楊氏，莘故家，前代嘗掌書監。近年貳政府、❷位中朝、職外服者累累有，亦顯且盛矣。家不聚貨寶以愚子孫，惟儲書及名畫墨蹟。今郎中士允，曩從其父唐州使君宦四方，又購書二萬卷，益其先世所藏。❸作堂以貯，扁曰「志雅」，其亦有慕于古之大雅不群者歟？予聞異端者流之訾吾儒也，曰：「儒家器械備具，竟不一用，吾持寸鐵即能殺敵。」蓋譏儒之博而寡要云爾。博而寡要猶譏，儲而弗用，其譏又當何如？且夫大雅君子之儲書以遺後，固將有所用也。請言書之爲用。通天地人曰儒，一物不知，一事不能，恥也。洞觀時變，不可無諸史；廣求名理，不可無諸子；游戲詞林，不可無諸集；旁通多知，亦不可無諸雜記録也。而其要，唯在聖人之經。聖人之經，非如史、子、文集、雜記、雜録之供涉獵而已，必飲而醉其醇，食而飽其胾，我與經一，經與我一。使身無過行，心無妄思，其出可以經世，使心如神明，身非血肉，其究可以不世。❹是則書之有功于人，人之有資于書，而儲之者所以有期于將來也。❺不然，「一一垂牙籤，新若手未觸」，李鄴侯之初意，豈如是哉？楊氏子孫其勉諸！堂有記。

---

❶「珍奇」，原倒，據明初刻本、成化本、乾隆本乙正。
❷「貳」，原作「二」，據明初刻本、成化本、乾隆本改。
❸「益」，原作「並」，據明初刻本、成化本、乾隆本改。
❹「不」，乾隆本作「出」。
❺「所」上，明初刻本、成化本、乾隆本有「之」字。

題鶴山魏公所撰二李墓誌後

宋東都二百年間，崇仁未有顯者。南渡後，四吴始以有學有文顯。然居士布衣不仕，國録免解發身，❶吏部特恩補官，唯司封繇進士選。僉書羅公、尚書何公、侍郎李公，進士成名者也。侍郎之考次琮父、王考仲實父，所學與三吴伯仲，爲鄉里後進師。宜顯不顯，臨邛魏公爲之誌墓，嘆其不逢。嗚呼！當時取士，拘進士一塗，而崇仁一邑，若吴、若李數人皆于是科不利，進士果足以得人乎哉？魏公所撰二誌銘，高古睎韓，❷近代之文鮮有其比，亦李氏一寶也。侍郎之曾孫積，出示魏公真蹟，因識其左云。

跋黄革講義後

黄革文炳别去不翅十餘年，今觀其史評講義等作，辭達理長，俱有可采。革之先君子清節惠政，天所必佑。其多聞子也，宜哉！

題約説後（有目無文）

❶「發」，原作「法」，據明初刻本、成化本、乾隆本改。

❷「睎」，原作「柳」，據明初刻本、成化本、乾隆本改。

吴文正集卷五十八

元吴澄撰

題跋

題延祐丁巳諸貢士詩

江西省試士，與選二十有一人。省府命其屬吏王君質持檄詣門，禮請赴省敦遣。諸所貢士蕭然清寒，頽簷敗壁，冰雪相看。其禮使人也，各賦一詩爲贈而已。君質跋履辛勤，資屨匱乏，而以氣味之同得所贈詩，如寶珠玉，於是度越時流遠矣。便道過予，喜而書其贈詩之卷首。

題李太白二詩後

太白，詩中之聖，其語有似乎天仙。此二詩尤超逸。然其指歸，不過藉醉以遣累耳。太白嘗見司馬子微，亦聞所謂坐忘者乎？倘得聞之，雖不飲一滴，而百慮俱消，豈必如劉伯倫、阮嗣宗哉？惜乎！其有仙才，而未聞道也。

題鄧希武喪母雜記

《儀禮》曰：「繼母如母。」其傳曰：「繼母之配父與嫡母同，故孝子不敢殊也。」樂安鄧希武，於繼母彭氏之喪，哀疚痛切，情見乎辭。有通乎禮者，有從乎俗者，雖不一一全於古，而其孝心，則至矣哉！史稱昔賢之孝於母，大率皆繼母也。希武質美學贍，彌老彌篤，凡事過厚，況親喪乎？喪過乎哀，不及不可也。觀過，斯知仁矣，吾於希武見之。

題王景淵道書

世祖皇帝焚毁道家説謊經文，此其一也。宜黄王景淵留意仙學，博覽異書，引用修真語言，多有可采。何不效張平叔、石得之、薛道光輩，自成一編以行於世，又安用依附其所不足依附者哉！紫玄洞賓題。

題習是病中所書字後

臨江習是，六七歲已善書。廣輪或五尺許，運筆如飛，似不經意，而勁健遒美，雖老於觚翰者，歎獎不已。外省上於朝，一時傾動，達官巨人目爲奇童，發充國學弟子員。予囑博士、助教，令授之業，以大其成。越三年，予以疾去官，是年習生亦以疾還家。其明年竟死，年十有五。噫！人言早慧者不壽，豈其然乎！顔子賢而夭，李賀才而夭。一藝絶人，而亦不能久於世，何哉？其父悲哀，以其病中所書示予，予亦爲之泫然。

題葛教授家藏雪齋姚公墨蹟後

雪齋姚公辭翰逸邁，近世鮮儷。曩在京師，識公之從子端夫，綽有諸父風。今覩葛教授家所藏墨蹟，把翫不忍去手。於乎！中州遺老如斯人者，不可復見矣。爲之悲歎，而志其左方。教授得之於其外舅王水監。水監，嘗客公之門者。

跋姜清叟畫

郡人姜清叟工畫，嘗進之翰林學士程公。公曰：「吾往來臨川數數，乃不知有此畫史。」與同遊，別墅留半月。學士公既善之，天師真人又喜之。二人貴且富，蓄古今名畫非一。其於畫品高下，瞭然心目間。得二評，亦可以收名定價矣夫！

題山南曾叔仁詞後

予久聞新城邑長之賢且能，昨歲吾老友山南曾君作詞以美之，已足實前所聞矣。因公事經吾鄉，過吾門，得望其眉睫，聽其言論，察其心胸，益知其人之真有識有守如此。爲之民者，一何幸哉！他時名位益峻，聲實益孚，苟有良史傳循吏，舍斯人其誰？樂道其善，所以勸也。

跋皮昭德藏李士弘所臨書譜

延祐五年，澄以集賢直學士召，偕撰虞伯生將旨而南。侍讀學士河東李士弘，亦被命祠衡嶽。訖事過家。是年五月，與平江州判官清江皮昭德會于豫章。留月餘，欲俟澄與伯生至。澄以疾病，六月始克就道，至則侍讀公行矣。臨别時，以其所臨孫過庭《書譜》贈昭德，意甚不輕。蓋侍讀於皮氏，昔爲故舊，今則婚姻，而伯生與澄素忝其相知。以士弘之俊邁超逸，而於親故慇懃繾綣如此，亦其德之厚也。

題李承旨贈吴璡手帖後

廬陵吴生，儒家子。中罹兵變，掠賣于鄆之蘇家。蘇爲婚娶。生往見承旨李公，告之故，公勉令報蘇待遇之意。藹乎仁義之言哉！生遵所教，不敢有離心。其後，蘇竟焚券放還。吴之知恩，蘇之知義，可謂兩得，然皆自李公發之。有德之言，其有裨於世若此。吴既來南，寢食不忘公之德。藏公畫像，出入與俱，晨夕敬事焉。予昔拜公于京師，今爲識其左方，蓋以嘉吴生之厚，抑以歎李公之不可復見也。生名璡。

題姚博士與洪汝懋贈言後

豫章四洪，黄太史之甥也。玉父之後有汝懋，❶文工才俊。繇國學生預貢禮部，蒙特恩，出長東湖書院。行之時，博士姚君所以教戒之者至矣，尚思無負於博士之言哉！

題甘公成詩集

延祐四年秋，鄉試校文畢，於東湖書院見一士，問其姓字，曰甘公成。示予書二帙，皆律曆度數之學。此雖末藝，然爲士者往往不知，而能究之不差，可尚已。今又見其詩文一篇，語甚俊拔。噫，才士也夫！雖然，詩文度數之外，猶有當學者，亦知之乎？

跋馮元益詩

潁川馮元益詩，效陶靖節、韋蘇州，欲其沖澹，自然而然，非求工於一字一句者。元益雖受特恩提舉江西等處儒學事，而科舉進取之文尤長。且將以才進士名一世，不止於爲詩而已。

---

❶「汝懋」，原作「夙慧」，據明初刻本、成化本、乾隆本改。

跋慈雲庵記

昔番昜周君有慈雲庵以奉母，當時鉅公及近時名士，俱爲作記。君登進士科，天既報其孝矣。今君之子，❶仕翰林、❷集賢十載，出補郡，爲貳乘。而君之孫，多賢而文，比比取世科可待。天之報之者，未已也。苟子子孫孫能立身顯親，蓋不假夫鉅公名士之記而流芳也。

題吴真人封贈祖父誥詞後

吴真人全節寄跡道家，游意儒術，明粹開豁，超出流俗。初從其師入覲，大被眷知，遂嗣其師主教，錫號崇文弘道玄德真人。扈蹕日久，特嘉其勞，以翰林學士、中順大夫官其父。越明年，群臣例有封贈，真人恩及二代，生者封一品，死者贈二品。寵光榮耀，儒臣或不能及。制誥諄詳，又前代詞臣所未嘗有也。真人，供給禱祠之臣也。而能致此者，固聖朝之厚恩，而亦有由焉。蓋其立心也異，故其獲報也亦異。其善不可一二數，而其大者，則好賢也夫！天下之善，莫大於好賢；天下之惡，莫大於妬賢。世謂妬賢之人猶妬婦，非特妬其得近於夫者，雖見他人之姝亦妬，雖見圖形之麗亦妬。徐察之，信然。夫治天下者，在得人；相天

❶「今」，原作「周」，據明初刻本、成化本、乾隆本改。
❷「仕」，原作「任」，據明初刻本、成化本、乾隆本改。

下者，在用人。用人必自好賢始。周公大聖也，而急於見賢，一食三吐其哺，一沐三握其髮。趙文子賢大夫也，所舉筦庫之士七十有餘家。嗚呼！當時周公所見，文子所舉，豈必皆其親舊而有所請求者哉！好賢之臣能容人，而天下治；妬賢之臣不能容人，而天下亂。此《大學》平天下章所以引《秦誓》之言，而深切教戒也。真人非居用人之位，非秉用人之權，而人有寸長，惟恐其不聞，惟恐其不達。嗚呼！安得相天下而有是心也哉！故推原真人顯親之由，而歸美其好賢之心，以告夫千萬世之相天下者。

題嚴氏四世家傳後

昌黎韓子曰：「文書自傳道，不仗史筆垂。」廬陵士嚴鳳陽自爲其曾大父夷伯、大父恕作傳，又爲其父前進士逢元作銘。其父之傳及其身後之傳，皆其友朱同孫所撰。雖無史筆書之，而四世有四傳，豈非欲如韓子之以文自傳者歟！其五世之胄嚴有孫，復以四傳俾人題跋，若疑其文之不孤傳而外資於人，庸詎知其資於人之文果勝自作之傳乎？有爲之求予文者，予聞命羞恧，禮辭曰：嚴氏蓋欲文之傳永久，以顯其親。揆予之文，與草木俱腐、瓦礫同棄者爾，奚可以塞孝子慈孫顯親之意哉？雖然，欲顯其親者，當務其本。此非予之言也，聖人之言也。顯親本於揚名，揚名本於行道。夫行道也者，持循天理，不使有一毫私意人欲之萌。身心粹然，如無瑕之玉，與世儒浮華務外之學絶不同。漢之黄憲，當時目爲顔子，故以庶人而名載史册。憲亦不過生質純美而已，人稱其淵乎似道。似道且爲人所稱，況真能行道者哉！能行道，則名揚矣；既揚名，則親顯矣。徒欲託文以傳，則歐陽子送徐無黨序之甚詳，文固不足恃也。欲傳莫若行道，道在我，求之己而有餘，無所資於人也。嚴氏子孫其勉諸。

題天文小圖

天如彈丸，曆官范銅爲象，外圓中虚，通竅爲星，於内窺之。或易以繪，其圖有三：上規自北極常見七十二度，際赤道南；下規自南極常隱七十二度，際赤道北；中規以四宫半見半隱之星爲横圖，上際北極，下際南極。三圖若合爲一，則於上規圖外，增赤道至南極五十六度嬴，此圖是也。一百七萬一千里之圍，而盡之於不滿尺之徑。中外官之名、三家赤黄黑之象靡不具，精矣。老眼昏華，不能細辯，得意忘象，庶其可哉！

題何太虚近藳後

夫言之秩然次序條理者，謂之文，文無待於作也。後之人，口之所言雜亂無紀，❶則必締構於思，撰造其辭，而後筆之於簡牘。古之人雖不作文，孔子嘗云辭達而已，此固作文之大法也，而奈何作者之不知此哉？東漢以來，氣弱體卑，無復有善作者，至於今殆千餘年。唐宋盛時，號爲追蹤先漢，而僅見韓、柳、歐陽、曾、王、二蘇七人焉。若李習之，若唐子西，若張文潛，非不游韓、蘇之門，而竟未與韓、蘇合一也。兹事

❶「所」，原作「於」，據明初刻本、成化本、乾隆本改。

豈可易視哉！表弟何中太虚，少負逸才，弱冠已能詩，而亦用意於文。至順二年春，予卧病，顧予於病中，録示近作十數。予讀之，蓋優優升七子之堂矣。予不勝其喜，非私喜也，喜斯學之不孤也。斯學也，雖非儒者之本務，而其格力之高下，實由氣運之盛衰，關繫又豈小小哉！病餘倦於書，喜之之極，不能自已，爲書其後而還其藁。

跋鍾改之詩

予未冠，已聞永豐鍾改之先生爲名儒。今五十年餘，始識其子士安，而見先生所著之書、所作之詩。嘆慕斯人之不可復得也，乃識其右方。

跋長清趙氏述先録

集賢趙克敬，以盧龍《世家譜》來眎；濮尹趙子敬，又以長清《述先録》來眎。《譜》，克敬作；《録》，亦克敬作也。蓋盧龍之趙，以遼太師衛國公爲初祖。衛公之子十有二，按《譜》，克敬在第五支下。而子敬述其父祖至曾祖止，以上不可考，曰：「聞之先人出自衛公第七支，克敬所譜不載，故特爲之録，以補其闕。」嗚呼！遼始終二百年間，❶所得中國之地，燕山一道耳。衛公，遼之重臣，子孫世禄不絶。遼之未亡也，必無

❶「間」，原脱，據明初刻本、成化本、乾隆本補。

去其國而分適他國者。盧龍而長清，不知自何年始。其在金人有中土之後乎？蓋不可詳矣。夫文無所於稽，人無所於詢，雖夫子，不能以徵杞宋之禮，況喪亂流離之餘，而推明一家之繫乎？長清之趙，三世以醫科濟人，❶慈祥豈弟，而不規利，子敬爲吏廉平。是皆有陰德陰功，宜足以昌其後。而子敬之子有方進進於學者，繼自今，子子孫孫果能使才行聞於時，勳名見於世，自立自成，日大日衍，則長清一盧龍也。嗚呼！由昔觀今，盧龍信有光於長清；由後觀前，安知長清不有光於盧龍也哉？長清之子孫其勉旃！

題盧龍趙氏世家譜後

唐自中葉以降，河朔弗靖。豈無雄傑生於其間歟？抑有之，而沉泯弗獲振奮以見於世與？盧龍趙公思温生唐末，材勇絶倫。事幽燕，而幽燕弗能存；歸沙陀，而沙陀弗能有。值遼室將興，遂爲開國功臣，贈太師、衛國公。子孫蕃衍，爵禄累世不絶。衛公十二子，其五特進延威。特進二子，其二節度使匡禹。❷節度八子，其七團練使爲翰。團練三子，其長團練使相之。生七子，七之三曰團練使淯。生六子，六之二曰觀察使公爲。觀察之子鎮國鎔，鎮國之子驃騎居常。九世皆仕於遼，驃騎生建春徵士植，徵士生玟，仕金爲三司使。三司生鈍軒逸士鉉，逸士生穆，今爲集賢司直。以其《世家譜》示予，予覽之竟，爲之喟然嘆曰：朱三

❶「科」，成化本、乾隆本作「術」。
❷「二」，成化本、乾隆本作「一」。

移唐祚，中原無人，五十三年更八姓十四主。遼人起自荒服之外，乘時拓疆，得中夏燕山一道，年代獨久。屹然與宋氏對峙，爲兄弟之國。金人因之，而有天下之半；皇元一之，而有天下之全。遼、金至於今日，國統三易。而趙氏一家，歷仕三國，垂四百年，綿綿若此，何其盛也。中更亂離，諜記湮没，司直君考詳纂述，無所遺墜，於以見其祖宗根本之遠、族屬枝葉之廣，賢已！司直君字克敬，賢而知學，是以能然。嗚呼！趙氏之昌，其未艾哉！

題曾雲巢春郊放牧圖

春盎郊原，十牛在牧。或奔或馴，或行或息，或前或隨，或飲或食，或鼻浮水，或背負人。各適其適，牛不自知也，牧者亦何心哉？噫！善牧民者，亦若是而已矣。

題毛宗文梅花二百詠

毛宗文《梅花》二百詠，其開也，曰：「客折一枝頭上插，我遶花邊行百匝。忽然客問花如何，看得入神渾忘答。」其落也，曰：「海風捲水攢飛箭，戰退花神人不見。芒鞋破曉出門看，萬玉枝頭無一片。」昔之詩人，一句亦可傳名。今於二百之中得其二焉，多矣乎！

題臧氏家譜後

世稱族之大者，若晋之王、謝，唐之崔、盧，盛矣。然王、謝至唐，崔、盧至宋，已泯泯不復有聞。然則族之大者常有之，大而久者不多有也。臧氏自隋驃騎將軍傳七世，至工部尚書之父，始居饒之浮梁。而尚書七子布濩流衍，其世爵之延，家業之富，本支之蕃，遂爲江東右族，七百年而未替。可不謂之大而久者哉？噫！三百年之唐，三百年之宋，此享國之最久者。其間乃有七百年之世家，歷唐歷宋而至於今。《傳》曰：「臧氏其有後乎？」以今觀之，猶信。

題范氏復姓祝文後

大德十年二月乙卯，真州范之才祝於其先考宣教君曰：「我祖派衍文正，歷世既遠。考君贅居唐氏，生之才與兄頤。不幸幼失所怙，❶隨母適周，藉兹養育以成。長大習學藝術，粗賴温飽，以至於今。既感其恩，勉隨周姓，每傷所思，敢忘本祖！姓久未復，罪莫大焉。不幸先兄去春早世，歸宗之義有孤。嗚呼哀哉！我母已往，於周所生一子亦既有孫，克承祭祀。周氏有後，范氏歸宗，無遺憾矣。我母謹藏先世誥命，可以憑依，子孫之幸也。伊我文正公，幼隨母適朱，長歸本宗，當時韙之，以爲美事。爰兹末裔，亦舉斯典。

❶「怙」，原作「怗」，據明初刻本、成化本、乾隆本改。

今涓吉旦，祠廟復姓。高曾祖考，庶其來格。」皇慶元年，國子司業吴澄移疾還家，道過真州。之才之子有元，從沔陽教授蔣華子來見，具道復姓始末。澄按：《儀禮·喪服》篇「齊衰不杖期」章「繼父同居者」傳云：「夫死妻穉子幼，子無大功之親，與之適人。所適者以其貨財爲之築宫廟，歲時使之祀焉，妻不敢與。」然則古之隨母適人者，雖與繼父同居，而未嘗易其姓、廢其祀也。後世或有貧不能自存，幼未能有知，依託於人，至於易姓廢祀者，可悲也已。范文正初冒朱姓，舉學究。既知所自出，則復范姓，舉進士，卒爲宋名臣。今有元克相其父效文正，此舉不亦善乎？然文正所以光其祖、大其宗，不在復姓一事。宋三百年，參知政事凡幾人，而范文正公惟一人耳。繼自今，有元用心立身，一以文正爲法，則人將曰「是真大賢之後矣」。不然，不可也。有元其尚兢兢勉勉於兹。是年四月望日。

跋楊顒諫諸葛武侯之辭後

「開誠心，布公道；集衆思，廣忠益。諸有忠，慮於國；但勤攻，吾之闕。」漢丞相諸葛忠武侯語也，可以爲萬世相天下者之法矣。孔明豈不知爲相之體哉？於主簿楊顒之諫也，生既謝之，死又哀之。孔明豈不知其言之忠哉？然而罰二十以上皆親覽，食少事繁，至爲敵國所窺，而慶幸其不久。孔明豈不知愛重其身哉？其若是者，何也？嗚呼！是未可以常情度、淺識議也。夫知相之體，而未免自勞；知言之忠，而未見樂取；知一身繫國之存亡，而竟中敵國慶幸之計。苟非甚愚者，或有所不爲，而謂蓋世絶人之智者爲之乎？予故曰：是未可以常情度、淺識議也。且當時事勢何如耶？以一木支大厦之傾，事君而致其身，盡瘁於國，遑恤其他，夫豈可已而不已者？楊顒之諫，謂之愛孔明則可，謂之知孔明則未也。杜子美詩云：「三分割據紆籌策，萬里雲霄一羽毛。」又云：「福移漢祚難恢復，志決身殲軍務勞。」此詩字字有意，細味之，庶乎知孔明之心，而豈常情淺識之所能測度擬議者哉！齊右王良父嘗書楊顒諫孔明之辭于片紙，其孫出以示人，予獲觀焉。撫卷再三，而不忍釋。嗚呼！前輩或者其亦有感於斯歟？

跋吴真人閤漕山詩

閑閑吴真人，至大、延祐欽承詔旨，兩至閤漕名山。天寵焜煌，照耀下土，山之一草一木，靡不衣被恩榮矣。祝釐餘暇，泛應從容。珠璧之珍，綺縠之文，燦爛於詩章吟句間，又有以增益其輝光。張君省吾親受筆墨之教，紙尾拳拳，欲省吾不溺於伎而知進於道，其意蓋深遠矣哉！

題畫魚圖

昔之達士有云：「於魚得計。」夫得計云者，以其潛於淵、泳於川、相忘於江湖，上下隱見，來去倏忽，自適其適，自樂其樂，而不自知其然也。若摭魚之名，借音取義，睎慕榮顯，以悦世之淺丈夫，是欲誘魚以鈎餌、待魚以罩罟也，尚可謂之得計哉！果有達斯趣者乎？試以吾言，問諸畫史。

吴文正集卷五十九

元吴澄撰

題跋

題孫履常送饒壽可之官後序

壽可之爲人，仁義之心惻如也；履常之贈行，仁義之言藹如也。以仁義之心得此仁義之言，以仁義之言發此仁義之心，充之不可勝用也，何往而不達，今其肇端耳。人之契夫天者未有艾，則天之報人者庸有既乎？於壽可將行之際，書于履常贈言之左。

題朱文公敬齋箴後

《敬齋箴》，朱子作，凡十章，章四句。其一，言静無違。其二，言動無違。其三，言表之正。其四，言裏之正。其五，言心之無適而達於事。其六，言事之主一而本於心。其七，總前六章。其八，言心不能無適之病。其九，言事不能主一之病。其十，❶總結一篇。其言持敬工夫周且悉矣。

題朱文公答陳正己講學墨帖後

朱子答正己一書，備述爲學之功，又規正己之失。蓋以其人有志于學，故曲盡其言，懇切之至。厚哉！先覺之用心乎？然澄竊聞之，大功廢業，況服齊斬乎？古人居父母之喪，三年不爲禮，三年不爲樂。斬衰唯而不對，❷齊衰對而不言。自發一言且不可，況可與人論學哉？眉山二蘇兄弟，文人爾。而其居喪也，再期之内禁斷作詩作文，寂無一語，是亦嘗講聞乎喪禮也。正己薪學聖賢，身有母喪，而交書論學不異常時，❸則三年之喪爲虚矣。夫親喪，本也；論學，末也。忘其本而務其末，不知所論之學果何學歟？朱子固已箴其失，然舍其大而議其小，或者姑爲之掩覆也耶？

題康里子淵贈胡助古愚序後

士之遇不遇，有命焉，不繫乎學與才也。皇慶初，予識東陽胡助古愚于金陵，嘉其資質粹美，辭章俊拔，

---

❶「其十」至「周且悉矣」，十六字原脱，據明初刻本、成化本、乾隆本補。

❷「衰」，原作「齊」，據乾隆本改。

❸「交」，乾隆本作「校」。

意其必遇也。逮今十有四年矣，再見之于京師，方且謁選吏部，受九品初職，而又不遄得。孰不歎其淹滯而悼其屈，雖予亦不能爲之慨然也。宋南渡以來，東淛之人物蔚爲盛，東萊呂子其首也。古愚言論標格，❶藹然鄉先達之遺風，不但其文之卓異而已。康里子淵曾與之交，❷欲進其文於道，期之者至矣。噫！道不載以文，則道不自行；文不載斯道，則文猶虛車也。故曰篤其實，而藝者書之。子淵所期，將進之呂子之上。彼悼之者，悼其屈於一時爾；此期之者，期其伸於百世也。一時者人爵之貴，其品秩之升，由人之所畀而不可必。百世者天爵之貴，其品秩之升，可躋乎極等，皆我之所致，而非人之所能減削也。苟得是，雖不得人爵，無損也。而天爵亦階之而升乎？予拭目以觀古愚之升。

題范清敏公贈墨工序後

宋嘉定、寶慶間，豐城范清敏公宰崇仁。澄幼穉時，每聽先大父對客談論，亹亹道范公之政，神明剛決，公正審悉，不可一二計。蓋自宋初以至季年，邑宰未有能如公者。後爲郡守、部使，其政皆然。澄既熟於耳聞，及見公之一筆於書者，則知公非徒有其政，而又有文、有學、有識也。第所見者，不過剖析獄訟之語，而於他文曾不多見。今忽見公贈墨工一序，讀竟歎曰：「斯地而有斯人也夫！斯時而有斯文也夫！」公謂墨

❶「論」下，原衍「性」字，據乾隆本删。

❷「曾」，原作「贈」，據明初刻本、成化本、乾隆本改。

工之售墨不可輕，售非其人，則其墨適足以蠹斯文、蝕吾道。嗚呼嚴矣！公以此爲售墨者之戒，則用墨者之罪爲何如哉？觀公用此墨以涖官臨民，真無負此墨者。使公得用此墨於皂囊之中、白簡之上，則弼遺補闕，擊奸去邪，上有補於君德，下有裨於國政，是豈小小哉！惜公不得用此墨於彼，而僅得用之彼獄辭訟牒也。❶公之文既不多見，而此文幾爲人間苞苴廢棄之紙，非吾友陳淵然之卓識高誼，則公之曾孫凱何從而得此家寶也耶！澄之所以把玩不忍釋手，而重歎斯文之幸而存也。淵然，宋江西提刑諱杰之子，與范世媚。凱，嘗仕於朝，爲贊儀署丞。

跋饒氏先世手澤

臨川饒熙則明奉其父睿翁之手澤過予，言曰：「熙之曾祖家富萬卷，乙亥燬于兵。吾父最喜觀史，火後無書，得之良艱。百計購求，彌勞彌篤。晚年雖稍遂意，然猶未備也。隨所見，有日抄，且囑熙以寶其書。熙不敢忘父命，就曾祖所創西園中構小閣，以貯吾父所讀書。」予曰：「而父賢已。夫得書艱而劬學若是，彼多書而手未觸者，何人乎？今子庋藏唯謹，可謂善繼志矣。子令曾祖早中童科，❷長魁鄉貢，推恩受禄，未顯庸而歷運革。而父精勤，亦不小試，蓋皆福祉以遺後。子其自勉，以光於前哉！」

---

❶「彼」，各本同，疑當作「此」。

❷「祖」，原作「子」，據成化本、乾隆本改。

題得己齋敘記詩卷後

得己者何？有吾之所自有也。吾所自有者何？可以自求，不可以言言也。非不可言也，言雖多，無益也。竊觀夫子之與人言，未嘗多也。若利也，若命也，若仁也，言之亦罕。言不多矣，猶以爲未，而語子貢曰：「予欲無言。」聖人豈靳於化今傳後，而欲無言，何歟？化今傳後，不在乎言也。自漢以下，儒者虚言熾而實功微，流而至於宋之末，虚言之敝極矣。西浙盛君吉甫，蓋安分知足、無客慕妄想也者。扁其齋居曰「得己」，爲之序、爲之記，銘之箴之、詩之賦之者，伍伍什什而彌富。彼官爵貨財，舉世所耆，盛君之操趣，尚且視之如糞土，以其爲身外物故也。而於身外無益之言收聚不少，疑若近名務外之障，或猶略塵粹德之光乎？崇仁崔令君與盛君交契深，❶俾予增贅其言。予方以是尤人，尤而効之，可哉？辭之弗獲，聊爲推明孟氏之旨。夫孟子所云得己者，不失義之穫也；所云不失義者，得己之種也。而不失義、不離道，二事一事爾。或窮或達，時之遇不同。其所不失之義，即其所不離之道；其所不離之道，即其所不失之義。道體義用，非有二也。學孟子之學如之何？有實功焉，虚言其奚庸？必也慎獨養氣，靡愧靡怍，行吾正路，動應無毫髮之差，斯不失義矣；必也主一存心，靡放靡馳，居吾安宅，静定無須臾之間，斯不離道矣。實功至是，

❶「令」，原作「命」，據成化本、乾隆本改。

則吾所自有者，吾自得於己。自玩自樂之不暇，雖聖賢格言，亦可得其珠舍其櫝，得其魚忘其筌，❶況人之虛言，蜩甲蛇蜕而已。予今復以甲蜕進，一覽而棄之可也。專乎内，勿徇乎外；❷勉乎實，勿炫乎名。他日有識之君子，將喟然而嘆曰：「斯人真得己者夫！」❸

題梁湘東王繹貢職圖後

味柳子厚睢盱萬狀之辭，益以八荒四極之遠，陰陽奇僻之氣，所産亦猶禹鼎所象之物。古有《王會圖》，不可得見，此圖南梁蕭繹所作也。當今天下一統，日月所照，悉爲臣民，開闢以來之所未見。殊陬絶域，異服怪形，人所駭慄者時獲目覩，不待索諸圖也。繹圖僅僅二三十國，奚足多哉！或謂蕭梁無有是事，繹作此以欺後世矣。雖陶穀跋語亦云「斯蓋卑陋蕭梁，臆度立論，未嘗讀史書、考事實而然」。夫梁雖偏霸一隅，然南朝四代，運祚之短者止二十餘年，而蕭衍一人享國踰於四十年。元魏擾亂，故三十餘年魏人不以一矢相加，遺境内小康多歷年所，爲南北七代之最。遐僻小夷，❹聞風慕利而來，史不絶書。繹據實而圖之，豈

---

❶「魚」，原作「思」，據明初刻本、成化本、乾隆本改。
❷「徇」，原作「恂」，據成化本、乾隆本改。
❸「真」，原脱，據明初刻本、成化本、乾隆本補。
❹「僻」，乾隆本作「邇」。「夷」，原作「邦」，據明初刻本、成化本、乾隆本改。

欺也哉！但元魏乃梁敵國，以基業則魏先而梁後，以土地則魏廣而梁狹，以勢力則魏强而梁弱。蕭衍嘗自求和，而元恪不許。魏分東西之後，元善見始與梁通。以魏列於貢職之首，則欺也。繹於君臣父子之道俱失，而文藝精麗，能詩能畫。此圖之作，乃在極盛將衰之時。❶不五六十年，侯景兵入，三主皆不得其死，國遂以亡。其事無足稱，而人寶此圖者，却以其畫之工也。觀其摹本，有缺落，字或謬誤。梁史所載，若扶南，若林邑，若婆利，若于陁利，及蠕蠕、盤盤、丹丹等，並有使至，而此無之，宜借善本完補改正。陶穀跋語亦紊前後之次。穀初得於石重貴末年之丙午，其年晋亡而失。再得之於劉知遠初年之丁未，庚戌漢亡再失。復得之於郭威廣順之癸丑，明年甲寅，以侍郎充學士，又有跋語。丙午至甲寅九年之間，三姓五君，穀仕晋爲中書舍人，仕漢爲給事中。視易姓易君如置棊，曾不以爲意，而獨拳拳於此一圖之得喪，不知其孰重孰輕也。

題湯漢章爲程周卿治病卷後

周卿之疾，奇疾也；湯漢章之醫，上醫也。微其人之醫，斯疾不可得而愈；微漢章之義，斯醫不可得而致。而微成父之文，則斯事之義亦不可得而知也。湯氏素號義門，其好義也，非自今日；其爲義也，非止一義。人所不知者固多矣，然爲義者，豈蘄人之知哉？爲之者不蘄人之知，而樂道其善者惟恐人之不知也，

---

❶「乃在」，乾隆本作「在其」。

此文人之所以不能已於言哉？

題朱法師求雨應驗詩後

泊然無心者，老佛之源也。而其流有氣學焉，有聲學焉。以梵聲呪雨呪晴而輒應，西僧至今能之。❶若夫專一氣以役鬼神，以感天地，南土往往以是相傳，然得其真者鮮矣。予聞建康稱誦心淵朱師求雨之驗，❷師其得是真傳者歟？師不肉食，甚孝於其母，又推孝於其外祖母。有此苦行，有此至行，所養者完而不挫，氣學之本也。蓋能以志帥氣，故能以氣動氣，而陽召陽、陰召陰。唯其氣之所使，志爲之帥；志之所帥，行爲之本。居畏壘之山而大壤，居藐姑射之山而物不疵癘，此充其學以造於仙者。予雖不能其術，而知其理。樂聞朱師之事，而因勸世之道流以脩行也。彼爲道流而實非人類者，能無愧於斯乎？

題趙中丞述眼醫説後❸

道濟天下而不有其功，施及群生而不祈其報者，此禹、稷、伊、周之用心，士大夫未必人人能若是也，而

---

❶「西」，原作「四」，據成化本、乾隆本改。

❷「誦」，成化本、乾隆本作「頌」。

❸「述」，原作「逑」，據成化本、乾隆本改。

況技藝之家乎？古今之流最，莫秦越人之若也。其適周、適趙、適秦，隨時改變，爲老人醫、婦人醫、小兒醫，以迎合其國俗，蓋亦爲利焉爾。故以輕身重財，則列于六不治之一，其志可知也。扁鵲猶然，則於俗醫庸何責？河南常光明，精專眼科。河北老儒李彦政雙目失明，跬步無進。適相邂逅，惻然憐之，爲之畀之藥，而其疾頓減於昔，髣髴有見，遂能扶杖以行。藝既神矣，又且卻所報而不受，厚感其德，拳拳不忘於心。延祐六年秋客金陵，告之於其鄉達尊中丞趙公。公嘉其人，以至筆之於書，而予亦得聞其事。噫！孰謂技藝之中有能若是者哉！使世之士大夫能以是心爲心，則禹、稷、伊、周之心，庶乎其不泯矣。彦政，儒之窮也；常光明，醫之良也。救人之疾而不圖其利，感人之德而不墜其名，二者皆厚之道也。寡情薄義之徒，受人再生之恩如父母，而亦旋踵忘之者，其心之厚薄爲何如也！一觀趙公之辭，而兼顯二人之美，所謂一言而可以善風俗，其若公之言也夫！

題汪龍溪行詞手藁後

《書》之《誓》《誥命》，古王言也。下逮春秋諸國，辭令之善，猶足以折彊振弱。漢初制誥，温乎三代之遺風。武、宣不如高、文、景時矣，況東都以後乎？自唐以來代言之臣至宋二三文儒，殆蔑以加，未能齊先漢也，而駸駸近之。間有才氣之高，溢出法度之外，不無傷於渾厚。然視全句對偶用事、砌甃以誇精致者，相去遼絶也。南渡訖于季年，惟翰林學士顯謨汪公最優。多難之秋，德音所被，聞者悽憤，何其感人之深哉！

蓋其製作有體，❶不但言語之工而已。今觀手藁六帙，雖一時不經之辭，非大詔令也，而一斑之窺，一臠之嘗，亦粗得髣髴云。臨川吴澄肅讀畢，敬識左方。轉示者，公之遠族孫巽元也。

題劉端夫送萬國卿序後

萬國卿謙厚和易，達練於事，坦坦然有樂爲善之心，劉端夫稱之曰正人。正人之名，豈易得哉！劉公天下達尊，蓋未嘗肯輕許可。吾夫子云：「如有所譽者，其有所試矣。」于以知其善善之心長也。國卿爲江南諸道行御史臺屬官，與予始相識，出示劉公贈言。公之行，予所敬服。因公之行，從公之言，則見公所喜之人如見公也，而喜之亦如公焉。

題人瑞堂記後

皇上踐位之初，翰林學士承旨劉公爲國子祭酒。蓋以望實選，不以品秩論。澄由國子監丞任司業，朝夕事公。公爲官長，又年長，恂恂焉視予猶弟也。時公年六十有五，而公之父邢國公年八十有三。顔若童孺，氣若少壯。予歲時執卑幼禮，及門致拜，必抑損下接，不自知其齒德之尊，煦煦焉待予猶子也。❷其明

❶「有」，原作「爲」，據乾隆本改。

❷「焉」，原作「爲」，據成化本、乾隆本改。

年，予移疾歸田。雖邈在大江以南數千里之外，而公一身之信厚，一家之善慶，寤寐常佩服于衷也。越七年，邢國年九十，皇上敦老老之仁，特旨錫燕三宫頒賚，恩貺渥洽。朝臣咸至稱壽，文臣各爲賦詩，而平章政事李公序之，布宣上意，謂邢國爲人瑞。❶承旨於是以「人瑞」名其堂，而翰林待制鄧侯記之。一時寵榮福祉之隆，君臣父子之懿，賓客僚友之集，京都相傳，以爲盛事，誠曠代所希有者。予不獲供給使令其間，而於江南竊覩鄧侯所作堂記，爲之三復祗歎，❷而志其後云。

題李思温舉業藁後

前浙東宣慰司都事李謙父之子思温，往年從予受《尚書》。凡殷《盤》周《誥》詰屈聱牙、舊註黯闇不明、宿儒媕婯難語者，悉暢其義。洒洒可聽，穎然特出，秀于群弟子之中。年二十遊京師，一二鉅公貴人器之，以聞于上，得補國學弟子員。貢舉行，爲應試之文及投贈等作，俱有可觀。假之年，而進進何可量也？不幸嬰疾以歸，竟弗可療。生至元甲午，卒延祐丁巳，年止二十有四，其父痛之不置。卒之明年，予過儀真，觀其遺藁，亦爲之悲感焉。天之生人也，與之才者或奪其壽，從古以來至于今多矣。是其關於一時之運數歟？抑係於一家之福分歟？嗚呼！

❶「謂」，原作「爲」，據乾隆本改。

❷「祗」，乾隆本作「低」。

題葦齋記後

齋者，齋居之室也。昔人之名其齋，有曰竹者矣，有曰榕者矣。竹齋者，以其齋外之有竹林也；榕齋者，以其齋近之有榕樹也。齋而名葦者，則不然。謂以葦爲齋，非若竹齋之在林間、榕齋之在樹側也，而自以爲名也。❶ 葦齋肇於誰乎？儒學提舉李君肖翁所爲也。肖翁種學績文，士流所推服。家于龍興路之富州，嘗教授於州庠，仕而不離其鄉也。及是提舉儒學事於遼陽，則遠違其鄉，蓋六千餘里。遠近雖殊，而處之如一。遼東地寒，市葦席障蔽其上與四傍，爲齋居之室，而名曰「葦齋」。人或哂其陋，而君視之若廣居安宅然，且自爲文以記。謂其中一和如春者，❷仁也；謂其制之廉隅中矩者，義也。噫！世之人役外物以奉其身，大率尚華靡而羞簡儉，一有不備，悵悵不自足。衛公子之居室也，其美其完，一必曰苟，無求美求完之心，故夫子稱之。肖翁不欲求完求美，夫豈不能强力以辦一室？而簡儉如此，略不以外物華靡爲意，其識趣爲何如哉！《莊子》書有蘧廬之言，蘧之從艸，❸註者釋爲艸屋。考之字書，蘧不訓艸，艸屋之註疑非。惟從竹之籧，字書釋曰竹席，又曰籧篨。然則籧當以竹，而傳寫之誤以艸也。今肖翁之葦齋，以

---

❶ 「自」，原作「目」，據成化本、乾隆本改。
❷ 「一」，原作「之」，據明初刻本、成化本、乾隆本改。
❸ 「艸」，原作「草」，據明初刻本、成化本、乾隆本改。

蘆蕟爲之，正莊書所謂蘧廬也與？ 然莊書以仁義爲蘧廬，今李記以蘧廬爲仁義，予未知其孰賢，必有能辨之者。肖翁歸自遼陽，與予邂逅京師。予見其所作《葦齋記》，嘉之如夫子之嘉公子荆，故書此爲其記之左。

題温公日曆藁

《温公日曆藁》二卷，凡十紙，備見荆公初行新法時事。一卷自正月己未訖二月壬午，一卷自三月壬辰朝訖是月壬子，熙寧三年也。公素善荆公，吕獻可彈文，公甚怪訝。及是，所爲不合公意，始懇懇言之上前，又私書再三往復，公之忠誠至矣。其後公既大用，悉改其法。然荆公卒，猶厚褒贈，且曰：「介甫好處甚多，但執拗爾。」公於國家之政事，而故舊之義始終不踰。噫！孰有能如公者哉？在趙子敬平章家獲覩此卷，因識其末云。

題赤壁圖後

坡公以卓犖之才、瑰偉之器，一時爲群小所擠，幾陷死地。賴人主保其生，謫處荒僻。公嘗痛恨曹孟德害孔文舉，謂文舉不死，必能誅操。其胸中志氣爲何如哉！身之所經，苟有阿瞞遺迹，則因之以發其感憤。此壬戌泛江之遊，所以睠睠焉託意於赤壁而不能忘也。不然，夫豈不知黄州之非赤壁哉？「一世之雄，而今安在？」託客之言，公不自言也。水也，月也，道士也，神化奇詭，超超乎《遠遊》《鵩賦》之上。❶長卿之人，❷何可髣髴其萬一！公之所造如此，而猶不能不有所託以泄其感憤者，何耶？殆亦示吾善者機爾。公視操如鬼，鬼猶可也，當時害公者，沙虫糞蛆而已矣。人間升沉興仆，不過夢幻斯須之頃，公豈以是芥蔕于衷也哉？魯人范仲寬繪《赤壁》二賦，而齊人張明德效之。明德，儒而通，蓋慕公之文而起者。卷首有東平王間堂承旨敘語。予既因明德之畫而追憶前事，又慨間堂之不可復見也，泚筆而識其左方。

❶「鵩」，原作「鵬」，據明初刻本、成化本、乾隆本改。
❷「人」，成化本、乾隆本作「文」。

吴文正集卷六十

元吴澄撰

題　跋

題閻立本職貢師子圖

閻立本《職貢師子圖》，平章趙公子敬所貯。立本畫品超絶，傳流殆六百年。歷幾貴家而公得之，是可寶也，亦可慨也。當時此人此獸，中土蓋稀，故圖以示後。今遠方職貢靡所不有，雖未觀畫，已稔見之矣。

題宣和畫女史箴圖

黄屋之尊，而游意曲藝，筆法精妙，規戒具存。其圖《女史箴》，與唐開元圖《無逸》奚異？昔楚靈王聞右尹誦《祈招》之詩，爲之饋不食、寢不寐者數日，仲尼歎焉。今撫此圖，不覺抆淚。

跋葬説後

欒幼成《葬説》曰：「儒者首當明理。惑於異論，希求不已，累歲暴露親喪，大爲不孝。又買已發舊墳，改掘他人祖宗之骨，而望己之子孫獲富貴，可乎？」斯言有裨政教。夫人子卜宅兆藏親之體魄，以孝先也，豈爲利後計哉！或萌貪欲之心，而便貪欲者之伎；或持貪欲之伎，而蠱貪欲者之心。一則小黠，一則大癡。噫！可歎已。余是以有取於欒氏之言。

題物初賦序詩後

「吾遊心於物初」，❶此莊子之書述老子之言云爾。後之人曰：「物之初也，物之先也，未有物之時也。」釋初爲先，訓義乖矣。且未有物之時，而遊心乎是，得無近魏晋清談放曠之習，而使人無所執守、莫可究詰乎？老莊之學不然也。物之初，蓋有所指而言。謂一物之初，非謂萬物之初也；在吾身之内，非在吾身之外也。以吾生身之所從始，故曰物之初。遊心物之初者，真人之守規中也。此人身要妙之境，而文士亦或擬之於天地之鴻濛。龍虎山陳自誠，嗣老莊氏之學，於此心知既其實，豈徒既其文而已哉！

❶「初」，原脱，據乾隆本補。

跋張蔡國題黄處士秋江釣月圖詩

夫言，心聲也。故知言者，觀言以知其心。世亦有巧僞之言：險也而言易，躁也而言澹，貪戀也而言閑適，意其言之可以欺人也。然人觀其易澹閑適之言，而洞照其險躁貪戀之心，則人不可欺也，而言豈可僞哉？今讀蔡國張公《題黄處士秋江釣月圖詩》，超超出塵。言，彼之外境，而觀者因以得公之内境焉。❶其澹也，其易也，其閑適也，純乎一真，心聲自然，無雕琢之跡，蓋非學詞章者可到。必其中之有所見，有所養，而後能也，唯陶、韋妙處有此。予敢自謂知言乎？真知言之人，乃知予所知之非妄知也。

題誠悦堂記後

孟子傳子思之學，其言誠身悦親之道，本諸《中庸》。然《中庸》言順親，而孟子言悦親。悦與順，有以異乎？孟子嘗云：「不得乎親，不可以爲人；不順乎親，不可以爲子。」得親之悦爲得，諭親於道爲順。悦親者，人人可能；順親者，學晞聖賢而後能也。悦者順之基，順者悦之極。孟子言悦以該順，蓋通乎上下，而欲使人人可能也。誠身之學，則豈人人而能哉？夫一語之不妄者，誠也；一事之以實者，亦誠也。而誠身之學，則不止於一語一事之誠而已。知性盡心之餘，養性存心之際，仰無所愧，俯無所怍。内省不疚，而無

❶ 「焉」，原作「也」，據明初刻本、成化本、乾隆本改。

惡於志；慎獨不欺，而自慊於己。夫是之謂誠身。必嘗用力於聖賢之學，乃造乎此。生質之美，素行之謹，雖或暗合，而終有未至也。若夫悦親之孝，則隨人品之高下，人人可以勉而爲。大而三牲八珍之奉，小而啜菽飲水之歡，安其寢處，時其温凊，愉其耳目，適其志意，俱可謂之悦也。東人陳公嚴，家饒財而善事親，翰林學士承旨李公，扁其堂曰「誠悦」。以人所可能之孝嘉之，而并以人所難能之孝期之，公之待人也厚矣。及公已逝，❶子彦微克肖悦親之孝，不忝其人。繼今以往，陳氏之家，世世有孝子。加以博文約禮，進德脩業，而至於聖賢誠身之學有得焉，則其悦親也亦將如聖如賢，又非但如常之人所能者。悦親之賢，有若曾、閔；悦親之聖，有若舜、文。夫如是，其可謂不負李公之所期也夫！翰林侍講李伯宗爲陳氏作記，臨川吴澄後識其左方。❷

王氏缾花瑞果詩跋

醴泉無原而出，靈草無根而生，世有是事，豈曰無是理哉？缾水養花，忽結異果，其殆此類也邪？聖人之言垂於經者，皆道其常，而不語怪。惟《春秋》一經，常者不書，非常乃書。非常者何？變也，異也。吾觀憲使王侯之先公先夫人，其於君臣、夫婦之倫，變而不失正，所謂異而非常者矣。有異而非常之人，則其

❶「及公」，原倒，據乾隆本乙正。

❷「後」，成化本、乾隆本作「復」。

所感，❶必有異而非常之物應之，理固然也。抑嘗聞諸先聖，君子於其所不知蓋闕如也，於其言也無所苟。王氏異果之瑞，母之貞節所致歟？子之孝誠所召與？❷不可得而知也。跡已陳而推測臆度其由，目不及睹而想象追賦其事，雖可强而能，然闕其所不知而不苟其言者，於此亦難乎其爲辭也。吾欲舍其已往之非常者，而爲侯道其方來之常者，可乎？侯爲義臣節婦之子，朝廷嚮用之意方隆而未艾。侯之德行，侯之功業，宜可傳於千百世之遠，而後無忝於承家之孝、報國之忠，非但齪齪爲廉謹循良吏而已也。夫如是，則侯之一身將爲國家之上瑞，而於一花果之小瑞，又奚足以喋喋多言爲哉！

跋六龍圖

以飛龍在天，騰百川，雨天下。逢此時，見此象，而有此妙筆寫之，亦氣數之參會也。蓋建隆庚申後之所作。

再跋曹璧詩後

詩以時論，則周之曹詩，殿變風十二之後；詩以人論，則漢之曹詩，冠建安七子之先。予嘗爲曹璧序其

---

❶「感」，原作「惑」，據成化本、乾隆本改。

❷「孝誠」，原倒，據明初刻本、成化本、乾隆本乙正。

詩，倏二十有六年矣。曹之年昔三十有八，今六十有三矣。時之易往如此哉！而人之重未可喜也，於是因論詩而論其人、論其時焉。以人歟？不願舉衰漢之人，期盛世之士；以時歟？所願輓《下泉》之終，復《關雎》之始也。

題程縣尹光州德政詩後

自封建廢而爲郡縣，郡守、縣令之職，猶古之侯伯子男，上之人實與之分土而治其民。民之休戚，係於守令之賢否。用得其人，則如擇母以乳子；用不得其人，則如召狼以牧羊也。由漢以來，每以守令之選爲重事。至治改元之初，詔天下舉守令。❶燕人程侯居仁中所舉，受特恩，宰洪之南昌。南昌負郭邑，地大人衆，素號難治。居省府、憲府之宇，雖有長才者，莫能獲展。侯至官，凡有可利於民者，爲之唯恐後；苟有不便於民者，去之不憚難。民有所訴，或曉之以義，使知愧而止；或析之以理，使知不可欺而退。府史不得以售其奸，胥徒不得以肆其横，服屬於官以蠹賊斯民者，咸思棄公役而復民伍。侯之能是者，其美有四：廉、勤、明、敏而已。可謂上不負明詔，下不負舉主哉！侯之考嘗守洪郡，❷而侯復來宰洪屬邑，其政蓋有光於先者焉。前此，侯任德安府判官，以能官稱。會光州有宿弊，民甚困，弊久莫能革，河南省府命侯往治之。

❶「守」，原作「首」，據乾隆本改。
❷「郡」，原作「都」，據明初刻本、成化本、乾隆本改。

侯悉除其蠹根，光民感德入骨髓，爲詩歌以頌者成袠。予過洪，士民談侯之美藉藉。既而有以光民頌侯之詩示予，予喟然歎曰：「方今主聖臣賢，期措天下於太平。安得如侯者千百人，布滿天下百里之邑乎？」樂道其善，於是書此于光民頌詩之左方。❶

葬地索笑圖跋

索索索，有心越難得。笑笑笑，無人敢輕誚。圖圖圖，模糊復模糊。跋跋跋，透脱真透脱。

跋茌平梁君政績記後

朝列大夫、江西等處行中書省員外郎梁宜彦中，昔爲國學諸生，知其爲美士。公朝貢舉制行，首擢科第。以才優，字牧薦歷數州，皆有政蹟。予於是而喜士類之可用世，又喜儒科之能得人也。

題真樂堂記後

昔伊尹耕於莘野，諸葛孔明耕於南陽，蓋將終身焉。既而被三聘之禮，值三顧之勤，則幡然而改，感激而許，由是出任天下之重，驅馳危難之間。視其前日躬耕舊隱之地，若蜩甲蛇蜕。此明出處進退之宜者也。

❶「左」，原作「右」，據乾隆本改。

河間劉君天爵甫，其初非因三聘三顧而出者。發身儒學，從事政府，洊立治蹟，❶以至于今。浸浸通顯，且將大用。而悠然舊居之思，乃以躬耕畎畝爲《真樂堂記》，寫君之心，殆無餘藴矣。夫古人之仕有三：行可，上也；❷際可，次也；公養，則下焉爾。今人之仕，欲如古之際可已不可得，而行可何可覬也？❸然則公養而已矣。公養者，不得已而仕也。有志之士，豈以是爲樂乎？而没溺於醉夢，曾不一醒覺者，舉世皆是也，孰有如君之有覺有醒者哉！雖然，仕進榮達之樂，外也；隱退閑適而假物以樂，亦外也。劉君自有天爵之貴，其樂也無與倫，蓋不在此趙村之田，而在君方寸間田也。求則得之，在義而不在外。惟此樂之爲真，他樂皆非真也。得此真樂，隱退閑適固樂，仕進榮達亦樂。其爲樂也，不繫乎出處進退之跡，而根乎仁義禮智之心。斯記之所未及言，君其求之哉！

跋朱文公帖

此朱先生遺金華吕子約書，蓋慶元乙卯之夏也。按先生紹熙甲寅八月，被侍講之命發長沙，至中途，已聞近習用事，而憂。比及閏十月，先生去國還家矣。明年春，趙丞相罷。吕子約以論救丞相貶韶州，書云

❶「洊」，原作「遊」，據乾隆本改。
❷「上」，原作「止」，據成化本、乾隆本改。
❸下「可」字，原脱，據乾隆本補。

「時事已非所及，不能復道」，則先生之憂可知也。其曰「往者予弗及，來者吾不聞」，乃述屈子《遠遊》篇中之語。屈子以忠放逐，而蔽君誤國之人方得志，適與先生所值之時同。觀《楚辭集註》釋此二句，謂「往者之不可及，則已末如之何；來者之不得聞，則世之惠迪而未吉、從逆而未凶者，吾皆不得以須。其反復熟爛，而睹夫天定勝人之所極，則安能不爲没世無涯之悲恨？」書中述此二語，而《楚辭集註》亦成於是歲，先生之意深哉！嗚呼！忠賢得志之時少，讒邪得志之時多。因先生之書，味屈子之辭，❶令人悠然感慨於千載之下。後百三十年，大元泰定甲子三月十一日。

題高宗御批後

開封石守信仕周，充指揮、防禦、節度等使，宋初爲開國功臣。子保吉，尚主。其八世孫處厚嘗奉高宗御批，以經武郎、閤門宣贊舍人權發遣袁州兵馬鈐轄，子孫遂居臨江。又徙高安。閤門五世孫珍，字安道，重交游，輕施與，國朝授承務郎、廬饒等處哈喇赤長官。因觀釋典，忽有解悟，脱屣世緣，肥遯家山。築水心道院，延四方三教高人，談空説有，超然出離塵界之外。臨江之士，吃吃稱其美。予謂石氏盛大綿遠，前乎宋而已興，後乎宋而未替，非但三百餘年與國咸休而已。人間富貴如春華開落，如浮雲聚散，何足經意？閱歷多者自能照燭，固不待闖梵師之藩，而後知其爲夢幻泡影也。安道其有見於此哉！

---

❶「子」，原作「原」，據明初刻本、成化本、乾隆本改。

跋子昂寫度人經

予於道家書，自《道德》《南華》二經外，俱不喜觀。今觀此卷，不能不喜也。

題棣華軒記後

翼城張遵信誠之，四歲而孤。其兄篤於友愛，衣食長養之。又俾從師讀書，以底于成才。誠之以其兄之恩，惟恐他日之易忘也，❶請於其師，欲如古人之實生，其以朝夕恒接乎心目。其師侯伯正父，名其軒曰「棣華」，而記之以文。予讀之而歎，伯正父之學，❷非記誦詞章之儒所可同也。夫兄弟者，其初一人之身爾。同本而分枝，愛兄弟之身，猶愛己之身也。然本者，吾身之所由以生者，頑夫尚或昧昧而不知愛，況其所分之枝乎？張氏之愛其弟，弟之不忘其兄，皆其良知良能之固有，而豈由外鑠哉？《常棣》之詩，周公所作，以爲上下通行燕兄弟之樂歌。樂工歌之於燕飲之時，因寓警戒之意，以明兄弟之恩者也。篇首二言託物起興，而非有深義。鄭箋孔疏，以華之覆鄂，喻兄之覆庇其弟；鄂之承華，喻弟之承順其兄。則興而又兼比焉。伯正父歷陳末世薄俗傷敗彝倫之事，既足以誅其心，使聞之者愧赧矣，而「棣華」之名，又不專取覆鄂

---

❶ 「忘」，原作「志」，據明初刻本、成化本、乾隆本改。

❷ 「學」，原作「而」，據成化本、乾隆本改。

承華之義也。弟之於兄，豈爲其有覆庇之德而後有承順之恭也哉！天性之愛，自然發見，如草木之遇春而生，勃然不可遏也。循性所有，擴而充之，鄉黨稱弟，而可爲堯舜，亦由是而已矣。幼則敦行厚倫，行其所當然之常；長則博文窮理，知其所以然之奥。程朱之爲學蓋如此，誠之其尚反身而求之哉！

跋送范達夫序後

知人未易也。吾有吾之所知，彼有彼之所知。吾能知吾所知而已，彼所知者，吾不能徧知也。然由吾之所知，以知彼之所知，則彼之所知，亦吾之所知也。❶豫章范達夫，仕廣海憲府有聲，而予未之知。若資陽郭居仁、清江范德機、豫章范舜卿，則予所素知者。昔人之觀人，觀其宗族所稱，觀其僚友所稱，觀其交游、鄉黨所稱。居仁、德機，達夫僚友也，而其稱之如此；舜卿，達夫宗族也，而其稱之又如此。以吾所知者之所稱，知彼所稱者之所爲，予雖未知達夫，而今則知之矣。於其慎操守也見其義，於其篤倫紀也見其仁。有義有仁，人道之大綱舉矣。大綱既舉，不待一一見其目之細，而其人固可知也。達夫憲府滿三考，受朝命爲南康佐屬。予又將見其行事之目，以證三君之所稱，尤信。❷

---

❶ 「之」，原脱，據成化本、乾隆本補。

❷ 「尤」，原作「猶」，據成化本、乾隆本改。

跋永豐何縣尹德政頌

予家距永豐不滿二百里，雖不同郡，而聲跡常相聞。如縣尹何侯之廉聲政迹，洋溢乎四境之外。予雖在京師，而來自吾鄉之人，亹亹言之不置，予亦獲聞其概。夫今之庶幾乎卓、魯者，同郡有金谿李尹，鄰郡有永豐何尹二人焉。李尹已改除監察御史，何尹之望實如此，匪朝伊夕，必爲臺省所奪去。果爾，則永豐之民，皇皇以失其慈父母爲戚。噫！吾將何以爲永豐之民計哉？

吴文正集卷六十一

元吴澄撰

題跋

題胡志甫墓誌後

往歲於清江皮氏館中識廬陵胡尚志甫，温然如玉，盎然如春。時已老矣，不知其少年有患難摧折也。讀此誌文，三復惻愴。

題皮濛墓誌後

始予遊南雄之門，濛也方少，氣直量宏，恢恢有父風。豈料其不壽哉！其生之年，與吾子同而月日後，故於其死也，尤悲之。孤霖以墓誌示，因識其左。

題思無邪齋説後❶

程子曰：「思無邪者，誠也。」此「邪」字，指私欲惡念而言。有理無欲，有善無惡，是爲無邪。❷無邪斯不妄，不妄之謂誠。以《大學》之目，則誠意之事也。《易·文言傳》曰：「閑邪存其誠。」此「邪」字，非私欲惡念之謂。誠者，聖人真實無妄之心也。物接乎外，閑之而不干乎内。内心不二不雜，而誠自存。以《大學》之目，則正心之事也。凡人昧然於理欲、善惡之分者，從欲作惡，如病狂之人，蹈火入水，安然不以爲非，蚩蚩蠢蠢，冥頑不靈，殆與禽獸無異。其次頗知此之爲理爲善，彼之爲欲爲惡，而志不勝氣，閒居獨處之際，邪思興焉。一有邪思，即遏制之，乃不自欺之誠也。夫既無邪思，則所思皆理皆善矣。然一念纔起而一念復萌，一念未息而諸念相續，是二也，是雜也，匪欲匪惡，亦謂之邪。此《易》傳「閑邪」之「邪」，非《論語》「無邪」之「邪」也。《論語》之引《詩》，斷章取義云爾。❸《詩》之本意，豈若是乎哉！豫章熊原翁，以「思無邪」名齋室，或以不二不雜勉之。言固甚美，予疑熊君之未遽及是也。蓋必先能屏除私欲惡念之邪，而後可與治療二而

---

❶ 此篇與卷五《思無邪齋説》一文全同。

❷ 「爲」，成化本、乾隆本作「謂」。

❸ 「章」下，原衍「以」字，據明初刻本、成化本、乾隆本删。

且雜之邪。誠意而正心，其等不可躐。無私欲，無惡念，世孰有如司馬温公？❶而不二不雜，則猶未至。❷終身每以思慮紛亂爲患，故程子惜其篤學力行而不知道。異端氏之不二不雜也，自初而持戒持律，❸已絶去私欲惡念故也。不然，諸業未淨，烏乎而可以不二不雜乎？

裴朗然詩跋

里中裴顯，資可教，志肯學，才思清俊，而劬於詩。孫履常甫獎之勉之矣，復以所作示予。顯也，將慕詩人乎？謹循履常甫誘引之意，而進進罔已，其不委蛻揷翰而超物表哉！儻欲爲儒，則詩之外，有當用力者。

跋李伯瞻字

伯瞻博儒術，❹精國語，又工晋人法書，世胄之良也。此卷以贈昭德，亦其好尚之同者云。

---

❶「温」，明初刻本、成化本、乾隆本無此字。
❷「則」，原作「而」，據明初刻本、成化本、乾隆本改。
❸「初」，原作「幼」，據明初刻本改。
❹「博」，原作「傳」，據明初刻本、成化本、乾隆本改。

跋麓泉記後

予昔爲醫學余明可教授作《麓泉記》，今二十五年矣。程承旨、胡司丞有跋語，共作一卷，後被好事者持去。程、胡已亡，❶不可復得其文。明可以告程之孫、胡之子，就其家集中傳録二跋語。獨予尚偷生世間，於是托樂安邑教來言，❷蘄爲再書舊記于册。❸予因老病久不秉筆，勉强書之，以答所請。因思程之生月、胡之生年俱後於予，而各先逝，令人感慨云。

跋孫過庭千文

孫過庭所書《千文》，豫章李昶德明能購得而寶藏之。好尚如此，可嘉已夫！

跋子昂千文

李德明家所貯《千文》，其一孫過庭書，其一趙子昂書。合二卷觀之，猶二子也。

---

❶「亡」，原作「山」，據成化本、乾隆本改。

❷「於」，原作「矜」，據成化本、乾隆本改。

❸「蘄」，乾隆本作「期」。「于册」，二字原脱，據明初刻本補。

題遺宋生

青陽公才略術智，可以爲能臣，可以爲姦雄，蓋孟德、仲達之流亞。而其所居之時、所仕之國，與彼不同，故其所就，亦有不同者。然及今三百餘年，尚克傳世，或工辭章，或工技藝，綽綽有聞。豈相國不得遂其志於一身，是以得留其福於末裔與？較之曹、馬，孰短孰長？夫忠厚而光其前，此昭德之所以褒嘉於濟可；英豪而昌其後，亦予之所以欣幸於相國者哉！

題宋列聖御容

嗚呼！自吾父吾祖而上三百餘年，養生送死於天地覆載之中，日月照臨之下，而不知覆載、照臨之像爲何如也！今於畫繪見之。嗚呼！形容爾妙，❶萬物之神，如斯而已乎？遺民之子吴澄書。

題朱近禮詩傳疏釋

朱子之註經，《詩傳》爲最善；學者之窮經，亦唯《詩經》爲易入。盱江朱近禮喜讀《詩傳》，隨己所知，具疏其下。或有所釋，或有所廣。年未二十，而專攻一經，志可尚已。雖然，經之難窮也，如梯天航海，仰之而

❶「容」，原作「不」，據乾隆本改。

彌高，前之而彌無畔岸。繼今以往，志益勵，功益勤，擇而精，語而詳，融會貫通，應無窒礙，❶庶其可以羽翼先儒之訓傳而無慚也夫。噫，勉之哉！

題畫蓮實卷後

「蓮實大如指，分甘念母慈。共房頭溅溅，更深兄弟思。」讀涪翁詩而觀此，寧不油然生孝弟之心乎？

跋陳桂溪畫册

桂溪陳居士，所蓄畫二三十幅，共爲一軸，舊新雅俗俱有。其季子庭祥珍襲之，可謂善保先世所有者矣。

題鍾氏藏書卷

藏書不可以不多，而不可以徒多。洊經離亂之後，❷人家藏書之多者，鮮矣。今聞新淦鍾氏所藏，寧非大幸乎？尚擬過淦，借目録一觀。倘得見所未見，亦此生一快也。

---

❶「應無」，乾隆本作「靡有」。

❷「洊經離亂」，原作「洊亂離經」，據成化本、乾隆本改。

題皮南雄所藏畫

皮南雄得此於徐氏，自識其後，而寶藏之。皮公去世，駸駸三紀矣，其子湝示予此卷。予不以見譚之舊畫爲重，而以見公之遺墨爲喜也。

書囂囂序後

金谿余國輔，爲其叔弟國瑞作《囂囂序》曰：「囂囂云者，内樂重，外樂輕。窮達、得失、遇否，不足易其中心素守。優游委蛇，休休然，怡怡然。」予讀至此，爲之廢書而嘆。嗚呼！國輔之識，固造於是乎？朱子以「自得無欲」四字，推廣囂囂之訓釋；國輔乃以三十字，描寫自得之氣象。旨哉言乎！聖賢復起，不易其言矣。異時竊窺國輔之學，疑其未透此關。今與國輔别不啻十數年，其學之進，可畏也哉？不然，何其言之精到如是也！《孟子》七篇，言囂囂者再：一則述伊尹辭聘之美，一則沮宋句踐好遊之非。苟能囂囂，雖聘幣之至且辭之，惡乎遊？孟子不直沮句踐之好遊，而但語之以囂囂。不明孟子之意者，謂以囂囂而遊也。夫謂囂囂而遊者，猶曰以堯舜之道要湯爾。真知堯舜之道者必不要湯，真囂囂者決不遊也。故其下文，有「窮不失義，達不離道」之説，此指囂囂之實而言也。遊也者，儀、衍妾婦之爲也，不離道、不失義者肯爲之哉！遊與囂囂之意戾，國輔知之明、言之當，且以固嘗囂囂遊爲悔。學既進，而知昔之非也。然姑爲緩辭，而不遽止叔氏之遊者，殆不以朋友切切偲偲之義，而傷兄弟怡怡之情。國瑞察伯氏之意於言外，可也。欲廣其見，不必觀上國故都、宮闕山川也；欲壯其氣，不必跋履齊楚燕趙、關陝巴蜀也；欲充其學，不必謁候寓公大人、❶奇才隱德也。向年有遊孔林者，予問之曰：「將何求？」彼應曰：「求孔子之道。」予語之曰：「孔子之道，內求之則在吾心，外求之則在其書，不在孔林也。」夫金谿先覺之第一，則陸子也；續千數百年不傳之道者，河南程子也；集伏羲以來群聖之大成者，魯國夫子也。一聖二賢，豈以遊而得哉？難合而易疎，寡同而多異，國輔備諳遊之況味矣，國瑞其可復襲伯兄之所追悔而不爲者乎！遊之爲遊，外慕妄想也，而曰「內樂重，外樂輕，窮達、得失、遇否，不足易其中」，吾不信也。世俗之遊者，曰爲名爲利而已。雖可鄙，而猶不欺也。今以囂囂名其遊，詎非借美名以掩其私而爲欺耶？國輔、國賢、國瑞，伯仲叔皆文儒，而肯務學，所慮者，學末學而非務本也。倘果能依國輔「內樂重，外樂輕」之三十字而踐行其實，將見金谿之三余猶三陸也，夫何慊！

跋朱子所書陶詩

朱子嘗言：「陶靖節見趣，皆是老子意。」觀此寫陶詩四首與劉學古，而卷末繫以老氏之六言，蓋其詩意出於《道德經》之緒餘也。

---

❶ 「寓」，乾隆本作「名」。

跋曾翠屏詩後

翠屏曾先生，先澄之大父二十年而生。大父視之猶父行也，談話數數稱先生名，好誦其詩。澄自幼侍側，熟於耳聞。先生年四十四，預嘉定壬午鄉貢。年五十三時，考官得「江月滿江城」詩，大喜，再預紹定辛卯鄉貢，一時詩名播於遠邇。❶ 年至八十三乃終。❷ 伯子應鰲預淳祐癸卯貢，仲孫夢魁暨澄同預咸淳庚午貢。後五十九年，先生之玄孫一元，持示先生詩藁二帙。感今懷古，爲之惘然，因識其左方云。

跋子昂書東坡王晋卿山水圖詩於熊大樂畫卷後

袁用和得此於鄧少初，甚珍之。然此畫之景，非此詩之所言也；此詩之工，非此字之所增重也。珍之者，以其畫與？以其字與？以其詩與？

題明皇出遊圖

潞州别駕來歸，定禍亂，安社稷，可爲文皇曾孫矣。友愛兄弟如家人，禮朝罷，每與諸王游。此在開元

---

❶ 「播」，明初刻本、成化本、乾隆本作「香」。

❷ 「三」，成化本、乾隆本作「二」。

勤政之初，若未甚害。然古昔萬乘之尊，蓋自省方觀民之外，不輕於出，故曰無非事者。而周公之書，亦以游爲戒，何也？防其原也。上無典學之主，下無格心之臣，則視此爲常事而不之怪。嗚呼！豈待天寶之淫侈驕怠而後可以亡國哉！

題遺廖生

寧都廖國器妻陳氏，生宋嘉定甲申。年二十八喪夫，守節甘貧，以俟其子之長。至元丙子更革之會，子死於兵，婦亦被掠。僅存孤孫人俊，生甫七歲。劬勞以鞠其孫。孫既弱冠，哀其父死不葬，母去不還。痛苦求之，詢諸遺老，得父骨於叢塚間，聊慰其心焉。零丁徒步，往北方，尋訪其母。至揚，知在滄州。至滄，則知母在彼有子，既死而葬矣。欲歸母骨，異父之弟不可。銜哀而復，幾欲無生。而祖母年八十一，再受賜帛恩。及九十有七，公朝旌表其門閭，鄉里咸稱節孝之家。陳氏康寧無疾，壽未可量。昔陳氏之姑郭得年八十七，祖姑鄧得年九十九。郭没而鄧猶存，陳氏以孫婦養祖姑盡孝。今人俊甚孝於祖母，而陳氏年壽又將過其祖姑。天之所以報，昭昭也。一門之内，有節婦，有孝子。爲節婦者天既厚報之，人俊家禍雖慘，而能爲孝子，天其不終報之乎？或惜人俊未學，予謂不然。夫所貴乎學，豈曰窺鑽故紙、諷誦陳言？下民彝學，莫大乎是也。世之識字觀書，號爲知學，而倫紀墮斁，曾飛走之類不若者，奚足道哉！人俊之孝行，本乎天性。若其刻木象母以附父穴，施經佞佛以祈冥福，則禮之所否、理之所無，不爲可也。有人僞作予語以貽人俊，其間不無違經悖教之辭，匪但誣之，且或誤之。甚哉，其不仁也！太府提點孫君好德尚義，以諗於予，爲書此以黜其僞云。

跋陳泰詩後

蘄州路教授陳伯美之子泰，年甚少，勤學而工詩。觀其所作，古近五七言俱合度，❶句有法，字有眼，語有味，意有柢。充而進之，何可量已？雖然，吾儒之學蓋不止此。❷文者，儒之小伎，詩又文之小伎。❸有最上事業坦若大路，既有其資，且又有其學，❹充之夫何難？❺他伎特其餘爾。詩誠工謹，毋專一伎而遽自足也。

題文山帖後

益齊鍾先生與大魁文公，同寶祐乙卯鄉貢。此其復書，蓋在初仕之時，故與後來字體大異。用一筆吏猶且謹審如此，於其小，可以覘其大矣。

❶「言」，原作「年」，據成化本、乾隆本改。
❷「儒之」，原倒，據乾隆本乙正。
❸「伎」，原作「技」，據明初刻本、成化本、乾隆本改。
❹「學」，乾隆本作「功」。
❺「充」，乾隆本作「求」。

跋王登甫詩後

豫章王貢士登甫，昔時與清江徐侍郎交游，屢有相倡和之詩。既而時異事殊，宜王詩之多感傷也。夫達於事變，懷其舊俗，此變風之所以見取於聖人。予觀登甫之詩，殆亦古風之已變而又變者與？

跋艾氏所收名公墨跡

鄭郡舊家之居城中久而不衰替者，艾氏爲最。其先貢士君名茂，在宋紹興丁卯、庚午、癸酉三貢于鄉。没而鄉貴侍郎李公墓銘，詩人放翁陸公書丹，倫魁于湖張公篆額，當時稱爲三絶。乾道戊子，以椿年名貢者，其子也。寶慶乙酉、紹定辛卯，兩以彭老名貢，端平乙未與禮部正奏者，其孫也。八十年餘，一門三代，薦名凡六七。既中禮部選，而未及仕，豈非天將留其不盡之福，以待後人與？淳祐，宋三衢徑畈徐公爲郡守，愛貢士君之曾孫方子、玄孫丑第，奬進甚至，稱其五世盛德。今則其玄孫之孫道孫濟美如初，有子已娶。徐公所稱五世者，且將八世、九世矣。非其積深流遠，何以能若是！予素聞艾之爲舊家，而不獲識其家之子孫，因見其先世與諸名公交際之真蹟，爲識其左。

題正山詩卷後

《詩》曰：「淑人君子，其儀不忒。其儀不忒，正是四國。」濟南彭君名淑，字仲儀，而扁其燕處之塾曰

「正」。淑者，善之在中也；儀者，美之在外也。有諸中，形諸外，則己正矣。己既正，於正人也夫何難？君任寧都判官，爲政有惠，平寇有功，其亦能知吾夫子之答季康子者乎？

跋文丞相與妹書

一代三百年間，有此臣；一家數十口内，有此女。臣不二君，女不二夫；臣盡節而死，女全節自生。不愧于天，不怍于人，可傳千萬世。卓哉！曼卿出其門，藏此帖，甚珍之。噫！誠可珍也。觀者爲之流涕。

跋張葛狄范四公傳

韓司徒張文成侯、漢丞相諸葛忠武侯、唐司徒狄文惠公、宋參知政事范文正公，四人之功業不盡同，而其爲百代殊絶之人物則一。文成身事漢而心在報韓仇，文惠身仕周而心在復唐祚，常人莫能測知，卒克遂其志，故邵子稱其忠且智。❶忠武扶漢於末造，文正佐宋於盛際，而器局公平廣大，設施精審詳密，心事如青天白日。遘時雖異，易地則皆然，故朱子稱其磊磊落落，無纖芥之可疑也。張鑑子明類四公行事爲一編，其尚論古人也，識亦卓哉！予是以題其卷端云。

❶「智」，原作「言」，據乾隆本改。

跋唐以方所藏吴司法帖

臨川唐由義以方之高大父貢士君諱必達，字民功。宋紹興二十年庚午預鄉貢，次年不第。又五舉而免解赴省試，又四試不中而免省赴廷試，當在淳熙五年戊戌。中間解試、省試之年，必有兩科以事故不及試，是以趲至甲辰始赴廷試，未得試而殁于旅舍也。吴定翁仲谷之從曾祖司法君，紹興丙子鄉貢，及此歷二十九年，凡五赴省試，而後登科。唐貢士爲同郡，又爲同年赴對之人，哀其困於場屋，晚節欲就一特科官，而不幸客死。家貧子弱，弗克歸櫬，爲作此帖，懇告在京之鄉人，俾隨力厚薄以助。惻然矜恤之念，形見乎筆墨，至今讀其辭，猶有餘悲，真仁人君子哉！當時署名者二十七，其年與司法君同登科者八，前時登科而在京者五，此外有官而在京者五，不知其官稱者四。計費宜用緡錢六十，而所裒未充其半。❶二十七人，諸而不讎者有五焉。他人不足責，司法君同登八人之中有其三，所助甚微，而又負己諾。夫事之可哀，孰有甚於斯者？嗚呼！豈其略無仁義之心乎？由是觀之，范文正、忠宣父子之意度，爲何如哉！唐氏襲藏吴司法帖，以示其從曾孫仲谷。谷考之甚詳，又以示予，而予復識其左方。司法君諱炳若，字文炳。以方尚清雅，不墜文獻之遺。家之方昌，未艾可期也。屈於前者伸於後，理之必然歟？後百四十九年，同郡吴澄書。

❶「充」，成化本、乾隆本作「克」。

題野莊詩卷後

世有身居江海之上，而心乎魏闕之下者；亦有身繫軒冕之貴，而心乎農圃之賤者。一則忠，一則智也。昔翰林承旨真定董公，在家或聞國政之粃，❶輒終夜不寐而歎。《野莊圖》，凡在官必攜以自隨，❷時一展玩，若有意於桑麻稼穡之務而不可得。此豈淺丈夫之所能測哉？嗚呼！世之人跋履崎嶇，衝犯風波，乘危瀕死，而往不休。逮他日追思牽犬聽鶴則已晚者，其智果何如邪？公之吉德，而姦凶亦媢忌，屢謀加害。賴主知之深、主眷之篤，而彼之計不行。公保身之哲，固炳於幾先，所以未嘗須臾忘野莊也。夫其身雖閑退，而其心每憂朝中者，忠臣致身之義；其身雖仕進，而其心樂野外者，智士存身之道。忠與智，公其兩全也。

題袁學正先友翰墨後

昔柳子厚記父友之姓名於父墓之碑陰，使後世知父之所交，皆一時名人也。今袁梅瑞用和，於主一君交際往來之人，凡書問尚存者，類爲一軸，惟恐失隊，亦以表其父之所交有若人也，蓋猶柳子厚記先友之意云。

❶ 「粃」，原作「疵」，據明初刻本、成化本、乾隆本改。

❷ 「官」，原作「宫」，據成化本、乾隆本改。

吴文正集卷六十二

元吴澄撰

題跋

題遺方生

生物有一本而無二統，恩義有相奪而無兼隆。此理也，亦禮也。理者，吾心之所固有；禮者，古訓之所昭垂。世有不幸當人倫之變而不得以蹈天理之常，則權其輕重而處之，以復於正，俾於心而安、於義而可，斯已矣。或事勢無可奈何而不能然，將泯默抱恨以没齒，寧復敢宣之於口以語人也？此其志之可悲者。夫若閩士宗義之二姓，亦人倫之變常者也。宗義宜如之何？曰：從陳族之長，擇一人後其舅，而己歸于方。倘無人可以爲後，則於方氏家歲時爲墠，以祭其舅，至終身而止。如是，其亦庶幾乎？噫！東晋以後，南北分裂，果何等時耶？而當時猶有專攻禮學之士，稽諸禮疏所引、《通典》所載可見也，亦且間有通達禮意之婦人焉。以今日文物盛多之會，承前代義理大明之餘，曾謂無一學禮者哉？噫！

題蕭道士父示兒詩後

身爲道士，弗獲養親，於親之生日饋尊酒，親心驚喜，作《示兒詩》。傳至予所，遂爲古今世變而發一慨。夫道也者，父子之親居其首。漢初以老氏清静之教爲道，而古聖人設司徒以教人倫，但名儒家，不得預道之名，列在道流之下。雖然，老氏言道，亦曷嘗廢父子之倫哉？其後出家棄親，一效西竺，而曰道士，固如是乎？因子之有饋，父之有詩，而知民彝之不可泯也，是以識于其詩之左方云。

龔德元詩跋

龔德元詩，已窺簡齋門户。闊步勇進，由是而升堂焉，而入室焉，可也。

題李伯時九歌後

往歲洪守毛侯，以所藏李伯時畫《九歌詩》本見示，予爲作跋語及歌詩。今譚觀又持此畫至，豈能復措一辭？得善書人寫予舊跋詩于後，可矣。然世之好者，好李之畫而已，非好屈之文也，誰更論原之心哉！予言贅疣爾。

跋朱文公與程沙隨帖

朱子手筆，人得之者固多。此書與沙隨程先生，其間質正《孝經》疑義及《易》疑義，則非泛泛往復之書比也。沙隨先生經學精深，朱子多取其説。於朱爲丈人行，故朱子以師禮事之。書中所質《孝經》之疑，程答書云：「近見玉山汪端明，亦謂此書多出後人附會。」朱子然其言，載之於《孝經刊誤》。夫朱既不自足而質之於程，程又不自有而推之於汪。❶前哲爲學，取長於師友而不自恃，蓋如此。

題王晋初所藏畫

予每見好畫，爲程子之戒，不敢收蓄。今觀晋初所寶，頗樂而玩焉，豈亦猶有獵心也歟？

跋朱子慶元己未十二月四日與益公書

聖賢之道，不幸不行於當時，猶幸其得明於後世也。朱子以慶元庚申之季春卒，此書貽丞相益國周公，乃己未之季冬，相距四月爾。當時僞黨之禁如燬，殆甚匡人、桓魋之厄。及至我朝，表章崇尚，與玄聖俱，何其幸歟？雖然，尊其道在乎上，明其道在乎下。上之人尊之則至矣，下之人亦或明之否乎？夫見此遺墨

---

❶「程」，原脱，據乾隆本補。

而愛重焉者，愛重其道也。朱子之道，豈繫此遺墨也哉！有已陳之跡，有常新之心。舍其已陳而得其常新，朱子之所望於來今也。

跋地理書後

大山山人，手地理書一卷來叩。予閲之，有舊術焉，有新術焉。掇拾青囊之緒餘，爲是詳説者也。抑聞青囊不如黑囊。山人得此青囊之詳説，❶而加以黑囊之巧視，大而不遺千里，微而不差一毫，雖昔之楊、曾復生，不過如是而已。山人爲誰？吾里中故人之子，袁其氏。

題李襄公槐圖後

人與物，異類也，而同生天地之間，其氣固流通而無間。治世之人康樂，而物之生也亦豐榮；末世之人勞瘁，而物之生也亦凋耗。大而關於一世之盛衰者如此，小而關於一家之隆替者蓋莫不然。觀田氏之荆，足以驗其家之雍睦；觀高氏之柳，足以兆其家之貴顯；觀王氏之槐，而知其後之必爲三公也。一氣之流通，

❶「此」，原作「之」，據明初刻本、成化本、乾隆本改。

自然而然者。江寧李氏，宋南渡前，仕宦之多甲於一郡。太師襄國公諱琮，❶慶曆六年進士，内仕至寶文閣待制，外仕至西京留守、高陽關路安撫使。子六，喪其一，存者五。公手植槐一株，垂三百年。柯葉扶疎，一幹而五枝，第四枝尤茂。公之五子，曰中奉大夫參，曰光禄大夫路，曰參知政事回，曰通直郎畊，曰奉直大夫若。通直官最卑，而儒業之傳續至于今不墜，槐枝之獨茂，若相應云。通直之子澤，其孫繼勳，其曾孫如德，其玄孫彌㞷。❷來孫錞，淳祐十年進士，官至承直。質資純雅，明六書，正俗字之訛。承直二子，養源縣路教授得縣主簿，養浩不仕。東、桓、楙、彬、森、楚，其六孫也，俱俊秀，可以世其科。至元間予客金陵，及識承直，既而識其諸孫，獲觀畫史所寫襄公槐，葱鬱可愛。竊謂類同氣之相感應也，其理異微。❸物之應者，氣動志也；人之感者，志動氣也。承直諸孫才矣，儻其臻於體信達順之道，而不局於言語文字之學，則一身之和、一家之和煦嫗充溢，無物不欣欣焉，槐其一爾。應而復有感，感而復有應，李氏之隆，殆不止如今所觀。然此未易爲寡見謏聞者道也，尚因予言而究極之哉！夫如是，承直其有孫矣乎？

❶「琮」，各本均作「宗」，《至正金陵新志》卷十三下之上「李琮」條，其仕宦經歷、謚號及子李回官職均與此篇所述相符；又程俱《北山集》卷二十三「參知政事李回封贈三代制」有《父李琮追封襄國公》一文，兹據以改。

❷「㞷」，原作「堂」，據明初刻本改。

❸「異微」，乾隆本倒乙。

跋陳氏丘隴圖

中原之族墳墓，至今猶古也。南土之葬，墳墓得聚于一處者，鮮矣。蓋其偏方土薄水淺之地，不得不然。雖仁人孝子之心有所甚不安，而卒亦莫能變其俗者。其説甚長，未易一言盡也。廬陵陳君景福，宦遊無寧日，始家于吉，後寓於贛，葬其母於贛。每以二親之葬不得合一爲戚，又以不能在家守墳墓爲憂。形而爲圖，❶時一展視；聲而爲賦，辭極悽惋。藉是聊以塞其戚，紓其憂，此其中心孝慕之誠不能自已者也。仕東廣憲府，上事於臺。予在金陵，見其所繪之圖、所作之賦，惻然憫之，而不能爲之謀也。噫！古者仕不出鄉，不得已而去墳墓，則踰境必哭，以喪禮處之。今四海一國，無踰境之事矣。然宦遊去家之遠，幾同昔人去國之悲。終身爲田舍翁，浮沉閭里則可，苟有四方之志者，其悲殆不能免，固末如之何也已。陳君姑竢他日，宦成而游倦，息肩贛寓，母墳旦旦在目，父葬不出三百里外，時往拜掃，無難也。四時祭祀得如常禮，而於心無不安焉。於斯時也，此圖此賦焉攸用！

題李太白墨跡後

昔年嘗觀謫仙所寫《愛酒》《大夢》二詩，喜其豪宕邁逸，因嘆其仙才美。但意其於仙道或未之聞，人頗

---

❶「爲」，原作「於」，據明初刻本、乾隆本改。

不滿吾言。今又獲觀《元丹丘歌》墨蹟，神奇鬼怪，尤怪其然其然。信乎！超出八極之表矣。嗚呼！世亦安得復見斯人哉？仙才也夫！仙才也夫！

題耆英圖後

至治壬戌，上距元豐壬戌，二百四十一年矣，至今尊慕洛社耆英，何也？韓、潞二相，元勳碩望，極品大臣，重厚謙降，略無一豪富貴態。同會九老，里居常流爾，而温温接待，未嘗懈慢。盛德如此，其位冠一時，名香後世，宜也。小器易盈之人，名位未崇，驕倨已不可近，視二公相度，爲何如哉？瞿然一寒士，❶坐次最下者，不數年間，亦踵韓、潞相業，無他，德相似也。

跋趙子昂書麻姑壇碑

顔魯公《麻姑壇碑》在吾鄉。舊碑爲雷所破，重刻至再，字體浸失其真。今觀趙子昂所書，妙筆也。顔字、趙字，並出於王。或勁正如端笏重臣，或俊媚如時妝美女，二者各臻其極。然顔學王書而字與王異，❷趙書顔記而字與顔異，非深造閫域，不能知也。後之君子，必有工於評者。劉時中、王豈巖，俱學書而善書。

❶「士」，原脱，據乾隆本補。
❷「書」，原脱，據明初刻本、成化本、乾隆本補。

此帖趙以畀劉，劉以畀王，蓋其所好所識相伯仲也，是以轉相授受云。

跋洪母熊氏傳後

翰林學士元明善，作《臨川洪畊母熊氏傳》。明善於人不輕許，其文不易得，有此特筆，洪母蓋賢矣哉！書者翰林承旨趙孟頫，篆者集賢大學士郭貫，允謂三絕。澄與畊同郡，故識其後云。畊今提舉江西等處儒學。

題湯教授復學田詩後

昇學沙洲之田，近年有權勢者奪取，以畀其下。一時職教者甘心奉之，在後竟不復問。無它，罷婹者不能，畏儒者不德，亦或因之爲姦利者有焉。今教授湯君至，慨然以剔蠹剗敝爲己任，謀復其所失。要路有人主之于其上，故其復之也始雖甚難，而卒若易。田既復，諸儒咸喜，歸功於教授，作詩以美之。教授曰：「上官之賜也，吾何力之有？」噫！湯君之於是事，能有功而不自有其功，是可嘉也。其善不可以不書，故書於諸儒美詩之後。

題趙子昂臨蘭亭帖後❶

馮昌大世扁、倉之業，而書羲、獻之字。以趙子昂今之羲、獻也，得其所臨《蘭亭帖》，寶之如金玉。其伎藝家之清流也已。

題皮疇小字四書後

皮疇病在膏肓，❷而其父以其所寫小字四書示予。父之慈，宜速求善醫善藥，以療疇之病。俟病愈，予有與之言者。

跋牟子理感論❸

或毁仲尼，吾徒曰：「人雖欲自絶，曾何傷於日月乎？」世有謗佛之人，使佛之徒能如吾徒一語足矣，奚事多言？踈山雲住師寄示此編，予觀之，蓋近時所撰。牟子者，寓言爾，非真有是人也。

---

❶ 「趙」，明初刻本無。
❷ 「肓」，原作「盲」，據成化本改。
❸ 「感」，當作「惑」。

跋張丞相護佛論

宋東都之季、南渡之初，儒而最通佛法者，有二張焉：丞相商英、侍郎九成也。今觀侍郎之言，精神飛動，不作佛説，而能使人恬不自覺以入于佛。若丞相此論，則厲聲色，與人争辨矣。不知二張於佛所得孰深，住師其以告我。噫！人苟知佛法如天，又何以護爲哉？

跋章貢嚴敨書説❶

《書經》惟後晋增多二十五篇之文，明白易曉。❷其先漢伏生所傳者，則詰屈難讀。章貢嚴敨篤志嗜經，博覽深探，於《書》有説，略述梗概。如金屑花片，雖未底渾全，然嘗鼎一臠，已可知矣。予也猶願覩其書之成。

跋黄縣丞遺蹟後

宋樂安縣丞黄先生，特科出仕，清介自持，晚節避世不汙，全名以殁。宋末之小官，能如是者鮮矣。予

---

❶「敨」，原作「盾」，據明初刻本、成化本、乾隆本改。正文同。

❷「易曉」，原倒，據明初刻本、成化本、乾隆本乙正。

嘗客其門，耳聞正論不一。觀所著辭章，概可見其志操。此編自述先世名字行次、生死年月與其葬處，施及傍親外戚。蓋唯恐子孫日遠日忘，而有所不知也。孝慈敦睦之情，藹然溢乎筆墨之外，其厚於倫紀爲何如哉！又欲效柳子厚作《先友記》，肇端而不及竟。其叔子革謂先君手澤，唯此僅存，將刻石以貽永久，俾世世適長孫掌之，幾不墜遺。予反覆三，而嘅前脩之不可復見也，欷歔而識其卷尾。

題東溪耕樂圖後

至治癸亥，趙公季明偕予待命翰苑。其年四月，季明至官，迨秋遄以疾去。六月，予始至官，越三年泰定乙丑秋，亦以疾去。予家于野，農夫晨夕雜處。丙寅之春留邑，偶值連日雨，喜膏澤霑足，土脈憤興，思欲歸視畎畝犂鋤之事，阻泥濘未行。有客來自許昌，携示《東溪耕樂圖》，圖後繫以季明詩賦四篇。玩誦之餘，悠然有契於心。《耕田歌》諳練農業，可與《豳風·七月》並傳。能憂衆人作苦之勤，又樂一己田居之逸。憂與人同，樂非己獨，庶幾先天下而憂、後天下而樂者乎？顧予老病無用，雖不獲久相從於玉堂雲霧之間，繼今倘遂北游，共談稼穡於東溪煙雨之外，亦此生一快也。

題蘭亭臨帖

用剡溪紙臨《蘭亭詩序》，字法雖與他本不同，好事者俱收並蓄，亦可以充寶玩之一。若必欲追考其所由來，則不可知矣。

跋臨本蘭亭

《蘭亭》真蹟不在，人間所傳臨本不一。以上十紙，字體各殊，互有優劣。有眼人擇其逼真者而學之，斯可矣。

跋徐僉書御製後

豫章徐可携示宋思陵所賜徐僉書俯宸翰一幅，及僉書之仲子榕所受誥命兩通，此其近祖。宋初散騎常侍鉉，則其遠祖也。徐氏歷五代至宋南渡，代有聞人。鼎臣、師川俱以文學著名，垂後不泯。於今猶存前朝所賜、先世所受，蓋難矣。可字、可聖，敦樸多藝能，亦不忝其先者乎？惜年踰五十而無嗣，所存家寶，其尚擇族從中之賢子而畀之哉！

題秦國忠穆公行狀墓銘神道碑後

故太傅、録軍國重事、❶開府、宣徽使、大司農、太醫院使、贈推誠佐理翊戴功臣、太師、上柱國、秦國忠穆公，西域竺乾國人。自少得侍禁密，眷注甚隆，歷事四朝，尊爲國老，官至極品，生榮死哀。今臨江郡侯，

❶「軍國」，原倒，據乾隆本乙正。

其第五子也。以公所受制命，及行狀、墓誌銘、神道碑萃成一編，鋟木以傳。夫公之行事，國史載之矣，而郡侯又顯揚之若是者，將俾遐陬遠民咸知公之盛德大業也。嗚呼！秦公，國之忠臣；郡侯，家之孝子。澄忝嘗預史官，見公一門忠孝之美，樂於道之，是以識其編末。公諱鐵柯，郡侯名益馬云。

跋陳吾道贈言後

陳吾道善琴，昔年嘗聽其聲，唯恐妨吾到空同之夢而不欲聞。自後塵緣不斷，混混埃壒中，竟未能償吾願。今十有九年矣，而吾道再至，無可掩吾之羞，乃謂之曰：「吾且詣廣成子所，一見遄復。子其携無弦之琴而來，吾將以無聞之耳而聽。當賞吾之知音，不待黄金鑄鍾期也。」

跋皮氏所藏蘭亭

皮氏一門，若尊若小，俱知寶此。子孫其將世有善書者乎？

題伏生授經圖

伏生所授二十八篇，真上世遺書也。東晉後以增多之書雜之。今之儒者，或莫辨别，闇亦甚哉！

題采薇圖

韓子曰："當殷之亡、周之興，武王、周公，聖人也。❶以天下賢士與天下諸侯往攻之，未嘗有非之者。伯夷、叔齊，乃獨以爲不可。殷既滅矣，天下宗周，恥食其粟而餓死。夫豈有求而爲哉？適於義而已。聖人，萬世之標準也。二子獨非聖人而自是，信道篤而自知明，特立獨行，亘萬世而不顧者也。微二子，亂臣賊子接跡於後世矣。"韓子之言如此，後人復何言哉？《采薇》之歌，其辭鄙淺，蓋好事者托之，太史公輕信而誤取焉。

題南廟王太尉禮神文

昔三閭大夫見楚巫樂神之歌鄙褻，於是更定其辭，《九歌》是已。今郡邑皆有東嶽祠，祠以王太尉配食。崇仁縣南之祠，尤靈異，徼福者朝夕奔走。太尉不知何時神，嘗聞鄉先生寺簿黄公云，蓋王文正公旦也。文正公太平宰相，功在社稷，澤被生民。唯天書一事，律以大人格心之道，不無憾焉。扈從定陵，東封岱嶽，恩陞太尉，其食於嶽祠也固宜。友人吴俶作禮神文，實寺簿公之説，其辭雅則，其祀匪淫，亦屈原《九歌》類也。江西等處儒學提舉司吏目彭壽繕寫成帙，而以示予，爲誌卷末。

❶ "人"，原脱，據成化本、乾隆本補。

跋趙武德墓誌後

趙書記，神明之胄，今爲清門。獲覩其先世武德公墓誌，百有餘歲，周、楊二鉅公手澤如新，猶可想見流風餘韻。❶嗚呼！天之未喪斯文與？書記之不墜其世也，可尚已。

題臺山遺藁後

余讀宋待制金陵李襄公詩，至神宗挽詞，喟然嘆曰：君者，臣之所天也。資於事父方喪三年，其義不亦重乎？公於君臣之義著矣。當時文章妙一世者，或有所不如，何哉？夫詩以厚倫爲本，倫之不厚，詞之工也，何取焉？未聞臣之於君而可薄也，公其得詩之本與？公之第五子通直最工詩，詩有唐人風致，七言絶句尤長。予於其家見所謂《臺山遺藁》，吟諷累日，志其左方而歸之。通直諱畊，字畊道。

跋江徵君書思無邪三字

曹南江君玉，藏其伯父徵君所書「思無邪」三字爲家寶。古人誦詩三百者必達於政，「思無邪」三字，又三百篇之綱要也。君玉官于郡，掾于臺，政俱可稱，其受用此家寶者與？徵君嘗仕侯藩，號觀察使。至元

❶「流風」，原倒，據明初刻本、成化本、乾隆本乙正。

之間徵至帝庭，以直言忤時而退。素名善書，玩其心畫，亦可想見其人。

題孔檜圖

孔庭古檜，舊聞夫子手植。叔世遭燬，疇不爲之感傷？得其燼餘，或刻以爲像，或斲以爲器。尊之貴之，愛之重之，而又圖寫贊詠，以相傳播，于以見魯俗之厚也。雖然，聖人所以遺後，猶有大者焉。❶假諸物以像聖人之形，未必得其似；求諸己以會聖人之心，即可得其真也。其可尊可貴、可愛可重，蓋超出乎形器之外，豈徒一木之所遺者而已哉！有能思及於此否乎？

❶「焉」，原作「也」，據明初刻本、成化本改。「者焉」，乾隆本倒乙。

吴文正集卷六十三

元吴澄撰

題跋

跋静安堂銘

古今人言静字，所指不同，有淺深難易。程子言「性静者可以爲學」，與諸葛公言「非静無以成學」，此「静」字稍易，夫人皆可勉而爲。周子言「聖人定之以中正仁義而主静」，與莊子言「萬物無足以鐃心故静」，❶此「静」字則難，非用功聖學者未之能也。《大學》「静而後能安」之「静」，正與周子、莊子所指無異。朱子以「心不妄動」釋之，即孟子所謂不動心也。孟子之學，先窮理知言，先集義養氣，所以能不動心。《大學》之教，窮理知言則知止，集義養氣則有定，所以能静也。能静者，❷雖應接萬變，而此心常如止水，周子

❶「鐃」，乾隆本作「撓」。

❷「能静」，明初刻本、成化本、乾隆本作「静也」。

所謂「動而無動」是也。安則素其位而行，無入不自得之意，予讀《静安堂銘》九十六言，最喜「艮止其背，萬物之鏡」八字爲其義。竊觀長沙易先生，於《書》之《禹貢》、《禮》之《周官》，説皆精緻，卓然度越諸家。而程子所續孟子不傳之學，則有未數數然者，故予每取其所長。

鐔津文集後題

儒者之學，一降再降，而爲詞章。漢賈馬、唐韓柳、宋歐陽曾蘇，❶遂挺然獨步，得以稱雄於百世之下。佛教自達磨西來，離去文字，直露真秘。❷由是悟入者，一彈指頃超詣佛地，卓乎其不可及已。其徒口舌機鋒，銛利捷巧，逢者披靡，莫之敢攖。❸然未有操弄豪管，若儒流之滔滔衮衮演迤於詞章者。鐔津嵩仲靈，生值宋代文運之隆，與歐陽曾蘇同時，才思之贍蔚，❹筆力之横放，視一時文儒不少遜也。噫！世間多少魁傑人，在佛氏籠罩之内如嵩者，豈易得哉！其文之行世久矣，踈山住半間重繡諸梓以傳，蓋喜其教中之有是人也。昔歐陽公一見而推獎之，予亦習聞而嘉歎焉。❺倘論詞章，當爲佛徒中第一。或問嵩佛法何

---

❶「曾」，原脱，據明初刻本、成化本、乾隆本補。
❷「直」，原作「真」，據成化本、乾隆本改。
❸「攖」，原作「膺」，據乾隆本改；成化本作「嬰」。
❹「贍」，原作「瞻」，據乾隆本改。
❺「習」，原作「曾」，據明初刻本、成化本、乾隆本改。

如，予儒流弗能知。弗能知，請俟它日質之半間師。

跋婁行所敕黄後

廬陵婁天章，藏其八世祖奉議公敕黄一通，出入與俱，罔敢失隊。爲人子孫，當如此矣。今日六品官以下所授敕牒，與前代敕牒其文同，其用黄紙書亦同。然昔也有敕而又有誥，今則無誥而但有敕。存之可以考古今沿革之殊，可以表子孫保守之謹。天章年甚少，才甚俊，文藻麗而思泉湧。值今貢舉取士之時，擇科階仕，易易爾。方將得今日之新敕，豈但存先世之舊敕而已哉！抑又有説，敕者人爵之榮，於其舊者而能存，於其新者而能得，要皆身外物也。人之一身，先世遺體，天爵之貴具焉。保守其身，不尤重於保守身外物乎？夫子言孝，立身爲大。立身者何？行道於今，揚名於後，有天爵之貴，非止人爵之榮也。果能立身而揚名天下，世世稱之，曰婁之後有聞孫，其光於奉議也，殆將百倍於常人。天章字行所，才可以及是，故予諄諄焉督其進。

跋徐侍郎文集後

宋兵部侍郎清江徐公，文章政事俱可稱。遭值末運，言不獲用，志不獲伸，國亡而身亦隕。平生著述因兵亂散軼，公之子幼學百計蒐輯，十僅得其一二，予嘗序其篇。後十有七年，公之孫鎰持刻本過予，曰：「先人録先祖侍郎集，❶未竟而卒。鎰暨弟九成重加釘定，❷成三十卷。集外所遺及《大學》《中庸説》，俟續纂爲一編。」❸予披翫三日，凡公未用之言、未伸之志，莫不洞見其底藴，不特嘉嘆其文章而已。嗚呼！名臣之後，有子有孫能若是，侍郎公爲不亡矣。復識其左方云。

題聚星亭贊後

《聚星亭贊》，朱氏爲考亭陳氏作也。今脩江陳氏，得此圖於朱子門人胡伯量之家。澄按：宋紹熙之季，趙忠定公汝愚將立寧宗。時韓魏公之曾孫侂胄知閤門事，嘗令白事高宗吴皇后宫。事成，侂胄謀建節。忠定以爲右戚不當言功，侂胄怨恨，群憸朋附之，❹遂傾趙相，竄永州。慶元丙辰春，殞于非命。趙之死，由侂胄也。士人敖陶孫，有詩閔趙曰：「九原若遇韓忠獻，❺休問如今幾世孫。」趙相既死，韓權益熾。朱子褫職罷祠，號僞黨魁。此贊之作，在庚申春末屬纊前兩月。所謂「仕守之難，古今共嘆」，蓋爲侂胄發也。澄舊題二詩，其一曰：「真人此日暫東行，曾奈黄星漸次明。二姓聞孫竟如許，一天瑞氣落西營。」其二曰：「魏公

---

❶「祖」，原作「人」，據成化本、乾隆本改。
❷「釘」，成化本、乾隆本作「訂」。
❸「俟」，原作「候」，據明初刻本改；成化本、乾隆本作「復」。
❹「憸」，原作「險」，據明初刻本、乾隆本改。
❺「原」，原作「源」，據成化本、乾隆本改。

勳業照乾坤，太史曾占五色雲。三拉敖家詩裏淚，始知亭贊意殷勤。」適再見此圖，乃寫前所題二詩于左，而歸之脩江之陳。

題東坡所寫墨竹

雖細稍低葉，下近塵土；而鉅竿老節，慣傲雪霜。于時坡翁，居多竹之地三年矣。

題子昂仁智圖

「仁者樂山，智者樂水」，先儒謂非體仁智之深者，不能如此。雖然，仁者見之謂之仁，智者見之謂之智。各隨所見，均是仁智，豈必與尼山、泗水同哉？子昂所圖，子昂所見爾，以遺太乙劉師，別有見。玉笥仁智堂道士從劉得之，又玉笥仁智堂之仁智也。師劉者羅環中，持以示予者，❶羅之徒孫周常清。周而羅，羅而劉，劉而趙，曰仁曰智，其見同乎異乎？予弗及知也。方將循其支、❷探其本，遡其流、尋其原，以上達尼山、泗水。周今往上清，上清之山水奇矣，其中高人仁智何若，予亦願參焉。

---

❶「持」，原作「特」，據成化本、乾隆本改。

❷「支」，乾隆本作「末」。

跋玉笥山圖

名山道宫，其形勢之奇、人物之盛，可與上饒龍虎山儔儷者，江西有二，俱屬清江：閤漕也，玉笥也。余夙有山水癖，又喜共方外畸人語。五十年前，於驛路望見龍虎山。四十年前，曾至閤漕。二十年前，至玉笥之傍所謂太秀洞天者，而獨未能一至玉笥焉。道士周常清持示《玉笥承天宫圖》，覽之欣欣，若游於其間。然予之游山，非但樂其形勢，亦欲識其人物。向游太秀，亦爲尋訪隱者，不遇而退。承天有超世之士爲誰，常清一一告我，予將往問。

跋謝尚書墨蹟後

宋南渡後，古文清江謝尚書爲首稱，而其文無集，不可悉見。龍山西福寺，謝公平昔熟游之地。嘗爲撰《雲海衆堂記》，文刻在石，而墨蹟留寺中，❶間流落它處。大德丁酉，寺僧克齊，再得故物於既失之餘，襲藏唯謹，可謂知所重者。齊又醫藥濟人，是能以佛慈惠心爲心也。齊之上普慧，通儒佛書，副講主席。其上師乘，又其上與俱。俱師號不群，乘師號梅山，慧號愚泉，齊號石厓云。

---

❶「留」，原作「照」，據明初刻本、成化本、乾隆本改。

跋劉忠肅公與朱文公帖

劉忠肅公，朱先生之父黨。先生以乾道丁亥冬除密院編脩官，劉書稱先生爲編脩，當是次年戊子之秋作。劉公憂江淮兩浙水旱，豫爲歉備。其年建寧亦饑，且繼之以水災。又明年秋，而先生丁母憂矣。此書蓋在前也。

跋李公擇尚書帖❶

李公擇尚書初年，受發運使楊佐薦改秩，公推其友劉琦。佐曰：「不見此風久矣。」遂并薦焉，議者兩賢之。當時且以公之讓善爲難，而況于今？適值廬陵李一初二公手帖，因感觸而及公此事，❷噫！❸百世之下，亦有聞公之風者乎？

---

❶「擇」，原作「釋」，據明初刻本、成化本、乾隆本改。文中改正同。

❷「感觸」，原作「藏書」，據明初刻本、成化本、乾隆本改。

❸「噫」，原作「千」，據明初刻本、成化本、乾隆本改。

跋鐔津文集

鐔津文，戢戢如武庫兵，洶洶如春江濤，僧契嵩所箸述也。在宋慶曆、嘉祐，正當文運之隆。敢出其技，馳騁章甫逢掖之林，肆口而言，肆筆而書，縱横雄放，莫或能嬰其鋒。噫！天之生才也，何所限極哉！佛家者流，而有如斯人者乎？踈山雲住師取其文鋟諸木，期以傳久遠，蓋喜同類中之有是人也。噫！誠可喜也。雖然，文章則可，❶佛法則未。

跋吴君正程文後

往年予考鄉試程文，備見群士之作。初場在通經而明理，次場在通古而善辭，末場在通今而知務。長於此或短於彼，得其一或失其二，其間兼全而俱優者，不多見也。金谿吴氏，家世以儒科顯。君正出示程文一編，三日所試之藝悉具，純美暢達，無施不宜，可謂俱優兼全者矣。不特程文然也，於文能儷語，又能散語；於詩能近體，亦能古體。才贍而學周若是，倘命足以符其才，豈有不遇者哉！君正名應子。

---

❶「章」，原作「儒」，據成化本、乾隆本改。

跋子昂楷書後

至元丙戌冬，予始解后子昂於維揚驛。明年在京，每日相聚。爲予作字，率多楷書，不令作行草，與今此卷字體一同。人但見其後來寫碑文之字，乃疑此卷非真，是未嘗悉見其諸體字樣也。

題四君子贈踈山長老卷後

李俞、周昶、薩德彌實持憲江西，可稱無疵，蓋鳳凰中之鷹隼、麒麟中之獅廌也。王都中予未及識，❶然禪解盈紙，其出世間法，不知與世間法何如？四君子是同是異，而於踈山雲住師俱厚善，畢竟各有同處。

又跋朱子墨蹟

朱子葬母祝令人之地，得之西山。蓋其家每欲得葬地，則必求之西山也。

跋朱子書後

此朱先生母令人祝氏與其内親，而先生爲母代書者。

❶「王」，原作「在」，據明初刻本、成化本、乾隆本改。

題耕樂室

鄭子真耕於巖石之下，鄧子真慕之，而扁其室曰「耕樂」。苟樂矣，耕可也；釋耕而仕，亦可也。非以耕爲樂也，雖耕亦不害其樂也。子之樂也如之何？

題韓魏公墨蹟❶

嘗觀東平府學碑，富鄭公書，其字端謹莊重，不作嫵媚婀娜之態。❷韓魏公此帖亦然，而加勁健。二公事業不在於字，而觀其字畫，亦可想見其爲人。

跋李公遺墨❸

制參李公，年二十有四擢進士科，五十有六而值歷運改。浮湛隱約，吟詠自怡，垂三十載乃終。里中易先生伯壽甫，儒而逃於醫。與公同生嘉定辛巳歲，相好如兄弟，過從倡和，未嘗旬月疏逖也。公之手簡往

❶「魏」，原作「魁」，據明初刻本、成化本、乾隆本改。

❷「嫵」，原作「膴」，據乾隆本改。

❸「跋」，成化本、乾隆本作「題」。

來，意真語質，雖待先生之子濤，禮視朋友，不以父黨自居也。濤收拾公之詩詞手簡，大小百餘紙，集成一編。不惟它日易氏子孫得見當時二父交契之情，而鄉人觀之，亦足見前輩謙厚之風，❶可以敦薄而寬鄙，於世教非小補也。濤字景源云。

題崔氏孝行詩卷

真定崔侯擢卿相，❷繼宰兩邑，建平而崇仁，俱有美政。昔得之傳聞，今得之親見。適一二客來過，周行東西南北之人也，頗通四方政俗，善評一時人物。相與聚談，其一曰：「崔侯何以能若是？」其一曰：「史侯，喬木故家也，同知真定路總管府事之孫、兩浙江淮漕運使之子。史、崔，真定巨室，二姓世爲婚姻。侯，丞相史忠武公之孫壻。其舅兩道宣慰使，則丞相之從子。其外祖五路萬户，則丞相之昆弟也。内外兩族，仕宦赫奕，世德可師，家範可采，固與寒門新進之居官者不同也。」而予之子文留邑，日從侯游處，携侯孝行詩卷以歸。蓋侯初仕常孰州判官，居家養母，寧不赴官。士大夫嘉其行，有詩頌美者累數十，余獲觀之。夫以天性之愛根於心者爲重，人爵之貴加於身者爲輕，❸古人之常事，今世則希有。侯能爲今世之所希，由其

❶「謙」，原作「慊」，據成化本、乾隆本改。
❷「侯」，原作「使」，據明初刻本、成化本、乾隆本改。
❸「輕」，原脱，據明初刻本、成化本、乾隆本補。

循吏也宜。

資識之超於人也。孝者，百行之首。居家而孝於親，則居官而慈於民者，餘事爾。侯之行爲孝子，其政之爲

題李氏世業田碑後

青塞李氏，其先魯人。宋靖康、建炎間，避金難轉徙而南。顛頓十數年，❶始履吉之境。當時閔恤流民，令所在郡縣安養。李氏自出力闢曠土，得田四百畝。請于官，官畀之爲世業。於是自記其事，❷勒石以貽永久，期與子孫宗族共享公上之賜。又推所餘及親故，處心蓋廣且遠。并載給田守倅令佐姓名，❸示不忘所自。時維紹興八年，❹記之者李興時，書之者其族父知建昌縣李德祥也。終宋之世，田屬李氏。大元營田司立，乃奪而歸之官。李之子孫，輸租耕其田如昨，舊碑亦被人竊負而去，❺幸猶有墨本存焉。裔孫業圖再刻石，以不墜祖之所付託，而予爲書于碑陰。嗚呼！紹興而至元，百五十年爾。田之有予有奪，彼一時也，此一時也。爲之民者，如之何哉？事之已往者已矣，未來者自勉可也。業其倡率宗族，人人彊爲善。

❶「頓」，原作「頻」，據明初刻本、成化本、乾隆本改。
❷「其」，原作「官」，據明初刻本、成化本、乾隆本改。
❸「名」，原作「召」，據明初刻本、成化本、乾隆本改。
❹「維」，原作「雒」，據明初刻本、成化本、乾隆本改。
❺「負」，成化本、乾隆本作「取」。

苟爲善，子孫必有興者。其興也，將有光于前，而四頃之田、一片之石已失者，又奚足芥蔕于懷也哉！

題夏幼安更名説後

蘭谷夏幼安，於其舊名有所不安，而一更之，遂以字行，勇矣。予嘉其更名一事之勇，而慮其施之於他事皆然，則不能無失也。謂之曰：人能勇於去其所不安，可也；而輕於就其所安，不可也。蓋勇而重者多得，勇而輕者多失。勇固可尚也，然識爲先，勇次之。勇者去其所不安而不吝，識者就其所可安而不誤。審其所安，的見其可而後遷，有識有勇者能之。不然，一時之輕，他日之悔。見其不安，則將又更之乎？此《易》之頻復所以不勉於厲也。慎之哉！勉之哉！

跋吴氏家乘

金陵吴梓之大父德和甫，暨父堯章甫，暨母王氏夫人，俱得當代能言者銘墓。繫之以名勝、哀挽之辭爲一編，藏于家，志顯親也。不唯是，日夕孳孳，工文飾行，以思自厚其躬。❶其於顯親也，又有大焉。吴氏有子哉！

---

❶「思自」，明初刻本、成化本、乾隆本無。

跋金陵吴承信建炎四年户帖

此帖百八十三年矣，而保之至今，吴氏子孫其賢乎？ 噫！ 承信公之所積可知也。 宗家子某謹識。❶

題剛簡胡公印曆

往年於剛簡公家見其奏藁，讀之流涕，爲綴數語于後。 今在洪，又見其印曆，觀畢愴然。

跋李平章贈黄處士序詩後

平章政事李公，以公輔之尊，而友處士之賤，贈之以詩章，重之以序引，可謂忘勢謙己者矣。 然君子之言，皆寫其心之實，表裏無二致也。 公之詩云：「逃名君笑我，伴食我慚伊。」善哉言乎！ 蓋亦一時姑爲是言而已，非實以人之笑、己之慚而懼者也。 使公果能惕然於人之笑，慊然於己之慚，則其相業宜不止如後來所觀。 序所謂「終當借五湖舟，訪予於空明渺漭之際」，晚節而踐斯言也，豈不高出一世也哉？ 噫！

---

❶ 「某」，原作「其」，據明初刻本、成化本改。 乾隆本作「澄」。

跋河南程氏外書

昔大程夫子仕上元縣，故建康有明道書院，以祠二程。近年，行臺治書侍御史郭侯，❶嘗命山長趙晋之重刻《程氏遺書》於既燬之後。今錢塘沈天錫嗣長書院，而曰：「有《遺書》，無《外書》，是二程夫子之遺訓猶未完也。」乃續刻《外書》十二卷，以備一家之言。❷余嘉其知崇先哲以啓後覺也，再爲識《外書》之左方。

題吴山樵唱

吴伯恭弟叔從新能詩，古近二體之態度聲響，俱占最上品。充極所到，何可當也？曰：「天與吴門産絶奇，喪予曾爲景曾噫。如何長吉敦夫死，又見恭從二妙詩。」

❶「侯」，原作「俟」，據明初刻本、成化本、乾隆本改。

❷「備」，原作「補」，據明初刻本、成化本、乾隆本改。

吴文正集卷六十四

元吴澄撰

神道碑

元贈中奉大夫吏部尚書護軍清河郡元孝靖公神道碑

孝靖公姓元氏，諱貞，字器之，通奉大夫、湖廣等處行中書省參知政事明善之父也。始者澄識參政於其少壯時，視其才氣壓群，於諸經諸書爬剔糾結，貫穿端杪，其吐辭也雄以則，期其文學必爲中州第一。後十餘年，被遇先帝，選充宫僚。繼入翰苑，歷待制、❶直學士、侍講、侍讀，即除禮部尚書、參知中書省事。兩典貢舉，凡所選擢，悉自聖衷，浸浸向大用。元之系蓋出拓拔魏，其先或云河南人，後徙魏之清河。累世積善。孝靖公仕爲小官，有才不獲施，有德未獲報。水木之有原本，一旦發，於是生者貴，而死者亦貴，以公爵榮。公之王考諱興，王妣彭氏。生三子，其季，公之考也。考諱海，誠篤和厚，與人無兢。嘗攝官政，多所全活。

❶「待」，原作「侍」，據明初刻本、乾隆本改。下文同。

年八十有六而終。妣高氏，淑範遠識，豫知其孫必顯，每指示人曰：「此孫骨氣非常，他日能大吾門。」年七十有五而終，合葬清河祖塋。生五子，最幼者，公也。公讀書起家，受將仕佐郎、杭州在城酒使司知事，再受蘆瀝鹽場管勾。涖官爲政，恥儕庸流，著廉能聲。然韜藏深廣，人莫能窺也。至元己丑三月廿有三日，以疾卒於蘇州，年四十有七。夫人弭氏，同縣人。公卒之次月十有四日，亦卒，享年如公之數。生一子二女。子，參政也。女適王、適李。大德甲辰十月某日，葬清河新阡，從遺命也。

公孝親，友於兄，仁於宗戚。高夫人盛夏病背疽，三月不愈。公夫婦衣不解帶，養不離寢，子吮瘡去膿，婦以手掬糞。見者稱嘆，目爲孝子孝婦。至大庚戌，參政任翰林待制，恩贈公奉議大夫、驍騎尉、清河縣子，弭夫人清河縣太君。延祐丙辰，參政任禮部尚書，特旨封贈二代，加贈公中奉大夫、吏部尚書、護軍，追封清河郡公，謚孝靖；弭夫人追封清河郡夫人。而公之考贈嘉議大夫、秘書監太卿、上輕車都尉，追封清河郡侯，謚貞惠；公之妣追封清河郡夫人。延祐己未，參政自中書參議再爲翰林侍讀，自翰林侍讀出參湖廣省政事。其明年春，新天子遣使召入集賢爲學士。澄已病留江州，邂逅水驛，謂將樹碑於孝靖公之墓。以澄之舊也，令爲文。既不可辭，乃敘其世次大概，而繫之以詩。參政娶李氏，初封清河縣君，再封清河郡夫人。其子晦，有旨特授將仕佐郎、通事舍人，特遷承務郎、典瑞院判官；明年，又特加奉訓大夫。皆殊恩也。幼曰暠。女一。其詩曰：

繄昔郡公，才鉅志崇。養疾致憂，孝出天衷。卷韜金綸，尺未試分。卑卑小官，而不緇塵。天嗇其躬，身後則豐。有爵有勳，有謚有封。壺儀媲美，上暨考妣。烜赫綸恩，光耀閭里。我原其初，施腆報腆。

維善之積，維慶之餘。允也貞惠，口活萬死。爰逮於公，彌厚厥祉。皇澤沄沄，孰大吾門。維公有子，貞惠有孫。維公有子，維帝嘉止。窮碑勒辭，❶百世有煒。

大元榮禄大夫宣政使領延慶使贈推誠佐理功臣太師開府儀同三司上柱國齊國文忠公神道碑

公，北廷人也，諱潔實彌爾。曾祖父某，贈資善大夫、中書右丞，追封高昌郡公，謚康懿；曾祖母某氏，追封高昌郡夫人。祖父八察脱忽鄰，❷贈榮禄大夫、平章政事，追封齊國公，謚莊靖；祖母八撒納，❸追封齊國夫人。父野薛涅，❹贈銀青榮禄大夫、司徒，追封齊國公，謚恭惠；母八剌的斤，❺追封齊國夫人。恭惠生五男，其二玉篤實，❻是公之仲兄；其三，公也。年十八，其仲兄年二十三，俱詣京師。伯父引見世祖皇帝，仲兄在帝左右，敕公給事東宫。公恪勤謹愿，朝夕常侍。裕宗説，賜鈔二千五百貫俾受。部人小涅有二

---

❶「窮」，成化本、乾隆本作「穹」。
❷「八」，原作「博」，據明初刻本、成化本、乾隆本改。
❸「八」，原作「拜」，據明初刻本、成化本、乾隆本改。
❹「父」上，原衍「人」字；「野薛涅」，原作「伊蘇鼐爾」，并據明初刻本、成化本、乾隆本删、改。
❺「八剌的斤」，原作「巴爾德濟」，據明初刻本、成化本、乾隆本改。
❻「玉篤實」，原作「伊德實」，據明初刻本、成化本、乾隆本改。

女，❶長女妻公仲兄，而次女爲公之夫人。中書省奏立延慶司，授公朝列大夫、同知延慶司事。裕宗嘗謂公曰：「高昌回紇人皆貪，惟女不染汙俗。倘日用不足，於我乎取。」一日覲晏，裕宗問故，對曰：「有家書來，詳詢父母安否何如，不覺遲久。」裕宗曰：「何不將父母就養乎？」公對曰：「人子之心，孰不懷親？奈相去萬餘里，資粮扉屨之費重，❷不能辦也。」奉旨馳驛往迎，一歲乃至，遂得終養以盡孝。省臺有機密事，裕宗令傳旨，公辭不堪任使。裕宗曰：「以汝沉重，言乃不漏泄，是以命汝。」裕宗升仙，事徽仁太后。成宗踐祚，太后命公送顯宗就國。公亹亹具道太祖皇帝、世祖皇帝宏模遠範，及往古近代所行善行美德、可法可鑑者，顯宗然之，賜衣一。公還白太后，大喜。成宗曰：「汝善處吾兄弟之間。」陞嘉議大夫，賜玉鞶帶、香串帶各一。太后升仙，成宗駐蹕柳林，亟召公。謂公曰：「汝今當以事吾父母之心事我。」授資善大夫、同知宣政院事，領延慶使。宣政所掌者僧，往往黷貨狥私。公一新拯飭，凡事如省部例。人曰：「宣政院爲御史臺矣。」成宗聞而嘉奬，謂「裕皇篤眷此人，真有知人之明」。臺官嘗欲擢用，公以不閑風憲辭。成宗得末疾，公與尚醫理御藥不暫離。夜不就寢，寢不解衣，或數月，或期年留中。盛夏病暍，人勉其還家治疾。公曰：「聖體尚未康，爲臣敢愛身乎？」惟啜淡粥，數日自愈。其事上聞，有旨曰：「潔實彌爾一心愛君，❸寧不愛身，此人所

❶「小涅」，原作「實訥」，據明初刻本、成化本、乾隆本改。
❷「扉」，原作「扉」，據明初刻本、成化本改。
❸「潔實彌爾」，原作「濟蘇穆爾」，據明初刻本、成化本、乾隆本改。

難能。又廉介甘貧，賜平江路田五十頃，以贍其家。」進授榮禄大夫、宣政使領延慶使。至大初，命譯佛經，賜鈔五萬貫。興聖太后謂公爲先太后舊臣，復令領延慶使。辭以年老，不許。延祐間，議錫國公爵，辭以無功，乃止。於是但仍舊職，而升延慶司爲正二品。❶公忠於君，孝於親，敬以事兄，廉以持己。常戒諸子曰：「兄弟宜和睦，永久毋分異也；儒書宜習讀，財利毋耽嗜也。」延祐二年十月十六日薨，年六十三。其明年二月十二日，葬大都路宛平縣之漆園。至治三年，贈推誠佐理功臣、太師、開府儀同三司、上柱國，追封齊國公，謚文忠；夫人臘哥，❷封齊國太夫人。子男三，❸答兒麻失里，榮禄大夫、宣政院使；散散，翰林侍讀學士、中奉大夫、知制誥、同修國史；速速，資德大夫、湖廣等處行中書省右丞。女二。孫男五，❹阿難答失里、阿育八剌、阿麻剌失里、亦馬剌失里、阿育失里。女二。公之仲兄官於功德使司，初以奉訓大夫爲經歷，未幾同知司事。轉少中大夫，繼受正議大夫、同知總制院。又受正奉大夫、宣政副使，而同知功德使司事並如前。後

---

❶「爲」，原作「乃」，據明初刻本、成化本、乾隆本改。

❷「臘哥」，原作「埒克」，據明初刻本、成化本、乾隆本改。

❸以下三人名「答兒麻失里」「散散」「速速」，原分別作「達爾瑪實哩」「薩克徹」「蘇蘇」，併據明初刻本、成化本、乾隆本改。

❹以下五人名「阿難答失里」「阿育八剌」「阿麻剌失里」「亦馬剌失里」「阿育失里」，原分別作「阿南達實哩」「阿裕爾巴喇」「伊瑪克塔實哩」「伊拉瑪實哩」「阿裕爾實哩」，併據明初刻本、成化本、乾隆本改。

乃同知宣政院事，轉資政大夫、資德大夫，贈存誠秉德功臣、太傅、開府儀同三司、上柱國，追封齊國公，謚忠穆。維文忠公來自遠域，以廉勤慎密結主知，恂恂然有周仁、石奮之風。諸子皆賢，能至顯達，擬於世勳之家云。予與公之仲子侍讀在翰林國史院同僚，以其將樹碑於公之墓隧，乃爲敘公家世官秩，而繫之以詩。其詩曰：

若昔裕皇，毓德青宫。前星昺明，勳放華重。攀鱗附翼，海會川同。譽旄萃止，濟濟清忠。齊公西英，翩然來東。帝曰予嘉，咨汝往從。比于坊寀，汝職汝供。維公敦敏，夙夜靖共。裕皇徂方，聖子御龍。天實儲才，敷遺成宗。帷幄舊人，金玉宸躬。至大延祐，眷渥彌崇。曾未耋耄，奄逝匆匆。四朝左右，一節始終。生死俱榮，褒贈有隆。錫之九命，國以上公。詵詵良胤，卓犖龐鴻。聿爲時彦，咸代天工。奕葉其光，增賁前庸。銘詩不朽，如勒景鍾。

元榮禄大夫平章政事趙國董忠宣公神道碑

董氏在河北，號勳臣家。其先諱俊，起自畎畝，勇力絶人。金末應募長民兵。既歸國朝，知中山府，以敢戰先士卒授龍虎衛上將軍、左副元帥。後攻金歸德，死城下，追謚忠烈。再世諱文炳，令藁城二十餘年，有惠愛，數立戰功。以參知政事從丞相伯顔平江南，❶功最諸將，進中書左丞，❷贈金紫光禄大夫、平章政

❶「伯顔」，原作「巴延」，據明初刻本、成化本、乾隆本改。以下同。

❷「丞」下，原衍「相」字，據明初刻本删。

事，謚忠獻。

公諱士選，字舜卿，忠烈之孫、忠獻之子也。至元九年，❶忠獻築兩城於正陽，以遏宋兵。十年，宋將來争，霖雨淮漲，舟師薄城。忠獻與戰，矢貫左腋，創甚，不能弓，城幾危。公年甫二十一，代父臨陣，獲宋一將，敵退，城遂完。忠獻發正陽，趨安慶。十一年，與丞相大兵合。十二年，公敗宋師於洪河口、丁家洲。大兵順流而東，抵焦山。宋人聯絡大艦絶江，劍戟蔽天，衆憚莫敢前。公大呼突擊，挫其前鋒。諸將繼進，兩軍皆殊死戰，聲震山嶽，飛矢如雨。戰自寅至午，宋軍力疲，敗走。是夜，聞宋將逃入海，公乘輕舟追之。舟小不勝浪，亡其維楫。衆大恐，公色不少變。俄頃風便，適與大兵會。衆咸喜，公曰：「神天相佑也，爾何知？」海寇張瑄有衆數千，自宋時獷悍，忠獻命公偕招討使王世强招之。公單舸造瑄所，諭以威德。瑄降，得海舶五百艘，却其餽遺。忠獻奉丞相約，分道趨宋都。既至，諸將争走財物府。❷公秋毫無犯，慰安士民，市肆不易。諸將猶出郛抄掠，公言於忠獻，下令禁止，遠近帖然。丞相歸奏功，授公宣武將軍、管軍總管，佩金符。宋臣以二王航海，次福州。閩尚爲宋守，公從忠獻定閩。十四年班師，扈車駕幸黑城，進秩明威將軍，改佩金虎符。十六年，立前衛親軍，進昭勇大將軍，❸充都指揮使。建議設廬舍，開屯田，由是居者

---

❶「元」，原作「正」，據明初刻本、成化本、乾隆本改。
❷「走」，原作「趨」，據明初刻本、成化本、乾隆本改。
❸「昭」，原作「授」，據明初刻本、成化本改。

得安，行者有養。千夫長以下自擇者參半，樞密院以斷事官爲公之副。公以其不由軍功，進表千户姜廷珍代之。師討日本，自願効力。世祖曰：「士選勳臣之子，他有委任。僻遠小夷，無勤其行。」二十三年，僉湖廣行樞密院事。移疾去官，以指揮使讓其弟士秀。二十四年，世祖征乃顔。❶公聞有召命，先期率數騎詣軍。世祖大喜，謂公曰：「使汝父在，朕可不自至此。」軍中多夜驚，丞相伯顔奏用董士選宿衛。公領漢軍夜直，軍令肅然。世祖曰：「朕得安寢矣。」戰捷，還京。

是時權姦桑葛置尚書省，❷以專國政。公雖居閒，常得預機密事。世祖指公示桑葛曰：「此人廉直，汝知之乎？」公持正，不履權門，雖不樂公，亦不能加害。二十八年，世祖將誅桑葛，夜遣近侍召公入，謂公曰：「桑葛讒慝貪婪，朕不私一人以病天下。」命平章不忽木與公商度，❸桑葛及其黨皆抵罪。時相獨庇江淮省平章沙福丁，❹復立行泉府司，俾之典領，以徵舶商之輸。謂國家出財資舶商往海南貿易，寶貨贏億萬數，若沙福丁黜，商舶必多逃匿，恐虧國用。世祖信其言，公曰：「國家竭中原之力以平宋，不得不取償於南

❶「乃顔」，原作「納延」，據明初刻本、成化本、乾隆本改。
❷「桑葛」，原作「僧格」，據明初刻本、成化本、乾隆本改。以下同。
❸「不忽木」，原作「博果密」，據明初刻本、成化本、乾隆本改。以下同。
❹「沙福丁」，原作「賽富迪音」，據明初刻本、成化本、乾隆本改。以下同。

方，然新附之地人心驚疑。初，阿合馬以要束木賊湖廣、❶忽辛賊江淮，民曰：『此聖上未之知爾。』及二賊誅，民曰：『聖上果不知也。』桑葛以沙福丁賊江淮，其毒甚於忽辛，民怨之入骨，又曰：『聖上亦未之知也。』今桑葛之黨皆逐，而沙福丁獨留，恐失民心。民心一失，收之甚難。得財貨之利輕，失民心之害重。何況海商家在中土，其往必復，行省自能裒其所有，何以沙福丁爲？」世祖瞿然曰：「此言是也。」再三嘉獎，賜公白金五千兩，授驃騎衛上將軍、江淮行省左丞。陛辭日，問公「讀曹彬傳乎？」對曰「嘗讀」。世祖曰：「彬止是不殺降一事，汝父之功過於彬，汝效汝父足矣。汝父清苦自勵，平宋不戮一人，至今民感其恩。今命汝往，❷江南之民見汝，猶是汝父。汝其悉心蘇凋瘵之民，以稱朕意。」

先是，楊僧立司於杭，總攝僧教。貪淫驕橫，莫敢誰何。公受密旨，明正其辠，械之於市，士民聚觀稱快。公興利除害，惟恐負臨遣之命。同列多不協，歸覲於朝。世祖與語，自日晏至夜，且曰：「卿以同列非人而勇退，彼自爲惡，汝自爲善，焉能浼汝？」❸改僉江南行樞密院事。浙有澱山湖，聚衆流之水。豪民塞湖營居，水無所瀦，汎溢蘇湖間，爲居民害。有議及者，輒受賂而止。公令有司撤其居，而復爲湖。成宗嗣

---

❶「阿合馬」「要束木」「忽辛」原分别作「阿哈瑪特」「約蘇穆爾」「庫克新」，併據明初刻本、成化本、乾隆本改。以下同。

❷「往」，原脱，據明初刻本補。

❸「汝」，原作「我」，據明初刻本、成化本、乾隆本改。

位，授資善大夫、江西行省左丞。贛屬縣有狂民爲亂，公往平之，得所籍鄉兵姓名十餘萬。公曰：「此蓋脅從良民。」焚其籍。賊巢近地之民，阻山爲砦以自保。公屏衆，單騎登山，遣人諭之曰：「知汝皆良民，懼官軍戮爾身，俘爾孥，是以固守。今省官親在此，汝宜出見。」民皆釋然，執壺酒迎拜，曰：「天遣公來活我。」公曰：「汝可率妻子復業。」諸砦之男女，悉從公下山，約束無得擾害，贛民以寧。有誣告富户數十與賊通謀，公使掾元明善鞫之，❶自伏其誣，杖死，於是無敢汙衊良民者。公離贛，民數萬遮道拜送，曰：「父母生我人於有生之初，今公生我於既死之後。我無以報德，惟天能報公也。」遂立生祠祠公焉。

遷南臺御史中丞，入僉樞密院事。時軍政蠹壞，卒兩之長應畀職，而無賂者遲遲弗畀，淹滯數百餘人。連歲旅食，甚至凍餒乞丐。公視例，當予者即日發遣，俾各還營壘。殷輔貪黷不公，悉遭決罰。汰裨校冗濫之員，❷省征夫重難之役，❸以紓軍力。會御史中丞不忽木卒，朝議難其繼。時相有所舉用，成宗曰：「廉介公正，誰能出董士選之右？惟此人可。」特授資德大夫、御史中丞，領侍儀司事。公言昔阿合馬、桑葛敗，世祖嘗責臺臣緘默，❹今御史舉劾，必令有司覆實。蒙古翰林院、宣政院及僧司所行多壞法亂紀，而御史臺不

❶「明」，原脱，據明初刻本補。
❷「員」下，原衍「者」字，據明初刻本刪。
❸「役」，原脱，據明初刻本、成化本、乾隆本補。
❹「責」，原作「謂」，據明初刻本、成化本、乾隆本改。

得預，是沮遏臺臣不使之言也，非世祖意。宗正處斷大辟，但憑言語口宣，無吏牘可覆視。人命至重，寧無枉濫？合如諸司，詳具獄辭，御史臺審覈無冤，乃可施刑。臂鷹隼、飼駞馬之徒，擾民特甚，宜嚴禁戢。京畿、平灤等處饑，請弛山澤之禁，而禁釀，穀價得不踴。江西富家有親子，而立異姓子爲長子，藉其資以游俠，傾動朝野，致位行省參政。其親子既長，懼不得久專其家。異姓子之弟結寇夜入，殺其親子，而歸獄於無辜之人。賄徧中外，勢援盤結，其屈莫得而伸。或訴於臺，公究治明白，以其狀上聞。異姓子之兄弟俱棄市，復其故姓，而家資悉歸於親子之子，公論韙之。左丞劉琛，以征八百國之利惑時相。公入諫，成宗曰：「朕意已決，卿其勿言。」公曰：「臣居言職，事關利害，豈敢阿狥？小夷不靖，❶當遣使誚詰，設有不服，興兵未晚。今其過惡未著，❷師出無名。暑天瘴癘，山路險遠，征行之苦，轉輸之勞，奚啻動百萬衆？竊慮變生意外，他日臣有不言之罪。」成宗曰：「朕不汝辠也。」又見時相，言「損有用之民，取無用之地」。時相曰：「彼地出金，何謂無用？」公曰：「國以民爲寶，不以金爲寶。糜爛其民而圖得金，豈國之利哉？」時相不悅。師遂西，果大衂，供饟道斃者亦數萬。成宗曰：「吾愧見董士選矣。」召公與省臣議，公曰：「首將非才，貪兵冒進，其敗宜也。惟當赦遠撫近，厚恤死士之家，斬劉琛，以辠其誤國殄民而已。」又言：「近年以來，星芒垂象，霜殺蠶桑，饑饉洊臻，災延太廟。上天之譴告至矣，皆執政非人。澤不下究，宜蠲積弊，與天下更始。」出

❶「小夷」，原作「遐荒」，據明初刻本、成化本、乾隆本改。

❷「過」，原作「遏」，據明初刻本、成化本、乾隆本改。

爲江浙行省右丞，徙河南，不赴。武宗立，除河南江北行省平章，亦不赴。

仁宗初，與弟士珍俱召，除榮禄大夫、陝西行省平章。歲餘謁告，得旨給驛還家。灌園種田，琴書自娱，賓客過從，談笑終日，世事了不關心。卧疾五載，竟弗瘳，至治元年正月二十三日薨，年六十九。二月二十三日，葬於九門先塋之東。贈某功臣、某官，追封趙國公，謚忠宣。夫人張氏，無子，封趙國夫人。諸妾有子者，各以子貴受封。子男十，守恕，懷遠大將軍、前衛親軍都指揮使；守愚，先卒；守愿；守慤，少中大夫、太常禮儀院判官；守思，奉訓大夫、保定路遂州知州；守惠，命爲弟士秀後；某某某某。女二，一適資善大夫、典瑞院使張某，一在室。孫男九，鑑、鏐、欽，其六幼。孫女，一適千户王某，其餘幼。昔忠獻内範莊栗，言笑不苟，一作一息，無非義方。公少而就傅，漸漬詩書，閑練禮法，坦明易直，沉毅雄偉。南征北討，大小數十戰，臨難勇赴，應變奇捷，義死不以爲懾，倖生不以爲榮。既解軍柄，請還虎符，世祖不許，曰：「雖位至宰輔，猶佩之，以旌伐也。」處大事，決大議，色和而語壯，必斷之以經術。惟以國之利病、民之休戚爲心，它有弗便，弗顧也。異己者雖甚忌公，然私竊心服，曰「正人也」。里人爲不善，畏公知之，族人詣公辨曲直，望門輒止。受累朝寵錫，歸必分賚宗黨之貧者。軍中所俘獲，遺命命諸子悉縱爲民。家徒四壁，立意豁如也。比其終，廩無遺粟，庫無遺財。嗚呼！真古所謂大丈夫哉！澄也嘗辱公知，公殁之三年，承乏史館。公之諸子將樹碑墓道，乃遺書公行事大概如右，而詩之於其左。公所居之縣曰稾城，屬真定。其詩曰：

稾城之董，三世殊勳。忠獻有子，忠烈有孫。維忠宣公，弱冠即戎。損軀而前，莫當其鋒。忠臣報君，孝子從父。不殺如彬，底定南土。折衝奮力，洸洸武夫；立朝正色，侃侃文儒。衛率重權，推讓介弟。閑退七年，常預密議。苟利民社，知無不言。驟忤貴倖，百挫不遷。入司宥府，軍政整肅；出釐省務，吏姦戢縮。薦賢爲國，匪市恩私。公不自多，衆或鮮知。視彼有善，若己所能。舊家名胄，汲引同升。士出門下，類成大器。微而卒史，咸至膴仕。秉心如鐵，堅莫可摧；赴義如川，勇莫可回。其廉於身，一介不取；其惠于人，千金亦與。涖官可畏，嚴嚴秋霜；居家可愛，藹藹春陽。資用屢空，志氣靡慊。生甘澹泊，死乏葬斂。猗嗟殄瘁，星隕山頽。千載九門，墓石崔嵬。

故光禄大夫江南諸道行御史臺大夫贈銀青榮禄大夫江浙等處行中書省左丞相上柱國魯國元獻公神道碑

公忙兀氏，名伯都。高祖畏答兒薛禪，事太祖皇帝。敵所憚，戰大捷，腦中流矢，踰月隕命，論功封萬户。太宗皇帝益以泰安州二萬户，封其子忙哥爲郡王，與十功臣並。曾祖鐵木合。祖唆魯火都，從征伐，立殊勳，數瀕於死。父博魯歡，初爲斷事官，世祖皇帝命翦李璮，有功。又治大獄稱旨，進昭勇大將軍、右衛親軍都指揮使，加金吾衛上將軍、中書右丞。取江南時，統軍下淮東諸郡。宋平，益封桂陽，僉書樞密院事。繼授甘肅行省平章政事、江南諸道行御史臺大夫，病免。乃牙叛，率五諸侯討之，益高郵五百户真食。以江浙行省平章政事終於位，贈推忠宣力贊運功臣、太師，謚武穆。而公祖父，贈推忠宣力佐運功臣、太尉，謚忠定。曾祖父贈純誠保德翊戴功臣、太尉，謚武毅。三代並階開府儀同三司，勳上柱國，追封泰安王。母王氏，封泰安王夫人。故母怯烈真氏、札剌真氏、祖母唐兀真氏、❶曾祖母瓮吉剌氏，俱追封王夫人。

公自幼穎出，不以貴戚世家自滿。比長，學不怠。事武穆王克修子職，或勸之仕，以不忍違親遠去辭。王終，事母夫人王氏益謹，人稱純孝。伯仲間欲析異故産，任其自取，悉弗與較。捐己資，以嫁諸妹。上而朝議，下而士論，靡不以公爲善人，無一可疵者。大德五年，御史府上其才行，擢爲中順大夫、江東道廉訪副使。十年，改中議大夫、江南行臺侍御史。明年，江南大饑，遣屬驛聞，請以十道贓金罰鍰賑濟。轉少中大夫，僉書樞密院事。至大二年，進階資善、江南行御史臺大夫。四年，進階榮禄，遷治陝西行臺。武宗賜玉帶一及錢五萬緡，公固辭不允，則受緡錢五之一，又不允，然後受。延祐元年，授光禄大夫、甘肅行省平章政事。時米直踴甚，公通治粮道，其年直頓減，明年又減，計歲糴之費，省緡錢四十萬有奇。兵饟既足，民食亦饒，仁宗嘉其功，賜錢五千緡及海東名鷹、甲冑弓矢。三年冬，關陝有變。公抵岐王府謀議，檄各鎮兵執叛黨，修武備，得民間馬五百匹，以助進討。四年，遷江浙省，治以不擾，民情大悦，仁宗賜珠衣勞獎。召爲太子賓客，輔道靡有缺違。上書陳古先聖帝正心修身之道，仁宗嘉納，賜衣一。復除南臺御史大夫，興聖太后以賓客宜朝夕侍儲宫，止其行。既而公目疾作，辭官退居淮南之高郵。英宗至治元年，又命爲御史大夫，以目疾不拜。詔以平章禄養於家，仍飭内臣馳馹江南，求空青治其疾。二年春來朝，賜金文衣及藥一缶，復南還。三年，賜錢五萬緡及西酒西藥。公辭謝，謂：「曩膺重寄，猶懼弗稱。今已病廢，豈敢濫叨厚禄且受重

❶「兀」，原作「古」，據明初刻本、成化本、乾隆本改。

賜乎？」竟不受賜，并歸所給平章禄。今天子泰定元年，公再來朝，疾愈革。上遣侍醫診視，賜駝乳、良藥，卒不起，薨於京師。贈銀青榮禄大夫、江浙行中書省左丞相、上柱國，追封魯國公，謚元獻。朝議公無生業，母老子幼，賜錢二萬五千緡。臺臣又奏，賜錢三萬五千緡，仍以前所辭平章禄給之。其夫人固辭，曰：「始夫子仕於朝，且不敢虛食廪稍。今歿矣，苟是禄，非夫子意也。」夫人治喪，悉從古制，又築室買田，顧護兆域。踰時太夫人王氏亦喪，夫人毁戚殊劇，人愈歎公德之其刑於家者如此。夫人瓮吉剌氏，右丞太納之女，生男一、女一。公歷仕四朝，顯揚中外，然謙抑不居，以故聲譽不赫赫表暴於世。薨之日，槖無遺金，椸無鮮衣，聞者莫不嗟悼焉。翰林直學士馬祖常狀公行，而朝之人俾前翰林學士吴澄文其墓道之碑。澄固常聞公德美，於是敘列所狀如右，而作銘詩以綴於左。銘曰：

堂堂世卿，欿然弗矜；優優才能，退然弗勝。克孝克誠，先德是繩。友弟恭兄，靡計嗇贏。内行之完，治移于官。不劌不園，吏戢民安。累朝眷遇，匪頒異數。或受或否，具中節度。晚違望苑，歸卧淮甸。臣衷慕戀，一再入見。入見之時，皇心孔怡。天不憖遺，疇不吁譆。帝哀耆舊，送終從厚。而公良耦，陳誼不苟。搢紳聞言，嘉嘆貞堅。謂公忠賢，教始閨門。猗公盛美，嗚呼已矣。彰于百世，史氏所紀。

元故中奉大夫嶺北湖南道肅政廉訪使鄧公神道碑

故中奉大夫、嶺北湖南道肅政廉訪使姓鄧氏，諱文原，字善之。其先蜀人，寓杭甫再世。蚤慧工文，年十有五，已中進士舉。逮南服歸國，市隱弗耀，訓授生徒，以給親養。雖處窮約，事生喪死，必盡歡竭誠，未嘗肯輕出謁。鉅公敬禮，每造其廬，當路多知名。年三十二，浙省檄充杭學正。大德戊戌，部注崇德州教授。越四年辛丑，授應奉翰林文字。越五年乙巳，陞修撰。至大戊申，考滿進階，仍舊職。越三年庚戌，出任江浙儒學提舉。皇慶壬子，入爲國子司業。❶延祐丁巳，遷翰林待制。明年戊午，僉浙西道肅政廉訪司事。又明年己未，改江東道。至治壬戌，召爲集賢直學士。癸亥，進階兼國子祭酒。泰定甲子，直經筵。其冬，移疾去官。明年乙丑，以翰林侍講學士召，又明年丙寅，除湖南憲使，俱不赴。致和戊辰五月二十二日甲申，終於杭，年七十。子衍書來曰：「先君不幸至於大故，既葬矣，而墓石未銘也。先生知先君深者，敢以爲請。」澄適卧病，得書而哭。病小間，乃追憶舊事。初至元間，吴興趙承旨孟頫子昂爲澄歷言其師友姓名，而善之與焉。及善之爲翰林應奉，澄始識之。繼由翰林待制出江浙，時澄官胄監，得餞其行。又其後，以集賢直學士兼祭酒，時澄承乏禁林，次年同預經筵之選。嗚呼！孰謂後予十年而生，遽先棄予而没乎？哀哉！善之丰姿温粹，儀矩端嚴。其教於家塾、鄉庠、國監也，從學者皆有長益。詩文淳雅，瑩潔如玉，字法遒媚，與趙承旨伯仲。趙既逝，欲求善書人，舍是殆無可。應詔持憲兩道，洊伸民冤，至今有遺愛。詞苑代言，❷史館修書，悉合體製，在儒臣中聲實相副者也。有文集、《内制稾》《讀易類編》，具存。官階起將仕佐郎，至承德；奉訓大夫，至中奉。曾大考從黼，妣楊氏。大考昭祖，累贈嘉議大夫、成都路總管、上輕車都

❶「入」，原作「又」，據明初刻本、成化本、乾隆本改。
❷「詞」，原作「祠」，據明初刻本、成化本、乾隆本改。

尉、南陽郡侯；妣雍氏，追封南陽郡夫人。考漳，累贈中奉大夫、四川等處行中書省參知政事、護軍、南陽郡公；妣孫氏、游氏，俱追封南陽郡夫人。其配南陽郡夫人徐氏，前一月卒。子衍，承父澤，儒林郎、江浙等處儒學副提舉。女子子柔嘉、柔宜，❶石洞書院山長史公埜、司徒府掾史戴孟淳，其壻也。孫男萊孫。其葬七月十三日癸酉，其宅湖州路德清縣千秋鄉百寮山之麓，徐夫人祔。系本魏鎮西將軍苗裔，❷去秦入蜀居資，徙居綿之彰明。參政公避蜀兵難，始寓杭云。銘曰：

岷峨鉅儒，前有相如，王楊三蘇。宋遷南裔，若李若魏，卓爾拔萃。緊吾善之，蜀産之遺，際今明時。藝精點染，文焰爍睒，輝映琬琰。帝制皇墳，撰述討論，身没言存。澄清攬轡，伸枉出滯，驅螋殄猘。提誨諄諄，承學彬彬，具稱聞人。中朝望竦，宸極優寵，急退何勇。天祐耆賢，未應奪年，曷爲其然。刻詩墓隧，昭示來世，知者墮淚。

上卿大宗師輔成贊化保運神德真君張公道行碑

周之中世，至人、神人出焉。其心有得於天地之所以廣大、造化之所以長久，而以無爲自然爲道。見而傳之者，關尹氏；聞而傳之者，蒙莊氏也。其説之衍，自周之末。閲秦之亂，至漢之初，遯身而避世之士，往

❶「宜」，原作「官」，據明初刻本改。

❷「魏」，原作「衛」，據明初刻本、成化本、乾隆本改。

往能髣髴其緒餘。故張留侯受教於下邳之老父，曹相國受教於膠西之蓋公。一則以之佐高祖而創業，一則以之佐惠帝而守成。孝文承其遺風，玄默恭儉，俗化篤厚，民底殷富，天下太平，幾於刑措。明效章章如此，是以漢初知老子、關尹、蒙莊之道，而鮮獲知有堯舜、文王、周孔之道也。當時敘學術，以道屬之老子，目其徒爲道家者流，列於儒家者流之上。學術既裂，宗孔氏者謂之儒，宗老氏者謂之道士。儒不得以與道之名，而道士得以專道之名。夫通天地人曰儒，儒而不通天地人，其不得與道之名也固當。❶名以道士，而不稍闖無爲自然之藩，其得專道之名也，寧無其實不稱之慚乎？唐宋間，道士名存實亡，況其教與世而俱降，視無爲自然之道霄壤矣。皇元太祖皇帝開基，時則有全真道士託老子長生久視之説以自神。逮世祖皇帝混同海宇，而神德真君張公入覲，上悦，即兩都皆建崇真宫居之。公鶴身虬鬚，川行山立，晨夕密勿，欲清静簡易，與民休息。所言深契宸猷，於是寵遇日隆，比於親臣。俾公號天師，公辭避。命議公稱號，必極其尊，廷議曰「上卿維宜」，乃號公上卿。夫天子之卿六，而冢宰第一，爲上；諸侯之卿三，而司徒第一，爲上。冢宰者，天下之相也；司徒者，一國之相也。以古天子、諸侯之相稱公，尊之極矣。公之少嘗值相者，謂公位極人臣，神仙宰相，至是而其言果驗。未幾，又號玄教大宗師。成宗朝，加同知集賢院事。武宗朝，加大真人，同知集賢院事，位大學士上。尋加特進。仁宗朝，進開府儀同三司，陞輔成贊化保運勳號，玉刻玄教大宗師印以授。故公掌教幾五十年，天下宫觀，賴公徭役之奏、慈儉之化者，其何可言？及厭世，而英宗皇帝嗟

❶「得與」，原倒，據乾隆本乙正。

悼，遣大臣臨賻，勑有司禮葬於縣之南山。公歷事五朝，聖眷如一。越十年，而今上皇帝特封神德真君。昔公之存也，宫禁邸第，鉅族故家，待公如神明；❶朝廷館閣，大臣達官，禮公如父師。際會之榮，尊貴之極，從古以來未之有也。而公視之若無，未嘗萌絲髮滿假之意，瀟然山間林下之臞仙。非其天質之美，冥合老氏不欲盈之道，何能若是！且有長在己而不自矜，有功在人而不自伐，丁時之盛而不處其盛。都本教蔑加之名，躋官階極品之位，而逡巡殿後，斯所謂去甚去泰不敢先者乎？累聖錫公，皆范金爲冠，集寶爲飾，衣裳縷金織文，佩綬劍履貫珠絡玉，其直不貲。而公平居常服，取其澣濯。上尊之酎、大官之膳日有餽，而公飲食菲薄，不逾中人。觀乎此，則知公以服文彩、厭飲食者爲非道矣。予固怪公卑抑之過，而公終身弗改其素。接人不問貴賤少長，俱致優重，略無慢忽。噫！不可及也已。《老子》言「王公以孤寡不穀爲稱，道之好下賤也」。《南華》言「博大真人以濡弱謙下爲表，道之惡驕夸也」。公其亦然歟？公之弟子薛玄羲，以予之善公喜公也，蘄予述公道行。予故摭公之行，凡侔於老子之道者，書。而道外之物烜赫一時、炫耀流俗、人所共歎羡者，不書也。公諱留孫，字師漢，信之貴溪縣人也。其徒入室升堂予所及知者，嗣大宗師曰吴全節，行嗣師事曰夏文泳，有職掌者余以誠、何恩榮、孫益謙、李奕芳、毛穎達、舒致祥，主御前宫觀者薛廷鳳、丁應松、張德隆、薛玄羲，餘百十人載蜀郡虞集所撰公墓志。集曰：「公門人多聰明特達，有識量材器，可以用世。而退然謹守其教，師友間雍雍恂恂，如古君子家法。」則公之道，其可以淺近議哉！澄於公之道行既

❶「公」，原作「令」，據明初刻本、乾隆本改。

書之如前，復詩之於後。詩曰：

聃也猶龍，玄天爲宗。本賤基下，忌高畏崇。欿焉不盈，維道之盅。軮世還淳，遡彼皇風。漢初救獘，爰躡遺蹤。休息瘡痍，民和年豐。皇元混一，俊乂雲從。有方外臣，自外留中。治務清静，謀協淵衷。出入禁闥，天寵日隆。聖子神孫，眷渥齊同。惴慄尊榮，感幸遭逢。純誠報上，隨事獻忠。五朝一心，善始善終。緊神德君，卑讓謙恭。不居其盛，❶不有其功。敦兮若樸，符德之容。懿兹行實，與道混融。愧修孔道，疇克如公。述公道行，以朂我躬。

❶「盛」，原作「誠」，據明初刻本改；乾隆本作「成」。

吴文正集卷六十五

元 吴澄 撰

墓　碑

有元同知東川路總管府事孫侯墓碑

至大四年十月朔，同知東川路總管府事孫侯，以疾終於家。其明年十二月將葬，前漵浦縣尹蕭君以書來，爲其孤福齡請徵文，以表墓隧之碑。孫，蕭親也；蕭，予舊也。其請不可違。孫，鉅族也；侯，美士也。其美有足揚者，遂不復辭。謹按：孫氏有三，其一姬姓，衛公子惠孫之後；其一芈姓，❶楚令尹叔敖之後；其一嬀姓，齊陳無宇曰孫栢子，其曾孫武，奔吴爲闔閭將，著《兵法》十三篇。唐末有爲將者率師駐虔化，❷留而弗去。虔虔化，今贛寧都也，孫氏爲贛寧都人自此始。在宋有介夫者，與蘇文忠公遊。侯之曾大

❶「芈」，各本作「芊」，字形誤，逕改。

❷「爲」，原作「百」，據成化本、乾隆本改。「者」，原脱，據明初刻本、成化本、乾隆本補。

父汝成，大父延休，父德成，世世韞德，至侯彌昌。侯諱登龍，字壽甫。家饒於貲，身饒於文。早年以進士貢，平生嗜利如羽，嗜義如渴。凡凶荒死喪，患難危急，不問戚疏邇遠，❶周之拯之惟恐或後。橋梁道路苟病於跋履，必爲完治，雖費不計。聖朝兵及江南，山藪遐僻，乘時嘯聚。侯扞衛井里，獲全生聚者不啻數十百家。行省擢充南安路儒學正，考滿，敕授慶遠南丹溪洞等處軍民安撫司儒學教授，一以周孔之教變殊俗。休暇之日，引古援今，懇懇以告司政之官，多所匡救裨益。大德九年，轉授同知歸仁州事。越七年，而有東川之命，由將仕佐郎陞登仕郎。不及拜命而卒，年七十一。初娶張氏，生男二，清臣、獻臣，丁丑歲俱殲於兵。再娶揭氏，以其子延臣歸，侯子之若子，名在吏部八品選中。父有庶子九齡，侯亦子之若子，父命也。三娶曾氏，生男五，福齡，敕授瑞州路上高縣長官；禄齡、壽齡、高齡。女六，適趙，適楊，適唐，適胡，適朱，其季許適蕭。庶子順孫，命爲延臣之子。孫男曾孫，孫女一。嗚呼！侯富康而壽考，子孫才賢而蕃衍，浸浸顯榮，非好德之福、積善之慶乎？「心潛於義理，文雄於場屋」，誌侯之墓者云耳。「文章不及鳴於館閣，政事不及福於當道」，狀侯之行者云耳。予夙聞侯譽，又稽狀與誌，而序其概如此。繫之以銘，銘曰：

恂恂文儒，行服鄉間。善累惠周，天人交孚。晚毓英胄，緊德之符。小試儒官，施未寸銖。進貳郡牧，何不須臾。時用之嗇，後慶之腴。穹碑厚趺，百世弗渝。若稽前美，允休允都。

❶「間」，明初刻本、成化本、乾隆本作「間」。

元贈亞中大夫輕車都尉懷孟路總管武功郡侯蘇府君墓碑

府君諱偉，字大用，其先自忻代徙順德。大父元，仕金，官號猛安謀克。大母栗氏。父清，金拱衛指揮使，皇朝贈中順大夫、上騎都尉、同知延慶使司事，追封武功郡伯。母李氏，追封武功郡君。中順二子，長傑，仕於廣平路；府君，其次也。孝友寬慈，篤厚信實，涉獵子史，尤喜藏室漆園之書，收貯時賢詩文爲家珍，采拾善人言行爲身範。不求榮進，勤力治生，家用饒裕。量一歲所入所出幾何，贏餘悉以賑貧，歲有常數，凶歲則倍，官所勸率不與焉。内而族親，外而鄉閭，饑者食之，寒者衣之，病者藥之，死者棺之，孤寡無依者居之養之，婚媾失時者室之家之，惠加於人不自以爲德。或忘恩負義，横逆來侵，待之如常，略不芥蒂。❶追孝其先，事亡如存，晨夕必面，朔望必薦，雖隆寒盛暑、疾風暴雨不廢。每勵子孫，❷謂：「吾自幼知讀書爲美事，理家勞疾，無暇時可學，抱憾終身。汝等庇蔭之下，飽暖逸居，不學，將何爲哉？」子孫承命，競勗學業。名卿巨儒踵門，隆禮尊崇，諮訪爲善之方，竟日不倦。諸子出外，備防禦之器，則喻之曰：「寇盜豈欲戕害人，❸利其財耳。設有不虞，舍財全軀，彼如我何？且爲善有福，爲惡有禍，汝輩但勉爲善，終不蹈危

❶「芥」，原作「介」，據明初刻本、成化本、乾隆本改。
❷「每」，原作「勉」，據明初刻本、成化本、乾隆本改。
❸「戕」，原作「成」，據成化本、乾隆本改。

厄。」凡訓戒之言，中倫慮，達義命，往往類此。至元甲午二月八日卒，❶年六十八。以子貴，贈亞中大夫、輕車都尉、懷孟路總管，追封武功郡侯。夫人劉氏，淑慎寡言，内嚴外恕，諸婦敬畏。子孫遵守家法，三世同居。大德壬寅四月十四日卒，年六十九，追封武功郡夫人。子四：思温、思讓、思敬、思義。克紹前志，輕財好惠。自大德乙巳至延祐己未，十五年間，以米賑施及減價平糶不啻數千斛，楮幣五萬緡。置局市藥，所得子錢修藥劑以濟貧病之人，不取其值。有戚屬不能自贍，出貲俾飯鬻逐利，因是豐足者數十家。思敬繇廣福提舉陞廣福監大監。孫十二：楨、椿、楫、潹、植、朴、❷材、杞、桂；其十蘇同字仲元，名木旁區，準史遷稱趙談爲趙同例也；其十一曰栗，其十二曰桐。楫、潹、仲元，俱仕中朝。朴嗜文學，别立在長蘆鎮。曾孫志學、志道、鶴童。志學仕爲長史。大監兄弟將刻石府君之墓，仲元求予文文之。予謂府君積善樂施，獲報於天，身存而富，身殁而貴，流慶衍迆未艾也。福善之理，豈不昭昭也哉！乃序其事，而系以銘詩，詩曰：

順德之蘇，徙自忻代。爰逮亞中，浸浸豐大。惻彼空窶，猶己寒饑。衣食所赢，棄捐如遺。施不責報，實謂陰德。❸天酢其獻，如稼必穡。錫命寵光，賁于九泉。世胄繩繩，霄翮聯翩。富貴在天，維以福善。勒名表阡，彌久彌顯。

❶「元」，原作「大」，據明初刻本、成化本、乾隆本改。

❷「潹」，原作「森」；「朴」，原作「樸」，併據明初刻本、成化本、乾隆本改。下文「朴」字改正同。

❸「實」，明初刻本、成化本、乾隆本作「時」。

元中子碑

元中子黎氏諱立武，字以常，臨江新喻人。年二十入太學，二十六擢進士第三人。大父母、父母俱存，一時榮之。授承事郎，簽書鎮南軍節度判官。明年奉四親之官，又明年秋貢校文撫州，又明年除太學録，又明年通判袁州，就任轉宣教郎。明年冬除宗正寺簿，明年夏兼莊文府教授，召試館職，除秘省校書。冬轉奉議郎，以祖母憂去國。明年春除佐著作，夏轉承議郎，秋除著作，赴國難趨朝。明年春，除軍器少監、國子司業。且將大用，而國事去矣。間道來歸，備歷艱險。自是閒居三紀，逮事二親猶二十年。北來達官聞譽望，覩風采，禮之如天人。諏訪相屬，或延致，或就見焉。意度安舒，威儀整暇，不待交談，人已起敬。清言亹亹，每至夜分，雞鳴復興，了無倦色。少年高科，常懷謙抑，篤志嗜學，一如未仕。處太學時，有同舍先達，狷介人也。❶數舉前修格言相警發，持己接物，資益維多。佐洪府時歲饑，有同僚言殺一牛活萬蟻，欲籍富户賑貧民。駁之曰：「萬蟻固何憐，❷一牛何罪而死？」衆稱善。噫，有德之言哉！官秘省時，閲官書，愛二郭氏《中庸》。郭游程門，新喻謝尚書仕夷陵嘗傳其學，將由謝泝郭以嗣其傳，❸故於《大學》《中庸》等書，間與

❶「狷」，原作「捐」，據成化本、乾隆本改。
❷「何」，各本同，疑爲「可」之誤。
❸「泝」，原作「沂」，據明初刻本、成化本改。

世所宗尚者異義。生平著述積稿如山，演繹舊聞，敷暢新得，有圖有贊，有講義諸篇，悉鋟諸木，當路好事者往往取去。年六十八，微疾端坐而逝。越六年，❶歲在單閼，日次星紀，月離天街，啓殯葬于堪莊之原。祖考瑛，迪功郎。考士雲，宣義郎。祖妣黄氏，妣蕭氏。娶黄氏、敖氏，俱封孺人。子男三：本彊、本正、本成。女四，壻胡、簡、徐、敖。孫男五：元衍、公衍、宗衍、師衍、祖衍。女六。伯兄立言，國學進士，好讀《易》，纂諸儒所傳成一書，澄撫州校文時所貢士也。後三十八年，始拜座主於清江之客舍。一覿容貌，心醉神融，喟然曰：「世有斯人歟？世有斯人歟？廊廟器也，福德身也。」蓋雍容和粹，氣象彷彿河南程伯子云。昔關西張子卒，私謚明誠。中子質之程伯子、司馬公，弗可，遂止。黎之孤暨門人援王文中爲比，以「元中」易名。伯兄詳其事，爲狀傳於世；諸孤約其文，爲誌納於壙矣。噫！孟有貞曜，陸有文通，河汶而後已。然澄亦門人也，而弗得與斯議也。乃稽狀與誌，撮其凡以碑爲墓隧。❷銘曰：

維德之奇，玉色山立。師詹鳳儀，疇泫麟泣。斯焉斯逢，斯逢斯豐。猗與元中，有百世公。

耿縣丞封贈碑

高唐，齊邑也，幼讀《孟子》時知之。今升爲州，至元間嘗過其地。在京城識學士閻公，高唐人也。越三

❶「年」，原作「十」，據乾隆本改。
❷「撮」，原作「寂」，據乾隆本改。

十一年，在金谿識縣丞耿君，亦高唐人也。君名居簡，從事廣東宣慰司都元帥府。考滿，受勑命，初任將仕佐郎、臨江路知事，再任從事郎，丞金谿。欽遇聖朝待臣之厚，官七品得封贈父母妻。❶恩綸將下，欲樹碑二親墓隧，徵文於予。竊觀耿君，自爲吏入官，靡所玷缺。仕每稱職，臣之忠也；拳拳焉以追贈其親爲榮，子之孝也。孝者仁也，仁者必惠；忠者義也，義者必廉。夫苟忠於國，孝於家，廉於己，惠於民，則爲人之大端具矣。予安得不嘉其已往而勸其方來也哉？君之父諱潤，贈某官。母李氏，贈某稱。妻劉氏，封曰某。別書於左。

故右衛親軍千户武略岳將軍墓碑

宣授武略將軍、右衛親軍千户諱元鎮，姓岳氏，古修人。涉獵書史，氣渾厚，志雄邁，處家御衆有法。父雯，自國初仡仡效勞，任景、獻、陵三州判官，至北京録事而終。將軍應募從戎，戎帥以其父克勤王事，俾長百夫。從攻江陵，拔砦，矢中股；從攻樊城，先登，矢中頰。從攻漢陽西墉，從攻鄂州東南隅，俱有功。又於岳州湖口獲數十艘，❷俘百餘人以獻。中統以後，從征李璮於濟南，❸又有功。至元五年，充右衛總把。天

❶「父」，原作「及」，據成化本、乾隆本改。
❷「艘」，原作「人」，據明初刻本、成化本、乾隆本改。
❸「璮」，原作「壇」，據明初刻本、成化本、乾隆本改。

朝方有事於南方，從攻安慶，從攻淮安五河口。十二年，授忠翊校尉。十三年，又戰於淮安而勝，帥府以功上，陞忠顯。江南平，軍使知其閑習軍務，❶令督軍器局。十五年，佩銀符，陞忠武。樞府調往上都，率卒供土木役。役罷，進長千夫。二十四年，佩金符，授武略將軍。宿衛十餘年，年六十八致仕。娶李氏。男四，長蚤逝，次信，次貞，庶子順。女二，長適萬户之子高某，次適右衛千户鄭銓。信以敦武校尉、百户戍嶺北，後讓職於弟貞。貞在嶺北屯田，軍食饒裕。還守信安西永清壁，迄今二十餘年。介國子學生姚紱來言曰：❷「貞賴先人緒業從事兵間，念吾祖吾父盡瘁報國，備著勞績。恐久遂沈泯，願勒文於石，庶其不朽。敢以爲請。」予謂：「皇元自開國至於宋亡，用兵百有餘年，以殺獲攻戰立功者多矣。而父被堅執鋭，❸蹈死弗顧，名歸於主帥。而能追念而父，蘄其名之存，孝子也。」乃爲敘其事跡如右。將軍之兄弟凡九，安鎮喜文學，朝列大夫、江淮榷茶提舉；崇鎮，河間路檄充景州奥魯鎮撫。餘不仕。銘曰：

天朝用兵，虎視龍驤。掛名尺籍，半化侯王。將軍忠勇，未大顯揚。勒銘眎後，永世用章。

❶「閑」，原作「嫻」，據明初刻本、成化本、乾隆本改。
❷「紱」，原作「紋」，據明初刻本改。
❸「被」，乾隆本作「披」。

元贈少中大夫輕車都尉彭城郡劉侯封彭城郡張氏太夫人墓碑

至大二年夏，天子推恩於其臣，尚書省右司郎中劉安仁封贈二代。祖考贈中順大夫、上騎都尉、彭城郡伯，祖妣贈彭城郡太君。考贈少中大夫、輕車都尉、彭城郡侯，母封彭城郡太夫人。越十有三年，太夫人卒。其明年，郎中自江西奉母喪歸葬，與臨川吴澄邂逅於建康。衰絰涕泣而言曰：「安仁之祖若父，積善種德，生不享其豐隆，荷國厚恩，賜爵於身後，未能立石墓隧，[❶]以光昭天寵。今吾母歸祔吾父之兆，蘄一言垂不朽。」且曰：「吾父諱誠，東昌堂邑人。古貌美髯，儀觀甚偉，淳謹和易，長厚忠信。嘗訓安仁曰：『吾寧忍貧，不使汝殖生肥家。使汝就學者，欲汝親師敬友，培植漸漬，知立身大節，嗜義若芻豢，避利若蛇蝎，以無忝其先世。今人率因毫芒之得，[❷]致負丘山之累，亦由父母不訓以義而責以利故然。以貨財殺子孫，吾不爲也。』安仁年二十四，爲行省掾，始得禄。繼任衡州路總管府知事、南康路建昌縣丞，將母就養。至元之季征交趾，馬價頓增。安仁官滿留家，餘一馬，買者償價五倍於初值。吾父曰：『兵將買馬，爲國出力，止依初直售之。』鄉閭歎服其義。因訓安仁曰：『家之饒乏由乎天，多取馬價，奚爲哉？汝祖父有言，「士不能忍窮，一事不能立」。汝今食禄矣，但守公、廉、勤三字，何所不利？凡事宜加堅忍，堅忍則處大患難不懾，處大富

❶「墓」，原作「其」，據明初刻本、成化本、乾隆本改。

❷「因」，原作「曰」，據明初刻本、成化本、乾隆本改。

貴不矜，始可謂大丈夫。苟得於一時，遺臭於久遠，汝其戒之。』又五年，安仁任饒州路餘干州判官。大德二年六月二十一日，吾父終於家，年六十有三。七月訃至，安仁奔赴成服，葬於侯堌鎮南原之祖塋。

「吾母張氏，同邑里。貞静懿淑，表裏一實。孝養祖父母，事吾父敬順不違。待賓客竭家之所有，缺則借貸以給。安仁六歲讀書，母晝促其學，夜課其誦。予未成誦，母已先記曰：『汝襁抱中不聞啼聲，人謂異於常兒，長必可教。家雖貧，不廢汝學，期汝燭理循義，雖凍餒無憾。若夫榮達，則有命。』安仁年十九，從師江淮，母寄書以訓，謂宜明綱常之道。除潭州路治中時，寓居建康。吾母七十有七矣，慮大江、洞庭泝流四千餘里，風濤險惡，欲辭職侍親。吾母訓曰：『汝起白屋，際明時，三歷州縣官。入朝掾中書，擢工部主事，由御史臺監察御史陞都事，由尚書省右司員外郎陞郎中。先世受贈，我亦受封，其何以報國，徒以我年老而欲辭官耶？奉職養親，忠孝兩得，神所祐也，舟行何懼焉！』皇慶二年正月二十四日發建康，行近蕪湖，西北雲集風起，并力牽拽。先客舟而行鹺賈巨航在前弗讓，母曰：『勿争先也。』彼航牽纜忽斷，航流而下，我舟遂得先進，夜鼓一更始泊。未幾，雷電風雨霰雹交作，厥明問之，後舟多有損者。又行，日亭中，舟人曰：『過此無可泊之所。』母曰：『雖早，可止。』舟甫定，大風浪。及暮，大霹靂雪雹與雨雜下，三晝夜乃已。他舟亦損，此獨無虞，若得神祐云。既至長沙，吾母訓曰：『劉門素以積善聞。汝歷官十餘任，舉家食君之禄，又獲封贈之榮，合思報稱。汝父常云：「惟廉勤可逭吏責，惟公平可服人心。」汝宜堅守不移。』在官六年無代，值歲荒民饑，吾母訓曰：『民爲邦本，本固邦寧。民不得食，猶己饑之。邦本不保，汝心安乎？』於是移文上司，未奉明降，先開官倉，減價賑糶參萬斛。又勸有穀之家貸拾萬餘斛，施一萬餘斛。吾母喜曰：『汝職分所當爲也。』由是饑民得濟，野無餓莩。就任改除江西行省左右司郎中，奉母沿洞庭出大江，順流而下，入彭蠡，泝流而上，以達於洪。居洪三年，而天降割。至治元年十月十一日，吾母終於官舍，年八十有五。安仁才劣學淺，叨禄四十年，幸免缺敗，皆父母遺訓所及。無以答罔極之德，惟立言君子賜之撰述，俾遺美不隊，不肖孤之願也，敢以請。」澄大德間始識郎中於京師，交誼二十年如一日。竊嘗謂郎中行己守官，庶幾古名臣之風。今聞其家訓如此，則熏沐成就，固有所自。乃爲秩序其言如右，而詩之以麗於左。郡侯之考郡伯諱義，妣太君王氏。子二，長，郎中也；次某。力農治家。孫男五，長祚先殁，次禧，次禎，次祐，次禴。孫女三，長適郭，次適杜，次幼。詩曰：

累胤陶唐，支遠流長。漢訖宋金，簪紱相望。我侯之劉，蘖自東昌。爲庶于今，弗耀弗彰。閟極斯發，❶楙毓省郎。鬱鬱檟梧，顒顒圭璋。帝降恩言，予臣孔臧。爾祖爾父，被予休光。有官有勳，錫爵祚疆。❷哀死榮生，用勸忠良。于維郡侯，舊封若堂。維郡夫人，新祔兹藏。嚴嚴遺訓，孤也敢忘？子子孫孫，春露秋霜。穹碑嵳峩，❸天寵焜煌。❹永世垂輝，徵此詩章。

❶「極」，原作「禄」，據明初刻本、成化本、乾隆本改。
❷「祚」，原作「昨」，據成化本、乾隆本改。
❸「峩」，成化本、乾隆本作「峩」。
❹「焜」，原作「煇」，據明初刻本、成化本、乾隆本改。

吴文正集卷六十六

元吴澄撰

墓　碑

趙郡賈氏先塋碑

揚州路總管賈庭瑞，蒙恩封贈其祖父母、父母，將勒石先塋，以揚天子之寵光。謂國史院官吴澄曰：「庭瑞家趙州柏鄉縣。祖父諱受，不仕。祖母魯氏、李氏。父諱諒，以學業爲鄉里師，不幸蚤世。母滑氏，自誓靡他，父母不能奪其志。長育不肖孤，教之以父書。比長，出而從事，誤爲故丞相順德王答剌罕所知，始終服屬，未嘗離去。❶丞相行湖廣省事時任檢校，又任都事；丞相行江浙省事時任都事，如在湖廣。逮丞相入朝總百揆，庭瑞主事刑部，遷吏部，繼除樞密院都事、户部員外郎。大德季年，贊丞相定國大計。丞相既終，除兵部郎中。尚書省立，除同僉宣徽院，改除度支少監。以忤近侍，棄官養親。尚書省廢，而庭瑞居母

---

❶「去」，原作「出」，據明初刻本、成化本、乾隆本改。

喪。服闋，除揚州路總管，又以不能嫵媚去職。逮遇聖時，錫命及二代，祖父贈亞中大夫、順德路總管、輕車都尉，追封武威郡侯。祖母並追封武威郡夫人。父贈嘉議大夫、禮部尚書、上輕車都尉，追封武威郡侯。母前時嘗以貞節旌表，今追封武威郡夫人。竊惟國家之厚於臣子，蓋以勵忠孝，顧庭瑞何以報稱？然君賜之榮，世世子孫弗敢忘。吾子畀一言文諸碑，以恔先靈，❶以觀來裔，庭瑞之願也。」澄夙聞賈侯剛直不撓，涖官能爲人之所不能爲，既廉且勇，允矣良吏，非其先世所積而然與？則諾而述所聞以詩之曰：

洵直賈侯，如百鍊金。遇事諤諤，愧彼瘖瘖。昔忠愍王，天下名相。維侯是好，好莫或尚。鹺司挾怨，寘人于辟。侯往平反，冤者獲釋。官給民鹽，❷數重難酬。侯爲減殺，民瘼以瘳。鄂營梵宮，畚土躋山。逆耳苦諫，念民孔艱。布十五萬，一邑困瘁。懇請上聞，三免其二。佐杭保釐，政治靡墮。使闔通變，邦用靡虧。脩隄展期，農不失時。督征發隱，貴不得私。運值危疑，孰匡社稷。國倚元臣，侯贊密畫。鍾亡絃在，郢没斤存。牙音奚聆，石能曷伸。彊暴侵陵，惡必懲忞。徑達帝聰，❸豈攝權勢。浮冗蠹耗，❹職務節縮。頻竭愚忠，遑計身辱。作牧淮海，興利除害。公論去思，棠有遺愛。❺侯謂余今，先慶所積。

❶「恔」，原作「慰」，據明初刻本、成化本、乾隆本改。
❷「鹽」，原作「監」，據明初刻本、成化本、乾隆本改。
❸「達」，原作「堯」，據明初刻本、成化本、乾隆本改。
❹「冗」，原作「亢」，據成化本、乾隆本改。
❺「棠」，原作「裳」，據成化本、乾隆本改。

爲子爲孫，欲報罔極。煌煌寵錫，光徹九泉。爰斲堅珉，❶刻詩墓前。皇澤如天，身拜稽首。永世弗諼，式燾爾後。

大元故朝列大夫僉燕南河北道肅政廉訪司事趙侯墓碑

侯諱思恭，字仲敬，相安陽人也。淹貫儒術，精通法律。試郡從事，以才行見知張左丞、何平章、侯宣慰、劉中丞諸先達，名聲日起。❷擢掌刑部、農司、宣徽院吏牘，勑授從事郎，轉承事、承務，充照磨、主事、經歷，三任俱不離宣徽。又轉承務郎，出爲燕南河北道提刑按察司判官，陞奉直大夫，入爲監察御史，制授奉政大夫、大司農司經歷。改僉河北河南道肅政廉訪司事，進朝列大夫，徙治燕南。元貞丙申十一月十五日，以疾卒于大名公館，年五十五。歸葬吴村原先塋之左，郡守張孔孫爲之志墓。泰定乙丑，余自京師還，過金陵。而侯之子天綱爲江南諸道行御史臺掾，持侯墓志，又自述逸事狀一通，詣余請曰：「先人以清白自將，有猷有爲，體魄歸于土三十年矣，而墓碑未樹。深懼平生德美久遂泯没，❸子職之缺莫大焉。先生閔人子懇切之情，而畀之文以光其幽，生死俱有榮也。」余察其情，誠孝於親者。乃按昔所志，證今所狀，而章其所

❶「堅」，原作「聖」，據明初刻本、成化本、乾隆本改。
❷「起」，原作「超」，據明初刻本、成化本、乾隆本改。
❸「懼」，原作「罹」，據明初刻本、成化本、乾隆本改。

可稱。侯之曾大父温，大父德，俱潛晦。父仁，孝友勤儉，明律學，金朝選調鈞州司獄。侯敦志節，勵廉隅，脱去邊幅，樂於從善。不長尺寸生業，室廬僅庇風雨。家無婢妾，自奉菲薄，屢空晏如也。其爲御史也，權相方抑臺憲，有奇衺裒斂民財迎佛，侯糾以法。彼交通權門求援，召侯至政府，奮怒詰責，將坐以沮壞善事之辟。侯從容枚舉侵擾之實以白，氣平理直。權相孰視沈思，竟弗能罪也。山後興州諸路饑，移文請賑救。省臺就命侯往，隨便宜設方略，活數萬人。其爲經歷也，從司農長官造闕庭，陳務農重本、關民休戚數十事，以答清問。其憲河南也，條列孝弟忠信、禮義廉恥之訓，以諭愚頑之民，俾之趨善而不麗于罰，民翕然從令。及治燕南亦如之，先德後刑，凡事務存大體，平反冤滯，審辯無辜，輕重囚、生死獄不可勝計。雖中心長厚，然自能懾伏百司，鎮安所部。歲終考績，嘗爲諸道之最。讀書尤喜義理之學，陸宣公《奏議》、真文忠公《大學衍義》、許文貞公文集，玩繹未嘗去手。聞人有善有能，不吝薦舉，而人鮮知。蓋出自公心，非以市私恩也。內子焦氏，澤州進士茂才之女。貞静淑慈，自鑑書史，待幼御下，具成家範。年八十三乃終，至治辛酉歲也。子男三，侃年十九而殤；天綱由國子生貢充儒吏，由户部遷行省掾，由淛省遷行臺掾；天經以兄之讓受父蔭，主獲嘉縣簿，再任冀寧録事，没官所。女二，適屯留縣主簿王蔚，適淛西廉訪僉事傅汝礪。孫男三，植早逝，次構，次楷。孫女一，❶適譙郡呇。一門子孫振振，已仕者能官，未仕者知學，侯之餘慶也。余既敘侯之美如右，而又繫之以銘詩。詩曰：

❶「孫」，原脱，據成化本、乾隆本補。

若稽臯司，衆刻寡慈。綽綽儒流，允也吏師。耽研理趣，謹飭名檢。緊許文貞，是式是範。由中暨外，宦三十年。一寒如初，環堵蕭然。食蘗飲冰，匪甘維潔。儀鳳鳴鸞，維祥匪孽。賑饑讞獄，百萬生存。陰德比于，昌爾後昆。吴村之原，刻文在石。永世勿墮，仁者所宅。

有元懷遠大將軍處州萬户府副萬户邢侯墓碑❶

宣武將軍邢答剌忽台，以處州副萬户鎮撫州。世武弁而好文儒，教子治進士業。前貢士于應雷爲述其考懷遠大將軍之歷官行事，而以請於余曰：「先君雄毅忠壯，威名綽著。自爲偏裨，已稱勇敢。摧鋒陷陣，勢如破竹；撫納降附，頑獷革心。❷宦轍驅馳，東盡海島，南極閩嶠。卒伍憚之如嚴師，氓隸戴之如慈父。棄予時逾二十載，❸而宰上之石未建。❹儻蒙賜之銘詩，以賁泉壤，豈惟生者得逭子責哉，死者亦增幽光矣。」屬余赴史院之徵，未能有以塞其請。貽書至再三，其請彌篤。余歎曰：「人子之孝於其親，固有若此者夫！」謹按其狀：侯諱聚，般陽路萊州人。父德，由蘭陵簿長千夫，以懷遠大將軍治屯田，在淮安戰死。侯

❶「邢」，原作「刑」，據明初刻本、成化本、乾隆本改。文中改正同此。
❷「獷」，原作「擴」，據明初刻本、成化本、乾隆本改。
❸「予」，原作「于」，據成化本、乾隆本改。
❹「宰」，成化本、乾隆本作「冢」。

之官，初檄充百户、巡檢、總把、千户、總管等職。至元十四年，勑授忠顯校尉，佩銀符。未幾，制授武略將軍、管軍千户。十五年，轉武德，又轉宣武，陞總管，佩金符。十八年，轉明威，陞副萬户。二十四年，制授處州副萬户。二十七年，進階懷遠大將軍。侯之勳，攻東海、漣海有功。❶從禿魯罕元帥取東海、漣海，從丞相南征，略通、泰，破常州，定沿海温、福、興化、泉州未附之地。往福之永福縣招諭潰軍，隨日本行中書省官至耽羅山，抵倭國界。領軍船守平户島，收輯福建八郡所轄諸山洞寨，手號軍萬三千七百人。詣海洋松門等處隄備，平台寇，以寡克衆，又獲仙居縣寇千餘。先鎮岑江，❷繼鎮澉浦，還鎮鉛山。二十八年八月疾，二十七日卒，年六十三。明年歸葬萊州掖縣方北村。元配劉。三男，長福，宣武將軍、管軍千户，卒，無嗣。繼室張。二男，長答剌忽台，處州副萬户，今鎮撫州者也。妾之有男者三。嗚呼！中統、至元間，龍驤虎視，群策群力；❸雲起風生，各効其用。而侯之樹立若是。三世將家，子孫方昌，因所報，推所施，侯之爲將，其崇陰德而抑陰謀者乎？固宜銘。銘曰：

勇冠千軍，爲國虎臣。表終質直，壹是情真。功存百戰，位陟三品。❹殁三十年，生氣凜凜。有子襲

---

❶「漣」，原作「連」，據明初刻本改。
❷「岑」，原作「岺」，據明初刻本、成化本、乾隆本改。
❸下「群」字，原作「其」，據明初刻本、成化本、乾隆本改。
❹「位」，原作「亡」，據明初刻本、成化本、乾隆本改。

爵，有孫劭學。三世將門，繩繩後昆。掖郊舊墓，秋霜春露。聿昭斯銘，邢氏之興。

元故濬州達魯花赤贈中議大夫河中府知府上騎都尉追封魏郡伯墓碑丁卯

故濬州達魯花赤速哥察兒，❶西夏人也。歷事三朝，以子貴，初贈奉議大夫、汴梁路治中、驍騎尉，追封南樂縣子。配康里氏，追封南樂縣君。維郡伯中議大夫、❷河中府知府、上騎都尉，進封魏郡伯，南樂縣君進封魏郡君。維郡伯世爲河西著族，父哈石霸都兒，善騎射，饒智略，臨陣摧鋒，所向無敵。太祖皇帝嘉其鷙勇，錫名霸都兒。母篾里吉氏，以癸巳生郡伯，體貌魁偉，器識英邁。少親行伍，長益精練，❸器甲堅整，馳驟勁鋭，應變赴急，奮不顧身。定宗皇帝選直宿衛，謹飭敏給，甚稱使令。從憲宗皇帝征伐，不避艱險，不憚勞苦，凡所俘獲，悉不私有。丙辰歲，以功受濬州達魯花赤。時軍旅繹騷，徵役繁重，中州凋弊，土曠民稀，而能惠愛撫綏，❹如古循吏。於是流逋四集，田野日闢，❺竟内稱治。中統壬戌，山東作亂。奉詔扞禦南兵，斬將二人，奪馬二匹。捷聞，賞銀百兩，回賜所獻二馬。在官日久，與濬民相安。世漸平定，無意仕進，

❶「速」，原作「遠」，據明初刻本改；成化本、乾隆本作「述」。
❷「伯」，原脱，據成化本、乾隆本補。
❸「精」，原脱，據成化本、乾隆本補。
❹「綏」，原作「緩」，據成化本、乾隆本改。
❺「野」下，原衍「而」字，據成化本、乾隆本删。

買田築室藜陽山下，治生教子。二十二年乃終，終之日，至元甲申之歲正月壬戌也。壽五十二，葬藜陽山。康里郡君儉勤理家，至老不倦。子哈剌哈孫讀儒書，通文法。大德庚子，授承事郎、江西等處行中書省左右司都事。郡君受禄養，❶壬寅正月甲辰終于官所，壽六十九，歸柩合葬。郡伯卒後三十五年，當延祐戊午，子改授奉議大夫、同知江州路總管府事，始蒙恩封贈二親。又十年，當泰定丁卯，子以中議大夫、漢陽府知府致仕，再蒙恩加贈加封。具書諗于臨川吴澄曰：「哈剌哈孫生甫四歲，先父郡伯已不仕，莫能詳其施政恤民之實，所聞於先母郡君者，百不一二。然承天渥榮賁泉壤至再，倘無文追述以示方來，非孝子也，是以竊有請焉。」余素知江州貳侯之賢，今又得知其先世累功之因，信乎水木之有原本也，乃不辭而敘次其世如右。❷孫男三，脱因泣，江西行省宣使；納嘉德，從事郎、潭州路安化縣達魯花赤兼勸農事；其季，鄉貢進士教化，將父命詣余求文者也。女一。曾孫男五，女二。詩繫左。詩曰：

皇元啓運，群力蝟奮。虎貔效猛，鷹準兢迅。桓桓魏伯，西土奇儁。先朝舊臣，育此胄胤。入扈禁庭，❸恪守忠藎。出陪戎路，卓冠行陣。❹皇選爾勞，宅牧于濬。濬民父之，千里河潤。晝省夫耕，夜息鬼

❶「受」，原作「授」，據成化本、乾隆本改。
❷「右」，原作「石」，據成化本、乾隆本改。
❸「扈」，原作「厲」，據明初刻本、成化本、乾隆本改。
❹「冠」，原作「寇」，據成化本、乾隆本改。

燐。有牛濕濕，無犬狱狱。世皇龍御，雷焠雷震。❶將同軌文，首削方鎮。爾爪爾牙，可布可信。沐浴泰和，勇退怯進。乃治田廬，乃釋綬印。閭里相歡，歲月一瞬。英嗣間興，克邁前訓。❷秩秩訏謨，廓廓游刃。游斧盤根，徐櫛亂鬈。繼乘貳車，爰倅列郡。身名屢遷，家聞益振。帝制榮視，光被幽櫬。階職煌煌，勳爵崇峻。生若沈溟，没也燚烣。才猷在昔，人用弗盡。遭遇在今，天報罔靳。穹碑勒美，百世不磷。不磷維何，子孝孫順。

大元少中大夫江州路總管贈太中大夫秘書大監輕車都尉太原郡侯王安定公墓碑至順壬申

公諱彦弼，蠡之博野人，今亞中大夫、潮州路總管元恭之父，故懷遠大將軍、贈定遠大將軍、武備卿、上輕車都尉、太原郡侯忠惠公諱興秀之子也。王氏世力本務善，國朝兵至河北，忠惠率三十村之民迎其帥，帥授以幟。❸及蠡陷受屠，三十村之民獨免。從大兵徇地，長千夫，長萬夫，授懷遠大將軍、招撫使，佩金符。後領人匠都達魯花赤，年老退閑。公襲父職，善譯語，尚氣任俠，嘗欲持匕首爲友報仇，因自殺，衆止之。選

❶「雷焠」，成化本、乾隆本作「電燁」。
❷「前」，原作「肯」，據成化本、乾隆本改。
❸「帥」，原作「師」，據明初刻本、成化本、乾隆本改。

監尖家倉，提領東平路鐵冶，❶俱有績。時於八處關隘各置提舉官，譏察竊馬互市之人。授公奉直大夫、潼關大使。處十二年，發擿奸伏不一。浚關南禁溝，至今人蒙灌溉利。忠惠亦就養關下，至元六年卒，奉喪歸葬。起復中順大夫、黄州路宣課都提舉，課額最一道。知安豐府事，流民來歸，墾淮甸荒田萬餘頃爲熟田，❷其後創立屯府，公之功居多。陞少中大夫、南康路總管，督諸縣定民産高下，❸徵役視農事急緩，❹在前民不堪命而流亡者，❺悉復業焉。三歲再蝗，冒暑率民吏驅瘞，不能爲災。煅石脩朱文公所造江岸石閘，以禦風濤，商旅泊舟得安。改江州路總管，除前官。勵政暇日，❻詣郡庠及濂溪、❼景星兩書院，勉勵士學，咨詢民瘼。郡庠日就摧壓，學計不足以興脩。公課之群儒，出學廩之粟各二百斛，畀四士分任其責，❽一瓦一木，不以煩有司。斧者鋸者、鑿者杇者，衆工競作，或革或因。不逾月，自禮殿、從祀講堂、門廡，焕然一

❶「治」，原作「治」，據乾隆本改。
❷「熟」，原作「執」，據成化本、乾隆本改。
❸「諸」，原作「詣」，據成化本、乾隆本改。
❹「徵」，原作「微」，據明初刻本、成化本、乾隆本改。
❺「亡」，原作「止」，據乾隆本改。
❻「勵」，成化本、乾隆本作「涖」。
❼「庠」，原作「率」，據明初刻本、成化本、乾隆本改。
❽「責」，原作「寘」，據明初刻本、成化本、乾隆本改。

新。郡城北瀕大江，城壞無敢完補，公慨然興築。其夏水大至，郡民皆曰：「公實生我。倘如衆議，吾屬魚矣。」蜀人范先生大性數十年寄隱，公造其廬，命子事之以師禮，鋟其所著《易輯略》以傳。江州任滿，還鄉，不復仕。謂元恭曰：「吾欲買田建義塾，教鄉里子弟，❶爾能遂吾志乎？」元恭應曰「不敢惰違」。❷規地四畝，構講堂及兩廡，延鄉之名德爲師。有田二百四十畝，歲供廩食。外設大門，中設燕居，旁豎一樓，以庋書籍。每日誦讀不輟，鄉里藹然興孝讓禮義之風。至大戊申正月八日，公年八十九，終于里第。二月十八日，❸合葬太原郡夫人鄭氏、張氏之兆。子男三，元德，忠顯校尉、安慶路管軍總把；元恭，由承務郎、翰林都事進承直郎、❹高郵縣尹、❺廬州路總管府推官、奉議大夫、江西等處行中書省理問，遷亞中大夫、潮州路總管。女五，長適金紫光禄大夫、平章政事、鄂國公史弼，追封鄂國夫人；次適汴梁路總管陳柔，❻追封潁川郡夫人；次適六合縣尹董汝楫；次適中慶路蒙古字教授薛良；次適吕元魯。曾孫男，遵，承直郎、❼大都右警

❶「弟」，原脱，據成化本、乾隆本補。
❷「惰違」，原作「隨遺」，據成化本、乾隆本改。
❸「二」，成化本、乾隆本作「次」。
❹「進」，原脱，據乾隆本補。
❺「縣」下，原衍「縣」字，據明初刻本、成化本、乾隆本删。
❻「汴」，原作「中」，據明初刻本、成化本、乾隆本改。
❼「承」，原作「丞」，據明初刻本、成化本、乾隆本改。下文改正同此。

巡院副使;進,承直郎、南康路總管府推官;達,未仕;道,中書省蒙古必闍赤;暹、遇,俱未仕。女孫,長適盧信,次適真定路趙州判官李某,次適奉訓大夫、廣州路增城縣尹董仲玉,次適承直郎、江浙行省左右司都事鄧巨川,次適史某。曾孫男,亨用,中書省宣使;餘幼。公之考暨公蒙恩追贈,制曰:「懷遠大將軍王興秀,可贈定遠大將軍、武備卿、上輕車都尉,追封太原郡侯,謚忠惠。」「少中大夫王彦弼,可贈太中大夫、秘書太監、輕車都尉,追封太原郡侯,謚文安。」逮至順壬申,公之子元恭自潮貽書臨川吴澄,請文墓石,距公卒葬之年二十五年矣。澄以孝子之榮哀其親也,不辭而爲序次其行事大概,繫之以詩曰:

王氏之初,執其簞壺。先識迎師,全活里閭。挺生英嗣,繼世膴仕。早負俠豪,晚作循吏。老而歸休,桑梓優游。期化鄉人,世于魯鄒。靡玷靡疚,神所扶佑。詵詵胄胤,綽綽遐壽。綸恩焜煌,加賜官勳。胙之侯爵,易名彌尊。有韙潮特,追孝誠篤。勒文堅石,用顯前躅。

皇元贈中順大夫禮部侍郎上騎都尉天水郡伯趙府君墓碑

朝散大夫、雲南諸道肅政廉訪使趙成慶,❶昨任山南憲副時,考府君垠祖,贈中順大夫、禮部侍郎、上騎都尉,追封天水郡伯;妣夫人胡氏,贈天水縣君。今將赴雲南,過家立石墓前,以表上之恩,以章親之榮。貽書臨川吴澄,俾文諸石。澄耄耄疲癃,非能馳騁筆墨者矣。然廉訪使此舉,臣之敬上也,子之孝親也,一

❶ 「諸」,原作「詣」,據成化本、乾隆本改。下文「俾文諸石」改正同此。

舉而臣、子之道兩得，樂於爲之言，是以勉力承命而不辭。趙氏，東川著姓。家于銅山，素羸於貲，輕利好惠。府君少共子職，母嘗病劇，拜醫籲神，誠意懇切。苟可已疾，靡事不爲，母竟獲瘳。其後天兵下蜀，母已不存，奉父如渝。渝亦受圍，又值歲饑，饘粥已度晨夕。越數年，父遘時疫，顧言歸骨鄉里。❶及父喪，偵伺兵退，跋履險艱，間道扶柩返喪，與母同兆。時蜀言及父□□□□□□□□□□□□□□□□□□□□□□□□□難孔棘，❷宋東川帥百計支拄，❸府君亦署百夫長，尋即退閒。宋亡蜀附，居民始紓。府君每念遭逢世運之厄，能復業者有幾？夫婦合志，信禮佛像，雖重費不吝。惻惻懷哀閔群庶心，賙恤救助，厚施而不蘄報，有負無償者弗責。自奉甚約，縷絲粒粟，戒勿暴殄，勤勤於小物，肫肫於大倫，衆口同稱善人。翰林侍讀學士李原道所撰先塋碑，紀述備悉，兹不再書。府君卒大德戊戌九月四日，年六十八。其夫人卒皇慶壬子三月七日，年八十二。並葬鄞縣富國鄉之東山。子男四，成桂、成芝、成憲；成慶，季子也。其仕始行省理問所知事，至廉訪使，十四任。其階始將仕郎，至朝散大夫，凡七轉。考妣受贈官亦三矣。女三，壻牟仲保、王文德，中女疾不嫁。孫男七，女七。靖惟趙之先德所培者深，故其施于後嗣所發者茂。廉訪使徧歷中

---

❶「顧」，原作「願」，據明初刻本、成化本、乾隆本改。

❷「言及父」三字，成化本、乾隆本無，「蜀」下直接「難」，但明初刻本此二字之間尚有一行，行二十八字，則作脱二十五字處理。

❸「拄」，原作「柱」，據明初刻本、成化本、乾隆本改。

外臺省，公忠清謹，粹然無瑕之寶，❶有用之器，聞著當今，光被既往，國之良臣，家之良子已。且復遠徵老拙之文，人子愛親之孝，罔限極也。雖然，澄之文，虛言爾。欲顯其親，在立身揚名；恐辱其先，在脩身慎行。廉訪使所慎所揚，固已寡過多譽，其尚彌勗所脩，彌堅所立，行無怠於終，則名有加於初。垂二親不朽之聲，延百世未艾之祉，在己不在人也。己之實行可傳，其比藉人之虛言而傳者，豈不相去萬萬哉！

有元朝列大夫撫州路總管府治中致仕李侯墓碑元統癸酉

朝列大夫、撫州路總管府治中致仕李侯之子輔，自洪郡至撫郡之遠鄙，水陸五百里，觸冒盛暑，造吾門請曰：「輔之先君生戊申年七月三日，延祐乙卯六月二十七日終，年六十有八。天曆庚午七月十一日，葬磁州滏陽縣南之祖塋。先夫人隴西郡太君陳氏，生辛酉年十一月二十一日，至順壬申四月一日終，年七十有二。將以某年某月日，歸鄉祔葬焉。痛惟先君棄世已十九年，而墓石未建，不肖孤弗克立身揚名以顯其親，懼久遂湮没，敢蘄一言以發潛幽，則先君雖死猶生也。」維侯嘗官于撫，予雖不及識，聞其爲循良吏。其子能以儒術起家，以時才獲用，而予識之舊矣。其情懇切，誠孝於親者，是以不辭而爲之敘次如左。侯諱璋，字君用。曾祖定，祖均，世爲汴梁杞縣人。考實，避金亂徙廣平路磁州滏陽縣。生三子，侯其次。至元六年，舉兵攻襄樊。伯兄留綜家務，而侯從軍，以能通書計充軍府令史。天下既一，擢廣西宣慰司都事。未幾，從

❶「瑕」，原作「瑕」，據明初刻本、成化本、乾隆本改。

湖廣行省官往海外四郡建安撫司。行省官，宋舊人也，狃于故習，任意輕殺。侯執法抗議，全活數百，❶以功陞化州路判官。時權姦柄國，仕者率由賄進。侯久勞廣海，理宜優敘，以不阿媚，至元十八年，左遷潭州澧陵縣尉。二十一年，授將仕郎、象州路總管府知事。未任，選爲湖廣省掾，從鎮南王征交趾。自陸路深入，官軍失利，陷没者半。獨侯所領百衆，力戰三日，獲其偏校以還。隨上官詣闕，條陳軍中利害，請以戰艦由海洋擣其巢穴，因是交趾内附，朝貢至今。尚書省更至元鈔，二十七年，除常州路平準行用庫提領，鈔法流通，官利民便。元貞元年，授承事郎，尹贛之興國。明年有妖賊作，致動重臣大兵殄捕。侯躬率民義嚮導，徧榜諸鄉，諭良民棄砦寧家，以别於賊，而不罹玉石俱焚之禍。先是，邑中豪民惑於其妖，各餽牛酒金帛以表崇信，賊酋籍其名姓百餘家。及寇平，得其籍，侯憮然曰：「此愚民無識而然。」畀之於火，竟無冒罥。重臣亦嘉之，奬其勞來安集之功，而薦諸朝。民懷其德，立祠報事。後聞侯喪，莫不感涕。大德四年，改授吉安龍泉尹，化民爲善。有兄弟争田財，數年不決。侯閉門自責，累日不視事。其民羞愧，願改過，自息其争。❷脩學校之廢，正版籍之詭，開墾係官荒田若干畝，歲收三千餘斛，存貯以備饑歲，民免艱糴。縣瀕大溪，當行人往來之衝，每春漲浪急，渡舟常多覆溺。造浮梁百餘丈，利涉無虞。在任六年，既去，民猶思之。至大元年，授承務郎、撫州路推官，平反冤獄十餘。行屬邑審囚，咸稱其平恕明決。年未七十，以疾告致仕，

❶「活」，原作「沽」，據乾隆本改。
❷「争」，原作「年」，據明初刻本、成化本、乾隆本改。

得進階朝列，進職治中。比命下，侯已先逝矣。侯端謹重厚，清苦澹泊。仕於南中，所得俸給悉送還家，以奉二親。撫育族從孤幼男女十數，逮其成人，而爲嫁娶。大德三年，歸省祖塋，買土故鄉，凡一家內外未葬之親，各以昭穆序葬。募黨里之謹愿者，永遠守護；囑族屬之慈順者，歲時展視。初娶薛氏，早卒。再娶陳氏，以長子輔恩例受封，從夫四品爵秩。子男四，輔，繇龍興路儒學正吏工部，❶掾江西省，敕授全州路儒學教授，掾湖廣省，陞掾中書省，丐侍親，授承務郎、江西等處行中書省檢校官；次輅，三祐，四輯。女三，彭椿、王新、梁詢，壻也。孫男五，愿、簡、直、某、某。女四，適米，適常，適周，幼者未行。輔自述其父之事云爾。輔也通而能介，介而能通，仕不廢學，學不廢仕，儒且才已。有望有聞，靡瑕靡舋，志在章父之美，勤勤如也。觀其子，知其父，則侯之可銘也無愧。銘曰：

拔之行伍，而史而府；畀之民土，而字而撫。父也能吏，子也才士。克章前美，父有孝子。

❶「正」，原作「二」，據明初刻本、成化本、乾隆本改。

吴文正集卷六十七

元吴澄撰

墓　表

有元翰林學士承旨資德大夫知制誥兼修國史加贈宣猷佐理功臣銀青榮禄大夫少保趙國董忠穆公墓表

公諱文用，字彦材，❶真定藁城人，贈光禄大夫、司徒、趙國宣懿公諱昕之孫，龍虎衛上將軍、左副元帥、贈推忠翊運效節功臣、大傅、開府儀同三司、上柱國、趙國忠烈公諱俊之子也。忠烈起自畎畝，爲國竭忠而死。有八子，其元子文炳，以左丞從伯顔丞相平江南，功第一，贈金紫光禄大夫、平章政事，加贈宣忠佐運開濟功臣、太尉、開府儀同三司、上柱國，封趙國公，謚忠獻；其季子文忠，某官，帷幄近臣，贈光禄大夫、司徒，加贈體仁保國佐運功臣、太師、開府儀同三司、上柱國，封趙國公，謚正獻。公，忠獻之弟、正獻之兄，於次居

❶「材」，明初刻本、成化本、乾隆本作「才」。

八子中之三。生十歲而孤，伯兄忠獻教諸弟，如父之教子。得侍其先生軸爲師，故公器業夙成，武將家偉然爲文儒。少事世祖皇帝于潛邸。中統元年，張公文謙宣撫大名，辟公爲左司郎中。二年，以兵部郎中參議都元帥府事。至元元年，除西夏中興行省郎中。五年，立御史臺，除山東道提刑按察副使。八年，置大司農司，爲山東勸農使。十二年，擢兵部侍郎。十三年，佩金虎符，出爲衛輝路總管。去衛時年踰六十，浸不喜仕，築遐觀亭，日與鄉人飲酒賦詩，若將終身。十九年，起爲兵部尚書，尋改禮部尚書，又遷翰林集賢學士，❶知秘書監。二十二年，拜江浙行省參知政事。二十五年，爲御史中丞。權相忌之，奏公爲大司農，又徙公翰林學士承旨。三十一年，成宗即位，加資善大夫、知制誥兼修國史。大德元年，進資德大夫，致仕。六月戊申，以疾薨于里第，年七十四。八月甲午，葬藁城西北高里先塋之左。五年，翰林閣學士復以大都路儒學虞教授集所述行狀，撰公神道碑。其後，蒙恩特贈銀青榮禄大夫、少保，封壽國公，謚忠穆。又加贈宣猷佐理功臣，改封趙國公。至順三年，公之子南康路總管士恒，貽書臨川吴澄曰：「先公平生言行，碑銘可稽。然薦膺天寵，❷封謚名爵既異，復有待於不一之書也。」澄舊嘗忝竊微禄，客京華，稔聞公名。時公已即世，不及親見公之行事矣。謹按前碑，敘公之大概，以表于墓。

初，憲宗南伐，先加兵於蜀，世祖以太弟帥東侯之師趨鄂渚。將次江上，公伯兄獻謀，謂兵法先人有奪

❶「集賢」，原作「侍讀」，據明初刻本、成化本、乾隆本改。

❷「天寵」，原作「六龍」，據乾隆本改。

人之心，願假戈船先諸軍渡江。公暨季弟統勁卒數百以從，徑薄南岸，三戰三捷。公還報，世祖駐馬臨江，酌公卮酒，使申令諸將，旦日畢渡。會憲宗崩，咸請乘勝進取，❶公獨建議班師，歸定國事，以爲他日南土可傳檄而定，世祖然其議。其後宋既平，每對朝臣嘉奬公之先識。公佐西夏行省時，新承渾都海之亂，往者憚於行，至者憚於留。公言「人臣不當避難」，悉心撫治，開諸渠，溉平凉、甘、肅、瓜、沙數州之田，予民種及農具，諸部落渡河來歸者日衆。人地割畀諸王，常賦外，其下徵索無度。公與王傅言：「賢王，國之懿親，仁聲洽於四遠。下人縱恣如此，將無累王盛德乎？」俾指數其不法數十事。傅驚起白王，王召公謝曰：「微公不聞斯言，幸持此心勿怠。」三年之間，所畫皆便民，夏境遂安。齊魯故饒穀粟，公勸農山東，躬自督視，闢其汙萊，至于海瀕，績最諸道。公之爲兵部侍郎也，前侍郎、平章阿合馬私人教鷹監入愬今侍郎不給鷹食。❷世祖怒，召至，望見公，乃曰：「董文用豈治鷹食者耶？」愬竟不行。公之爲衛輝總管也，江南初臣屬，輦致金帛送京師者，道衛晝夜不絕，日役數千夫護送。公曰：「東作方興，無奪農時，遣胥校足矣。」議引沁水入御河，以通運漕。公曰：「沁水地勢高於衛，倘積雨彌旬，沁水灌衛，又使入河，河不受，還入衛，則衛罹其厄，❸

---

❶「請」，成化本、乾隆本作「謂」。

❷「阿合馬」，原作「阿哈瑪」，據明初刻本、成化本、乾隆本改。「今」，原作「令」，據乾隆本改。

❸「罹」，原作「惟」，據乾隆本改。

且無大名、長蘆矣。」部使者與水衡度水，如公所言，遂止，衛人德公焉。公之爲兵部尚書也，預議大政，❶江淮行省惡臺憲繩己，欲使行臺受制行省。公曰：「不可。風憲之司猶虎，今虛名僅存，如虎雖睡，人猶有所憚。若更受制於人，貪虐之官吏蔑顧忌矣。」議遂寢。賈人盧世榮主權倖，驟陞中書右丞，謂生財有術，民不加賦，而歲倍入。詔廷臣集議，衆莫敢言。公時爲翰林集賢學士，詰之曰：「是錢若不取於民，倍入之利將安出？譬之牧羊，每歲僅可再薙其毛，若時復一薙，羊主得毛雖多，而羊死寒熱矣。取民者亦然，日削月朘，邦本先蹷，寧復有財可取？太祖聖武皇帝提尺箠起朔方，以有此民，而忍於戕之乎？」丞相安童曰：「董尚書議是。」未幾，世榮誅。公辭江淮參政之命，曰：「錢穀事繁，臣不任治劇。」上曰：「江浙重地，煩卿鎮之。」乃奉詔。時行省之長放傲，❷同列畏慴，公與論事無所屈。一日，選嚴酷吏百輩，將括民田，民大駭，公力止之。浮屠人得旨，於亡宋故宫造塔，有司役民入山伐木，大雨雪，多凍死。公命緩其事，省長揚言：「參政格詔旨。」公曰：「隆冬興役，民不能堪，將失浙人心，非格詔旨也。」❸長有愧色，事亦紓。日本之役倚辦，兩入奏，有詔罷兵。桑葛擅威權横斂，❹雖臺臣莫敢誰何。公爲中丞，怒公不附己，捃摭臺務百端，❺公與廷

---

❶「政」，原作「改」，據成化本、乾隆本改。
❷「放」，原作「矜」，據明初刻本、成化本、乾隆本改。
❸「格」，原脱，據乾隆本補。
❹「桑葛」，原作「僧格」，據明初刻本、成化本、乾隆本改。以下改正同此。
❺「捃」，原作「据」，據成化本、乾隆本改。

辨不少挫。嘗慨然曰：「郡縣病極，救之無它策，惟當選按察使。」舉雷公膺、胡公祇遹等十餘人，天下賴之。復以桑葛奸狀告，上不報。而桑葛奏公惷戇不聽令，沮撓尚書省政，將陷于辟。世祖徐曰：「董文用，朕所知。」由是不能害，則褫其臺權，而擯公于農官。欲奪民田爲屯田，公固執不許，則又褫其農職，而寘公于翰苑。桑葛敗，公譽望益重。世祖命公授諸皇孫，詔曰：「老人畏寒，須暄和。」時至帳中，敕内侍親具膳。每預宴，與蒙古鉅族齒，或時賜飲御榻，特命毋拜。其眷遇之隆，漢人無出其右。嘗命公見其諸子，公奏：「荷國厚恩，報効無所，不敢以子弟累陛下。」成宗初，公覲于上都，召入便殿，賜錦衣玉帶、雙玉佩環。從幸三部落，又賜緡錢萬五千券。日久奉顧問，公陳國朝故事，累累言先皇虛心納賢經國之務，嘗至夜分。國朝譜繫、勳舊世家，公記纂詳盡。史修實録，咸就公考正。上章請老，詔賜緡錢萬券，官一子鄉郡以便養。既得請，咨院呈省，言故父歿於國事，自願不令子孫承廕，乞將自己職事易故父封謚。時臺臣有送公出境者，比還，同僚訝其來之遲，則具言：「公居廉貧，賣居室以償所稱貸而去。其父忠勇死國，未蒙旌異，今請以廕其子者易封其父，豈非忠孝兩全之人與？」聞者莫不嗟愕，於是合臺備舉其事于省，并以聞奏。旋蒙聖恩，特贈其父功臣名號、官勳封謚。夫人王氏，寧晋元帥某之女，先公卒。再娶周氏，江淮漕運使某之女，後公四日卒。子男八，長士貞；次士亨，後仲兄右衛君，官至昭勇大將軍，佩金符，侍衛親軍都指揮副使，早卒；三士楷；四士英；五士昌；六士恒，初以特旨授承務郎、真定路總管府判官，繼歷肅政廉訪司，官僉事凡再，副使亦再，今授中大夫、南康路總管；七士廉，國子助教、翰林編修；季士方。女四，壻趙珌、周叔、齊東縣尹王良傑。孫男十七，守約，知亳州事；守□，右都衛副指揮使。女十。曾孫男七。玄孫男□。

神道碑曰：「公天資仁孝，歲時事祖禰如事生，事兄忠獻公如事父。訓飭子弟，嚴而有禮。與人交，侃侃和易。好賢樂善，不啻饑渴。涖官以寬大爲務，不事細故。國有大議，能言人之所不敢。遇不可，辭氣憤厲，雖賁、育之勇不能過。閒居聞朝有失政，輒終夕不寐，倚壁嘆曰：『祖宗險阻艱難以取天下，而使賊臣壞之。』嘗言：『人臣當以節義報上，不可偷安以負國家。』憂患之誠，❶老而彌篤。前後所遭宿奸巨慝謀中公者數矣，賴聖主知公之深、眷公之重，故其謀不得逞。古所以忠信自結主知者，❷非耶？仕宦餘五十年，及薨，其家惟有祭器、書册、紙墨。」蓋得公之實云。

故存畊居士許公墓表

承事郎、同知太和州事曾翰，狀其同郡許君希顔之行曰：「君少而穎異，長則重義輕財，慷慨有氣節。孝友稱於族，恩信著於鄉，恤孤周急，救貧賑饑，排難解紛，不自以爲德。喜讀史，觀古義士，輒感慨奮發企慕。若憸狡誤人家國，忠烈不克令終，必齧齒撫案，嘖嘖嗟惋。戒其子云：『汝曹何修何飾，而飽食煖衣。苟能謙恭畏慎，力學務本，師法賢哲，庶長保此。❸每見名門鉅姓被不肖子蕩覆其家，深可寒心，汝曹戒

❶「患」，乾隆本作「國」。

❷「以」，原作「謂」，據明初刻本、成化本、乾隆本改。

❸「長保」，原倒，據明初刻本、成化本、乾隆本乙正。

哉！』人以存畊居士號之，蓋目之實也。」其子欲章父之美，囑所親黎世英持狀來，求予文將勒諸石。黎又介從仕郎、❶茶陵州判官許晋孫先導。❷予閱其狀，有可書者，遂諾不辭。按狀：君，吉之萬安人，仕淵名，希顔字也。系出長沙，析派數代，後樂萬安之下造而家焉。自曾大父，生業以饒，大父暨父拓闢彌廣。兄弟三人，君其季也。居阸龍泉、南康、贛縣之衝。至元末，隣境猶弗靖，君輯護鎮遏，寇不能犯，里居以寧。嘗寓廣陵旅邸，館主囊括諸客之資，一夕逃去。衆束手罔措，君遄聞于官，逃者密令人償君一倍，冀以弭訟。君不可，執其人，悉得同舍所失乃已，衆感其義。在家，兄弟衆聚，怡如也；僕役給使，肅如也；賓朋交際，歡如也。別墅山水明秀，花卉羅簇，❸圖書左右，子孫滿前。夏日程集，❹觴咏笑歌，有晋人流風。卒延祐己未冬季六日，年五十一。娶蕭，贛之望族。宗戚咸謂賢淑，成君之善，内助與有力。後六年而卒，泰定甲子夏季既望也。子夢炎、夢詥，❺治前後喪，合葬黄竹山之原。孫男四，琮、璋、珪、瑜。孫女二。二子朂書謹身，切切於追遠孝也。

臨川吴澄曰：許晋孫，延祐乙卯進士也；曾翰，泰定甲子進士也。二進士傑特，予所嘉。於希顔，皆非

---

❶「仕」，原作「士」，據乾隆本改。
❷「官」，原脱，據明初刻本補。
❸「卉」，原作「賁」，據明初刻本、成化本、乾隆本改。
❹「夏日程集」，原作「賓客過從」，據明初刻本改。
❺「詥」，原作「齡」，據明初刻本、成化本、乾隆本改。

素識也，而爲之狀、爲之言，則希顔之爲人可知也，是以表其墓。

元贈承務郎山東東西道宣慰司經歷蔡君墓表

撫州路總管府推官蔡侯裔之父諱青，天曆二年，奉勑追贈承務郎、山東東西道宣慰司經歷；母劉氏，追封恭人。越四年，予至撫城，推官諗予曰：「裔起身田野，際遇明時。甄録微勞，齒郡牧伯，共治天子之民，惴惴懼弗勝任。皇澤如春，普徧群品，榮被二親，將何以報稱？願畀一言文諸墓石，以章天寵之優，昭示子孫于永世，庶幾人臣敬上之義、人子愛親之誠，兩不忒乎！」澄謹按：蔡氏先世，歸德府睢州人。經歷君之考諱旺，其妣王氏。遷東平之汶上，復遷濟寧之鉅野。經歷六男三女，男一澤、二瑾、三琰、推官居四、五順、六潤。女一適姚，二適姜，三適高。經歷丁亥歲五月十八日生，七十三而殁，大德己亥七月十一日也。劉恭人甲午歲正月十三日生，七十六而殁，至大己酉十二月四日也。並葬鉅野縣之東垞村。推官以其父受贈之前一年仕于撫，今五年矣。其在郡也，長貳同列屢更，皆喜與之爲僚。下屬邑審訊獄訟者數，❶哀矜詳慎之意終始如一。凡所斷決，兩造靡不心悦誠服。遇滿未代，❷上下咸欲其留，唯恐其去。一身之循良，一家之積累也。父母身後之受國恩，宜哉！推官娶丘，亦封恭人。子升暨晋，經歷之孫也。習進士業，俊邁出衆。

❶「數」，原作「致」，據明初刻本、成化本、乾隆本改。
❷「遇」，原作「過」，據成化本、乾隆本改。

蔡氏之慶，其方源源而來也歟？

故武義將軍臨江萬户府上千户所達魯花赤也先不花墓表

故武義將軍也先不花，族出乃蠻斛氏，❶隸山東河北蒙古軍。初，以阿术丞相帳前管軍百户從攻襄樊。❷伯顔丞相渡江之後，從行省參政破潭州有功，至元十三年，授忠顯校尉、管軍總把，掌潭州新附軍。隨湖南行省破静江，又有功。静江既得，隨史萬户徇廣西未附州郡，直抵各郡城下，柳、賓、慶遠、邕州皆降。諸郡既附，惟遠鄉僻地阻險自保，乃隨潭省參政收捕衡、永等處。自領軍，兼領諸蠻軍，平殄常寧縣清水洞及火田村，火兀村、龕石村、李公洞，俱底帖息。十四年，宣授武略將軍、管軍千户，佩金符，掌新附軍如故。十九年，鎮守吉郡。吉之永新彭原山、太和下平寨，及永新煙市及艨鄉瓦岡，及廬陵站溪，及永新黎頭山，相繼不静。❸三四年間，一一勦戮其爲寇者，縱釋其爲民者。二十五年，宣授武義將軍、上千户所達魯花赤，屬臨江萬户府。二十七年，摘撥鎮守南安。病作不行，養病于袁。大德五年八月十六日卒，年六十六。男買奴，閑習騎射，讀書知義理，又通蒙古言語，自少給使于内。至大三年，宣授奉訓大夫、太府院判官。延祐

❶「斛」，原作「解」，據明初刻本、成化本、乾隆本改。
❷「术」，原作「木」；「前」，原作「然」，併據成化本、乾隆本改。
❸「静」，成化本、乾隆本作「靖」。

二年，臺除奉直大夫、西臺御史。五年，改除奉議大夫、南臺御史，侍親不出。越十年，除僉江西湖東道肅政廉訪司事。❶至順三年四月，偕中使下諸郡審理罪囚。八月三日，以疾終于建昌，年六十二。長孫伯顔，泰定元年，受宣命襲祖職。次孫□□□，未仕。澄舊識御史於金陵，近過臨川時，謂其父殁三十二年，而墓未立石，方徵余文以表于墓。去不半月，而武義之次孫以御史之新喪至矣。哀哉！武義君彊毅勇敢，臨陣每多殺戮，累功不一，而未及取高爵，寧無將軍不侯之憾乎？其子褎然武將家之文儒，風憲有聲望，亦復不壽，憐才者爲之於邑焉。

廬陵易中甫墓表

貢舉未行時，士之欲隨世就功名者，倀倀靡戾，不得不折而歸於在官之府史。廬陵多材士，若易中甫，卓犖殊尤者也。少登劉大博先生之門，薰漬膏馥，呻畢弄翰，往往度越輩流。既而以才選從事古豫章郡，遷調臨川，又遷調宜春。考滿，例陞縣府史之長，得章貢雩都。至縣未及上，以疾卒。中甫名立中，廬陵太和人。生宋咸淳辛未十一月，卒以至治癸亥七月十一日。其年十月二十七日，葬太和千秋鄉之梓橦嶺。其子原，徵志銘。泰定乙丑冬，余自京師還，而中甫掩壙已久，乃爲敘其歲月，以表于墓。中甫精敏練達，所歷俱有政聲。在洪貸官米賑饑，辨誣盜馬者。在撫出死獄，司倉平概量。在袁戢流民之擾，抑豪奪葬地之横。

---

❶「司」，原作「使」，據明初刻本、成化本、乾隆本改。

似此不一。十歲而孤，養母盡歡，母壽終八十。閒居，左右圖史，玩閱無倦，下逮術數末技，亦皆究心。娶徐，子男二，女一。孫男三。嗚呼！中甫有時才，曾不獲齒於下士展布一二，是以憐才哀命之君子，不能不嘆息於斯焉。

樂安陳文秀故妻賴氏阡表

賴氏秀慧居歐鄉，世父擢科尉宜黃。生宋景定壬戌春，二十來歸東川陳。夫名文秀庭芝字，四男一女余其壻。大德丙午正月終，葬長畬原丁未冬。堂封二十有三年，❶夫索吾文表荒阡。子肖婦宜孫蟄蟄，孫男十三，孫女十。

❶「二」，成化本、乾隆本作「一」。

吴文正集卷六十八

元吴澄撰

墓表

故安慶府同知徐府君墓表丙寅[1]

安慶府君徐氏諱必茂，字幼學，臨江清江縣人。父兵部侍郎諱卿孫，宋末名臣。炎祚訖録，無復有人間意，遁身野寺，越五載厭世，其得安全考終、脱然靡所縶累者。以府君爲之子，能負荷家政，不以毫髪事攖親懷也。既畢父喪，一再受命。尉潭之長沙，簿汀之上杭，最後同知安慶，俱以養母不就職。母黄氏令人，惟一女，最鍾愛，納文陞爲壻，仕至集賢直學士。府君視妹夫不異同出，聚處一門，終始無纖隙。順悦母心，備殫其極。厚於所厚，推之及人，無一不厚。待兄子猶子，群從宗族，雖疏猶親。母之黨二姓，妻之黨三姓，恤亡周存，敬尊矜賤惟均。侍郎所師暨知舊僚屬，己所師暨姻戚鄉里，凡其後嗣，伶俜弗克自業、頓踣弗克自

[1]「丙寅」，二小字原脱，據明初刻本、成化本補。

樹者，一一振德之。雖技術褋流踵門，亦歡愜而去。接人謙和恭謹，未嘗疾言遽色，如春陽之温煦，如甘澍之膏潤，如萬頃陂池，汪洋莫測其涯涘。敦於倫紀，篤於恩義，有太過，無不及。凶歲賑施，惻然猶己饑之之思。六行之實，罔或缺一。自脩於家，不求知於時。翰林承旨王公構、儒學提舉鄭君陶孫，素不輕許與，皆舉府君堪館閣之選。初娶提幹鄒君之女，再娶録判聶君之女，三娶同知全州總管府湯侯之女也。二子，鎰、鏞。居常啖藥，多剛劑。至大庚戌，忽屏藥弗服。四月微病，丙辰遷坐，毋令人前，以辭永訣而逝。年五十三。其年十一月甲申，葬留墓原，舊有志銘矣。泰定乙丑十二月丙申，改葬族湖龍會山，鎰復徵文表新墓。惟府君之細行衆美，悉數之未可既，故爲述其大節，以傳不朽焉。

元贈奉議大夫驍騎尉河東縣子段君墓表

君諱思温，字叔恭。其先居絳之稷山，自宋司理參車應規始。金贈中奉大夫、武威郡侯鉅，❶生鈞，君之高祖也。季弟某，正隆二年進士，仕至中奉大夫、華州防禦使。兄弟俱以學行顯，人稱爲河東二段。曾祖汝舟。祖恒，生克己，君之考也。有詩文，號《遯菴集》。仲弟成己，至大七年進士，主河南宜城簿，詩文號《菊軒集》，與兄齊名，又稱爲河東二段。君，遯菴翁之弟三子，年十二而孤，已如成人。從仲父菊軒翁學，遂成名儒。年二十一，受室河中魯氏，因家焉。於經尤邃《易》《春秋》，詩文温厚純正。授業鄉里，多所造就。

❶「鉅」，據《山右石刻叢編》卷二十五疑作「矩」。

節縮衣食，買書萬餘卷，以遺子孫。安西王聘爲記室參軍，辭疾不起。年二十九，丁母憂，致哀盡禮。越四年，仲父卒，❶喪之如父。年四十九而終，至元戊子歲三月也。次月，葬稷山旌汾鄉平瀧原之先塋。子輔，由應奉翰林歷西臺、南臺、中臺三御史，僉燕南河北道肅政廉訪司事，入爲國子司業、太常禮儀院判官。君以子貴，贈奉議大夫、驍騎尉，追封河東縣子。配魯氏，追封河東縣君。君之粹學篤行，奉訓大夫同贊善恕追撰志銘，❷述之已詳。輔將改題墓額於石，以彰天貺之榮，而余爲之文，以表其墓云。

元贈承事郎封丘縣尹朱君墓表丁卯

承事郎、撫州路經歷朱端，以書來言曰：❸「端世居汴之鄢陵，年十六試吏，踰三十爲郡從事，不幸二親喪。又十年，仕淮西憲府。考滿，授將仕佐郎、太平路照磨。延祐戊午，簿建康之江寧，既而掾江浙行省。泰定甲子，陞正七品，掌案牘于撫。越三年丙寅，蒙恩封贈父母。吾父諱改，❹字國用，金末辛巳歲生。樸厚淳雅，重然諾，常以愛人澤物爲心。處姻族里閈，恂恂如也。少失怙恃，事祖母甚謹。年十二，奉祖母避

❶「父」，原作「又」，據成化本、乾隆本改。
❷「恕」，原作「恐」，據成化本、乾隆本改。
❸「來」，原脱，據明初刻本、成化本、乾隆本補。
❹「改」，成化本、乾隆本作「政」，似是。

兵匿土空中，出取食，爲哨騎所獲。帥酋俾爲伍長，率衆北渡。中道宵遯，數日得達祖母所。未幾再被俘，與家杳不相聞。留大名三十年餘，壻于閻。思親懇切，日夕哀慕，乃攜妻子歸至鄢陵。時祖母已即世，號慟幾絶。惟兄尚存，友愛彌篤，養之終身。吾母閻氏，剛果善持家，恪意教子。❶吾父年七十三而卒，與母合葬汴之先塋。父卒後三十四年，贈承事郎、汴梁路封丘縣尹；母贈宜人。端追念先人潛德弗耀，不肖孤謭才，幸霑微禄。聖恩天廣，光賁泉壤，倘不刻辭示後，非所以揚親之美而彰君之貺也。端爲簡書之故，弗敢離次，謹命子復禮見而有請焉。先生賜一言文諸石，則爲臣爲子者之心，庶其有佼乎？」❷余初識經歷君於金陵，固已嘉其人。及今撫州之政公正寛平，蓋循良吏也。且聞昔仕憲府時，平反重囚，多所全活。其陰德在人，獲報於天，宜未艾也。不有賢父，何以有是賢子哉！表其世美，以爲積善而昌其子孫者之勸，余之志也，❸是以樂爲之道，而俾碣于其墓云。封丘府君一男，端也；三女，俱適士族。孫男三，長明信，早夭；次明實；幼復禮。孫女一。

---

❶「恪」，原作「刻」，據明初刻本、成化本、乾隆本改。
❷「佼」，原作「校」，據明初刻本、成化本、乾隆本改。
❸「也」，原脱，據明初刻本、成化本、乾隆本補。

廬陵蕭明叔墓表

廬陵蕭復清，儒家子，能詩，寄迹道家者流。一再及門，言曰：「蕭氏，吉龍泉之著姓，而吾先世居夏湖爲尤盛。吾父明叔，行實文聲度越儕輩，屢試進士不得。貢科既廢，巍冠侈袂終其身，講授遺經淑後進。接人和粹謙抑，酒酣氣張，豪邁如少壯。不治生産，屢空晏如。二教之書，亦所樂究。屬纊前一日，猶對客談《黄庭》，厥明無疾而逝。生宋淳祐癸卯冬仲仲六，❶終於大元大德甲辰春季上七，葬西溪之小洲。❷吾母朱氏，外祖前貢士。伯兄慶孫，紹家學，詩有集。仲兄吉孫早卒。復清，季也。吾兄不偶於時，而復清遊方之外，誠懼先德泯泯無聞，公能賜一言，永吾親以不朽乎？」嗚呼！士之隱處而名湮没者，古今凡幾！太史公固深悲之。子之孝於而父也，至矣哉！余言之傳不傳未可知也，而忍違孝子之志乎？爲書此以表于墓。癸發，明叔名也。

劉季説墓表

與余同生淳祐己酉歲者，位之顯有程鉅夫，居之近有劉季説。鉅夫生之月，後於余四朔，一則正月中旬

---

❶「仲六」，成化本、乾隆本作「六日」。

❷「洲」，原作「州」，據成化本、乾隆本改。

之九，一則四月中旬之七。季説生之日，後於鉅夫之六辰，一則其日日中之午，❶一則其夜夜半之子。季説，撫樂安人，世居忠義鄉之自城。大父焕，依外氏徙雲蓋鄉之南村而卒。父天驥自自城往從焉，❷是生季説，名曰夢生。警敏惇恪，三歲而孤，母督勗俾進於學，雖童稚，器識如老成。十許歲，偶至市觀奕，❸有長者曰：「若亦好此乎？」聞言羞赧，疾步而歸。爾後雖休暇，不出書室。能舉子業，每不自足，究玩理趣，務蹈其實。群聚狎謔，己獨莊重，不苟言笑。然外寬内怡，亦不忤俗。侍母奉養無違，持喪情文兼備。葬之日，會送者數千，適强寇入竟，望見銘旌，聞鐃鼓聲，以爲官軍，驚遯而去。值邑有狂卒，虵虺善良，世業爲損，先廬又燬，❹兵盜交擾，遂避地他邑。繼罹横政苛斂之禍，流離困迫，恬然略不芥蔕。事勢僅定，乃築室自城舊基，生理漸完。汲汲收書，無印本者筆工抄寫。諸子百家外，天文、地理、醫卜、種樹、老佛之説，靡不歷覽。❺選先秦以來古文，凡意義同者類相附從，中寓教戒，足以垂世。冠昏喪祭，動必遵禮，有疑則問辯考正而後行。喜談人善，或有不善，面責其非，語當心公，人自愧服。親故不給，隨力以濟。歲饑，竭廩贍

---

❶「午」，原作「干」，據明初刻本、成化本、乾隆本改。

❷「父」，原脱，據明初刻本、成化本、乾隆本補。「往從」，原作「住後」，據乾隆本改。

❸「奕」，原作「栾」，據成化本、乾隆本改。

❹「燬」，原作「壊」，據明初刻本、成化本、乾隆本改。

❺「歷」，原脱，據明初刻本、成化本、乾隆本補。

賑，爲富户倡，❶自底空匱，終不怨悔。常時命醫治藥，貧病之人，來言疾狀即與，不取其直。邑之長貳聞名願見，見必加敬。凶狡下人心亮其誠，不忍侵侮。嘗受公委覈實學産，❷不受私囑，隱漏悉復。❸命攝教官，諸生日益勤勵。所居前後左右，種梅橘，植花卉，四時皆可娱目。娶何，繼賴。男某某，女適某某。孫男四，孫女六。皇慶壬子八月丁亥，以疾終。延祐甲寅十二月甲申，祔葬折原南坑祖塋之左。泰定丙寅，余還自禁林。季説之子來請曰：「先子信厚本於天，整肅成於學。葬十有三年矣，而墓碣未立。懼無以傳久遠，先生其賜一言。」余惟季説，似夷之清，❹而不害其同；似惠之和，而不失其介。疇昔相與論學，有樂無倦。豈謂後余以生、而先余以没乎？因其子之請而動余悲，惻惻感激不能已，聊爲述其大概，以表于墓。❺

揭志道墓表

豐城揭車之大父道孫，字志道。英偉豪邁，須髯奮張。少業進士，一筆千餘言。世革，伎無所施，則尚

❶「户倡」，原作「亡資」，據明初刻本、成化本、乾隆本改。
❷「受」，原作「愛」，據明初刻本、成化本、乾隆本改。
❸「復」，原作「優」，據成化本、乾隆本改。
❹「似」，原作「以」，據成化本、乾隆本改。
❺「于」，原作「二」，據明初刻本、成化本、乾隆本改。

羊山水幽處，痛飲狂歌，繼以太息。後乃還治農圃，教授鄉里。車曰：❶「吾祖客外，每食舍肉，將歸遺親。親没，事兄如父，事姊如母。姊寡，有子十歲，被俘，極力徧求弗獲。養姊于家，終其身。作堂名廣思，歲時於中序族。年逾四十而鰥，不再娶。晚嗜佛書，酒肉俱斷。風月良夜，鼓琴一二操，聲動鬼神。年六十八，將終，意氣閒定。家人環立，摇手止之曰『勿亂』，凝然而逝。」噫！❷此士之不遇者也。❸若酒若佛，蓋託焉以消遣世慮，而不知者譏其使酒佞佛云。車能劬學，懼其祖之湮没無聞，❹可謂慈孫也已。

故善人申屠君墓表天曆戊辰❺

君諱義，字順之，前翰林待制、承德郎、僉江北淮西道肅政廉訪司事致遠之父也。待制爲監察御史時，風采振揚。余往歲客江淮間，聞其名籍籍。後二十餘年，始識待制之子駉於京師。既而駉從事江西，余亦歸自禁林。泰定丁卯，駉以文一帙來，曰：「此駉大父之行實也。葬已三十九年矣，而墓石未建，敢蘄一言

---

❶「車」，原作「中」，據明初刻本、成化本、乾隆本改。
❷「噫」，原作「悉」，據明初刻本、成化本、乾隆本改。
❸「士」，原作「世」，據明初刻本、成化本、乾隆本改。
❹「之」，原脱，據明初刻本、成化本、乾隆本補。
❺「天曆戊辰」，四小字原脱，據明初刻本、成化本、乾隆本補。

表于墓，❶以示子孫。」余閲其文，知君之爲善人也。有是父，固宜有御史君爲之子。申屠氏世居于汴，宋靖康之亂，避禍難者圖南，守墳墓者留北。君，留北者之後也。考諱信，仕金爲考城令。❷君幼好書，務實踐，從趙禮部秉文游，效其字法。金季，遷都河南，❸被兵，重以饑饉，人相食且盡。君幸而存，亦遭俘掠，將同群衆就戮。以次及君，君無懼色。❹軍中梁吾僧奇其狀貌，呼之與語，留寘左右，獨免受刃。梁以君歸，懽愛若兄弟。未幾，人誣告梁，陷以重辟。君爲畫計辨析，事竟得解。隨梁遷鄆，占籍壽良。致遠既生，才氣殊特。梁妻以女，偕弟效貞，隸業東平郡庠。❺課試中選，官復其家，始與梁異居。梁，汝州州長也。君隱於賈，衡量必公，息不取贏。儲米以備歉，歉則平糶廣貸。饑者饋之食，貧不能償所負，焚券勿責。❻田宅相隣，偶有侵斥，輒遜其畔。素貯秘方，療帶下疾，捐貲製藥，給施救活甚夥。宋平，家畜奴虜餘二百指，或以直購，弗許，悉縱爲民，思復故鄉者給以行橐。嘗有人遺一囊在道上，又有一人遺一斗在門内，莫知誰何。多方訪覓，還畀其主。勤儉治生，中年交方外友，恬澹寡欲。致遠兒時，問何事可立身，君督勗以學。内師

❶「敢」，原作「取」，據明初刻本、成化本、乾隆本改。
❷「仕」，原作「仁」，據明初刻本、成化本、乾隆本改。
❸「都」，原作「祀」，據成化本、乾隆本改。
❹「君」，原脱，據明初刻本、成化本、乾隆本補。
❺「隸」，成化本、乾隆本作「肄」。
❻「責」，原作「貴」，據成化本、乾隆本改。

金進士解器之，外師鄆牧嚴侯所聘梁希然，遂成大器。後任御史，辭於君曰：「御史，言職也。婞嫛則瘝官，忠直則累親，願大人勿掛懷抱。」君曰：「汝其勉哉！吾不憂也。」及聞折姦明誣，聲譽四達，則喜曰：「吾有子矣。」至元戊子冬，致遠來侍。明年己丑四月三日，君卒。其生當金承安庚午之十月，❶享年八十。先墓在汴，圮於河流，別葬壽良節順鄉之閻村。配張氏，後四年壬辰二月十三日卒。其生當金明昌甲子之八月，享年八十九，祔葬于君之兆。子男二，致遠，仕至廉訪僉事；效貞，安豐縣丞。女二，適許，❷適宋。孫男八，伯騏、驥、駒、駉、駰、驊、騮、駱。其一湖南道廉訪司知事，其二真州學録，其四江西省掾，餘未仕。女五，適李，適馮，適傅，適劉，季未行而亡。❸李者，翰林侍講學士之紹也。曾孫男五，鑄、鑑、某、鈞、鉉。女七，適吴，適毋，適成，餘在室。噫！此皆善人之子、之孫、之曾、玄也。夫觀木者必尋其本，觀水者必遡其原。申屠君生值亂離，其艱其劬，而若子若孫、若子之孫、孫之子，顯聞于世，蕃毓于家，豈非前人一念之善爲之本原也哉！余既與君之孫厚，又嘗與君之孫壻李之紹共談，故不讓而表君之墓。俾君之子子孫孫世增其善，以光于前，以聞于後。善愈積則慶愈豐，慶愈豐則傳愈永。苟至於是，申屠氏積善之報，又奚啻如今所觀而已！

---

❶「其」，原作「某」，據明初刻本、成化本、乾隆本改。

❷「適許」，二字原脱，據明初刻本、成化本、乾隆本補。

❸「季」，原作「李」，據明初刻本、成化本、乾隆本改。

元贈承務郎龍興路南昌縣尹熊君墓表

府君諱日廣，字春甫。王考聰，宋貢士。考公益，不仕。世居豫章郡南昌縣之盧觀。國朝既得江南，乃徙郡城之西偏。敦信義，樂賓朋，訓子尤篤。持身謹而謙，存心厚而寬，善譽著鄉里，孝行稱於宗族。非甚豐裕，隨力應告貸之人，或不能悉償者勿問。歲遇旱潦，悉發儲粟周匱急。黠吏嘗加以重役，他人多致敗家，而處之泰然。比及役滿，不能有所損。晚年逍遥閒適，清趣和氣，融液浹洽。大德己亥八月甲寅，無疾而逝，年六十三。是歲十二月庚申，歸葬盧觀之原。配何氏，後九年卒。子仲賢、仲貴、仲榮、仲華。仲貴，承務郎、吉安路萬安縣尹兼勸農事，以廉能名。蒙恩封贈父母，而府君受南昌之命，何氏追封恭人。往歲予被旨召赴禁林，時仲貴從事江西行省，識予於公館。今將勒石墓道，以彰天渥之榮，求予文文之。予素知熊爲豫章大姓，又聞府君爲一邑善人，而萬安之政績能不忝於親，其美皆可書也，是以不辭而表其墓焉。孫男德新，瑞州路儒學録；次德明。曾孫男二，女一。

故贈承事郎樂陵縣尹張君墓表

河間張策起自畎畝，承父母命，暨其弟簠學于國子學。數年後，俱得仕，官陞七品。泰定二年秋，父之賢贈承事郎、樂陵縣尹，母李氏贈恭人。策每對予涕泣，謂兄弟以宦學故，弗獲朝夕定省，親病弗及侍，聞而至家，親已殁矣。追痛如割，雖生奚爲？比予南還，而策求文表親之墓。誠孝誠哀，其志可閔，乃爲述其父之行，而俾壽諸石。策之諗予者曰：「策先代，濟南利津人也。大父避地，因家樂陵。吾父字世英，躬耕養親，時或樵采，鬻諸市，以供甘旨。農隙從師授書，通其大義。大父嘗疾，思生鯉，居在平陸，莫能致也。夜冒寒走二百里，得之以歸。縣署爲吏，非所欲。持心平恕，遇事剖決悉當。廉慎自將，不激不隨。以事留府，忽心悸，亟馳而旋，則大父病已三日。極力醫治，弗救。居喪毁瘠。葬日大雨，呼天長號，雨遄止，雲開漏日。既掩壙，雨復作，人咸異焉。有爲盜者，諭之曰：『爾取非己之物，蓋圖自利。事敗陷刑，適以自害，曷不思乎？』盜愧悟改過。嘗夜經澤中，迷所之，大呼求救。有應者曰：『前有深淵，陷者必死。慎勿往，可隨吾行。』以杖測而前導，行三里許，乃出于險。問其人爲誰，則曰：『吾向被誣，賴君辯明而脱於獄。幸漁於此，識君之聲，特以報德。』終不言姓名而去。丞相塔思不花總鷹房事，吾父提舉山東諸路。職是者多並緣侵擾，民罹冤苦，無從告訐。吾父獨不爾，所過莫不感悦，競持酒食以饋，一無所受。未幾，移疾退閒，以約濟勤，家漸饒裕。連年旱澇，千里饑饉，隨所有賑施，全活甚衆。疫癘死者相枕藉，日辦粥藥給宗黨，死則瘞之。延祐七年四月二十二日，以疾終，年五十八。吾母親紡織，操井臼，儉素以相吾父。同月先二十一日卒，年五十四。是年五月十八日，合葬樂陵東北張岡莊之原。❶生男四人，策，由中書左曹掾授詹事院管勾，❷進階從事郎，遷中書檢校；篚，由中書右曹掾授太常禮儀院都事；其三早逝；節，甫冠。女四人。孫

❶「北」，原作「比」，據成化本、乾隆本改。
❷「由」，原作「申」，據明初刻本、成化本、乾隆本改。

男三，女亦四。」策又嘗言，其父沈鷙恢廓，喜愠不形。人有不善，不翅己有；人有小失，盡忠以規。孝養甚豐，自奉則菲。予觀策兄弟殖學致禄，趨操不凡，意其必有本始。及聞其父之美，益信其然。嗚呼！天人相與，應接影響。承事君生而淑善，没而榮昌，予樂道之，固將以爲來者勸，非特慰孝子之心而已。

國子生葉恒母褚氏墓表❶

國子生葉恒之母既葬矣，予在京師，數求文表其墓。及歸田，又以書來請至再。噫！恒母，賢母也。今人知孟母之賢，以有孟子爲之子。孟子所以爲孟子者，無他，擴充其仁義禮知之心而已。是心也，孟子有之，恒亦有之。充不充，在乎爲不爲。恒如舍去俗學而學孟子，是使其母爲孟母也，孝莫大焉。不求諸己之實，而求人之文以顯其親，外也。恒曰：吾母諱淨真，姓褚氏，世家越之餘姚。生宋咸淳乙丑二月十九日，年二十二來歸。奉舅姑孝，事夫順，治紡績蠶織，勤於内外，族姻睦。男恒、恂，女適陳亨、王壽朋。孫男震。大元至治辛酉十二月十三日殁，明年葬鄞縣翔鳳鄉青山之原。❷恒父名遜，❸家于鄞。

❶「褚」，原作「楮」，據成化本、乾隆本改。文中改正同此。

❷「翔鳳鄉青山」，原作「朔鳳鄉青溪」，據明初刻本、成化本、乾隆本改。

❸「父」，各本均作「又」，據虞集《道園學古録》卷十九《葉謙父墓誌銘》「謙父諱遜」句改。

吴文正集卷六十九

元吴澄撰

墓表三

大元昭勇將軍河南諸翼征行萬户贈宣忠秉義功臣資善大夫湖廣等處行中書省左丞上護軍齊國張武定公墓表

公燕人，世居東安。祖考仁義，管軍元帥，贈推忠守義功臣、中奉大夫、河南江北等處行中書省參知政事、護軍，追封齊郡公，謚武毅。祖妣李氏，追封齊郡夫人。考禧，鎮國上將軍、日本行中書省參知政事，贈推誠著節功臣、榮禄大夫、湖廣等處行中書省平章政事、柱國，追封齊國公，謚忠烈。妣國氏，追封齊國夫人。公諱弘綱，字憲臣。膂力伎藝，冠絶部伍。自小從軍，先登陷陣，平地超躍上馬，足不履蹬，射虎輒殪，視若狐兔。攻城被二甲，野戰則被一甲。從元帥阿术，往來襄、漢兩營間十餘年。每與宋騎兵遇，左臂擐革圓牌，周旋護衛，矢不及身。惟元帥及公二人能用此，它人不能也。湖州寇數萬，行省命公率數千兵往捕。公距賊巢十里而營，或曰：「賊近，知我虚實。倘率衆圍我，坐視危困，不若急攻，乘其未備。」公曰：「吾有萬全計爾，姑竢。」誘致山中老人數輩，諭之曰：「汝等各有妻子産業，棄安樂，趨死亡，何耶？汝能徧告若儔，及今改圖，猶可生也。如其不然，金鼓一震，悔之無及。」老人皆叩頭曰：「實非好亂，爲賊所逼。今日生死，惟在將軍。」公命數吏不持弓矢，從老人至賊所，約以三日内釋兵還家者爲良民。衆悉如約，無或後期。給安慰檄文，揭之于門，令諸軍毋得驚擾復業之家。乃分道入山，餘寇僅羸百數，一一就擒。諸軍賀曰：「今日見公萬全之計矣。」公曰：「賊衆我寡，林密山深，弓馬不便。若不示以生路，數萬之衆致死向我，我何以當？先散其黨，則擒之易爾。」行省又命捕建德盜，遄亦平定。公初鎮暨陽，移鎮京口，又移鎮通州。禁止擄掠，出巡鄉村，自齎粮食。民訴軍卒攘雞豚、奪衣服，聽其隨行。前至阻水有橋處，立馬集衆，搜檢各卒行橐，俾訶者識證攜去。量物輕重受笞，謂再犯必加重刑，竟無復有敢犯者。由是鄉民安居，深感公德。其後公去不復，莫不興哀流涕。公孝於事親，少時已能脱父母於難。嘗逢參政公怒撻之，流血，略無疾怨。人問之，隱其事曰：「偶爾觸物而傷。」奔參政公喪，年已六十，晝夜兼行，多下馬步走。通州抵都城之南二千里，不半月而達。望柩慟哀，幾至隕滅。教子甚嚴，然未嘗厲聲色。家法整肅，内外截截。女子無大故，不出中門。友兄弟，睦婣戚。❶見貧乏者，必周其急。接人恭謹，饌客豐盛。而自儉約，雖愛妾，無麗服。晚年好讀書，暇日嘗就館賓講論。歷官管軍總把，陞總管、招討副使，陞正使，終河南諸翼征行萬户府萬户。初以忠顯校尉佩銀符，繼以昭信校尉佩金符，進廣威將軍、定遠大將軍，以至昭勇將軍，佩三珠虎符。公之卒，有

❶「婣」，原作「嫺」，據成化本、乾隆本改。

行狀，有墓誌，有神道碑。歿後二十四年，贈宣忠秉義功臣、資善大夫、湖廣等處行中書省左丞、上護軍，追封齊郡公，謚武定。元配左氏，❶追封齊郡夫人；繼室楊氏，封郡大夫人。公之子廉訪副使漢將立石，以紀恩命之隆，徵文於予。惟公孝義忠勇出自天性，平宋立戰功，征蠻著死節，其勳名赫赫，在人耳目，狀誌碑已具載，兹不再録。摭公遺事一二，以表于墓云。

故徐令人黄氏墓表

清江徐謚曰：「謚生三月，而喪所恃，惟祖母爲依，❷否則無以至今日。❸祖母繫出崇學鄉上湖里之黄家，❹世儒族，福州助教諱甲之孫、彬州司法諱汝礪之子也。宋景定壬戌，歸于我祖父左史兵部侍郎，蒙恩累封令人。歸之歲，侍郎已登進士科，隨宦湖南，連治劇縣，號稱良吏。進陞朝班，❺歷諫臺、侍從，號名卿。蓋齊家得内助力，心慮靡所分國爾，公以是聲聞副其實。運革兵棼，❻先君奉令人間道還家。未幾，侍郎亦

❶「元」，成化本、乾隆本作「先」。
❷「爲」，原作「焉」，據乾隆本改。
❸「日」，原作「目」，據成化本、乾隆本改。
❹「鄉」，原作「卿」，據卷七十一改。
❺「進陞」，成化本、乾隆本作「陞陟」。
❻「運」下，原衍「其」字，據乾隆本删。

歸隱。越五年至元庚辰，始捐館。令人獨主家政垂四十年，延祐丁巳冬乃終，年八十一。衆口稱羨，謂一身五福備矣。自奉簡質，每服浣濯縫補之衣，雖高年猶然。鞠訓諸孫、諸外孫，慈愛均壹。禮遇宗戚，各稱其情，有腆無替。舍食賓客，罔或懈厭。莅家嚴肅，而待下有恩，咸感悦畏憚。遠近族姻，竊視所行，取其家範。日坐堂上，區畫纖悉，夜分乃寐，率以爲常。處事曲當，有丈夫弗能逮者。卒後二歲，葬富州。泰定丁卯十一月朏，改葬檀溪之西園，祔于侍郎之兆墓，相距尋有奇。其初窆，鎰之姑夫李嘗有述，以納諸壙。今再窆矣，敢祈先生一語光泉壤。」噫！予昔獲與令人之子同知暨其壻學士者游，審其内治，信如今所云。鍾愛季女，館壻于室。其子之事母甚孝。子孝壻愛，舉不及終養。然前有孝子，後有慈孫，其存其殁，俱有福也。以鎰所言，合予所知，而表於其墓焉。子：震，早亡；次，茂，同知安慶州事。壻：豫章李泉；盧陵文陞，集賢直奉訓大夫。孫：則誠，清湘縣尉；鎰，征東行省理問所知事；鏞，改名九成，珍州儒學正。是爲表。

元贈承事郎同知深州事崔君墓表

往年予客金陵，真定崔原道建南臺行人職，❶剛腸疾惡，勇於赴義。以予泥古不徇今，言行或相契，暇

---

❶ 「臺行」，原倒，據明初刻本、成化本、乾隆本乙正。

隙數數過從，子嚞亦來問學。南臺仕九十月，朝命受廣西憲屬，❶丁艱，改授廣東憲屬。任滿，選充星子縣尹。縣隸南昌路，與予所居同爲江西道，俾嚞造予求文，文其考承事君之墓石。承事君諱傑，字彦卿，其先臨州人。❷臨、降、淄三郡，俱有墓墳。高祖某，在金擢巍科。曾祖某，宣武將軍，扈親王鎮河南柘城縣，因而家焉。祖某，爲儒不仕。父某；母孟氏，壽近一百歲。國朝既得河南地，徙遺民實北邊。君奉父母，自柘城徙真定之元氏縣。倉卒就道，程期逼迫，上世誥勅譜諜，悉委棄中途而去。乘更革之會，取爵位者不一，君獨闢菜圃蔬，耕種自樂。寬厚謙讓，儀度有古長者風。聞人善，亟稱不絶口；聞人惡，戚然懼其陷罪罟。里人鬭鬩，輒不即官府，而詣君判曲直，公誠能服人心故也。廓廓有容忍，或肆凌侮，待以一笑，彼自愧恧而止。延祐庚申七月之望，疾終于家，年八十四。子貴，贈承事郎、同知深州事。配馮氏，勤儉克相，養姑至孝。先卒，年五十，贈宜人。子男三，長原道，❸字君章；次某，字君美；季天瑞，字君祥。女二，適曹，適張。孫男五，德、嚞、允、誠、愚。女二。曾孫男三，女一。君章混混流俗中，毅然特異。今觀其家之所積若是，有良考，固宜有名嗣。嚞之學又進進，❹立身揚顯，未可涯也。爲書所聞，以表于墓前。

---

❶「屬」，原作「囑」，據成化本、乾隆本改。下文「憲屬」逕改。

❷「州」，原作「川」，據明初刻本、成化本、乾隆本改。

❸「原道」，原倒，據上文改。

❹「又」，原作「文」，據明初刻本、成化本、乾隆本改。

石城胡際叔妻徐氏墓表

贛士胡廉言曰：「廉家在石城。至元末，廣之劇寇駐贛境，當路不亟殄平，受其降而許其留，俘掠殺戮自若。群不逞相挺而起，環二三百里罹其凶害，遑遑奔竄。先父字際叔，己丑春避寇，病卒于途。先母徐氏，價簪珥以葬。❶廉甫九歲，弟紹甫六歲。二女兄，幼德已適賴，幼端未行。寇勢益張。其冬，往依舅氏。僉謂亂世殺禮多婚，庚寅春，以次女兄適廖。舅家難久居，轉依長女兄。寇息，始復故里。滿目蒿萊，死者過半，田無人耕。一二鄰舊雖爲編茅蓋頭，然槁無生意，莫可安栖。依近族，依遠族，依内親，依外親，或半月，或一月，或二三月，靡有定止。如是又數年，乃還茅廬之中習耕。❷寥闃荒凉，❸人所不堪。廉捆屨賣卜，弟造箬笠，母隆冬練衣，晝夜不下機，不停梭，共營二子一母之衣食。不死於凍餒，幸爾。廉年二十，出訓蒙童，歲得所奉助養，自是饑寒頗紓。越五六年，母不待終養，大德乙巳十一月十九日，棄其孤，而從先父於地下。哀哉！吾母慧性警敏，豫見幾微。避寇之初，遇一舊識，荷戈而趨，語先父曰：『左右前後皆寇。』指示其澤，可以藏匿。既至，先母疑焉，從而之它。其夜，寇果即彼所。又嘗一族偕行，搬挈行李，先母督促

❶「珥」，原作「弭」，據乾隆本改。
❷「茅」，原作「草」，據明初刻本、成化本、乾隆本改。
❸「闃」，原作「間」，據明初刻本、成化本、乾隆本改。

甚急，衆莫曉解。行速向前者，薄暮達邑，有二鹽商行緩殿後，被寇追及殞命，相去僅二里許。亂離之後，不知三世墳墓所在。母足穿草履，攜廉偏處尋訪，深入荆棘叢中，衣罥面傷，不憚彌度。經三四年，遂獲識認曾祖考妣、祖考妣及叔之墳凡五。祖考殯淺土，棺壞。母慟哭幾絶，易棺而窆。適廖之女兄，未半年間寇虜其夫不歸，夫兄抑使改嫁，私受人聘。女兄誓死不從，聘者高其義，不願彊婚而罷。蔬食箭笄，不釋喪服，一十七年，終于夫家。廉伶仃孤苦，日事薪水。稍暇，母令求書以讀。儻值良友，遣廉親炙。廉粗識數字，能書姓名，以此之故。吾母諱貴貞，生宋淳祐癸卯。備歷艱危，無慍無怨。男不廢所學，女不二所天，❶皆母之教。母卒時廉未娶，今有妻有子矣，思爲卧冰負米而不可得。延祐己未，克啓藁葬母于栢里之賴田。哀哀劬勞，欲報罔極，敢以爲先生告。」予觀胡母之貧而處患難，胡女之少而守志節，❷胡廉年垂五十而哀慕不忘，亦可謂賢母、貞女、孝子已。一家萃三善行，尤難也。既嘉歎之罔斁，因爲敘次所言，俾以表于其母之墓。

故月舫翁熊君墓表

古豫章郡之豐城縣，今稱龍興路之富州。州之著姓熊最盛，姓則同而族各異。横岡之熊有號月舫翁

❶「天」，原作「夫」，據成化本、乾隆本改。
❷「女」，原作「安」，據乾隆本改。

者，宋淳祐庚戌九月二十五日卒，距至順庚午二十一年矣。其孫爲從事撫郡，因公過予，始求其大父墓石之文。嗚呼，晚矣！明年夏，翁之壻雷芑將其妻兄雷震之命而來，請益力。雷震自述其父之行曰：「吾父軀幹豐肥，坐立凝重，温和莊肅，罔或傲惰。同里尚書雷公宜中，妻以弟之女。孝親順長，治家斬斬，父命爲伯父顗後。同父之兄先歿，撫育其孤遺若己子，❶保護其生殖若己業。内宗外戚，待之曲當。晨夕詣先祠定省，如親之存。出入必一至，四時薦享，禮甚謹。里惡少肆暴，潛俾鎮服。雖供給公上，迎徠師旅，未嘗乘時倚勢以作威。豪猾漁獵於人，必析以理，無所避惕。排難解紛，不憚勞苦。❷費酬酢敏練，蒙惠者恩之。賢士大夫時造吾門，州尹陳侯元顗嘗留題云：❸『窈窕清流環稻隴，參差層閣負松岡。』父年艾耆，齒髮不少衰，飲雖多不亂。孰不期以上壽，豈謂下壽而終乎？葬於淚湖之橦山。」予辭其請不能得，乃爲敘其概焉。翁之配雷氏，至元甲子年卒。子男七，今存者曰雷震，曰霦，曰霖；其二、❹其四、其五皆已逝；其三出後異姓。女一，雷芑，壻也。孫男女十七。曾孫男女七。鵬升，公之名；幼程，翁之字；月舫者，其自號也。

❶「孤遺」，成化本、乾隆本倒乙。
❷「苦」，原作「谷」，據成化本、乾隆本改。
❸「顗」，原作「顯」，據明初刻本、成化本、乾隆本改。《江西通志》卷五十九收吴澄此文，作「凱」。
❹「二」，原作「三」，據明初刻本、成化本、乾隆本改。

故奉議大夫安定州達魯花赤禿忽赤墓表❶

皇元奉議大夫、安定州之元侯禿忽赤，皇慶癸丑六月卒。明年甲寅三月，葬滑州白馬縣石佛村之先塋。十有九年矣，侯之子哈剌那海任江西省員外郎，乃囑前掾史楊逸來索文，❷以表其父之墓。澄卧病山間，久聞員外在省之贊畫。今閲其父元侯之行蹟，又知世美之有自也。侯，蒙古人，寓居滑之白馬縣。考馬哥，以軍功長千夫。嘗從軍而身有瘍，❸已出舍三十里，侯年甫十六，追及代行。在軍能力戰，渡江南伐，累獲功賞。本國言語暨别國言語俱精，儒書吏文，亦闖其樊。充江西省通事，樞密行院立，徙行院通事。行院廢，仍行省通事如初。至元壬辰，授從事郎、興國路通山縣達魯花赤。政聲上徹，湖廣行省平章答剌罕選充本省通事。平章遷江浙省丞相，侯隨入覲，薦爲江浙行省副都鎮撫。未幾，丞相進位中書左丞相，奏充都省通事。大德乙巳，授承務郎、吉州路總管府判官。官滿，改判衡州路官。❹官滿，陞奉議大夫、安定州達魯花赤。未赴，以疾終于衡，年六十有九。時長子在朝，奔喪來至，偕次子卯兀那海護柩歸葬。

---

❶「議」，各本均作「義」，據正文改。
❷「逸」，原作「送」，據明初刻本、成化本、乾隆本改。
❸「嘗」，乾隆本作「當」。「瘍」，原作「傷」，據明初刻本、成化本、乾隆本改。
❹「路」，原脱，據明初刻本、成化本、乾隆本補。

侯心地坦易，德量恢弘，接物謙抑，待士尤厚。每談析經理，書生遜服。皇子鎮南王征交趾，還駐武昌，世祖皇帝頗以兵出無功咎之。侯奉行省命赴都稟奏，旨謂所奏不明，進來使問狀。都省丞相以侯入見，侯敷陳周悉，上意頓釋，惻然動愛子之念，遣使賜食賜酒，閔慰其艱棘。皇子嘉侯能回天怒，遺幣馬以報。此其專對之長也。從江西右丞督運占城軍粮，❶廣州海賊前梗。侯犯難搏戰，賊潰，運道遂通，右丞賞以白金食器。從江西平章討瑞州寇，侯奮力剿殺，賊敗，悉俘其黨，平章賞以賊屬二十口。從湖廣右丞討廣西賊有功，又受白金器皿之賞。武昌百里外三虎食民牛畜，居者徙避，行者阻隔。侯從省官出捕，一虎咆哮前衝，平章馬驚墮地。侯一箭中虎，以己所騎坐馬，扶掖平章上馬馳去，得脱於危。平章還省，壯其勇且義。此其武藝之優也。長一縣，佐兩郡，遺愛在民，去而見思。在通山時，邑民供給驛置，道里迂迴，甚以爲苦。侯詣省辨訴，俾蘄黄之民供淮北之驛，通山之民供江北之驛，各適其便，彼此之民感德。在衡州時，重修公廨，侯慮吏胥並緣騷動，乃具飲饌，延致富户，捐己俸爲倡，勸其輸財以助。擇廉幹人掌出納，不經吏手科配。新構宏麗，未半歲而功畢，侵擾不及於民。前此運糧之官，交納倘有欠少，例責舟人賣舟以償，不足則償及子女。侯督湖南海運糧數十萬，躬親視其概量。受納者雖强悍，侯不可欺，竟無虧耗，舟人得免填欠之害。前此造舟之家，率至破産，蓋以官吏苛迫貪求故也。侯造運船五十艘，召屬邑議其制度，約以期限，聽民自爲，時加勉勞執役之工。民樂其寬，爭先辦集，未踰月而舟成，民省勞費。此其官政之善也。聽訟斷獄，不假刑

❶「占」，原作「古」，據明初刻本、成化本、乾隆本改。

威，咸得其情。他處疑事不決，上司輒委訊鞫。守職謹恪，持身廉慎，於官長同僚恭而有禮，於府史胥徒嚴而有恩。上自朝廷大臣，下自閭閻小民，見者莫不加敬加愛。治家動遵禮法。其事親也孝，妣黄氏年八十餘，養致其樂，喪致其哀。其事長也悌，家産寶器讓與其兄忽里哈赤，而以貧儉自處。其撫幼也慈，有過則循循善誘，勗以劬學。閨門之内，雍雍如也。夫人劉氏，河西巨族，❶封元城縣君。淑懿柔順，内助多所匡益。男二，長哈剌那海，❷由内臺監察御史、兵部員外郎、僉淮東江北道肅政廉訪司事，爲江西等處行中書省左右司之貳，娶昭文館大學士、榮禄大夫白雲平章之女；次卯兀那海，襲受平江十字翼千户達魯花赤，娶鎮守衡州張萬户之女。女二，敦武校尉右帥府百户伯顔、將仕郎肇慶路四會縣達魯花赤燕只哥，其壻也。孫男三，女一。予觀古聖人有才難之歎，以今世而論，儒或不通於吏，吏或不通於儒，而武之與文兩全者鮮。侯家世用武，而文事克兼；習尚好儒，而吏事亦熟。才而若是，允謂難也已。况又有子，不墜家聲。繼今以往，侯之胤胄，名位勳業有光于前，奚翅如今也哉！是以因其子之請，而表其美於墓石，以諗方來焉。

❶「巨」，原作「匡」，據明初刻本、成化本、乾隆本改。

❷「剌」，原作「喇」，據明初刻本、成化本改。上文「侯之子」句亦據改。